Rolf Gössner
Das Anti-Terror-System

Rolf Gössner, geboren 1948 in Tübingen. Studium der Rechts- und Politik-Wissenschaften an der Universität Freiburg. Seit 1980 Rechtsanwalt und Publizist in Bremen. Redaktionsmitglied der Zeitschrift »GEHEIM« (Köln). 1985 bis 1988 Wissenschaftlicher Mitarbeiter des Hamburger Instituts für Sozialforschung. Lehrbeauftragter an den Universitäten Bremen, Dortmund, Hagen und Marburg. Seit 1990 u.a. wissenschaftlicher und rechtspolitischer Berater der Fraktion »Die Grünen« im niedersächsischen Landtag (Bereich Demokratische Rechte und Frieden). Sachverständiger in Gesetzgebungsverfahren des Bundestages und von Landtagen (zu »Sicherheitsgesetzen«, »Verfassungsschutz«, Stasi-Unterlagen-Gesetz).

Buchveröffentlichungen: »Der Apparat – Ermittlungen in Sachen Polizei« (Köln 1982/84), »Im Schatten des Rechts – Methoden einer neuen Geheim-Polizei« (Köln 1984; russ. Ausgabe, Moskau 1990; beide zusammen mit Uwe Herzog), »Restrisiko Mensch« (Hrsg.), Bremen 1987), »Widerstand gegen die Staatsgewalt – Handbuch zur Verteidigung der Bürgerrechte« (Hamburg 1988).

Rolf Gössner

Das Anti-Terror-System

Politische Justiz im präventiven Sicherheitsstaat

Terroristen & Richter 2

VSA-Verlag, Hamburg 1991

Lektorat: Thomas Becker

Fordern Sie bitte unsere Verlagsverzeichnisse an!

Dieses Buch ist Bestandteil des dreibändigen Gesamtwerkes »Terroristen & Richter«
Druck und Buchbindearbeiten: Fuldaer Verlagsanstalt
ISBN 3-87975-576-0 (für diesen Einzeltitel)
ISBN 3-87975-587-6 (für das Gesamtwerk)

Inhalt

Vorwort

Zwei Jahrzehnte intensiver staatlicher Anti-Terror-Kampf liegen hinter uns – ein Ende ist nicht abzusehen. Nach dem Anschluß der DDR an das Staats- und Rechtsgebiet der Bundesrepublik Deutschland, mit der Festnahme der ausgestiegenen, ehemaligen RAF-Mitglieder in der EX-DDR und ihrer Aburteilung zu Beginn der neunziger Jahre scheint auch in dieser Hinsicht eine gewisse Zäsur eingetreten zu sein. Dieser historische Einschnitt könnte die Chance bieten, auch in der Bundesrepublik eine kritische Rückbesinnung in die Wege zu leiten und dabei auch den Staatsschutz und die Politische Justiz in ihrem Anti-Terror-Kampf nicht zu verschonen.

Die Bundesrepublik hat sich im Zeichen der Terrorismusbekämpfung der vergangenen zwanzig Jahre grundlegend verändert. Die Auswirkungen dieser verhängnisvollen Entwicklung haben den Rechtsstaat und die politische Kultur in diesem Land nachhaltig beeinflußt. Nach den DDR-Stasi-Enthüllungen der letzten Zeit scheint diese bundesdeutsche Staatssicherheits-Geschichte (und -Realität) jedoch vollends der kollektiven Verdrängung anheimzufallen. Diesen Verdrängungsprozeß zu stören, haben sich die Autoren der vorliegenden dreibändigen Publikation mit dem Titel »Terroristen und Richter« zum Ziel gesetzt. Denn auch der Westteil Deutschlands wird – parallel zur Stasi- und Justiz-Bewältigung der ehemaligen DDR-Bevölkerung – nicht umhinkommen, sich intensiv der Aufarbeitung seiner Vergangenheit und Gegenwart zu widmen und für die Zukunft geeignete Konsequenzen zu ziehen.

Heinrich Hannover (Strafverteidiger), Rolf Gössner (Rechtsanwalt und Publizist) und Margot Overath (Journalistin) haben sich deshalb gefragt: Wie ging die alte Bundesrepublik, der »freiheitlichste Staat, den es je auf deutschem Boden gab«, mit jenen um, die die Legitimität seiner Herrschaft radikal bestreiten, sein Gewaltmonopol mißachten und ihrerseits gewaltsam bekämpfen – mit sogenannten Terroristen also? Wie ging sie andererseits mit denen um, die zu anderer Zeit ihre staatsterroristischen Ambitionen mehr oder weniger legal hatten ausleben dürfen? Welche Antworten hatte und hat der Staat für die breitgefächerte widerständige Szene parat, die sich militant gegen lebensfeindliche und/oder industrielle Projekte (Atom- und Gentechnologie, Startbahn West, Raketenstationierung, Kriegswaffenproduktion) zur Wehr setzt? Welches Instrumentarium hält er bereit, um radikale politische Gegner zu verfolgen und zu bestrafen, zu überwachen, abzuschrecken und einzuschüchtern? Wie funktioniert die »Innere Sicherheit« in der »wehrhaften Demokratie«? Wen oder was schützen die Sicherheitsgesetze – und wen bedrohen sie? Welches Verhalten wird in der Bundesrepublik als terroristisch oder staatsfeindlich verfolgt, aufgrund welcher Gesetze und mit welchen Methoden? Wie wird man von der bundesdeutschen Justiz zum »politisch motivierten Straftäter«, und wie spricht diese Justiz Recht in Prozessen gegen die mutmaßlichen kriminellen Feinde des Staates? Auf welches Selbstverständnis beruft sie sich dabei, und an welche Tradition knüpft sie an? Schließlich: Welche Auswirkungen hat die Praxis der Politischen Justiz in der Bundesrepublik für die politische Kultur in diesem Land? Wie ist es um eine Demokratie bestellt, in der die vermeintliche Sicherheit des Staates allemal vor der Freiheit seiner Bürger rangiert? Welche politische Funktion hat die gebetsmühlenartige Beschwörung einer vorgeblichen Bedrohung des Staates durch »linke Gewalttäter«, mit der Politiker unterschiedlicher Couleur staatliche Strafverfolgungsinstanzen und (nicht nur) die Sensations-Presse die Bevölkerung immer aufs neue in Atem halten? Fragen, auf die in den vorliegenden drei Büchern geantwortet wird. Sie sind das Ergebnis einer vom Hamburger Institut für Sozialforschung geförderten Untersuchung der Politischen Justiz am Beispiel der sogenannten Terroristenprozesse. Leserinnen und Leser erwartet jedoch keine schwer verdauliche Abhandlung im Stil komplizierter Fachlektüre, sondern ein engagierter, zuweilen bissiger, und – wie wir hoffen – spannender Lesestoff.

Im ersten Band (»Terroristen-Justiz«. Erfahrungen und Erkenntnisse eines Strafverteidigers«) rechnet Heinrich Hannover mit der Politischen Justiz der Bundesrepublik ab, der er als Strafverteidiger seit mehr als drei Jahrzehnten Gerechtigkeit abzutrotzen versucht. Die zentrale These seiner Arbeit, nach der es im politischen Prozeß nicht um Wahrheitsfindung, sondern um die Bekämpfung von Feinden und die Rehabilitierung von Freunden geht, entwickelt Hannover aus der Perspektive des teilnehmenden Beobachters. Rolf Gössner nimmt sich im zweiten Band (»Das Anti-Terror-System. Politische Justiz im präventiven Sicherheitsstaat«) der Entwicklung des polizeilich-geheimdienstlich-justiziellen Sonderrechtssystems und seiner gesellschaftlichen Funktionen an. Er beschreibt die Auswirkungen des immer weiter ausgebauten Anti-Terror-Instrumentariums für die gesamte linksorientierte Opposition und die demokratische Verfaßtheit der Bundesrepublik. Im dritten Band der Reihe (»Drachenzähne. Gespräche, Dokumente und Recherchen aus der Wirklichkeit der Hochsicherheitsjustiz«) geht es um Fallbeispiele aus dem Bereich der Terroristenjustiz. Margot Overath hat mit Unterstützung durch Angeklagte, Verurteilte und deren Verteidiger die Geschichten einzelner Terroristenprozesse rekonstruiert. Es sind die Geschichten der Prozesse und ihrer Begleitumstände, und es ist die aktuelle Rückschau der Beteiligten auf ein ideologisch überholtes Lebensthema.

Heinrich Hannover *Rolf Gössner* *Margot Overath*

Einleitung

Der »Terrorismus« hat die Bundesrepublik immer wieder in Atem gehalten und die Bevölkerung beunruhigt. Nicht wenige riefen nach dem starken Staat. Und die Sicherheitspolitiker und -praktiker wußten diese populäre Legitimation zu nutzen, um den Staat nach innen immer weiter aufzurüsten. Die Blutspur der bewaffneten Gruppen ist gesäumt von einer Unzahl von Anti-Terror-Gesetzen und -Maßnahmen, deren Wirkungen weit über ihre jeweiligen Anlässe, weit über das Phänomen des bewaffneten Kampfes hinauswirken. Diese staatlichen Anti-Terror-Reaktionen haben ihrerseits dem zu schützenden Rechtsstaat längst schon schweren Schaden zugefügt und ihn zu einem präventiven Hochsicherheitsstaat transformiert, in dem Staatssicherheit und Staatswohl die bürgerlichen Freiheitsrechte und die politische Kultur allmählich zu ersticken drohen.

Viel ist über das Phänomen »Terrorismus« geredet und geschrieben worden, weit weniger über seine Ursachen und kaum über die rechtsstaatlichen Kosten des Anti-Terror-Kampfes. Eben dieses Defizit wollen wir mit der vorliegenden Publikation abbauen: Nach nunmehr zwei Jahrzehnten intensiver Terrorismusbekämpfung wird es Zeit, Bilanz zu ziehen. Wir haben den großangelegten Versuch unternommen, das legislative, exekutive und insbesondere justizielle Anti-Terror-Instrumentarium und die Auswirkungen seines vielfältigen Gebrauchs systematisch aufzuarbeiten. Denn längst scheint der Überblick über das selbst von Experten kaum noch überschaubare System von staatlichen Sondereingriffsbefugnissen gegen mutmaßliche »Terroristen«, gegen »Unterstützer, Werber und Sympathisanten des Terrors« abhandengekommen zu sein – von den oft dramatischen Folgen für die Betroffenen ganz zu schweigen.

Das Schwergewicht dieser Untersuchung liegt, das sei vorausgeschickt, nicht etwa auf den RAF-Kernverfahren der siebziger Jahre, sondern den »Terrorismus«-Verfahren der achtziger Jahre, einem Jahrzehnt, in dem das Anti-Terror-System perfektioniert und immer weiter ausgedehnt worden ist – weit hinein ins Vorfeld des bloßen Verdachts, weit hinein in die gesellschaftlichen Auseinandersetzungen um gefährliche Staats- und Industrie-Projekte (etwa Atom- und Gen-Technologie). Diese schleichende Ausweitung, diese Verallgemeinerungstendenz ist unser eigentliches Thema: Tausende von Menschen und zahlreiche politisch-oppositionelle Initiativen sind bereits in die Anti-Terror-Maschinerie geraten – eine wundersame »Terroristen«-Vermehrung per Gesetz und Rechtsprechung. Wir können aufzeigen, wie das Anti-Terror-Instrumentarium weniger der strafrechtlichen Aburteilung »mutmaßlicher Terroristen« dient, sondern vielmehr der breiten Ausforschung sozial und politisch verdächtiger Szenen, Gruppen und Bewegungen.

Wir suchen Antworten auf die Frage, welche Rolle Polizei, Geheimdienste und die Politische Justiz bei dieser Art von »Terrorismusbekämpfung« spielen und welche politisch-sozialen Auswirkungen diese »moderne« präventive Sicherheitspolitik zeitigt. Mittels Fall-Analysen, Akten-, Dokumenten- und Literatur-Auswertung, Rechtstaatsachenerhebung und statistischer Auswertung versuchen wir – über Einzelfälle hinaus – die Strukturen, Strategien und Methoden der Politischen Justiz am Beispiel einer Vielzahl von »Terrorismus«-Verfahren herauszuschälen – von Gerichtsverfahren, die wir zum Teil selbst beobachten konnten. In einem abschließenden Kapitel begeben wir uns sodann auf die Suche nach den verlorenen Maßstäben: Wir unternehmen den Versuch, die »terroristische Bedrohung«, wie sie – einem Horrorgemälde gleich – immer wieder an die Wand gemalt wurde (und wird), zu entmythologisieren, indem wir sie mit anderen gesellschaftlichen Gefahrenpotentialen kontrastieren. Schließlich wurde und wird mit der »terroristischen Gefahr« seit über zwei Jahrzehnten massiv innere Sicherheits- und Aufrüstungspolitik betrieben.

Erstmalig wird in dieser Publikation auch eine umfassende statistisch-vergleichende Bestandsaufnahme sämtlicher »Terrorismus«-Verfahren der siebziger und achtziger Jahre vorgelegt. Die detaillierten Vergleiche der »Linksterrorismus«-Verfahren mit der strafjustiziellen Praxis in den Bereichen der Alltags- und normalen Gewaltkriminalität sowie bei »Rechtsterrorismus«-Verfahren belegen eine extreme – politisch motivierte – Ungleichbehandlung sowie die immer wieder kolportierte These, daß die Justiz nicht allzu viel aus der Geschichte gelernt habe und nach wie vor mit zweierlei Maß messe. Der Staatsfeind steht jedenfalls immer noch links.

Das Schwergewicht unserer Untersuchungen liegt also, wie die Themenaufstellung zeigt, nicht etwa auf der Erarbeitung einer »Theorie der Politischen Justiz«, sondern auf der Aufarbeitung und Systematisierung der justiziellen Praxis und ihres sicherheitspolitischen Umfeldes. Sinnvoll erscheint uns ein solches Unterfangen allerdings nur vor dem historischen und ideologischen Hintergrund, den wir in Deutschland vorfinden, der jedoch so gerne verdrängt wird: Die nicht bewältigte Geschichte der Terror-Justiz der NS-Zeit und die Rolle der bundesdeutschen Politischen Justiz der fünfziger und sechziger Jahre bei der Kommunistenverfolgung entpuppen sich als Vergangenheiten, die auch die Anti-Terror-Justiz der siebziger und achtziger Jahre nachhaltig prägten. Nach einer nunmehr zwanzigjährigen Phase exzessiven staatlichen »Anti-Terror-Kampfes«, der weitreichende, Folgen für die politische Kultur und die Substanz der bürgerlichen Freiheitsrechte mit sich gebracht hat, ist diese Auseinandersetzung überlebensnotwendig – gerade in einem Lande, das in der Verdrängung seiner eigenen unheilvollen Geschichte sein Heil suchte.

All denjenigen, die beim Zustandekommen dieses Buchprojekts geholfen haben – es waren nicht wenige –, sei an dieser Stelle nochmals herzlich gedankt – auch denjenigen, die durch diese langjährige Arbeit mitunter in arge Mitleidenschaft gezogen worden sind.

Insbesondere den von der Politischen Justiz Betroffenen und ihren StrafverteidigerInnen danke ich für ihre Mitwirkung an diesem Teil des insgesamt dreibändigen Projektes, ebenso wie diversen Prozeßgruppen, etwa in Stuttgart, Düsseldorf, Köln und Hamburg, weiterhin einer Reihe von JournalistInnen und Pressearchivaren sowie namentlich dem früheren Mitarbeiter Paul Klein.

Für manche Anregung bin ich auch den StudentInnen an der Universität Marburg und am Institut für Journalistik der Universität Dortmund dankbar, mit denen ich im Rahmen zweier Lehraufträge im Wintersemester 1989/90 über Probleme Politischer Justiz eingehend diskutieren konnte. Das gilt auch für viele andere politische Veranstaltungen im ganzen Bundesgebiet, in denen ich über diese Problematik referiert habe.

Für die Zusammenarbeit im Rahmen einer umfangreichen parlamentarischen Anfrage an die Bundesregierung (Bundesjustizministerium), deren Ergebnisse Grundlage für den letzten Abschnitt dieser Publikation bilden, möchte ich dem wissenschaftlichen Mitarbeiter der Bundestagsfraktion der »Grünen«, Christian Busold, danken. Diese Zusammenarbeit erstreckte sich auch auf die Erarbeitung eines Gesetzentwurfs zur Liberalisierung des politischen Straf- und Verfahrensrechts (Streichung der »Anti-Terrorismus«-Vorschriften), den ich zusammen mit dem Ex-Bundestagsabgeordneten Manfred Such (innenpolitischer Sprecher der »Grünen im Bundestag«) am 29. März 1990 in Bonn der Öffentlichkeit vorgestellt und erläutert habe. Außerdem ist mir über diesen Zusammenhang seit 1985 Gelegenheit gegeben worden, als Sachverständiger in Rechts-, Innen- und Fraktionsausschüssen des Bundestages und von Landtagen (Anhörungsverfahren) gegen neue Gesetzesverschärfungen im Bereich »Innere Sicherheit« Stellung zu nehmen.

Durch die Berufung in die ProzeßbeobachterInnen-Gruppe zum Verfahren gegen Dr. Ingrid Strobl vor dem Oberlandesgericht Düsseldorf im Auftrag des »Verbandes Deutscher Schriftsteller« in der IG Medien und der »Grünen« in Nordrhein-Westfalen ist mir die kontinuierliche Beobachtung dieses wichtigen Prozesses ermöglicht worden. Daraus resultierten mehrere öffentliche Stellungnahmen und wichtige Kapitel und Passagen in der vorliegenden Publikation.

Dem Hamburger Institut für Sozialforschung ist zu danken für die Förderung des Projektes. In besonderem Maße gilt mein Dank der früheren Instituts-Mitarbeiterin Margarete Ludewig, Rechtsanwalt Joachim Kersten und dem Lektor Thomas Becker, der sich intensiv mit dem Manuskript beschäftigt und viele Anregungen und Verbesserungen beigesteuert hat.

Bremen/Hamburg, Frühjahr/Sommer 1991 *Rolf Gössner*

Seit 1986 sind mehrere Zwischenergebnisse und Vorveröffentlichungen des Projektes publiziert worden. Diese sind u.a. enthalten in:
- Die unheimliche Sicherheit. Neue Staatsschutzgesetze für Polizei und Geheimdienste, hrsg. von »Bürger kontrollieren die Polizei« (BüPo), Bremen (Charlottenstr. 3) 1986 (4. Auflage 1987);
- Gössner/BüPo (Hrsg.), Restrisiko Mensch. Volkserfassung. Staatsterrorgesetze. Widerstandsbekämpfung, Bremen 1987 (2. Auflage; Bezug wie oben);
- Gössner, Auf der Suche nach den verlorenen Maßstäben. Zur Rolle der Politischen Justiz im »Anti-Terror-Kampf«. Eine statistisch-vergleichende Bestandsaufnahme der sog. Terrorismusverfahren, in: Demokratie und Recht 2/1987, S. 142-166.
- ders., Widerstand gegen die Staatsgewalt. Handbuch zur Verteidigung der Bürgerrechte, Hamburg 1988.
- ders., Hauptsache: im Knast. Untersuchungshaft gegen »Terrorismus«-Verdächtige, in: Konkret 3/1989, S. 40 ff.
- ders., Zensur und die Politik der »Inneren Sicherheit«, in: Schwarze Texte. Politische Zensur in der BRD 1968 bis heute, Hrsg. ID-Archiv im Internationalen Institut für Sozialgeschichte, Amsterdam 1989, S. 116 f.

Hochsicherheitspolitik, »Terrorismus« und Tabu

»Nach Stammheim wird dieser Staat nicht mehr derselbe sein«[1] – so sagte sinngemäß die Angeklagte im Stammheimer Mammutverfahren, Ulrike Meinhof, die Zukunft der Republik voraus. Sie tat diesen Ausspruch angesichts eines am eigenen Leib erlebten politischen »Monsterprozesses«[2] und selbst erlittener Isolationshaft, angesichts von »Anti-Terror«-Gesetzgebung und staatlichen Strukturveränderungen Mitte der siebziger Jahre.[3] Doch rückblickend – und aus über fünfzehnjährigem Abstand betrachtet – muß man feststellen, daß »Stammheim« nicht die eigentliche Zäsur in der bundesrepublikanischen Staatsentwicklung bewirkte, auch wenn die Jahre 1975 bis 1978 zweifellos den bislang unbestrittenen, traumatischen Höhepunkt einer bereits längerwährenden und tiefgreifenden Entwicklung darstellten.

I.

Der Staat der Bundesrepublik Deutschland entsprach bereits vor Stammheim nicht mehr dem Bild, das viele Menschen sich bei seiner Gründung von ihm gemacht hatten; er entsprach längst nicht mehr den ursprünglichen, verfassungsmäßig verankerten Standards der Grund- und Menschenrechte, längst nicht mehr den Konsequenzen, die zunächst wenigstens ansatzweise als Lehren aus dem deutschen Faschismus gezogen worden waren, und den daraus abgeleiteten Prinzipien.

Schließlich muß gerade diese Diskrepanz zwischen ursprünglichem Anspruch und historischer Notwendigkeit auf der einen und erlebter Wirklichkeit auf der anderen Seite für die Entstehung des sog. Terrorismus zumindest mitverantwortlich gemacht werden.[4] Ulrike Meinhof und viele andere RAF-Mitglieder der ersten Stunde waren bekanntlich stark geprägt gerade auch von diesem krassen Widerspruch, den sie, aufgewachsen in der miefig-restaurativen Adenauer-Ära der fünfziger und sechziger Jahre, nicht mehr auszuhalten vermochten.[5] Der Journalist Michael Sontheimer und der Philosoph Otto Kallscheuer meinen gar, »die Männer und Frauen, die in der RAF und der Bewegung ›2. Juni‹ der Bundesrepublik den Krieg erklärten«, seien letztlich »irre geworden an der deutschen Geschichte. Die bedrohten Repräsentanten des Staates ebenso wie die Mehrzahl seiner Bürger haben diesen Zusammenhang nie verstanden oder akzeptiert.«[6] Peter-Jürgen Boock, zu dreimal lebenslänglicher Freiheitsstrafe verurteiltes Ex-Mitglied der »Rote Armee Fraktion« (RAF), stellte Ende der achtziger Jahre fest:

»...ohne die vermeintlich bewältigte jüngere deutsche Geschichte, ohne die Zeit des deutschen Faschismus und die Auswirkungen dieser Zeit bis in die Gegenwart hinein hätte es wohl keine Rote-Armee-Fraktion gegeben.«[7] Die Geschichte fast aller Personen aus jener

Gruppe, »die ich kenne, und auch meine eigene geschichte ist ohne die nazizeit und die ›schuld der väter‹ weder zu verstehen noch zu interpretieren«; (...) »die raf war (und ist wahrscheinlich) vor allem eine fehlgeleitete reaktion auf die deutsche vergangenheit, ein ausdruck der fassungslosigkeit über die art ihrer bewältigung, die diesen namen nie verdient hat.«[8]

Horst Mahler, ebenfalls ehemaliges RAF-Mitglied, formulierte diese Einschätzung bereits Ende der siebziger Jahre so: »Wir sind ja eine Generation, die sich geschworen hat, den Widerstand, den die Väter nicht geleistet haben, unter allen Umständen zu leisten.«[9]

Im selben Zusammenhang spricht der als »Terrorist« verfolgte und freigesprochene Arzt und Sozialhistoriker Karl-Heinz Roth präziser von einer »Sozialrevolte gegen die Auschwitz- Generation«.[10] Und die 1990 in der damaligen DDR festgenommene RAF-Aussteigerin Sigrid Sternebeck begründet ihren Weg in den Untergrund so: »Es gab überall so viel Ungerechtigkeit – ich wollte etwas dagegen tun. Ich hatte Angst vor einem ›neuen Faschismus‹.«[11]

Selbst die späten Erkenntnisse eines für die sozialliberale »Anti-Terrorismus«-Politik der siebziger Jahre Mitverantwortlichen umfassen mittlerweile die Einsicht in jenen Zusammenhang:[12] »Das ist natürlich nur verständlich aus dieser monströsen Verdrängung der Nazi-Geschichte, zweitens aus der fantastischen Verdrängung all der Fragen, die Söhne und Töchter an ihre Väter der Auschwitz-Generation gestellt haben und nie beantwortet bekamen.« Diese Worte stammen vom ehemaligen Regierungssprecher Klaus Bölling (SPD), der die umstrittene Sicherheitspolitik der sozialliberalen Regierungskoalition nach außen zu vertreten hatte und der mitverantwortlich war für die »Nachrichtensperre« während der Schleyer-Entführung. Zehn Jahre später gestand er ein: »Diese gigantische Betonfassade in Stammheim war zugleich so etwas wie ein Epitaph auf das Unvermögen, auf die Sprachlosigkeit der Vätergeneration. Man mußte, um weiter mit Behagen in den Rasierspiegel sehen zu können, die RAF als das Böse schlechthin darstellen.«

Das Phänomen »Terrorismus« in der Bundesrepublik ist also ohne den deutschen Nationalsozialismus und dessen Tabuisierung in der Nachkriegsgeschichte,[13] ohne die beharrliche Nichtbewältigung dieser staatsterroristischen Vergangenheit nicht zu verstehen. Was hier dem kollektiven Vergessen anheimfiel, war immerhin das größte geschichtsbekannte Verbrechenssystem,[14] das die planmäßige, industriell betriebene Vernichtung von Millionen von Menschen hervorbrachte[15] und das letztlich nur mit einem Volk von autoritätsfixierten, obrigkeitsstaatlich orientierten Mittätern, Gehilfen und Mitläufern funktionieren konnte.[16]

Nach 1945 sollte mit der gründlichen Entnazifizierung von Staat und Gesellschaft ein »Neuanfang« zur proklamierten »Stunde Null«[17] ermöglicht werden; doch er scheiterte schon bald und verkehrte sich ins glatte Gegenteil, in eine rasch einsetzende, systematische Renazifizierung.[18] Dem Nürnberger Prozeß gegen die Hauptkriegsverbrecher des Nazi-Regimes[19] folgte die nachsichtige Behandlung von NS-Massenmördern, -Blutrichtern und Gestapo-Schergen[20] – eine Behandlung, die ihre konsequente Entsprechung in der mangelnden Entschädigung von

NS-Opfern fand.[21]

Auf die Entmilitarisierung der Bundesrepublik folgte die konsequente Aufrüstung - erst die kapitalistische Restauration, dann die militärische – als Bollwerk gegen die »kommunistische Bedrohung« von außen.[22] Und die politische Verharmlosung des Neo-Faschismus findet fortan ihre Ergänzung in der politischen Verfolgung links-oppositioneller Kräfte und Gruppen – der »kommunistischen Feinde« im Innern. Ein militanter Antikommunismus in einer sogenannt wehrhaften Demokratie ohne Demokraten, einer formalen Demokratie in einer kapitalistischen Wirtschaftsgesellschaft mit strategischer Bedeutung im weltweiten Ost-West-Konflikt eines eiskalten Krieges – das waren die prägenden Grundbedingungen des neuen bundesrepublikanischen Gemeinwesens.

Der deutsche Faschismus, seine sozio-ökonomischen und massenpsychologischen Ursachen wurden in der kapitalistisch-marktwirtschaftlichen Bundesrepublik, wie sich zeigte, mitnichten überwunden. Noch immer standen Freiheitsdrang, Zivilcourage und Widerstandsgeist nicht gerade hoch im Kurs der (West-) Deutschen, stattdessen gehörte nach wie vor eine gefährliche Mischung aus Angst, Autoritätsgläubigkeit und extremem Sicherheitsdenken zur (massen-) psychischen Grundausstattung dieses Volkes – verborgen hinter vorwärtsdrängender Wiederaufbau- und Wirtschaftswunder-Wachstums-Euphorie, die in einen kollektiven Konsumrausch zu münden scheint, und die mit der Ausbeutung der »Dritten Welt« und einer gigantischen Umweltzerstörung einhergeht und uns teuer zu stehen kommt.

Eine historisch angemessene Auseinandersetzung mit dem Staatsterrorismus hat in keiner Weise stattgefunden, entsprechende Konsequenzen wurden letztlich nicht gezogen. Insbesondere in den Bereichen der sog. Inneren Sicherheit – also beim (Wieder-) Aufbau von Polizei, Geheimdiensten und (Politischer) Justiz – wirkte sich dieses Manko schon frühzeitig auf fatale Weise aus. An dieser Hypothek haben wir heute noch schwer zu tragen.

II.

Die Geschichte der Politischen Justiz und des Staatsschutzes in der Bundesrepublik beginnt nicht erst mit den spektakulären sog. Terrorismusverfahren der siebziger Jahre: Inzwischen blicken wir – um nur einige wesentliche Beispiele zu nennen – in der Sicherheitsgesetzgebung auf den Wiederaufbau des politischen Strafrechts mit bereits weit vorverlegtem Staatsschutz in den fünfziger Jahren,[23] auf eine verfassungssuspendierende Notstandsgesetzgebung[24] in den sechziger Jahren, auf strukturverändernde »Anti-Terrorismus-Gesetze« im folgenden Jahrzehnt und schließlich in den achtziger Jahren auf explosive Sicherheitspakete, die in der Praxis bereits schwer angeschlagene rechtsstaatliche Prinzipien vollends aus den Angeln zu heben drohen. Im Bereich der Politischen Justiz blicken wir auf eine zwei Jahrzehnte währende justizielle und administrative Kommunistenverfolgung (der 50er und 60er Jahre) mit Ermittlungsverfahren gegen weit über 120.000 Personen, die zumeist bereits in der NS-Zeit zu den Verfolgten gehört hatten, und mit weiteren 250.000 mittelbar Betroffenen;[25] wir blicken auf bald zwei Jahrzehnte institutionalisierter Berufsverbotepolitik[26] (seit 1972) mit millionenfachen Anfragen an den »Verfassungsschutz«, etwa zehntausend Berufsverboteverfahren und weit über tausend Berufsverbotemaßnahmen sowie schließlich auf eine zwanzigjährige Geschichte der sog. Terrorismusverfahren (seit 1971) mit ihren tiefgreifenden, bis in die Poren der Gesellschaft dringenden Auswirkungen. Alle diese Gesetze, Verfahren und Praktiken reichen in ihren Wirkungen weit über die unmittelbar Betroffenen hinaus: Sie haben das gesamte politisch linksorientierte, gesellschafts- und staatskritische Spektrum im Visier, so unterschiedlich die jeweiligen politischen Positionen und Aktivitäten auch immer sein mögen. Gegen rechtsorientierte Szenen findet dieses vorgeblich neutrale rechtliche Instrumentarium, offenbar alter deutscher Tradition folgend, kaum Anwendung, was sich besonders an unserem Beispiel der sog. Terrorismus-Verfahren belegen läßt.

Ein Ende der langen Verfahrensgeschichte gegen sog. Linksterroristen ist längst noch nicht abzusehen, auch wenn die spektakulären und höchst fragwürdigen Großverfahren gegen die (Ex-) RAF-Angehörigen Baader, Meinhof, Ensslin, Raspe, Möller, Boock, Wagner, Wisniewski, Klar, Mohnhaupt und wie sie alle heißen bereits vor Jahren oder einem Jahrzehnt durchgezogen wurden, etliche der Betroffenen entweder auf dubiose Weise ums Leben kamen[27] oder, zu (mehrmals) lebenslänglich verurteilt, in den Hochsicherheitsgefängnissen schmoren. Auch wenn alle Verfahren gegen die 1990 in der ehemaligen DDR festgenommenen Ex-RAF-Mitglieder abgeschlossen sein werden, wird es immer noch kein Ende geben. Denn nach wie vor wird großflächig nach »Terrorismus«-Verdächtigten gefahndet – und zwar nicht etwa nur nach Attentätern, nach einzelnen Mitgliedern »terroristischer Vereinigungen«, sondern nach einer Vielzahl sogenannter »Unterstützer«, »Werber« und »Sympathisanten«, auch nach Menschen etwa, die sich öffentlich für bessere Haftbedingungen einsetzen oder Erklärungen militanter Gruppen dokumentieren oder sich in bestimmten Bürgerinitiativen engagieren. Nach wie vor werden fragwürdige Staatsschutz-Prozesse inszeniert, gibt es Verdächtige und Verurteilte, die in menschenrechtswidriger Isolationshaft gehalten werden – und es kommen ständig weitere hinzu.

Es geht uns bei unserer Arbeit, das sei an dieser Stelle besonders betont, nicht etwa darum, alle Betroffenen, deren Fälle wir im folgenden untersuchen, generell als bloße Opfer staatlicher Willkür und Allmacht zu sehen und darzustellen. Schließlich handelt es sich bei diesen Betroffenen, sofern sie nicht als vollkommen Unbeteiligte involviert wurden, in aller Regel um politisch denkende und handelnde Menschen, die durch ihr je spezifisches Handeln etwas bewirken wollten und denen die persönliche Verantwortung für dieses Handeln nicht abgenommen werden kann. Da, wo politisch motivierte Gewalt, inbesondere gegen Menschen gerichtete, im Spiel ist, können und wollen wir nicht beschönigen und beschwichtigen, allenfalls Erklärungsversuche unternehmen und uns bei der Würdigung staatlicher Reaktionen auf die Suche nach den verlorenen Maßstäben begeben. Aber: Wir pochen auf die Einhaltung rechtsstaatlicher Prinzipien und fordern faire

Verfahren und menschenwürdige Haftbedingungen auch für solche Personen, denen schwere Verbrechen vorgeworfen werden, die in einem politischen Kontext stehen.

Doch, wir erwähnten es bereits: Es geht bei der staatlichen »Terroristenbekämpfung« längst nicht mehr ausschließlich um die Verfolgung schwerer Verbrechen. Denn verstärkt werden soziale Bewegungen dem »Vorfeld des Terrorismus« zugerechnet und als »Rekrutierungsfeld« kriminalisiert, Widerstandsaktionen und Demonstrationen zu »terroristischen Akten« umgefälscht – kurz: »Terroristen« produziert.

Teil 1
Vom »Anti-Terror-Kampf« zur Widerstandsbekämpfung
Metamorphosen eines staatlichen Kampfinstrumentariums gegen den inneren Feind

Im ersten Teil dieser Untersuchung wollen wir das weitverzweigte System der »Terrorismusbekämpfung« in der Bundesrepublik sichtbar machen, das eng verknüpft ist mit dem Sonderrechtssystem rund um den § 129a Strafgesetzbuch (»Bildung terroristischer Vereinigungen«), den sog. Anti-Terror-Gesetzen. An diesem seit 1987 verschärften Paragraphensystem, dessen Anwendungsmöglichkeiten unter anderem auf die Anti-AKW- und die Friedensbewegung ausgedehnt wurden, läßt sich verdeutlichen, wie per Gesetz »Terroristen«-Potentiale erst geschaffen werden.

Anhand eines exemplarischen »Terrorismus«-Verfahrens aus dem Jahre 1989 (gegen die Journalistin Dr. Ingrid Strobl) wollen wir zunächst in die Materie eingeführen; dabei werden bereits die Leitlinien der neueren Entwicklung staatlicher »Terrorismusbekämpfung« und ihrer Ausweitung auf politisch-soziale Widerstandsbewegungen herausgeschält: Eine Entwicklung vom »Anti-Terror-Kampf« zur Widerstands- und Oppositionsbekämpfung, mit all ihren Auswirkungen auf diese Gesellschaft, auf die politische und rechtliche Kultur, auf die bürgerlichen Freiheitsrechte und auf das Verhalten der politisch denkenden und handelnden Individuen und Kollektive.

Ein Stück Staatskunde-Unterricht

Das »Terrorismus«-Verfahren gegen die Journalistin Dr. Ingrid Strobl

In der Schule habe ich gelernt, die Justiz halte sich an den Grundsatz in dubio pro reo. Im Laufe meines Lebens habe ich gelernt, daß dies nicht unbedingt zutrifft. In der Schule habe ich gelernt, vor der Justiz sind alle gleich. Im Laufe meines Leben habe ich gelernt, welche Rolle die Justiz in einer Klassengesellschaft spielt. In der Schule habe ich gelernt, die Nazi-Verbrecher wurden nach 1945 zur Verantwortung gezogen. Im Laufe meines Lebens habe ich gelernt, daß die Justiz des jungen Staates Bundesrepublik nichts Eiligeres zu tun hatte, als ihre ehemaligen Kollegen, auch die vom Volksgerichtshof, von jeder Schuld freizusprechen. In der Schule habe ich gelernt, Mörder landen unter allen Umständen im Gefängnis. Ich mußte lernen, daß es durchaus darauf ankommt, wer wen ermordet hat... (Dr. Ingrid Strobl in ihrem Schlußwort vor dem Oberlandesgericht Düsseldorf am 6. Juni 1989).[1]

Im Juni 1989 sorgte ein Urteil des Oberlandesgerichts Düsseldorf für großes Aufsehen: Fünf Jahre Freiheitsstrafe wegen Unterstützung einer »terroristischen Vereinigung« nach § 129a Strafgesetzbuch sowie Beihilfe zu einem Sprengstoffanschlag und zur Zerstörung eines Bauwerks – so lautete der Urteilstenor am Ende des fast fünf Monate dauernden politischen Strafverfahrens gegen die 36jährige Journalistin Dr. Ingrid Strobl.[2] Die einzige nachweisbare Handlung, auf die sich der »Terrorismus«-Vorwurf bezog, war der Kauf eines handelsüblichen Weckers – alles andere: Indizien, gerichtliche Interpretationen und »freie richterliche Beweiswürdigung«.

Was haben Wecker mit »Terrorismus« zu tun? – so mag sich in jenen Monaten so mancher bundesdeutsche Langschläfer gefragt haben. Doch jedes Schulkind weiß: Wecker sind Instrumente des alltäglichen Terrors, wüten sie doch Morgen für Morgen in Millionen von Schlafzimmern und reißen die lernende und arbeitende Bevölkerung aus dem verdienten Schlaf – ja mitunter aus Träumen von einer besseren Welt. Zuweilen allerdings befreien sie auch aus Alpträumen, stören den Schlaf der »Gerechten«, den von Ausbeutern und Menschenhändlern, wecken damit jedoch auch »schlafende Hunde« und »Bullen«, die schon lange scharf (gemacht) sind...

Ein Weckerfabrikat hat sich da besonders hervorgetan: der mechanische Mini-Reisewecker der Marke »Emes Sonocron«. Er soll – Schleichwerbung hin oder her – nicht nur in bundesdeutschen Schlafzimmern einschlägige Verwendung gefunden haben, sondern auch als Zeitzünder (Zündzeitverzögerer) bei rund dreißig Sprengstoff- und Brandanschlägen der »Revolutionären Zellen« (RZ)[3] – etwa gegen Einrichtungen, in denen umstrittene Gen-Forschung betrieben wird oder gegen Filialen der Bekleidungsfirma »Adler«, der die Ausbeutung von asiatischen Arbeiterinnen vorgeworfen wurde, oder gegen die Lufthansa, die mitverantwortlich ist für »Sex-Tourismus« nach Thailand und für die Abschiebung von Asylbewerbern.

Die Sache mit den Zündzeitverzögerern setzte 1987 eine beispiellose Fahndungsmaschinerie des Staatsschutzes in Bewegung: Video-Observation von KäuferInnen der »verdächtigen« Wecker in Uhrengeschäften, großangelegte Telefonüberwachungen und Postkontrollen, bundesweite Razzien, Durchsuchungen von Privatwohnungen, von Betrieben und Einrichtungen politischer Gruppen,[4] Beschlagnahmung umfangreichen politischen Materials, erkennungsdienstliche Behandlung von Verdächtigten sowie Festnahmen und Verhängung monatelanger Untersuchungshaft ohne Haftgrund unter zerstörerischen Isolationshaftbedingungen.

Die Fahndungsaktion wurde als »großer Schlag« gegen den »Terrorismus«, gegen die »terroristische Vereinigung« »Revolutionäre Zellen« (RZ) gefeiert, nachdem jahrelange Bemühungen der Fahnder zuvor zu keinen nennenswerten Ergebnissen geführt hatten. Von den über 200 registrierten, den RZ angelasteten Anschlägen konnte bis zu diesem Zeitpunkt lediglich ein verschwindend geringer Teil polizeibekannten TäterInnen zugeordnet werden. Die Ermittlungsbehörden standen also unter einem erheblichen Erfolgsdruck.[5]

Zu den im Dezember 1978 Festgenommenen gehörten die Hamburger Schrift-l-setzerin Ulla Penselin und die Kölner Schriftstellerin und freie Journalistin Ingrid Strobl – zwei politisch engagierte Frauen, die der staatsgläubigen Öffentlichkeit als so gut wie überführte »Terroristinnen« präsentiert wurden. Beide beschäftigten sich beruflich und privat intensiv und kritisch mit sog. anschlagsrelevanten Themen – so eine neue Begrifflichkeit in den Durchsuchungsbefehlen und Ermittlungsakten des Bundeskriminalamtes (BKA). Und das machte sie – neben anderen Indizien – in den Augen der Ermittlungsbehörden verdächtig, Mitglied der »Revolutionären Zellen« zu sein; schließlich hatten diese sich zu einer Reihe von Anschlägen bekannt, die den gleichen Themenbereichen galten, mit denen sich die festgenommenen Frauen politisch-publizistisch befaßt haben. Aus dem Haftbefehl gegen Ulla Penselin vom 19. Dezember 1987 ist hierzu folgendes zu erfahren (S. 2):

Mitglieder der terroristischen Vereinigung ›Revolutionäre Zellen‹ haben seit 1973 rund 250 Anschläge begangen. Dabei ist in den letzten Jahren stark eine Frauen-Teilorganisation der genannten Vereinigung hervorgetreten, die sich ›Rote Zora‹ nennt. Anschlagsziele dieser Gruppe sind vor allem Einrichtungen der Gen- und Biotechnologie. Die Täterinnen sehen darin ein weiteres Mittel der Unterdrückung von Völkern der sog. Dritten Welt und damit vor allem der dortigen Frauen. Das wird in den regelmäßig den Anschlägen nachfolgenden Bekennerschreiben immer wieder herausgestellt. Dem Thema Unterdrückung und Ausbeutung von Frauen in der Dritten Welt hat auch eine umfangreiche Serie von Brandanschlägen auf die Bekleidungswerke Adler am 15. August 1987 gedient. Zum Thema ›Gentechnologie‹ ist zuletzt ein Sprengstoffanschlag auf das Institut für Gentechnik in Berlin versucht worden ...

Weiter heißt es in dem Haftbefehl zur Person:

Die Beschuldigte ist dringend verdächtig, Mitglied der terroristischen Vereinigung ›Revolutionäre Zellen/Rote Zora‹ zu sein. Sie gehört einem Kreis von Frauen an, der sich in Gesprächen und Kongressen intensiv mit dem Thema ›Gen- und Biotechnologie‹ auseinandersetzt und auch dem gewaltsamen Widerstand gegen solche Institutionen...

Als Indiz für die Gruppenzugehörigkeit Penselins, der keine konkrete Tat bzw. Tatbeteiligung vorgeworfen werden kann, wird aufgeführt, sie habe sich zweimal »unter konspirativen Umständen« mit einigen der ebenfalls verdächtigten Frauen getroffen (S. 2 f.). Eine Art »Kontaktschuld« also. Mit Beschluß des Ermittlungsrichters des Bundesgerichtshofes vom 19. Dezember 1987 wurden gegen Penselin und gegen Strobl Isolationshaftbedingungen verhängt, wie sie bei »Terrorismus«-Verdacht üblich sind.[6] Im Juni 1988 erhob der Generalbundesanwalt gegen beide Frauen Anklage beim Oberlandesgericht (OLG) Düsseldorf.[7]

Am 22. August 1988, nach über acht Monaten Untersuchungshaft, wurde der Haftbefehl gegen Ulla Penselin jedoch aufgehoben; sie wurde aus der Haft entlassen. Das Oberlandesgericht Düsseldorf ließ die Anklage nicht zu und lehnte die Eröffnung des Hauptverfahrens ab, da es die Angeschuldigte nicht für hinreichend verdächtig hielt. Penselin nämlich hatte das ihr vorgeworfene »konspirative« Verhalten erklären können, und damit praktisch ihre »Unschuld« nachgewiesen – was allerdings einer (rechtsstaatswidrigen) Beweislastumkehr gleichkommt. Dennoch wurde sie für die zu Unrecht erlittene U-Haft nicht entschädigt. Grund: Sie habe durch ihr »konspiratives Verhalten« selbst zu dem Verdacht beigetragen – ein Vorwurf, der sich auf den vollkommen legitimen Versuch Ulla Penselins bezog, sich der penetranten Observation durch den Staatsschutz zu entziehen. Wenig später wurde auch das Ermittlungsverfahren gegen Ulla Penselin eingestellt.

Ganz anders erging es dagegen Ingrid Strobl: Sie blieb in U-Haft, die Anklage gegen sie wurde vom 5. Strafsenat des OLG Düsseldorf zugelassen. Das einzige Gerichtsverfahren, das aus dem geschilderten immensen Ermittlungsaufwand resultierte, konnte damit seinen Lauf nehmen.

Ein »Terroristen«-Prozeß par excellence

Schwerbewacht und gefesselt wird die Angeklagte im Polizei-Konvoi mit Blaulicht und Martinshorn Prozeßtag für Prozeßtag durch die belebten Straßen Düsseldorfs transportiert. Ein Hubschrauber der Polizei sichert den Transport von oben. Der Weg des Konvois führt von der Justizvollzugsanstalt Essen zum Sicherheitstrakt des Oberlandesgerichts Düsseldorf, wo der Journalistin seit Mitte Februar 1989 der »Terrorismus«-Prozeß gemacht wird. Mitgliedschaft in einer »terroristischen Vereinigung« nach § 129a Strafgesetzbuch und Beteiligung an einem Sprengstoff-Anschlag auf ein Kölner Lufthansa-Gebäude am 28. Oktober 1986, für den sie angeblich einen mechanischen Wecker der Marke »Emes Sonocron«

als »Zündzeitverzögerer« besorgt haben soll – das wirft ihr der oberste Ankläger, Generalbundesanwalt Kurt Rebmann, in seiner knapp hundert Seiten umfassenden Anklageschrift vom 26. Mai 1988 vor.[8]

Die Anklagekonstruktion der Bundesanwaltschaft (BAW) geht etwa folgendermaßen: Sie deutet einen an sich unverdächtigen Weckerkauf als Tatmittel-Beschaffung für besagten Anschlag, zu dem sich die »Revolutionären Zellen« bekannt hatten; aus der angeblichen Struktur und »klandestinen« Arbeitsweise der »RZ« leitet sie dann die Mitgliedschaft Strobls in einer »terroristischen Vereinigung« ab – mit der Behauptung, Tatmittel würden ausschließlich von Mitgliedern, nicht von Außenstehenden besorgt – und versucht schließlich, die verbleibenden Beweislücken mit der politischen Gesinnung der Angeschuldigten zu überbrücken; schließlich beschäftige diese sich in ihrer journalistischen Arbeit äußerst kritisch mit denselben Themen wie die RZ auf ihre Weise – etwa mit Abschiebepraxis und Sex-Tourismus. O-Ton der Anklage:

Die Angeschuldigte räumt selbst ein, sich »häufig – und sehr scharf – mit diesen Themen, die jetzt als ›anschlagsrelevant‹ gewertet werden, auseinandergesetzt zu haben«. Ihr besonderes Interesse gilt seit langem der Teilnahme von Frauen am bewaffneten Widerstand gegen Faschismus/Deutsche Besatzung, was zugleich auch der Titel ihres geplanten Buches[9] ist... Sie würde gerne auch über bewaffneten Frauenwiderstand in der Zeit nach 1945 schreiben, wenn sich nur ein Verlag für eine derartige Veröffentlichung fände.

Weiter heißt es in der Anklageschrift zur »Motivation«:

Auch aus der Haft heraus hat die Angeschuldigte sich mehrfach vehement zum Kampf gegen Gen-Technologie, die vorherrschende Flüchtlingspolitik, die Ausbeutung der Frauen, insbesondere in der Dritten Welt, den Sextourismus und den Handel mit »Katalogbräuten« bekannt. In ihrer Wohnung wurde eine Broschüre mit dem Titel »RZ – Geschichte-Kritiken-Dokumente« sichergestellt... (Anklage, S. 85 f.).

Wer sich also kritisch mit bestimmten »anschlagsrelevanten Themen« beschäftigt, zudem mit dem bewaffneten Widerstand in der Geschichte und dann auch noch entsprechende Literatur produziert und besitzt – ja wenn der oder die sich nicht verdächtig machen, praktizierende »TerroristInnen« zu sein...

Die beschriebene Anklage-Konstruktion hat schwerwiegende Auswirkungen: Wir befinden uns in einem politischen Strafverfahren, das zeigen schon die äußeren Sicherheitsmaßnahmen und Ausnahmebedingungen in einem sog. »Terrorismus«-Prozeß. Der Sicherheitstrakt des Gerichtsgebäudes, in dem der auf über drei Monate veranschlagte Prozeß stattfindet, ist mit Metallzäunen und Gittern abgesperrt und wird von Pferdepatrouillen und mit Maschinenpistolen bewehrten Polizeiposten gesichert; aus Panzerwagen entsteigen vermummte Gestalten, die Stahlhelme tragen oder Tarnkappen mit Sehschlitzen; in den Kontrollschleusen innerhalb des Gebäudes werden die ProzeßbesucherInnen peniblen Durchsuchungen und entwürdigenden Abtastritualen unterworfen, ihre Personalausweise werden abgelichtet. Dies sind die äußeren Begleitumstände einer Sonder- und Ausnahmejustiz wie im »Belagerungszustand«, die bei 129a-Prozessen seit zwei Jahrzehnten zum Normalbestand Politischer Justiz gehören. Drinnen im Gerichtssaal ist etwa ein Drittel der zumeist ohnehin nicht ausreichenden Sitzplätze mit mühsam »milieu«-angepaßten, aber bewaffneten Zivilpolizisten besetzt; es herrscht ein staatsautoritärer Umgangston, den der Vorsitzende Richter Klaus Arend in einer gewissen Variationsbreite zu pflegen versteht: von cholerisch-aggressiv bis väterlich-jovial.

Die Sonderbedingungen in diesem Verfahren führten zu einer Stigmatisierung und Vorverurteilung der Angeklagten als »gefährliche Terroristin«, obwohl doch jede/r Angeklagte bis zur rechtkräftigen Verurteilung als unschuldig zu gelten hat. Sie verletzten das verfassungsrechtliche Prinzip der Öffentlichkeit des Strafverfahrens und drängten die Frage auf, ob unter solchen Bedingungen überhaupt eine angemessene Verteidigung möglich und an einen »fairen Prozeß«, wie ihn die Verfassung vorschreibt, zu denken ist.

Als eine Konsequenz aus den jahrelangen negativen Erfahrungen mit anderen sog. Terrorismus-Prozessen wurde eigens für das Verfahren gegen Ingrid Strobl eine prozeßbegleitende Zeitung namens »clockwork 129a«[10] aufgelegt und eine ProzeßbeobachterInnen-Gruppe zusammengestellt. Die Intention: Verlauf und Bedingungen dieser Art von Gerichtsverfahren hautnah mitzuerleben, kritisch aufzuarbeiten und einer größeren Öffentlichkeit bekannt zu machen – was bei diesem Verfahren auch weitgehend gelungen ist.[12] Öffentliche Aufrufe (»Ein deutscher Herbst reicht«) und eine Vielzahl von Dokumentationen und Veranstaltungen zu »anschlagsrelevanten Themen« wie Gen-Technologie[13] und Asylpolitik rüttelten die Öffentlichkeit wach, es fanden Demonstrationen gegen Gesinnungsjustiz und für die Abschaffung des § 129a statt, an denen sich bis zu 10.000 Menschen beteiligten. Kaum ein anderes »Terrorismus«-Verfahren der achtziger Jahre wurde mit solchem Interesse verfolgt und beobachtet wie dieser Prozeß. Die Stigmatisierungs- und Ausgrenzungswirkung des § 129a, des Terrorismus-Vorwurfs, wurde öffentlich thematisiert und weitgehend durchbrochen.

Die ProzeßbeobachterInnen-Gruppe bestand aus Persönlichkeiten des öffentlichen Lebens, die in unterschiedlichen gesellschaftlichen Bereichen der Politik, Wissenschaft und Kunst tätig sind: u.a. gehörten ihr die Bundestagsabgeordneten Monika Ganseforth (SPD) und Ellen Olms (Die Grünen) an, die Professoren Elmar Altvater (Berlin), Georg Fülberth (Marburg) und Helga Grubitzsch (Paderborn), die Schriftstellerinnen Elfriede Jelinek (Österreich), Peggy Parnass und Katja Leyrer (Hamburg), der Kabarettist Henning Venske und Jakob Moneta, Ex-Chefredakteur der Gewerkschaftszeitschrift »Metall«.[13]

Als Mitglied dieser ProzeßbeobachterInnen-Gruppe habe ich das Verfahren gegen Ingrid Strobl für den »Verband Deutscher Schriftsteller« (VS) in der IG Medien und für »die Grünen« in Nordrhein-Westfalen von Anfang an kontinuierlich beobachtet. Am Ende, als der Vorsitzende Richter nach 27 Prozeßtagen am 9. Juni 1989 das Urteil verkündet hatte, fragte ich mich, in Übereinstimmung mit den anderen BeobachterInnen, allen Ernstes: Hätte dieses Urteil nicht auch ohne jenes langwierige Gerichtsverfahren, ohne die monatelange, zähe Beweisaufnahme gefällt werden können? Allein auf Grundlage der leicht modifizierten Anklageschrift? Das Ergebnis wäre wohl so ziemlich dasselbe gewesen, das Prozedere allerdings erheblich ehrlicher.

Die richterliche Urteilsbildung

Dieses Urteil – fünf Jahre Freiheitsstrafe – erfüllte zwar die schlimmsten Befürchtungen, es mußte dennoch allen, die sich mit dem Prozeß intensiv beschäftigten, zunächst die Sprache verschlagen. Die Fachgruppe Journalismus in der IG Medien protestierte gegen dieses »Gesinnungsurteil«,[14] die »Frankfurter Rundschau« nannte es »maßlos«,[15] »die tageszeitung« einen »Ausdruck von Rache gegenüber einer Frau, die sich durch monatelange Untersuchungshaft und eine drohende Verurteilung nicht mürbe machen ließ, sich unbeugsam zeigte und nicht nur ihren Bekannten, sondern vor allem ihre moralischen und politischen Wertvorstellungen nicht verriet«.[16] Die Gruppe der ProzeßbeobachterInnen sprach von einem »politischen und juristischen Skandal«,[17] der Fraktionsvorstand der »Grünen« von einem »Akt der Gewalt«, ja von »rechtsstaatlicher Barbarei«.[18] Meine eigenen Eindrücke und Gedanken nach der mündlichen Urteilsverkündung habe ich damals so zusammenfaßt:[19]

Wer das Verfahren kontinuierlich beobachtet hat und sich als »Rechtskundiger« ein eigenes Bild von der dürftigen, nach und nach abbröckelnden Beweislage machen konnte, mußte sich bei der Urteils-Verkündung vorkommen, als sei er/sie in die falsche Veranstaltung geraten. Zwar ist einem fast alles, was da mit vielen Worten vorgetragen wurde, noch einigermaßen geläufig, ja inzwischen durchaus vertraut; doch aus den diversen Fakten, widersprüchlichen Zeugenaussagen und unterschiedlich interpretierbaren Indizien und Scheinindizien formte sich im Laufe der mehrstündigen Urteilsverkündung allmählich ein geschlossenes Bild, eine Art Wahngebilde von einer zielstrebig handelnden, gefährlichen »Terroristin«. Ein Zerrbild, das an Einseitigkeit kaum noch zu überbieten ist: Im Zweifel gegen die Angeklagte – aber Zweifel wurden nicht mehr zugelassen.

Für die meisten ProzeßbeobachterInnen und für die Verteidigung ist und bleibt die einzig eindeutig beweisbare Tatsache bis heute, daß Ingrid Strobl einen »Wekker der Marke »Emes Sonocron« gekauft hatte, was sie nie bestritten hat. Sie habe diesen Wecker jedoch, so Strobl in ihrer Einlassung, nicht für sich selbst, sondern für einen Bekannten »X« besorgt, der sie darum gebeten habe. Seinen Namen wolle sie allerdings aus prinzipiellen moralischen Erwägungen nicht preisgeben, um ihn nicht auch noch dieser »menschenverachtenden Maschinerie« auszuliefern, der sie selber mit solch windigen Verdächtigungen unterworfen worden sei.

Es muß in diesem Zusammenhang erfahrungsgemäß immer wieder betont werden, daß es das gute Recht aller Angeklagten ist, keine Namen zu nennen und die Aussage zu verweigern. Im übrigen, so Ingrid Strobl, sei sie davon überzeugt, daß jener Bekannte persönlich mit dem Anschlag nichts zu tun habe.

Dieses jegliche Kollaboration mit der Staatsgewalt verweigernde Verhalten hatte gravierende Auswirkungen auf das gesamte Verfahren,[20] so daß sich bei manchen Prozeßbeobachtern der Eindruck aufdrängte, Strobl säße in Wirklichkeit in einer rechtlich unzulässigen Beugehaft – mit dem Ziel, ihr die Offenbarung der Identität von »X« abzupressen. In der mündlichen Urteilsverkündung gab der Vorsitzende Richter Arend zu Protokoll, daß die »seltsame politische Moral« der Angeklagten das Gericht nicht interessiere; Strobls Weigerung, den X zu nennen, entspreche lediglich den »Grundsätzen von Ganovenehre, nicht politischer Moral.«

Die prozeßbeherrschende Frage lautete: Was macht eine bisher strafrechtlich nicht in Erscheinung getretene Weckerkäuferin zum Mitglied einer »terroristischen Vereinigung«? Nach einer langwierigen Phase der Beweisaufnahme, der Zeugenvernehmung und Urkundsverlesung stellte sich immer deutlicher heraus, daß gegen Strobl – selbst nach monatelangen Observationen, Telefonabhör-Aktionen und Durchleuchtungen ihres Bekanntenkreises – nichts beweiserheblich Greifbares zu Tage gefördert werden konnte. Meines Erachtens konnte nicht einmal eindeutig bewiesen werden, ob der »inkriminierte« Wecker, wie die Anklage behauptete, mit dem Zündzeitverzögerer bei dem Anschlag der »Revolutionären Zellen/Rote Zora« auf das Kölner Lufthansa-Gebäude identisch war – was schließlich Grundvoraussetzung Nummer 1 für eine strafrechtlich relevante Handlung wäre. Im Gegenteil: Die Anklage-Konstruktion wurde im Lauf des Verfahrens kräftig erschüttert – ein Verdienst der StrafverteidigerInnen Edith Lunnebach (Köln) und Hartmut Wächtler (München), die akribisch sämtliche in die Anklage eingegangenen Fehlerquellen, Widersprüche und Manipulationen der Ermittlungsphase aufdeckten.

Wie sich herausstellte, waren die Wecker der Marke »Emes Sonocron« unter der Regie des BKA numeriert und in diverse Uhrengeschäfte geschleust worden.[21] Dort wurden die KäuferInnen, also auch Hunderte von Unbeteiligten, per Video observiert, später identifiziert und weiteren Ermittlungsmaßnahmen unterzogen. Dieses sog. Wecker-Programm des Bundeskriminalamtes,[22] jene großangelegte präventive und geheime Numerierungs- und Überwachungsaktion – deren zweifelhafte Rechtmäßigkeit noch nicht mal überprüft worden war -, wurde wegen der zutage tretenden Unzulänglichkeiten und Fehlerquellen im Lauf des Verfahrens langsam aber sicher zum Fiasko der Ermittlungsbehörden. Es war ursprünglich, so die Ermittler, auch nicht dazu gedacht, gerichtsverwertbare Tatsachen und Beweise zu erbringen, sondern es sollte lediglich personenbezogene Fahndungsansätze liefern, an die sich weitere Ermittlungen anknüpfen ließen. Dieses Weiterermitteln ergab im Fall Strobl jedoch keine weiteren Verdachts-Erkenntnisse, geschweige denn Beweise. Ein BKA-Zeuge brachte vor Gericht die prekäre Situation so auf den Punkt: »Es war ja nicht zu erwarten, daß wir nur den Wecker als Beweis gegen Frau Strobl haben würden.«[23]

Das Gericht brachte nun in seinem Urteil das Kunststück fertig, aus dieser mißlichen Beweislage feste Überzeugungen zu ziehen:[24] Die Wecker-Identität sei aufgrund der »verläßlichen Angaben« der BKA-Beamten »zweifelsfrei« erwiesen;

eine Verwechslung bzw. Vertauschung der Wecker-Nummern sei »zwar abstrakt denkbar«, liege jedoch »als bloße theoretische Möglichkeit fern« und sei daher »bei vernünftiger Betrachtung« (...) »mit Sicherheit auszuschließen«. Zweifel »haben keinen Bestand«, »Mutmaßungen« der Verteidigung seien »widerlegt«, »Manipulationen« des BKA »mit Sicherheit auszuschließen« und so weiter und so fort.

Eine politisch unvoreingenommene Entscheidung hätte angesichts der tatsächlichen Beweislage bereits hier feststellen können, daß das Wecker-Programm nicht mehr lückenlos rekonstruierbar und eine Verwechslung der Nummern nicht mit letzter Sicherheit auszuschließen war. Deshalb: In dubio pro rea, im Zweifel für die Angeklagte: Freispruch!

Aber nein – und auch der zweite neuralgische Punkt wird im Urteil zur unumstößlichen Gewißheit: die Frage nämlich, ob Ingrid Strobl – die Wecker-Identität einmal unterstellt – den Verwendungszweck des Weckers kannte, also beim Weckerkauf vorsätzlich handelte. Die mit Spannung erwartete Antwort: »Die Beschaffung des Tatmittels ist als wichtiges Indiz für die Tatbeteiligung zu werten«.[25] Mit diesen unheilschwangeren Worten beginnt das Gericht seine zweifelhafte Indizienkette zu schmieden. Strobl habe, so die recht willkürliche Interpretation ihres Kaufverhaltens, den Wecker in »Verschleierungsabsicht« erworben, wobei sie dem Kauf den »Anschein sozial üblichen Verhaltens« verleihen wollte, ergo »war ihr der Verwendungszweck bekannt«.

Im schriftlichen Urteil heißt es dazu: »Die unwahre Angabe der ledigen Angeklagten, sie wolle den Wecker als Geschenk für ihren Mann, belegt, daß sie etwas verschleiern wollte. Dazu hatte sie aber nur dann Anlaß, wenn ihr der tatsächliche, nämlich der strafbare Verwendungszweck des Weckers bekannt war.«[26] Mit dieser »falschen Erklärung« habe die Angeklagte dem »an sich schon äußerlich normalen und harmlosen Vorgang wie dem eines Weckerkaufs zusätzlich auch noch den Anstrich des Biederen« geben wollen. Außerdem habe die Angeklagte sich erst auf Nachfrage der Verkäuferin für einen schwarzen Wecker entschieden. Dies beweise, »daß die Frage der Farbauswahl für die Angeklagte überhaupt keine Rolle spielte ... Auch dieser Umstand weist darauf hin, daß die Angeklagte um den strafbaren Verwendungszweck des Weckers wußte, bei dem es in der Tat auf dessen Farbe nicht ankam«.

Damit nicht genug – auch noch unauffälligeres Verhalten kann verdächtig sein:

»Die Tatsache, daß der äußere Ablauf des Verkaufsvorgangs und das optisch wahrnehmbare Verhalten der Angeklagten nach den Angaben der Zeugin M. unauffällig und normal waren, das äußere Geschehen somit nicht aus der Reihe anderer Verkäufe herausfiel, ist ambivalent. Dies braucht nicht für Arglosigkeit zu sprechen. Das optisch unauffällige Verhalten der Angeklagten kann ebenso auf Beherrschtheit, Gleichgültigkeit oder Sicherheitsgefühl beruhen. Es kann auch darauf hindeuten, daß die Angeklagte bewußt bemüht war, sich unauffällig zu verhalten.«

Auch ihr Verhalten nach dem Kauf gebe hierauf »deutliche Hinweise«, sei »bedeutsames Beweisanzeichen« dafür, daß ihr der Zweck bekannt gewesen sei.[27]

Daß sie »nicht geflohen ist, sich insbesondere nicht in ihr Heimatland Österreich abgesetzt hat«, nachdem ihr die gegen sie gerichtete Observation durch die Polizei verraten worden war, stelle dieses Ergebnis keineswegs in Frage.

Wie auch immer – selbst Unverdächtiges ist, einmal in einen bestimmten Zusammenhang gebracht, verdächtig, ja, vielleicht ein ganz besonders gerissener Schachzug der Beschuldigten! Die Einlassungen der Angeklagten jedenfalls, so das Gericht, enthielten demgegenüber »Widersprüche und Ungereimtheiten«, seien insoweit »völlig unglaubwürdig« und »absolut lebensfremd«. Das Gericht leistete mit seinen Verhaltensinterpretationen ganze Arbeit: »Richterliche Überzeugungen« ersetzten die fehlenden Beweise.

Zur Untermauerung dieser bemerkenswerten Urteilsfindung bemühte das Gericht Strobls berufliches und politisches Engagement:[28] Als »promovierte Germanistin, engagierte Feministin und gewandte Journalistin« habe die Angeklagte schließlich über die »Revolutionären Zellen/Rote Zora« Bescheid gewußt, sei also bei ihrem Tun nicht arglos gewesen. Ihr Engagement für Ausländer und Frauenpolitik beweise, »daß die Angeklagte sich nicht ahnungslos für etwas hergibt«. Im Gegenteil: Die Themen, mit denen sich die »RZ« beschäftigten – etwa Abschiebepraxis und Sex-Tourismus – »waren der Angeklagten auf den Leib geschrieben«,[29] weiß das Gericht aus seiner intimen Kenntnis der im Laufe des Verfahrens verlesenen journalistischen Arbeiten von Ingrid Strobl. Der von den Ermittlungsbehörden in diesem Zusammenhang geprägte, entlarvende Begriff der »anschlagsrelevanten Themen« wurde jedoch peinlichst vermieden. Um nichts anderes ging es jedoch.

Im schriftlichen Urteil heißt es wörtlich:

6. Zur inneren Tatseite:
Daß die Angeklagte über ihre allgemeine Kenntnis der Zweckbestimmung des Weckers als Zündzeitverzögerer hinaus auch im einzelnen gewußt hat, daß der Wecker für einen Sprengstoffanschlag von Mitgliedern der terroristischen Vereinigung »Revolutionäre Zellen« auf das Hauptverwaltungsgebäude der Deutschen Lufthansa AG in Köln-Deutz eingesetzt werden sollte, ergibt sich zur Überzeugung des Senats aus folgendem: Die Angeklagte ist promovierte Germanistin, engagierte Journalistin und Schriftstellerin. Die Annahme, sie habe sich aus Naivität für eine strafbare Handlung einspannen lassen, ohne genau zu wissen, worum es ging, liegt fern.

Die Existenz der terroristischen Vereinigung »Revolutionäre Zellen« war ihr bekannt. Über diese und ihre Teilorganisation »Rote Zora« war nach Aussage der Zeugin Schwarzer mehrfach in der Zeitschrift EMMA berichtet worden. An der Redaktionskonferenz, in der die Veröffentlichung jener aufschlußreichen Selbstdarstellung der Teilorganisation »Rote Zora« eingehend diskutiert wurde, hatte die Angeklagte teilgenommen. Dies haben die Zeuginnen Schwarzer und Ae. glaubhaft bekundet. In ihrer Wohnung wurde die erwähnte Broschüre mit umfänglichen Texten der »Revolutionären Zellen«, vorwiegend Abdrucken aus dem Verbandsorgan »Revolutionärer Zorn«, gefunden. Es wäre lebensfremd anzunehmen, die Angeklagte hätte die Existenz der terroristischen Vereinigung »Revolutionäre Zellen«, ihre Ziele und ihre Mittel nicht gekannt.

Die Themen, denen der Sprengstoffanschlag auf das Lufthansagebäude nach der Tatbekennung galt, nämlich Abschiebepraktiken und »Sextourismus«, gehörten zu solchen, mit denen sie sich umfänglich publizistisch befaßt hatte. Das beweisen mehrere in der Hauptverhandlung verlesene Texte der Angeklagten, zum Beispiel ihr Artikel »Was kann uns denn schon passieren?« in der Zeitschrift EMMA Ausgabe März 1983 und ihr nach der Festnahme verfaßter Beitrag »Brief aus dem Gefängnis«, der in mehreren Druckschriften veröffentlicht worden ist. In einem in der Hauptverhandlung verlesenen beschlagnahmten Brief der Angeklagten an Dr. Lilli S. vom 14. Februar 1988 teilt die Angeklagte selbst mit: »Der Anschlag richtete sich gegen die Abschiebung von Asylbewerbern und die ›Bumsbomber‹, also die Flüge, die bundesdeutsche Sextouristen nach Südostasien karren. Ich habe mich als Journalistin häufig – und sehr scharf – mit diesen Themen, die jetzt als ›anschlagsrelevant‹ (so heißt das hier...) gewertet werden, auseinandergesetzt.«

Mag die Angeklagte auch nicht in alle Einzelheiten der Tatausführung genauestens eingeweiht gewesen sein, so kann andererseits kein Zweifel daran bestehen, daß ihr die Anschlagsthemen, das Anschlagsobjekt und die wesentlichen Merkmale der Ausführung des Sprengstoffanschlages bekannt waren.[30]

Nicht, daß jemand bei solchen Feststellungen an Gesinnungsjustiz denke, argwöhnte der Vorsitzende Richter Klaus Arend in seiner mündlichen Urteilsverkündung: Beweis sei schließlich – für alle, »die sich Vernunft und Einsicht nicht verschlossen haben« – durch »eindeutige Fakten« erbracht und nicht etwa durch das politische Engagement der Angeklagten. Dieses zeige lediglich, daß sie über die gesamten Umstände Bescheid gewußt haben müsse – jenseits aller Beweise.

Schiffbruch erlitten hatte die Anklage nur in einem Punkt – und zwar mit dem Vorwurf der Mitgliedschaft in einer »terroristischen Vereinigung«, den »Revolutionären Zellen« (RZ) bzw. der »Roten Zora«. Mit dieser Behauptung sollte die Beweislücke zwischen Weckerkauf und Anschlag überbrückt werden. Aufgrund des klaren Beweisergebnisses sah sich das Gericht offensichtlich genötigt, diese dritte Stütze der Anklage im Urteil stürzen zu lassen – allerdings nicht ganz: Es erkannte stattdessen auf »Unterstützung« einer solchen Vereinigung.[31] Eine Begründung für diesen Schuldspruch blieb das Gericht großzügig schuldig. Der Nachweis einer laut Gesetz und Rechtsprechung hierfür erforderlichen dauerhaften und den Bestand der »terroristischen Vereinigung« sichernden Aktivität konnte nicht einmal ansatzweise erbracht werden. Denn die Unterstützung einer einzelnen Person, die einer solchen Vereinigung zugerechnet wird, würde hierfür ebensowenig ausreichen, wie die Unterstützung einer einzelnen Tat wie sie Strobl vorgeworfen wurde. Dennoch: schuldig der Unterstützung einer »terroristischen Vereinigung«.

Schon im Laufe des Verfahrens hatte es das Gericht nicht für nötig erachtet, Beweis darüber zu erheben, ob es sich bei den »RZ« bzw. der »Roten Zora« überhaupt um eine »terroristische Vereinigung« im Sinne des § 129a handelt – was schließlich Voraussetzung für eine Mitgliedschaft oder Unterstützung ist – und ob diese Gruppierungen überhaupt nach einem einheitlichen Organisationsprinzip arbeiten, wie die Anklage nicht müde wurde, zu behaupten. Diese Punkte wurden der ordentlichen Beweiserhebung mittels einer sog. Offenkundigkeitserklärung des Gerichts von Anfang an weitgehend entzogen[32] – zu Lasten der Angeklagten, deren Anspruch auf »rechtliches Gehör« damit unterminiert wurde.[33]

Die Verteidigerin Edith Lunnebach wies demgegenüber in ihrem Schluß-Plädoyer darauf hin, daß die genaue Struktur der »RZ« bislang nicht ermittelt werden konnte – ebensowenig wie die Art und Weise der Organisierung des Lufthansa-Attentats:

»Würde dieses Beweisergebnis Bestand haben, käme wohl niemand auf die Idee, aus dem Weckerkauf heraus alleine eine Beteiligungshandlung von Frau Strobl zu unterstellen. Unterstellt man allerdings, daß die Täter eine terroristische Vereinigung gebildet haben, so kommt es bei der Verurteilung im Grunde gar nicht mehr auf den Nachweis der Tat an; die unbestimmte Nähe einer Person zu strafbaren Handlungen, die als terroristische Taten eingestuft werden und ihrerseits hinsichtlich der Begehungsform nicht genügend aufgeklärt sind, reicht aus.«

Die Verteidigerin weiter:

»Gerade das macht die Gefährlichkeit der Konstruktion der terroristischen Vereinigung aus... Der Sumpf der Gefährlichkeit der vermuteten Organisation zieht alle in seinen Bann... Die Sogwirkung des Terrorismusvorwurfs läßt dann auch vergessen, daß die Justiz sich um den Nachweis der konkreten Schuld eines Täters bemühen muß.«

Von Schuld und Unschuld

Ingrid Strobl charakterisierte in ihrem Schlußwort diese am eigenen Leib erfahrene 129a-Sondergerichtsbarkeit gegen links als Politische Justiz in einer Klassengesellschaft.[34] Zur Frage der »Schuld« führte sie aus: »Ich habe im Gefängnis sehr anschaulich erfahren, was die Begriffe schuldig und unschuldig bedeuten. Sie sagen kaum etwas aus über das, was ein Mensch wirklich getan hat. Sie sagen aber sehr viel aus über die Gesellschaft und ihre Justiz.«

Und Ingrid Strobl nannte Beispiele für »Unschuldige in dieser Gesellschaft und vor dieser Justiz«:

der Henker vom Volksgerichtshof, der Arzt, der KZ-Häftlinge mit Menschenversuchen zu Tode quälte; der Betriebsführer, der den Einsatz von Zwangsarbeiterinnen und Zwangsarbeitern kalkulierte; der Rassenkommentator und selbst noch der Hersteller von Zyklon B; ...die Konzernherren und -manager, die heute den Hungertod von ungezählten Menschen in der sogenannten Dritten Welt ganz selbstverständlich einkalkulieren zum Wohle und zum Segen ihres Profits; ...die Produzenten von Giftgas und anderen chemischen Giften, die den Tod von Hunderttausenden auf dem Gewissen haben...

Angesichts dieses gesellschaftlichen und rechtlichen Umgangs mit den Begriffen schuldig und unschuldig kann ich mich hier nicht verteidigen, indem ich sage, ich bin unschuldig. Ich würde mich damit in die Gesellschaft von alten Judenmördern, neuen Rassisten, von Chefsesseltätern, Vergewaltigern und Frauenhändlern begeben.

Ich bekenne mich daher schuldig.

Ich bekenne mich schuldig, eine radikale linke und feministische Gesinnung zu hegen und sie nicht ablegen zu können und zu wollen.

Ich bekenne mich schuldig, die Ausbeutung und Ermordung der Menschen in der sogenannten Dritten Welt nicht hinnehmen zu können.

Wie sehr sich das Gericht, insbesondere in Gestalt des Vorsitzenden Richters Arend, von diesen Ausführungen Strobls provoziert gefühlt haben mag, offenbarte seine überaus peinliche Vorbemerkung zur mündlichen Urteilsverkündung. Ihm, Arend, sei »die Galle hochgekommen«, als Ingrid Strobl »über Klassenjustiz sinnierte« und sich schuldig bekannt hatte, »die kalte Amnestie für NS-Verbrecher und deren tragende Rolle bei der Etablierung des Staates Bundesrepublik nicht hinnehmen zu können«. »Nur langjährige berufsrichterliche Erfahrung hat uns ermöglicht, dem zu Ende zuzuhören und anschließend zur nötigen Gelassenheit zurückzufinden und die eigenen Gefühle zu kontrollieren.«

Ja, die Erinnerung an die Traditionen deutscher Justiz scheint das »richterliche Selbstverständnis« gehörig zu stören. Meine Schlußüberlegungen als ständiger Prozeßbeobachter des Strobl-Verfahrens faßte ich nach der Urteilsverkündung in folgende Worte:

Wenn dieser Prozeß etwas bewiesen hat, dann nicht die »Schuld« der Angeklagten, sondern die Notwendigkeit einer intensiven öffentlichen Beschäftigung mit solchen Verfahren, die seit Jahren Hochkonjunktur haben. Dieser Prozeß bestätigt die Notwendigkeit einer kontinuierlichen Solidaritätsarbeit, Prozeßbeobachtung und Prozeßberichterstattung, wie sie im Strobl-Verfahren insbesondere durch eine BeobachterInnen-Gruppe und durch die prozeßbegleitende »Clockwork 129a« gewährleistet waren. Der Strobl-Prozeß dürfte sich in der öffentlichen Wirkung für die staatlichen Ermittlungsorgane als ziemlich kontraproduktiv erwiesen haben. Ob diese Wirkung über das empörende Urteil hinaus anhält und ob auch andere laufende sowie künftige Verfahren dieser Art erfolgreich miteinbezogen werden können, das hängt meines Erachtens davon ab, ob eine fundierte Mobilisierung der Öffentlichkeit gegen das 129a-Sonderrechtssystem, gegen alle anderen Gesinnungs-Paragraphen und gegen die Politische Justiz gelingt.

Nachtrag: Zur Revisionsentscheidung des Bundesgerichtshofs (1990)

Die Verteidigung Ingrid Strobls legte gegen das OLG-Urteil am 26. September 1989 beim Bundesgerichtshof (BGH) Revision ein. In der über hundertseitigen Revisionsschrift des Hamburger Strafverteidigers und Revisionsexperten Gerhard Strate wird die Verletzung formellen und materiellen Rechts gerügt. Ausführlich wird darin dargelegt, daß das Verfahren nicht den Prinzipien eines »fairen Prozesses« entsprach und die Beweislage für eine Verurteilung nicht ausreichte.

Die Antwort des 3. Strafsenats des BGH in Karlsruhe nach über sieben Monaten: ein siebenseitiger Beschluß, der am 9. Mai 1990 einstimmig gefaßt wurde.[35] Das wichtigste Ergebnis dieser Entscheidung vorweg: Sie führte, nach erneuter Haftprüfung, bereits einen Tag später zur Freilassung Ingrid Strobls aus der Untersuchungshaft, die sie zweieinhalb Jahre lang, zum Teil unter verschärften Bedingungen, erleiden mußte. Der Revision der Verteidigung war nämlich teilweise entsprochen worden, wobei dem BGH offenbar sehr daran gelegen war, den in der Öffentlichkeit besonders stark kritisierten offenkundigen Gesinnungsanteil des OLG-Urteils zurückzunehmen. Der ätzende Ruch von »anschlagsrelevanten Themen«, der über dem gesamten Verfahren wie ein Pesthauch lag, sollte aus dem Urteil und aus den Köpfen getilgt werden.

Deshalb mußte der zentrale Vorwurf der Unterstützung einer »terroristischen Vereinigung« nach § 129a StGB fallen, ein Vorwurf, der untrennbar verknüpft ist mit der Kriminalisierung (links)politischer Gesinnung. Der BGH-Beschluß klingt insoweit wie eine schallende Ohrfeige, deren Fernwirkung von Karlsruhe nach Düsseldorf die Galle des Vorsitzenden OLG-Richters Arend abermals gehörig strapazieren dürfte:

Das Oberlandesgericht, so heißt es in dem Beschluß (S. 4 f.), *hat den Vorsatz zur Unterstützung der »Revolutionären Zellen« beim Bombenanschlag auf das Lufthansagebäude im wesentlichen aus folgenden Umständen gefolgert: Die Angeklagte sei promovierte Germanistin, engagierte Journalistin und Schriftstellerin. Die Annahme, sie habe sich aus Naivität für eine strafbare Handlung einspannen lassen, ohne genau zu wissen, worum es gehe, liege fern. Die Existenz der terroristischen Vereinigung »Revolutionäre Zellen«, ihre Ziele und ihre Mittel habe sie gekannt. Die Themen, denen der Sprengstoffanschlag nach der Tatbekennung der »Revolutionären Zellen« gegolten habe – Abschiebepraktiken gegenüber Asylanten und »Sextourismus« nach Südostasien – gehörten zu solchen, mit denen sie sich umfänglich publizistisch befaßt habe.*

Diese Beweisanzeichen reichen auch bei Berücksichtigung der Begleitumstände des Wekkerkaufs nicht aus, um einen Willen der Angeklagten, die »Revolutionären Zellen« zu unterstützen, rechtsfehlerfrei darzutun.

Insoweit, so resümiert der BGH, *entfernen sich die vom Tatrichter gezogenen Schlußfolgerungen so sehr von einer festen Tatsachengrundlage, daß sie nur einen Verdacht, nicht aber die zur Verurteilung erforderliche Überzeugung zu begründen vermögen.*[36]

Wie hieß es noch in der mündlichen Urteilsverkündung aus dem Munde des Vorsitzenden Richters Arend? Beweis sei schließlich – für alle, »die sich Vernunft und Einsicht nicht verschlossen haben« – durch »eindeutige Fakten« erbracht und nicht etwa durch das politische Engagement der Angeklagten. Der BGH verschloß sich dieser interessegeleiteten Vernunft und Einsicht, immerhin stand das Ansehen der Zunft, der Justiz und des Rechtsstaates auf dem Spiel, dem der unbedingte Verurteilungswille schon mal – wenigsten in Teilen – unterzuordnen ist. Dies dürfte die Vernunft und Einsicht der höheren Instanz sein, die über den Einzelfall hinaus an die möglichen Folgen denkt.

Und so erteilten die Revisionsrichter dem OLG-Senat gleich auch noch Nachhilfe-Unterricht, wie die politische Gesinnung indiziell besser zu verankern wäre (S. 6 f.):

Ein tragfähiges Indiz ..., gerade die »Revolutionären Zellen« zu unterstützen, wäre es beispielsweise gewesen, wenn – unabhängig vom Weckerkauf – eine Beziehung der Angeklagten zu Mitgliedern dieser terroristischen Vereinigung oder jedenfalls eine geistige Nähe der Angeklagten zu deren terroristischem Gedankengut hätte festgestellt werden können. Dies ist nicht der Fall.

»Beziehung« zu RZ-Mitgliedern, »geistige Nähe«, »terroristisches Gedankengut« – dieses höchstrichterliche Gedankengut macht deutlich, daß es auch auf dieser Ebene nicht etwa um eine Abkehr von der Gesinnungsjustiz geht, sondern lediglich um eine geschicktere Handhabung. Deshalb fährt der Beschluß fort mit der Belehrung, wie es bitteschön nicht gemacht werden sollte:

Daraus, daß in ihrer (Strobls; R.G.) Wohnung die im Mai 1985 vertriebene Broschüre »RZ – Geschichte – Kritiken – Dokumente« mit zahlreichen Textstellen der »Revolutionären Zellen« gefunden worden ist, kann dies (die »geistige Nähe«; R.G.) nicht gefolgert werden. Denn die Angeklagte hatte die Broschüre seinerzeit über die »Emma«-Redaktion bezogen, bei der sie als linke und feministische Journalistin fest angestellt war. Es ist ohne weiteres möglich, so konzediert der BGH großzügig, *daß sie die Broschüre aus beruflichem oder gesellschaftlichem Interesse bestellt und gelesen hat. Deren Besitz allein kann einen Willen zur Unterstützung der »Revolutionären Zellen« nicht belegen.*

Erstaunlich, mit welchen Selbstverständlichkeiten sich bundesdeutsche Gerichte in politischen Verfahren argumentativ zu beschäftigen haben. Und weiter geht der Versuch des BGH, die OLG-Richter in dieser Frage zu überzeugen (S. 6):

Der vom Oberlandesgericht in erster Linie für die Kenntnis von Anschlagsobjekt und Täterkreis angeführte Umstand ist bewertungsneutral: Zwar hat sich die Angeklagte, wie andere Publizisten auch, schriftstellerisch und journalistisch mit den Themen beschäftigt (Abschiebepraktiken gegenüber Asylanten und gewinnorientierte Förderung des »Sextourismus« durch die Lufthansa), die die »Revolutionären Zellen« als Grund für den Bombenanschlag auf die Lufthansa genannt haben. Diese thematische Konkordanz vermag aber keine persönliche oder sachliche Verbindung zwischen der Angeklagten und den »Revolutionären Zellen« darzutun...

So viel ins Stammbuch des OLG Düsseldorf. Fazit Nr. 1 des BGH-Beschlusses (S. 7): Da weitere Feststellungen nicht zu erwarten seien, müsse der Schuldspruch wegen Unterstützung einer terroristischen Vereinigung (der RZ) und Beihilfe zur Zerstörung von Bauwerken (also Beihilfe zum konkreten RZ-Anschlag auf das Kölner Lufthansa-Gebäude) aufgehoben werden. Das Verfahren wird insoweit zu neuer Verhandlung und Enscheidung an einen anderen Senat des OLG Düsseldorf zurückverwiesen.

Doch damit ist der Revisionbeschluß noch nicht erschöpft. Denn der BGH hat es fertiggebracht, sich seinerseits in Widersprüche zu verwickeln und zumindest einen »terroristischen« Rest aus dem OLG-Urteil zu retten – nämlich die Verurteilung wegen Beihilfe zu einer Sprengstoffexplosion. Wie das möglich ist, schildert der BGH mit folgenden Worten (S. 3):

Ohne Rechtsfehler hat das Oberlandesgericht als erwiesen angesehen, daß die Angeklagte am 11. September 1986 in einem Kölner Uhrengeschäft den Wecker gekauft hat, den die terroristische Vereinigung »Revolutionäre Zellen« am 28. Oktober 1986 als Zeitzündverzögerer bei dem Bombenanschlag auf das Lufthansa-Gebäude in Köln verwendet hat.

Angesichts der tatsächlichen Beweislage eine kühne Behauptung, mit der der BGH ohne weitere Begründung die Identität des gekauften Weckers mit dem Zündzeitverzögerer als bewiesen unterstellt und juristisch unangreifbar macht.

Zu dem Vorwurf, Ingrid Strobl habe den generellen (nicht notwendigerweise den konkreten) Verwendungszweck des von ihr gekauften Weckers gekannt, führt der BGH-Beschluß, mit verhohlener Kritik am OLG, folgendes aus (S. 3f.):

Das Oberlandesgericht hat darüber hinaus aus einer Gesamtschau zahlreicher – isoliert betrachtet: wenig aussagekräftiger – Indizien die Überzeugung gewonnen, daß die Angeklagte beim Kauf dieses Weckers gewußt hat, daß ihr Auftraggeber, den zu benennen sie nicht bereit war, den Wecker politisch motivierten Gewalttätern zum Bau einer Bombe zur Verfügung stellen werde. Diese Beweiswürdigung liegt insgesamt gesehen noch innerhalb des dem Tatrichter zukommenden Beurteilungsspielraumes.

Das bedeutet: Die richterliche Gesamtschau der für sich gesehen »wenig aussagekräftigen Indizien« – oder anders ausgedrückt: die Summe mehr oder weniger unverdächtiger Verhaltensweisen – wird mit diesem Beschluß als hinreichende Tatsachengrundlage für die Entscheidung des OLG akzeptiert. Eine deutliche, politisch motivierte Notrettung, haarscharf an der Grenze des gerade noch Haltbaren; die Entscheidung, das zeigt die Wortwahl, hätte mit guter Begründung auch anders ausfallen können. Die Argumentation des BGH geht nun folgendermaßen weiter (S. 5): Die Angeklagte habe bei ihrem Tatbeitrag (Weckerkauf) nicht notgedrungen die RZ als Tätergruppe ansehen müssen, denn:

Zur Tatzeit sind zahlreiche terroristische Anschläge von ad hoc gebildeten Kleinstgruppen und Einzeltätern im Sinne einer »guerilla diffusa« begangen worden, die nicht zu den »Revolutionären Zellen« gehörten und auch sonst nicht die für eine terroristische Vereinigung (nach § 129a; R.G.) erforderliche Verbandsstruktur aufwiesen.[37] Es könne also nicht ausgeschlossen werden, *daß die Angeklagte einer unabhängig von den »Revolutionären Zellen« operierenden Tätergruppe bei einem nicht auf die Zerstörung eines Bauwerkes gerichteten Anschlag helfen wollte und sie von ihrem Auftraggeber über den wahren Verwendungszweck im unklaren gelassen worden ist.*

Der BGH kommt insoweit zu dem Fazit Nr. 2: Zwar habe der Angeklagten nicht »rechtsfehlerfrei« nachgewiesen werden können, daß sie mit dem Weckerkauf die RZ, also eine »terroristische Vereinigung« unterstützen und zu dem konkreten Anschlag auf das Kölner Verwaltungsgebäude der Lufthansa beitragen wollte, doch von den »Fehlern« der hierauf bezogenen Beweiswürdigung unberührt bleibe die Annahme, »die Angeklagte habe einen linksextremistisch oder radikalfeministisch motivierten Bombenanschlag auf Gegenstände politischer Gegner unterstützen wollen. Das Vorstellungsbild der Angeklagten«, so weiß der BGH aus unerfindlichen Quellen, »erfaßte daher den wesentlichen Unrechtsgehalt und die Angriffsrichtung der von ihr unterstützten Tat. Diese Konkretisierung genügte für den Gehilfenvorsatz« (S. 8).[38] Also: Schuldig der Beihilfe zur Herbeiführung irgendeiner Sprengstoffexplosion.

Mit dieser Ehrenrettung des OLG-Urteils konnte nun wenigstens der Versuch unternommen werden, den ungeheuren Ermittlungsaufwand ab 1986 vor der Öffentlichkeit zu rechtfertigen. Die Streichung des offenkundigen Gesinnungsanteils im OLG-Urteil war insofern lediglich eine kosmetische Korrektur im Einzelfall. Die Ermittlungen nach § 129a hatten ihre Schuldigkeit längst getan, ihre Ausforschungsfunktion längst erfüllt. Das »Anti-Terror«-System, das solches ermöglicht, blieb von der Revisionsentscheidung des BGH prinzipiell unangetastet. Der erleicherte Aufschrei, es gebe ja noch Richter in der Bundesrepublik, die sich auch in politischen Verfahren an den Menschenrechten orientierten statt am Staatswohl, ist verfehlt und verfrüht, solange es in der BRD einen § 129a und eine »Terrorismus«-Sonderjustiz gibt.

Nachtrag 2: Schlußakt

Ingrid Strobl mußte also nochmals vor die Schranken des Oberlandesgerichts Düsseldorf, das – basierend auf den Erkenntnissen des BGH – ein neues Strafmaß finden sollte: Am 22. Oktober 1989 wurde die Angeklagte schließlich vom 6. Strafsenat zu drei Jahren Freiheitsstrafe verurteilt – weisungsgemäß »nur« wegen »Beihilfe zu einem Sprengstoffanschlag« (§ 311 StGB).[39] Immerhin noch viel für eine Angeklagte, deren einzig nachweisbare »Straftat« darin bestand, einen bestimmten Wecker gekauft zu haben, über dessen Verbleib bzw. Empfänger sie sich standhaft weigerte, Auskunft zu geben. Da die Verurteilte bereits knapp zweieinhalb Jahre in Untersuchungshaft gesessen hatte, wurde der Rest der Strafe zur Bewährung ausgesetzt. Eine wohlkalkulierte Strafzumessung.

Das »Anti-Terror«-Sonderrechtssystem im Überblick

Kristallisationskern §129a StGB

Unser Eingangsfall ist bestens geeignet, Grundsätzliches aufzuzeigen: Denn der Strobl-Prozeß und seine Vorgeschichte sind gekennzeichnet von den wesentlichen Merkmalen Politischer Justiz im allgemeinen sowie eines typischen »Terroristen«-Verfahrens im besonderen, in dessen Mittelpunkt, einem Kristallisationskern gleich, §129a Strafgesetzbuch (StGB) steht. Daß jenes Verfahren, nach überaus umfangreichen Ermittlungen, trotz der äußerst dürftig gebliebenen Beweislage überhaupt eröffnet werden und unter den beschriebenen Bedingungen stattfinden konnte, das ist nicht zuletzt eben diesem Paragraphen und seinem rechtlichen Umfeld zu »verdanken«. Dazu Strobls Verteidiger Hartmut Wächtler in seinem Plädoyer vom 24. Mai 1989 vor dem Oberlandesgericht Düsseldorf:

Ingrid Strobl wäre ohne Zweifel längst freigesprochen oder gar nicht angeklagt, wenn wir es nicht mit einer Staatsschutz-Anklage zu tun hätten, die sich der Krücke des §129a StGB bedienen würde. Ich habe schon am Beginn dieses Verfahrens gesagt, daß dieser Anklagepunkt (Mitgliedschaft in einer »terroristischen Vereinigung«; R.G.) nicht wegen des Strafmaßes enthalten ist – das Sprengstoffdelikt sieht ohnehin (bis) 15 Jahre Freiheitsstrafe vor. Die Funktion dieses Anklagepunktes ist es, die besondere Zuständigkeit der Anklagebehörde und des Gerichts zu begründen und speziell im Fall Strobl den Versuch zu unternehmen, die bestehende Beweislücke durch eine Organisationshypothese zu überbücken. Die Anklage, die mit konventionellen Mitteln nicht zu halten wäre, soll so mit den Mitteln der Staatsschutzbegrifflichkeit, die in Wirklichkeit den Verzicht auf eine rechtsstaatlich faßbare und Grenzen setzende juristische Begrifflichkeit darstellt, über die Ziellinie gerettet werden. (S. 28 f.)

Solche Erfahrungen sind keine Seltenheit mehr im Jahr 40 nach Gründung der Bundesrepublik Deutschland: Denn der Paragraph 129a hat schon längst einschlägige bundesdeutsche Staatsschutz-Geschichte gemacht, die anknüpft an die unrühmliche Geschichte des anderen Organisationsdelikts, an §129 »Kriminelle Vereinigung«.[1] Im Jahre 1976, als der neue §129a in einer »hektischen und emotional aufgeladenen Atmosphäre«[2] als staatsschutzorientierte Ergänzung des §129 ins Strafgesetzbuch eingeführt wurde, da ist er als »maßgeschneiderte Antwort« des materiellen Strafrechts auf den sog. Terrorismus der bewaffneten Gruppen wie RAF oder »Bewegung 2. Juni« bezeichnet worden.[3] Das ist er jedoch nicht lange geblieben, ja das konnte er von seiner ganzen Konstruktion her auch gar nicht bleiben. Denn §129a ist mehr als eine schlichte Strafrechtsnorm – er hat einen fast amorphen, anpassungsfähigen Charakter und äußerst vielseitige, multifunktionale Eigenschaften.

Seine Wesensmerkmale sollen hier einleitend kurz aufgezeigt und charakterisiert werden, um dann einzelne wesentliche Funktionsbereiche eingehender zu untersuchen sowie die Auswirkungen auf die Strafverfahren und für die Betroffenen erläutern zu können.

1. Bei einem ersten, flüchtigen Blick auf §129a fällt zunächst sein offener, *kaum eingrenzbarer Tatbestand* auf; er stellt die »Bildung terroristischer Vereinigungen« unter Strafe, ohne allerdings klar zu definieren, was denn nun eigentlich unter »terroristisch« zu verstehen sein soll. Die Norm ist also offen zugänglich für vielfältige Terrorismus-Konstrukte, je nach staatsschützerischem Belieben und politischem Bedarf. Dem Mitglied einer solchen Vereinigung muß nicht etwa eine konkrete strafbare Handlung bzw. Straf-Tat nachgewiesen werden, ja eine solche braucht nicht einmal begangen worden zu sein, so daß mit dieser Norm der Weg vom rechtsstaatlichen Tatstrafrecht zum uferlosen Täter- bzw. *Gesinnungsstrafrecht* beschritten worden ist. Aber nicht allein Mitglieder einer solchen Vereinigung sollen bestraft werden können, sondern auch »Unterstützer« und »Werber«, was bereits Ende der siebziger Jahre zu einer regelrechten Sympathisanten-Hetze und zu einschneidenden Zensurmaßnahmen führte.[4]

Spätestens seit Beginn der achtziger Jahre wurde die Anwendung des §129a auf einen wachsenden Kreis von politisch aktiven Personen und Gruppen ausgeweitet. Gleichwohl wurde 1987 mit der Novellierung dieser Norm der ohnehin recht konturlose Tatbestand noch weiter gefaßt, und zwar mit Zielrichtung auf den militanten sozialen Widerstand. In der Zeit von 1980 bis 1989 sind insgesamt über 3.300 Ermittlungsverfahren nach §129a StGB eingeleitet worden, von denen fast zehntausend verdächtigte Personen betroffen waren (dazu ausführlich: Teil 5, Kapitel »Befangen?«).

2. Dieser weit gefaßte §129a ist nun nicht etwa eine einsame, isolierte Strafrechtsbestimmung, sondern er ist *zentrale Anknüpfungsnorm* für zahlreiche Sonderbestimmungen und -ermächtigungen, die in unterschiedlichen Gesetzen (insbesondere in der Strafprozeßordnung und im Gerichtsverfassungsgesetz) aktiviert werden, sobald »Terrorismus«-Verdacht angenommen wird. Sie führen u.a. zu einer *politischen Sondergerichtsbarkeit,* die kaum mit der Verfassung in Einklang zu bringen ist.

Der »faire Prozeß« als Fiktion – Zur Spezialbehandlung des politischen Feindes

a) *Sonderjustiz:* Zum einen soll offenbar von vornherein vermieden werden, daß §129a-Verfahren in die Hände irgendwelcher, möglicherweise politisch unzuverlässiger Staatsanwälte und Amts- oder Landrichter geraten. Deshalb gibt es in diesem Zusammenhang Sonderzuständigkeiten: Der Terrorismusvorwurf nach §129a begründet unmittelbar die Erst-Zuständigkeit der obersten Ermittlungs- und

Anklagebehörde (Generalbundesanwalt/Bundesanwaltschaft) und der Oberlandesgerichte (mit speziellen Staatsschutz-Senaten) – mit der Folge, daß die entsprechenden Ermittlungen zentralisiert durchgeführt werden können, die einschlägige Rechtsprechung im Sinne eines effizienten Staatsschutzes vereinheitlicht wird und den Betroffenen eine Rechtsmittel-Instanz verloren geht (s. Teil 3, Kapitel »Auserlesen und zuverlässig«).

b) *Ausnahmejustiz:* Diese politische Sondergerichtsbarkeit offenbart sich nach Eröffnung der jeweiligen Hauptverfahren auch in einer besonderen Aura von Prozeßbedingungen, die seit bald zwei Jahrzehnten bei sog. Terrorismus-Verfahren quer durch die Republik üblich geworden ist. Gemessen an den Bedingungen in »normalen« Strafverfahren sprechen wir hier von einer Ausnahmejustiz wie im Belagerungszustand, die ihren architektonischen, in Beton gegossenen Ausdruck gefunden hat in eigens eingerichteten Justizbunkern, etwa auf dem Gefängnisgelände in Stuttgart-Stammheim oder auf dem Gelände einer Polizeikaserne in Düsseldorf.

Typisch für sog. Terrorismus-Verfahren sind die besonderen »Sicherheitsmaßnahmen«, die von der Justiz per »sitzungspolizeiliche Verfügungen« getroffen werden. Grund: Die »besondere Gefährlichkeit« der Angeklagten und möglicher ProzeßbesucherInnen. Der Begriff »Stammheim« steht für diese Sonderjustiz in Sachen »Terrorismus«, deren Gerichtsverhandlungen seit zwei Jahrzehnten in Hochsicherheitsgefängnissen oder auf polizeilichem Hochsicherheitsterrain stattfinden.[5] Sperrstreifen, Stacheldraht und »Spanische Reiter«, polizeiliche Hundestaffeln, Pferdepatrouillen und paramilitärische Absicherungen, elektronische Überwachung durch Videosysteme und Abhöreinrichtungen, körperliche Durchsuchungen, Entkleidungsanordnungen, Verbot der Benutzung eigener Aktenmappen und Schreibgeräte, Trennscheiben usw. – das sind nur die knappen, unvollständigen Stichworte zur Kennzeichnung dieses Belagerungszustandes.

Wir haben diesen Ausdruck von Bunkermentalität im Zusammenhang mit dem Strobl-Verfahren bereits beschrieben. In einem anderen Prozeß, der ebenfalls in Düsseldorf stattfindet, gehen die »Sicherheitsmaßnahmen« noch erheblich weiter: Im 129a-Verfahren gegen 17 Kurden und Kurdinnen, die u.a. wegen des Verdachts der Mitgliedschaft in einer »terroristischen Vereinigung« angeklagt sind (s. dazu in Teil 3, Kapitel »Auserlesen und zuverlässig«). Dieses Groß-Verfahren vor dem Düsseldorfer Oberlandesgericht wird voraussichtlich weit über zwei Jahre dauern und Millionen von D-Mark verschlingen. Eigens für den Prozeß ist auf dem Gelände einer Polizeikaserne der bereits für »Terrorismus-Verfahren« errichtete Prozeßbunker für fast acht Millionen DM ausgebaut worden – längst bevor über die Anklage entschieden worden war. Eine manifeste, Festung gewordene Vorverurteilung der Beschuldigten als »besonders gefährliche Terroristen«.

Der Sicherheitstrakt bzw. Prozeßbunker ist ähnlich schwerbewacht und gesichert wie beim Strobl-Verfahren und auch die üblichen Kontrollen und Durchsuchungen finden statt: In den Kontrollschleusen werden die ProzeßbesucherInnen am ganzen Körper abgetastet, ihre Ausweise werden abgelichtet[6] – eine Praxis, die viele abschreckt und die manchen später tatsächlich zum zusätzlichen Verhängnis geraten kann (Kontaktschuld).[7] Diese längst »normal« gewordenen Umstände werden im Düsseldorfer-Kurden-Verfahren noch dadurch verschärft, daß die Angeklagten während der Verhandlungen vor Gericht – aus Sicherheitsgründen, wie es heißt – monatelang in einem eigens angefertigten Glaskasten (»Kurden-Käfig«) gehalten wurden,[8] eingerahmt von Justizwachtmeistern und abgeschirmt von ihren VerteidigerInnen. Eine unzumutbare, Situation, die zusätzlich durch die mangelhaften Übersetzungen der gerichtlich bestellten Dolmetscher verstärkt wird.

Diese diskriminierenden Maßnahmen verletzen einzeln und insbesondere in ihrer Gesamtheit die Grundsätze der Öffentlichkeit und Unschuldsvermutung sowie das Recht auf freie Verteidigung und auf rechtliches Gehör.

c) *Sonderhaftbedingungen:* Für »Terrorismusverdächtige« kreierte der Gesetzgeber in einer zusätzlichen Sondervorschrift (§§112 Abs. 3,StPO) die Möglichkeit, unter erleichterten Voraussetzungen, nämlich ohne Feststellung eines der traditionellen Haftgründe, Untersuchungshaft anzuordnen (absoluter U-Haftgrund). Darüber hinaus werden solche Tatverdächtige in der Regel isolierenden Sonderhaftbedingungen ausgeliefert, die mit der »besonderen Gefährlichkeit« der Inhaftierten begründet werden. Zu den Sonderhaftbedingungen für »Terrorismus«-Verdächtige, die in sog. Haft-Statuten im einzelnen festgelegt werden, gehören im wesentlichen:

- Trennscheibe für Besprechungen zwischen Verteidigern und Gefangenen (§148 Abs. 2 StPO; §29 Abs.1 StVollzG);
- Überwachung des Schriftverkehrs zwischen Inhaftierten und Verteidigern (§§148 Abs. 2, 148a StPO); weitgehende Postzensur;
- Isolierung der Gefangenen in Einzelhaft oder in Kleinst- und Kleingruppen nach richterlichen Sonderhaft-Statuten;
- Unterbringung in eigens eingerichteten Toten Trakten (in den 70er Jahren) und in Hochsicherheitstrakten;
- Keine Teilnahme an Gemeinschaftsveranstaltungen der Justizvollzugsanstalt; tägliche bzw. wöchentliche, zum Teil überraschende Durchsuchungen der Zellen und der darin befindlichen Gegenstände sowie unauffällige Beobachtung der Zelleninsassen bei Tag und bei Nacht;
- Besuch nur unter Aufsicht und durch Trennscheibe behindert; vorher und nachher Durchsuchung der Gefangenen bei völliger Entkleidung und Umkleidung;
- vollständige Isolierung ausgewählter Gefangener von der Außenwelt und innerhalb der Anstalt (auf Anordnung einer Landes- oder der Bundesregierung nach dem sog. Kontaktsperregesetz, §§31 f. EGGVG).

Solche Haftbedingungen führen – über die Folgen einer normalen Inhaftierung hinaus – zu einer schweren Beeinträchtigung der Verteidigungsfähigkeit und können für die Betroffenen zum Teil schwerwiegende körperliche und psychische Auswirkungen nach sich ziehen.

d) *Einschränkung der Verteidigungsrechte:* Im Zusammenhang mit »Terrorismus«-Verfahren nach §129a können die Verteidigungsmöglichkeiten der Beschuldigten und Angeklagten nach der Strafprozeßordnung drastisch eingeschränkt werden. Diese Einschränkungen, die im Zuge der »Anti-Terror«-Gesetzgebung der siebziger Jahre beschlossen wurden,[9] sollen nach offizieller Lesart der Beschleunigung von 129a-Verfahren dienen. In Wahrheit erschweren sie jedoch eine sinnvolle Verteidigung, und zwar nicht nur in sog. Terrorismusverfahren (die meisten dieser Einschränkungen sind nämlich allgemein gefaßt und können auch in andersartigen, »normalen« Strafverfahren Anwendung finden).

Neben der reibungsloseren Verfahrensabwicklung sollen diese Restriktionen auch den »Mißbrauch von Verfahrensrechten« durch Angeklagte und Verteidiger verhindern helfen.[10] Bei der gesetzlichen Umsetzung standen offenbar traditionelle Angeklagtenrechte und hergebrachte Verteidigungsmöglichkeiten, wie sie die Strafprozeßordnung bislang vorsah, so hinderlich im Wege, daß man sich gleich über ihre Substanz hermachte. Den gesetzgeberischen Intentionen liegen dabei zwei verhängnisvolle Überlegungen zugrunde: Zum einen ist dies das neuartige »Rechtsstaatsprinzip« einer »funktionstüchtigen Strafrechtspflege«;[11] danach zeichnen nicht etwa Umfang und Wirksamkeit des Schutzes eines (noch so schwer) Beschuldigten, Angeklagten oder Inhaftierten gegenüber dem ohnehin »übermächtigen« Staat die Rechtsstaatlichkeit eines Strafverfahrens aus, sondern dessen Effektivität und »gerechter« Ausgang[12] – eine verhängnisvolle Konstruktion, mit deren Hilfe das »fair trail«, die formelle Gerechtigkeit eines traditionellen rechtsstaatlichen Verfahrens, der effektiven Verfahrensbewältigung untergeordnet werden kann. Zum anderen wird der angebliche »Mißbrauch von Verfahrensrechten« durch Angeklagte und Verteidiger als Rechtfertigung für deren Einschränkung, als Grund für den legislativen Bruch bislang verbriefter Verteidigungsrechte ins Feld geführt: Was urspünglich als wesentliches Prozeßgrundrecht gegolten hat und was uneingeschränkt zu reklamieren die Pflicht eines jeden Verteidigers und das gute Rechte jedes Angeklagen war, das wurde inzwischen »zu einer Art prozessualer Sabotage umgemünzt und illegalisiert«.[13]

Erinnert sei in diesem Zusammenhang an die Erkenntnis eines früheren Bundesjustizministers namens Vogel (SPD): »In Wahrheit handelt es sich bei der Ordnung des Strafprozesses um eine Magna Charta des Rechtsstaates. Denn der fundamentale Unterschied zwischen einem Rechtsstaat und einem Machtstaat offenbart sich nicht zuletzt darin, wie ein Staat mit einem Beschuldigten, mit einem angeklagten Bürger umgeht, wie er die Rechte dessen ausgestaltet, demgegenüber er von seiner Strafbefugnis Gebrauch macht...«[14] Was unter maßgeblicher Mitarbeit eben dieses Bundesjustizministers in der sozialliberalen Ära der siebziger Jahre von dieser Magna Charta übrigblieb, was an Einschränkungen und Substanzverlust der Verteidigungsmöglichkeiten vor Gericht zustandegekommen ist, das soll die folgende Zusammenstellung wenigstens erahnen lassen:[15]

■ Einschränkung des Rechts der Angeklagten auf Anwesenheit in der Hauptverhandlung; die Verfahrens-Durchführung ist auch unter Ausschließung der Angeklagten möglich (§§231a, 231b StPO). Damit wird der verfassungsrechtlich garantierte Anspruch auf rechtliches Gehör (Art. 103 I GG) unterminiert.[16]

■ Beschränkung der Zahl der Verteidiger auf drei (§137 Abs. 1 StP0);

■ Verbot gemeinschaftlicher Vertretung mehrerer Beschuldigter durch einen Verteidiger (Mehrfach-Verteidigungsverbot §146 StP0);

■ Möglichkeit zum vereinfachten Ausschluß von Verteidigern (§§138a, 138b, 138c StP0);

■ Beschneidung des Rechts der Verteidigung, präsente Beweismittel in die Hauptverhandlung einzubringen (§245 StP0);

■ Einschränkung des Rechts der Verteidigung, jederzeit während der Hauptverhandlung prozeßerhebliche Erklärungen abzugeben (Streichung des ursprünglich 1964 zur Stärkung der Verteidigung eingeführten §257a StP0).

Hinzu kommen die vielfältigen staatlichen Versuche zur Kriminalisierung der »Terroristenanwälte«, denen mit Vorliebe – mittels Mobilisierung der »öffentlichen Meinung«, des Strafrechts und von Ehrengerichten – Komplizenschaft mit ihren Mandanten und verbale Ausfälle gegen diese Sonderjustiz zum Vorwurf gemacht werden.[17]

Dem Anwalt hat man in Deutschland zu allen Zeiten mißtraut. Ihn unter besondere Aufsicht und Disziplinargewalt zu stellen, war stets ein vorzügliches Anliegen deutscher Staatsgewalt. Der Strafverteidiger – insbesondere, aber nicht nur, in politisch relevanten Fällen – sitzt seit altersher quasi mit auf der Anklagebank, er ist a priori mutmaßlicher Gesinnungsgenosse der Angeklagten. Ihn seinerseits in den Anklagezustand zu versetzen, ist logische Folge jener Einschätzung (Sieghardt Ott).[18]

e) *Kronzeugen:* Den Reigen der sonderjustiziellen Bedingungen beschließt eine ganz besondere Spezies von Zeugen der Anklage: die sog. Kronzeugen. Die Besonderheit liegt darin, daß hier staatlich lizensiert wird, was sonst in der Strafprozeßordnung und in rechtsstaatlich gestalteten Strafprozessen absolut verpönt ist: nämlich der gekaufte, der bestochene Zeuge. Solche Gestalten, die ihre belastenden Aussagen um eigener handfester Vorteile willen machen und damit der Staatsanwaltschaft aus der Beweisnot-Patsche helfen, gab es schon früher und sie spielten in vielen »Terrorismus«-Verfahren ihre zwielichtige Rolle; doch erst seit 1989 sind sie für 129a-Ermittlungen und -prozesse rechtlich anerkannt.[19] Ihnen, die regelmäßig selbst in strafbare Handlungen verstrickt sind, winken Strafrabatt oder gar Straffreiheit, Geld und sogar ein »neues Leben«, wenn sie sich den Ermittlern offenbaren und über ihre früheren Genossen und Genossinnen auspakken (s. dazu Teil 4, Kapitel: »Handelsgeschäfte mit der ›Wahrheit‹«).

Die Sonderbedingungen in »Terrorismus«-Verfahren, die inzwischen schon weit über diese Verfahren hinaus wirken, führ(t)en einzeln und besonders in ihrem Zusammenwirken zu einer weitgehenden Beschränkung, streckenweise Zerschlagung der Verteidigung. Das ohnehin vorhandene rechtliche und faktische Machtgefälle zwischen Staatsanwaltschaft und Verteidigung – gerne mit dem Euphemismus »Waffengleichheit« belegt – wurde dadurch abermals wesentlich zugunsten des Staates und zulasten der Angeklagten verstärkt.

»Sesam-öffne-dich«

Zur Ausforschungsfunktion des §129a-Systems

Die hervorstechendste Eigenschaft des §129a besteht, neben der systematischen Entrechtung, darin, daß er den Ermittlungsbehörden als Schlüssel, als eine Art »Sesam-öffne-dich« dient, um bereits in der Ermittlungsphase staatliche Sonderermächtigungen zu aktivieren. Diese Eigenschaft bezeichnen wir als Ausforschungsfunktion.

Sobald von den Ermittlungsbehörden ein »Anfangsverdacht« nach §129a angenommen wird, eröffnet sich ihnen schlagartig ein einmaliges staatliches Repressions- und Präventions-Arsenal, mit dessen Hilfe politisch oppositionelle Szenen, Gruppen und politisch verdächtige Einzelindividuen in großem Stil ausgeforscht und kriminalisiert werden können. Dabei dient diese Vorschrift als Anknüpfungsnorm für ein ganzes System von Sonderbefugnissen, die intensiv in die Grundrechte einer Vielzahl von Betroffenen eingreifen: Überwachung des Telefon-, Post- und Bankenverkehrs, großangelegte Observationen und langfristige polizeiliche Beobachtungen, Großrazzien und Durchsuchung nicht nur von einzelnen Wohnungen Verdächtiger, sondern von ganzen Wohnblocks, Einrichtung von Straßen-Kontrollstellen mit Eingriffsbefugnissen auch gegen Unverdächtige, Anordnung von Schleppnetz- und Rasterfahndung mit der Möglichkeit von massenhaften Datenspeicherungen und Datenabgleichsverfahren.

Ausforschung unterschiedlicher Widerstandsszenen

Wie wesentliche Teile dieses Sonderinstrumentariums in der Ermittlungspraxis zur Anwendung kommen, zeigt die Vorgeschichte des Strobl-Prozesses: Ähnlich wie der §129a insbesondere Kristallisationskern für diverse Sonderermächtigungen ist, wurde die Person der verdächtigen Ingrid Strobl als Kristallisationskern für ihre persönlichen, beruflichen und politischen Kontakte benutzt. Sie spielte, ohne es damals zu wissen, die Rolle eines Köders, mit dessen Hilfe die Ermittlungsbehörden ihr gesamtes soziales Umfeld ausforschen konnten. Dabei entstanden regelrechte Kontaktbilder (Personen und Objekte), die nach und nach, mit jedem neuen Telefonpartner und Besucher, mit jeder neuen Briefkorrespondentin und Bekanntschaft, angereichert werden konnten.

Aus einem internen »Einleitungsvermerk« des BKA, Abteilung TE (für Terrorismus) 14, vom 26.10.1987 wird das Schema dieser Verdachtsschöpfung und Verdachtsverdichtung ersichtlich:[1] »Die Maßnahmen zur Überwachung der Aktivitäten und Feststellungen des personellen Umfeldes der STROBL haben ergeben, daß sie enge Kontakte zu Personen unterhält, die sich auch in legalen Initiativen intensiv mit der Flüchtlings-, Asylanten- und Abschiebepolitik beschäftigen.« (S. 3)

Dem Vermerk-Abschnitt »Ermittlungen zum personellen Umfeld« ist zu entnehmen, daß den Ermittlern der bloße Kontakt zur verdächtigten Strobl schon ausreichte, um die entsprechenden Personen ebenfalls mit 129a-Verfahren zu überziehen (S. 3 f.) – eine Art Kontaktschuld also: »Die Ermittlungen führten dazu, daß gegen Martina D. und Hans Ulrich Di. als direkte Bezugspersonen der STROBL ebenfalls Ermittlungsverfahren wegen Verdachts der Mitgliedschaft in/bzw. Unterstützung der terrorististischen Vereinigung ›RZ‹ eingeleitet wurden.«

Nach der Ausforschung des Umfelds der Hauptbeschuldigten wurde sodann das jeweilige Umfeld ihrer Kontaktpersonen ausgeforscht, ein Vorgang, der schließlich zu legalen politischen Gruppen und ihren einzelnen Mitgliedern führte:

»Die Maßnahmen gegen STROBL und weiterführende Maßnahmen zur Überwachung und Feststellung der Aktivitäten von D. und Di. und deren Umfeld erbrachten Erkenntnisse über Personen und Institutionen, die sich auch in wechselseitigem Zusammenwirken mit der Flüchtlings- und Asylproblematik befassen. So haben sich örtlich und regional sogenannte autonome Flüchtlingskomitees organisiert, die auch überregional zusammenarbeiten. D. z.B. engagiert sich sowohl in dem ›Autonomen Flüchtlingskomitee Düsseldorf‹ als auch in dem ›Autonomen Flüchtlingskomitee Köln‹. Diese Komitees organisieren und veranstalten demonstrative Aktionen und Informationstreffen, die vom sogenannten ›Koordinationskreis Rhein/Ruhr autonomer Flüchtlingsgruppen‹ (ehemals Sitz: Eschhaus Duisburg) gesteuert und unterstützt werden.« (S. 4)

Allein die Tatsache, daß jemand Kontakt- oder Bezugsperson einer verdächtigen Person oder auch nur Kontaktperson einer Kontaktperson ist, reicht also aus,um in Ermittlungen der Staatsschutzbehörden zu geraten, zumal dann, wenn die Betreffenden sich ihrerseits mit »anschlagsrelevanten Themen« befassen und sich dabei nicht ganz »normal« verhalten: »Durch polizeiliche Beobachtung und Auswertung der laufenden Maßnahmen gegen die Beschuldigten konnten unter Berücksichtigung erkennbar konspirativer Verhaltensweisen folgende Personen identifiziert werden, die sich teilweise aktiv an der sog. ›Flüchtlingsarbeit‹ beteiligen:« (S.4) Es folgen 26 Namen, jeweils mit Geburtsdatum, -ort und Wohnsitz (teilweise Haupt- und Nebenwohnsitz) – darunter AusländerInnen, Sozialpädagogen, zwei RechtsanwältInnen und der ehemalige Bonner Korrespondent der »tageszeitung«, Oliver Tolmein. Weitere sieben Vornamen werden genannt, die allerdings »noch nicht identifiziert werden konnten« (S. 7).

Durch weitere Ermittlungen, auch unter Verwendung geheimpolizeilicher Mittel und Methoden, wurde schließlich versucht, den wachsenden Widerstand gegen die herrschende Asylpolitik, aber auch gegen die Gen-Technologie weit über die Hauptbeschuldigte und ihre unmittelbaren Kontakte hinaus auszuforschen und damit auch zu verunsichern.

»Von dem Moment an, wo der Staatsschutz jemanden im Visier hat, wird alles registriert und gegen die Zielperson verwendet. Gerade auch Banales, wie ein Treffen in einem Café in Osnabrück mit drei Frauen, wird erfaßt – und in das Fahndungsraster eingepaßt«, schreibt der mitbetroffene Journalist Oliver Tolmein;[2] »auch und gerade unverdächtiges Verhalten erweist sich, hat die Observation erst einmal begonnen, als hochgefährlich... Im Zusammenhang mit der Durchsuchung des Genarchivs in Essen am 18. Dezember wird der Verdacht auf Mitgliedschaft bzw. Unterstützung einer ›terroristischen Vereinigung‹ unter anderem damit begründet, daß die Beschuldigte an einem Treffen im Hinterzimmer einer Gastwirtschaft teilgenommen habe, ›bei dessen telefonischer Verabredung ganz gezielt der Zweck des Treffens auch nur andeutungsweise nicht erwähnt worden ist‹.«

Die Zeiten der Unschuld und der Unschuldsvermutung sind vorbei. Nicht nur die Geschichte mit dem Wecker vermag zu verdeutlichen, wie das Sonderinstrumentarium funktioniert, sondern auch eine ganze Reihe anderer Ermittlungsfälle der letzten Jahre, deren Bewältigung dank §129a mit unverhältnismäßigem Aufwand betrieben werden konnte. So wurden beispielsweise die tödlichen Startbahn-Schüsse auf zwei Polizisten vom November 1987 zum Anlaß genommen, nicht nur das Demonstrationsrecht noch weiter auszuhöhlen, sondern auch monatelang insbesondere den autonomen Widerstand einer ganzen Region aufzumischen.[3] Die Ermittlungsbehörden begnügten sich nicht etwa damit, allein nach dem Todesschützen zu fahnden, wie in anderen Mord-und Totschlagsfällen auch, sondern konstruierten flugs eine »terroristische Vereinigung«, zu deren »Rädelsführer« sie den Hauptbeschuldigten – inzwischen wegen Totschlags verurteilten – Andreas Eichler erklärten und der mindestens zehn weitere Mitglieder angehören sollen.[4] Dieser »Gruppe Eichler« wurden außer der Erschießung der beiden Polizisten auch eine Reihe von Sachbeschädigungen angelastet, so etwa Anschläge auf Strommasten und auf Baufirmen, die am Startbahn-Bau beteiligt sind – einfache Straftaten, die, von mehreren Personen begangen, seit der Erweiterung und Verschärfung des §129a im Jahre 1987 als »terroristisch« gelten.

Es kam zu zahllosen polizeilichen Verhören: »Unter dem wirkungsvoll eingesetzten Vorwurf des Mordes äußerten sich viele Betroffene, und sei es nur allgemein, über Beziehungsstrukturen von Startbahngegnern untereinander«, berichtet der Verteidiger Wolfgang Kronauer.[5] »Am Ende der Aktion stand die Konstruktion einer terroristischen Vereinigung von Startbahngegnern aus den unterschiedlichsten politischen Zusammenhängen.« Keine konkreten Taten, sondern politisch verdächtige Zusammenhänge boten weitere Ermittlungsanlässe, eine ganze, äußerst vielschichtige Protestbewegung wurde praktisch zur mutmaßlichen terroristischen Vereinigung bzw. zum »terroristischen Umfeld« gekürt. Mit dieser kaum überprüfbaren »Terrorismus«-Konstruktion war jener Dietrich gefunden, der den Staatsschützern den Einbruch in die politisch schon lange verdächtigen, so schwer erfaßbaren Szenen des Widerstands gegen die Startbahn-West ermöglichte. Das Resultat: eine wahre Repressions-, Razzien-,Verhör- und Verhaftungswelle, die mit der Suche nach dem Todesschützen kaum noch etwas zu tun hatte.[6]

»Kontaktbilder«: Original Dokumente aus § 129a-Ermittlungen
(z.T. Ausrisse)

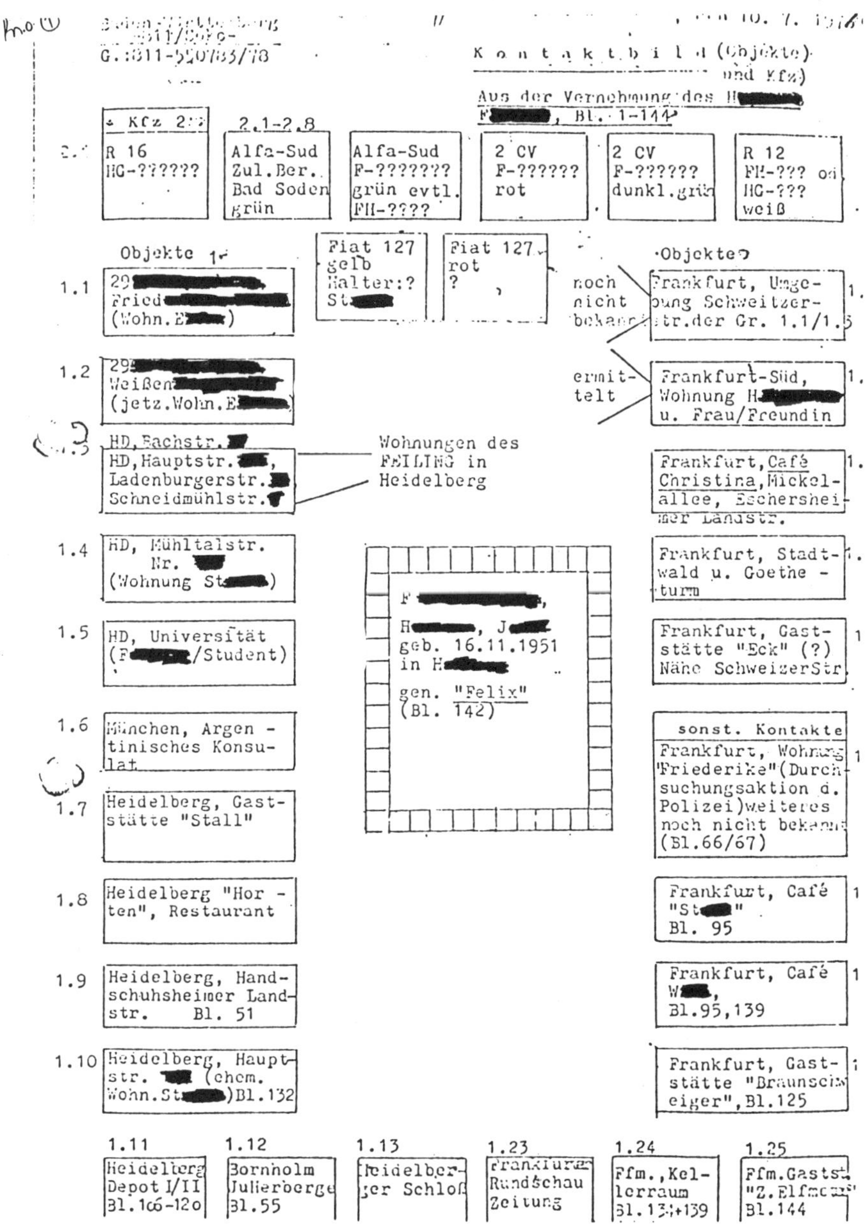

KK Lüchow Lüchow, 13.09.1988

V e r m e r k

Im "Kalenda", Ausgabe September 88, ist folgender Termin genannt: Montag, 12.09.88, 20.00 Uhr, Meuchefitz Nr. [redacted], "Anti-AKW-Plenum". Inwieweit diese Veranstaltung identisch ist mit den sonst in Meuchefitz an Montagen stattgefundenen Montagsplena unter der Überschrift "Gorleben-Plenum" kann bisher nicht gesagt werden.

Während einer Streifenfahrt am 12.09.88 um 20.39 Uhr wurden durch KHM Sch[redacted] und Unterzeichner in Meuchefitz Nr. [redacted] folgende Feststellungen getroffen:

1. Festgestellte Pkw

- 3 -

2. Feststellungen im von außen einsehbaren Gaststättenraum

Im Gaststättenraum sitzen an einer längeren Tischreihe ca. 20 Personen. Erkannt werden unter diesen Personen mit Sicherheit der

Hans-[redacted]

und mit hoher Wahrscheinlichkeit die

K[redacted] R[redacted].

Außer an dem Tisch befinden sich keine weiteren Personen in der Gaststätte.

-L[redacted], KK-

Wenn die Ermittlungsbehörden trotz ausgiebiger verdeckter Ermittlungen keine Sachbeweise zutage fördern können, unternehmen sie in ihrer (Beweismittel-) Not den flankierenden Versuch, über »Zeugen« aus der jeweiligen Szene, FreundInnen und sonstige Bekannte von Verdächtigen, an Informationen und belastendes Material zu gelangen.Deren Aussagen nämlich seien »für die Fortführung des Ermittlungsverfahrens von ausschlaggebender Bedeutung« – wie es beispielsweise in einem durchaus entlarvenden Antrag der Bundesanwaltschaft in Sachen RZ heißt –, »weil im derzeitigen Stadium kaum noch andere Beweismittel ... zur Verfügung stehen«.[7]

Viele der Zeugen, die da geladen werden, machen tatsächlich mehr oder weniger umfangreiche Aussagen »zur Sache« – aus unterschiedlichen Motiven: so aus purer Angst, unter dem ungeheuren Druck eines Mord- oder »Terrorismus«-Verdachts, wegen der als unerträglich empfundenen Verhörsituation[8] oder in der

Annahme, die Beschuldigten mit der eigenen Aussage entlasten zu können. So geschehen etwa im Zusammenhang mit den Startbahn-Ermittlungen: »Ein Karussell gegenseitiger Bezichtigungen wurde in Gang gesetzt, das nur mit Mühe zu stoppen war. Verrat, Vertrauensbruch und Mißtrauen haben den ›Zusammenhängen‹ der autonomen Gruppen im Rhein-Main-Gebiet schweren Schaden zugefügt«, schrieb »die tageszeitung« zu diesen Vorgängen.[9] Daß es, zumindest in 129a-Verfahren, keine »harmlosen«, bedeutungslosen oder ausschließlich entlastenden Aussagen gibt, das hat sich nach diesen Verhören rasch herumgesprochen – etliche der Zeugenaussagen wurden später im Laufe der Verfahren widerrufen, mit der Begründung, sie seien falsch oder »erpreßt« worden.[10]

Diese – nicht eigentlich neuen – Erfahrungen haben dann 1988 und 1989 zu einer bundesweiten Aussageverweigerungskampagne geführt, unter dem anschaulichen Motto: »Anna und Arthur haltens Maul«.[11] Doch schon der Besitz von mehreren Flugblättern, Plakaten und Broschüren, die zu dieser Kampagne aufriefen, ließ aus den BesitzerInnen ein gefährliches Public-Relations-Team werden: »Werbung für eine terroristische Vereinigung« lautete der staatsanwaltschaftliche Vorwurf. Weshalb, das ist einem Beschlagnahmebeschluß des Oberlandesgerichts Düsseldorf vom 27. Januar 1989 zu entnehmen: Durch die Kampagne und die damit verbundene Einwirkung auf potentielle ZeugInnen werde nämlich »das Entdeckungsrisiko für Mitglieder terroristischer Vereinigungen in nicht unerheblichem Maße gemindert. Diese Aufforderung ist geeignet, das Vertrauen von Vereinigungsmitgliedern auf eine breite solidarische Verschwiegenheit in der Szene zu bekräftigen und sich dadurch in ihrem organisatorischen Zusammenhang bestätigt und gesichert zu fühlen sowie sie zur Fortsetzung strafbaren Tuns zu ermutigen.« Damit bestehe der Verdacht, daß die »Verfasser, Hersteller und Verbreiter« besagter Schriften eine »organisationsfördernde Wirkung entweder erstrebt oder aber zumindest billigend in Kauf genommen haben«.[12]

Diejenigen nun, die sich tatsächlich konsequent weigerten, gegenüber den Ermittlungsbehörden auszusagen, mußten erleben, was in andersartigen Verfahren nur sehr selten passiert: Sie wurden, nachdem die Verhängung von Ordnungsgeld nichts gefruchtet hatte, mit Beugehaft (bis zu sechs Monaten) »zur Erzwingung des Zeugnisses« bedroht,[13] die in einigen Fällen auf Antrag der Bundesanwaltschaft auch angeordnet und vollzogen wurde.[14] In einem den RZ-Komplex betreffenden Haft-Anordnungsbeschluß des BGH-Ermittlungsrichters heißt es:[15] »Die Zeugin... versteht ihre Weigerung ... – ebenso wie andere Zeugen, die von der Bundesanwaltschaft vernommen werden sollten – als eine kollektive Demonstration gegen die Strafverfolgungsorgane. Dieses Anliegen ... wurde auf Veranstaltungen und mit Flugschriften propagiert.« Diese kollektive Gehorsamsverweigerung, so ist der Ermittlungsrichter zu verstehen, kann nicht hingenommen werden, da hilft auch kein Auskunftsverweigerungsrecht; deshalb sei die Beugehaft anzuordnen, die in diesem Fall dann auch in der Justizvollzugsanstalt Bühl (Baden) vollzogen wurde. »Diese Maßnahme steht auch nicht außer Verhältnis zur Bedeutung der Sache und zur Erheblichkeit der zu erwartenden Beweise«, heißt es in dem Beschluß weiter. »Gegen die Beschuldigten wird wegen einer Straftat von erheblichem Gewicht ermittelt (u.a. §129a; R.G.). Die Zeugin gehört zum persönlichen Umfeld des Beschuldigten Di. (der als Kontaktperson von Ingrid Strobl verdächtigt wird; R.G.) und kann daher möglicherweise Angaben über dessen persönlichen Lebensbereich machen, die für die weitere Aufklärung der Sache von Bedeutung sind.«

Ein Auskunftsverweigerungsrecht wurde der Betroffenen nicht zugestanden, obwohl auch gegen sie selbst und ihren früheren Ehemann nach §129a ermittelt worden ist. Dadurch wurde sie der gesetzeswidrigen Gefahr ausgeliefert, sich möglicherweise durch die erzwungene Zeugenaussage selbst zu belasten.[16]

Nicht selten greifen die Ermittlungsbehörden zu einem bösen Trick, um das Auskunftverweigerungsrecht der Betroffenen auszuhebeln: Sie lassen diese nämlich darüber im Unklaren, daß gegen sie längst auch Ermittlungen im selben Verfahrenskomplex laufen, sie also auch Beschuldigte sind, was sie nach der Strafprozeßordnung (§55) eigentlich berechtigt, die Auskunft zu verweigern.[17] Oder aber ein und derselbe 129a-Verfahrenskomplex wird rein formal in die Vorwürfe der Mitgliedschaft, der Unterstützung oder der Werbung auseinandergerissen. Damit können Beschuldigte gleichzeitig zu Zeugen gemacht werden, obwohl sich die unterschiedlichen Vorwürfe auf ein und dieselbe »terroristische Vereinigung« beziehen.

Die Gefahr, daß mithilfe des §129a oder auch des §129 (»Kriminelle Vereinigung«) ganze soziale Bewegungen kriminalisiert und staatlicher Verfolgung ausgesetzt werden, hat sich bereits sehr früh abgezeichnet. Schon Anfang der achtziger Jahre gerieten Teile der Anti-AKW-Bewegung in Terrorismusverdacht, was zu umfangreichen Ermittlungen unter anderem im norddeutschen Raum führte. Im Wendland, wo sich Sabotageaktionen gegen den Bau des geplanten Atommüllzwischenlagers häuften, sammelte eine 40köpfige Sonderkommission des Landeskriminalamtes Hannover (»SOKO 602/783«) Mitte der achtziger Jahre monatelang systematisch Daten über Bewohner des Landkreises Lüchow-Dannenberg – angeblich um eine »kriminelle« (§129 StGB) bzw. »terroristische Vereinigung« ausfindig zu machen.[18] Bis Sommer 1985 waren in der eigens eingerichteten »Spurendokumentations-Datei« (SPUDOK)[19] weit mehr als 2.000 EinwohnerInnen abgespeichert – das ist mehr als jede/r 25. EinwohnerIn des Landkreises.

Mitglieder der »Bürgerinitiative Umweltschutz Lüchow Dannenberg« waren bevorzugte Erfassungsobjekte (s. Faksimiles). Durch Datenabgleich sollten mit dem SPUDOK-Computerprogramm die auf Vorrat gespeicherten Begriffe so geordnet werden, daß sich nach und nach detaillierte »Bewegungsbilder« und »Gruppendiagramme« ergeben.[20] Erfaßt wurden im einzelnen:

I. zur Person: der vollständige Name, Haupt- und Nebenwohnsitz, Geburtsort und -datum, Telefonnummer, Beruf, Spitznamen, Hinweise auf Verwandte.
II. Gegenstand: PKW-Kennzeichen, Typ, Farbe etc.
III: Hinweise auf polizeiliche Ermittlungsakten durch Angabe der Tagebuch-Nr., auf polizeiliche Spurenakten, auf Erkenntnisse des Bundeskriminalamtes.

IV. Text: Informationen über die jeweilige Person, z.B. 1) Tatsächliche oder vermutete Funktion innerhalb der Bürgerinitiative (1. Vorsitzende, Schlafplatzvermittlung etc.). 2) Bei welchen Anlässen der PKW des Registrierten angetroffen worden ist, und zwar mit Datum und Anhalteort (bei Straßenkontrollen oder etwa bei Veranstaltungen). Oft wurde auch »interpretiert«: So wurde die Feststellung eines PKWs an einer Baustelle mit zwei Insassen als »Ausspähen« eben dieser Baustelle gewertet.

```
-VERAENDERUNG DURCHGEFUEHRT-
VA3+4077173 LDK2001649 -02.10.84/11.27
•SPU: 01436   •SBE: XSCHM[redacted]          •DAT: 021084
•PER: SCH[redacted] [redacted],060126 [redacted] 5,LANDWIRT
      058[redacted]

•GEG: -PKW VW GOLF,SILBER,HELL,[redacted]  R 7 6 [redacted]

•HIN: -TGB 2616 84 SPURA01,SPURA50,-TGB 2694 84

•TXT: -GEG SEHEN -MIT-PKW [redacted] P[redacted] 200984 1415H
      -GEG BAHNBEGEHUNG 150984 160984

•ERG: OFFEN
•••SOKO 783          •• VOM [redacted] •••••••
            :
            :
```

```
A83+69791
 83+3126758 LDK2001622 -19.09.84/09.43
•SPU: 01415   •SBE: XST[redacted]          •DAT: 190984
•PER: -

•GEG: ANLAUFSTELLE INFORMATIONSSTELLE
      KOORDINATIONSSTELLE TAGX

•HIN: SPURA39

•TXT: STADE 04141 69791  WUERGASSEN GEORG M[redacted]
      05275 201, KOORDINATIONSSTELLE FRANZ J[redacted] 05694
      737, SCHLAFPLATZVERMITTLUNG JUERGEN K[redacted] 05864
      1240

•ERG: OFFEN                                  FORT
•••SOKO 783          •• VOM [redacted] •••••••
            :
            :
```

Die Informationen für SPUDOK wurden u.a. im Wege von Verkehrskontrollen, Hausdurchsuchungen, Observationen und Telefonabhöraktionen erfaßt. 1989 wurde bekannt, daß die Telefone mehrerer Mitglieder der Bürgerinitiative abgehört worden waren – §129a diente dabei als Begründung.[21] Bei Mitgliedern der »Bürgerinitiative Umweltschutz Unterelbe« in Itzehoe und Umgebung kam es bereits Anfang der achtziger Jahre wegen des gleichen Vorwurfs zu zahlreichen Wohnungs- und Büro-Durchsuchungen.[22] Am Beispiel Wendland läßt sich in etwa ablesen, wieviele »unverdächtige« Personen bei solchen Verfahren in die staatlichen Ermittlungs- und Ausforschungsvorgänge involviert werden[23] – mit allen negativen Folgen, die hieraus für die einzelnen erwachsen können. Diese hautnahe Betroffenheit einer Vielzahl von BürgerInnen führte allerdings in jenen Gegenden auch mit dazu, daß die Bevölkerung zu großen Teilen der Staatsmacht immer mehr mißtraute und sich radikalisierte.

Der immense Aufwand der offenen und geheimen Informationsbeschaffung, -speicherung und -verarbeitung diente im Wendland durchaus nicht in erster Linie der Aufklärung konkreter Straftaten – bei etwa 25 bis höchstens 40 Ermittlungsverfahren kam es später nur in drei Fällen zu Anklagen, nur gegen zwei Beschuldigte wurde das gerichtliche Hauptverfahren auch eröffnet, nach 6 Jahren wegen geringer Schuld gegen Geldbuße aber wieder eingestellt (1990).[24] Das Ziel der Ermittlungen war es vielmehr, die Struktur des wachsenden wendländischen Widerstands gegen das »Nukleare Entsorgungszentrum« zu erfassen und die »aufmüpfig«

gewordene Bevölkerung, die den politisch und polizeilich Verantwortlichen großes Kopfzerbrechen bereitete, mittels Kriminalisierung zu verunsichern und zu spalten.[25]

Ähnliche Kriminalisierungswellen konnten im Zusammenhang mit dem Widerstand gegen die Wiederaufbereitungsanlage (WAA) bei Wackersdorf registriert werden. Hier mußten ominöse »Verbindungslinien« zwischen WAA-Gegnern und RAF herhalten, um die volle Anwendung des 129a-Instrumentariums zu eröffnen und die ausschweifenden Ermittlungen öffentlich zu rechtfertigen.[26]

Kaum ein oppositionelles Politikfeld bleibt von 129/129a-Ermittlungen verschont, sobald sich mehr oder weniger organisierte radikale Opposition regt und Ansätze von Widerstandsaktivitäten sichtbar werden. So wurden bei der staatlichen Bekämpfung der Hausbesetzer-Bewegung in den siebziger und Anfang der achtziger Jahre Hunderte von Ermittlungsverfahren nicht nur wegen Hausfriedensbruch, sondern auch nach §129 eingeleitet, etliche Hausbesetzer wurden entsprechend verurteilt.[29] Auch militante (autonome) Tierschützer, die versucht hatten, mit Brandanschlägen und Tierbefreiungsaktionen öffentlich auf die organisierte Tierquälerei in bundesdeutschen Versuchslaboratorien aufmerksam zu machen, wurden – Mitte der achtziger Jahre – von Bundesanwaltschaft und Bundeskriminalamt wegen Bildung einer »terroristischen Vereinigung« verfolgt.[28] Es wurde entsprechend breit ermittelt: die ganze Palette von Telefonüberwachungen bis Hausdurchsuchungen kam zum Einsatz. Die von der Bundesanwaltschaft zu »Öko-Terroristen« gestempelten (mutmaßlichen) TäterInnen mußten die Tier-Befreiungsaktionen mit monatelanger Untersuchungshaft büßen. Später allerdings, in den jeweiligen »Terrorismus«-Prozessen, da schlugen die Herzen der Richter und Staatsanwälte offenbar im Einklang mit der herrschenden deutschen Tierliebe, und so wurden alle angeklagten Tierbefreier vom »Terrorismus«-Vorwurf befreit.[29]

Ermittlungsziel: Soziogramme des Widerstands

Solche Niederlagen vor Gericht können die Ermittlungsbehörden leicht verschmerzen: Wichtig ist und bleibt für sie die Inanspruchnahme der großzügigen Ermittlungsbedingungen des §129a. Für die Ermittler ist es, so läßt sich nahezu durchgehend feststellen, weniger entscheidend, ob das jeweilige Verfahren überhaupt gerichtlich eröffnet wird und dann auch mit einer Verurteilung endet; von wesentlich größerer Bedeutung ist für sie ist das Ermitteln selbst: Mit dem über §129a als Kristallisationskern aktivierten, komplexen Sonderrechtssystem verfügen sie über ein praktikabeles Instrumentarium, um in die anvisierten, schwer erfaßbaren Szenen einbrechen, über den Einzelfall hinaus Kommunikationsstrukturen knakken, Daten erheben und »Soziogramme des Widerstands« erstellen zu können, die nicht nur repressiv, sondern vor allem präventiv und operativ genutzt werden können. Verunsicherung der Szene, Entsolidarisierung und Abschreckung sind zwangsläufige Folgeerscheinungen dieser Kriminalisierungsstrategie per 129a-Sonderrecht.[30]

Diese Sonderermächtigungen machen aus dem Straftatbestand der »terroristischen Vereinigung« einen fungiblen Ermittlungs- und Ausforschungsparagraphen, eine Art »Wunderwaffe« im staatlichen »Anti-Terror-Kampf«. Und diese erweist sich als hochexplosiv, kann sie doch gravierende Auswirkungen entfalten auf politisch-oppositionelle Diskussionszusammenhänge und die Kommunikationsstrukturen sozialer Bewegungen, auf militante, aber auch auf gewaltfreie Widerstandspotentiale.

Statistische Verifizierung der Ausforschungsthese

Die These, daß es sich bei §129a in Verbindung mit dem geschilderten Sonderrechtssystem in erster Linie um einen Ermittlungs- und Ausforschungsparagraphen handelt und erst in zweiter Linie um eine (klassische) Strafrechtsnorm, läßt sich auch statistisch belegen: Ein Vergleich der Ermittlungsverfahren wegen §129a in den Jahren 1980 bis 1989 mit den hieraus resultierenden Aburteilungen – das sind Freisprüche und Verurteilungen – ergibt folgendes aufschlußreiche Bild: Nur in knapp 5 Prozent der abgeschlossenen Ermittlungsfälle ist es überhaupt zu einer entsprechenden gerichtlichen Aburteilung gekommen. Umgekehrt bedeutet dies, daß in rund 95 Prozent der Fälle die Ermittlungsverfahren nach §129a mangels hinreichender strafrechtlicher Substanz zu keiner Anklage geführt haben oder eingestellt werden mußten.

Zum Vergleich: Diese sog. Anklagequote, also das Verhältnis von Abgeurteilten zu Tatverdächtigen, gegen die ermittelt wird, liegt bei der allgemeinen (»nichtterroristischen«) Kriminalität im Schnitt bei 45 Prozent; das heißt: In diesem Bereich führen also nur ca. 55 Prozent der Verfahren zu keiner Anklage oder werden eingestellt (s. zu diesem Vergleich im Detail die statistische Auswertung in Teil 5, Kapitel »Befangen?«).

Der unverhältnismäßige Ermittlungsaufwand in 129a-Fällen steht also in der überwiegenden Mehrzahl der Fälle in keinem Verhältnis zum Endergebnis. Diese »erfolglosen« Ermittlungsverfahren stellten sich letztlich als unberechtigt heraus. Das mag zwar einerseits beruhigend erscheinen, entscheidend aber dürfte der politische Flurschaden sein, den die Ermittlungsbehörden mit diesem »Anti-Terror«-Kampf anrichten. Hinzu kommen die oft existenzbedrohenden Auswirkungen solcher staatlichen Angriffe auf die Integrität einer Vielzahl von Beteiligten und insbesondere von Unbeteiligten bzw. Unschuldigen – die traumatischen Folgen von Hausdurchsuchungen und Ermittlungen am Arbeitsplatz, von monatelangen Lausch- und Spähangriffen gegen den ganzen Bekanntenkreis und nicht zuletzt die Folgen der Untersuchungshaft, die in solchen Fällen stets unter Isolationshaftbedingungen vollzogen wird.

Staatlicher Kampf gegen die »neue Unübersichtlichkeit«

Das politisch-soziale Umfeld im Visier

Die beschriebene Multifunktion des 129a-Sonderrechtssystems ist kein Zufallsprodukt der Strafrechtsentwicklung; sie hat ihre sicherheitspolitischen Gründe, die allerdings erst allmählich, Ende der siebziger, Anfang der achtziger Jahre, in vollem Umfang erkennbar geworden sind. Zu diesen Gründen gehört die Tatsache, daß die Formen des politischen und sozialen Widerstands in der Bundesrepublik im Laufe der Jahrzehnte bunter, vielfältiger geworden sind und sich angesichts verschärfter internationaler und innerstaatlicher Probleme und Krisenerscheinungen ebenfalls verschärft haben - und zwar jenseits der als »terroristisch« eingestuften bewaffneten Auseinandersetzung: Die Palette reicht von gewaltfreien Protestformen über militante Widerstandsaktionen des »Zivilen Ungehorsams« wie Besetzungen von Häusern und AKW-Bauplätzen, Blockaden von Militärdepots und Munitionstransporten, bis hin zur Gewalt gegen Sachen und Ursachen wie Anschlägen auf Bauträger und Zulieferfirmen, die den Ausbau gefährlicher Großtechnologien besorgten.[1] Die Übergänge zwischen den verschiedenen Aktionsformen und Akteuren sind fließend geworden, und die wachsende Heterogenität in der Zusammensetzung der Protestpotentiale ließ das polizeiliche Feindbild vom »potentiellen Störer« allmählich immer unschärfer werden. Die »Störer« waren nicht mehr klar zu definieren und auszumachen; sie und ihre »Sympathisanten« reichten bis hinein ins gutbürgerliche Lager. Diese neue politische Unübersichtlichkeit[2] brachte Polizei und Sicherheitspolitiker fast um den Verstand, was sie jedoch rasch mit erweiterten Polizeiaufgaben und -befugnissen, mit ausdifferenzierten Mitteln und Methoden der Überwachung und Vorfeld-Kontrolle sowie umfangreichen Legalisierungen zu kompensieren versuchten.[3]

Zu einem großen Teil allerdings ohne nennenswerten (Primär-) Erfolg: Offenbar konnte der Staat auch mit seinen zweifellos gewachsenen präventiven Diagnose-, Planungs-, Kontroll- und Aktionsfähigkeiten jene nicht hierarchisch strukturierten, ideologisch wenig festgefügten Initiativen, Szenen und Bewegungen im großen und ganzen nicht in den Griff bekommen, auch wenn pausenlose Anstrengungen zu ihrer (geheim-) polizeilichen Durchdringung unternommen werden. Insofern ist die Entwicklung von der zentralistischen, hierarchisch-autoritär, dafür übersichtlich gegliederten Arbeiter- bzw. Kommunistischen Partei hin zu dezentralen, basisdemokratischen, aber »chaotischen« Bürgerinitiativen und Bewegungen nicht zu unterschätzen;[4] genausowenig übrigens wie die parallele, allerdings später einsetzende Entwicklung von der militärisch straff-gegliederten »Rote-Armee

Fraktion« (RAF) zu den nicht-hierarchischen, nur lose organisierten »Feierabend-Terroristen« der »Revolutionären Zellen« (RZ)[5] und zur sog. guerilla diffusa.

Die neuartigen Formen des politisch-sozialen Widerstands in der Bundesrepublik brachten die Staatsgewalt, trotz umfangreicher Ermittlungen, immer wieder um ihre Fahndungserfolge; wie oft mußten Bundesanwaltschaft und Politische Polizei eingestehen, daß sie etwa gegen die »Revolutionären Zellen« nur wenig auszurichten vermögen, die zahlreichen Anschläge nicht personell zuordnen können; auch die »Verfassungsschützer« sind frustriert: »Bei der Bearbeitung dieser Art Leute bleiben ... wenig Möglichkeiten. Sie sind nicht so schön organisiert wie die DKP. Das ist der Grundfehler. Für uns ein Nachteil«, meint etwa der Direktor des hessischen Landesamtes für Verfassungsschutz mit Blick auf die Autonomen.[6] »Wir sehen in diesen Gruppen lose Verbindungen mit wechselnder Beteiligung, aktionsgebunden, also kurzlebig... eine amorphe Masse, ein amorpher Kader.« Am Ende bleiben dann nur ganz vereinzelte, Verfahren übrig wie etwa das gegen Ingrid Strobl. Und man wird den Eindruck nicht los, daß dieser Prozeß auch deshalb mit so viel kriminalistischer Energie, durchgepaukt wurde, damit der gigantische Ermittlungsaufwand, der zuvor betrieben worden war, nach außen überhaupt noch gerechtfertigt werden konnte.

Selbstverständlich haben solche Staatsschutz-Prozesse darüber hinaus ihre klassische Funktion, materialisieren sich doch hier die exekutiven Kriminalisierungsbemühungen in einschlägigen, gerichtlich (also höher) legitimierten Urteilen und in Freiheitsstrafen; signalisieren sie doch der entsprechend präparierten Öffentlichkeit, daß »erfolgreich« gegen den »Terrorismus« gekämpft wird; signalieren sie zumindest den Widerstandsszenen, daß gegen sie und ihre Angehörigen notfalls auch ohne Beweise vorgegangen werden kann; fördern sie doch im politisch-sozialen Umfeld, das den Sicherheitsbehörden die größten Kopfschmerzen bereitet, Entsolidarisierungsprozesse - mitunter bewirken sie damit, wie wir gesehen haben, jedoch genau das Gegenteil.

Der Schwerpunkt der neuen sicherheitspolitischen Strukturentwicklung liegt – wie wir gesehen haben – nicht bei der gerichtlichen Be- und Verurteilung, sondern bei der exekutiven Durchdringung der militanten Widerstandsszenen und ihrer legalen Vor- und Umfelder. Um soziale Diagnose und »Krisenvorsorge« geht es hier in erster Linie, um die Schaffung operativer Zugänge mithilfe geheimpolizeilicher Mittel und Methoden, um die Bewältigung dieses Präventiv-Programms mittels Schleppnetz- und Rasterfahndung. Gerade hierfür stehen der §129a und sein sondergesetzliches Umfeld in allererster Linie: für die Fähigkeit, große Teile der Bevölkerung nach bestimmten, verdachtsbegründenden Rastern durchsieben zu können, auf der Suche nach Unruheherden, nach vermeintlichen Mitgliedern und Unterstützern vermeintlicher »terroristischer Vereinigungen«, aber auch nach vermeintlichen »Werbern« und Sympathisanten des »Terrors«. Schließlich bildet die Bevölkerung den sozialen Nährboden wider Willen, auf dem all dies gedeiht, die Nährlösung der großen gesellschaftlichen Widersprüche, in der die späteren Widerständler heranwachsen und zu schwimmen versuchen wie die Fische im

Wasser. Überspitzt formuliert: Die Bevölkerung, die gesamte Gesellschaft wird mit der herrschenden Sicherheitskonzeption tendenziell zum »terroristischen Vor- und Umfeld« gekürt und zur Überwachung und Kontrolle freigegeben.

Das Sonderrechtssystem des § 129a StGB

Zusammenfassende Übersicht

1. »Tat«handlungen
Strafbar ist das Gründen, die Mitgliedschaft (erschwerend: Rädelsführerschaft), das Unterstützen oder das Werben für eine »terroristische« Vereinigung, die bestimmte Straftaten (Katalogtaten, s.Nr.2) tatsächlich begeht oder aber lediglich plant.
»Tathandlung« kann im Falle der Unterstützung/Werbung auch bloße Meinungsäußerung sein.

Auswirkungen/Kurzkommentar
Vorverlagerung des Strafrechtsschutzes weit ins Vorfeld der Vorbereitung konkreter strafbarer Handlungen und weit ins Vorfeld des Verdachts. Entwicklung vom Tat- zum Gesinnungsstrafrecht.

2. Katalogtaten
(incl. Erweiterungen per 1.1.1987)*

Völkermord (§ 220a), Straftaten gegen die persönliche Freiheit (Geiselnahme und erpresserischer Menschenraub, §§ 239 a, 239 b), (teilweise) Zerstörung wichtiger Arbeitsmittel öffentlicher Versorgungsbetriebe (z.B. Baumaschinen, Transport- und Entsorgungsmittel) sowie von Polizei- und Bundeswehrfahrzeugen (§ 305a;- neu seit 1.1.87)*, Brandstiftung (§§ 306-308), Herbeiführung einer Kern- oder Sprengstoffexplosion und Mißbrauch ionisierender Strahlen (§§ 310 b, 311 Abs.1, 311 a Abs.1), Herbeiführung einer Überschwemmung (§ 312), gefährliche Eingriffe in den Bahn-, Schiffs- und Luftverkehr (§ 315 Abs.1 * z.B. Störaktionen gegen Munitionstransporte, Blockaden von

Auswirkungen/Kurzkommentar

Ursprünglich war § 129a StGB propagandistisch als »maßgeschneiderte Antwort« gegen die linken bewaffneten Gruppen wie RAF und Bewegung 2.Juni ihre Unterstützer und Werber/ Sympathisanten, gerichtet. Mit der seit 1.1.87 in Kraft getretenen Erweiterung der Katalogtaten zielt diese Norm nun auf die verschiedenen Widerstandsbewegungen in der Bundesrepublik, insbesondere auf die Anti-AKW- und Friedensbewegung. Mit der Anreicherung der Katalogtaten erfolgt eine noch weitergehende Vorverlagerung der Strafbarkeit, werden Bagatelldelikte (wie einfache Sachbeschädigung), in Gruppenzusammenhängen begangen oder aber nur ersonnen, zu Verbrechen (s. Nr.

Weichen), Störung öffentlicher Betriebe (§ 316 b * Eisenbahn, Post, öffentlicher Verkehr, Versorgung mit Wasser, Licht, Wärme oder Kraft, Einrichtungen der öffentlichen Sicherheit und Ordnung, z.B. durch An- oder Absägen von Strommasten, aber auch schon durch das Entfernen eines Zündschlüssels etwa im Zusammenhang mit einem Streik, das Entfernen von Munition aus Polizeiwaffen u.a.), Angriff auf den Luftverkehr (§ 316 c), gemeingefährliche Vergiftung (§ 319).

4), wird sozialadäquates Handeln (zB.Streikaktionen gegen Versorgungsbetriebe), zumindest tatbestandsmäßig, ebenfalls zum Verbrechen, werden entsprechende Gruppen und Organisationen zu »terroristischen Vereinigungen«.

3. Verfahrensrechtliche Konsequenzen
für Ermittlungs- und Strafverfahren nach § 129a StGB (Sonderrechtssystem)

Auswirkungen/Kurzkommentar

Sonder-Ermittlungszuständigkeiten: bei Bundesanwaltschaft und BKA (§ 142a Abs.1 GVG) sowie beim Ermittlungs- bzw. Untersuchungshaft-Richter beim Bundesgerichtshof (BGH). Dies gilt auch im Falle von (teil-) ausländischen »terroristischen« Vereinigungen (iVm. § 120 II Nr. 2). Auswahl-Kompetenz bez. Gerichtsort.

Zentralisierungsfunktion per Sonderzuständigkeit, die zu einer enormen staatlichen Machtkonzentration und zur Vereinheitlichung der Ermittlungs- und Anklagepraxis führt. Anmaßung einer quasi internationalen Zuständigkeit i.S. »Terrorismusbekämpfung«.

Sonder-Ermittlungsermächtigungen: Möglichkeit zur großflächigen Telefonüberwachung (§ 100a StPO), Großrazzien (z.B. Durchsuchung ganzer Häuser-/Wohnblocks nach § 103 Abs. 1 StPO).
Einrichtung von Kontrollstellen (im Straßenverkehr und auf öffentlichen Plätzen, § 111 StPO) mit der Möglichkeit der Identitätsfeststellung und Durchsuchung auch völlig Unverdächtiger sowie Anordnung der

Die mit § 129a StGB verknüpften Sonderbefugnisse der Ermittlungsbehörden ermöglichen eine rationalisierte Massenkontrolle und -überwachung (auch vollkommen Unverdächtiger), die u.a. mithilfe des 1987 eingeführten computerlesbaren Personalausweises u. der ZEVIS-Direktabfrage ohne allzu großen Aufwand an jeder beliebigen Stelle durchgeführt werden können. Möglichkeit zur Erstellung von Bewegungsbildern ganzer Pro-

Schleppnetzfahndung (seit 1987; § 163d StPO) mit der Möglichkeit zur Massenspeicherung von Daten und zum Datenabgleich/Rasterfahndung. Geheimpolizeiliche und -dienstliche Ermittlungsmethoden (Polizeiliche Beobachtung etc.).

testpotentiale.
Umfassende Möglichkeiten zur großangelegten Ausforschung politisch-sozialer Vor- und Umfelder oppositioneller Szenen und Gruppen (Ausforschungsfunktion). Erstellung von Persönlichkeits- und Kontaktbildern.

Sonder-Haftbedingungen:
Verhängung von Untersuchungshaft ohne Haftgrund (§ 112 Abs.3 StPO).
Drastische Beschränkungen in U-Haft- und Strafvollzug:

u.a. *Isolationshaft* in Hochsicherheitstrakten nach richterlichen Haftstatuten; Überwachung des schriftlichen Verteidigerverkehrs und Besuch nur unter Aufsicht/Trennscheiben (§ 148 StPO).
Teilnahme an Veranstaltungen ist ausgeschlossen, Kontakt zu anderen Gefangenen untersagt; tägliche Durchsuchung der Zellen, unauffällige Beobachtung der Beschuldigten bei Tag und bei Nacht; Briefzensur.
Möglichkeit der nahezu totalen Isolation nach innen wie nach außen durch die sog. Kontaktsperre (§§ 30 ff. EGGVG).

Verstoß gegen die verfassungsmäßig verankerte Unschuldsvermutung.
Diese Sonderhaftbedingungen können zu schweren körperlichen und psychischen Schäden führen (Zerstörung der Persönlichkeit): Die Verhinderung bzw. Erschwerung sozialer Kontakte (soziale Deprivation) und das Fernhalten von Sinneswahrnehmungen (sensorische Deprivation durch Geräuschisolation, künstliche Beleuchtung, Sichtblenden vor den Fenstern, indirekte Belüftung) führen u.a. zu Konzentrationsstörungen, Unruhe, Reizbarkeit, Halluzinationen. Schwere Beeinträchtigung der Verteidigungsfähigkeit.

Sonderzuständigkeiten für Gerichtsverhandlungen bei 129a-Verfahren:
Oberlandesgerichte (§ 120 GVG)/ Staatsschutz-Senate.
Vereinheitlichungsprozeß und Verteidigungsbeschränkung über Beweisvereinfachungskonstrukte:
– über § 244 StPO können vom Gericht bestimmte Tatsachen als »offenkundig« bzw. gerichtsbekannt deklariert werden und sind damit nicht mehr beweisbedürftig. Entlastende

Verlust einer Instanz(nur noch Revision vor dem BGH, keine Berufung).
Besonders »auserlesene« Richter sorgen für Kontinuität.
Der politische Sonderjustizcharakter verstößt gegen das verfassungsrechtliche Verbot von »Ausnahmegerichten«.
Die Vereinheitlichung der Rechtsprechung bei den Obergerichten und die Beweisbeschränkungen führen zu Zentralisierung und Entpolitisierung

Beweisanträge der Verteidigung sind dann abzulehnen;
– über die sog. Kollektivitätsthese können alle, die einer »terroristischen Vereinigung« angehör(t)en, für alle von dieser Vereinigung begangenen Taten haftbar gemacht werden, gleichgültig ob sie im Einzelfall davon wußten bzw. diese billigten oder nicht; lediglich Indizien (Beweisanzeichen) müssen diese Beweiskonstruktion stützen.

der Verfahren. Der individuelle Schuldnachweis entfällt weitgehend unter dem Motto: »Mitgegangen-mitgehangen«.

Einschränkungen von Verfahrens- und Verteidigungsrechten:
– Beschränkung des Erklärungsrechts
– Beschränkung der Zahl der Verteidiger auf drei
– Verbot gemeinschaftlicher Verteidigung mehrerer Beschuldigter durch einen Verteidiger (Mehrfachverteidigungsverbot)
– Hauptverhandlung auch ohne Anwesenheit der Angeklagten
– erleichterter Verteidigerausschluß
– Beschneidung des Beweisantragsrechts
– sitzungspolizeiliche Verfügungen (z.B. körperliche Durchsuchungen der VerteidigerInnen und ZuhörerInnen. Polizeiliche bzw. paramilitärische Sicherung des Gerichtsortes. Ausweiskontrollen und Datenerfassung etc.)

Ausnahmejustiz wie im Belagerungszustand. Weitgehende Beschränkung, streckenweise Zerschlagung der Verteidigung. Entrechtung und schwerwiegende Beeinträchtigung der Betroffenen. Aufhebung der »Waffengleichheit« zugunsten des Staatsapparates. Kein »fairer Prozeß«.

4. Strafrahmen

Mitgliedschaft: Freiheitsstrafe von 1 Jahr bis 10 Jahre = Verbrechen (vor 1987: 6 Monate bis 5 Jahre = Vergehen);
Rädelsführerschaft/»Hintermänner«:

Auswirkungen/Kurzkommentar

Die Hochstufung zum Verbrechen hat zur Folge, daß das Mitglied einer als »terroristisch« eingestuften Vereinigung wesentlich strenger bestraft wird (auch ohne daß es eigenhändig

nicht unter 3 bis 15 Jahre (früher: 1 Jahr bis 10 Jahre);
Unterstützung und Werbung: 6 Monate bis 5 Jahre (= Vergehen).
Die Strafandrohung für eine Reihe von Bagatell-Taten des § 129a StGB ist wesentlich geringer, für die meisten schweren Katalogtaten jedoch erheblich höher.

eine Straftat begangen zu haben braucht) als der einzelne, nicht organisierte Täter, dessen Tat (etwa Sachbeschädigung) lediglich ein Vergehen ist. Bagatell-Delikte werden auf diese Weise über § 129a StGB zu Verbrechen.
Die versuchte Anstiftung zur Anstiftung zu § 129a wird dadurch ebenfalls strafbar (Bestrafung wie bei Versuch des Verbrechens § 30 StGB). Außerdem: Seit der Hochstufung von 1987 ist der gezielte Schußwaffengebrauch durch die Polizei im Falle des Verdachts eines solchen Verbrechens möglich geworden (nach den Polizeigesetzen).

Teil 2
Im Vorfeld der politischen Justiz
Präventiver Sicherheitsstaat und Vorfeldstrategien

Zum Aufstieg des präventiven Sicherheitsstaates

Skizze einer blühenden Karriere

Das Staatsgeschäft mit der Sicherheit floriert seit Beginn der siebziger Jahre in einem historisch kaum je erlebten Ausmaß. Die Pläne dafür stammen allerdings bereits aus einer Zeit, als das Phänomen »Terrorismus« in der Bundesrepublik noch nicht existent war, nämlich aus den späten sechziger Jahren: Damals konnte man angesichts der ersten großen Wirtschaftskrise der BRD (1966/67) neue Erfahrungen machen mit der altbekannten Krisenhaftigkeit des kapitalistischen Wirtschaftssystems und ihren destabilisierenden Folgen. Die Zeiten des »Wirtschaftswunders«, der Stabilität und der relativen Ruhe und Ordnung schienen jäh beendet zu sein.

Es waren Zeiten der Unruhe mit manifesten sozialen und politischen Krisenfolgeerscheinungen: Massenarbeitslosigkeit, Massenstreiks, Studentenbewegung mit ihren vielfältigen und neuen Protestformen – aber auch Zeiten rapide wachsender Kriminalität. Und man suchte nun fieberhaft nach geeigneten, flexiblen Mitteln der »Krisenvorsorge«, um vor derartigen Überraschungen künftig gefeit zu sein und das Wirtschafts- und Gesellschaftssystem langfristig sichern zu können. Man schickte sich an, wirtschafts- wie sicherheitspolitisch vorausschauend zu denken, zu planen und flexibel zu handeln, statt, wie bisher, verspätet und überzogen zu reagieren. Nicht mehr orientiert am Ausnahmezustand (wie ihn noch die Notstandsgesetze der sechziger Jahre zur Ausgangslage hatten), sondern orientiert am krisengeschüttelten Alltag – eine Entwicklung weg vom erklärten Notstand, hin zur »veralltäglichten« Notstandsvorsorge bzw. Notstandsverhinderung.

Denn schließlich waren es nicht nur Zeiten der sozialpolitischen Unruhe, sondern zugleich Zeiten des technologischen Umbruchs – auf der Schwelle in die »Risikogesellschaft« (Ulrich Beck),[1] die sich die Produktion unvorstellbarer Gefahrenpotentiale und (Beinahe-) Katastrophen im Gefolge einer forcierten Großtechnologie leistet (u.a. Atomenergie, High-Tech-Waffen-Produktion, Computerisierung, später: Gentechnologie etc.). Diese Produktion von existentieller Unsicherheit, die in der Bevölkerung Ängste und Verunsicherung verbreitete, versuchte man durch immer aufwendigere Sicherheitsmaßnahmen zu kompensieren – die dann jedoch in erster Linie dazu benutzt wurden, die wachsende außerparlamentarische Opposition gegen die Zerstörung der Lebensgrundlagen zu kriminalisieren und in Schach zu halten. Die Risikogesellschaft, die immer verletzlicher werdende hochtechnisierte Industriegesellschaft, so stellte sich sehr bald heraus, bedingt den präventiven Sicherheitsstaat, ohne daß dieser auch nur ansatzweise wirkliche Sicherheit schaffen kann.

Der zum Jahrzehntwechsel der sechziger zu den siebziger Jahren aufkommende »Terrorismus« der bewaffneten Gruppen war also nicht etwa Ursache der damals einsetzenden neuartigen Sicherheitsentwicklung, sondern allenfalls forcierendes Element für deren beschleunigte Realisierung und Eskalierung.[2] Das bestätigt zum Beispiel eine Rede, die der damalige Bundesinnenminister Hans-Dietrich Genscher (FDP) im Jahre 1972 vor dem Bundestag hielt. Im Zusammenhang mit einer Reihe von Gesetzesverschärfungen führte Genscher aus: »Ich habe Anlaß zu der Feststellung, daß die Grundkonzeption von Bund und Ländern nicht etwa, wie man heute gelegentlich in den Zeitungen lesen konnte, das Ergebnis der Besorgnis aus den Terrorakten der letzten Monate ist, sondern das Ergebnis langwieriger, sehr gründlicher, objektiver und leidenschaftsloser Beratungen von Innenministern aller demokratischer Parteien, die sich ihrer Gesamtverantwortung für die innere Sicherheit unseres Landes gestellt haben.«[3]

Diese langfristig angelegte Sicherheitspolitik konnte dann im Laufe der sozialliberalen siebziger Jahre im Windschatten des »Terrorismus«, jener bis heute noch populären Legitimationsformel, unter geradezu (alp)traumhaften Bedingungen entwickelt und durchgesetzt werden.

Politische Klimaverschärfung im »Deutschen Herbst«

Den Kulminationspunkt dieser Entwicklung markiert der »Deutsche Herbst« 1977: Die staatlichen Reaktionen auf die damaligen blutigen RAF-Aktivitäten, die (nicht selten tödlichen) Folgen der »Terroristen«-Fahndungen und die sonderjustiziellen Ausnahmebedingungen der sog. Terroristen-Prozesse erschütterten und veränderten die Republik in ihren Grundfesten. Insbesondere die Ermordung des Generalbundesanwalts Siegfried Buback und zweier Begleiter, die Erschießung des Vorstandsvorsitzenden der Dresdner Bank, Jürgen Ponto, die Entführung des Arbeitgeberpräsidenten Hanns-Martin Schleyer und die Ermordung seiner vier Begleiter, die Entführung einer Lufthansa-Maschine durch ein palästinensisches Kommando mit dem Ziel, RAF-Gefangene freizupressen – diese Ereignisse führten zu einer bedrohlichen Eskalation staatlicher Maßnahmen, die heute noch gravierende Nachwirkungen zeitigen.

Vor allem die Schleyer-Entführung und die Flugzeug-Kaperung (die später bekanntlich mit einer Befreiung der Passagiere durch die Antiterror-Spezialeinheit »GSG 9« endete) wurden als faktischer Ausnahmezustand behandelt, ohne ihn jedoch förmlich zu erklären: Hier zeigte sich nämlich, daß inzwischen andere, differenzierbare Mittel der »Krisenbewältigung« zur Verfügung standen, die (wenn auch zeitweise recht knapp) unterhalb der erklärten Notstandsschwelle angesiedelt sind, allerdings gleichwohl diktatorische Elemente aufzuweisen hatten. Ein extra-legales und unkontrollierbares Regierungssystem mit »Krisenstäben« und dem Bundeskriminalamt an der Spitze gelangte damals zu trauriger Berühmtheit: Grundrechte wurden unter Hinweis auf einen »übergesetzlichen Notstand«

(bzw. »rechtfertigenden Notstand«, §34 StGB) außer Kraft gesetzt, großangelegte Lauschangriffe durchgeführt (u.a. Abhöraffäre Traube), gegen terrorismusverdächtige Untersuchungsgefangene eine totale Kontaktsperre und gegenüber den Medien eine weitgehende Nachrichtensperre verhängt, die Gewaltenteilung wurde tendenziell aufgehoben – kurz: diktatorische Methoden auf einer neu geschaffenen Strukturbasis praktiziert.[4]

Der damalige Bundeskanzler Helmut Schmidt atmete noch Jahre später hörbar auf, als er öffentlich bekannte: »Ich kann nur nachträglich den deutschen Juristen danken, daß sie das alles nicht verfassungsrechtlich untersucht haben«[5] – womit er auch der (liberalen) Öffentlichkeit in der Bundesrepublik ein denkbar schlechtes Zeugnis ausstellte.

Die rechtsstaatlichen Kosten forcierter Prävention

Diese Regierungsphase war jedoch nur irregulärer Bestandteil jener langfristig angelegten Sicherheitspolitik, die bereits Ende der sechziger Jahre ihren Ausgang genommen hatte: Nach und nach wurden Polizei und Geheimdienste personell, finanziell und technologisch aufgerüstet und das gesamte Sicherheitssystem einem tiefgreifenden Strukturwandel unterzogen (Stichworte: Zentralisierung, Spezialisierung und Befugniserweiterungen). Staats- und Strafrechtsschutz wurden, entlang einer forcierten innerstaatlichen Feinderklärung, weit hinein in die Gesellschaft vorverlagert, ins Vorfeld des politischen Verdachts und strafbarer Handlungen: »Prävention« (auch »Gefahrenvorsorge«, »vorbeugende Verbrechensbekämpfung«) heißt das große, alles legitimierende Schlagwort der Neuzeit – eine Strategie, die seit der parallelen Einführung der elektronischen Datenverarbeitung auch bewältigt werden konnte.

Die sozial-politischen Kosten dieser Präventionsstrategie sind gewaltig: Sie weckt zwangsläufig ein gesteigertes Informationsbedürfnis der polizeilichen und geheimdienstlichen Sicherheitsapparate, das nach Befriedigung geradezu giert – ohne Massen-Daten keine Vorbeugung. Intensivierte Aufklärungs- und Vorfeldarbeit, umfassende Überwachung und Durchleuchtung ganzer Lebensbereiche (per Observation, beobachtender Fahndung, Lauschangriff, Einsatz von V-Leuten, Under-Cover-Agenten und agents provocateurs), ausgiebiges Daten-Fischen im Trüben des verallgemeinerten Verdachts, rationalisierte Massenerfassung von Millionen auch vollkommen unverdächtiger Bürger (etwa an sog. Kontrollstellen und bei Großrazzien) – das sind die fatalen Folgen dieser Ausweitung staatlicher Aufgaben und Eingriffsbefugnisse; Präventionspraktiken, die zunächst im rechtsfreien Raum erprobt, dann nach und nach in Gesetzesform gegossen wurden bzw. werden.

Seit Mitte der achtziger Jahre werden wir von einer regelrechten Springflut neuer sogenannter Sicherheitsgesetze heimgesucht.[6] Die Rede ist von computerlesbaren Personalausweisen und Reisepässen, rationalisierten polizeilichen Massenkontrollen, Schleppnetz- und Rasterfahndung, Vermummungsverbot und Vorbeugehaft, Anti-Terror-Gesetzen und Sicherheitsrichtlinien, nachrichtendienstlichen Mitteln und elektronischem Datenverbund, Under-Cover-Agenten und V-Leuten, von neuen Polizei- und Geheimdienstgesetzen. Das sind nur einige wenige Stichworte aus den Verrechtlichungsprojekten der vergangenen Jahre.[7] Was verbirgt sich eigentlich hinter jenen abstrakten »Sicherheitsgesetzen«, die uns da in immer dichterer Abfolge serviert werden? Können sie unsere unmittelbaren Lebensverhältnisse tangieren oder gar negativ beeinflussen – oder sind sie so harmlos und hilfreich, wie ihre offizielle Bezeichnung es nahelegt?

Massenorientierte Vorfelderfassung

Daten-Fischen im Trüben des verallgemeinerten Verdachts

In welche Dimensionen die Ausweitung staatlicher »Terrorismusbekämpfung« gediehen ist, in welchem Ausmaß die Vorverlagerung des Staatsschutzes und die staatsschützerische Durchdringung von Teilen der Gesellschaft fortgeschritten sind, welche Perspektiven die neuen Eingriffsbefugnisse den staatlichen Machthabern eröffnen und wie sie die Lebensverhältnisse weiter Teile der Bevölkerung tangieren und negativ beeinflussen können – diese Fragen wollen wir anhand eines wirklichkeitsdurchtränkten, in die nähere Zukunft vorverlegten Szenarios erläutern.

Wir sehen uns gegenwärtig konfrontiert mit einer modernen Ausdifferenzierung staatlicher Mittel und Methoden der Kontrolle und Überwachung, die nicht mehr nur wenige verdächtigte Menschen betreffen, sondern verdachtsunabhängig orientiert sind auf die gesamte Bevölkerung. Wir sehen uns konfrontiert mit einer zunehmenden Ausweitung staatlicher Eingriffsbefugnisse und einer fortschreitenden Automatisierung und Rationalisierung des Staatssicherheits- und Verwaltungshandelns. Wir sehen uns konfrontiert mit einer wachsenden Vernetzung von Informationen, die von verschiedenen staatlichen Stellen – offen oder verdeckt – über die einzelnen BürgerInnen und gesellschaftlichen Gruppen erhoben und in zahlreichen Dateien gespeichert werden. Auch an dieser Entwicklung, die seit Mitte der achtziger Jahre nach und nach legalisiert wird, hatte als treibende Kraft die »Terrorismusbekämpfung« entscheidenden Anteil. Inzwischen scheint sich diese Sicherheitsentwicklung jedoch aus ihrem ursprünglichen – tatsächlichen oder vermeintlichen – Begründungszusammenhang herausgelöst, verselbständigt zu haben. Die immer wieder zu beobachtende Tendenz, polizeiliche »Errungenschaften« aus extremen Situationen oder »Ausnahmezuständen« auf den Normalzustand der Gesellschaft auszudehnen, ist gerade in diesem Kernbereich sicherheitsstaatlichen Handelns deutlich nachvollziehbar: Vom »Terrorismus« auf das »terroristische Umfeld«, vom Umfeld auf die »Sympathisanten« und die gesamte staatskritische »legale Linke«, von der politischen Linken auf die sozialen Abweichler, von den Unangepaßten auf die Gesamtgesellschaft. Der sog. Terrorismus, aber auch die neuere Formel »organisierte Kriminalität« sind lediglich die publikumswirksamen Legitimationshülsen für eine Entwicklung, die den demokratischen Rechtsstaat unterminiert und in seiner Substanz bedroht.

Das angstvolle Starren auf jede einzelne der vielfältigen staatlichen Repressions- und Präventionsmaßnahmen verstellt gelegentlich den Blick fürs geplante Ganze, für die Zusammenhänge zwischen den einzelnen Maßnahmen und Vorhaben.

Doch erst das Verständnis ihres Ineinandergreifens, ihres Zusammenspiels vermag letztlich Aufschluß zu geben über die angestrebte Qualität und Dimension staatlicher Überwachungskunst und Massenkontrollfähigkeit. Um diese Dimension zu ergründen und anschaulich zu machen, wollen wir die komplexe und auch abstrakte Problematik in einem (Zukunfts-) Szenario darstellen, in dem das Ineinandergreifen von

- computerlesbarem Personalausweis (seit 1.4.1987 ff.)
- erweiterten polizeilichen Kontrollbefugnissen (seit 1978 ff.: Razziengesetz/Straßenkontrollstellen)
- Schleppnetzfahndung und ZEVIS-Direktabfrage (seit 1986/87 in Kraft)
- Polizeilicher Beobachtung und computergestützten Fahndungsprogrammen (u.a. Datenabgleich/Rasterfahndung)
- und den neuen Polizeigesetzen sowie dem Strafverfahrensänderungsgesetz (Entwurf 1988/89)

illustriert werden soll.[1] Das Szenario wird unterfüttert mit Beispielsfällen aus der bundesdeutschen Überwachungs- und Kontroll-Praxis sowie mit erläuternden Hintergrund-Informationen.

Zur besseren Veranschaulichung wollen wir eine Entführung ins Jahr 199X wagen, in dem der neue, von der Bevölkerung angeblich heißbegehrte maschinenlesbare Personalausweis (Paß) allgemein eingeführt sein wird, also alle BundesbürgerInnen solche Ausweise besitzen. Wir erinnern uns: Auch dieses Projekt war der Bevölkerung ursprünglich u.a. als notwendiges »Anti-Terror-Instrument« schmackhaft gemacht worden.

Freibrief für Massenkontrollen

Bundesrepublik, 19. September 199X: Polizeiliche Großfahndung im gesamten Bundesgebiet – gefahndet wird nicht etwa nach »hochkarätigen Terroristen« der RAF anläßlich eines Mordanschlags auf einen Industriellen oder Politiker, sondern: nach mutmaßlichen militanten Atomkraftgegnern, die sich mit Säge und Maulschlüssel gegen das menschenverachtende Atomenergieprogramm der Bundesregierung zur Wehr setzen und diverse Strommasten zum Kippen gebracht haben. Seit der Verschärfung des § 129a zum 1.1.1987 sind diese Akteure bekanntlich von einfachen Sachbeschädigern zu »Terroristen«, die Gruppen und Bürgerinitiativen, in denen sie tätig sind, zu »terroristischen Vereinigungen« avanciert. – und deshalb kann auch flächendeckend nach ihnen gefahndet werden. Der Verdacht nämlich, daß Straftaten nach § 129a StGB begangen worden (oder aber auch erst geplant) sind, dient nun dem Generalbundesanwalt und den Polizeibehörden als Anlaß, im gesamten Bundesgebiet, auf Autobahnen, Bundes- und Landstraßen sowie öffentlichen Plätzen sog. Kontrollstellen einzurichten, um die (potentiellen) TäterInnen zu ergreifen bzw. um Straftaten zu verhindern.

Bereits im Jahre 1972 erprobten die bundesdeutschen Polizeibehörden diese neue Art von flächendeckenden Kontrollen mit einem bis dahin beispiellosen Großeinsatz:[2]

Zur Fahndung nach Mitgliedern der RAF wurde am 31. Mai 1972, vom BKA koordiniert, eine bundesweite Aktion unter der Tarnbezeichnung »Wasserschlag« durchgeführt. Tausendschaften der Polizei, die mit Hubschraubern übers ganze Lande verteilt wurden, errichteten Straßen-Kontrollstellen im fliegenden Wechsel. Tausende von Fahrzeugen wurden gestoppt, durchsucht und die Fahrer überprüft.[3] Ex-BKA-Präsident Horst Herold meinte später nicht ohne Stolz, auf diese Weise sei die BRD mal »richtig durchgeklopft« worden: »Unsere Aktion hatte das erklärte Ziel, durch einen Schlag ins Wasser die Fische mal richtig in Bewegung zu bringen.« »Brauchbare Ergebnisse« hatte die »Aktion Wasserschlag« indes nicht erbracht.[4]

Im Jahre 1977 schwärmte die Polizei zum Zwecke einer »Gefahrenabwehr« aus:[5] Im Zusammenhang mit der Großdemonstration gegen das Atomkraftwerk vom Typ eines »Schnellen Brüters« bei Kalkar richtete sie mit 12.444 eingesetzten Beamten im gesamten Bundesgebiet einschließlich Westberlin auf Straßen sowie Bahnhöfen Kontrollstellen ein, um alle zur Demonstration Reisenden kontrollieren, durchsuchen und registrieren zu können. Insgesamt wurden auf diese Art und Weise an einem einzigen Tag nahezu 75.000 Fahrzeuge und über 150.000 Personen überprüft – Tausende übrigens, die mit der Demonstration nicht das Geringste zu tun hatten. Etwa 8.000 Gegenstände wurden beschlagnahmt, neben zwei Molotow-Cocktails u.a. Schutzhelme und -brillen, Benzinkanister und Feuerlöscher, Wagenheber, Warndreiecke und Verbandsmaterial. Beschlagnahmte Autowerkzeuge wie Schraubenzieher und Kreuzschlüssel wurden in den Beschlagnahme-Quittungen der Polizei nicht selten als »Stich- oder Schlagwaffen« bezeichnet.[6]

Diese und weitere polizeiliche Kontrollmaßnahmen gegen »jedermann«, also auch gegen nverdächtige, erfolgten damals noch ohne jegliche Rechtsgrundlage. Sie konnten jedoch illegalerweise bereits erprobt und durchgeführt werden, weil seit Anfang der siebziger Jahre die technologischen Grundlagen in den Sicherheitsapparaten entwickelt worden waren: die elektronische, automatische Datenverarbeitung. Ohne diese neue Technologie wäre schon der Versuch von Massenkontrollen jenseits konkreter Verdachtsmomente an den Grenzen manueller Datenerhebung, -übertragung, -speicherung und -zusammenführung kläglich gescheitert. Allein der Gedanke, die Kontrolle von 150.000 Menschen am Tag manuell zu bewerkstelligen, scheint absurd: 150.000 Anrufe bei den Landeskriminalämtern bzw. beim Bundeskriminalamt, dort 150.000 Griffe in Karteikästen auf der Suche nach 150.000 Namen, dann das Ablesen und Aufnehmen der oftmals handschriftlich verfaßten Kartei-Inhalte und die fernmündliche Weitergabe der »Erkenntnisse«...[7]

Erst die neue technologische Entwicklung ermöglichte die Umkehrung traditioneller, rechtsstaatlicher Prinzipien – die dann, im Windschatten des »Terrorismus«, auch gleich in die Tat umgesetzt wurde: War bislang das Vorliegen einer »konkreten Gefahr« oder eines Straftatverdachts gegen die zu kontrollierende Person Voraussetzung für einen polizeilichen Kontroll-Eingriff, so war von nun an prinzipiell jede/r verdächtig – ein potentielles Sicherheitsrisiko, dessen »Schuld oder Unschuld« erst per Identitätsfeststellung, Datenabgleich und Durchsuchung überprüft werden muß.

Kurze Zeit nach dem letztgenannten Probelauf wurden im Zuge der sog. Anti-Terror-Gesetzgebung die bislang fehlenden Ermächtigungsgrundlagen zur tausendfachen innerdeutschen Grenzziehung und zur Kontrolle von »jedermann« nachgeschoben (seit 1978 ff.) – und zwar sowohl in den neuen Polizeigesetzen (nach dem »Musterentwurf für einheitliche Polizeigesetze« zur »Gefahrenabwehr« bzw. »vorbeugenden Verbrechensbekämpfung«) als auch im sog. Razziengesetz der Strafprozeßordnung (zur Strafverfolgung). Danach kann die Polizei bestimmte Örtlichkeiten im öffentlichen Raum zu »gefährdeten Orten« oder zu »Kriminalitätsschwerpunkten« erklären, an denen dann alle Angetroffenen kontrolliert werden dürfen. Nach § 111 StPO ist die Polizei auf richterliche Anordnung oder aber, bei »Gefahr im Verzuge«, auf Anordnung der Staatsanwaltschaft und ihrer Hilfsbeamten (das sind die Beamten der Polizei selbst) befugt, zur Verfolgung einer Straftat u.a. nach § 129a StGB »auf öffentlichen Straßen und Plätzen und an anderen öffentlich zugänglichen Orten Kontrollstellen« einzurichten und alle Passierenden zu überprüfen.[8] Meist werden die Kontrollstellen mit Maschinenpistolen gesichert, was diese Örtlichkeiten dann wirklich zu gefährlichen Orten werden läßt.

Diese gesetzlichen Regelungen brachen gründlich mit dem herkömmlichen Polizei- und Strafprozeßrecht: Der Polizei wird damit die rechtliche Möglichkeit eröffnet, in Grund- und Freiheitsrechte der einzelnen BürgerInnen einzugreifen, ohne daß gegen sie – wie bisher erforderlich – der Verdacht einer konkreten Straftat oder der Verdacht einer konkreten Gefährdung der »öffentlichen Sicherheit und Ordnung« vorliegen und ausgesprochen werden muß. Die grundgesetzlich verbriefte Unschuldsvermutung wird an polizeilichen Kontrollstellen also außer Kraft gesetzt.

Auf der Grundlage dieser erweiterten Kontrollbefugnisse hat die Polizei an den in unserem Szenario angenommenen Kontrollstellen also ein Eingriffsrecht gegenüber »jedermann«: Alle Passierenden, ob AutofahrerInnen oder Beifahrer, RadfahrerInnen oder Bahnbenutzer, FußgängerInnen oder Jogger sind verpflichtet, ihre Identität feststellen und sich sowie mitgeführte Sachen, auch Fahrzeuge, durchsuchen zu lassen. Auf die Datenanfrage beim polizeilichen Fahndungsbestand erscheint auf dem mobilen Bildschirm der kontrollierenden Beamten als Antwort:

- *entweder »Keine Fahndungsnotierung«*
- *oder »Festnahme« mit näherem Hinweis,*[9] *u.a.*
- *BEWA = Bewaffnet*
- *GEWA = Gewalttätig*
- *AUSB = Ausbrecher*
- *HWAO = Häufig wechselnder Aufenthaltsort*
- *oder »Befa«/»PB« (Beobachtende Fahndung/Polizeiliche Beobachtung): Dann wird unauffällig kontrolliert und die Erkenntnisse werden an das polizeiliche INPOL-System weitergemeldet.*

Seit der Legalisierung von verdachtsunabhängigen Massenkontrollen ist die Anzahl der jeweils Betroffenen in Größenbereiche gewachsen, die kaum noch mit herkömmlichen Mitteln der Kontrolle, quasi von Hand per manueller Dateneingabe und -abfrage, zu bewältigen sind. Gleich in den ersten anderthalb Jahren nach dieser gesetzlichen Regelung (1978/79) sah die Kontrollstellenpraxis folgendermaßen aus:[10]

■ *181 mal wurde die Einrichtung von Kontrollstellen angeordnet, davon 16 mal durch Ermittlungsrichter beim Bundesgerichtshof, zweimal durch Richter auf Länderebene und 163 mal durch die Polizei. Eine Anordnung hat in der Regel mehrere (teilweise Hunderte von) Kontrollstellen zur Folge, die in dem angeordneten Zeitraum – meist über mehrere Monate verteilt – eingerichtet werden.[11] Das bedeutet: Millionen von Menschen wurden auf diese Weise kontrolliert.*

■ *Die in der parlamentarischen Debatte als vorrangig genannte Intention des neuen Kontrollinstrumentariums, nämlich die Bekämpfung des »Terrorismus«, war lediglich in einem Drittel aller Fälle (46) unmittelbarer Anlaß für die Anordnung.*

■ *Bei den Kontrollen, in die wie gesagt Millionen von Personen involviert wurden, konnten lediglich 28 Straftäter festgenommen und in 16 Fällen Beweismaterial sichergestellt werden. Weit mehr Personen wurden allerdings als Verdächtige zur Identitätsfeststellung vorläufig festgenommen.*

Auch in den achtziger Jahren erfreute sich das neue Kontrollinstrument nach § 111 StPO bei den Sicherheitsorganen weiterhin großer Beliebtheit und wurde extensiv genutzt,[12] wobei allerdings kein einziger »Täter der in dieser Vorschrift genannten oder in Bezug genommenen Straftaten ergriffen worden« ist – so der ehemalige Parlamentarische Staatssekretär Dr. Kinkel im Jahre 1987.[13] Fast durchgängig entsprachen die für die jeweiligen Anordnungen zuständigen Gerichte und Richter kritiklos den exekutiven Wünschen und erteilten den Staatsanwaltschaften und Polizeibehörden pauschale Kontroll-Ermächtigungen:

Im Jahre 1987 ergingen allein auf Veranlassung des Generalbundesanwaltes (GBA) und des BGH-Ermittlungsrichters insgesamt fünf Anordnungen zur Einrichtung einer Vielzahl von Kontrollstellen (Anordnungen aus den Bundesländern sind hierbei also nicht berücksichtigt). Nur eine dieser Anordnungen war lediglich auf zwölf Stunden, eine auf immerhin 57 Tage und drei Anordnungen auf jeweils drei Monate befristet.[14] Im Mai 1987 ließ der GBA faktisch die gesamte BRD für die Dauer von drei Monaten zur Kontrollstelle erklären, wobei die vorgebliche Suche unbekannten Mitgliedern einer unbekannten »terroristischen Vereinigung Bombenleger/Volkszählungsgegner« galt. Es war die Zeit der umstrittenen Volkszählung. Genutzt wurden die Kontrollen – so »Der Spiegel« –, um »Volkszählungsgegner zu jagen« und Demonstrationswillige zu filzen.[15]

Ein weiterer Fall: Am 3. Dezember 1987 wurde eine Anordnung verfügt, die Kontrollstellen auf öffentlichen Straßen und Plätzen und anderen öffentlich zugänglichen Orten innerhalb eines Zeitraumes von anderthalb Monaten zuließ, und zwar in Frankfurt sowie in den Regierungsbezirken Darmstadt, Gießen und Rheinhessen-Pfalz. Begründung: Fahndung nach den Tätern, die im Laufe einer Demonstration gegen die Startbahn-West zwei Polizeibeamte erschossen hatten (November 1987) und die einer bis dahin unbekannten »terroristischen Vereinigung« angehören sollen. Die Bundesregierung wenige Monate später zu dieser Kontrollstellen-Aktion: »Die Fahndung ... verlief ergebnislos; Beweismittel zur Aufklärung der Morde an der Startbahn-West wurden nicht sichergestellt.«[16] Tatsächlich dienten die flugs auf den »Terrorismus«-Verdacht gestützten Kontrollstellen vornehmlich zur Ausforschung jener Regionen, in denen der Widerstand gegen die Startbahn-West am stärksten war.

Auch zur Überwachung unliebsamer Veranstaltungen läßt sich dieses Kontrollsystem einsetzen: So wurden etwa bei politischen Informations- und Diskussionsveranstaltungen zu §129a oder zu den Haftbedingungen der »Politischen Gefangenen« – die mit besonderer Vorliebe in Bayern verboten werden – Straßenkontrollstellen rund um die Veranstaltungsorte eingerichtet (etwa in München 1986 und 1987)[17] und die mutmaßlichen BesucherInnen gefilzt, teilweise vorläufig festgenommen und erkennungsdienstlich behandelt.

Am 20. Mai 1988 beantragte der Generalbundesanwalt eine Kontrollstellen-Anordnung für die gesamte Bundesrepublik und West-Berlin, die er vom Ermittlungsrichter beim Bundesgerichtshof auch prompt erhielt. Das ganze Land wurde kurzerhand zur Sicherheitszone erklärt; zwischen dem 24. Mai und dem 2. Oktober durfte die Polizei nach eigenem Ermessen Kontrollstellen an allen öffentlichen Orten errichten – die bislang längste und umfassendste Dauerkontrolle. Offizielle Begründung: »Fahndung nach Mitgliedern der Kommandoebene der RAF« (»Ehepaar Meyer«).

Doch just in jener Zeit liefen auch die Vorbereitungen zur »anschlagsrelevanten« Tagung der Weltbank und des »Internationalen Währungsfonds« (IWF) in Westberlin (September 1988), gegen deren »Ausbeutungspolitik« eine Vielzahl politischer Gruppen zu Aktionen aufgerufen hatte. Und so dienten die Kontrollstellen insbesondere der präventiv-polizeilichen Ausforschung dieses Protestpotentials (was, nach anfänglichen Dementis der Bundesanwaltschaft, selbst die Bundesregierung zugeben mußte)[18] als auch der »Verunsicherung der Szene«[19] – obwohl sie hierfür eigentlich rechtlich nicht zugelassen waren bzw. sind. Doch wer hindert die Sicherheitsorgane, im Rahmen von (angeblichen) Fahndungsmaßnahmen gegen mutmaßliche RAF-Mitglieder auch oder überwiegend präventiv gegen politisch verdächtige Gegner tätig zu werden und dafür die ganze Bevölkerung durchzusieben?[20]

Wenn PolizistInnen aus der Geschichte lernen

Der Polizeipräsident in Berlin
Einsatzabteilung 3

Kruppstraße 2
1000 Berlin 21, den 28.09.88
Tel.: 398 20583

B e s c h e i n i g u n g

Folgende Gegenstände: -1- Trompete

wurden am heutigen Tage bei

Herrn/~~Frau~~ Josef

Wohnanschrift 1000 Berlin

zur Abwehr einer gegenwärtigen Gefahr für die öffentliche Sicherheit gemäß § 14 in Verbindung mit § 26 ASOG sichergestellt.

PHw'in EB 33

(Unterschrift, Amtsbezeichnung, Dienststelle)

(Vgl. die Bibel, Jos. 6: Bericht über die Zerstörung Jerichos)
aus: Bürgerrechte und Polizei (3/1988)

Trotz des gewaltigen Aufwandes[21] *und der viermonatigen Dauer wurde nach Mitteilung der Bundesanwaltschaft lediglich ein 36jähriger Niederländer verhaftet (und fast sieben Monate in verschärfter U-Haft gehalten), weil er angeblich mehrere Exemplare des in den Niederlanden frei erhältlichen Buches »Widerstand heißt Angriff« (das u.a. RAF-Texte dokumentiert) bei sich führte und damit der »Unterstützung einer terroristischen Vereinigung« verdächtig sei.*[22] *Darüber hinaus wurden keine Personen längerfristig festgenommen (viele dagegen kurzfristig) und keine Beweismittel sichergestellt (außer beispielsweise in Berlin am 28.9.1988 eine Trompete!).*[23]

Allerdings, und das macht die eigentliche Dimension des Geschehens aus, wurde eine extrem hohe Zahl personenbezogener Daten von mehr oder weniger unverdächtigen Personen erfaßt und abgeglichen. Dafür wurde – neben den bereits bestehenden Staatsschutz-Dateien – eigens eine Spurendokumentationsdatei SPUDOK »IWF« eingerichtet.[24]

Die Rationalisierung von Massenkontrollen

Zurück zu den Kontrollstellen unseres Szenarios: Sie sind nun im Jahre 199X – anders als in den siebziger und achtziger Jahren – mit *mobilen Lesegeräten für computerlesbare Personalausweise* versehen.[25] Diese neuen, seit 1.4.1987 eingeführten Plastik-Ausweis-Karten, mit denen (oder mit dem seit 1988 ebenfalls computerlesbaren Paß) sich jede/r Bundesdeutsche über 16 Jahre ausweisen muß, werden bei der Personenüberprüfung in ein Lesegerät gesteckt und elektronisch abgelesen. In Sekundenschnelle werden die Daten der Lesezone per Funk oder Draht weitergegeben an die einschlägigen Dateien der Polizei im INPOL-System (insbesondere PIOS-TE, APIS oder SPUDOK-Dateien)[26] und sofort abgeglichen mit dem dort vorhandenen (Fahndungs-) Datenbestand bzw. mit dem eventuell bereits bestehenden persönlichen Daten-Konto der kontrollierten Person.

Spätestens hier zeigt sich, daß dieser scheckkartenähnliche Ausweis nicht so harmlos ist, wie er aussieht. Im Gegensatz zur Bankscheckkarte, mit deren Hilfe man am elektronischen »Bankomat« nicht selten erfährt, daß sich leider mal wieder keine müde Mark auf dem Konto befindet, verhält es sich beim maschinenlesbaren Ausweis ganz anders: Da stellt sich häufig heraus, daß man mehr auf dem Konto hat, als man je zu träumen gewagt hätte – aber man weiß in der Regel nichts davon. Im Gegensatz zum kontrollierenden Beamten, der augenblicklich die verschlüsselte Antwort auf seinem Datensichtgerät erhält: »Festnehmen« oder »Unauffällig kontrollieren und Daten durchgeben« oder »passieren lassen«.

Eine weitergehende unauffällige »Polizeiliche Beobachtung« (früher »Beobachtende Fahndung« BeFa genannt) der Betroffenen und ihrer Kontaktpersonen kann sich anschließen, wenn sie in den abgefragten Dateien entsprechend »ausgeschrieben« sind.[27] Diese längerfristig angelegte Ermittlungsmaßnahme, die als ein »Hauptinstrument zur Terrorismusbekämpfung« (Ex-BKA-Präsident Herold) gilt, »zielt darauf ab, (...) unauffällig Erkenntnisse über das Verhalten von Personen zu gewinnen und so zusammenzufassen, daß Zusammenhänge und Querverbindungen innerhalb des betroffenen Personenkreises deutlich werden.«[28] Auf diese

Weise können sowohl Bewegungsbilder als auch Kontaktbilder entstehen – übrigens auch von nichtverdächtigen Kontaktpersonen verdächtigter Personen. Damit ist das gesamte soziale Umfeld von mutmaßlichen Tätern, von lediglich Verdächtigten also, in die heimliche Beobachtung einbezogen.

Hängen bleiben im Kontrollnetz unseres Szenarios, neben den zur »Polizeilichen Beobachtung« ausgeschriebenen Personen, zunächst und ganz körperlich die elektronisch sortierten Kandidaten für die bereits seit Jahren (z.B. im Zusammenhang mit Demonstrationen) praktizierte Vorbeugehaft[29] sowie die einer Straftat Verdächtigten, die sogleich festgenommen werden.

Aber auch Nichtverdächtige können vorläufig festgenommen, bis zu 12 Stunden festgehalten und erkennungsdienstlich behandelt werden (Fotos, Fingerabdrücke, Datenerfassung), »wenn und soweit dies zur Aufklärung einer Straftat geboten ist« (§ 163 b Abs. 2 StPO) – wohlgemerkt: irgendeiner Straftat, die mit der konkreten Fahndung absolut nichts zu tun haben braucht – oder aber, nach Polizeirecht, »zur Feststellung der Identität«, wenn sie »auf andere Weise nicht oder nur unter unverhältnismäßigen Schwierigkeiten festgestellt werden kann«.

»Polizeiliche Schatzsuche« – Schleppnetzfahndung

Doch damit nicht genug der staatlichen Eingriffsmöglichkeiten: Zeitgleich mit der Einführung des maschinenlesbaren Personalausweises trat am 1. April 1987 eine neue Vorschrift in Kraft, die die sog. *Schleppnetzfahndung* legalisiert (§ 163 d StPO). Es handelt sich dabei um eine Fahndungsmethode, mit der die Polizei, u.a. im Zusammenhang mit Personenkontrollen an den erwähnten Kontrollstellen, Daten einer Vielzahl von Menschen erheben, speichern und auswerten darf, um bestimmte Straftaten (u.a. nach § 129a StGB) aufzuklären oder Straftäter zu ergreifen. Der nordrhein-westfälische Polizei-Inspekteur Alfred Dietel möchte die sog. Schleppnetzfahndung lieber als »polizeiliche Schatzsuche« bezeichnet wissen, womit aus berufenem Munde ein Hauch von Abenteuer und informationeller Leidenschaft angedeutet ist.[30]

Schon 1977 wurde die Schleppnetzfahndung (ohne rechtliche Grundlage) im Zusammenhang mit der Entführung des Arbeitgeberpräsidenten Hanns-Martin Schleyer erprobt: Die Tatsache, daß die Entführer ihre Mitteilungen und Ultimaten von Paris aus versandten sowie weitere Hinweise legten den Schluß nahe, daß die in der BRD gefertigten Briefe von einem Kurier nach Paris transportiert wurden. »Deshalb ließ das BKA«, so der damalige BKA-Präsident Horst Herold, »fortan die Namen aller 25 bis 30 Jahre alten Reisenden des Nachtschnellzuges von Köln überprüfen, der kurz vor dem Aufgabezeitpunkt (morgens 6 Uhr 30; R.G.) jeweils dort eintraf. Aus 3.000 Namen wurde als Kurier der RAF-Terrorist Lotze ermittelt...«[31]

Nehmen wir nun an, in unserem Szenario wurde auch die Schleppnetzfahndung angeordnet.[32] In einem solchen Fall sind der Polizei seit 1987 folgende rechtlichen

Möglichkeiten eröffnet: Sie ist ermächtigt, sämtliche bei der Kontrolle anfallenden personen- und sachbezogenen Daten, die bestimmten »gesuchten« Merkmalen oder Eigenschaften entsprechen, in einer eigens einzurichtenden Spezialdatei zu speichern – also nicht allein die Daten über die Identität der zu kontrollierenden Personen, sondern auch alle Umstände, »die für die Aufklärung der Straftat oder für die Ergreifung des Täters von Bedeutung sein können« (§ 163 d Abs. 1 StPO). Im Klartext: Ort und Zeit der Kontrolle werden automatisch gespeichert; Angaben über Art und Zustand des Fahrzeugs, begleitende Fahrzeuge, Aussehen und Verhalten der Insassen, mitgeführte Sachen, wie beispielsweise in unserem Fall Werkzeuge oder etwa Benzinkanister – werden in Beziehung zu den betreffenden Personen als mögliche Indizien oder Beweismittel mitgespeichert, ebenso abgefragte Erklärungen der Betroffenen über Herkunft, Ziel und Zweck der Reise usw. – also praktisch auch Ausfrage-Ergebnisse.[33]

Auch ohne jeden konkreten Anfangsverdacht, der letztlich – nach hergebrachten, rechtsstaatlichen Prinzipien – allein Anlaß für Strafverfolgungsmaßnahmen sein dürfte, erlaubt § 163 d StPO der Polizei, personenbezogene Daten von unverdächtigen BürgerInnen in Verbindung mit Daten der Kontrollumstände zu erheben und dann bis zu neun Monate (gesetzliche Höchstfrist) zu speichern.[34] Während dieser Zeit dürfen die erfaßten Daten verarbeitet und mit anderen Datenbeständen nach bestimmten Suchrastern abgeglichen werden – entweder im Wege des automatisierten Datenabgleichs mit polizeieigenen oder im Wege der heftig umstrittenen »Rasterfahndung« über den Abgleich mit polizeifremden Dateien – Vorgänge, in die wiederum Millionen von personenbezogenen Daten involviert werden. Rasterfahndungen wurden allein in den Jahren 1985 und 1986 von Strafverfolgungsbehörden des Bundes und der Länder insgesamt 104-mal durchgeführt.[35]

Auch sog. Zufallsfunde an besagten Kontrollstellen dürfen verwertet werden (§ 163 d Abs. 4 S.5 StPO): Auf der Suche z.B. nach sägenden und schraubenden »Terroristen« stößt die Polizei bei der Auswertung der Daten aller an den Kontrollstellen angehaltene Personen zufällig auch auf mutmaßliche Ladendiebe oder Zechpreller oder Schwarzfahrer... Auch solche »kleinen Fische«, denen Bagatellstraftaten der allgemeinen Kriminalität zur Last gelegt werden, für die das Schleppnetz jedoch gar nicht ausgelegt werden darf, bleiben in ihm hängen – übrigens ganz anders als in der Hochseefischerei, wo zu kleine Fische gerade durch die Maschen schlüpfen sollen. Die »Schleppnetzfahndung« entpuppt sich damit als Instrument der Verdachtsgewinnung und Verdachtsverdichtung.

Mobilitätsprofile/Bewegungsbilder

Wird das Schleppnetz, wie die gesetzliche Regelung es zuläßt, drei oder gar sechs Monate lang – gegebenenfalls im fliegenden Wechsel an verschiedenen Orten – ausgelegt, so wird es möglich, von den kontrollierten Personen elektronisch erstellte Bewegungsbilder und Verhaltensprofile herzustellen:[36] Wann und mit wem hat

Rasterfahndung[37]

»Gesucht werden alle Personen zwischen 20 und 40 Jahren, die in der Umgebung von Hamburg in einer (anonymen) Hochhaussiedlung wohnen, mit Tiefgaragenplatz, nahe einer Autobahnzufahrt, und die ihre Miete sowie die Stromkosten bar bezahlen.«

So etwa könnte ein mögliches (an die Wirklichkeit angelehntes) Suchraster lauten. Die Polizei sucht mit dieser Methode nach ihr bislang unbekannten »terroristischen Tätern«, die unter Falschnamen konspirative Wohnungen angemietet haben und von denen sie lediglich bestimmte Merkmale kennt bzw. denen sie als typisch geltende »Terroristen«-Merkmale zuordnet: »Da die Terroristen die Stromrechnung nicht von Konto zu Konto bezahlen konnten, war anzunehmen, daß ihre Falschnamen sich in der Gruppe derer befinden müßten, die ihre Stromrechnung bar bezahlen.« (Ex-BKA-Präsident Horst Herold).[38]

Zunächst werden entsprechende Daten-Fremdbestände eingezogen: etwa von den Stadtwerken die Daten über die Stromkunden und ihre Zahlungsgewohnheiten. So geschehen 1979 ff. in Hamburg, Nürnberg, Karlsruhe, München, Berlin, Heidelberg und Augsburg. Werden die Magnetbänder, auf denen die Fremddaten gespeichert sind, von den entsprechenden Eigentümern nicht freiwillig herausgegeben, so rückt ihnen das BKA mit Beschlagnahmeverfügungen eines Staatsanwalts oder Ermittlungsrichters zu Leibe: »Wer berechtigten Auskunftsersuchen der Polizei nicht nachkommt, muß sich darüber im klaren sein, daß er unter Umständen den Tatbestand der Strafvereitelung erfüllt«, so der frühere BKA-Vizepräsident Ermisch.[39] Diese Fremddateien werden nun vom BKA nach dem Läusekammprinzip elektronisch durchforstet. Was dabei kriminalistisch gesehen besonders interessiert: die Auslese, der Daten-»Bodensatz«, der im Raster hängenbleibt – also die Daten von jenen Personen, die die meisten der eingangs zusammengestellten, für sich allein genommen unverdächtigen Suchmerkmale auf sich vereinen. Dies kann durch elektronischen Abgleich mit weiteren Fremddateien geschehen (Melde-, Kfz-Halter-, Kranken- oder Rentenversicherungsdaten usw.).

Es werden zwei Arten von Rasterfahndung unterschieden, da die computergestützte Suche sowohl mit positiven als auch mit negativen Suchkriterien möglich ist. Hierauf legte der ehemalige BKA-Präsident Horst Herold besonderen Wert, der immer wieder betonte, daß nur noch die sog. negative Rasterfahndung Anwendung finde (wenn auch bisher über ein Jahrzehnt lang ohne rechtliche Grundlage): »Eine positive Rasterfahndung läge zum Beispiel vor, wenn die Polizei mit positiven Merkmalen wie Größe, Haarfarbe, Gestalt des mutmaßlichen Täters die Träger dieser Merkmale aus einer Datei herauszufiltern trachtet. Negative Rasterfahndung bedeutet umgekehrt, aus einem polizeilichen Untersuchungsbestand alle Personen herauszulöschen, die als Täter nicht in Betracht kommen können.«[40]

Wie auch immer: Mit Hilfe beider Varianten ein und derselben Methode kann die Polizei unter Umständen mehrere, ja Hunderte von Verdächtigen produzieren, gegen die jedoch keinerlei konkreter Straftatverdacht vorliegt. Die rechtsstaatliche Unschuldvermutung verkehrt sich so in eine generelle Schuldvermutung per Computerausdruck.

Die dem Raster entsprechend verdächtigen Personen werden im weiteren Verlauf »handverlesen«. Die Fahnder lauern ihnen persönlich auf, Nachbarn, Hausmeister und Arbeitgeber werden ausgehorcht, Briefkästen und Mülltonnen durchwühlt, gegebenenfalls Hausdurchsuchungen und Telefonabhöraktionen veranstaltet sowie die Betroffenen festgenommen und verhört. Wohlgemerkt: Diese Maßnahmen richten sich gegen eine große Anzahl von tatsächlich vollkommen Unverdächtigen, nur weil sie möglicherweise unkonventionelle Merkmale aufzuweisen haben. Sie können also jede/n treffen, der oder die in einzelnen Punkten seines bzw. ihres Lebens vom Schnitt der Bevölkerung abweicht.

sich wer mit welchem Verhalten an welchem Ort aufgehalten, mit welchem Fahrzeug, wie gekleidet, mit welchen mitgeführten Sachen, mit welcher Zielsetzung und Begründung usw.? Nicht nur Bewegungsbilder von verdächtigen Einzelpersonen, sondern von ganzen Gruppen und möglichen Protest- und Widerstandspotentialen in bestimmten »heißen« bzw. »kriminogenen« Regionen können mit dieser Kombination aus erweiterten polizeilichen Kontroll-, Datenerfassungs- und -verarbeitungsbefugnissen und computerlesbarem Personalausweis erstellt werden, ohne daß die Betroffenen von der Datennutzung Kenntnis haben.

Ergänzt werden diese innerstaatlichen Bewegungsbilder durch die automatisierte Kontrolle des grenzüberschreitenden Verkehrs mit Hilfe von Ausweislesegeräten auf Flughäfen und bei Grenzkontrollen (»Grenzterminalsystem«), die im online-Verkehr mit INPOL, ZEVIS und dem Ausländerzentralregister verbunden sind.[41] Dabei ist abzusehen, daß infolge der anvisierten Öffnung der (west-) europäischen Grenzen (Schaffung des Europäischen Binnenmarktes) die Kontrollschwerpunkte in Zukunft immer mehr ins Landesinnere verlagert werden – das jedenfalls legen die Ankündigungen diverser Sicherheitspolitiker und -praktiker nahe.[42] Die genannte Praxis und die entsprechenden Rechtsgrundlagen werden also auch dem Ausgleich der durch den Grenz-Wegfall prognostizierten Verringerung der »Kontrolldichte« dienen.[43]

Die für die Zukunft angestrebte elektronische Erfassung von Autokennzeichen während der Fahrt wird künftig im Zusammenwirken mit dem 1987 legalisierten Direktzugriff (on-line) der Polizei auf die über 20 Millionen Datensätze des »Zentralen Verkehrsinformationssystems« (ZEVIS)[44] dazu führen, daß die Kontrollierten nicht einmal mehr die Tatsache der Kontrolle bemerken: Die einzelnen Kennzeichen der vorbeifahrenden Fahrzeuge werden elektronisch gelesen und deren Halter automatisch bei ZEVIS abgefragt; ihre personenbezogenen Daten finden sodann, mitsamt den Kontrollumständen (Ort, Zeit, Insassenzahl, Bewegungsrichtung, Geschwindigkeit, Auffälligkeiten etc.) ebenso automatisch Eingang in die Polizei-Dateien, die dann mehrdimensional durchforstet und mit anderen Dateien abgeglichen werden können.

Auch diese Methoden hatten bereits Jahre vor ihrer Legalisierung probehalber ihre illegale Premiere: In Rheinland-Pfalz beispielsweise speicherte die Polizei 1983 im Verlauf von Demonstrationen gegen die Raketen-Nachrüstung an 23 Kontrollstellen die Daten von 75.000 ahnungslosen Autofahrern in einer eigens angelegten Datei (»Aktion Gitternetz«). Die über die Kennzeichen der passierenden Kraftfahrzeuge und die anschließenden ZEVIS-Abfragen erlangten personen- und sachbezogenen Daten wurden später abgeglichen mit dem polizeilichen Fahndungsdatenbestand.[45]

»Terroristen« aus der Computer-Retorte

Persönlichkeitsbilder und Risikoprofile vom inneren Feind

Die Massenkontrollen und ihre elektronische Bewältigung und Auswertung können für die Betroffenen, für die elektronisch Herausgefilterten und Verdächtigten, aber auch für ihre Kontakt- und Begleitpersonen sowie für sog. »andere Personen« gravierende Folgen haben: von Polizeilicher Beobachtung (»Beobachtende Fahndung«), Observationen, Telefon-Abhöraktionen über Hausdurchsuchungen und Beschlagnahmen bis hin zu Festnahmen und Untersuchungshaft unter Isolationshaft-Bedingungen. Auch die negative Beeinflussung personeller Sicherheitsüberprüfungen,[1] die zu Berufsverboten führen können, ist ein mögliches Resultat der Schleppnetzfahndung.

Der Weg dorthin führt über den Datenabgleich: Die mit dem großen Schleppnetz in Dateien Eingefangenen werden – vereinfacht dargestellt – durch ein polizeilich für den jeweiligen (Fahndungs-, Kontroll- oder Überprüfungs-) Zweck definiertes Sieb oder Raster geschüttelt;[2] der verdächtige Bodensatz, der im Raster hängenbleibt und bestimmte, für sich genommen durchaus unverdächtige Suchkriterien auf sich vereint, wird dann ganz individuell polizeilich oder auch geheimdienstlich »betreut«. Die hierdurch zusätzlich gewonnenen Daten von Verdächtigen und ihren Kontaktpersonen wandern in entsprechende, spezielle »Terrorismus«- und Staatsschutz-Dateien. Eine ganz zentrale Rolle spielt dabei die Datei APIS, mit deren Entwicklung einschneidende Formen der »Terrorismusbekämpfung« auf die gesamte Staatsschutzpraxis ausgeweitet werden.

»Auch Terroristen haben mit Kleinigkeiten angefangen«

So lautete die Rechtfertigung des baden-württembergischen Innenministeriums für die skandalöse Speicherung von Gegnern und Boykotteuren der »Volkszählung« (1987)[3] in dieser polizeilichen Staatsschutz- und »Terroristen«-Datei »APIS« (Arbeitsdatei PIOS – Innere Sicherheit).[4]

APIS ist eine beim BKA automatisch geführte Verbunddatei (im Verbund mit den Landeskriminalämtern) des der »vorbeugenden Verbrechensbekämpfung« dienenden Datensystems PIOS (Personen-Institutionen-Objekte-Sachen) im INPOL-Informationssystem der Polizei.[5] Das PIOS-System war ursprünglich nur für den »Terrorismus«-Bereich konzipiert (PIOS-TE mit etwa 125.000 Personendatensätzen),[6] wurde allerdings schon bald ausgeweitet auf andere Kriminalitätsbereiche. Die PIOS-Datei APIS dient nun der »Verhütung, Bekämpfung und Aufklärung« von Staatsschutzdelikten, aber auch der personellen »Sicherheitsüberprüfung« von Beschäftigten in »sicherheitsempfindlichen« Betrieben und der »Wiedererkennung von Personen«.[7] In ihr werden die personen- (und sach)bezogenen Daten von zigtausenden von Menschen abgespeichert (1988: über 32.000),[8] die des Hoch- oder Friedensverrates, der »Gefährdung des demokratischen Rechtsstaates«, der »politischen Verdächtigung«, einer Straftat gegen Verfassungsorgane (z.B. »Staatsverunglimpfung«), der Bildung einer terroristischen Vereinigung oder einer anderen Straftat mit »staatsgefährdender« Zielsetzung lediglich verdächtig oder aber überführt sind. Nach der Errichtungsanordnung für die Installierung von APIS (seit Anfang 1986) werden nicht nur Staatsschutzdelikte im eigentlichen Sinn erfaßt, sondern auch jede andere Straftat, »wenn wegen des Motivs des Täters, seiner Verbindung zu einer Organisation oder wegen des Objektes, gegen das sich die Straftat richtet, zu vermuten ist, daß der Täter extremistische Ziele verfolgt« bzw. staatsfeindliche Ambitionen hegt.[9] Auf diese Regelung, so stellt der Bundesdatenschutzbeauftragte (BfD) fest, »werden ca. 80 % der erfaßten Straftaten gestützt. Im Übrigen sind nach meiner Schätzung«, so der BfD weiter, »ca. 75 % aller in APIS gespeicherten Straftaten eher leichterer Art, wie z.B. Verdacht der Nötigung im Zusammenhang mit Demonstrationen, der Beleidigung von Politikern und der Sachbeschädigung in Form von Schmierereien oder durch Abschneiden der Zählnummer vom Volkszählungsbogen« oder durch »wildes« Plakatieren.[10] Kurz: Mit dieser Datei werden Terroristen elektronisch produziert. Wie meinte noch die Bundesregierung? Viele Terroristen hätten schließlich im Bereich der Kleinkriminalität angefangen.[11]

Der Bundesdatenschutzbeauftragte ist der Auffassung, daß es sich bei der Einführung von APIS »um eine gravierende qualitative Änderung der Datenverarbeitung im Bereich des polizeilichen Staatsschutzes« handele, die »besonders intensiv in das allgemeine Persönlichkeitsrecht« eingreife – im Wege der möglichen Vor- und Umfeld-Erfassung auch bei unverdächtiger Personen. Er äußerte gegenüber dem Bundesinnenministerium daher »erhebliche Zweifel an der rechtlichen Zulässigkeit der gesamten Datei APIS«.[12] Der hessische Datenschutzbeauftragte Spiros Simitis warnte ob der Bandbreite und Vielzahl von Speicherungen in dieser Datei vor der »Gefahr, daß hier eine umfangreiche Sammlung von Daten über politisch kritisch eingestellte Bürger entsteht«.[13]

Diese Gefahr hat sich längst zu einer ausgewachsenen Gesinnungsdatei mit Terrorismus-Flair verdichtet, in der die vermutete Motivation, also eben auch die Gesinnung, eine wesentliche Rolle spielt. Höchst differenziert sind hier zudem intime Daten der sog. L-Gruppe gespeichert, mit denen das äußere Erscheinungsbild und Verhaltensweisen von Personen dargestellt werden können. Tausende von Verdächtigen und »anderen Personen« (das sind nicht verdächtige, mutmaßliche Kontaktpersonen von Beschuldigten, Randpersonen, Hinweisgeber, Anzeigeerstatter, Zeugen usw.) [14] sind auf diese Weise in APIS erfaßt. Die vertrauliche

Erfassungsliste zur Personenbeschreibung (»Sicher aufbewahren! Weitergabe, Abdruck und Auswertung außerhalb des Bezieherkreises auch auszugsweise nicht gestattet.«) umfaßt über 400 kombinierbare Persönlichkeitsmerkmale (u.a. aalglatt, arrogant, lässig, besondere Eß-, Trink-, Rauch- und Sex-Gewohnheiten, Schürzenjäger, vollbusig...), die wir im folgenden erstmals umfassend dokumentieren (Stand: April 1987).[15] Für die staatsschutz-polizeiliche Verwendung dieser Erfassungsliste gilt der Grundsatz: »Erfassung von auffälligen, charakteristischen Merkmalen – Verzicht auf unauffällige, durchschnittliche Merkmale«. Die Merkmale sind gegliedert in folgende Kategorien (die jeweiligen Merkmalskataloge sind im Anschluß an dieses Kapitel dokumentiert):[16]

»L 20 Gestalt«
»L 21 Größe«
»L 22 Scheinbares Alter«
»L 23 Äußere Erscheinung:
Die Unterscheidung wird nur aufgrund des äußeren Erscheinungsbildes, unabhängig von der jeweiligen Staats- oder Volkszugehörigkeit, getroffen.

Begriffe	**Erläuterungen**
asiatisch	*Chinesen, Japaner, Koreaner, andere Süd- und Ostasiaten*
negroid	*dunkle Haut- und Haarfarbe, Kraushaar, wulstige Lippen*
nordländisch	*hochwüchsige, hellhäutige, blonde, blauäugige Personen*
orientalisch	*Araber, Inder, Pakistaner, Afghaner*
südländisch	*nichtarabische Mittelmeeranrainer wie Süd-Italiener, Spanier, Süd-Franzosen, Griechen, Türken*
slawisch	*breites Gesicht, betonte Wangenbeine«*

»L 24 Körperliche Merkmale« (in Verbindung mit Unterkatalogen »Lagebezeichnung« und »Artbezeichnung körperlicher Merkmale«).
»L 25 Tätowierungen« (mit Unterkatalogen »Lagezeichnung« und »Motive von Tätowierungen«)
»L 26 Stimme/Sprachmerkmale: Erfaßt werden Besonderheiten der Stimme, Stimmlage und Lautstärke sowie des Sprechtempos.«
»L 27 Mundart« (Oberbegriffe: Norddeutsch, Westdeutsch, Ostdeutsch, Mitteldeutsch, Süddeutsch; ansonsten nach Katalog »Mundart«).
»L 28 Fremdsprachen«
»L 29 Andere personengebundene Merkmale: Es werden personengebundene Merkmale erfaßt, die in andere Felder nicht eingetragen werden können. Beispiele:
– Besonderheiten der Bekleidung: trägt stets Anzug und Krawatte
– Auffällige Verhaltensweisen: kaut auf den Fingernägeln...
– Markante mitgeführte Gegenstände: trägt stets Umhängetasche.
Die Merkmale dieses Datenfeldes sind derzeit noch nicht suchbar.«
»L 99 Sondervermerk: In diesem Datenfeld werden in freier Form ergänzende Angaben erfaßt. Beispiele:
– Besondere Liebhabereien: Waffensammler, Bastler
– Auffällige Schreib- und Sprechgewohnheiten: häufig wiederkehrende Redewendungen, z.B.: das ist echt so, ehrlich!
– Gesichtsform: Nußknacker
– Frisur: Irokesenschnitt
Die Merkmale dieses Datenfeldes sind nicht suchbar.«

Die Polizei steht mit dieser Merkmalsdatei nicht alleine da: Auch im nachrichtendienstlichen Informationssystem des »Verfassungsschutzes«, NADIS, werden die Grundlagen für Persönlichkeitsbilder und Risikoprofile gesammelt, u.a. mit Hilfe der sog. Merkmalsdatei »P 2«. Diese Datei dient etwa zur Identifizierung unbekannter Personen sowie von Personen, die konspirativ tätig oder dessen verdächtig sind – was bei Mitgliedern und Anhängern »linksextremistischer« Vereinigungen generell angenommen wird. Nach einem geheimen Prüfbericht des Bundesdatenschutzbeauftragten (BfD) aus dem Jahre 1984[17] enthielt »P 2« zu dieser Zeit mehr als 16000 Namen mit zusätzlichen Daten über persönliche und private Eigenschaften. Dabei werden unterschiedlichste Persönlichkeitsmerkmale verschlüsselt festgehalten und zugeordnet: So steht beispielsweise H 10 für »gepflegt«, H 11 für »ungepflegt«, H 12 für »modisch«, H 13 für »auffällig gekleidet«, H 24 für »arrogant«, H 35 für »erzählt Witze«. Auch Trinkgewohnheiten – trinkt stark/ nicht, trinkt Bier/ Wein – sind gespeichert. H 40 verrät eine andere »Schwäche«: »starker Esser/nascht«, H 70 ff. halten sexuelle Gewohnheiten und Veranlagungen fest: »triebhaft« (H 70), »homosexuell« (H 71), »bisexuell« (H 72) und »lesbisch« (H 73). Weitere Merkmale: Schachspieler, Musik-Liebhaber, Literatur-Kenner...

Angeblich wurde die Abspeicherung »besonders intimer Daten« inzwischen reduziert;[18] doch auch mit dem verbleibenden Katalog von Merkmalen ist weiterhin die Möglichkeit gegeben, differenzierte Persönlichkeitsprofile zu erstellen, die jedoch keineswegs der Wirklichkeit entsprechen müssen, und schon gar nicht der Persönlichkeit eines Menschen gerecht werden können. Es handelt sich um Kunstprodukte der Computerfahndung, um staatlich verfügbare, eindimensionale Abziehbilder, die die Betroffenen zu einem Sammelsurium von Merkmalen, zu bloßen Merkmalsträgern reduzieren. Auf der Grundlage polizeilich bzw. geheimdienstlich definierter Suchraster werden Menschen mit Hilfe dieser Merkmalsdateien zu Verdächtigen gestempelt und damit einer erhöhten Gefährdung durch staatliche Gewalten ausgeliefert. Der »falsche Verdacht« ist in diesem System vorprogrammiert.

Dies mußte etwa die 35jährige Sekretärin Sylvia H. am eigenen Leib erfahren: Sie wurde nach einer »Personenbeschreibung« computermäßig als die RZ-Verdächtige mit dem Decknamen »Fredericke« (deren Identität nicht bekannt war) herausgefiltert. Als Suchkriterien waren u.a. eingegeben worden: Haarfarbe, Größe, Automarke, Zigarettenmarke und die Daten, die während einer Hausdurchsuchung ermittelt worden waren. Sylvia H. kam daraufhin in U-Haft. Die Anklage lautete auf »Mitgliedschaft in einer terroristischen Vereinigung« und Beteiligung an Sprengstoff-Anschlägen. Strafantrag der Staatsanwaltschaft: Drei Jahre Frei heitsentzug. Nach fünfzehn Monaten Prozeßdauer mußte Sylvia H. jedoch freigesprochen werden. Die computergesteuerte »Identität« zwischen Silvia H. und der beschuldigten »Fredericke« konnte im Laufe des Gerichtsverfahrens nicht bestätigt werden.[19]

Der totalisierte Verdacht: Abschied vom rechtsstaatlichen Polizei- und Strafverfahrensrecht (Zusammenfasung)[20]

Die enorme Schubkraft ihrer sicherheitspolitischen »Vorwärtsverteidigung« bezogen die Sicherheitsorgane und -politiker der BRD vor allem aus dem Phänomen »Terrorismus«. Diese Schubkraft schießt, wie wir gesehen haben, schon längst über das ursprüngliche Legitimationsziel hinaus und tangiert weite Teile der Bevölkerung. Die Reaktionen auf den nicht erklärten »Ausnahmezustand« wurden klammheimlich zu Instrumenten der alltäglichen Notstandsvorsorge, zu »Notstandsgesetzen für den alltäglichen Gebrauch« um- und ausgebaut.

Massenkontrollen können mit Hilfe der Kombination aus erweiterten Polizeibefugnissen, strafprozessualen Vorschriften, maschinenlesbarem Personalausweis und computergestützten Fahndungsprogrammen ohne großen Aufwand an jeder beliebigen Stelle und zu jeder Zeit durchgeführt werden. Die Entwicklung der elektronischen Datenverarbeitung erlaubt die problemlose Bewältigung der anfallenden Massendaten,[21] die sich überwiegend auf Personen beziehen, die weder Beschuldigte noch Verdächtige noch »Störer« sind. Sie erlaubt die Speicherung und Weiterverarbeitung dieser Daten in ausdifferenzierten Dateisystemen, die untereinander verknüpft und im Wege computergestützter Fahndungsprogramme nach dem »Läusekammprinzip« durchkämmt werden können. Dieses Zusammenspiel unterschiedlicher, bereits existierender wie auch noch in Planung befindlicher Eingriffsbefugnisse bedeutet eine neue Qualität staatlicher »Sicherheitspolitik«:

■ Angestrebt ist eine Rationalisierung der staatlichen Massenkontrolle und -überwachung, parallel zur Rationalisierung der Wirtschaft und der Gesamtgesellschaft (Stichworte: Neue Medien, ISDN, Mikroprozessoren, Industrieroboter, Personalinformationssysteme, Euro-Vernetzung usw.).

■ Der 1987 verschärfte und ausgeweitete § 129a StGB paßt sich in diesen Trend der präventiven Massenüberwachung bzw. -ausforschung voll ein, ja er ist die wichtigste Anknüpfungsnorm für die beschriebenen Sonder-Polizeibefugnisse (Kontrollstellen, Schleppnetzfahndung, Polizeiliche Beobachtung etc.).

■ Der starke Staat mißtraut seinen Bürgern gründlich. Elementare Eckpfeiler der Begrenzung staatlicher Allmacht und Willkür werden mit dieser Hochsicherheitspolitik aus den Angeln gehoben: Gehörte es früher zu den unangefochtenen rechtsstaatlichen Grundsätzen, daß polizeiliche Eingriffe in die bürgerlichen Freiheitsrechte und damit in die Privatsphäre prinzipiell nur gegen jene Personen möglich sind, gegen die ein hinreichender Straftat-Verdacht vorliegt, so verkehrt sich heute dieser Grundsatz in sein Gegenteil: Verdächtig sind – Unschuldsvermutung hin oder her – zunächst tendenziell alle. Der Mensch wird zum Sicherheitsrisiko, die staatliche Sicherheit zum Supergrundrecht, das alle anderen, nämlich die wirklichen Grund- und Bürgerrechte in den Schatten stellt.

■ Die polizeiliche Kontrolle, die ursprünglich ein Instrument der Verdachtserhärtung oder Entlastung bezüglich bestimmter »verdächtiger« Personen darstellte, wird mit dieser Rechtsentwicklung zum Instrument der Verdachtsgewinnung und

Verdachtsverdichtung.

■ Diese durch die neuen Polizeigesetze und das »Razziengesetz« der Strafprozeßordnung wesentlich erweiterten Kontroll- und Eingriffsbefugnisse zur Identitätsfeststellung sowie zur polizeilichen Datenerhebung überhaupt bekommen mit dem computerlesbaren Personalausweis und den mobilen Lesegeräten die technologischen Mittel zu ihrer eigentlichen Nutzanwendung: zur Massenbewältigung. Computerlesbare Personalausweise und Pässe sind als Schlüssel für die Erschließung der polizeilichen Datenschätze sowie als »erste technische Massenkontrollmittel der Neuzeit« (so der Bremer Rechtsinformatiker Wilhelm Steinmüller) der vorerst letzte Ausdruck des totalisierten Verdachts gegen »jedermann«.

■ »Schleppnetzfahndung« sowie die Einrichtung des »Zentralen Verkehrsinformationssystems« (ZEVIS) mit Direktzugriff der Polizei stellen flankierende Befugniserweiterungen zur Erfassung, Speicherung und Verarbeitung von Massendaten dar, deren Bewältigung künftig ebenfalls durch den computerlesbaren Personalausweis erleichtert werden wird.

■ Die Computerfahndungsprogramme, wie etwa die Rasterfahndung, schaffen eine neue Dimension des strafprozessual begründeten, heimlichen Eingriffs in die Rechte einer unbestimmten Vielzahl von beteiligten und unbeteiligten Personen: Durch die polizeiliche Nutzung von Fremddateien im Wege des Datenabgleichs und die Herausfilterung von Personen, die zufällig bestimmte Prüfmerkmale erfüllen und so zu Tatverdächtigen werden, wird der rechtsstaatliche Grundsatz der Unschuldsvermutung und das Grundrecht auf informationelle Selbstbestimmung in großem Stil außer Kraft gesetzt.

Mit dieser Entwicklung dürfte der immer noch weitverbreiteten und beliebten »Ich-hab'-ja-nichts-zu-verbergen«-Mentalität der Boden entzogen sein. Denn auf die Verwendung ihrer persönlichen, oft höchst intimen Daten in den staatlichen Informationssystemen haben die Betroffenen schließlich keinerlei Einfluß. Sie können dort zu Persönlichkeits-, Verhaltens- und Risikoprofilen sowie zu Bewegungsbildern ganzer Personengruppen verdichtet werden. Längst ist auf diese Weise eine Art elektronisches Frühwarnsystem entstanden, mit dessen Hilfe ein möglichst frühzeitiges Erkennen von abweichenden Verhaltensweisen und von gesellschaftlichen Veränderungen angestrebt wird – von Umbrüchen, die die herrschende Ordnung möglicherweise gefährden könnten. Die computergestützte Selektierung von sozialen Außenseitern, politisch verdächtigen Personen und ganzen Protestpotentialen ist prinzipiell möglich geworden. Diese neuen Möglichkeiten der präventiven Herrschaftssicherung könnten in Zeiten zugespitzter Krisen, verschärfter sozialer Gegensätze und Unruhesituationen böse Folgen zeitigen.

Die Rückwirkungen der skizzierten Sicherheitsentwicklung auf das soziale und politische Verhalten der Individuen und ganzer Personengruppen sind heute in ihren komplexen Abläufen zwar noch nicht zu überblicken, jedoch längst erahnbar und in Ansätzen bereits manifest. Angst, Verunsicherung, Einschüchterung und letztlich Rückzug aus politischen Zusammenhängen ins Private können die Folgen sein. Den staatlichen Organen sind diese einschneidenden Konsequenzen ihrer Politik wohl bewußt, wie sich etwa aus der amtlichen Begründung zum Entwurf eines der erwähnten Sicherheitsgesetze ergibt. Dort heißt es beispielsweise zur Methode der »beobachtenden Fahndung«, die »intensive Überwachungsmaßnahme« könne letztlich, bei den langfristig Beobachteten ebenso wie bei ihren Begleitpersonen »zu erheblichen Veränderungen im Lebensstil, insbesondere im Umgang mit anderen, führen«. Auch die ebenfalls im Legalisierungsprozeß befindliche »Rasterfahndung« könne »zu erheblichen Veränderungen im Kommunikationsverhalten des Bürgers führen.«[22]

Wie hieß es noch im richtungsweisenden »Volkszählungsurteil« des Bundesverfassungsgerichts von 1983, das angesichts der Entwicklung längst zur Makulatur zu verkommen droht?

»Wer damit rechnet, daß etwa die Teilnahme an einer Versammlung oder einer Bürgerinitiative behördlich registriert wird und daß ihm dadurch Risiken entstehen können, wird möglicherweise auf eine Ausübung seiner entsprechenden Grundrechte verzichten. Dies würde nicht nur die individuellen Entfaltungschancen des einzelnen beeinträchtigen, sondern auch das Gemeinwohl...«

BUNDESKRIMINALAMT
- ED 5304/7312 -

Sicher aufbewahren!

Weitergabe, Abdruck und Auswertung außerhalb des Bezieherkreises auch auszugsweise nicht gestattet.

Beilage zum Bundeskriminalblatt Nr. 53 vom 15. März 1985

Einführung des Erfassungsbeleges »KP 8«

zur

Personenbeschreibung (L-Gruppe)

Ab 1. April 1985 ist gem. Beschluß der AG Kripo für die Aufnahme von Personenbeschreibungen – ausgenommen die Vordrucke »Vermißte/Unbekannte Tote (KP 16)« bzw. »Identifizierung der Opfer bei Katastrophen und Unglücksfällen« – der Erfassunsbeleg »KP 8« zu verwenden. Zur Information aller Polizeibediensteten, die mit der Erstellung von Personenbeschreibungen befaßt sind, ist auf den nachfolgenden Seiten der Vordruck »KP 8« sowie die dazugehörige Arbeitsanleitung mit einer Anlage zum Vordruck KP 8 wiedergegeben.

KATALOG NR.14 ANDERE PERSONENGEBUNDENE MERKMALE (LPM)
nach Merkmalgruppen und Artbezeichnung sortiert

Seite 3
Ordnungszahl 3 14

VORL. HANDBUCH **APIS** — MERKMALGRUPPE /ARTBEZEICHNUNG
VORL. HANDBUCH **APLV** — Bedeutung/Abgrenzung

Katalog Nr. 8
Gestalt
Bauch
dick
dünn
flachbrustig
kräftig
schlank
schwächlich
untersetzt
vollbusig

Katalog Nr. 9
Äußere Erscheinung
asiatisch
negroid
nordländisch
orientalisch
slawisch
südländisch

Katalog Nr. 10
Körperliche Merkmale und Tätowierungen
10.1 Lage-bezeichnung
Arm L
Arm R
Arme
Auge L
Auge R
Augen
Augenbraue L
Augenbraue R
Augenbrauen
Bauch
Bein L
Bein R
Beine
Brust L
Brust R
Daumen L
Daumen R
Ellenbogen L
Ellenbogen R
Finger
Fuß L
Fuß R
Genital
Gesäß
gesamter Körper
Gesicht
Haar
Hände
Hals
Hand L
Hand R
Handrücken L
Handrücken R
Handteller L
Handteller R
Haut
Kinn
Kleinfinger L
Kleinfinger R
Knie L
Knie R
Kopf
Lid
Lid L
Lid R
Lippen
Mittelfinger L
MIttelfinger R
Mund
Mundwinkel
Nacken
Nase
Nasenlippenrinne
Oberarm L
Oberarm R
Oberkiefer
Oberlippe
Oberschenkel L
Oberschenkel R
Ohr L
Ohr R
Ohren
Ohrläppchen
Ringfinger L
Ringfinger R
Rücken
Rumpf
Schläfe L
Schläfe R
Stirn
Unterarm L
Unterarm R
Unterkiefer
Unterlippe
Unterschenkel L
Unterschenkel R
Wangen
Wange L
Wange R
Zähne
Zehen L
Zehen R
Zeigefinger L
Zeigefinger R

10.2 Artbezeich-nung körperli-cher Merkmale
abstehend
Adamsapfel
Adlernase
Amputation
angewachsen
anliegend
Auffäligkeit
aufgedunsen
Bart
Basedowaugen
Behaarung
blass
blau
blind
Blinddarmnarbe
blond
Boxernase
braun
breit
Brille
Brücke
Buckel
buschig
dick
Doppelkinn
dreieckig
dünn
dunkel
eckig
eingefallen
faltig
fliehend
frisch
Gebiss
Gehbehinderung
Geheimratsecken
Geschwulst
gespalten
Glasauge
glatt
Glatze
Goldfüllung
grau
groß
Grübchen
grün
Haarkranz
Hasenscharte
Hautverfärbung
hell
hoch
Hörhilfe
kantig
Kinnbart
klein
Knollennase
kräftig
kränklich
kraus
Krone
Kropf
kurz
kurzsichtig
lang
lang
Leberflecken
Lidfalte
Lidlähmung
lückenhaft
meliert
Mißbildung
Narbe
nervöses Zwinkern
niedrig
O-beinig
Oberbiß
oval
picklig
pockennarbig
Plombe
Prothese
Rauchergebiss
rot
rund
Scheitel
Scheitel Links
Scheitel Rechts
schief
schielen
schlaff
Schlitzaugen
schmal
schräg
schütter
schwarz
schwerhörig
Sommersprossen
spitz
stiernackig
Stirnglatze
stock
Stubsnase
taub
tiefliegend
Tränensäcke
Unterbiß
verkrüppelt
Versteifung
voll
Vollbart
vorspringend
Warze
weitsichtig
wellig
wulstig
X-beinig
zucken
zurückgekämmt
zusammen-gewachsen

Katalog Nr. 11
Stimme/Sprach-merkmale
belegt/heiser
hell
langsam
laut
leise
lispelt
näselt/nuschelt
schnell
sehr hoch
sehr tief
sonstige Merkmale
stottert/stammelt
stumm

KATALOG NR. 8 GESTALT (LGE) Seite 1
alphabetisch
VORL. HANDBUCH **APIS** VORL. HANDBUCH **APLV** Ordnungszahl 3 8
KATALOGWERT

Katalog Nr. 12
Mundart
Alemanisch
ausländischer Akzent
Bayerisch
Bayerisch-Österreichisch
Berlinerisch
Ffränkisch
Friesisch
gebrochen Deutsch
Hessisch
Hochdeutsch
Holsteinisch
Mitteldeutsch
Mundart undefinierbar
Niedersächsisch
Norddeutsch
Ostdeutsch
Ostfriesisch
Ostpreussisch
Pfälzisch-Hessisch
Plattdeutsch
Pommersch
Rheinisch
Ruhrgebietsdialekt
Saarländisch
Sächsisch
Schwäbisch
Schweizerdeutsch
Süddeutsch
Thüringisch
Westdeutsch
Westfälisch
Wetspreussisch

Katalog Nr. 13
Fremdsprache
Arabisch
Deutsch (bei Ausländern)
Englisch
Französisch
Fremdsprache (soweit nicht definierbar)
Griechisch
Italienisch
Niederländisch
Polnisch
Russisch
Serbokroatisch
Skandinavisch
sonstige slawische Sprachen
Spanisch/Portugiesisch
Türkisch

Katalog Nr. 14
Andere personengebundene Merkmale nach Merkmalgruppen und Artbezeichnung sortiert

Ausdruck:
brutal
finster
ernst
freundlich
heiter
lauernd
müde
offen
stechend
verbissen
verschlagen

Gangart:
breitbeinig
federnd
Füße einwärts
Füße auswärts
gebückt
hinkend
lässig
müde
stampfend
steif
watschelnd
wippend

Gegenstand:
Armbanduhr
Armkette
Armring
Ehering
Fingerring
getönte Gläser
Halskette
Lesebrille
Ohrring
Taschenuhr
starke Gläser

Kleidung:
abgetragen
auffällig
einfach
elegant
geckenhaft
konservativ
modisch
ordentlich
salopp
seriös
sportlich
ungepflegt

Typ:
Angeber
Buchhaltertyp
Gammle
Intellektueller
Künstler
Playboy
Popper
Punker
Skinhead
Sportler
ungepflegt

Verhalten:
Aalglatt
an Nägeln kauend
arrogant
auf Gegenstand kauend
auf Lippen kauend
Augen zusammen kneifen
ausfahrende Bewegungen
besondere Eßgewohnheiten
besondere Rauchgewohnheiten
besondere Redewendungen
besondere sexuelle Gewohnheiten
besondere Trinkgewohnheit
Brille ausrichten
durch Haar streichen
ernst
gelassen
grinsen
Hände auf dem Rücken
Hände in den Hüften
Hände in den Taschen
Hände reiben
hastig rauchen
herablassend
höflich
hüsteln
Kinn in Hand legen
Kopf einziehen
Kratzen an Körperteil
Krawatte ausrichten
Kopf neigen
lässig
leger
Lippen benetzen
mit Genuß rauchen
mit Kiefern mahlen
Mundwinkel herabziehen
Nase putzen
ruhig
ruhig Rauchen
schniefen
Schürzenjäger
spielen mit Fingern
spielen mit Gegenstand
starker Raucher
Stirn in Längsfalten legen
Stirn in Querfalten legen
überlegen
unsauber
unsicher
verlegen
Vertrauen ausstrahlen
väterlich
Witze erzählen
zupfen an Kleidung

Dieser BKA-Vordruck wurde an Geldinstitute, Postämter, Hotels/Pensionen, Kfz-Vermieter und Prägeanstalten für Kfz-Kennzeichen zusammen mit einem Merkblatt verteilt, das die Mitarbeiter dazu anregen sollte, »bei der Aufklärung von Kapitalverbrechen mitzuwirken«.

Merkmale zur Personenbeschreibung

1 Geschätztes Alter

2 Gesamterscheinung ☐ gepflegt ☐ ungepflegt

2.1 Haltung	☐ aufrecht	☐ vorgeneigt
2.2 Auftreten	☐ sicher / gewandt	☐ unsicher
2.3 Stimme	☐ hoch ☐ tief	☐ hell ☐ heiser
2.4 Sprache	☐ gewahlt ☐ Dialekt / welcher?	☐ hochdeutsch ☐ gebrochen deutsch
2.5 Gang	☐ aufrecht ☐ gebeugt ☐ laufend	☐ schleichend ☐ trippelnd ☐ watschelnd

3 Körperlänge .... (geschatzt an welchem Fixpunkt?) ....

4 Körperform

☐ schlank ☐ stark ☐ schwachlich ☐ untersetzt

5 Frisur ☐ glatt ☐ Mecki ☐ gescheitelt - l / r ☐ Glatze
☐ gewellt ☐ Beatle ☐ ungescheitelt

6 Haarfarbe ☐ schwarz ☐ dunkelblond ☐ grau / meliert
☐ braun ☐ hellblond ☐ rot
☐ brünett ☐ weiß ☐ rot / blond

7 Kopfform

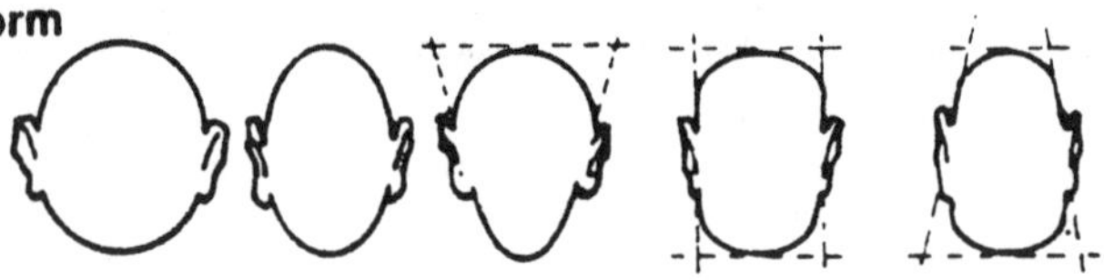

☐ rund ☐ oval ☐ Kreisel ☐ viereckig ☐ Pyramide

Teil 3
Vor den Schranken der Politischen Justiz
Strategien und Strukturelemente des Anti-Terror-Prozesses

»Mit der Art und Weise, Strafverfahren durchzuführen, hält sich ein Staat den Spiegel vor: Nirgendwo sonst nämlich werden - zumal gezielt - Einschränkungen der Grund- und Menschenrechte drastischer praktiziert und empfindlicher von den Betroffenen erfahren, als vor Gericht und hinter Gittern. Der Strafprozeß ist somit die Probe aufs Exempel Rechtsstaat und damit ein Indikator für die Realisierung der Grund- und Menschenrechte, zu denen sich heute jeder zivilisierte Staat bekennt...«
(Sebastian Cobler)[1]

»Die Verantwortung für einen rechtsstaatlichen Prozeß trägt die Seite, die die Macht hat.«
(Richard Schmid)[2]

Wir verlassen nun das weite Vorfeld der Politischen Justiz, das die sog. Terrorismus-Verfahren stark beeinflussen kann und begeben uns auf jenes zentrale Terrain, auf dem Politische Justiz originär agiert. Ausgehend von einer definitorischen Annäherung an den Begriff »Politische Justiz« widmen wir uns jener justiziellen Strategie, mit der immer wieder zwanghaft versucht wird, das Politische der betreffenden Verfahren zu eliminieren und diese gegenüber der Öffentlichkeit zu »ganz normalen Prozessen« umzufälschen: Politische Justiz entpuppt sich dabei als der permanente Versuch, gesellschaftliche Konflikte und gewaltförmige Widerstandshandlungen ihres politischen Charakters zu berauben und eine Debatte über den Zustand dieser Gesellschaft zu unterbinden.

Wie dieses ideologische Anliegen und seine Umsetzung mit den manifesten, politisch motivierten Sonderbedingungen in »Terrorismusverfahren« kollidiert, mit diesem Problem beschäftigen sich die folgenden Kapitel über die Politische Sondergerichtsbarkeit (»Auserlesen und zuverlässig«) und zur Verfahrensgeschichte der achtziger Jahre (»Flexible Wunderwaffe«). Der fünfte Schwerpunkt dieses Abschnitts beschäftigt sich schließlich mit einem wesentlichen Strukturelement Politischer Justiz: den gerichtlichen Beweis- und »Wahrheits«-Konstruktionen. Als herausragendes strafprozessuales Mittel zur Bildung und Perpetuierung solcher Konstrukte dient die Möglichkeit des Gerichts, bestimmte Tatsachen als »offenkundig« oder »gerichtskundig« zu erklären und damit der regulären Beweisaufnahme weitgehend zu entziehen. Mit dieser »Offenkundigkeit von Vor-Urteilen« werden gerichtliche »Wahrheiten« über »terroristische Vereinigungen« sowie deren Zielsetzungen und Strukturen festgeschrieben und unhinterfragt von Verfahren zu Verfahren weitertransportiert. Zu diesen Wahrheits-Konstrukten gehört auch die sog. Kollektivitätsthese, die schon manches Fehlurteil begründen half.

Politische Justiz

Ein Phantom linker Staatskritik?

»Wenn gerichtsförmige Verfahren politischen Zwecken dienstbar gemacht werden, sprechen wir von politischer Justiz... Politische Justiz bezweckt, politische Gegner auszuschalten. Dazu kommt die psychologische Wirkung politischer Prozesse auf die Bevölkerung...« (Otto Kirchheimer)[1]

»Die politische Justiz, dieses ›rationellste Moment‹ staatlicher Herrschaftssicherung, hatte ihren Anteil daran, daß politischer Veränderungswille in den Untergrund strafbaren Handelns abgedrängt werden konnte.« (Dirk Blasius)[2]

»Auch der demokratische Verfassungsstaat hat politische Feinde, auch er ächtet und grenzt sie aus... Politische Strafjustiz ...ist dadurch gekennzeichnet, daß sie politische Unwürdigkeit, Unzuverlässigkeit und Gefährlichkeit, kurz: politisches ›Unrecht‹ als kriminelles schuldhaftes Unrecht sanktioniert und die Rechtsentwährung den Charakter der Kriminalstrafe annimmt. Sie ist politische Verfolgung in der Form der Strafverfolgung.« (Ulrich K. Preuß)[3]

Wir wollen uns nicht in akademischen Begriffsdefinitionen und juristischen Haarspaltereien ergehen. Aber einige Bemerkungen zu dem von uns verwendeten Begriff »Politische Justiz« scheinen uns notwendig und angebracht. Mehr als definitorische Annäherungsversuche sollen damit nicht verbunden sein. Am Ende der Arbeit werden die Bezugspunkte und Kriterien zur Bewertung der Strafjustiz in Sachen »Terrorismus« klarer zutage treten.

Wir gehen zunächst davon aus, daß Justiz per se nicht unpolitisch sein kann – gleichgültig, ob es sich um Zivil-, Verwaltungs- oder Strafjustiz handelt. Denn schließlich basieren diese staatliche »Dritte Gewalt«, ihre Mittel und Durchsetzungsmöglichkeiten auf gesellschaftlichen Grundentscheidungen, -prinzipien und -strukturen, die im Verlauf von politischen Entscheidungsprozessen in Recht und Gesetze umgesetzt worden sind bzw. werden. Alles Recht ist politisch und spiegelt die politisch-ökonomische Verfaßtheit, die sozialen Kräfteverhältnisse und den sozialen Wandel in einer Gesellschaft wider.[4] Dieses politisch gesetzte, keineswegs neutrale Recht bildet die Grundlage justizieller Entscheidungsprozesse und determiniert weitgehend ihre Resultate. Die rechtsprechende Gewalt, die eigentlich unabhängig und unpolitisch sein will, ist damit objektiv eine hochpolitische staatliche Instanz (meist wider Willen), die dieses politische Recht zur Anwendung bringt und auch, idealtypisch, in seiner ganzen Parteilichkeit gegen alle sozialen Widerstände durchsetzt.

Auch das Justizpersonal, die staatlichen Rechtsanwender, insbesondere Staatsanwälte und Richter, sind nicht verschont von politischen Einwirkungen, nicht frei von sozialen Prägungen, die ihnen selten bewußt sind und über die sie sich und anderen in aller Regel keine Rechenschaft ablegen. Das beginnt mit ihrer sozialen Herkunft, ihren Anpassungsleistungen durch Sozialisation in Elternhaus, Schule und Berufsausbildung und endet noch lange nicht mit ihrer Parteizugehörigkeit, ihrem Karriere-Bewußtsein oder der Beeinflussung durch die öffentliche Meinung.[5] Die Auslegung unbestimmter Rechtsbegriffe und Generalklauseln, die Beweiswürdigung und die Bewertung des subjektiven Tatbestands von Strafnormen im konkreten Fall sowie die »herrschende Meinung« sind Einbruchstellen des politischen Bewußtseins der Rechtsanwender – was ganz besonders in bestimmten Rechtsbereichen und unter bestimmten Sonderbedingungen, zum Tragen kommt.

Trotz dieser Erkenntnis unterscheiden wir im folgenden von der per se politischen Justiz die »Politische Justiz« im engeren Sinne. Zunächst geht es bei unserem Untersuchungsgegenstand ganz überwiegend um Strafrecht und Strafjustiz. Nun gibt es allerdings zahlreiche und vehemente Stimmen, die in helle Empörung verfallen, wenn behauptet wird, in der Bundesrepublik gebe es »Politische Strafjustiz«. So was kann es doch gar nicht geben, denn das würde ja bedeuten, daß es (straf-) justizförmige politische Verfolgung gibt. Nein, die gibt es bei uns nicht, so ihre Argumentation, schließlich ist Anknüpfungspunkt für eine strafrechtliche Verfolgung immer eine kriminelle Tat wie etwa Mord, Raub, Diebstahl, Sachbeschädigung – unabhängig davon, ob diese allgemeinen Straftaten nun mit oder ohne politische Motivation begangen worden sind. Und wer das Gegenteil behauptet – also jemand könne allein wegen seiner politischen Überzeugung oder Gesinnung, etwa allein wegen einer unbequemen, staatskritischen Meinungsäußerung – strafverfolgt werden, ja der macht sich eigentlich einer »Staatsverunglimpfung« nach § 90a Strafgesetzbuch schuldig: »Wer öffentlich oder durch Verbreiten von Schriften die Bundesrepublik Deutschland oder eines ihrer Länder oder ihre verfassungsmäßige Ordnung beschimpft oder böswillig verächtlich macht ... wird mit Freiheitsstrafe bis zu drei Jahren oder mit Geldstrafe bestraft.«

Diesen Paragraphen gibt es tatsächlich – ein reines Meinungsäußerungsdelikt, das sich unzweideutig auf politische Gesinnung bezieht. Er ist Bestandteil des klassischen politischen Strafrechts, das im bundesdeutschen Strafgesetzbuch zwischen § 81 (»Hochverrat«) und § 111 (Öffentliche Aufforderung zu Straftaten) bzw. § 130a (Anleitung zu Straftaten) angesiedelt ist. Unter anderem gehören hierzu: »Gefährdung des demokratischen Rechtsstaates«, »Verunglimpfung« des Bundespräsidenten, des Staates und seiner Symbole, »Landesverrat«, »Offenbaren von Staatsgeheimnissen«, Spionage, »Nötigung von Verfassungsorganen«, »Störpropaganda gegen die Bundeswehr« usw.[6] Dieses politische Strafrecht zeichnet sich insbesondere durch seine generalklauselartigen Tatbestände aus sowie durch die Vorverlagerung des damit bezweckten Staatsschutzes weit hinein ins Vorfeld des politischen Verdachts.[7]

Wir bezeichnen nun als Politische Justiz zum einen die Strafjustiz, die sich auf diese politischen Strafnormen bezieht. Dieses politische Strafrecht im engeren Sinne, dessen Schutzgüter in erster Linie der Staat (das staatliche Gewaltmonopol), seine Organe, Repräsentanten und Symbole sind – daher auch »Staatschutz-Strafrecht« -, unterscheiden wir vom »allgemeinen« Strafrecht, dessen Schutzgüter insbesondere Leben, Leib und Eigentum aller BürgerInnen sind.[8] Es umfaßt Normen, die Delikte vom Totschlag über Körperverletzung und Betrug bis hin zur Hehlerei und zur Sachbeschädigung unter Strafe stellen.

Die Verletzung dieser Schutzgüter des allgemeinen Strafrechts kann nun einerseits aus »eigennützigen Beweggründen«, etwa zur persönlichen Bereicherung oder aus privater Rache begangen werden. Dies dürfte die Regel sein – obwohl auch ein solches »kriminelles« Verhalten meist ein, wenn auch unbewußter, Ausdruck von überindividuellen sozialen und politischen Verhältnissen bzw. Mißständen ist. Normen des allgemeinen Strafrechts können aber auch aus bewußten politischen Motiven heraus verletzt werden. Diese Unterscheidung ist nicht immer einfach und auch nicht scharf zu treffen. Dennoch nehmen wir eine solche Differenzierung vor und bezeichnen daher als »Politische Justiz« auch jene Strafgerichtsbarkeit, die sich mit politisch motivierten (mutmaßlichen) Straftätern »beschäftigt«, denen Delikte aus dem allgemeinen Strafrecht vorgeworfen werden.[9] Das ihnen zur Last gelegte Handeln muß dabei also, nach eigener Aussage und nach allgemeiner Erkenntnis, auf bewußter politischer Gegnerschaft zum Staat, zur Eigentumsordnung oder dergleichen beruhen.

Diese Kriterien treffen überwiegend auf jene Personen, Gruppen, Taten und Verfahren zu, von denen dieses Projekt handelt. Wir haben es insoweit mit der gerichtsförmigen Verfolgung einer Fundamental- oder System-Opposition zu tun, was immer ihr und ihren (vermeintlichen) Anhängern im einzelnen zur Last gelegt wird und was immer sie tatsächlich verbrochen haben.

Selbst die Autoren einer vom Bundesjustizministerium Anfang der achtziger Jahre herausgegebenen Studie konstatieren diese politische Dimension: »Obwohl terroristische Straftäter überwiegend gegen Strafvorschriften verstießen, die auch der Bekämpfung der sonstigen Kriminalität dienen, muß Terrorismus doch als eine Kriminalität eigener Art betrachtet werden, nämlich als eine Kriminalität, die die gesellschaftliche, staatliche und rechtliche Ordnung bekämpft und die zu diesem Zweck auch den Staat zur Überschreitung seiner rechtsstaatlichen Grundlagen herausfordert.«[10]

Diese politische Herausforderung, so scheint es, hat der bundesdeutsche Staat tatsächlich angenommen – ein weiteres, nicht unwesentliches Kriterium, das Politische Justiz auszeichnet: die Überschreitung rechtsstaatlicher Grenzen aus politischen Gründen und zu politischen Zwecken.

Warum nun ist eigentlich der Status einer politischen Straftat so entscheidend? Vor allem deshalb, weil »das Motiv des Handelns eine wichtige, manchmal sogar ausschlaggebende Rolle bei der Urteilsfindung, zumindest bei der Strafzumessung spielt«,[11] wie es der frühere Strafverteidiger und langjährige Justizminister Nordrhein-Westfalens, Diether Posser, formulierte. Besser müßte es heißen: spielen sollte. »Es macht einen Unterschied«, so der Bremer Verfassungsrechtler Ulrich K. Preuß, »ob man der Besiegte in einem (ungleichen) Kampf um die richtige

Ordnung oder ein Straftäter ist... ein Strafurteil ist stets auch eine moralische Disqualifizierung, weil der unpolitischen kriminellen Tat stets ein eigensüchtiges und privates Motiv unterstellt wird.«[12] Und in der Tat gehörte es, nicht zuletzt solchen Erwägungen folgend, zu den Errungenschaften der bürgerlichen Revolution, den politischen Delinquenten im Strafprozeß und in der Haft zu privilegieren und anders zu behandeln als »normale Kriminelle«. Davon sind wir heute jedoch weit entfernt, ja wir müssen geradezu das Gegenteil konstatieren: die negative »Privilegierung«, die Benachteiligung von politischen Tätern oder auch nur von Verdächtigen, denen Straftaten mit politischem Hintergrund zur Last gelegt werden. Diese Benachteiligung ist seit langem zu einem der wichtigsten Merkmale Politischer Justiz geworden, das sich im Ermittlungsstadium, im gerichtlichen Hauptverfahren sowie in der Untersuchungs- und Strafhaft gleichermaßen ungünstig auswirkt.

Nun gibt es allerdings die Auffassung, daß das subjektive Merkmal »politische Motivation und Zielsetzung« bei der Begehung einer allgemeinen Straftat nicht ausreichend sei, diese Straftat zu einer politischen zu erklären: »...es ist festzuhalten, daß nicht jeder aus politischer Motivation begangene Banküberfall ... einen politischen Charakter annimmt«, meint etwa Ulrich K. Preuß.[13] Zudem ist die Qualifizierung der Motivation und Zielsetzung ja letztlich »nur« vom Willen des jeweiligen (mutmaßlichen) Täters abhängig. Man müßte also entweder die politischen Einlassungen der Beschuldigten einfach generell akzeptieren, d.h. zuvor überhaupt zur Kenntnis nehmen, oder aber Gewissenserforschung dahingehend betreiben, ob die politische Motivation echt oder nur vorgeschoben ist. Letzteres ist, will man Gesinnungsjustiz vermeiden, eine unannehmbare Lösung.

Bei der Qualifizierung der Strafjustiz als politisch können wir dieses Dilemma umgehen, indem wir eine Reihe zusätzlicher objektiver Kriterien und Bezugspunkte herausdestillieren, die im übrigen keinem Numerus clausus unterliegen. Wenn es um allgemeine Straftaten mit möglicher politischer Motivation der Beschuldigten geht, so sind uns mit solchen Merkmalen objektive Anhaltspunkte an die Hand gegeben, um die damit befaßte Strafjustiz als Politische Justiz charakterisieren oder dieses Verdikt gegebenfalls verwerfen zu können.

Bei der Kriteriensuche gehen wir von der berühmten Definition des Rechts- und Politikwissenschaftlers Otto Kirchheimer aus, wonach es sich um Politische Justiz handelt, »wenn gerichtsförmige Verfahren politischen Zwecken dienstbar gemacht werden«.[14] Ein politischer Prozeß ist demnach dadurch gekennzeichnet, daß er »unmittelbar zu einem Faktor im Kampf um politische Macht wird«,[15] oder allgemeiner, daß der Gerichtssaal zum Austragungsort bewußt gewordener politisch-sozialer Konflikte gerät.

Daß die bundesdeutsche Strafjustiz in Sachen »Terrorismus« diese Kriterien erfüllt, dafür spricht bereits die offenkundige Tatsache, daß die Strafjustiz eingebunden ist in das staatliche Konzept des »Anti-Terror-Kampfes« und damit (zumindest auch) einen unzweideutig politischen Auftrag hat. Dieser Auftrag wird auch an weiteren Kriterien verifizierbar, die Kirchheimer als Zweckbestimmung und Ausfluß »Politischer Justiz« benennt: »Politische Justiz bezweckt, politische Gegner auszuschalten. Dazu kommt die psychologische Wirkung politischer Prozesse auf die Bevölkerung...«[16]

Strafjustiz im Zusammenhang mit den sog. Terrorismus-Verfahren erfüllt diese Kriterien in umfassender Funktion: Sie ist Adressatin, Instrument und Verkünderin innerstaatlicher Feinderklärung in einer Instanz und sorgt gleichermaßen für die Aburteilung des politischen Gegners, der in den sog. Terroristen unschwer auszumachen ist, sorgt für die (Sonder-) Haftbedingungen der Betroffenen, für Einschüchterung und Abschreckung politisch unangepaßter Individuen und Gruppen sowie für eine gesellschaftliche Ideologie- und Konsensbildung im Sinne der politischen Ordnung und der herrschenden Kräfte. Insoweit ist diese Justiz nicht lediglich eine spezifische Form politischer Herrschaft, sondern in besonderem Maße Instrument der Herrschaftssicherung und -legitimierung.

Die konkreten Merkmale und Vorgehensweisen der Politischen Justiz in der Bundesrepublik sind Gegenstand unserer Untersuchung. Sie sollen hier lediglich kursorisch aufgeführt werden:

Den Beschuldigten der sog. Terrorismus-Verfahren wird in aller Regel zusätzlich zu allgemeinen Straftaten (wenn nicht ausschließlich) die Mitgliedschaft in oder die Unterstützung einer »kriminellen« oder »terroristischen Vereinigung« bzw. die Werbung für eine solche zur Last gelegt – also die Begehung von Organisationsdelikten, die zwar im allgemeinen Strafrecht angesiedelt sind (§§ 129, 129a StGB), allerdings im Kern, von ihrer Entstehungsgeschichte und Anwendungspraxis her Staatsschutz-Normen sind. Speziell um diese Paragraphen hat sich ein politisch motiviertes Sonderrechtssystem entwickelt, das auf allen Ebenen der Strafverfolgung ansetzt. Einzelne oder die Summe dieser Sonderbedingungen meinen wir, wenn wir von der negativen »Privilegierung«, der extremen Benachteiligung politischer (mutmaßlicher) Straftäter gegenüber »normalen Kriminellen« sprechen – eine Schlechterstellung, die Politische Justiz in diesem Lande weitgehend ausmacht und prägt.

»Ganz normale Prozesse«
Die Entpolitisierung politischer Strafverfahren

»Nur wenn ... der Terrorismus ... seiner heutigen Bemäntelung als politische Kriminalität entkleidet und als das aufgefaßt und bekämpft wird, was er in Wirklichkeit und Wahrheit ist: gemeine Kriminalität, werden wir aus den menschlichen Verwirrungen herausfinden, die sich heute in manchen Köpfen breitgemacht haben... Gilt auch und gerade für einen freiheitlichen Rechtsstaat doch: Mord ist Mord und Raub ist Raub, ohne Rücksicht auf pseudopolitische Motivationen solcher gemeinen Verbrechen.«
(Werner Maihofer, FDP, Strafrechtsprofessor und ehemaliger Bundesinnenminister in der sozialliberalen Koalition).[1]

»Hohe und höchste Würdenträger der Justiz ... haben erklärt, daß die Angeklagten nicht politische, sondern kriminelle Täter seien, was gar kein Gegensatz, sondern eine Irreführung war, eine Irreführung zu dem Zwecke, die Täter im primitiven Urteil der Massen herabzuwürdigen, indem man ihnen das politische Motiv aberkannte, auf das man sich andererseits bei der Anklage vor einem besonderen Gericht für Staatsschutzdelikte gerade stützte.«
(Richard Schmid, bis 1964 Präsident des Oberlandesgerichts Stuttgart)[2]

Prinzipiell ist das Strafrecht mit seinen Strukturen, die um individuelle Täterschaft, Verantwortlichkeit und Schuld zentriert sind, schon per se »das juristische Medium der Entpolitisierung und des ›Kleinarbeitens‹ von gesellschaftlichen Konflikten«.[3] Das verdächtige, beschuldigte Individuum und die ihm vorgeworfenen Handlungen werden durch die strafrechtsimmanente Strategie der Individualisierung aus ihrem gesellschaftlichen und sozialpolitischen Kontext weitgehend herausgelöst und isoliert.

Auffällig ist nun, mit welcher Hingabe Bundesanwaltschaft und Strafjustiz bei mutmaßlichen »Terroristen« und »terroristischen Straftaten« darüber hinaus noch den permanenten Versuch unternehmen, den politischen Charakter ihres Ermittlungs- und Verhandlungsgegenstandes zu verdrängen bzw. einfach zu leugnen. Dies hat zur Folge, daß in sog. Terrorismus-Verfahren zwischen Angeklagten und staatlichen Organen der Exekutive und Judikative immer wieder ein regelrechter Kampf entbrennt um die Anerkennung bzw. Negierung des politischen Charakters einer Tat bzw. eines ganzen Strafverfahrens: »Der Angeklagte kämpft um seine Ehre, der Staat um die Unangefochtenheit seiner Majestät als einzige legitime politische Ordnung auf seinem Territorium; auch er kämpft um seine Ehre.«[4]

Anfang/Mitte der siebziger Jahre gab es durchaus auch Stimmen aus dem Staatsapparat, die auf die politische Dimension des sog. Terrorismus in der Bundesrepublik hingewiesen haben. Ausgerechnet der damalige Präsident des Bundeskriminalamtes, Dr. Horst Herold (SPD), der im Rahmen der polizeilichen »Terrorismusbekämpfung« eine herausragende Rolle spielte, gehörte zu jenen wenigen

Amtsträgern, die in eigenartigem Kontrast zur offiziellen Linie auch gesellschaftliche Ursachen wenigstens benannt haben. Im Jahr 1972 erklärte er der Illustrierten »stern«: »...wir haben es hier mit einem gesellschaftspolitischen Problem zu tun. Wir müssen dem Anarchismus den Boden entziehen. Und dies wird nur dann gelingen, wenn längst fällige Reformen in der BRD durchgesetzt werden.«[5] Und 1975 präzisierte er in einer Fernsehsendung: »...die Ursachen liegen in den gewissen Widersprüchen unserer hochindustrialisierten Gesellschaft, überhaupt der westlichen und östlichen Welt. Es sind objektive Bedingungen, die die Baaders und Meinhofs auf den Plan rufen, wenn eben die historische Situation solche Erscheinungen gewissermaßen hervorruft...«[6]

Einen ganz wesentlichen gesellschaftlichen Widerspruch benennt Herold folgendermaßen: »Und ihre Auffassung von der augenblicklichen historischen Phase ist eben die, daß es unerträglich erscheint – ich spreche jetzt in deren Jargon – ..., hier in der BRD eine Welt des Wohlstands auf Kosten der Dritten Welt aufgebaut zu haben. Wenn wir in vollen Zügen den Wohlstand genießen, so doch nur deshalb, weil andere ihn zu Millionen und Milliarden Menschen nicht haben.«

Diese richtigen Erkenntnisse spielten bei der staatlichen, insbesondere der justiziellen »Bewältigung« des »Terrorismus« jedoch keine Rolle, obwohl doch solche politischen Motive durchaus angemessene Berücksichtigung finden müßten. Denn es gehört nun mal zu den Errungenschaften der bürgerlichen Revolution, so fremd dies auch heute klingen mag, politischen Delinquenten eine bevorzugte Stellung im Strafprozeß und im Strafvollzug einzuräumen. Sie sollten, so die differenzierende Vorstellung, nicht behandelt werden wie jene Leute, die aus ganz eigennützigen Motiven gehandelt haben, »sondern als Besiegte, die in einem ungleichen Kampf für eine politische Überzeugung gekämpft haben«.[7]

Neben einer generellen Zurückdrängung des strafrechtlichen Staatsschutzes manifestierte sich die bevorzugte Behandlung von politischen Gegnern im 19. Jahrhundert bis Anfang des 20. Jahrhunderts u.a. darin, daß gegen sie in der Regel nicht Zuchthaus, sondern »Festungshaft« (auch »Einschließung« genannt) verhängt wurde – eine Haftform, die etliche Vollzugslockerungen vorsah, so etwa Selbstbeköstigung, freie Bücherbeschaffung, Bewegung im Freien bis zu fünf Stunden, freien Empfang von Besuchen, Erleichterung des Schriftverkehrs und des Umschlusses mit anderen Gefangenen.[8] Voraussetzung dafür war, daß sich der Verurteilte »zur Tat aufgrund seiner sittlichen, religiösen oder politischen Überzeugung für verpflichtet hielt«und hierin der »ausschlaggebende Beweggrund zur Tat«[9] bestand.

Auf diese Weise sollte der Strafe für politische Delikte der diskriminierende Charakter genommen werden. Damit respektierte die Bourgeoisie, so merkte der Strafverteidiger und Publizist Sebastian Cobler an, »in gewissem Maße jenes Mittel der politischen Auseinandersetzung, durch das sie selbst zur Herrschaft gelangt ist: die Gewalt« – die politisch motivierte Gewalt. Und Cobler fügte hinzu: »Diese Privilegierung politischer Gegner wurde in dem Maße zurückgenommen und in ihr Gegenteil verkehrt, als die ehemaligen Bündnispartner der

Bourgeoisie diese beim Wort nahmen und nicht bei den Inhalten der bürgerlichen Revolution stehenbleiben wollten.«[10]

An der Privilegierung wurde zumindest nominell bis zum Ende der Weimarer Republik festgehalten. Allerdings tat sich die reaktionär-konservative Richterschaft schwer damit, diese Vergünstigungen nicht nur rechten, sondern auch linken politischen Gefangenen zu gewähren. Die Justizpraxis hatte sich damit bereits weitgehend vom Geist der noch gültigen Normen verabschiedet, als diese schließlich von den Nazis Anfang der dreißiger Jahre auch formal abgeschafft wurden.[11]

Der berüchtigte Roland Freisler, Staatssekretär im NS-Reichsjustizministerium und später Präsident des Volksgerichtshofs, begründete diese endgültige Abkehr von den bürgerlichen Rechtsnormen so: »Für die Anerkennung der Gesinnungstäterschaft ist im nationalsozialistischen Strafrecht kein Raum. Das würde der Bewertung des Täters als zwar gegnerischem, aber doch anständigen Kämpfer entsprechen. Das aber ist im Nationalsozialismus nicht möglich.« Stattdessen wurde der politische Gegner zum besonders schweren Kriminellen gestempelt: »Gegen ... den Staatsfeind und den Feind der Volksgemeinschaft gibt es in Strafmaß und Strafverfolgung nur eines: kraftvolle Strenge und erforderlichenfalls völlige Vernichtung.«[12]

Die Folgen dieser justizförmigen »Ausmerzung« per Straf- und Strafprozeßrecht[13] sind allgemein bekannt, obgleich eine Bewältigung dieses Justizterrorismus in der Bundesrepublik nicht stattgefunden hat.

Entpolitisierung durch Norm-Selektion

Wie geht die Strafjustiz heute mit politischen Gegnern des Systems, mit politischen Tätern um? Spätestens mit den sog. Terrorismusverfahren wurde eine Strategie zur Eliminierung des politischen Gehalts jener Verfahren entwickelt, die zumindest nach außen hin, gegenüber der Öffentlichkeit, wirksam werden sollte. Es manifestiert sich darin das unablässige (rechts)staatliche Bemühen, etwas zu vertuschen, was in einer sich freiheitlich-demokratisch gerierenden Gesellschaft eigentlich nicht sein darf: die Verfolgung politischer Gegner. Um sich von diesem schändlichen Ruch zu befreien, wurde diese Strategie der Entpolitisierung von Anfang an mit bemerkenswerter Rabulistik und Verbissenheit durchgezogen.

Prinzipiell hatten die Strafverfolgungsinstanzen seit Beginn der sogenannten Terrorismus-Verfahren Anfang/Mitte der siebziger Jahre die Wahl zwischen drei Möglichkeiten, die Straftaten der bewaffneten Gruppen und ihrer Mitglieder anzuklagen:

1. Anklage allein wegen der konkreten Straftaten (aus dem Bereich der allgemeinen Kriminalität), die den Beschuldigten zur Last gelegt werden: also Mord, Bankraub, Sprengstoffanschläge, Urkundenfälschung usw. Mit dieser Lösung wäre der politische Charakter der Straftaten möglicherweise am ehesten verborgen geblieben;

2. Anklage wegen Bildung einer »kriminellen (später: »terroristischen) Vereinigung« und der Begehung konkreter Straftaten innerhalb einer solchen Vereinigung oder
3. Anklage wegen Delikten aus dem Kernbereich des Politischen Strafrechts, wie z.B. »Hochverrat« oder »Vorbereitung eines hochverräterischen Unternehmens«, also Delikten, die direkt gegen Staat und Verfassung gerichtet sind.

Diese unterschiedlichen Anklage-Möglichkeiten haben jeweils höchst unterschiedliche Konsequenzen: Im ersten Fall hätten die bewaffneten Gruppen nicht als »Vereinigungen« verfolgt werden können, sondern nur ihre mutmaßlichen Mitglieder als Täter/innen. Ihnen hätte dann allerdings jede einzelne vorgeworfene Tat im einzelnen und persönlich nachgewiesen werden müssen. Dies aber schien von Anfang an ziemlich unmöglich, zumal die Beschuldigten keineswegs gewillt waren, irgend etwas zur Aufklärung der ihnen zur Last gelegten Einzel-Straftaten beizutragen.[14] Die sich deutlich abzeichnende Beweisnot wäre praktisch unüberbrückbar gewesen. Außerdem hätten die Beschuldigten nicht zusammen zentral von der Bundesanwaltschaft vor den Oberlandesgerichten angeklagt werden können, sondern nur dezentral von den verschiedenen Staatsanwaltschaften der einzelnen Bundesländer vor Amts- oder Landgerichten.[15] Mit dieser Lösung, wäre sie denn gewählt worden, hätte die Strafjustiz in Sachen »Terrorismus« höchstwahrscheinlich eine vollkommen andere Entwicklung genommen.

Die beiden genannten Konsequenzen – also Einzeltat-Nachweis und politisch möglicherweise »unzuverlässige« Unter-Gerichte – konnten mit der zweiten Anklage-Version, die schließlich auch gewählt wurde, elegant umgangen werden: Zum einen können über §§ 129/129a die bewaffneten/militanten Gruppen als Ganzes verfolgt werden, zentral gesteuert von der Bundesanwaltschaft und angeklagt bei den Sondersenaten der Oberlandesgerichte. Zum anderen lassen es diese Organisationsdelikte prinzipiell zu, über eine behauptete kriminelle bzw. terroristische Vereinigung den (mutmaßlichen bzw. überführten) Mitgliedern einzelne Straftaten, die dieser Gruppe insgesamt zur Last gelegt werden, zuzuordnen, ohne die persönliche Beteiligung im einzelnen nachweisen zu müssen.

Die Strafverfolgungsorgane entschieden sich schon frühzeitig, 16 Anklagen in »Terrorismus«-Verfahren auf jene – auf den ersten Blick »unpolitischen« – Organisationsnormen des allgemeinen Strafrechts zu stützen, also auf die Tatbestände der kriminellen, später terroristischen Vereinigung sowie auf die Straftatbestände Mord, Raub, Unterschlagung etc. Die dritte der genannten Möglichkeiten dagegen ließen sie außer acht: nämlich Anklagen aufgrund der eigentlich einschlägigen, aber evident und eminent politischen Straftatbestände des »Hochverrats« (§ 81 StGB) oder der »Vorbereitung eines hochverräterischen Unternehmens« (§ 83), die dem Kernbereich des Politischen Strafrechts zugehören.[17] Dies ist um so erstaunlicher, als Bundesanwaltschaft und auch die Gerichte doch stets davon ausgehen konnten und auch ausgingen, daß es der »Rote Armee Fraktion« (RAF) und anderen bewaffneten Gruppen letztlich darauf ankomme, »mit Gewalt oder durch Drohung mit Gewalt« – so heißt es in § 81 StGB – »den Bestand der

Bundesrepublik Deutschland zu beeinträchtigen« (bzw. »die verfassungsmäßige Ordnung zu ändern«). Diese Zielsetzung konnten sie tatsächlich aus den Schriften der RAF[18] und den anläßlich von Sprengstoffanschlägen abgegebenen Kommandoerklärungen unschwer herauslesen. Schon im ersten politischen Manifest der RAF »Das Konzept Stadtguerilla« vom April 1971 heißt es:

»Eine Führungsrolle der Marxisten-Leninisten in zukünftigen Klassenkämpfen wird es nicht geben, (...) wenn die Avantgarde selbst die Frage nicht beantwortet, wie die Diktatur des Proletariats zu errichten sein wird, (...) wie die Macht der Bourgeoisie zu brechen ist und durch keine Praxis darauf vorbereitet ist, sie zu beantworten. Die Klassenanalyse, die wir brauchen, ist nicht zu machen ohne revolutionäre Praxis, ohne revolutionäre Initiative.«

Und weiter:

»Stadtguerilla ist ... die Konsequenz aus der längst vollzogenen Negation der parlamentarischen Demokratie durch ihre Repräsentanten selbst ..., die Bereitschaft, mit den Mitteln zu kämpfen, die das System für sich bereitgestellt hat, um seine Gegner auszuschalten .... Stadtguerilla zielt darauf, den staatlichen Herrschaftsapparat an einzelnen Punkten zu destruieren, stellenweise außer Kraft zu setzen, den Mythos von der Allgegenwart des Systems und seiner Unverletzlichkeit zu zerstören.«[19]

Die Beweisführungsprobleme wären hier nur gering gewesen:[20] Der frontale Angriff auf das staatliche Gewaltmonopol – (sonst) als das schwerste Verbrechen wider den Staat und die verfassungsmäßige Ordnung gewertet – wäre dokumentierbar, nachweisbar gewesen, zumal sich die Beschuldigten und Angeklagten meist offen zur RAF und zum »Konzept Stadtguerilla« bekannten. Die Strafandrohung der »Hochverrats«-Norm lautet: Freiheitsstrafe nicht unter zehn Jahren bis hin zu lebenslänglich!

Im Jahre 1974 ging die Staatsschutzkammer des Landgerichts Kaiserslautern in der Tat noch davon aus, daß drei RAF-Mitglieder (Klaus Jünschke u.a.) zusammen mit »Baader u.a.« möglicherweise wegen Hochverrats strafrechtlich verfolgt werden könnten. In ihrer nicht veröffentlichten und einsam gebliebenen (Zwischen-) Entscheidung vom 12.12.1974 heißt es: »Es ist nicht von der Hand zu weisen, daß bei Durchführung des Hauptverfahrens die den Angeschuldigten vorgeworfenen Taten unter dem Gesichtspunkt des Hochverrats (§§ 81, 83 StGB) Bedeutung gewinnen. Das Ermittlungsergebnis über die Bestrebungen und Ziele der ›Roten Armee Fraktion‹ (RAF) sowie Vorgänge in jüngster Vergangenheit geben hierzu Anlaß.«[21]

Warum nahmen die Strafverfolgungsinstanzen von einer solchen, eigentlich »einleuchtenden« Anklage- bzw. Urteilskonstruktion, bevor sie überhaupt Anwendung fand, schon wieder Abschied? Und zwar so gründlich und einheitlich, daß es im strafjustiziellen Bereich nicht eine einzige Ausnahme gibt? Welche Gründe hatte die Politische Justiz, gegen die RAF (und auch die RZ) das politische Strafrecht im engeren Sinne nicht anzuwenden und auf das allgemeine Strafrecht sowie die Organisationsnormen §129/129a auszuweichen?

Es waren hochpolitische Gründe: Mit einer rechtlichen Einschätzung nämlich, die sich auf die Hochverrats-Normen stützt, wäre zwangsläufig von Anfang an der politische Charakter der Konfrontation der bewaffneten Gruppen mit dem Staat anerkannt worden; er hätte damit im Verlaufe der Gerichtsverhandlungen, insbesondere in der Beweisaufnahme, offiziell zum zentralen Gegenstand der Erörterungen und Untersuchungen werden müssen. Das politische Konzept und die Ziele dieser Fundamental- und Systemopposition wären unweigerlich ins Zentrum der Prozeßführung gerückt. Dies aber widersprach dem staatlichen Konzept systematischer Entpolitisierung des »Terrorismus« und der entsprechenden Verfahren diametral.

Folgender Hintergrund ist dabei von erhellender Bedeutung: Einer Meinungsumfrage des Emnid-Instituts zufolge billigten im Jahre 1971 insgesamt 40 Prozent der erwachsenen Gesamtbevölkerung der RAF politische Motive zu (17 % waren unentschieden).[22] Dieses Umfrageergebnis dokumentiert, daß in großen Teilen der Bevölkerung die RAF, zumindest ursprünglich, nicht nur als kriminelle Bande, sondern durchaus als politisch agierende Gruppe wahrgenommen wurde. Im Jahre 1972 zählte sich noch etwa jeder fünfte Bundesbürger zur »heimlichen Systemopposition der ›Sympathisanten‹... 17,5 % aller Interviewten erklärten in einer Infas-Umfrage ... ihre Bereitschaft, Mitgliedern der Baader-Meinhof-Gruppe praktische Unterstützung zu gewähren – und zwar selbst in dem Bewußtsein der Strafbarkeit solcher Handlungen«.[23]

Noch Jahre später wunderte sich der ehemalige Bundesjustizminister der sozialliberalen Regierungskoalition, Hans-Jochen Vogel (SPD):

»Wo sonst haben bandenmäßig verübte Verbrechen beispielsweise bisher ethische, gesellschaftspolitische, ja sogar theologische Diskussionen dieser Breite ausgelöst, etwa über legitime und illegitime Gewalt, über Bürgerkrieg und Staatsnotwehr...? Haben wir es früher jemals erlebt, daß Verbrecher außerhalb der Unterwelt mit versteckter oder gar offener Zustimmung aufgenommen worden sind? ... Sie treffen das Bewußtsein und die Gefühle der Menschen in einer Stärke, die ihresgleichen sucht.«

Mit Blick auf das Ausland fährt Vogel fort:

»Keine andere Bande ... hat es bislang fertiggebracht, daß Medien auch in uns verbündeten Ländern zumindest partielles Verständnis für die vorgeblichen Ziele ihres Terrors äußerten und die Ursachen der Gewalttaten eher im Zustand unserer Gesellschaft oder in der Art sehen wollten, in der wir auf diese Herausforderung antworten, als in dem verbrecherischen Fanatismus der Terroristen.«[24]

Den Sicherheitspolitikern und -behörden mußte angesichts dieser mit Schaudern konstatierten, aber relativ weit verbreiteten Einstellungen viel daran gelegen sein, das »Bild von der RAF als politisch motivierter Gruppierung zu korrigieren«[25]. Deshalb sollten die angeklagten und verurteilten Mitglieder und Unterstützer bewaffneter Gruppen in der Öffentlichkeit nicht als Gegner mit politisch durchaus anerkennenswerter, moralisch hochstehender Motivation erscheinen, sondern als moralisch minderwertige und ganz gewöhnliche, aber ungewöhnlich brutale und gefährliche Kriminelle, die keinerlei Sympathie und Solidarität verdienten.

Der politische Gegner soll also, so läßt sich verallgemeinern, nicht nur per Strafrecht bekämpft, sondern per Justiz in einen Verbrecher verwandelt, moralisch disqualifiziert und gerichtet werden. Seit Beginn des Phänomens »Terrorismus« ließ insbesondere die Exekutive nichts unversucht, entsprechende politische Vorgaben zu formulieren und durchzusetzen, die sich in der (Medien-) Öffentlichkeit und in den sog. Terrorismus-Verfahren niederschlugen. So drohte etwa der ehemalige Bundeskanzler Helmut Schmidt (SPD) im Deutschen Bundestag unverhohlen allen »versteckten Sympathisanten«: »Dies muß auch denjenigen gesagt werden (...), die immer noch glauben, daß die Terroristen eigentlich einen politischen Anspruch erheben können, daß sie leider nur die falschen Mittel wählten. Es muß Schluß sein mit solcher Art von versteckter Sympathie. Wer da liebäugelt, macht sich mitschuldig.«[25]

Es gibt eine Unmenge ähnlicher Äußerungen von Amtsträgern und Parteien-Vertretern. Die »Baader-Meinhof-Gruppe« wurde im Zuge dieser Strategie frühzeitig zur »Bande« erklärt, zur »Terroristenorganisation«, ihre Mitglieder zu »Schwerverbrechern« und brutalen »Terroristen«, Menschen, die sich von ihnen nicht distanzierten und stattdessen nach Ursachen fragten, zu »Sympathisanten des Terrors«. Das Problem »Terrorismus« wurde auf der untersten Ebene bloßer Kriminalität der ausschließlichen »Bewältigung« durch Polizei und Strafjustiz überantwortet, ja streckenweise aus der herrschenden Rechtsordnung ganz ausgesiedelt (das berühmt gewordene Politikerwort von den »Tieren«, auf die die für Menschen gemachten Gesetze nicht passen, ist nur ein Beispiel dafür). Diese Verdrängungsleistung verhinderte letztlich eine grundlegende politische Debatte über den Zustand der Gesellschaft, die schließlich jenen bewaffneten Widerstand hervorgebracht hat.

Entsprechend wurde justitiell verfahren: Der »kriminelle Charakter« der Taten wurde unter Abstrahierung vom hochpolitischen Hintergrund und Gehalt zum alleinigen Anknüpfungspunkt der Verfahren gemacht, was sich – trotz der dagegen gerichteten Bemühungen von Angeklagten und Verteidigern[27] – in den Anklagen, den Verfahrensabläufen und den Urteilsqualifizierungen deutlich niederschlägt. Nicht in einer einzigen Anklage noch in einem einzigen »Terroristen«-Urteil aus den siebziger und achtziger Jahren taucht demgemäß der Vorwurf des »Hochverrats« oder ein anderer Tatbestand des klassischen politischen Strafrechts auf.

Auch wenn diese Strategie der Entpolitisierung im Laufe einiger Verfahren von den Betroffenen wenigstens teilweise durchkreuzt werden konnte, so ließ sich damit doch die politische Dimension nach außen hin aus den sog. Terrorismus-Verfahren weitgehend heraushalten. Und nur wenige Rechtsstaats-Verfechter haben sich daran gestört, daß damit die den Gerichten obliegende Aufklärungspflicht, das »rechtliche Gehör« der Angeklagten und das Recht auf umfassende Strafverteidigung eklatant verletzt werden: Danach sind die Gerichte nämlich gehalten, die Motive, die den zur Verhandlung stehenden Taten zugrundeliegen, während der Hauptverhandlung zur Sprache zu bringen, zu erörtern und ihre Entscheidungen angemessen zu berücksichtigen. Das gilt prinzipiell für politische Motive ebenso wie für andere Tatmotive im allgemeinen Strafprozeß auch (ohne sie damit etwa gleichstellen zu wollen) – man denke etwa an die sog. Bereicherungsabsicht beim

Betrug, die Habgier oder Heimtücke beim Mord, die Rauschmittelsucht beim Drogendelikt, die sozialen Lebensumstände usw.

Doch jene Prinzipien, die für den Strafprozeß generell gelten, wurden in den sog. Terrorismus-Verfahren außer Kraft gesetzt. Symptomatisch dafür ist die Bemerkung der Ankläger im richtungsweisenden Stammheimer Mammut-Verfahren gegen Baader u.a., es sei der »größte Etikettenschwindel des Jahrhunderts«, daß die Angeklagten sich als Revolutionäre betrachteten; nichts sei politisch an diesen Angeklagten.[28] (In ihrer Anklageschrift war ursprünglich noch ein Satz zu finden, der das Gegenteil signalisierte: »Diese Gruppe setzte sich zum Ziel, die gesellschaftlichen Verhältnisse in der Bundesrepublik Deutschland nach dem Vorbild der südamerikanischen Stadtguerillas mit allen Mitteln, insbesondere mit Gewaltmaßnahmen, zu bekämpfen. Hierdurch sollten die Voraussetzungen für eine erfolgversprechende revolutionäre Arbeit geschaffen werden.«)[29] Ins gleiche Horn stieß am Ende des Verfahrens der Vorsitzende Richter Eberhard Foth in seiner mündlichen Urteilsbegründung, als er die rhetorisch gestellte Frage »Wo bleibt die Politik?« folgendermaßen beantwortete: »Dort, wo sie hingehört, nämlich draußen vor der Tür des Gerichtssaales.«[30]

Einer der Strafverteidiger, Otto Schily, mußte bereits zuvor in seinem Plädoyer konstatieren, daß es sich in der Tat als unmöglich erwiesen habe, die politische Motivation der Angeklagten im Prozeß angemessen zum Thema zu machen.[31] »Sämtliche Bestrebungen«, so Schily schon in seinem Einstellungsantrag vom 5. Juni 1975, »sämtliche Machenschaften sind darauf angelegt, das politische Element des Prozesses zu eliminieren, das Verfahren soll als ›normaler Straffall‹ abgewickelt werden... Der Herr Bundesanwalt Wunder, der mit die Anklage vertritt, hat ... sinngemäß folgendes ausgeführt: Es handelt sich nicht um einen politischen Prozeß, weil ja Delikte angeklagt seien aus dem Bereich des allgemeinen Strafrechts ... und nicht aus dem Gebiet des ersten Abschnitts des Strafgesetzbuches ..., in dem beispielsweise politische Delikte wie Hochverrat abgehandelt sind.«[32]

Die Grundlagen für diese recht hämisch klingende Argumentation hat die Bundesanwaltschaft kraft eigener Definitionsmacht mit ihrer Anklagepolitik schon frühzeitig selbst gelegt – höchstwahrscheinlich auf höhere Weisung der Bundesregierung bzw. des Bundesjustizministeriums, das gegenüber dem Generalbundesanwalt weisungsbefugt ist. Die entpolitisierenden Folgen dieser grundsätzlichen Entscheidung sind kennzeichnend geworden für die allermeisten »Terrorismus«-Verfahren in der Bundesrepublik.

»Wo politische Gegnerschaft auf die Ebene der Kriminalität abgeschoben wird,« so Ulrich K. Preuß, da »soll der Gegner zum einen moralisch disqualifiziert, zum anderen die Bekämpfung des politischen Gegners als solche verschleiert werden. Man erweckt den Anschein, er habe ›allgemeine‹, d.h. ganz unpolitische Gesetze gebrochen.«[33] Genau das ist Sinn und Zweck der beschriebenen Entpolitisierungsstrategie – was mitunter durchaus eingestanden wurde. So hieß es etwa in der »Neuen Juristischen Wochenschrift« nicht ohne Genugtuung: »Hätte die Bundesanwaltschaft Baader und Meinhof auch wegen Vorbereitung eines hochverräterischen Unternehmens angeklagt, wären diese dadurch als politische Straftäter aufgewertet worden.«[34]

Der krampfhafte Versuch von Bundesregierung und Strafverfolgungsinstanzen, die betreffenden Angeklagten stattdessen zu »ganz normalen Kriminellen« abzuwerten, ihre Verfahren demgemäß unter gründlicher Eliminierung des politischen Hintergrunds zu »ganz normalen Kriminalprozessen« zu deklarieren,[35] spiegelt nach Preuß »das Bemühen wider, die Legitimationsgrundlagen der gegenwärtigen gesellschaftlichen Ordnung gegen die Angriffe einer häretischen Gruppierung zu bewahren. Daß es hierbei weniger um die Gruppierung als um das gesamte gesellschaftliche Potential geht, das auf Veränderung der gesellschaftlichen Verhältnisse drängt, zeigen die staatlichen Repressivmaßnahmen, die metastatisch alle gesellschaftlichen Bereiche überwuchern – gleichsam flächendeckend.«[36] Preuß stufte Mitte der siebziger Jahre diese staatliche Vorgehensweise als Folge einer »Legitimationskrise der gegenwärtigen gesellschaftlichen Ordnung« ein: »Die politische Ordnung kann den Anspruch auf materielle Allgemeinheit nicht mehr glaubwürdig durchsetzen, und es mangelt ihr daher an Kraft, politische Gegner als solche anzuerkennen und zu bekämpfen. Ohne historisches Bewußtsein ihrer eigenen Konstitutionsbedingungen kann sie Systemgegner zunehmend nur noch als Verbrecher interpretieren, und ihre Hoffnungsloskeit nimmt ihr darüber hinaus auch noch den Mut und die Kraft, ihre eigenen Gesetze durchgängig einzuhalten.«[37]

Der allseits geachtete sozialdemokratische Jurist Adolf Arndt hat sich schwer geirrt, als er 1961 schrieb: »Wer einer Tat angeklagt ist, die sich aus politischer Überzeugung gegen einen politischen Zustand richtet, kann auch für diesen Sinn seines Verhaltens rechtliches Gehör beanspruchen... Im Unterschied zu unfreien Staaten wird es die Kraft des Rechtsstaates sein, daß er sich selbst in Frage stellen lassen kann, weil er sich dem Recht und der Wahrheit verpflichtet und sich seiner selbst gewiß weiß.«[38]

Rechtliche Würdigung nach politischer Opportunität

Im Strafprozeß, das haben wir gezeigt, wird der politische Charakter etwa der RAF kategorisch geleugnet. In anderen Zusammenhängen und wenn es dem Staatswohl nützt, sind Gerichte jedoch durchaus bereit, auch ganz andere Überlegungen anzustellen: Im Jahre 1985 folgte ein Gericht vollkommen außerplanmäßig der rechtlichen Einschätzung, daß die Bestrebungen der RAF »den Tatbestand der Vorbereitung eines hochverräterischen Unternehmens« erfüllten.[39] Allerdings hat da kein Strafgericht geurteilt, sondern das Verwaltungsgericht Köln, das über die Rechtmäßigkeit eines Lauschangriffs des »Verfassungsschutzes« Anfang der siebziger Jahre zu entscheiden hatte. Es ging um eine geheimdienstliche Telefon- und Postkontrolle gegen den Bremer Strafverteidiger Heinrich Hannover. Hannover war aufgrund dubioser Anschuldigungen in den Verdacht geraten, die RAF per anwaltlicher Vertretung zu unterstützen. Als er Anfang der achtziger Jahre endlich von der Staatsaktion erfuhr, klagte er »gegen die Bundesrepublik Deutschland, vertreten durch den Bundesminister des Inneren«, um die Rechtswidrigkeit der damaligen Überwachungsmaßnahmen feststellen zu lassen.

Das zuständige Kölner Verwaltungsgericht befand die Kontroll-Aktion des »Verfassungsschutzes« in seinem Urteil vom 12. September 1985 jedoch für zulässig. Zur Rechtfertigung bemühte es nun, im Gegensatz zur jahrzehntelangen Praxis der Strafgerichte, den Straftatbestand des »Hochverräterischen Unternehmens« (§ 83 StGB) und folgte damit der Argumentation des Bundesinnenministers bzw. des »Verfassungsschutzes« in diesem konkreten Fall sowie einem früheren Urteil des Oberverwaltungsgerichts für das Land Nordrhein-Westfalen vom 27. Oktober 1982 (ebenfalls in einem Abhör-Fall gegen den Schriftsteller Günter Wallraff).[40] In dem Urteil heißt es zur RAF-Politik:

»Die ... vorliegenden Schriften, Aufrufe und Aktionspläne der RAF lassen erkennen, daß deren Ziel auf die Beseitigung der verfassungsmäßigen Ordnung der Bundesrepublik Deutschland gerichtet war.« (S. 13) Dies gelte im übrigen auch für deren Nachfolgeorganisationen. Das Urteil zitiert dabei eindrucksvolle Belege aus den einschlägigen RAF-Dokumenten (S. 13ff.). Zur Zielsetzung der bewaffneten Gruppen heißt es weiter: »Obwohl das Ziel einer Beeinträchtigung des Bestandes der Bundesrepublik Deutschland und ihrer verfassungsmäßigen Ordnung in den vorgenannten Schriften nicht ausdrücklich angesprochen wird, bedarf es keiner näheren Darlegung, daß die terroristischen Gruppen (auch) ein derartiges Endziel verfolgten.« (S. 15f.).

Zum Merkmal des »Vorbereitens eines bestimmten hochverräterischen Unternehmens« ist in dem Urteil zu lesen: »Wer Unruhen und Störungen der öffentlichen Ordnung ins Werk setzt, um damit die Zustände für die Durchführung des eigentlichen Planes unmittelbar reif zu machen«, bereitet bereits ein solches Unternehmen vor (S. 17). »Die RAF und ihre Nachfolgeorganisationen begnügten sich ... nicht mit einem bloßen Zuwarten, um die für einen Umsturz ›reife‹ Situation zu einem ungewissen Zeitpunkt auszunutzen. Sie begannen vielmehr – etwa seit 1970 – konkret mit der Einleitung des revolutionären Weges, an dessen Ende – gleichsam als zwangsläufiges Ergebnis nach ihrer Revolutionstheorie – die Beseitigung der bestehenden verfassungsmäßigen Ordnung durch den Aufstand der Massen stehen sollte.« (S. 18).

Die RAF habe also, so läßt sich zusammenfassen, ein hochverräterisches Unternehmen vorbereitet. Dieses Ziel habe sie durch zahlreiche Gewalttaten seit 1970 zu verwirklichen versucht. Außerdem habe dies auch die spätere Entwicklung der RAF und ihrer Nachfolgeorganisationen gezeigt. Die gegen den Kläger (Heinrich Hannover) angeordnete G-10-Beschränkungsmaßnahme des »Verfassungsschutzes« (Kontrolle des Post- und Telefonverkehrs) habe daher der Abwehr dieser durch die RAF drohenden Gefahren gedient und sei somit rechtmäßig gewesen.

Wie kam das Gericht dazu, die sonst peinlich gemiedenen Hochverrats-Normen zu bemühen? Ganz einfach: Nach dem sog. G-10, dem »Gesetz zur Beschränkung des Brief-, Post- und Fernmeldegeheimnisses« (Gesetz zu Artikel 10 Grundgesetz) vom 13. August 1968[41] durfte damals eine Telefon- und Postkontrolle durch den »Verfassungsschutz« nur angeordnet werden, »wenn tatsächliche Anhaltspunkte für den Verdacht bestehen«, daß jemand ganz bestimmte Straftaten aus dem politischen Strafrecht »plant, begeht oder begangen hat« (§ 2 G-10). Zu diesen Straftaten gehören die Hochverrats-Tatbestände (§§ 80 bis 83 StGB), nicht jedoch die den bewaffneten Gruppen in den einschlägigen Terrorismus-Strafverfahren zur Last gelegten Taten gemäß § 129 StGB oder Mord, Raub, Urkundenfälschung usw.[42] Also mußte auf das politische Strafrecht im engeren Sinne zurückgegriffen werden, um die Ausspäh-Aktion des »Verfassungsschutzes« nachträglich zu rechtfertigen – was im übrigen auch keinerlei »unliebsame« Nebenerscheinungen zeitigte: Schließlich ging es im vorliegenden Fall um ein verwaltungsgerichtliches Verfahren, abseits der direkten Konfrontation mit »Terrorismus«-Verdächtigen. Eine (Re-) Politisierung stand also nicht zu befürchten.

Fazit: Politische Justiz in Reinkultur

Das Recht wird gegenüber den Mitgliedern bewaffneter und militanter Gruppen und den als Unterstützer oder Werber verdächtigten Personen gehandhabt, wie es den Sicherheitsbehörden gerade in den politischen und juristischen Kram paßt. Das ist, bei allen staatlichen Entpolitisierungsbemühungen, Politische Justiz in Reinkultur: nämlich die Anwendung des Rechts in gerichtsförmigen Verfahren nach politischer Opportunität und Zielsetzung.

Die aufwendig zelebrierte Behauptung indes, es handele sich bei den sog. Terrorismus-Verfahren um ganz normale unpolitische Kriminalfälle steht in krassem Widerspruch zur tatsächlichen Praxis der Strafjustiz. In den Worten des Strafverteidigers Otto Schily, die er auf das Stammheimer Verfahren Mitte der siebziger Jahre münzte, die aber weiterhin für alle Prozesse dieser Art Gültigkeit haben:

»In ihrem Wahn, alles Politische aus diesem Verfahren zu verbannen durch Sondergesetze, Sondermaßnahmen und Sonderbehandlung, durch Sondergebäude, durch Sonderrechte für die Bundesanwaltschaft, durch Sonderauflagen für die Verteidigung geraten die Staatsschutzorgane mit ihrer These, mit Politik habe dieses Verfahren nicht das geringste zu tun, unweigerlich in Widerspruch, weil die politische Bedeutung dieses Verfahrens und seiner Auswirkungen täglich aufs neue durch Eingriffe des Gesetzgebers, der Exekutive, durch Kommentierung von Ministern und sonstigen Trägern höchster Exekutivämter bewiesen wird.«[43]

»Auserlesen« und »zuverlässig«
Politische Sondergerichtsbarkeit

»Wenn man die Anarchisten der Gesetzlichkeit am Werke sieht, erscheinen einem die Bombenwerfer in milderem Licht.« (Karl Kraus).

Ein »Trost« scheint den in die Mühlen der Politischen Justiz Geratenen zu bleiben: Sie werden höchst »bevorzugt« behandelt. Sie geraten nicht etwa an irgendwelche Feld-, Wald-, Wiesen-Staatsanwälte oder Amts- und Landrichter, sondern an absolut »kompetente« und hochrangige Institutionen und Amtspersonen. Der Generalbundesanwalt (GBA) und seine Mannschaft kümmern sich im Zweifel höchstpersönlich um die Verdächtigen und Beschuldigten: Nach dem Gerichtsverfassungsgesetz (GVG) liegt nämlich in 129a-Fällen die gesetzliche Erstzuständigkeit für Ermittlungen und Anklageerhebungen bei der Karlsruher Bundesanwaltschaft (BAW) als oberster Anklagebehörde der Bundesrepublik Deutschland.[1] Ermittlungs- und Untersuchungshaft-Richtern des Bundesgerichtshofs (BGH) obliegt in solchen Fällen die Monopol-Kompetenz zur Anordnung von Durchsuchungen, Kontrollstellen und U-Haft; sie kümmern sich auch um das körperliche und geistige »Wohl« der Verhafteten mittels der von ihnen zu verfügenden Sonderhaftbedingungen. Das Bundeskriminalamt (BKA) als oberste Kriminalbehörde verfügt über die zentralen Durchführungskompetenzen bezüglich der Ermittlungsanordnungen der BAW und des BGH. Und die Sonder-Staatsschutz-Senate der Oberlandesgerichte (OLG) schließlich haben die anstehenden, (sitzungs-) polizeilich gesicherten Gerichtsverhandlungen und Aburteilungen zu bewerkstelligen, wobei dem GBA bei solchen Strafsachen, für die prinziell mehrere Oberlandesgerichte örtlich zuständig sind, die Auswahl und Zuweisung des »passenden« OLG-Senats obliegt. Im Falle des RAF-Aussteigers Peter-Jürgen Boock gab es beispielsweise vier örtlich zuständige Oberlandesgerichte: das OLG Hamburg, am Wohnsitz des Angeklagten, und die Oberlandesgerichte Düsseldorf, Frankfurt und Stuttgart, in deren Bezirken die Tatorte der Boock zur Last gelegten Straftaten lagen. Der GBA entschied sich für das ihm genehmste Gericht: für den 5. Strafsenat des OLG Stuttgart, der in der berühmt-berüchtigten Stammheimer Justizfestung zu verhandeln pflegt – mit allen nur erdenklichen Nachteilen für den Betroffenen, wie sie sein Verteidiger Heinrich Hannover im Rahmen dieses Projekts beschreibt.[2]

Der langjährige Generalbundesanwalt Kurt Rebmann[3] sieht in § 129a StGB als »materiell-rechtliche Grundlage der gerichtsverfassungsrechtlichen Kompetenzzuweisung« den »Dreh- und Angelpunkt für die justitielle Bewältigung der terroristischen Gewaltkriminalität in der Bundesrepublik Deutschland«[4] – und er möchte diese Sonderermächtigungen verständlicherweise nicht missen. Demgegenüber sind jedoch, wie der niederländische Strafverteidiger und kritische Beobachter bundesdeutscher Polit-Justiz, Pieter Bakker Schut, feststellte, schon häufiger Zweifel darüber aufgetaucht, »ob diese Entscheidungsbefugnis des GBA noch mit dem grundgesetzlich garantierten Gebot vereinbar sei, demzufolge niemand seinem gesetzlichen Richter entzogen werden darf«.[5] Was nun die Betroffenen und der Rechtsstaat von diesen Sonderzuständigkeiten und Ausnahmeregelungen haben, davon handeln die folgenden Abschnitte. Doch zunächst zum historischen Hintergrund, der erst die Brisanz dieser Thematik zu erhellen vermag.

Zur deutschen Tradition von Ausnahmegerichten und Sonderjustiz

In der Bundesrepublik gibt es keine Ausnahmegerichte – so jedenfalls schreibt es das Grundgesetz unmißverständlich vor, wo es in Art. 101 »Verbot von Ausnahmegerichten« heißt: »Ausnahmegerichte sind unzulässig. Niemand darf seinem gesetzlichen Richter entzogen werden« (Abs. 1). Als Ausnahmegerichte gelten dabei solche Gerichte, die für bestimmte Fälle eingesetzt und für zuständig erklärt werden.[6]

Diese grundsätzliche verfassungsrechtliche Entscheidung hatte ihren guten Grund, der nach den bitteren Erfahrungen mit der berüchtigten politischen Sondergerichtsbarkeit der NS-Zeit nicht lange gesucht werden muß. Ingo Müller beschreibt diesen Teil der damaligen NS-Gerichtsorganisation in seinem Buch »Furchtbare Juristen« folgendermaßen: »Innerhalb der Justiz ... waren nicht weniger als drei Gerichtsbarkeiten für die Verfolgung der politischen Opposition zuständig: das Reichsgericht (am 24. April 1934 als erstinstanzliches Gericht vom Volksgerichtshof abgelöst), die Oberlandesgerichte und die Sondergerichte.«[7]

Diese Sondergerichte wurden am 21. März 1933 errichtet.[8] In ihre Zuständigkeit fielen u.a. Hochverrat, Sabotage, schwerer Aufruhr und Landfriedensbruch sowie andere politische Straftaten – aber nur, falls keine Zuständigkeit des Reichsgerichts oder eines Oberlandesgerichts gegeben war. Die Festlegung der jeweiligen gerichtlichen Zuständigkeit lag dabei im Ermessen des Oberreichsanwalts[9] (oberster Staatsanwalt des Deutschen Reiches): »Das Reichsgericht hatte bis zur Errichtung des Volksgerichtshofs in Hoch- und Landesverratsverfahren als Gericht erster und einziger Instanz zu entscheiden. Wenn der Oberreichsanwalt als oberster Ankläger einer Sache keine besondere Bedeutung zumaß, konnte er sie aber auch an den örtlich zuständigen Generalstaatsanwalt abgeben, der dann vor einem Strafsenat des Oberlandesgerichts anklagte.«[10]

Zunächst, so Ingo Müller, favorisierten die Ankläger die Oberlandesgerichte zur Verfolgung der politischen Opposition: »In den Jahren 1933 bis 1935 wurde die Aburteilung kommunistischen und sozialistischen Widerstands soweit wie möglich den jeweils mit fünf Berufsrichtern besetzten Oberlandesgerichten zugewiesen, da deren justizförmiges Verfahren der Verurteilung eine höhere Legitimität verlieh als die abgekürzten Sondergerichtsverfahren. Die Tätigkeit der politischen Opposition konnte auf diese Weise eher als ›ganz gewöhnliche Kriminalität‹ hingestellt werden. Die Machthaber gingen mit der Zuweisung der Verfahren gegen die Linksopposition an die ordentliche Gerichtsbarkeit auch kein Risiko ein: Die Justiz der ›Systemzeit‹ (Weimarer Republik; R.G.) hatte bei der Verfolgung von Kommunisten, Pazifisten und Republikanern ihre ›Staatstreue‹ zur Genüge unter Beweis gestellt. So konnten die Gerichte 1933 in politischen Strafsachen mühelos an ihre Rechtsprechung aus der Weimarer Republik anknüpfen.«

Später dann, ab 1935, wurden die Sondergerichte verstärkt in die politische Verfolgung eingeschaltet. Zur Zentralisierung der wichtigsten politischen Verfahren wurde mit Gesetz vom 24. April 1934 der Volksgerichtshof errichtet;[11] in bestimmten Fällen war er zuständig für die Untersuchungen und Entscheidungen in erster und letzter Instanz. Die beschleunigten Verfahren vor diesen Sondergerichten, die den Angeklagten nur sehr eingeschränkte Verteidigungsmöglichkeiten ließen, endeten zumeist mit drakonischen Zuchthausstrafen oder mit Todesurteilen. Die Justizförmigkeit war nur noch äußerer Schein.[12]

Halbherzige Konsequenzen

Nach der Niederwerfung des Faschismus wurden 1945 die Sondergerichte durch die Alliierten aufgelöst und eine Wiedereinführung verboten.[13] Auch in einige neue Verfassungen der Bundesländer wurde dieses Verbot aufgenommen. So heißt es etwa in Art. 20 der Hessischen Verfassung vom 1. Dezember 1946 heute noch: »Ausnahme- und Sonderstrafgerichte sind unstatthaft.« Eine ähnliche Formulierung findet sich in der Bremer Verfassung (Art. 6).

Die Konsequenzen, die aus den historischen Erfahrungen mit der NS-Sonderjustiz zunächst gezogen wurden, sind jedoch in der Bundesrepublik später nur sehr halbherzig umgesetzt worden. Zwar wird jede Assoziation mit der NS-Justiz peinlichst vermieden, indem der Begriff »Sondergericht« strikt aus dem aktiven Vokabular getilgt wurde[14] – eine entsprechende Anschuldigung käme mithin einer »Staatsverunglimpfung« gleich. Doch selbst das Grundgesetz (GG) läßt in dem bereits zitierten Art. 101 eine Hintertür für die Einrichtung von Sondergerichten offen. Im Gegensatz zu den ausdrücklich als unzulässig aufgeführten Ausnahmegerichten werden nämlich Sondergerichte hier nicht erwähnt. Und so gelten Sondergerichte, auch wenn sie nicht so benannt werden, als durchaus zulässig, da sie – im Gegensatz zu den Ausnahmegerichten – mit einer »allgemein festgelegten, aber auf eine besondere Materie beschränkten Zuständigkeit« ausgestattet seien (so z.B. das Schiffahrtsgericht, § 14 GVG)[15].

In Art. 101 Abs. 2 Grundgesetz heißt es dazu ganz allgemein: »Gerichte für besondere Sachgebiete können nur durch Gesetz errichtet werden.« Hierunter fallen jedoch, nach dem Gerichtsverfassungsgesetz, nicht nur so harmlose Spezialisierungen wie die Einrichtung von Zivil-, Straf- und Verwaltungsgerichten oder von Jugendgerichten und Kammern für Handelssachen; hierunter fällt auch – allen historischen Erfahrungen zum Trotz – eine ausdifferenzierte politische Sondergerichtsbarkeit, die sich auf Staatsschutzdelikte spezialisiert hat. Pieter Bakker Schut kommt angesichts dieser Entwicklung zu dem besorgniserregenden Verdikt, diese bundesdeutsche Sonderjustiz stehe »in der Tradition der Sondergerichte des Dritten Reiches«.[16]

Schon seit den frühen fünfziger Jahren wurde eine solche Sondergerichtsbarkeit zur Verfolgung der linkspolitischen Opposition entwickelt, und sie hat in der Tat erstaunliche Parallelen zur NS-Zeit aufzuweisen.[17] Bis Ende der sechziger Jahre oblag ihr insbesondere die massenhafte Kommunistenverfolgung, der sie sich mit wahrer staatsschützerischer Inbrunst angenommen hat;[18] und seit den siebziger Jahren, nach entsprechender gesetzlicher Ausweitung, widmet sie sich vor allem der zentralisierten justitiellen »Terrorismusbekämpfung«.

Nicht irgendein Staatsanwalt aus der Provinz, nicht irgendein Amtsrichter, nicht jede Kammer eines Landgerichts ist danach berufen, politische Strafsachen nach sonst üblichen Zuständigkeitsregeln und Geschäftsverteilungsplänen zu übernehmen. Nein, solche Aufgaben können offenbar nur besonderen Amtsträgern auf höherer und höchster Ebene überantwortet werden. Dies sind zum einen der Generalbundesanwalt und seine Bundesanwälte, die höchsten Ankläger der Republik, die als politische Beamte direkt dem Bundesjustizminister unterstehen und weisungsabhängig sind,[19] und zum anderen besonders zuverlässige Richter spezieller Kammern bestimmter Landgerichte, spezieller Staatsschutz-Senate bestimmter Oberlandsgerichte sowie des 3. Strafsenats (vor 1956 des 6.) des Bundesgerichtshofs (BGH).

In den fünfziger und sechziger Jahren war der BGH in größeren politischen Strafprozessen, wo es um »besonders schwere Straftaten« ging, die erste und zugleich letzte Instanz. Mit dieser gesetzlichen Verweigerung einer zweiten Überprüfungsinstanz wurde »der politische Überzeugungstäter«, wie der damalige Strafverteidiger Diether Posser anmerkte, »schlechter gestellt als z.B. der Massenmörder«.[20] Diese dem NS-Verfahrensrecht unmittelbar nachgebildete Regelung ist erst Ende der sechziger Jahre aufgegeben worden.[21]

Eine ebenfalls mit der NS-Sondergerichtsorganisation vergleichbare Regelung blieb indes bis heute bestehen: Für bestimmte Staatsschutz-Strafverfahren (von »Friedensverrat« über »Gefährdung des demokratischen Rechtsstaats und der Landesverteidigung« bis hin zu »politischer Verdächtigung«) sind bei jenen Landgerichten, in deren Bezirk ein OLG seinen Sitz hat, Sondergerichte, »die sog. 74a-Kammern«, eingerichtet worden – so benannt nach der entsprechenden Vorschrift des Gerichtsverfassungsgesetzes (§ 74a GVG). Auch Verfahren nach § 129 (»Kriminelle Vereinigung«) finden vor diesen Spezial-Kammern statt, von denen es lediglich 17 in der (alten) BRD gibt (mit je zwei Berufsrichtern und zwei Schöffen, § 76 GVG). Falls der Generalbundesanwalt (GBA) jedoch wegen der »besonderen Bedeutung des Falles« die Verfolgung übernommen hat (Evokationsrecht), wird der Sondersenat eines Oberlandesgerichts in erster Instanz zuständig,[22] sofern das Verfahren nicht an eine 74a-Kammer abgegeben bzw. verwiesen wird (§§ 74a Abs.2, 120 Abs.2 S.2, 142a Abs.4 GVG)).

Sämtliche Verfahren nach § 129a (»Terroristische Vereinigung«) fallen demgegenüber (u.a. neben »Hoch- und Landesverrat«) von vornherein im ersten Rechtszug in die Sonderzuständigkeit jener insgesamt neun Oberlandesgerichte, in deren Bezirk die jeweiligen Landesregierungen ihren Sitz haben (§ 120 GVG). Die speziellen Staatsschutz-Senate dieser OLG sind mit je fünf Berufsrichtern und ohne Laienrichter (§ 122 Abs. 2 GVG) ausgestattet. Dem früheren Generalbundesanwalt Siegfried Buback war selbst das noch zu viel: »Es wäre wünschenswert, wenn die Zahl der für Staatsschutzdelikte zuständigen Oberlandesgerichte auf drei oder vier verringert würde... Eine Verringerung ... hätte eine Konzentration der Verfahren vor wenigen Gerichten zur Folge, deren Richter dann über das Spezialwissen verfügen würden...«[23]

Staatsschutz-Spezialisten für die Politische Sonderjustiz

Der Grund für die Herausbildung solcher Sonderzuständigkeiten in Sachen Staatsschutz liegt vor allem darin, daß sie eine gezielte Personalauslese und Vereinheitlichung im übergeordneten Staatsschutz-Interesse ermöglichen. Schon 1951 hatte der Vertreter des Bundesjustizministeriums, Dr. Eberhard Rotberg, im Rechtsausschuß des Bundestages zur Notwendigkeit einer neuen Sonderjustiz erklärt:

»Um zu erreichen, daß die Rechtsprechung der Strafkammern in diesem Sonderbereich besonders zuverlässig werde, habe es der Herr Bundesjustizminister für zweckmäßig gehalten, vorzuschlagen, die Zuständigkeit nicht jeder Strafkammer zuzuweisen... Durch diese Konzentration sollten bei einer besonders sachkundigen Stelle Erfahrungen gesammelt werden, um dadurch die Rechtsprechung zu vereinheitlichen und bessere Maßstäbe zu gewinnen... Schließlich sei es möglich, besonders hochwertige Richter für diese Aufgabe zu finden, die nicht jedem liege.«[24]

Insbesondere – so führte Rotberg an anderer Stelle aus – die notwendige Auslegung der weiten, »wertergänzungsbedürftigen Normen« des politischen Strafrechts müsse »in Händen einer gewissenhaften, einer zeitnahen, einer verantwortungsfreudigen und einer auserlesenen Richterschaft« liegen.[25]

Während der Debatten über die Einrichtung der 74a-Sonderstrafkammern war die Rede von »geeigneten und erfahrenen Richtern«, die »für die sachgerechte Aburteilung eine besondere Sachkunde« besitzen müssen, wie sie jedoch »nicht bei jedem Richter vorausgesetzt werden kann«. Die Staatsschutzrichter müßten »in besonderem Maße sich durch Staatstreue, bedingungslose Unterwürfigkeit unter die Staatsinteressen etc. auszeichnen«.[26]

Bei so viel eingeforderter richterlicher Staatshörigkeit, die insbesondere auch altgediente Juristen der NS-Justiz vorweisen konnten – so etwa die zeitweiligen Präsidenten des 3. BGH-Staatsschutz-Senats, Dr. Baldus, Dr. Rotberg, Dr. Kanter und Dr. Jagusch –, verwundert es nicht, daß selbst ein (allerdings vergleichweise liberaler) Generalbundesanwalt bereits 1961 zu dem Schluß kam: »Die heutige Politische Justiz judiziert aus dem gleichen gebrochenen Rückgrat heraus, aus dem das Sondergerichtswesen (Hitlers) zu erklären ist.« [27]

Mithilfe der Spezialisierung und Sonderzuständigkeitsregelungen sollte letztlich erreicht werden, »daß die Rechtsprechung in diesem Sonderbereich zuverlässig« ausfällt und eine »Rechtszersplitterung, wie sie sonst möglich wäre« vermieden wird.

Was für die 74a-Kammern der Landgerichte angestrebt und verwirklicht wurde, das gilt erst recht für die Sondersenate der Oberlandesgerichte, die für »Terrorismusverfahren« nach § 129a StGB zuständig sind. So ist in diesem Zusammenhang etwa bei Löwe-Rosenberg, dem praxisrelevanten Kommentar zur Strafprozeßordnung und zum GVG, die Rede von Richtern »mit besonderer Sachkunde und breiter Erfahrung auf dem Gebiet der Staatssschutzstrafsachen«.[28] Ein Vergleich mit den Auswahlkriterien für die NS-Sondergerichte sei hier gestattet: »Nur geeignete, politisch möglichst erfahrene Richter sind mit der Arbeit im Sondergericht betraut worden«, schrieb der Präsident des Hamburger OLG im Jahre 1943.[29] Diese traditionell auserlesene und zuverlässige Richterschar umfaßt in der Bundesrepublik in Sachen »Terrorismus« gerade mal etwa ein halbes Hundert. Das also ist die viel beschworene Unabhängigkeit der Richter...

Die mit der OLG-Zuständigkeit verbundene Ermittlungserstzuständigkeit des Generalbundesanwaltes (§ 142 a GVG) konzentriert zunächst sämtliche »Terrorismus«-Verfahren in einer einzigen Institution, in der alle Fäden zusammenlaufen.[30] Das führt praktisch zu einer Aufhebung der für das Strafverfahren postulierten »Waffengleichheit« zwischen ermittelnder und anklagender Staatsgewalt auf der einen und der Verteidigung der Angeklagten, der es gerade in solchen Verfahren besonders schwer gemacht wird, auf der anderen Seite. Außerdem bedeutet diese Superzuständigkeit einen verfassungsrechtlich äußerst bedenklichen und gewagten Eingriff in die prinzipielle Justizhoheit der einzelnen Bundesländer.[31] Der GBA wird letztlich zum wahren »Herrn« der politischen Sonderjustiz.

Wirkungen politischer Sonderjustiz

Die Spezialisierung weniger Staatsanwälte und Richter auf die »Terrorismus«-Bekämpfung hat längst einen machtkonzentrierenden Zentralisationsprozeß im polizeilichen und justitiellen Staatsschutz-Bereich in Gang gesetzt: Über die Einbeziehung des zentralen Bundeskriminalamtes mit seinen TE (»Terrorismus«)-Spezialabteilungen als ermittelnde »Hilfspolizei« der zuständigen Bundesanwaltschaft, über die Kontinuität der Justizorgane und des Personals sowie über spezifische verfahrensrechtliche Strukturelemente hat sich eine in allen wesentlichen Punkten vereinheitlichte Linie der Ermittlungs-, Anklage- und Rechtsprechungspraxis herausgeschält, die das System der Politischen Justiz beträchtlich verfestigt. Neben der Personalauslese spielt dabei insbesondere die – aus der NS-Zeit übernommene – sog. Offenkundigkeit von Tatsachen eine zentrale Rolle, denn mit ihrer Hilfe kann der Vereinheitlichungsprozeß immer weiter fortgepflanzt werden: Solche vom Gericht als »offenkundig« oder »gerichtsbekannt« deklarierten Beweistatsachen sind prinzipiell nicht mehr beweisbedürftig; ein entlastender Beweisantrag der Verteidigung kann abgelehnt werden. Auf diese beweis- und prozeßvereinfachende Weise ziehen sich bestimmte, durch die jahrezehntelange Sondergerichtsbarkeit entwickelte Grundbehauptungen, etwa über die Merkmale und Ziele »terroristischer Vereinigungen«, nahezu ungeprüft durch sämtliche einschlägigen Verfahren – voll zu Lasten der betroffenen Angeklagten (s. dazu eingehend 3. Teil, Kapitel »Die Offenkundigkeit von Vor-Urteilen«).[32]

Zur Vereinheitlichung der Rechtsprechung führt außerdem die Tatsache, daß gegen Urteile der OLG-Staatsschutz-Senate keine Berufung, sondern nur noch Revision zum Bundesgerichtshof (BGH) möglich ist. Das Resultat ist die höchstrichterliche, zentrale Beurteilung einer Vielzahl von »Terrorismus«-Verfahren durch ein einziges Gremium, den politischen 3. BGH-Senat mit seinen fünf Berufsrichtern. Diese Regelung bedeutet gleichzeitig, daß den Betroffenen eine (Tatsachen-) Instanz verlorengeht, was einer verfassungsrechtlich bedenklichen Rechtsverkürzung gleichkommt.

Sonderjustiz versus »Normaljustiz«

Über eine ganz wesentliche Auswirkung der 129a-Sondergerichtsbarkeit ist noch zu berichten: Strafverfahren, die vor OLG-Sondersenaten abgewickelt werden, weil u.a. § 129a StGB angeklagt ist, werden in aller Regel als typische »Terrorismus«-Verfahren nach Stammheimer Muster (»Modell Stammheim«) inszeniert, und sie zeitigen fast durchgängig entsprechend wesentlich härtere Urteile als vergleichbare Verfahren, in denen es zwar ebenfalls um Straftaten aus dem »Terrorismus«-Formenkreis geht, die sich jedoch ausnahmsweise vor die Strafkammern von Landgerichten verirrt haben. Ein solcher Ausnahmefall liegt etwa vor, wenn eine Straftat nach § 129a verjährt ist,[33] oder aber wenn mutmaßliche »Terroristen« im Ausland untergetaucht waren und von dort an die Bundesrepublik ausgeliefert werden sollen. Da im Ausland häufig ganz besonderes Mißtrauen gegen die bundesdeutschen Organisationsdelikte §§ 129, 129a StGB herrscht bzw. vergleichbare Normen dort nicht existieren und diese daher als nicht »auslieferungsfähig« gelten, werden Auslieferungsgesuche nicht selten nur unter der Bedingung erfüllt, daß diese Tatbestände bei einem künftigen Strafverfahren keine Anwendung finden. So geschehen etwa im Fall des ehemaligen RAF-Mitglieds Astrid Proll, die von England unter dieser Prämisse ausgeliefert worden war. Ihr Verfahren fand folglich nicht vor einem OLG-Sondersenat, sondern vor dem Landgericht Frankfurt statt; die Staatsanwaltschaft Frankfurt (also nicht der GBA) hatte ihr u.a. zweifachen Mordversuch vorgeworfen. Unter Vorsitz der Richterin Johanna Dierks konnte das gesamte Verfahren erfolgreich den üblichen »Terrorismus«-

Prozeßbedingungen entzogen werden, und es führte letztlich in dem entscheidenden, aber unhaltbaren Anklagepunkt, bei dem es um lebenslänglich ging, zu einem klaren Freispruch. Ähnlich erging es zuvor dem Arzt Karl-Heinz Roth vor dem Kölner Landgericht, der des vollendeten und des versuchten Mordes angeklagt war und ebenfalls insoweit freigesprochen wurde.[34] In beiden Verfahren gelang es – das ist auch ein Verdienst der Verteidigung –, die öffentliche Feinderklärung und Vorverurteilung der Angeklagten als »Terroristen« zu durchbrechen und die eigentlich üblichen, strengen strafprozessualen Beweis-Prinzipien bezüglich des individuellen Tatnachweises durchzusetzen – ein wahres Kontrastprogramm zu den üblichen Beweiswürdigungen der OLG-»Terrorismus«-Sondersenate, die, wie u.a. im Boock-Verfahren, der sog. Kollektivthese frönen, sich ansonsten mit Indizien begnügen und die verbleibenden Beweislücken mit der Gesinnung der Angeklagten zu übertünchen verstehen.

Auch im jüngsten Fall einer ausgelieferten »Terrorismus«-Beschuldigten konnte die selten gewordene Selbstverständlichkeit eines vergleichsweise »fairen« Prozesses verwirklicht werden, weil die Sonderjustiz nicht zum Zuge kam: Es handelt sich um das Verfahren gegen Gabriele Tiedemann, der zwei Morde im Zusammenhang mit dem Überfall auf die OPEC-Konferenz in Wien (1975) zur Last gelegt worden waren;[35] die Staatsanwaltschaft hatte lebenslänglich gefordert. Der Prozeß gegen die ehemalige Angehörige der »Bewegung 2. Juni« und später der RAF fand vor einem »normalen« Schwurgericht des Landgerichts Köln statt. Der Grund auch hier, wie im Fall Proll: Tiedemann war von der Schweiz nur unter der Bedingung ausgeliefert worden, daß sie nicht wegen § 129a StGB angeklagt werde.[36] Das Ergebnis dieses Verfahrens vor der »ordentlichen« Justiz: Trotz »erheblichen Verdachts«, so der Richter Bruno Terhorst, habe die Verhandlung »keine eindeutigen unmittelbaren Beweise ergeben«.[37] Deshalb: Freispruch von der Mordanklage (rechtskräftig).

»Terrorismusbekämpfung« für Europa, für die Welt

Die oben dargestellte Sondergerichtsbarkeit mit ihren unheilvollen Folgen war den herrschenden Sicherheitspolitikern und -praktikern immer noch nicht weitreichend genug. So bedauerte etwa der ehemalige Generalbundesanwalt Rebmann im Jahre 1986, daß von dem Sonderkompetenzen auslösenden § 129a keine ausländischen Vereinigungen, die ihren Sitz im Ausland haben, erfaßt würden – ebensowenig wie deren mutmaßliche Mitglieder und Unterstützer (so jedenfalls die bisherige Rechtsprechung des BGH).[38] Außerdem beklagte er, daß unter § 129a lediglich auf eine gewisse Dauer angelegte organisatorische Vereinigungen von drei oder mehr Personen subsumierbar seien, »die bei Unterordnung des Willens des einzelnen unter den Willen der Gesamtheit gemeinsame Zwecke verfolgen und unter sich derart in Beziehung stehen, daß sie sich untereinander als einheitlicher Verband fühlen«.[39]

Der Begriff der Vereinigung, so Rebmanns Erkenntnis, »erfordert somit ein Mindestmaß an Organisation«. In der Vergangenheit war viel staatsschützerische Energie darauf verwandt worden, alle möglichen Personen, autonome Gruppen und Taten unter den Vereinigungsbegriff zu packen, um § 129a aktivieren und damit auch die mit ihm verbundenen Sonderzuständigkeiten und -ermächtigungen auslösen zu können. Den Sicherheitsstrategen wurde jedoch immer klarer, daß dieses Vorgehen nicht unbegrenzt möglich ist. Und so (er)fanden sie, neben bislang völlig unbekannten »terroristischen Vereinigungen«, flankierend ein »Defizit der inneren Sicherheit für die Bundesrepublik Deutschland« (Rebmann):

»In den letzten Jahren hat sich das Bild des nationalen und internationalen Terrorismus erheblich gewandelt. Die internationale Verflechtung deutscher terroristischer Vereinigungen mit anderen europäischen Terrorgruppen, Killerkommandos, die von ausländischen Staaten oder revolutionären Untergrundbewegungen in die Bundesrepublik entsandt werden, und der Strukturwandel im Sinne einer ›guerilla diffusa‹ bestimmen das Bild der Terrorszene heute mit.«[40]

Weiter heißt es dazu bei Rebmann:

»Der Verfolgungszuständigkeit des GBA auf Grund des § 129a StGB entzogen sind auch ›autonome Gruppen‹ oder sonstige ›revolutionäre‹ Kleinstgruppen oder Einzeltäter, die ihrer größeren Beweglichkeit und Schlagkraft wegen bewußt keine festgefügten Organisationen bilden, sondern sich von Fall zu Fall zur Begehung einer Aktion zusammenfinden und dann wieder auseinandergehen. Die nach § 129a StGB erforderlichen Strukturelemente lassen sich bei dieser guerilla diffusa daher nicht nachweisen. Ihre terroristischen Aktivitäten fallen somit aus der zentralen Verfolgungszuständigkeit des GBA heraus. Besonders auf dem Gebiet der politisch motivierten Brand- und Sprengstoffanschläge ist die Zuständigkeitszersplitterung beachtlich. Etwa 80 % dieser strafbaren Handlungen werden nicht vom GBA, sondern dezentral von einer Vielzahl von Staatsanwaltschaften verfolgt.«[41]

Nun sollte man meinen, dem staatlichen Strafbedürfnis sei damit eigentlich Genüge getan; aber nein: Es ging um mehr, nämlich um die einschlägigen Sonderkompetenzen und -ermächtigungen, die man sich auch in diesen Fällen auf höchster Polit-Justiz-Ebene sichern wollte. Und Rebmanns Ruf nach einer zentralen Strafverfolgungszuständigkeit des GBA (und damit ebenfalls des BKA und der OLG-Sondersenate) verhallte nicht ungehört. Sein Wunsch war der CDU/CSU-FDP-Bundesregierung und den Parlamenten so gut wie Befehl: Schon wenige Monate später sannen sie auf Expansion, und herausgekommen ist eine Novellierung des Gerichtsverfassungsgesetzes, mit der die Sonderzuständigkeiten (ab 1987) noch erheblich ausgeweitet werden und zwar mit Blick auf die »guerilla diffusa«[42] und auf den »Internationalen Terrorismus«.[43] Die Behauptung einer »Vereinigung« nach §129a ist seitdem bei bestimmten Straftaten nicht mehr erforderlich, um die entsprechenden Sonderzuständigkeiten aktivieren zu können. Der Ermessensspielraum des Generalbundesanwalts bei der Bestimmung des örtlich und sachlich zuständigen Richters, mithin also des »gesetzlichen Richters«, dem laut Grundgesetz niemand entzogen werden darf, wurde damit noch einmal enorm vergrößert.

Die Pilotfunktion des Düsseldorfer Kurden-Prozesses

1989/90 wurden die ersten gerichtlichen Auswirkungen der internationalen Zuständigkeitsausweitung erkennbar: Nach zwanzigjährigem »Anti-Terror-Kampf« können wir »dank« dieser Gesetzesneuerung einen neuen Höhepunkt innerstaatlicher Feindbekämpfung erleben – ja, man könnte behaupten, sogar eine neue Dimension politischer Justiz. Die Rede ist von dem Strafverfahren gegen 17 Kurden und Kurdinnen,[44] das am 24. Oktober 1989 vor dem Oberlandesgericht Düsseldorf begonnen hat. Es geht also diesmal nicht einfach um angebliche »Terroristen«, die da in die Mühlen der bundesdeutschen Polit-Justiz geraten sind, sondern es geht um »Terrorismus«-Verdächtige, die zudem auch noch Ausländer sind – eine unheilvolle Kombination, die für öffentliche Vorverurteilung geradezu bürgt.[45]

Und gerade diese Kombination macht die neue Qualität dieses Verfahrens überhaupt erst aus: Ihm könnte in Hinblick auf die bundesdeutsche Rolle bei der internationalen »Terrorismus«-Bekämpfung Pilotfunktion zukommen – zumal in der gegenwärtigen Phase der Schaffung eines europäischen Binnenmarktes und einer starken Europäischen Gemeinschaft der »Inneren Sicherheit«.[46]

Der Kurdenprozeß in Düsseldorf ist der bislang »größte Terroristen-Prozeß« in der Rechtsgeschichte der BRD – so sieht es die Bundesanwaltschaft, womit sie, was die Dimension angeht, ausnahmsweise recht haben dürfte. »Der Spiegel« meint gar: »Die Größenordnung des monströsen Verfahrens ist nur mit den politischen Schauprozessen im Ostblock oder den Kriegsverbrecherprozessen in Nürnberg zu vergleichen.«[47]

Aber auch sonst setzt dieses Verfahren in mancherlei Hinsicht neue Maßstäbe. Folgt man den neueren Bedrohungsanalysen des Generalbundesanwalts, so ist nämlich die »innere Sicherheit« der Bundesrepublik inzwischen mehr von »ausländischen Terroristen und Terrororganisationen« bedroht als von inländischen: »Die innere Sicherheit der Bundesrepublik Deutschland ist aus meiner Sicht derzeit und auf absehbare Zeit weniger gefährdet durch den deutschen Terrorismus von links, der auch weiter virulent sein wird, und mehr gefährdet durch Aktivitäten ausländischer terroristischer Gruppierungen«.[48]

Der »importierte, der internationale Terrorismus« scheint am Ende der achtziger Jahre, neben der »Organisierten Kriminalität«,[49] – zur neuen, alles überlagernden und legitimierenden Bedrohung avanciert zu sein[50] – eine Gefahr, die offenbar ganz besonders von einer kurdischen Massenorganisation drohen soll: von der »Arbeiterpartei Kurdistans«, kurz: der PKK (Partya Karkeren Kurdistan), die in der Türkei eine zentrale Rolle spielt im Kampf gegen das türkische Unterdrückungssystem und seit Jahren einen nationalen Befreiungskampf führt.[51] Legt man diesen Konflikt zugrunde, so müßten die PKK und ihre Mitglieder eigentlich dem Kriegsvölkerrecht und den einschlägigen Genfer Abkommen und Zusatzabkommen unterliegen – stattdessen werden sie in der Bundesrepublik als »Terroristen« verfolgt:

»Die Arbeiterpartei Kurdistans (PKK) strebt die Bildung eines selbständigen Staates Kurdistan an und bekämpft zur Erreichung dieses Zieles den türkischen Staat. Die PKK ist straff organisiert. Die PKK begreift sich als marxistisch-leninistische Kaderpartei... Vereinigungen von Ausländern mit angemaßter Kontroll- und Strafbefugnis gegenüber hier lebenden Landsleuten nach Art eines ›Staates im Staate‹... müssen entschieden und mit Nachdruck bekämpft und gegebenenfalls verboten werden,«

so war es 1988 in einer Presseerklärung des Generalbundesanwalts zu lesen.[52]

Der Terrorismus-Vorwurf im Sinne des § 129a, der gegen die Angeklagten – die der PKK zugerechnet werden – erhoben wird, diente auch in diesem Ermittlungs- und Gerichtsverfahren als Begründung für eine zentrale Sonderzuständigkeit bei der Bundesanwaltschaft und beim OLG. Zu Beginn der Ermittlungen gab es für die staatlichen Verfolgungsorgane allerdings noch einige Schwierigkeiten zu überwinden. Der Bundesgerichtshof hatte nämlich bereits 1982 entschieden, daß § 129a nicht auf Auslandsvereinigungen angewendet werden könne. Interressanterweise ging es damals um die neofaschistische »Wehrsportgruppe Hoffmann – Auslandsgruppe Libanon«, die da nicht belangt werden konnte, obgleich ihre Mitglieder ausschließlich bundesdeutsche Staatsangehörige waren.[53] Nach dieser Rechtsprechung nun wäre auch gegen die PKK sowie ihre mutmaßlichen Mitglieder eine Anklage in der Bundesrepublik nach § 129a StGB nicht möglich gewesen, weil die PKK eine Auslandsvereinigung ist, deren Zentrale ihren Sitz in Damaskus hat.

Seit dem 1.1.1987 ist das anders: Mit der Novellierung des Gerichtsverfassungsgesetzes wurden die Verfolgungssonderzuständigkeiten auf bestimmte Straftaten (u.a. Mord, Totschlag und die in § 129a Abs. 1 Nr. 2 und 3 genannten Delikte) ausgedehnt, »wenn ein Zusammenhang mit der Tätigkeit einer nicht oder nicht nur im Inland bestehenden Vereinigung besteht« (§ 120 Abs. 2 Nr. 2 GVG). In solchen Fällen sind die OLG-Sondersenate in erster Instanz zuständig, sofern der Generalbundesanwalt »wegen der besonderen Bedeutung« zuvor die Verfolgung übernommen hat. Der GBA kann die Verfolgung bei diesen Straftatbeständen auch übernehmen, »wenn die Tat nach den Umständen bestimmt und geeignet ist,

a) den Bestand oder die äußere oder innere Sicherheit der Bundesrepublik Deutschland zu beeinträchtigen,
b) Verfassungsgrundsätze zu beseitigen, außer Geltung zu setzen oder zu untergraben oder
c) die Sicherheit der in der Bundesrepublik Deutschland stationierten Truppen des Nordatlantik-Pakts, seiner nicht-deutschen Vertragsstaaten oder der im Land Berlin anwesenden Truppen der Drei Mächte zu beeinträchtigen...« (§ 120 Abs. 2 Nr. 3 GVG).

Zu den nichtdeutschen NATO-Vertragsstaaten gehört bekanntlich auch die Türkei, ein Land, das als Süd-Ost-Flanke des westlichen Bündnisses große militärisch-strategische Bedeutung hat und in dem die BRD und ihre Wirtschaft in den vergangenen Jahren zu den größten Investoren aufrückten. Aus einer Originalwerbung »Ein Land für lohnende Investitionen« des »EG-Partners Türkei« im Nachrichtenmagazin »Der Spiegel«: »Mit 167 Firmen und ihrem Anteil von 11 % am ausländischen Kapital nimmt die Bundesrepublik in diesem Bereich den ersten

Platz ein«.[54] Diese NATO-Militär- und Wirtschaftsinteressen gilt es offenbar zu schützen – auch gegen den investitionsgefährdenden Befreiungskampf der Kurden in der Türkei.[55]

Mit den neuen Zuständigkeitsregelungen hat die BRD diesen Part des internationalen Interessenschutzes angenommen. Aufgrund des international längst gegen die PKK konstruierten »Terrorismus«-Verdachtes ist es den bundesdeutschen Ermittlungsbehörden gelungen, das gesamte 129a-Repressionsarsenal, das seinesgleichen sucht in Westeuropa, auch gegen die PKK und ihre Mitglieder anzuwenden. In anderen westeuropäischen Ländern (u.a. Schweden und Schweiz) gab es bereits entsprechende Kriminalisierungsversuche; sie blieben allerdings mangels vergleichbarem »Anti-Terror«-Sonderrechtsinstrumentarium, das die Justiz weitgehend frei macht von unmittelbaren Tatnachweisen, im großen und ganzen erfolglos.[56] Die massive strafrechtliche Amtshilfe für die türkische Militärregierung gegen ihren »Staatsfeind Nr. 1«, die PKK und den Kurdischen Freiheitskampf, wird seitdem von und in der Bundesrepublik geleistet.

Diese Entwicklung hat unter aanderem schwerwiegende Auswirkungen auf asylsuchende Kurden: So wurden bereits Asylanträge wegen des »Terrorismus«-Vorwurfs abgelehnt und Abschiebungen angedroht.[57] Manchen ist ein solcher Einfluß auf einzelne Asylverfahren noch zu wenig; sie denken weiter, wie etwa der Ex-Generalbundesanwalt Kurt Rebmann, der sich im Jahre 1988 unzuständigkeitshalber als »Asylpolitiker« zu profilieren suchte: »In diesem Zusammenhang (mit dem PKK-Verfahren; R.G.) muß auch bedacht werden, daß eine zu großzügige und an unseren Sicherheitsbedürfnissen nicht orientierte Asyl- und Ausländerpolitik auf weite Sicht zu einem Faktor der Instabilität in unserem Staate führen kann.«[58]

Rebmann lag mit diesem Anliegen durchaus im Trend der Zeit: Anfang 1990 hat die CDU/FDP-Bundesregierung ein repressives Ausländerrecht (Bundesausländergesetz/ Ausländerzentralregister) auf den Weg gebracht; in eine ganz ähnliche Richtung weisen auch die Bemühungen um eine »Harmonisierung« des Asylrechts in einem vereinten Europa.[59]

Zurück zum Kurdenprozeß in Düsseldorf: Die Bundesanwaltschaft wirft den kurdischen Angeklagten die Mitgliedschaft in und die Unterstützung von »terroristischen Vereinigungen« vor. Sie bezieht sich dabei aber auf »ein Sammelsurium« – so die Strafverteidiger H.E. Schultz (Bremen) und M. Schubert (Freiburg) – von etwa 20 verschiedenen »Teilvereinigungen der PKK«, die angeblich oder tatsächlich in der BRD existieren. Die Angeklagten sollen in diesem recht konfusen organisatorischen Zusammenhang an der Begehung unterschiedlicher Straftaten beteiligt gewesen sein. Die Tatvorwürfe reichen von geringfügigen Delikten wie Urkundenfälschung bis hin zu Schwerverbrechen wie Mordversuchen und Morden, die an politischen »Abweichlern« verübt worden sein sollen.[60] Selbst angebliche Straftaten, die im Ausland, im Libanon, von Kurden begangen worden seien, wurden mitangeklagt, obwohl in solchen Fällen die Anwendbarkeit des bundesdeutschen Strafrechts grundsätzlich nicht gegeben ist. Nur den wenigsten Angeklagten wird indes die unmittelbare Täterschaft oder Teilnahme an konkreten Straftaten vorgeworfen.

Der 5. Senat des Düsseldorfer Oberlandesgerichts hat diese recht konfuse Anklage mit einigen Änderungen aufgewertet und dann zur Hauptverhandlung zugelassen. Insbesondere hat er der BAW in bezug auf die Herausarbeitung einer »terroristischen Vereinigung« hilfreich unter die Arme gegriffen: Danach soll nun, so heißt es im Eröffnungsbeschluß, »innerhalb der PKK zur Durchsetzung des Alleinvertretungsanspruchs und zur Disziplinierung der Parteimitglieder eine mit Parteisicherheit, Kontrolle, Nachrichtendienst beschriebene eigene Organisation entwikkelt worden« sein; diese reiche vom Generalsekretär... über das Zentralsekretariat der Gesamtpartei, das europäische Zentral- und Exekutivkomitee in Köln usw. bis hin zu speziellen Arbeitsgruppen, »deren Aufgabe die Ausführung von sog. ›Bestrafungsaktionen‹« sei.[61]

Mit diesem umfassenden Konstrukt eines ganzen »terroristischen« Vereinigungskomplexes ist eine neue Dimension bundesdeutscher Strafgerichtsbarkeit erreicht, die nicht nur ausländische (Teil-) Organisationen auf dem Boden der BRD betrifft, sondern auch deren zentrale ausländische Bezugsgremien – also letztlich ihre gesamte nationale wie internationale Infrastruktur. Das Resultat dieser Konstruktion: Erstmals seit der massenhaften Kommunistenverfolgung in den fünfziger und sechziger Jahren richtet sich Politische Justiz wieder gegen eine linke Massenpartei. Erstmals seit Bestehen des 129a-Sonderrechtssystems werden mit diesem »Anti-Terror«-Instrumentarium eine ausländische Organisation und ihre ausländischen Mitglieder und Unterstützer in der BRD strafrechtlich verfolgt, ungeachtet der Tatsache, daß sich die PKK in einem Befreiungskampf befindet. Die BRD maßt sich mit dieser strafrechtlichen Amtshilfe eine führende Euro-(Hilfs-), ja eine Welt-Polizistenrolle an, die sich orientiert an den gemeinsamen wirtschaftlichen und militärischen Interessen der kapitalistischen Mitgliedstaaten. Dem PKK-Verfahren kommt insoweit Pilotfunktion zu: Es zieht bereits weitere Verfahren gegen Mitglieder etwa der PKK (vor dem OLG Celle), der IRA und der PLO nach sich.[62]

Eine flexible Wunderwaffe

Verfahrensgeschichte(n) der 80er Jahre

Wie wir bereits mehrfach feststellen konnten, erweist sich die angeblich »maßgeschneiderte Antwort« des materiellen Strafrechts auf den sog. Terrorismus der bewaffneten Gruppen in der Bundesrepublik als äußerst dehnungs- und strapazierfähig. Ursprünglich auf die Mitglieder von bewaffneten Gruppen, wie etwa der RAF, sowie auf ihre direkten »Unterstützer« gemünzt, bald aber auch auf sog. Sympathisanten, offenbarte § 129a StGB, der harte Kern des politischen Strafrechts, schon frühzeitig seine vielfältigen Anlagen bis hin zur Zensur: Spätestens seit Beginn der achtziger Jahre haben wir in der Anwendungspraxis eine Ausweitung auf einen wachsenden Kreis von politisch aktiven Personen und Gruppierungen zu verzeichnen. Es geht dabei um die Menschen, die den Kampf der bewaffneten Gruppen nicht etwa mitbetreiben, sondern sich lediglich mehr oder weniger radikal mit diesem auseinandersetzen, und ebenso um Personen, die sich, vollkommen abseits der bewaffneten Gruppen, politisch radikal bis militant, teilweise jedoch strikt gewaltfrei, in sozialen Widerstandsbewegungen betätigen. Der strafrechtliche Bezugspunkt staatlicher Verfolgung ist immer weniger eine festgefügte Organisation, sondern immer häufiger eine Vielzahl von politisch-ideologischen Wirkungs- und Diskussionszusammenhängen, denen organisatorische Qualitäten unterstellt werden. Das Nachdenken und Sich-Austauschen über radikale gesellschaftliche Veränderungen, über Möglichkeiten zur Überwindung der herrschenden Verhältnisse, ja linkes Denken schlechthin wird in diesem schwelenden Dunstkreis des »Terrorismus« zum unkalkulierbaren Risiko: Allein die Zahl von über 3300 Ermittlungsverfahren nach § 129a StGB in den achtziger Jahren, in die fast zehntausend verdächtigte Personen involviert sind/waren, bestätigt die breite Anwendung dieses »Anti-Terror-Systems«.

Bereits im Kapitel über die Ausforschungsfunktion des 129a-Sonderrechtssystems haben wir erörtert, daß sich dieses Instrumentarium seit Ende der siebziger Jahre zunehmend gegen Teile der Häuserkampf-, Tierschützer-, Anti-Atom- und Startbahn-Bewegung sowie gegen Teile der Anti-Gentechnologie-Opposition und von Frauen- und Ausländergruppen richtet. Die Ermittlungsbehörden witterten innerhalb jener sozialen Bewegungen eine neue, unberechenbare »terroristische Gefahr«, die sog. guerilla diffusa, wobei allerdings ein direkter Bezug zur RAF oder zu den »Revolutionären Zellen« nicht ohne weiteres herstellbar schien.

Dieser diffusen »Bedrohung« konnten sie mit den »Segnungen« des bisherigen Anti-Terror-Instrumentariums – abgesehen vom ausgiebigen Ausforschen der jeweiligen, zum »terroristischen Umfeld« deklarierten politischen Szenen – strafrechtlich jedoch nicht so recht beikommen. Zum einen hatten sie mit der Tatsache zu kämpfen, daß die meisten der Sozialbewegungen doch von der Mehrheit der Bevölkerung mit einiger Sympathie begleitet wurden, so daß die Kriminalisierungsversuche häufig (etwa in Wackersdorf oder Lüchow-Dannenberg) zumindest auf Skepsis, wenn nicht gar auf offene Ablehnung stießen. Zum anderen hatten die Ermittlungsbehörden lediglich eine Serie von Anschlägen aus dem Umfeld jener Bewegungen aufzuweisen, aber keine Täter, denen etwa das Fällen von Atom-Strommasten oder Brandanschläge auf Firmen, die gefährliche Großtechnologie installierten, individuell angelastet werden konnten.[1]

Deshalb suchte man krampfhaft nach organisatorischen Zusammenhängen, die über § 129a als »terroristisch« kriminalisiert werden konnten, um dann den in diesen Zusammenhängen engagierten Personen jene Straftaten zurechnen zu können. Dazu war es allerdings in allererster Linie erforderlich, die jeweils für solche sozialen Bewegungen »typischen« Straftaten erst zu »terroristischen« zu deklarieren, um das Anti-Terror-Instrumentarium auch hier mit Aussicht auf (strafrechtlichen) Erfolg einsetzen zu können. Um nun auf diesen »neuen Tatfeldern des Terrorismus«[2] fahndungsmäßig ernten zu können, wurde Ende 1986 – kurz nach dem Attentat auf den Diplomaten Gerold von Braunmühl[3] – mit Wirkung vom 1.1.1987 der § 129a ausgeweitet und verschärft – insbesondere mit Zielrichtung auf die militanten Widerstandsformen der Anti-AKW- und Friedensbewegung.[4] Die Auswirkungen dieser Ausweitung treffen aber auch die Praktiker und Verfechter des zivilen Ungehorsams, also von gewaltfreien Aktionen, sowie Menschen, die sich lediglich an politischen Diskussionen der linksradikalen Opposition beteiligen.

Wundersame Vermehrung: Terroristenproduktion per Gesetz

Mit dieser Novellierung wurde das Gründen und die Mitgliedschaft in einer »terroristischen Vereinigung« zum Verbrechen hochgestuft und der in § 129a StGB enthaltende Straftaten-Katalog erheblich erweitert. Bislang umfaßte dieser Katalog von Straftaten, der eine Vereinigung zur »terroristischen« werden läßt, folgende Straftatbestände: Mord, Totschlag, Völkermord, Freiheitsberaubung, erpresserischer Menschenraub, (besonders schwere) Brandstiftung, Herbeiführen einer Explosion durch Kernenergie oder Sprengstoff, Mißbrauch ionisierender Strahlen, Herbeiführen einer lebensgefährdenden Überschwemmung, Angriff auf den Luftverkehr und gemeingefährliche Vergiftung.[5] Der Zweck oder die Tätigkeit einer »terroristischen« Vereinigung mußte sich also auf die Begehung einer oder mehrerer dieser Straftaten richten – wobei die Begehung solcher strafbarer Handlungen nicht Hauptzweck, Endziel oder ausschließliche Tätigkeit der Vereinigung zu sein brauchte,[6] vielmehr genügte es, wenn die Begehung solcher Straftaten nur als Mittel zur Erreichung anderer – durchaus »billigenswerter« – Ziele geplant war.[7]

Seit 1987 ist durch Erweiterung des Katalogs die Prädikatsverleihung »terroristisch« wesentlich erleichtert worden; inzwischen reicht es aus, wenn die Vereinigung die Begehung folgender Taten ins Kalkül zieht:[8]

- (Teilweise) Zerstörung wichtiger technischer Arbeitsmittel (§ 305 a StGB),[9] die für die Einrichtung oder den Betrieb einer Anlage oder eines öffentlichen (Versorgungs-) Unternehmens (Eisenbahn, Post, öffentlicher Verkehr; Elektrizitäts-, Wasser-, Wärmeversorgungs- oder Kraftwerk) von wesentlicher Bedeutung sind (z.B. Baumaschinen) oder (teilweise) Zerstörung eines Kraftfahrzeuges der Polizei oder der Bundeswehr.
- Gefährlicher Eingriff in den Bahn-, Schiffs- oder Luftverkehr (§ 315 Abs. 1 StGB) – die Gesetzesbegründung nennt als Beispielsfälle:[10] »Störaktionen gegen Munitionstransportzüge ..., Blockieren von Weichen« u.a.; hierunter können aber auch etwa (Verkehrs-)Blockaden (»Hindernisse bereiten«) im Rahmen von organisierten Streikmaßnahmen fallen.
- Störung öffentlicher Betriebe (wie Bahn, Post, Energieversorgung; Einrichtungen der öffentlichen Sicherheit und Ordnung, z.B. Polizei; § 316 b StGB): Die Gesetzesbegründung nennt als Beispiel das »Absägen von Strommasten«;[11] hierunter können aber auch Streikmaßnahmen gegen öffentliche Versorgungsunternehmen oder Betriebsbesetzungen fallen, die notgedrungen zu einer »Störung öffentlicher Betriebe« führen.

Für den Großteil der Bevölkerung ist nur schwer zu begreifen, was da im Namen der »Terrorismusbekämpfung« und der »Sicherheit« in den vergangenen beiden Jahrzehnten entwickelt und weit in die Gesellschaft hineingetrieben worden ist – zumal diese schrittweise Entwicklung und ihre fatalen Auswirkungen auch von den sich allmählich ins Berufs- und Familienleben zurückziehenden, ehemals politisch aktiven Kräften und von der politischen Linken in der Bundesrepublik weitgehend verdrängt wurden.

Doch spätestens seit der Ausweitung des Straftatbestandes des § 129a StGB im Jahre 1987, seit womöglich Nachbarn, Kollegen und Geschwister zu Betroffenen gemacht werden, »Terroristen« sich per Gesetz wundersam vermehren, seit Bürgerinitiativen als »terroristische Vereinigungen« verdächtigt und auf dieser Grundlage ganze politisch-oppositionelle Szenen mit gesetzlichem Segen aufgemischt, ausgeforscht und kriminalisiert werden können – ja seit dieser Zeit dürften sich eigentlich, so denkt und hofft man, zumindest politisch engagierte und bewußte Menschen dieser Problematik nicht mehr so leicht entziehen können. Denn sie oder ihre politischen Freunde, die weiterhin in den oft existentiellen Kämpfen stehen gegen Atomenergie, Kriegsgefahr und Repression, gegen Gentechnologie, Ausländerfeindlichkeit, gegen Ausbeutung und Massenarbeitslosigkeit, für Menschenrechte und Demokratisierung, sie können rasch von dem fast uferlosen Straftatbestand des § 129a und dem durch ihn aktivierbaren Sonderrechtssystem eingeholt und erfaßt werden. Die folgenden szenarischen Fallbeispiele sollen dies verdeutlichen.

Fall 1:
Nehmen wir eine Bürgerinitiative der Anti-AKW- oder Friedensbewegung, in der es Mitglieder gibt, die nach eingehenden und ernsthaften Diskussionen zu dem Schluß gekommen sind, daß Demonstrationen und Aufklärung nicht ausreichen, dem Rüstungswahnsinn und der atomaren Bedrohung zu begegnen. Sie wollen endlich praktische Signale setzen und sich damit auch der bohrenden Frage künftiger Generationen – so sie überleben – stellen, der Frage nämlich: »Was habt Ihr eigentlich damals gegen diese verbrecherische Politik getan?«

Sie beginnen also, Munitionstransporte zu blockieren und Atom-Strommasten zu kippen, um wenigstens kurzzeitig die Abschaltung von Atomkraftwerken zu erreichen. Mit diesen Aktionen machten sie sich – im Gegensatz zu den AKW-Betreibern und Atom-Aufrüstern – nach herrschendem Recht schon immer strafbar: Sachbeschädigung, Nötigung und noch einiges mehr, sofern ihnen solche Tathandlungen individuell nachgewiesen werden konnten. Sie nahmen dieses Risiko dennoch auf sich, in der Annahme, daß es vergleichsweise geringer ist als die Gefahren, die sie zu bekämpfen versuchen.

Nun gibt es auch Mitglieder der besagten Bürgerinitiativen, die solche Aktivitäten zwar nicht verurteilen, aber skeptisch beurteilen und mehr auf die Kraft der Aufklärung und verbalen Überzeugung setzen. Zur Mühseligkeit dieser Überzeugungsarbeit kommt nun seit dem 1.1.1987 hinzu, daß die Friedfertigkeit ihrer Herangehensweise ihnen prinzipiell auch nichts mehr nützt. Denn seit diesem Zeitpunkt ist Gesetz, was vorher schon hie und da praktiziert wurde: Ihre Mitstreiter von der blockierenden und sägenden Fraktion sind zu »Terroristen« befördert worden, ihre vormaligen einfachen Straftaten zu »terroristischen« und die Bürgerinitiative oder Teile derselben zur »terroristischen Vereinigung«. Und damit sind im Zweifel alle, die Sägenden und die Redenden, Mitglieder ein und derselben »terroristischen Vereinigung« – Menschen, die sich kollektiv mit sog. anschlagsrelevanten Themen befassen. Straftaten müssen dabei noch nicht einmal begangen worden sein, es reicht aus, daß die Vereinigung solche in ihre Planung miteinbezieht. Straftaten, so sie begangen wurden und der Gruppe angelastet werden, müssen einzelnen Personen, die als Mitglieder jener Vereinigung gelten, auch nicht mehr nachgewiesen werden, denn eine individuelle Zurechnung von Straftaten ist mit dieser 129a-Konstruktion prinzipiell entbehrlich geworden. Die Mitglieder haben sich auch ohne individuellen Tatnachweis strafbar gemacht und können mit Freiheitsentzug von einem bis zu zehn Jahren bestraft werden.

Wer solchen Mitgliedern Unterschlupf gewährt oder sie sonstwie unterstützt, der oder die könnte nach der neuen Rechtslage als »UnterstützerIn« gelten, wer die Trommel rührt für ihre Widerstandsarbeit, als »Werber« für eine »terroristische Vereinigung« – bedroht mit Freiheitsstrafe von sechs Monaten bis zu fünf Jahren. Die Betroffenen können nicht nur unter vereinfachten Bedingungen in Untersuchungshaft wandern, sondern zudem auch unter den Sonderbedingungen der Isolationshaft – teilweise ohne Haftgrund – gefangengehalten werden. Elementare Verteidigungsrechte werden eingeschränkt oder außer Kraft gesetzt.

Fall 2:
Nehmen wir an, die Gewerkschaft ÖTV beschließt, zur Durchsetzung gewerkschaftlicher Forderungen öffentliche Verkehrsbetriebe, Wasser- und Elektrizitätswerke zu bestreiken. Nach der neuen Rechtslage wird die ÖTV damit tatbestandsmäßig zu einer »terroristischen« Vereinigung, deren Tätigkeit darauf gerichtet ist, Straftaten u.a. nach § 316 b (= Störung öffentlicher Betriebe) zu begehen. Ihr Vorstand könnte demgemäß wegen seiner »Rädelsführerschaft« nach § 129a Abs. 2 zu Freiheitsstrafe nicht unter drei Jahren verurteilt werden. Einfache, aber aktive Mitglieder hätten als Verbrecher mit Freiheitsstrafe von einem bis zu zehn Jahren zu rechnen (Abs. 1), Unterstützer und Werber für die ÖTV und ihre Streikaktionen mit Strafen von sechs Monaten bis zu fünf Jahren (Abs. 3). Und zum »Werber« wird man schon durch das Verteilen von Streikaufrufen.

Auch ein nichtorganisierter Elektriker, der am Stammtisch einem Mitglied der ÖTV bei einem Gespräch über eventuell bevorstehende Streikbruchmaßnahmen rät, er solle doch der Streikleitung mitteilen, man müsse nur einige Teile im E-Werk entfernen und schon könne der Streik nicht mehr unterlaufen werden, ist dann gemäß §§ 129a Abs.1, 30 Strafgesetzbuch (Anstiftung zur Anstiftung eines Verbrechens) als »Terrorist« strafbar.

Fall 3:
Eine Gruppe von Ibbenbürener Bürgern, die den schadstoffreichen Betrieb des dortigen Kohlekraftwerks für einen Skandal halten und »etwas tun« wollen, beschließt, in Zukunft Nacht für Nacht das Vorhängeschloß am Eingangstor zum Werksgelände aufzubrechen und durch ein anderes Schloß zu ersetzen, um so die Kohlezufuhr zu unterbinden. Die Rechtslage bisher: Straflosigkeit bezüglich dieses Vorhabens; Strafbarkeit erst nach der ersten Aktion wegen einfacher Sachbeschädigung (Vergehen), § 303 StGB (evtl. »Störung öffentlicher Betriebe«, § 316b StGB), aber nur bei individueller Zurechenbarkeit. Jetzige Rechtslage: Erhöhte Strafbarkeit der Mitglieder der Bürgerinitiative als Verbrecher gemäß § 129a StGB; gemäß §§ 129a, 30 sogar schon für einen entsprechenden Vorschlag und Plan.

Die letztgenannten Fallkonstellationen (Fall 2 und 3) wurden so ähnlich bereits während der öffentlichen Anhörung im Rechtsausschuß des Deutschen Bundestages am 14. November 1986 von dem Hannoveraner Strafrechtsprofessor Friedrich Dencker vorgetragen.[12] Die Parlamentarier und die Parteien, die die Ausweitung des § 129a zu verantworten haben, wußten also vor ihrer fatalen Entscheidung um die weitreichenden Anwendungsmöglichkeiten einer solcherart novellierten Rechtsnorm. Ihnen wurde rechtzeitig in mehreren Rechtsgutachten vor Augen geführt, daß mit dieser Normerweiterung auch gewaltfreie oder allenfalls am Rande des umstrittenen Gewaltbegriffs liegende Aktionen sowie Formen des öffentlichen Protests aus dem Bereich des einfachen Strafrechts (Vergehen) in »terroristische« Straftaten transformiert werden können.[13] Bagatell-Delikte (z.B.

Fälle einfacher Sachbeschädigung) können, in Gruppenzusammenhängen begangen oder aber nur ersonnen, ebenso wie sozialadäquates Verhalten (z.B. Streikaktionen gegen öffentliche Versorgungsbetriebe) zumindest tatbestandsmäßig als Verbrechen geahndet, entsprechende Gruppen und Organisationen als »terroristische Vereinigungen« kriminalisiert und verfolgt werden – übrigens mit der bisher kaum beachteten Folge, daß damit nach den geltenden Polizeigesetzen der gezielte Einsatz von Schußwaffen gegen die eines solchen »Verbrechens« Verdächtigten ohne weiteres möglich wird, falls sie sich der Festnahme oder Identitätsfeststellung durch Flucht zu entziehen versuchen.

Dencker versuchte in seinem Gutachten, dieses »krasse Übermaß an strafrechtlichen Regeln« mit einem Bild zu verdeutlichen: »Um vereinzelte Ziele zu treffen, sieht der (Gesetzes-) Entwurf Flächenbombardements vor. Unsicher ist, ob er seine Ziele trifft, sicher aber, daß er gewaltige Verluste an Rechtswerten anrichtet, die jedenfalls vermeidbar wären.«[14]

Doch alle Warnungen von kritischen Experten haben nichts genutzt. Unter dem »weit geschneiderten Mantel« des erweiterten Terrorismus-Straftatbestands könnten also jederzeit selbst gewerkschaftliche Aktivitäten als »terroristische Straftaten« verfolgt werden. Sicher bedeutet dies nicht unbedingt, daß von dieser Möglichkeit bereits heute oder morgen auch Gebrauch gemacht würde. Gesetze des politischen Strafrechts – insbesondere auch Terrorismus-Sondergesetze – sind eben nicht nur für den Sofortgebrauch bestimmt, sondern auch für die Zukunft, in der sich schließlich die politischen und sozialen Gegensätze, Krisen und Unruhesituationen noch erheblich verschärfen könnten – denken wir nur etwa an die sozialen Folgen nach dem Anschluß der DDR an die Bundesrepublik.

Doch warum in die düstere Ferne schweifen, wenn das Schlechte liegt so nah? Denn was da substantiell drohen kann, das läßt sich bereits an der bisherigen Staatsschutzpraxis der »Terrorismusbekämpfung« im Laufe der achtziger Jahre deutlich ablesen, einer ausschweifenden Praxis, deren Grundlage bereits in der Konstruktion des § 129a angelegt ist. Wir versuchen im folgenden, anhand verschiedener »Terrorismus«-Verfahren die Systematik dieser Norm in ihrer ganzen Anwendungsbreite aufzufächern und kritisch zu beleuchten:

Beweisführung leicht gemacht: die Kollektiv-Schuld

»Täter ist nach unserem Rechtsverständnis nur derjenige, der das Delikt tatsächlich begeht.« (Claus Roxin, Professor für Strafrecht)[15]

»Und siehe, der Mangel an Beweisen dafür, daß Frau Klein gemordet hat, ward reichlich wettgemacht durch den Überfluß an Beweisen für ihren unsittlichen Lebenswandel.« (Karl Kraus, 1905)

§ 129a ist ein sog. Organisationstatbestand. Die Notwendigkeit einer solchen Norm wird damit begründet, daß organisiertes strafbares Handeln im Vergleich zu individuellem erheblich gefährlicher sei. Der Bundesgerichtshof sprach schon frühzeitig von einer »erhöhten Gefahr«, die von »organisierten Verfassungsfeinden« ausgehe.[16] Auch das Bundesverfassungsgericht ängstigte sich vor kollektiver Oppositionsarbeit und erklärte, das Handeln des einzelnen werde »gefährlich durch die von einer Organisation ausgehende Wirkung.«[17] Schon in den Erläuterungen zum 1951 verabschiedeten Staatsschutzrecht heißt es kurz und bündig: »Die der staatlichen Ordnung drohenden Gefahren gehen von den Menschen als Mitgliedern eines Kollektivs, von Organisationen aus.«[18]

Die zentralen strafrechtlichen Bestimmungen zur Verfolgung organisierten Handelns sind der § 129 (»Bildung krimineller Vereinigungen«) mit seiner alten, unheilvollen Tradition[19] sowie der neuere § 129a (»Terroristische Vereinigung«). Die Entscheidung, solche Organisationstatbestände ins Strafgesetzbuch aufzunehmen, hatte schwerwiegende Konsequenzen für Qualität und Bestand eines rechtsstaatlichen Täterstrafrechts und Strafverfahrens. Im Gegensatz zu allen »Individualstraftatbeständen« des Strafgesetzbuches wie etwa Sachbeschädigung, Diebstahl oder Mord, bei denen dem einzelnen Beschuldigten die ihm zur Last gelegte Tat bzw. seine Mitwirkung an ihr auch konkret nachgewiesen werden muß, ansonsten er freizusprechen ist, eröffnet §129a als Organisationsstraftatbestand folgende Möglichkeiten:[20]

Zunächst kann mithilfe dieser Norm die zur »terroristischen Vereinigung« erklärte Gruppe als Ganzes strafrechtlich verfolgt werden. Allerdings, und da stehen die Ermittlungsbehörden und Gerichte zumeist vor einem nahezu unlösbaren Beweisproblem, können nur selten einzelne (Katalog-) Straftaten des § 129a, die der Gruppe als Ganzes vorgeworfen werden, einzelnen Mitgliedern zugeordnet werden, ein individueller Straftat-Nachweis ist in der Regel nicht möglich. Schon 1976 pries der Präsident des Bayerischen Obersten Landgerichts den Ausweg aus dieser »Beweisnot«: »Wir können nicht ausschließen, daß sie (die Beschuldigten; R.G.) an einer der Taten in Wirklichkeit nicht beteiligt waren. Dann müssen wir sie freisprechen. Hier muß § 129a helfen.«[21] Und zehn Jahre später bestätigt der damalige BKA-Präsident Boge den Sippenhaft-Charakter dieser Regelung, die »... die Gesamtverantwortung aller Gruppenmitglieder für alle Ziele der jeweiligen terroristischen Vereinigung mit Strafe bedroht«.[22]

Um auch dann zu einem Verurteilungserfolg mit hohen Freiheitsstrafen zu gelangen, wenn ein individueller Tatnachweis nicht möglich ist, wird in der Praxis, »dank« dem Organisationsdelikt 129a, systematisch zu einer nicht normierten Beweisvereinfachung gegriffen: zur sog. Kollektivitätsthese, einer im Bezug auf die RAF gerichtlich einmal festgestellten und seitdem immer wieder per Gerichtskundigkeit weitertransportierten kollektiven Haftungskonstruktion, wonach alle, die dieser »terroristischen Vereinigung« angehör(t)en, für alle von dieser Vereinigung begangenen bzw. ihr zugerechneten Taten zu haften haben – gleichgültig, ob sie im Einzelfall an den jeweiligen Taten überhaupt direkt beteiligt waren oder nicht.[23] Ihnen wird von den Strafverfolgungsbehörden generell »Täterwille« unterstellt – der kollektive Entscheidungsprozeß innerhalb der »terroristischen Vereinigung« RAF[24] rechtfertige die Annahme einer solchen Mittäterschaft: Die RAF sei nach dem »Prinzip der Kollektivität« organisiert, alle Mitglieder seien gleichermaßen informiert und an allen Entscheidungen prinzipiell gleichrangig beteiligt. Auf Grundlage dieser einmal in den siebziger Jahren unter zweifelhaften Bedingungen gewonnen »Erkenntnis« bedarf es dann allenfalls noch einiger Indizien, die eine Tat-Beteiligung zwar nicht beweisen können, aber, zur Überzeugung des Gerichts, doch plausibel erscheinen lassen.[25]

Schon im ersten großen Stammheim-Verfahren gegen Baader u.a. kam die vereinfachte Beweisführung zu vollen Ehren – und zwar zur Begründung der lebenslangen Freiheitsstrafen, die ohne das mitangeklagte Organisationsdelikt (damals noch § 129), das für sich genommen lediglich eine Höchststrafe von fünf Jahren vorsieht, nicht möglich gewesen wäre. Den als RAF-»Rädelsführer« angeklagten Personen wurden nämlich zusätzlich mehrere Morde und Mordversuche als RAF-Taten pauschal zur Last gelegt, ohne daß ihre individuelle Tatbeteiligung oder ihre jeweiligen Tatbeiträge festgestellt werden konnten:[26] »Auf die Beteiligung bei der Ausführung der Anschläge kommt es dem Senat im einzelnen nicht an,« bemerkte das Oberlandesgericht Stuttgart in seinem Urteil vom 28. April 1977 dazu freimütig.[27]

Das Nachrichtenmagazin »Der Spiegel« zu dieser lockeren Beweiswürdigung und Urteilsfindung: »... wer jeweils wo, auf welche Weise und durch welchen konkreten Tatbeitrag an welchen Verbrechen beteiligt war oder auch nicht, stand schon damals nicht im Papier (der Anklage; R.G.) und blieb bis zum Schluß noch weitgehend im Dunkeln. ›Unser Recht kennt keine Kollektivschuld‹, notierte auch die lokale Stuttgarter Zeitung, ›jedem einzelnen muß seine Tatbeteiligung nachgewiesen werden‹. Doch Stammheim blieb eben ein Sonderfall...«[28]

Blieb es nicht – wie die Geschichte der »Terrorismus«-Verfahren in der Bundesrepublik zeigt. Die angebliche Kollektivität in der RAF wurde nach diesem Vorlauf ab Ende der siebziger Jahre erst richtig zur feststehenden These entwickelt und per Gerichtskundigkeit von RAF-Verfahren zu RAF-Verfahren weitervererbt. Der bekannteste Fall der Verhängung von (zunächst mehrfach) lebenslanger Haft aufgrund einer Kollektiv-Verurteilung in den achtziger Jahren ist der des Ex-RAF-Mitglieds Peter-Jürgen Boock.[29] Aber auch Angelika Speitel, Sieglinde Hofmann, Stefan Wisniewski, Rolf-Clemens Wagner, Brigitte Mohnhaupt, Christian Klar und andere sind auf diese Weise zu lebenslangen oder langjährigen Freiheitsstrafen für schwere und schwerste Taten verurteilt worden, die ihnen nicht individuell nachgewiesen werden konnten, die sie sogar vielfach nachweislich überhaupt nicht hatten begehen können – nur weil sie sich, in der Regel, selbst zur RAF bekannten.

Der frühere Strafverteidiger in RAF-Verfahren und spätere Bundestagsabgeordnete der Alternativen Liste (AL) Berlin, Rechtsanwalt Hans Christian Ströbele, bezog sich noch, aus eigener Anschauung, auf weitere »Terrorismus«-Verfahren, als er im Jahre 1988 während einer öffentlichen Anhörung in Hannover aussagte: »Es gibt mindestens ein halbes Dutzend Leute, von denen ich weiß, daß sie verurteilt worden sind für Taten, an denen sie nicht beteiligt waren, für die sie Freiheitsstrafen über 10 Jahre bekommen haben.«[30]

»Täter« ohne Tat

»Wir haben in Deutschland ein sogenanntes Tat-Strafrecht und kein Gesinnungs-Strafrecht. Was jemanden als Täter strafbar macht, ist nicht seine böse Gesinnung, sind nicht seine verwerflichen Ziele und Pläne.« (Prof. Claus Roxin)[31]

Hervorstechendes Merkmal des § 129a StGB, es wurde bereits mehrfach erwähnt, ist seine vage Formulierung, die, so der Bundesgerichtshof in einem einschlägigen Urteil,[32] »eine Strafbarkeit bereits weit im Vorfeld der Vorbereitung konkreter strafbarer Handlungen« zu begründen imstande ist. Dieser »extreme Vorfeldschutz«,[33] diese weiträumige Vorverlagerung des politischen Strafrechts – eine Tendenz, die im Staatsschutzrecht bereits angelegt ist – löst die Grenze zwischen grundsätzlich strafloser Vorbereitung und im Einzelfall strafbarer Tathandlung auf. Denn nicht erst die tatsächliche Begehung eines der in § 129a genannten (Katalog-)Delikte ist die Voraussetzung der Strafbarkeit, vielmehr genügt eine entsprechende Disposition der Vereinigung, um sie zur »terroristischen« zu stempeln – ein konkreter Deliktserfolg ist hier entbehrlich geworden. Der Bundesgerichtshof läßt demgemäß schon solche »Zusammenschlüsse von Personen« genügen, die zwar noch keine Straftaten begangen, wohl aber »die Begehung künftiger Straftaten ins Augen gefaßt« haben.[34] Das bedeutet die Pönalisierung von grundsätzlich straflosen Vorbereitungs»handlungen« mithilfe des § 129a, der damit maßgeblich eine präventive Funktion und die Funktion eines Auffangtatbestandes erfüllt.[35]

Wo aber überhaupt kein konkreter Tatvorwurf gegen die inkriminierte Vereinigung und ihre mutmaßlichen Mitglieder erhoben wird, wo keine Tatpläne und keine Tatwerkzeuge präsentiert zu werden brauchen, wo also lediglich die behauptete Mitgliedschaft in einer gleichwohl als »terroristisch« geltenden Vereinigung angeklagt wird, da läßt die logische Konsequenz nicht lange auf sich warten: Wo keine Tat mehr angeklagt ist und nachgewiesen werden muß, da entscheiden, falls kein Selbstbekenntnis vorliegt, letztlich die (politische) Gesinnung und die sozialen Kontakte des Delinquenten über die Frage, ob er jener Gruppierung als Mitglied angehört, deren politische bzw. militante Disposition sie in den Augen der Verfolger zur »terroristischen« macht. Juristisch ausgedrückt: die Erforschung der »subjektiven Tatseite« wird zur dominierenden Prozedur in 129a-Verfahren.

Hierunter hatte etwa der Student Thomas K. in seinem »Terrorismus«-Verfahren vor dem Oberlandesgericht Düsseldorf zu leiden:[36] Ihm war keine konkrete Straftat aus dem in § 129a StGB enthaltenen Katalog zum Vorwurf gemacht worden, lediglich die Mitgliedschaft in den »Kämpfenden Einheiten«, die der RAF zugerechnet werden (s.u.). Die Mitgliedschaft wurde in der Anklageschrift aus bestimmten Verhaltensweisen, engen Kontakten zu Militanten und aus Diskussionszusammenhängen herausdestilliert.[37] Selbstverständlich traten in diesem Prozeß ohne Tatgeschehen auch keine Tatzeugen auf, lediglich Polizeibeamte: Eine polizeiliche Observation des K., dem konspirative Tätigkeiten vorgeworfen wurden, hatte nichts Greifbares ergeben; die gesamte Gerichtsverhandlung rankte sich daher im wesentlichen um die Bewertung von verdächtigen Schriftstücken, die beim Angeklagten beschlagnahmt worden waren bzw. ihm zugerechnet wurden.[38]

Der Weg vom rechtsstaatlichen Tatstrafrecht zum uferlosen Täter- bzw. Gesinnungsstrafrecht ist mithilfe des § 129a StGB wissentlich beschritten worden. Damit ist eine der wichtigsten rechtsstaatlichen Sicherungen durchgebrannt, der verfassungsrechtliche Bestimmtheitsgrundsatz eklatant verletzt. Gerechtfertigt wird diese »gewisse Anomalie« der §§129, 129a im Strafrechtssystem, so der Strafrechtswissenschaftler Reinhart Maurach,[39] mit »dem der Staatsautorität abträglichen Gesamtverhalten der Beteiligten«. Ähnlich argumentiert der Bundesgerichtshof, der die »Strafwürdigkeit eines auf die Begehung zukünftiger Straftaten gerichteten Zusammenschlusses« mit der »offenen Rechtsfeindschaft der die Vereinigungsfreiheit mißbrauchenden Mitglieder der Vereinigung« begründet, die »sich in kollektiver Form über Ordnungsnormen des Strafrechts hinwegsetzen«.[40] Das bedeutet: Nicht mehr der Schutz konkret bedrohter Rechtsgüter der Bürger und Bürgerinnen ist mit § 129a in erster Linie bezweckt, sondern der Schutz der staatlichen Ordnung und der damit verbundenen herrschenden Ordnungsvorstellungen.[41]

Die Novellierung des § 129a zum 1.1.1987 hatte noch eine weitergehende, schwerwiegende Konsequenz: Vor dieser Verschärfung konnte der »Täter« ohne Tat wegen der bloßen Zugehörigkeit (»Mitgliedschaft«) zu einer »terroristischen Vereinigung« lediglich wegen Vergehens zu einer Strafe von sechs Monaten bis zu fünf Jahren verurteilt werden, während die meisten der in § 129a enthaltenen Katalogtaten, auf die sich die Vereinigung beziehen muß, Verbrechen waren, die nicht unter einem Jahr bis zu lebenslänglich geahndet werden. Bei allen nach der Novellierung neu hinzugekommenen Katalogtaten ist nun die Situation gerade umgekehrt: Es handelt sich dabei nämlich lediglich um Vergehen, teilweise um bloße Bagatellstraftaten; doch auch wenn sich die Vereinigung nur auf solche Bagatelltaten bezieht (ohne sie notwendigerweise begehen zu müssen), so können ihre Mitglieder seit 1987 dennoch als Verbrecher bestraft werden (mit Freiheitsstrafe nicht unter einem Jahr bis zu zehn Jahren), selbst wenn sie niemals eine Straftat begangen haben: Verbrecher ohne Tat.

Staatsschutz-Konstruktion: Die Terroristische Gesamtorganisation

Voraussetzung für die Verfolgung eines Täters ohne Tat nach beschriebener »Anti-Terror«-Art bzw. für eine Kollektiv-Verurteilung wegen schwerer (oder inzwischen auch geringer) Straftaten ohne Individualnachweis ist das Vorhandensein einer »terroristischen Vereinigung«. Wie wir am Beispiel des Strobl-Verfahrens gesehen haben, werden Existenz, Struktur und Arbeitsweise der »Revolutionären Zellen« (RZ) und deren Qualifizierung als »terroristisch« mittels sog. Offenkundigkeitserklärungen (»Gerichtskundigkeit«) des jeweiligen Sondergerichts festgestellt, obwohl an der »Vereinigungsqualität« ernsthafte Zweifel angebracht sind (s. dazu auch nächstes Kapitel). Erweitert wird das ohnehin schwer eingrenzbare Spektrum der RZ noch durch die »Rote Zora« und die sog. Nachahmer- oder Resonanz-RZ: »Dabei handelt es sich um Personen vornehmlich aus dem autonomen Spektrum. Sie bejahen das militante Konzept der RZ. In ihren Taterklärungen versuchen sie, sich an die Argumentation der RZ anzulehnen«, heißt es dazu im »Verfassungsschutzbericht« 1988.[42] Damit werden wesentliche Bereiche des militanten Widerstands, auch und gerade innerhalb der sozialen Protestbewegungen, in den amtlichen »Terrorismus«-Wust einbezogen.

Im Falle der »Rote Armee Fraktion« haben die Sicherheitsbehörden mehrere Ebenen herausgearbeitet, die die RAF als »terroristische Vereinigung« mittlerweile zur sog. »Gesamt-RAF« bzw. zur »terroristischen Gesamtorganisation« (parallel zur »Kommunistischen Gesamtorganisation« in den fünfziger Jahren)[43] aufblähen und damit ins Uferlose ausdehnen. Nach dieser Staatsschutz-Doktrin, die seit etwa 1986 favorisiert und immer wieder fortgeschrieben wird, gibt es folgende RAF-Ebenen (wobei die Ebenen nicht immer scharf getrennt, die Numerierungen nicht einheitlich vorgenommen werden):[44]

1. den »Kommandobereich« der RAF
2. die Gefangenen-Ebene, also die »RAF in Haft«
3. die »Militanten der RAF«, die mehrheitlich der illegalen Ebene angehören sollen, teilweise auch der »legalen Ebene der RAF«
4. das »Umfeld der RAF«, die eigentlich »legale« Ebene bzw. die »Sympathisanten-Szene«.

Im einzelnen:
1. Ebene: der »Kommandobereich« der RAF, dem nach Erkenntnissen des Bundeskriminalamtes eine »relativ klägliche Schar von 15 bis 25 Leuten, darunter erstaunlich viele Frauen«[45] angehören sollen, und dem schwerste terroristische Gewalttaten (Anschläge auf Staats- und Wirtschaftsrepräsentanten) zugeschrieben werden. Es ist die einzige »RAF-Ebene«, die keine Konstruktion des Staatsschutzes, sondern als illegal operierender Kernbereich organisatorisch bestimmbar und abgrenzbar ist. Die großen RAF-Verfahren etwa gegen Baader, Meinhof, Ensslin, Raspe, Wisniewski, Hofmann, Boock, Schulz, Wagner, Klar, Mohnhaupt usw. betrafen (mutmaßliche) Mitglieder dieser Ebene.

Dazu ein Beispiel aus jüngster Zeit: Am 28. Juni 1988 verurteilte das Oberlandesgericht Stuttgart die dem »Kommandobereich« der RAF zugerechnete Eva Haule-Frimpong wegen »Mitgliedschaft in einer terroristischen Vereinigung« sowie wegen Beteiligung an einem Raubüberfall auf ein Waffengeschäft und an einem versuchten Sprengstoffanschlag zu 15 Jahren Freiheitsstrafe.[46] Der Mitgliedschaftsvorwurf war in der Anklageschrift und im Urteil auf ihre Selbstbeken-

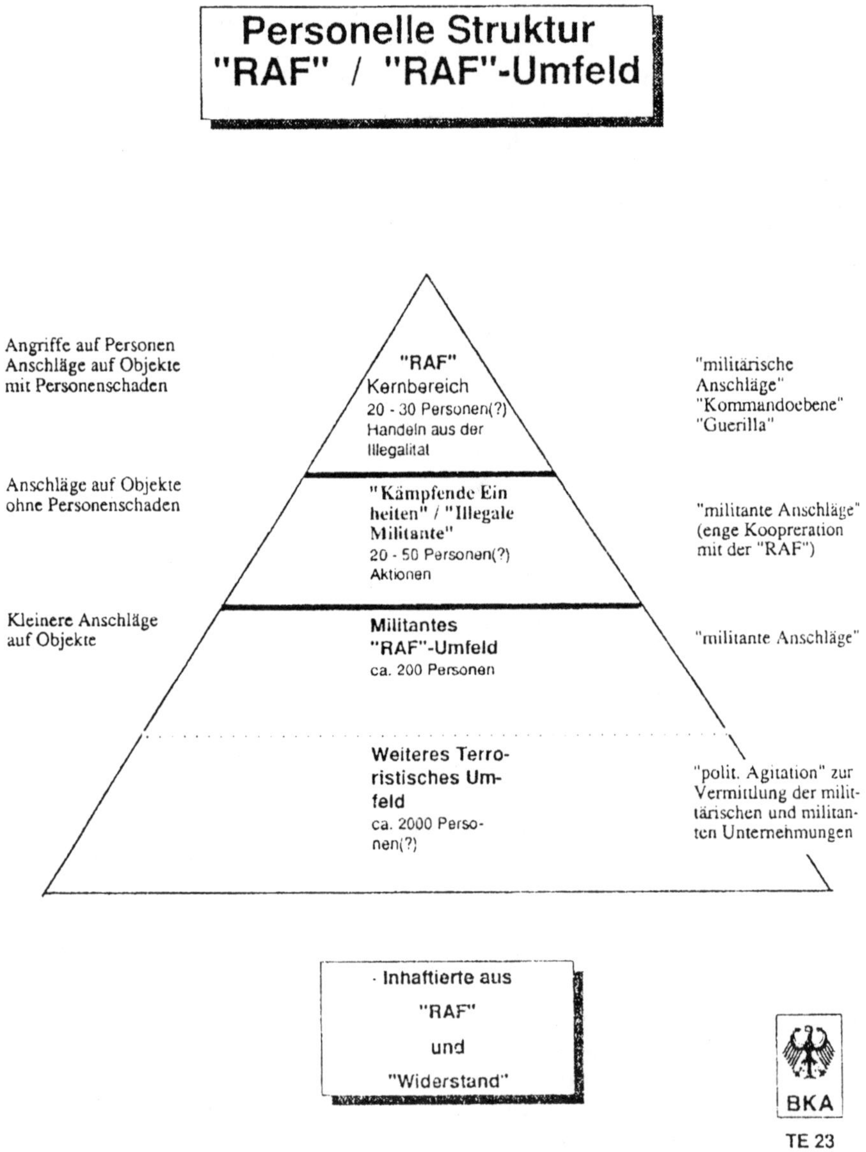

Das 4-Ebenen-Konstrukt in bildlicher Darstellung (aus: Der Bundesminister des Innern, Texte zur inneren Sicherheit, 1990)

nung, auf Besuche bei RAF-Gefangenen, auf Briefverkehr mit verurteilten »Terroristen der Kommandoebene« sowie auf Prozeßbesuche und das Mitführen einer Waffe bei ihrer Festnahme am 2.8.1986 gegründet worden.[47]

2. Ebene: die Gefangenen-Ebene oder die »RAF im Knast«. Die Strafverfolgungsbehörden gehen davon aus, daß der »terroristische Kampf« insbesondere des RAF-Führungskaders in bzw. aus der Haft fortgesetzt werde (»Zellensteuerung«)[48] und die Hungerstreiks der politischen Gefangenen in der Regel koordinierte, kollektive »RAF-Aktionen« seien, die das Zusammengehörigkeitsgefühl der Gruppenmitglieder stärkten, den Zusammenhalt der Vereinigung auch in der Haft aufrechterhielten und so die Fortsetzung ihres bewaffneten Kampfes ermöglichten. Nur vordergründig sei es das Anliegen vieler Hungerstreiks, bessere Haftbedingungen zu erzielen. Eigentliches Ziel sei vielmehr der Fortbestand der Vereinigung und die Werbung um neue Anhänger und Sympathisanten.[49]

Bei dieser Argumentation ist es ohne Bedeutung, daß der Hungerstreik prinzipiell ein legitimes, verfassungsrechtlich geschütztes Mittel ist, um auch und gerade bei 129a-Gefangenen eine Verbesserung der eingestandenermaßen besonders strengen Haftsituation zu erreichen.[50] Entscheidend für die Beurteilung von Aktionen und Verhalten ist stattdessen wieder einmal der Ausgang einer mehr oder weniger willkürlichen Motivationserforschung oder Gesinnungsprüfung,[51] deren Ergebnis allerdings von vornherein festzustehen scheint.

Für die Strafverfolgungsbehörden hat sich die Konstruktion »RAF in der Haft« als äußerst praktisch erwiesen, läßt sie sich doch dazu nutzen,[52]
a) hungerstreikende Gefangene, die nicht unmittelbar der RAF angehören oder bei denen die Beweislage bislang zu dürftig war, nun wegen der Teilnahme an einer »RAF-Hungerstreik-Aktion« nach § 129a verfolgen[53] und
b) Solidaritätsaktivitäten und -bekenntnisse (etwa Gefangenenbesuche, Briefe, Aufrufe, Veranstaltungen etc.) von außen als Unterstützung dieser »terroristischen Vereinigung in der Haft« (auch durch die Verteidiger) oder als Werbung für dieselbe kriminalisieren zu können (s. dazu weiter unten).

In der Schrift »Aktivitäten und Verhalten inhaftierter Terroristen« des Bundesinnenministeriums (BMI) aus dem Jahre 1983 (Nachdruck 1985) ist über die »RAF in Haft« zu lesen:[54]

»Die Bedingungen von Untersuchungshaft und Strafvollzug wurden ... planmäßig für eine Fortsetzung terroristischer Aktivitäten genutzt. Dabei wurden sowohl Informationsstränge unter den Gefangenen selbst wie auch ›nach draußen‹ zum Zwecke einer wirksamen Kommunikation und gezielten Öffentlichkeitsarbeit aufgebaut. Diesen Zwecken sollten sich nach Vorstellung der Gefangenen sämtliche Beteiligten, d.h. neben den noch auf freiem Fuß befindlichen Mitgliedern der RAF ihre Sympathisanten, Anwälte, Familienangehörigen usw., unterordnen, damit terroristische Strategien auch in öffentlichkeitswirksamen Kampagnen umgesetzt werden konnten.«

Trotz der unbestreitbaren, meist strengen Isolierung von »Terrorismus«-Verdächtigen und -Strafgefangenen in Hochsicherheitstrakten und Einzelhaft sei angeblich das »hartnäckige Bestreben« deutlich geworden, »über illegale Kommunikation zwischen Inhaftierten, Unterstützern, Sympathisanten und im Untergrund Lebenden die Einheit und Kampfkraft der ›RAF‹ zu wahren und zu stärken«.

Die Widerstandsformen der Gefangenen aus der RAF hätten gereicht »von der Nichtbeachtung der Haftanstaltsordnung über die gewaltsame Zurwehrsetzung bei Gegenüberstellungen o.ä. bis hin zur Selbstaufgabe in Hungerstreik und Selbsttötung« (S. 11) – ein wahrer Kosmos »terroristischer Aktivitäten«. Was die politischen und tatsächlichen Gefängniswächter dabei ganz besonders zu stören scheint: »Die individuellen Widerstandshandlungen der terroristischen Gefangenen besaßen einen hohen Stellenwert für ihre persönliche und politische Identität« (S. 15) – ein unliebsames Gegenprogramm also gegen das Zerstörungswerk der amtlich verordneten Isolationshaft.

Was Wunder, wenn »wesentliches Element« des Widerstandes der Gefangenen der Kampf gegen die Haftbedingungen ist – Aktivitäten im ureigensten Interesse, die sie zu keiner »terroristischen Vereinigung« werden lassen, sollte man denken. Doch für die Ermittlungsbehörden lag es offensichtlich nahe, diese als »Antijustizkampagne« empfundenen Aktivitäten von »drinnen und draußen« zu diskreditieren und zu kriminalisieren:

»Im Vordergrund aller Aktivitäten des seit Mitte 1972 inhaftierten RAF-Kaders lag die Anregung und Steuerung einer großangelegten Diffamierungskampagne gegen die Justiz. Die Gefangenen übernahmen darüber hinaus die Aufgabe, Munition (!) für die Kampagne zu beschaffen. Durch die von ihnen praktizierten Widerstandsformen wurden Gegenmaßnahmen provoziert, die dann – unter Verschweigung der Hintergründe – der Öffentlichkeit als ›Folter der besonderen Haftmaßnahmen‹ präsentiert wurden, um den ›faschistischen Charakter der Justiz zu entlarven‹.« (S. 60).

Das allerdings besorgten die für die Haft zuständigen Behörden schon selbst. Die zahlreichen, teilweise über 50 Punkte umfassenden Haftstatute, die die Isolationshaft der Betroffenen bis ins Detail festlegen, offenbaren nämlich eine durchaus eigenständige Diktion: Sie sind in den meisten Fällen keineswegs von den Gefangenen provoziert, sondern regelmäßig pauschal und lapidar mit der »besonderen Gefährlichkeit« der RAF-Häftlinge und der »Sicherheit und Ordnung in der Haftanstalt« begründet worden.

Der von den RAF-Gefangenen geführte »Kampf gegen die Justiz«, so die BMI-Propagandaschrift weiter, werde im wesentlichen auf drei Stufen geführt. Dabei handele es um

- »die organisierte Öffentlichkeitsarbeit der ihnen politisch nahestehenden Rechtsanwälte und Verbündeten in den Gefangenenhilfsorganisationen,
- die kollektiven Hungerstreikaktionen der inhaftierten Terroristen (vom BGH zumeist als strafbare ›Aktionen der RAF‹ klassifiziert; R.G.)[55] und
- die zumeist rechtswidrige ›solidarische Praxis‹ ihrer Gesinnungsgenossen in den legalen bis halblegalen linksextremistischen Gruppen« (S. 60 f.).

Doch zurück zu den RAF-Ebenen; wir kommen zur

3. Ebene: die »Militanten der RAF«, die mehrheitlich der illegalen Ebene angehören sollen, teilweise auch der »legalen Ebene der RAF« zugerechnet werden, mit etwa 200 Personen, die nach Staatsschutz-»Erkenntnissen« Verbindung sowohl zur Kommandoebene als auch zum RAF-Umfeld halten und in Absprache bzw. Koordination mit der RAF, unter deren Regie oder eigenständig, Anschläge gegen Institutionen durchführen sollen. Sie seien lose organisiert, flexibel und verhielten sich konspirativ.[56] Zu ihnen werden z.B. die »Kämpfenden Einheiten« gezählt, denen eine Vielzahl von Sprengstoffanschlägen gegen Sachwerte, teilweise aus der Legalität heraus begangen, angelastet werden. Im Gegensatz dazu zählen sich aber diese »Kämpfenden Einheiten« selbst zum RAF-unabhängigen, antiimperialistischen »Widerstand«.

Mit dieser vom Staatsschutz neu konstituierten RAF-Ebene wird der Versuch unternommen, nur geringfügig organisiertes Handeln über einen RAF-Bezug 129a-fähig zu machen und dabei eine folgenschwere juristische Umwertung vorzunehmen: nämlich die Aufwertung von ehemals als »Unterstützung« definierten Handlungen (= Vergehen) zur mitgliedschaftlichen Betätigung in der RAF (= Verbrechen).

Als »Militante der RAF« wurden bereits mehrere legal lebende und unbewaffnete Personen aus politischen Widerstandsszenen angeklagt und abgeurteilt,[57] so z.B. Karl-Friedrich G.,[58] Helga Roos,[59] später Luitgard Hornstein und Christian K., die wegen »Mitgliedschaft in einer terroristischen Vereinigung«, K. zudem wegen Beteiligung an einem Sprengstoffanschlag gegen den Rüstungsbetrieb Dornier (1986), vom OLG Stuttgart zu Freiheitstrafen von vier bzw. zehn Jahren verurteilt wurden;[60] Erik P. und Andrea S. bekamen am 18. Januar 1989 vom selben Gericht ebenfalls wegen RAF-Mitgliedschaft und, aufgrund eines höchst zweifelhaften Schriftgutachtens,[61] wegen Beteiligung an dem genannten Dornier-Sprengstoffanschlag jeweils neun Jahre Freiheitsstrafe verpaßt;[62] weitere vier Personen, die dieser »Ebene« zugerechnet werden, sich selbst aber zum »militanten Widerstand« zählen, wurden am 20. Januar 1989 vom Oberlandesgericht Düsseldorf wegen Mitgliedschaft und Anschlagsbeteiligung mit Freiheitsstrafen zwischen vier und zehn Jahren belegt; ihnen wurde, ebenso wie Luitgard Hornstein u.a., der »intensive und vertrauensvolle« Kontakt zu RAF-Gefangenen sowie ihr Kampf um Zusammenlegung der politischen Häftlinge zum Verhängnis.[63]

Luitgard Hornsteins RAF-Mitgliedschaft (als »Militante der legalen RAF-Ebene«) wurde in der Anklageschrift im wesentlichen damit begründet, daß sie am 2.8.1986 unter Verwendung falscher Namen zusammen mit einem Mitglied der »Kommanoebene der RAF«, nämlich Eva Haule-Frimpong, angetroffen und festgenommen worden war.[64] Verurteilt wurde sie am 28. Juni 1988 zu vier Jahren Haft wegen dieser aus dem sozialen Kontakt gefolgerten Mitgliedschaft,[65] letztlich also wegen einer Kontaktschuld; die Beteiligung an einem Anschlag wurde ihr nicht zum Vorwurf gemacht. Hiergegen legte die Bundesanwaltschaft beim Bundesgerichtshof (BGH) mit Erfolg Revision ein:[66] Sie strebte im zweiten Durchgang eine höhere Verurteilung auch wegen der angeblichen Beteiligung an dem o.g.

Sprengstoffanschlag gegen die Rüstungsfirma Dornier an, bei dem es zu erheblichen Sachschäden gekommen war.[67] Und der BGH als Revisionsgericht gab dem Oberlandesgericht, an das die Sache zurückverwiesen wurde, für die zweite Entscheidung gleich ein wichtiges Stichwort, einen neuen Schlüsselbegriff, mit auf den Weg: »Lebenssachverhalt«.[68] Darunter versteht der BGH Kontakte, u.a. zu den anderen Verurteilten, Verhaltensweisen sowie Handlungen, deren Prüfung, über die RAF-Mitgliedschaft hinaus, eine (vorbereitende) Beteiligung an dem Sprengstoffanschlag ergeben könnten, ja eigentlich sogar, ohne weitere Beweise, begründen müßten.

Der 4. Strafsenat des OLG Stuttgart hielt sich strikt an diese Vorgabe: Im Januar 1991 verurteilte er Luitgard Hornstein wegen »Mitgliedschaft in einer terroristischen Vereinigung und Beihilfe zu einem Sprengstoffanschlag« zu insgesamt neun Jahren Freiheitsstrafe, auf die die bereits verbüßten vier Jahre angerechnet wurden. Bei der mündlichen Urteilsbegründung bekannte der Senat freimütig: »Der Tatanteil von Luitgard Hornstein konnte nicht genau geklärt werden.« Und tatsächlich konnte nichts gefunden werden, was eine Verbindung der Verurteilten zu Tat und Tatort hätte herstellen und beweisen können. Gleichwohl stehe für das Gericht ihre Tatbeteiligung fest, da sie »sich für die verbrecherischen Aktionen der terroristischen RAF interessierte« und entsprechendes Schriftmaterial gesammelt habe, unter anderem Diskussionspapiere und einschlägige Bücher. Außerdem habe sie zusammen mit den wegen desselben Anschlags bereits verurteilten Personen im selben Haus gelebt; die Tatsache, daß sie alle »Staat und Gesellschaft ablehnten«, rundet das Bild für das Gericht ab.[69] Schon der Vertreter der Bundesanwaltschaft hatte hierzu in seinem Plädoyer die Vorgabe geliefert: »Zusammen lebten sie, zusammen kämpften sie, zusammen verfolgten sie ihre terroristischen Ziele.«[70]

Alle genannten Anklagen, Verfahren und Verurteilungen wegen Mitgliedschaft in dieser angeblichen RAF-Ebene lassen erhebliche Zweifel aufkommen. So äußerte etwa Eva Haule, die sich selbst zur RAF bekennt, mehrfach als Zeugin vor Gericht, daß es »keine legalen (RAF-) mitglieder, keine teilzeitmitglieder« gebe, daß die »illegalen militanten« nicht in der RAF organisiert seien, sondern zum »widerstand« gehörten und vollkommen unabhängig und selbstbestimmt arbeiteten – wenn auch zeitweilige Diskussionszusammenhänge mit der RAF bestünden.[71] Doch letztlich sind es eben diese Diskussionszusammenhänge, die, auf dem Konstruktionshintergrund »Gesamt-RAF«, zum Anlaß genommen werden, aus unabhängigen Militanten oder ihnen politisch nahestehenden Personen RAF-Mitglieder zu küren.

Gerade hier zeigt sich ein gewichtiger Teil der Misere des § 129a: Die Frage der Mitgliedschaft wird, sofern kein Bekenntnis vorliegt, nach dem gesamten Verhalten, politischen Denken und den sozialen Kontakten, also der politischen Nähe und Willensübereinstimmung der Beschuldigten, etwa mit der RAF oder der RZ, entschieden. Zwar können dabei einzelne Verhaltensweisen, wie etwa der Besuch einer bestimmten Veranstaltung oder das Verfassen und Verteilen von Propagandaschriften, allenfalls indizielle (also keine beweiskräftige) Wirkung entfalten, doch kann nach der Rechtsprechung eine mitgliedschaftliche Betätigung schon in jeder irgendwie gearteten Tätigkeit bestehen, die den Zwecken der Vereinigung dienlich ist.[72]

4. Ebene: das »Umfeld der RAF«. Hierzu gehört zum einen das engere bzw. aktive Umfeld, die eigentlich »legale Ebene«, der etwa 250 Personen angehören sollen[73], die zu den »Unterstützern« gerechnet werden (dazu weiter unten). Sie leben in der Legalität und leisten angeblich den vorgenannten Ebenen Hilfsdienste, rufen zu öffentlicher Solidarität auf und organisieren Veranstaltungen. Bei der Festlegung dieser Teilebene geht es den Staatschützern offenbar darum, im Zuge der bereits erwähnten juristischen Umwertung Aktivitäten, die bislang als »Werben für eine terroristische Vereinigung« kriminalisiert wurden, nun zur »Unterstützung« einer solchen »aufzuwerten«.

Zum weiteren Umfeld oder zur sog. Sympathisantenszene sollen ca. 2.000 (bis angeblich 10.000) Personen zählen.[74] Darunter werden alle Personen und Gruppen gefaßt, die Gewalt als Mittel der Politik nicht gänzlich ausschließen, militante DemonstrantInnen und Widerstandsgruppierungen, radikale, aber legal arbeitende Teile von Protestbewegungen etc. Der »Verfassungsschutz« rechnet zu dieser Ebene auch das öffentliche Wirken (Veranstaltungen, Demonstrationen, publizistische Arbeiten) gegen die, so sein Bericht von 1988 wörtlich, »(angeblich ›menschenverachtenden‹) Haftbedingungen der ›politischen Gefangenen‹« und gegen »die auf § 129a StGB gestützte ›Kriminalisierungswelle‹, mit der der Staat jeglichen – auch politischen – Widerstand auszuschalten versuche«.[75] Häftlingsbetreuung, Prozeßbeobachtungen und die Forderung nach »Zusammenlegung der Inhaftierten aus RAF und Widerstand« sind allemal suspekt und reichen aus, 129a-Ermittlungen, insbesondere wegen »(Sympathie-) Werbung« für »terroristische Vereinigungen« auszulösen.

Neuschöpfungen: Die Konstruktion von Vereinigungen

Nun gibt es allerdings auch Fälle, Personen und Gruppen, die nun beim besten Willen nicht in diese ausufernden Schemata von RZ- und RAF-Ebenen passen wollen. »Terroristische Kleingruppen aus dem militanten anarchistischen und autonomen Spektrum« werden sie genannt, Gruppen, die sich laut »Verfassungsschutz« seit Anfang der achtziger Jahre »terroristischer Gewalt zur Durchsetzung ihrer politischen Ziele« bedienen.[76] Auch wenn ihre Anschläge nicht gerade spektakulär seien und nur geringe Zerstörungskraft entwickelten, so meint der »Verfassungsschutzbericht« 1988 doch mahnend anmerken zu müssen: »Die von diesen Tätern ausgehende Gefahr für die innere Sicherheit sollte nicht gering eingeschätzt werden. Auch im Berichtsjahr sind über 90 % aller Anschlagsakte diesem Täterkreis zuzurechnen.«[77]

Um nun auch bei solchen Delikten umfangreiche 129a-Ermittlungen zu ermöglichen, behelfen sich die Ermittlungsbehörden mitunter mit eigenwilligen Vereinigungs-Kreationen, wobei sie sich nicht selten der Phantasie ihrer Fahndungsobjekte bedienen: Die Gruppen »Hau weg den Scheiß«, »sehr enttäuschte Kunden – sek«, »Revolutionäre Heimwerker«, »Verband der Sägefische«, »Progressive Gartenzwerge« oder »der Baggerführer Willibald und die Asphaltdschungelamazonen«, aber auch »Wirtschaftswunderkinder« und »Hungrige Herzen« stehen beispielhaft für diese Art von »terroristischen Vereinigungen«,[78] die da aus dem Staatsschutz-Schlapphut gezaubert werden, deren Organisationsgehalt allerdings mehr als zweifelhaft ist.

Immerhin ist nach juristischen Kommentaren und der ständigen Rechtsprechung auch des BGH unter einer Vereinigung im Sinne des § 129a (auch des § 129) der auf eine gewisse Dauer angelegte (dauerhafte) Zusammenschluß einer abgrenzbaren, bestimmbaren Anzahl von Personen (mindestens drei) zu verstehen, die bei Unterordnung des Willens des einzelnen unter den Willen der Gesamtheit (organisierte Willensbildung) gemeinsame Zwecke verfolgen und derart in Beziehung stehen, daß sie sich untereinander als einheitlicher Verband fühlen.[79] Doch dieser Definitionsansatz, der einen personell flukturierenden oder nur kurzfristigen Zusammenschluß eigentlich ausschließt, vermochte in der Ermittlungs- und Verurteilungspraxis keinerlei begrenzende Wirkung zu entfalten.

Lieferten die Ermittlungsobjekte den Sicherheitsbehörden keine phantasievollen Anhaltspunkte, so wurden auch schon völlig neue, bislang namenlose »terroristische Vereinigungen« aus der Taufe gehoben (von denen mitunter nicht mehr als zwei »Mitglieder« bekannt sind). Wir lernten bereits die Erfindung der »Gruppe Eichler« (»Startbahnvereinigung«) im Rahmen der Startbahn-Verfahren vor dem Oberlandesgericht Frankfurt (s. Ausforschungskapitel) kennen. Weitere Beispiele: der »Schwarze Block« etwa oder die angebliche Vereinigung »Für den Kommunismus« im Rhein-Main-Gebiet, die als »terroristische Vereinigung« zur Unterstützung einer anderen »terroristischen Vereinigung«, nämlich der RAF, galt.[80] Die Namensgebung der Ermittler stützte sich hier auf eine Broschüre mit dem gleichlautenden Titel »Für den Kommunismus«, die bei den angeblichen Mitgliedern der gekürten »terroristischen Vereinigung« im Zuge von Hausdurchsuchungen gefunden worden war.

Zuweilen kommen die Bundesankläger mit ihren Konstruktionen vor Gericht nicht durch: so etwa im zuletzt genannten Verfahren[81] sowie im Fall der von ihnen kreierten terroristischen Vereinigung »Die Wirtschaftswunderkinder« in und um Hannover. Nach umfangreichen und intensiven 129a-Ermittlungen, die der Ausforschung und Spaltung der linksradikalen hannoveraner Politszene dienten, wurde die Anklage gegen mehrere Beschuldigte vom Oberlandesgericht Celle bezüglich der 129a-Konstruktion nicht zugelassen und bezüglich der verbliebenen Straftatbestände an das Landgericht Hannover verwiesen.[82] Die Bundesanwaltschaft und auch die politische Polizei konnten gleichwohl zufrieden sein, hatten sie doch die Sonderermittlungsrechte des 129a-Sonderrechtssystem zwei Jahre lang weidlich nutzen und sich Einblicke verschaffen können, die ihnen ohne ihre Konstruktion verborgen geblieben wären.

Auffangtatbestände als Notbehelfe

Die Anwendungsbreite des Organisationstatbestand § 129a ist mit den genannten Weiterungsmöglichkeiten noch keineswegs erschöpft, denn für den Fall, daß die Mitgliedschaft in einer sog. terroristischen Vereinigung nun wirklich nicht festgestellt werden kann, verfügt § 129a noch über Beteiligungsformen mit Auffangcharakter: die »Unterstützung« und »Werbung« für eine solche Vereinigung.[83] Diese abgestuften Beteiligungsformen sind geeignet, den Terrorismusverdacht breit, flexibel und gezielt zu streuen, ihn bis hinein in die unbewaffnete Linke zu verlängern und damit das großzügig definierte sog. terroristische Umfeld zu kriminalisieren. Wenn also im Einzelfall die angeklagte Mitgliedschaft nicht nachzuweisen ist, dann zieht sich das Gericht eben auf »Unterstützung« zurück. Und sofern es zu einer »Unterstützung« nicht ganz reichen sollte, kann möglicherweise der letzte Notanker geworfen werden, und der heißt »(Sympathie-)Werbung«.

Im Fall der Journalistin Ingrid Strobl haben wir erlebt, daß die Bundesanwaltschaft zunächst Mitgliedschaft in der »terroristischen Vereinigung ›Revolutionäre Zellen‹ (RZ)« angeklagt hatte, damit aber im Verlauf der Gerichtsverhandlung mangels Beweises Schiffbruch erlitt. Das Gericht verurteilte daraufhin Ingrid Strobl u.a. »nur« wegen Unterstützung der RZ, ohne allerdings hierfür Beweise vorzubringen. Schließlich konnte auch diese Auffangkonstruktion nicht aufrechterhalten werden und wurde in der Revision vom Bundesgerichtshof aufgehoben.

Auch im bereits erwähnten Fall des Düsseldorfer Studenten Thomas K., der wegen RAF-Mitgliedschaft angeklagt war, zog das Gericht die Notbremse und schwang sich auf die nächstuntere Stufe. Die Erkenntnisse, die sich im Lauf des Verfahrens ergaben, waren auch dem Gericht für eine Verurteilung wegen RAF-Mitgliedschaft zu dürftig. K. wurde stattdessen, nach 21monatiger Untersuchungshaft, am 17. Mai 1990 »nur« wegen »Unterstützung einer terroristischen Vereinigung«, der RAF, zu zweieinhalb Jahren Freiheitsstrafe verurteilt. Diese gleichwohl hohe Strafe hatte der Angeklagte nach Ansicht des Gerichts verdient, weil er in eine »militante Gruppe eingebunden« gewesen sei; aus zahlreichen, bei ihm sichergestellten Schriftstücken sei deutlich geworden, daß er der RAF-Ideologie nahestehe; durch sein Verhalten habe er das »Rekrutierungsfeld der RAF erweitert« und ihr »Gefährdungspotential« erhöht, auch wenn er dies aus »ursprünglich möglicherweise idealistischen, aber völlig fehlgesteuerten Motiven« getan habe.[84]

Im Fall des Fernmelde-Elektronikers Ulrich Winterhalter, der ebenfalls des Verbrechens der Mitgliedschaft (»legales Mitglied der RAF«) angeklagt war,[85] reduzierte das Oberlandesgericht Stuttgart schon bei der Eröffnung des Verfahrens die Anklage auf »Unterstützung« (da die Bundesanwaltschaft nicht einmal die Beteiligung des Angeklagten an Anschlagsplanungen der RAF behauptet habe).[86]

Am Ende, nach über drei Monaten Verhandlungsdauer, war auch hiervon im Urteil nichts mehr zu lesen – übrig blieb eine Geldstrafe von 1.350 DM wegen Anstiftung zum Diebstahl in Tateinheit mit Hehlerei – eine Tat ohne jeglichen »Terrorismus«-Bezug, die allerdings, so das schriftliche Urteil, wurzelte in einer »grundsätzlich rechtsfeindlichen Einstellung des Angeklagten«.[87]

Vom RAF-Mitglied zum Unterstützer, vom Unterstützer zum »Anstifter«, vom »Terroristen« zum »Hehler« – Verfahrens-»Karriere« eines »Terrorismusverdächtigen« in Stuttgart-Stammheim. Dabei hatte alles so »gut« angefangen. Nach Winterhalters Festnahme hatte die Bundesanwaltschaft, beispielsweise über die Stuttgarter Zeitung (vom 12.9.1988), triumphierend verbreiten lassen: »Den Sicherheitsbehörden ist ... der zweite Schlag gegen die terroristische ›Rote Armee Fraktion‹ (RAF) gelungen. Am Wochenende erließ der Ermittlungsrichter beim Bundesgerichtshof (BGH) Haftbefehl gegen einen 30jährigen Mann aus Stuttgart wegen Mitgliedschaft in der RAF. In der Wohnung des Mannes befand sich ein Depot von Betäubungsmitteln für Entführungen...« Weitere Vorwürfe enthielt dann die über hundert Seiten umfassende Anklageschrift vom 19. Januar 1989.

Dazu das Urteil vom 8. Juni 1989: Der Anklagevorwurf, Winterhalter habe »für Zwecke der ›RAF‹« eine Art Archiv angelegt, »hat sich nicht aufrechterhalten lassen« (S. 15). Auch für den Vorwurf, das in Winterhalters Wohnung beschlagnahmte Narkotikum »Ketanest« sei zur Betäubung eines Entführungsopfers der »RAF« bestimmt gewesen, »haben die polizeilichen Ermittlungen und die Hauptverhandlung keine ... Anhaltspunkte erbracht« (S. 17). Dem Angeklagten habe daher nicht nachgewiesen werden können, »daß er durch die Beschaffung und die Verwahrung der 8 Flaschen Ketanest die terroristische Vereinigung ›RAF‹ unterstützte« und dadurch ein »irgendwie gearteter Nutzen oder Vorteil für die ›RAF‹« entstanden sei (S. 31, 37). Schließlich hätten sich »Hinweise auf direkte Kontakte des Angeklagten zu im Untergrund lebenden Mitgliedern der ›RAF‹...- nicht ergeben« (S. 36).

»Es konnte«, so das Gericht weiter, »nicht außer Betracht bleiben, daß er letztlich einen humanitären Zweck verfolgte« (S. 38): »Ihm kann nicht widerlegt werden, daß er das Ketanest ... besorgte, um seinen Beitrag zur ›Solidarität mit dem Aufstand des palästinensischen Volkes‹ als Angehöriger des ›revolutionären Widerstands‹ zu leisten« (S. 35). Winterhalter hatte zur Verwendung des nicht frei erhältlichen Narkotikums erklärt, das Ketenast sei für den »Lagerkrieg im Libanon« bestimmt gewesen: »Da, wo es am nötigsten gebraucht worden wäre. Weil internationale Solidarität für mich etwas ganz Konkretes ist. Und auch, weil mir der Kampf des palästinensischen Volkes viel bedeutet...«[88]

Dem Betroffenen war, wie so vielen, seine »linke«, von der bürgerlichen Norm abweichende Biographie und Gesinnung zum Verhängnis geworden. Anklage[89] und Urteil[90] listen dazu auf: Anerkannter Wehrdienstverweigerer, Zivildienstleistender, Arbeitslosigkeit, Sozialhilfeempfänger, Taxifahrer; erstmals 1977 aufgefallen, als er Plakate der »Antirepressionsgruppe Stuttgart« anklebte; Mitglied des Vereins »Emmaus Stuttgart«, der »Hauptanlaufstelle des terroristischen Umfelds der ›RAF‹ im Raum Stuttgart«. »Der Angeklagte gehört schon seit Jahren zu dem mit der ›RAF‹ aktiv sympathisierenden ›Widerstand‹ in Stuttgart. Im Jahr 1985 betreute er das inhaftierte ›RAF‹-Mitglied Volker Staub...«. Auch im Jahre 1986 habe sich der Angeklagte intensiv mit der »RAF« beschäftigt und an »verschiedenen Veranstaltungen« zum Hungerstreik teilgenommen; er habe sich im Februar 1986 an der »Internationalen Diskussions- und Veranstaltungsrunde des Antiimperialistischen und Antikapitalistischen Widerstandes« beteiligt und »war auch anwesend bei einer Diskussionsveranstaltung am 18. März 1987 im Jugendhaus Mitte in Stuttgart mit folgenden Beiträgen: – Zur Geschichte des § 129a StGB, – Entwicklung von Widerstand und Repression«. »Am 7. November 1986 wurde bei der Durchsuchung seiner Wohnung ... umfangreiches ›RAF‹-Schriftmaterial aufgefunden... Im Jahre 1988 gehörte der Angeklagte zum ›RAF‹-nahen gewaltbereiten ›Widerstand‹ gegen die Tagung des Internationalen Währungsfonds und der Weltbank in Berlin... Nach seiner Festnahme bekannte sich der Angeklagte mehrfach in Briefen an seine Mutter, an Freunde und Gesinnungsgenossen zu seiner Zugehörigkeit zu den ›radikalen Teilen des Widerstands‹... Am 17. Oktober 1988 beantragte der Angeklagte seine Zusammenlegung mit den in der Justizvollzugsanstalt Stuttgart befindlichen ›Gefangenen aus RAF und Widerstand‹,... machte ... sich die Forderungen der Hungerstreikenden voll zu eigen.«

Winterhalter sei, so ist dem Urteil zu entnehmen, selbst schuld, daß er als RAF-Terrorist verdächtigt, angeklagt, »mit einem verhältnismäßig langen Verfahren und mit einschneidender Untersuchungshaft überzogen worden ist« (S. 38): »Er hat durch sein Verhalten die Anordnung und Aufrechterhaltung der Untersuchungshaft bis zur letzten Urteilsberatung des Senats am 8. Juni 1989 mindestens grob fahrlässig verursacht. Er schwieg gegenüber dem Haftrichter und bis zur Hauptverhandlung am 25. April 1989 beharrlich über den Verwendungszweck der bei ihm gefundenen 8 Flaschen Ketanest...«. Und er habe obendrein auch noch aus der Untersuchungshaft mit inhaftierten RAF-Mitgliedern korrespondiert (S. 40 f.).

Warum bloß, so ist nach dieser Verdächtigungslogik zu fragen, hat sich Winterhalter für die Lage der politischen Gefangenen interessieren müssen, ihnen »in vertrautem Tone« (Urteil, S. 8) Briefe geschrieben und sie früher sogar besucht? Warum mußte er überhaupt Medikamente (»Ketanest«), Broschüren und RAF-Texte (Anklage: »Material mit Bezug zum Linksterrorismus und zur ›RAF‹«) sammeln sowie Zeitungsausschnitte archivieren (Anklage: »archivartige Sammlung für die ›RAF‹ über den Bereich ›militärisch-industrieller Komplex‹«)? Und warum hat er nach seiner Festnahme so lange zu und vorschnellen Anklagevorwürfen geschwiegen, die Aussage verweigert, erst so spät seine Unschuld nachgewiesen?

Ja, ist das nicht in höchstem Maße verdächtig? Einfach zu glauben, man könne nicht ungerechtfertigt belangt, verurteilt werden? Einfach von seinem Aussageverweigerungsrecht Gebrauch zu machen; darauf zu vertrauen, daß die Schuld schließlich erst nachgewiesen werden müsse, der Grundsatz der Unschuldsvermutung auch für Personen gelte, die vom obersten Ankläger, von der Bundesanwaltschaft verdächtigt werden?

»Nach Überzeugung des Senats« sei »sein gesamtes Verhalten im Vor-, Zwischen- und Hauptverfahren« darauf angelegt gewesen, »auch um den Preis monatelanger Untersuchungshaft einen von der ›Widerstandsszene‹ vielbeachteten Auftritt in der öffentlichen Hauptverhandlung in Stammheim zu erhalten«. Deshalb sei, so das Gericht, eine Entschädigung des Angeklagten für die zu Unrecht erlittene achtmonatige Untersuchungshaft ausgeschlossen (S. 40 f.).

Unterstützer-Verfahren: Die Helfer und Helfershelfer des »Terrors«

»Die Helfershelfer der Ketzerei erkennt man an ... beweiskräftigen Indizien. Erstens, wer die gefangenen Ketzer heimlich im Gefängnis besucht; zweitens, wer ihre Gefangennahme beklagt und ihnen im Leben freundschaftlich verbunden war (denn schwerlich entgehen einem die ruchlosen Machenschaft der Ketzer, wenn man häufig mit ihnen Umgang hat); drittens, wer die Meinung vertritt, die Ketzer seien zu Unrecht verurteilt worden, mag ihre Schuld auch erwiesen sein; viertens, wer Kritik übt an den Verfolgern der Ketzer und an denen, die erfolgreich gegen das Ketzertum predigen (und er braucht die Kritik gar nicht laut zu üben, man kann sie ihm schon an den Augen, an der Nasenspitze ansehen, am Gesichtsausdruck, wenn er unwillkürlich seinen Haß auf diejenigen bekundet, die er verabscheut, und seine Liebe zu denen, deren Mißgeschick er beklagt)... Offenkundige Helfershelfer der Ketzer sind in meinen Augen auch jene, deren Schriften (auch wenn sie nicht unverhüllt den rechten Glauben bekämpfen) den Ketzern die Prämissen geliefert haben, aus denen sie ihre perversen Schlußfolgerungen zogen.« (Der vom Papst gesandte Inquisitor Bernard Gui, aus Umberto Eco, Der Name der Rose).

Es war nun schon vielfach von »Unterstützung« einer »terroristischen Vereinigung« und von »Werben« für eine solche die Rede. Jene Verfahren, die sich auf diese Tatbestandsalternativen des § 129a beziehen, machen den allergrößten Teil sämtlicher 129a-Verfahren aus. Schon in den siebziger Jahren richteten sich 70 Prozent der Anklagen und Verurteilungen nicht etwa gegen die »Begehungsformen« der Gründung oder Mitgliedschaft in einer »Terroristischen Vereinigung«, sondern der »Unterstützung« und »Werbung«. In den achtziger Jahren hat sich dieser Trend noch verstärkt (knapp 85 Prozent der Ermittlungsverfahren = 2.658).[91]

»Unterstützung«, so die ständige Rechtsprechung des Bundesgerichtshofs, »ist zu Täterschaft verselbständigte Beihilfe durch ein Nichtmitglied der Organisation«.[92] Dabei soll es schon ausreichen, daß das inkriminierte Verhalten »für die Organisation irgendwie vorteilhaft« ist, »sich allgemein auf die Aktionsmöglichkeiten der Vereinigung in irgendeiner Weise positiv auswirkt«,[93] ohne daß aber »der Organisation nachweisbar ein durch den Täter verursachter meßbarer (oder kausaler; R.G.) Nutzen in bezug auf ihr politisches Ziel oder ihre Tätigkeit entstanden« sein muß.[94] Da der BGH es bereits als »Unterstützung« ansah, wenn eine

Vereinigung in ihren Bestrebungen lediglich ideell »bestärkt« wird,[95] kam er beispielsweise zu einer Strafbarkeit von Personen, die sich mehrfach in einem besetzten Haus aufgehalten haben (ohne selbst Besetzer zu sein) und allein »durch ihre Anwesenheit die zur Verteidigung der Hausbesetzung Entschlossenen in ihrem dem Angeklagten bekannten Verteidigungswillen mindestens bestärkt haben«.[96]

In einer anderen Entscheidung gelangte das Oberlandesgericht Stuttgart[97] zu der Überzeugung, daß sich die Angeklagte für Telefonkontakte mit untergetauchten RAF-Mitgliedern zur Verfügung gestellt habe. Ob die Telefonate irgendeinen organisatorischen Inhalt hatten oder der Vereinigung einen über die Zusage der Gesprächsvermittlung hinausgehenden Vorteil brachten, konnte das Gericht nicht feststellen. Gleichwohl wurde die Angeklagte wegen Unterstützung nach § 129a verurteilt, weil allein die Zusage die Vereinigung in ihren kriminellen Zielen bestärkt und ihren Kampfeswillen gefördert habe.[98]

Nebulöser geht es nun wirklich kaum noch: Zur »Unterstützung« reicht also eine faktische Förderung ohne tatsächlichen Nutzen, ohne jeglichen Deliktserfolg aus. Dabei fördern nicht etwa nur jene Personen, die mit der Vereinigung überhaupt in einer Beziehung stehen und beispielsweise durch Beschaffung von Waffen, Wohnungen, Fahrzeugen, Pässen, Geld etc. einen nachvollziehbaren, nachweisbaren Beitrag zur Logistik der Gruppe leisten. Nein, nach dieser Rechtsprechung unterstützt auch derjenige, der die Vereinigung lediglich psychisch in ihrem Tun bestärkt oder sich etwa an dritte Personen wendet und bei ihnen durch Tat oder Wort »ein Gefühl der Gemeinsamkeit, der Kampfstellung gegenüber einem gemeinsamen Gegner erzeugt ... und ein Bewußtsein der Übereinstimmung in der Befürwortung und der Notwendigkeit einer Anwendung von Gewalt«. Dies nämlich könne die Angesprochenen »in eine innere Nähe zu einer Vereinigung bringen und damit deren Stellung in der Gesellschaft begünstigend beeinflussen, die Aktionsmöglichkeiten der Vereinigung, eventuell auch ihr Rekrutierungsfeld erweitern und damit insgesamt zu einer Stärkung ihres Gefährdungspotentials führen«.[99]

Als »einschränkende Auslegung« dieser Gummiformulierungen wird heute schon die Selbstverständlichkeit gewertet, daß sich nach der neueren Rechtsprechung die Unterstützungshandlung auf die Vereinigung selbst beziehen soll und eindeutig die Zielrichtung erkennbar sein muß,[100] deren »organisatorischen Zusammenhalt« zu fördern.[101] Um die Zielrichtung ergründen zu können, ist die Erforschung der politischen Gesinnung der Beschuldigten erforderlich, oder/und sie wird schlicht aus verschiedenen »Lebenstatsachen«, Verhaltensweisen, Kontakten und Äußerungen herausdestilliert und unterstellt: die »subjektive Tatseite«.

Zu welchen Folgen eine solch ausufernde Gesetzesbestimmung bzw. -auslegung führen kann, soll anhand der folgenden Fälle illustriert werden:

■ Im Mai 1988 wurde gegen einen Niederländer ein Ermittlungsverfahren eingeleitet: Er soll die RAF unterstützt haben, indem er Exemplare eines in seinem Heimatland frei vertriebenen Bandes mit RAF-Texten (»Widerstand heißt Angriff«) in die Bundesrepublik »eingeführt« hatte. »Dieses Vorgehen«, so die

Bundesanwaltschaft in ihrem Haftbefehlsantrag, »ersparte die Entrichtung der Einfuhrumsatzsteuer, was einen zusätzlichen finanziellen Vorteil für die RAF bedeutet.«[102] Nach anfänglichen Schwierigkeiten wurde das Hauptverfahren eröffnet.

■ Am 10. Juni 1985 wurde der anerkannte Kriegsdienstverweigerer, Studienabbrecher (Sozialarbeit/-pädagogik) und linke Zeitungsmacher Friedhelm B. vom OLG Düsseldorf wegen »Unterstützung einer terroristischen Vereinigung« zu einer Freiheitsstrafe von sechs Monaten verurteilt, deren Vollstreckung zur Bewährung ausgesetzt wurde.[103] B. hatte zusammen mit einem Freund die alternative Zeitung »Neusser Stadtblatt« gegründet und redaktionell betreut. In dieser Eigenschaft erhielt er im April 1981 eine Postsendung mit »mindestens 100 gefälschten Fahrausweisen« des Verkehrsverbunds Rhein-Ruhr (VRR) und »mindestens 8 Ablichtungen des Bekennerschreibens ›Schneller-besser-teurer – aber jetzt endlich umsonst...‹« (Urteil S. 21). Es handelte sich dabei um eine Protestaktion der »Revolutionären Zellen« (RZ) gegen eine anstehende Fahrpreiserhöhung des VRR. Die gefälschten Fahrkarten waren bereits breit gestreut an viele Haushalte des Ruhrgebietes verteilt worden.

B. wurde nun zum Vorwurf gemacht, daß sein Freund und Mit-Redakteur bzw. -Herausgeber H. in den Besitz von vier dieser Fahrausweise (der Preisgruppe 2,30 DM) sowie eines Exemplars des RZ-Bekennerschreibens gelangt war (Urteil S. 26 f.); der Angeklagte bestritt zwar eine eigenhändige Übergabe (S. 28), aber das Gericht wußte es besser (S. 26, 49 ff.): »H. hatte den Angeklagten gebeten, ihm die gefälschten Fahrausweise zu geben. Dabei stand für ihn Eigennutz im Vordergrund. So konnte er nach seiner Vorstellung Fahrten, die er sonst mit dem Fahrrad ausgeführt hätte, auf bequeme Weise kostenlos unternehmen.« (S. 26) Aber das »Schlimmste« kommt noch: »Das Exemplar des Bekennerschreibens ... übergab der Angeklagte dem Zeugen H. jedoch von sich aus, ohne daß der Zeuge zuvor ein Interesse daran geäußert hatte.« B. habe damit das Ziel verfolgt, »die Aktion der ›Revolutionären Zellen‹ zu fördern« und die Vereinigung zu unterstützen. Wo dieses Exemplar geblieben ist, konnte allerdings nicht mehr festgestellt werden. Also, die Richtigkeit der gerichtlichen Feststellungen einmal vorausgesetzt: Dem Angeklagten werden in seiner Eigenschaft als Redakteur unaufgefordert gefälschte Fahrscheine sowie Bekennerschreiben der RZ zugesandt. Die Übergabe von vier Exemplaren dieser Fahrscheine, die im Falle der Benutzung einen Schaden von 9,20 DM ergeben, sowie die Überreichung eines Exemplars des Bekennerschreibens an seinen Freund und Mitredakteur machen den Angeklagten zum »Unterstützer einer terroristischen Vereinigung«.

Untermauert wird dieser dürftige Befund, wie üblich, mit Gesinnung und Verhalten des Angeklagten, dem schließlich sowohl das Bestehen als auch die Ziele der RZ bekannt gewesen seien: So sei mehrfach im »Neusser Stadtblatt« über diverse RZ-Verfahren berichtet worden. Das »starke Interesse des Angeklagten an diesem Thema« zeige auch die Tatsache, daß er »mit Interesse die Presseberichterstattung« über ein ganz bestimmtes RZ-Verfahren verfolgt habe und daß er eine

Besuchserlaubnis für zwei in Haft befindliche, mutmaßliche RZ-Angeklagte beantragt hatte, ohne allerdings den Besuch durchzuführen (S. 32, 53). »Er hat sich darüber hinaus«, so das Urteil (S. 53), »auch in weiterer Weise mit anarchistischem Gedankengut befaßt.« Beweis: »die beim Angeklagten sichergestellten Ablichtungen aus dem ›Anarchistischen Kochbuch‹«.

■ In zahlreichen Ermittlungsverfahren wurden Strafverteidiger in »Terrorismus«-Prozessen als »Unterstützer« verfolgt, meist aufgrund eines bloßen Verdachts aus den Prozessen ausgeschlossen und mit Ehrengerichtsverfahren überzogen.[104] Mehrere von ihnen mußten, unter Suspendierung des Anwaltsgeheimnisses, Kanzleidurchsuchungen und Aktenbeschlagnahmen über sich ergehen lassen, manche wurden gemaßregelt, einige in ihrer beruflichen Existenz schwer getroffen und sogar zu Freiheitstrafen verurteilt.[105] Massiv griff der Staat damit in die geschützte Vertrauenssphäre zwischen Verteidiger und Mandanten ein, die freie Verteidigung wurde ausgehebelt.

Die Vorwürfe konzentrierten sich auf die Mitwirkung der Verteidiger an einem »Informationssystem« inhaftierter RAF-Mitglieder sowie darauf, daß die Anwälte Hungerstreiks ihrer Mandanten unterstützten und sich an der Öffentlichkeitsarbeit (Solidaritätsaktionen) gegen die Isolationshaftbedingungen beteiligten – obwohl doch Strafverteidigung ihrer Natur nach auf den Schutz der Beschuldigten ausgerichtet ist und sich infolgedessen häufig notwendigerweise »günstig« auf den Fortbestand einer (vermeintlichen) Vereinigung auswirkt, der die Beschuldigten zugerechnet werden.[106]

Drei Strafverteidigern, den Rechtsanwälten Klaus Croissant,[107] Kurt Groenewold[108] und Hans Christian Ströbele,[109] wurde die Organisation des besagten »Infosystems« zur Last gelegt. Die zwischen den RAF-Häftlingen zirkulierenden Rundbriefe bzw. Infos hätten nicht, so argumentierten die befaßten Gerichte, die Vorbereitung der Verteidigung zum Ziel gehabt, sondern die gegenseitige Unterrichtung und Schulung der Inhaftierten und damit auch die Aufrechterhaltung und Förderung der »Kriminellen Vereinigung« RAF. Damit hätten die Verteidiger die Grenzen zulässiger Verteidigung überschritten.[110] Zwar habe dieses Infosystem als solches auch Verteidigungszwecke erfüllt, doch hauptsächlich habe es »als Instrument zur kollektiven Willensbildung der in den Haftanstalten fortbestehenden Guerillaorganisation RAF zur Erhaltung der Einheit dieser Organisation und zur Fortsetzung ihrer kriminellen Bestrebungen gedient«.[111] Der zweite Hauptvorwurf gegen die Strafverteidiger: Unterstützung des Hungerstreiks ihrer Mandanten aus der RAF. Dabei seien humanitäre Anliegen, etwa die Erzielung besserer Haftbedingungen, nur vorgeschoben worden; eigentlich habe der Hungerstreik die Funktion gehabt, das Zusammengehörigkeitsgefühl der Gruppenmitglieder zu fördern sowie diese in ihrer »Gesinnung zu bestärken«. Jegliche Hilfe bei der Durchführung solcher Hungerstreiks – sei es durch die Weitergabe von Anweisungen, die Übernahme der Wortwahl und des Standpunktes der Gefangenen oder durch die öffentliche Propagierung ihrer Hungerstreik-Ziele – sei eine strafbare Unterstützung nach §§ 129, 129a StGB.[112]

Groenewold wurde am 10. Juli 1978 vom Staatsschutzsenat des Oberlandesgerichts Hamburg wegen Unterstützung »in einem besonders schweren Fall« (§ 129 Abs. 1 und 4 StGB) zu einer Freiheitsstrafe von zwei Jahren (mit Bewährung) verurteilt;[113] als »Genugtuung für das begangene Unrecht« mußte Groenewold als Bewährungsauflage 75.000 DM an den Witwen- und Waisenfonds der Hamburger Polizei bezahlen. Croissant erhielt vom LG Stuttgart am 16. Februar 1979 wegen desselben strafrechtlichen Vorwurfs, neben einem vierjährigen Berufsverbot, eine Freiheitsstrafe von zweieinhalb Jahren, die er in Stammheim auch absitzen mußte.[114] Ströbele wurde vom Landgericht Berlin am 19. Januar 1981 mit anderthalb Jahren Freiheitsentzug (auf Bewährung) bedacht.[115]

Am 9. Mai 1983 wurde der Frankfurter Rechtsanwalt Heinz Funke vom OLG Frankfurt zu einem Jahr und zwei Monaten auf Bewährung verurteilt, weil er seinen der RAF angehörenden Mandanten im Gefängnis über sein Büro sog. Strategiepapiere übermittelt haben soll.[116] Der Bundesgerichtshof mußte dieses Urteil wegen fehlerhafter Beweiswürdigung aufheben – das Verfahren wurde schließlich gegen Zahlung einer Geldbuße von 5000 DM eingestellt.[117]

Ende der achtziger Jahre wurden Büro und Wohnung der Verteidigerin Ute Brandt zweimal durchsucht, Mandatsakten und Briefe wurden beschlagnahmt (vgl. Teil 4,»Kronzeugen«-Kapitel). Die Bundesanwaltschaft stellte ihr eine Anklage zu mit dem Vorwurf, sie habe einem Mandanten, dem zu lebenslanger Haft verurteilten RAF-Gefangenen Rolf Heißler, insgesamt 14 Briefsendungen zugeschickt, »die der Unterstützung der RAF dienten« und angeblich ihren Fortbestand gefördert hätten (Presse- und Prozeßerklärungen, Zeitschriften und Broschüren, Diskussionsbeiträge und Hungerstreik-Erklärungen).[118] Dieses zwar objektiv zulässige Verteidigungshandeln sei nicht von ihrem Verteidigungswillen, sondern in Wirklichkeit von einem »Unterstützungsvorsatz« getragen gewesen – wie die Bundesanwaltschaft aus einer Bewertung der politischen Gesinnung Ute Brandts glaubte folgern zu können.

Erstaunlich an dieser Anklage ist zweierlei: Zum einen hatte das Landgericht Regensburg der Beschuldigten in derselben Sache bereits einmal bestätigt, daß es »grundsätzlich Sache des Verteidigers (ist), zu bestimmen, in welche Richtung die Verteidigung zu führen ist, welche Schriftstücke zur Vorbereitung der Verteidigung der Beschuldigte erhalten soll. Diese Entscheidung hat der Überwachungsrichter zu respektieren«[119] – aber offenbar nicht die Bundesanwaltschaft. Zum zweiten waren sämtliche inkriminierten Briefe, die der Anklage zugrunde lagen, ordnungsgemäß als Verteidigerpost gekennzeichnet und hatten die richterliche Postkontrolle unbeanstandet passiert. Diese Umstände scheinen offensichtlich auch dem Oberlandesgericht Hamburg eigenartig vorgekommen zu sein: Es ließ die Anklage nicht zu und lehnte die Eröffnung des Hauptverfahrens »mangels hinreichenden Tatverdachts« ab.[120] Doch die Durchsuchungen, die Beschlagnahmeaktionen und andere einschneidende Ermittlungseingriffe sind damit nicht rückgängig zu machen; das lange Zeit suspendierte Anwaltsgeheimnis bleibt gebrochen.

Die freie Verteidigung, Grundpfeiler eines rechtsstaatlichen Strafverfahrens, die Konstruktion einer »RAF in Haft« und das Recht zum Hungerstreik, »das erste und natürlichste Recht des Gefangenen« (Solschenizyn)[121], werden mit diesen Ermittlungsverfahren und Verurteilungen, von staatlichen Stellen als Anknüpfungspunkte für eine Strafbarkeit wegen Unterstützung (oder Werbung) nach § 129a mißbraucht.[122]

Dies kann die Anwälte der (hungerstreikenden) Gefangenen ebenso treffen wie andere Menschen oder auch Gruppen (»Knast-Gruppen«, »Komitees gegen Folter«, »Rote Hilfe« etc.) innerhalb und außerhalb der Gefängnisse, die es wagen, sich für solche Gefangene einzusetzen. Fälle dieser Art, in denen etwa die Propagierung von Hungerstreik-Zielen sanktioniert wurde, gibt es zuhauf. Dabei können unterschiedlichste Verhaltensweisen als strafbare Unterstützung gewertet werden, »sofern das in ihnen erkennbare Bemühen um andere Haftbedingungen im Einklang mit der RAF-Strategie steht und ihr deswegen ›irgendwie vorteilhaft‹ sein könnte«:[123]

■ Im Februar 1986 etwa verurteilte das Oberlandesgericht Koblenz einen wegen Drogenmißbrauchs einsitzenden Häftling, der sich an einem Sympathie-Hungerstreik für die Forderungen der RAF-Gefangenen beteiligte, wegen Unterstützung einer terroristischen Vereinigung.[124]

■ Am 21. Januar 1986 verurteilte das OLG Hamburg die niederländische Staatsangehörige Elizabeth M. wegen »gemeinschaftlicher Unterstützung einer terroristischen Vereinigung in Tateinheit mit gemeinschaftlicher fortgesetzter Sachbeschädigung zu einer Freiheitsstrafe von einem Jahr und sechs Monaten«.[125] Der Angeklagten wurde das Einwerfen mehrerer Schaufensterscheiben im Januar 1985 zum Vorwurf gemacht; an den Tatorten waren jeweils Flugblätter aufgefunden worden mit dem Text »Solidarität mit den Hungerstreikenden – Für sofortige Zusammenlegung – Nieder mit den Knästen«, allerdings ohne das Kürzel RAF.

Die Verurteilung wegen Unterstützung der RAF erfolgte, obwohl der Angeklagten außer der Zerstörung von Schaufenstern keine weiteren Tathandlungen angelastet wurden und das Gericht – im Gegensatz zu anderen Urteilen – zu ihren Gunsten als wahr unterstellte, daß der Hungerstreik 1984/85, an dem nicht nur RAF-Häftlinge teilnahmen, eine »selbstbestimmte Aktion und ein selbstbestimmter Kampf der Hungerstreikenden und nicht von der RAF initiiert« gewesen sei (S. 13). Eine Unterstützung sei gleichwohl gegeben, denn: »Die RAF unterstützte den Hungerstreik 1984/85, um ihn propagandistisch auszunutzen, möglichst große Bevölkerungsteile zu mobilisieren, für ihre revolutionären Ziele aufzuschließen und für deren Durchsetzung auch mit terroristischen Mitteln Verständnis zu wekken, indem sie die gleichsam humanitären ›Ziele der Hungerstreikenden‹ vorschob, auf ihre angeblich bedrohliche Lage hinwies und auf der anderen Seite den mitleidlosen Staat anprangerte, der als Teil eines imperialistischen Unrechtssystems Gefangene verhungern läßt, statt ihren ›berechtigten‹ Forderungen nach menschlicher Behandlung nachzugeben« (S. 14). Die Öffentlichkeit habe den Hungerstreik daher als »eine einheitlich geführte Aktion dieser Gruppierung« –

nämlich der RAF in und außerhalb der Haft – angesehen (S. 27). Woher das Gericht dieses Wissen nahm, blieb im Dunkeln. Demoskopische Umfragen zumindest hatte es nicht durchführen lassen.

Dennoch: Dies alles habe – so das Gericht – auch die Angeklagte wissen und berücksichtigen müssen: »Es ist abwegig anzunehmen, daß sie sich allgemeinem Wissen hätte verschließen sollen«, zumal sie über den Hungerstreik informiert gewesen sei (S. 32). Sie habe gewußt, daß zu den Hungernden auch (ehemalige) RAF-Mitglieder gehörten, daß die RAF mit ihrer Forderung nicht nur humanitäre Ziele verfolgte, sondern auch den organisatorischen Zusammenhalt der »›Gefangenen aus der Haft‹ in der Haft« fördern wollte; schließlich habe sie gewußt, daß »die außerhalb der Haftanstalten organisierte ›RAF‹ sich den Hungerstreik zu eigen und zunutze machte, um sich als Kämpferin für humane Haftbedingungen aufzuspielen...« (S. 19).

Fazit des Gerichts: »Die Angeklagte wollte mit der Teilnahme an der Aktion die terroristische Vereinigung ›RAF‹ unterstützen... Das über Solidarität mit den Hungerstreikenden hinausgreifende, gegen ›die Knäste‹ als Teil staatlicher Ordnung gerichtete Flugblatt und die Art der Durchführung der Aktion« beweise dies. »Ihr Handeln war den Bestrebungen der ›RAF‹ vorteilhaft. Es hat die Organisation gestärkt...« (S. 35 f). Eine durchaus kühne Behauptung, nicht weniger kühn, als die gesamte »Beweis«-Konstruktion dieses Urteils. Strafverschärfend wertete das Gericht, daß »die lange Dauer des Verfahrens nicht zur Besinnung der Angeklagten auf brauchbare Werte des Gemeinschaftslebens beigetragen« habe (S. 37) – nicht ahnend, daß zu diesen »brauchbaren Werten«, eine humane Gesellschaft vorausgesetzt, durchaus auch menschliche Solidarität und die Forderung nach Zusammenlegung von Gefangenen, nach Abschaffung der Isolationshaft und schließlich auch der Gefängnisse zählen (sollten).

■ Am 17. Januar 1989 wurde der Physik-Lehrer Dr. Fritz Storim wegen der bloßen Dokumentation eines unliebsamen politischen Textes mit der Forderung nach Zusammenlegung der Politischen Gefangenen zu einem Jahr Freiheitsstrafe ohne Bewährung verurteilt, da er sich damit der Unterstützung einer »terroristischen Vereinigung« schuldig gemacht habe. Im Zusammenhang mit seinem Verfahren wurde Fritz Storim auch aus dem Schuldienst entlassen.[126] Der Vorwurf: Storim sei – »in einer nicht voll aufklärbaren Weise« (so das Urteil S. 7) – maßgeblich an Herstellung und Vertrieb der »linksradikalen Druckschrift ›Sabot‹« beteiligt, »einem auf politische Agitation und Solidarisierung angelegten Kampfblatt«, und deshalb mitverantwortlich für die Dokumentation der beiden inkriminierten Textbeiträge – deren Urheberschaft ihm nicht angelastet wurde – sowie für den Abdruck eines Wandbildes mit Barrikadenkämpfern.

Ihm wurde darüber hinaus, nach aufwendiger Beweiserhebung, u.a. der »enge Kontakt« zur Hamburger »Hafenstraße« und die zeitweilige Unterkunft in diesem als »RAF-Rekrutierungsnest« beschimpften Wohnprojekt angelastet.[127] Außerdem zeige Storims »Persönlichkeitsbild« und »die intellektuelle Verbundenheit ... mit einem den Zielen der RAF nahestehenden Personenkreis«, »daß dem

Angeklagten die Verhältnisse um die RAF ... vollen Umfangs bekannt sind« (S. 38 f.).

Aber es kommt noch dicker: Die im Grundgesetz garantierte Meinungs- und Pressefreiheit stehe der Verurteilung, so argumentiert das Gericht in seinem Urteil (S. 48, 52), nicht entgegen: »Die Grundrechte des Art. 5 stehen unter dem Vorbehalt der Verfassungstreue und der Staatssicherheit, da die Bundesrepublik eine wehrhafte Demokratie ist.« Strafverschärfend wertete das Gericht die »auf den gewaltsamen Umsturz der verfassungsgerechten Verhältnisse in der Bundesrepublik gerichtete Tätigkeit des Angeklagten«, die sich wohlgemerkt im bloßen Dokumentieren und Verbreiten eines fremden Textes erschöpfte. Dies stelle gleichwohl »einen groben Bruch seiner gegenüber dem Staat bestehenden Loyalitätspflicht dar«. Seine Bildung gestatte ihm schließlich »in besonderem Maße, den gefährlichen Einfluß geistiger Urheberschaft und Förderung radikaler Gesinnung auf unzufriedene Bevölkerungsgruppen zu erkennen...« (S. 49). Ein bemerkenswertes Urteil.

Warum demgegenüber ein Mann namens Christian Lochte, ebenfalls wohnhaft in Hamburg, für dieselbe öffentlich aufgestellte Forderung nach Zusammenlegung der RAF-Gefangenen nicht gerichtlich als Unterstützer belangt wird, liegt wohl daran, daß er weder Stein, Flugblatt oder linksradikale Druckschrift zur Verbreitung seiner Ideen auswählte noch staatskritische Gedanken hegt und wahrscheinlich niemals in der Hamburger Hafenstraße gewohnt hat. Denn er ist ganz woanders zuhause – als Präsident des Hamburger »Verfassungsschutzes«. Ihm geht es erklärtermaßen nicht um humanitäre Ziele, nicht um die Lage der Gefangenen.

Lochte hatte, unter Staatsschützern lange Zeit allein auf weiter Flur, in einem Gespräch mit der »tageszeitung« im August 1990[128] vorgeschlagen, die Gefangenen in Gruppen von bis zu acht Personen zusammenzubringen, um auf diese Weise eine möglichst freie politische »Kommunikation in der Gruppe und auch einen Austausch politischer Meinungen zwischen den jeweiligen Gruppen« zu ermöglichen. Daß nun Lochte mit seinem Vorschlag ausdrücklich keine humanitären Ziele verfolgt, wird ihm nicht, wie in den anderen Fällen, zur Last gelegt, sondern bewahrt ihn eher vor Anschuldigungen. Denn seine Motivation bürgt für staatsschützerische Qualitäten, darüber kann auch ein von der Staatsschutz-Warte aus gesehen recht ausgefallener Vorschlag oder eine vermeintlich liberale Haltung nicht hinwegtäuschen: Lochte glaubt nämlich fest daran, daß es unter den vorgeschlagenen Bedingungen rasch zu einer »politischen Fraktionierung« der Gefangenengruppen und damit auch zu einer Schwächung der RAF kommen werde. Die »besonderen Haftbedingungen«, wie sie für 129a-Gefangene üblich sind, hätten der RAF in den vergangenen zwanzig Jahren »viel mehr genutzt als geschadet«. Die Isolationshaft habe die »Kampfeshaltung« der Gefangenen stabilisiert und die Rekrutierung neuer RAF-Aktivisten ermöglicht, die insbesondere über das Engagement gegen diese Haftbedingungen gelaufen ist (»Ohne die Gefangenen bräche die RAF zusammen«).[129]

Ja, wenn zwei das »gleiche« tun .... genau hier sind die Unterschiede zwischen

»Unterstützern« der RAF und Unterstützern des Staates auszumachen: in der politischen Gesinnung und im sozialen Ambiente. Der Hamburger Rechtsanwalt Josef Gräßle-Münscher formulierte es überspitzt so: »Gesinnungsglück hat also derjenige, der die ›Zeit‹ und die Bibel auf seinem Schreibtisch liegen hat und in Hamburg-Blankenese wohnt. Gesinnungspech derjenige, bei dem man ›Sabot‹ und Bakunin findet und der in Hamburg-Hafenstraße wohnt.«[130]

Werber-Verfahren: Public Relations bei Strafe verboten

»Die Verfemung des sogenannten Sympathisanten ist ein übler Rückfall ins Gesinnungsstrafrecht des Dritten Reiches... Im Rechtsstaat sind Gesinnungen und Gefühle frei und nicht strafbar.« (Richard Schmid, ehemaliger Präsident des OLG Stuttgart)[131]

Die meisten Ermittlungs- und Gerichtsverfahren wegen »Unterstützung«, aber in ganz besonderem Maße wegen »Werbung« nach § 129a StGB betreffen (zumindest auch) den Bereich der freien Meinungsäußerung. Die inkriminierten Meinungsäußerungen, die ohne § 129a nicht ohne weiteres verfolgbar wären, befassen sich zumeist mit politischen Erklärungen bewaffneter Gruppen, Hungerstreikerklärungen und Diskussionsbeiträgen zu den Haftbedingungen der politischen Gefangenen sowie zu Fragen des politischen Kampfes – staatskritische Äußerungen, die zu unterstützenden oder meist werbenden »Handlungen« umgedeutet werden. In einer Vielzahl von »Werber«-Ermittlungsverfahren geht es um solche Meinungsäußerungen und ihre Verbreitung, etwa durch »terroristisches« Plakatekleben und Parolensprühen (z.B. »RAF«, »Zusammenlegung der Gefangenen...«), durch Flugblätter und Zeitschriften (Stadtzeitungen, »radikal«, »Zusammen kämpfen« uvm.)[132] sowie durch Buchpublikationen (z.B. der Gedichtband »der morgenröte entgegen...« sowie Bakker Schuts »Das Info. Briefe von Gefangenen aus der RAF«).[133] Betroffen von den umfangreichen und oft existenzbedrohenden Verfolgungsmaßnahmen sind Autoren, Herausgeber, Redakteure, Drucker, Hersteller, Verteiler, Buchhändler, aber auch schon Bezieher, Leser, Kommunikationszentren, Knastgruppen und nicht zuletzt die Strafverteidiger und Angehörigen der politischen Gefangenen.[134]

In den späten siebziger Jahren, im und nach dem »Deutschen Herbst«, haben wir die »Sympathisanten-Hetze« als Instrument der Diskreditierung der außerparlamentarischen Linken kennengelernt – als eine Art Ausnahmezustand.[135] Mittlerweile ist die Verfolgung von »Sympathisanten« zur Routine geworden, die in eingefahrenen Prozeduren routiniert abgespult wird.

»Werben« gilt nach herrschender Rechtsprechung als ein Unterfall der Unterstützung.[136] Es genüge – so der BGH – für diesen Tatbestand jede, auch erfolglose »andersartige Stärkung der Vereinigung und deren gezielte Unterstützung mit den Mitteln der Propaganda« durch Nichtmitglieder.[137] Mit »andersartig« meint der Bundesgerichtshof, daß durchaus nicht nur »Werbung von Anhängern« den Werbungstatbestand erfülle, sondern letztlich auch bloße, ungezielte Sympathie-Werbung – Public Relation, wie sie aus dem modernen kapitalistischen Geschäftsleben hinlänglich bekannt ist. In einer BGH-Entscheidung vom 25. Juli 1984 heißt es sogar, »der Gesetzgeber« habe auch »die Sympathiewerbung wegen ihrer Gefährlichkeit« in den Tatbestand aufgenommen.[138]

Diese vorgeblich historische Auslegung des Werbungstatbestands ist falsch: Denn nach der ursprünglichen Auffassung des Gesetzgebers, und das ist in den Gesetzgebungsmaterialien von 1976 nachzulesen, sollte allein die Anwerbung weiterer Anhänger strafbar sein, nicht aber sonstige »Werbungsakte«.[139] Der damalige Vertreter des Bundesjustizministers, Laufhütte, hatte während der Beratungen des Sonderausschusses zum neuen § 129a StGB bestätigt, daß die Beteiligungsform »Werben«, so wörtlich: » diese Einschränkung ist wichtig – eine auf die Gewinnung von Anhängern gerichtete Tätigkeit, also nicht sonstige Werbungsakte« pönalisiere.[140] Diese Auffassung wurde am Schluß der Beratungen nochmals wiederholt.[141] Auch im Rechtsausschuß und in der Plenardebatte des Bundestages wurde Werben deutlich als Mitgliederwerbung interpretiert.[142] Trotz dieser Vorgaben hat sich dic erweiternde Interpretation des »Werbens« im Sinne einfacher »Sympathiewerbung« in der höchstrichterlichen Rechtsprechung durchgesetzt,[143] was zu einer Flut von »Werber«-Verfahren führte: In den Jahren 1980 bis 1989 gab es fast 1900 entsprechende Ermittlungsverfahren mit jeweils mehreren involvierten Personen, also Tausenden von Betroffenen.[144]

Hunderte der eingeleiteten Ermittlungsverfahren kriminalisierten beispielsweise auf Wände oder Transparente gesprühte Parolen wie »RAF«,[145] »Es lebe die RAF«, »RAF wir werden siegen«, »Für Zusammenlegung und Selbstbestimmung der Gefangenen aus RAF und Widerstand« (hierfür gab es 3 bis 18 Monate Haft)[146] oder das Verteilen von Flugblättern vergleichbaren Inhalts (4 bis sieben Monate Haft)[147] – Meinungsmanifestationen und Verhaltensweisen, die dann auch regelmäßig zu Massendurchsuchungen, monatelanger Untersuchungshaft[148] und schließlich zu Verurteilungen führten.[149] Das Georg-Büchner-Zitat »Krieg den Palästen« und ein scharzer fünfzackiger Stern, an die Plastikwand einer U-Bahn gesprüht, brachten einer Münchner Arzthelferin wegen »Werbens« 12 Monate Gefängnis (ohne Bewährung) ein. Ein Begleiter, der sie angeblich per Sichtdekkung abgeschirmt haben soll, wurde mit sechs Monaten bedacht.[150]

Auch die Herstellung, Verteilung, aber auch der bloße Bezug bestimmter linksradikaler Zeitschriften, wie der »radikal«, wurden schon mehrfach unter Strafe gestellt.[151] 1984 wurden die Berliner Journalisten Benedikt Härlin und Michael Klöckner nach langer Untersuchungshaft zu je zweieinhalb Jahren Freiheitsstrafe verurteilt, weil sie an der Herausgabe der »radikal« beteiligt gewesen seien, in der u.a. Bekennerschreiben von »terroristischen Gruppen« sowie Texte von militanten Gruppen kommentarlos dokumentiert worden waren.[152]

Ebenfalls wegen der Zeitschrift »radikal« wurden in den Jahren 1986/87 zahlreiche Ermittlungsverfahren gegen mutmaßliche Verteiler sowie Durchsuchungsaktionen in linken Buchläden fast aller bundesdeutschen Großstädte durchgeführt. Auf diese flächendeckende Weise konnten das radikale Umfeld, die Verteilungsstrukturen der Alternativpresse und oppositionelle Kommunikationszusammenhänge aufgemischt und ausgeforscht werden: Allein im Zusammenhang mit dieser koordinierten Staatsaktion wurden insgesamt 78 Ermittlungsverfahren gegen 192 namentlich bekannte Beschuldigte eingeleitet, darunter 164 Betreiber oder Angestellte von 58 alternativen Buchläden. Die übrigen 28 Beschuldigten waren Handverkäufer. Es wurden 60 Buchläden und Projekte sowie 59 Privatwohnungen durchsucht und insgesamt 344 Exemplare der Zeitschrift sowie 213 sonstige Beweismittel beschlagnahmt. Solche und weitergehende Ermittlungsmaßnahmen wurden in folgenden Städten durchgeführt: Bielefeld, Tübingen, Erlangen, Nürnberg, Kiel, Osnabrück, Hannover, Moers, Saarbrücken, Darmstadt, Marburg, Oldenburg, Bremen, Detmold, Mainz, Essen, Düsseldorf, Braunschweig, Hamburg, Gießen, Bochum, Köln, Kassel, Frankfurt, Mönchen-Gladbach, Bonn, Göttingen, Siegen, Freiburg, Berlin und München.[153]

Gegen 151 Beschuldigte wurden die Verfahren wieder eingestellt, gegen 38 Personen wurde Anklage erhoben, davon bei 25 Angeschuldigten die Eröffnung des Hauptverfahrens jedoch von den jeweiligen Gerichten abgelehnt. Sieben Angeklagte wurden freigesprochen. Der klägliche Rest: sechs! Die allermeisten »radikal«-Verfahren wurden also eingestellt, entweder, weil den Beschuldigten die Tat, das Verbreiten nicht nachgewiesen werden konnte oder mit folgender – naheliegender – Argumentation: Buchhändlern, so etwa das Kammergericht Berlin in einem Nichteröffnungsbeschluß, könne im Normalfall nicht zugemutet werden, den Inhalt aller »feilgebotenen« Publikationen zu kennen und auf einen etwaigen strafbaren Inhalt hin zu überprüfen; »dies dürfte schon aus zeitlichen Gründen in der Regel gar nicht möglich sein«.[154] Das Oberlandesgericht Frankfurt sprach zwei Buchhändlerinnen aus Gießen vom Vorwurf der Werbung frei, weil ihnen nicht nachgewiesen werden konnte, daß sie vom Inhalt der inkriminierten Zeitschrift Kenntnis hatten.[155] Doch trotz der Erkenntnisse des Berliner Kammergerichts und des OLG Frankfurts kam es in Sachen »radikal« zu mindestens fünf Verurteilungen:

Das Oberlandesgericht Düsseldorf verurteilte zwei Buchhändler wegen des Verkaufs von »radikal«-Exemplaren, obwohl ihnen der Verkauf noch nicht mal nachgewiesen werden konnte: Der eine erhielt zehn Monate Haft und 1.000 DM Geldbuße, der andere acht Monate und 800 DM Geldbuße.[156] Nach Ansicht des Gerichts hätten die Angeklagten die zum Verkauf anstehenden Publikationen auf radikale Texte hin überprüfen und gegebenenfalls bereinigen bzw. vom Verkauf ausschließen müssen;[157] für die Mitwirkung der Angeklagten am Verkauf – so der Ausgang der gerichtlichen Gesinnungsbewertung – spreche ihre »Lebenserfahrung« und die »praktizierte kollektive Ladenführung«. Ein Handverkäufer aus Hessen wurde vom OLG Frankfurt zu sieben Monaten Haft auf Bewährung verurteilt,[158] zwei »radikal«-Bezieher aus Baden-Württemberg vom OLG Stuttgart zu sieben und vier Monaten mit Bewährung.[159]

Nicht nur »Werben«, sondern schon eine »Beihilfe zum Werben« soll nach der Rechtsprechung des BGH strafbar sein: Drucker und Setzer der »Agit«-

Druckerei, die die Zeitschrift »Info-Bug« (»Info Berliner undogmatischer Gruppen«) erstellten, wurden u.a. deshalb zu neun bis zwölf Monaten ohne Bewährung verurteilt. Für den Inhalt der Zeitschrift, die sich mitunter (auch kritisch) mit der RAF beschäftigte, waren sie selbstverständlich inhaltlich nicht verantwortlich, lediglich für die handwerkliche Herstellung – deshalb »nur« Beihilfe zur Werbung.[160] Eine abermalige Ausdehnung des § 129a.

Angesichts der Vielzahl von Werber-Verfahren setzte bereits Ende der siebziger, Anfang der achtziger Jahre massive öffentliche Kritik an dieser staatlichen Zensurpraxis ein. Die Gefangenen-Hilfsorganisation »amnesty international« zeigte sich in ihrem Jahresbericht 1981 »besorgt darüber, daß Personen wegen der gewaltlosen Äußerung ihrer politischen Überzeugungen strafrechtlich verfolgt und verhaftet werden können, ohne daß sie selbst Gewalt befürwortet haben«.[161] In einem in London veröffentlichten Kommunique der Organisation, das auch einen Brief an Generalbundesanwalt Kurt Rebmann zum Inhalt hatte, hieß es unmißverständlich: »Diese Inhaftierungen und Anklagen sind ein Angriff auf die freie Meinungsäußerung.«[162]

Gänzlich unbeeindruckt scheint selbst der Generalbundesanwalt hiervon nicht geblieben zu sein, versuchte er sich doch just im selben Jahr an einer »Einschränkung« der Auslegungskriterien,[163] was allerdings an seiner ungebrochenen Verfolgungspraxis wenig änderte. Letztlich beharrte er doch auf der eingangs zitierten Auslegung: Weiterhin setzte er Werben mit »Public Relations« gleich und kam zu dem Ergebnis, daß Werbung die »Beziehungspflege schlechthin« umfasse und damit auch das Werben um eine Einstellung und nicht nur um ein unmittelbar nach außen in Erscheinung tretendes Verhalten.[164]

Mit einer Entscheidung vom 25. Juli 1984 nahm dann der Bundesgerichtshof eine gewisse Kurskorrektur vor:[165] Es blieb zwar bei der generellen Strafbarkeit der Sympathiewerbung, aber gleichwohl kam das Gericht im konkreten Einzelfall zu dem Ergebnis, die Angeklagten seien vom Vorwurf der Werbung freizusprechen, obwohl sie an mehreren Autobahnbrücken folgende Parolen angesprüht hatten: »Seit 9 Wochen Hungerstreik der Gefangenen aus der RAF gegen Isolationsfolter«, »Zusammenlegung der Gefangenen aus der RAF sofort«, »Im Kampf ums Leben gegen NS-SPD-Staat«.[166] Seit jener Zeit verlangt der BGH eine »einschränkende Auslegung« der Tatbestandsalternative »Werben«:[167] Der inkriminierte Text müsse nämlich »objektiv geeignet sein, von dem im Einzelfall angesprochenen Adressaten als Werbung für die Vereinigung selbst oder als Unterstützung aufgefaßt zu werden«.[168] Die Zielrichtung müsse aus sich heraus eindeutig erkennbar sein: Im vorliegenden Fall sei »ohne weiteres« aber nur das humanitäre Anliegen ersichtlich, die Situation jener Gefangenen zu verändern. Es komme dabei nicht darauf an, ob möglicherweise mit den strittigen Parolen auch andere Ziele verfolgt würden, wenn der angesprochne Leser dies den Texten nicht direkt entnehmen könne.[169]

Nun allerdings kommt der »Pferdefuß« dieser einschränkenden Auslegung: Die Situation stelle sich unter Umständen anders dar, wenn die Parolen nicht an der

Autobahn, sondern etwa in einem Universitätsgelände gesprüht und an einen anderen Adressatenkreis gerichtet würden, von dem erfahrungsgemäß eine »besseres« Erkennen der mit der Tat verfolgten Ziele zu erwarten sei. Dieses Abstellen auf den Empfängerhorizont eines »verständigen Durchschnittsadressaten«[170] oder eines speziellen Adressatenkreises ist eine gefährliche Komponente, denn es hat etwas Willkürliches, schwer Berechenbares an sich und ermöglicht Entscheidungen je nach richterlicher Sicht und politischem Bedarf.

So hat der BGH in einem späteren Verfahren die gesprühte Forderung nach Zusammenlegung – »Zusammenlegung der Gefangenen aus RAF un(d) Widerst(and)« -, entgegen früherer Entscheidungen als »Werbung« eingestuft, obwohl zuvor das Bayerische Oberste Landesgericht (BayObLG) die Eröffnung des Hauptverfahrens entsprechend der einschränkenden Auslegungskriterien abgelehnt hatte, da der Text nicht objektiv geeignet sei, als Werbung für die RAF aufgefaßt zu werden.[171] Der BGH ordnete demgegenüber die Eröffnung an, weil sich »das Wissen der Adressaten einer Propaganda im Laufe der Zeit ändern« könne;[172] dabei verwies das Gericht auf die Erläuterungen des ehemaligen Generalbundesanwalts Rebmann aus dem Jahre 1981, wonach die Zusammenlegungsforderung »schon häufig als Kampfmittel der RAF und für sie erhoben worden sei«;[173] die Wiedergabe einer solchen Forderung nach Jahren brachte den BGH auf die Idee (»liegt nicht fern«), »daß eine Vielzahl von ›Durchschnittsbürgern‹ diese Bedeutung inzwischen erkannt haben mag...«[174]

Keine Schwierigkeiten hatte daraufhin das Bayerische Oberste Landesgericht mit dem Strafverfahren gegen Janin St.[175] in München. Janin St. hatte den Raum für eine (später verbotene) Veranstaltung »Zur Situation der politischen Gefangenen in der BRD« angemietet und wurde wegen zweier dort präsentierter Transparente mit Zusammenlegungsforderungen (»im Sinne der RAF«) nach § 129a – Werbung (»Sympathiewerbung«) für eine »terroristische Vereinigung« – am 21. Dezember 1988 zu einer Freiheitsstrafe von zehn Monaten Haft mit Bewährung und zu einer Geldstrafe verurteilt wurde.[176] In feinsinniger Unterscheidung zur straflosen Wiedergabe von Zusammenlegungsforderungen aus humanitären Gründen ergab sich für das BayObLG die Zielrichtung der Werbung für die RAF entscheidend aus dem auf das Transparent gesprühten fünfzackigen Stern sowie dem Hinweis auf einen »gemeinsamen Kampf von Gefangenen und Unterstützern«. Und obwohl das Ausbreiten und Aufhängen des inkriminierten Transparentes Janin St. nicht angelastet wurde, erklärte das Gericht sie gleichwohl zur »Mittäterin« (Urteil S. 50). Schließlich beschäftige Janin St. sich »seit Jahren mit der ›RAF‹, ihrem Aufbau, ihren Zielen und Anschlägen« und habe hierzu »umfangreiches Material gesammelt« (S. 6). Der BGH hat das Urteil im Juli 1989 bestätigt.[177]

Der Sozialwissenschaftler und Kriminologe Sebastian Scheerer faßte die Spannbreite der staatlichen Anti-Terror-Maßnahmen im Rahmen des § 129a StGB so zusammen:

»Sie beginnen bei der konkreten Rechtsgutverletzung, koppeln sich dann über die Kriminalisierung der Planung und Vorbereitung sowie der Hilfe bei Planung und Vorbereitung von der Rechtsgutverletzung selbst ab und kriminalisieren den affirmativen kommunikativen Bezug auf radikaloppositionelle Aktivitäten; unter Strafe steht die Aufforderung, dann aber schon die nachträgliche Rechtfertigung, Billigung oder Neutralität gegenüber der Rechtsgutverletzung. Vom Handlungsverbot gehen sie über das Koalitionsverbot bis zum Sympathie- und Artikulationsverbot. Die Strafe wird unabhängig von der Tat und abhängig vom Wort.«[178]

Die Gedanken sind frei: Meinungsäußerungen weniger

»Jeder hat das Recht, seine Meinung in Wort, Schrift und Bild frei zu äußern und zu verbreiten und sich aus allgemein zugänglichen Quellen ungehindert zu unterrichten. Die Pressefreiheit und die Freiheit der Berichterstattung ... werden gewährleistet. Eine Zensur findet nicht statt.« (Art. 5 Abs. 1 Grundgesetz).

»Abgesehen davon, daß das Grundrecht aus Art. 5 Abs.1 GG sowohl das Recht der Meinungsäußerung als auch die Wiedergabe von Informationen gewährleistet, ist die Bewertung von möglicherweise noch so unerträglich empfundenen Texten und Tönen nicht die Aufgabe oder das Recht der Kriminaljustiz.«
(Der Strafverteidiger und Publizist Sebastian Cobler)[179]

»Eine freigewählte Gesellschaft muß selbst Texte derjenigen Gruppen publizieren und diskutieren können, die das System stürzen wollen... Was hier verboten werden soll, ist die kritische Auseinandersetzung.«
(Der Schriftsteller und ehemalige SPD-Bundestagsabgeordnete Dieter Lattmann)180

In einer Zeit, in welcher das öffentliche Buchstabieren kriminalisiert wird, sobald etwa die Kombination »RAF« dabei herausspringt, in einer Zeit, in welcher der Verkauf einer radikalen Zeitschrift (»radikal«) oder eines Buches mit Originaltexten bewaffneter bzw. militanter Gruppen, das Verteilen eines Flugblattes zum Hungerstreik politischer Gefangener oder das Kleben eines Plakates mit Freilassungsforderungen[181] und Parolen gegen die Isolationshaft großangelegte Razzien, Beschlagnahmeaktionen und schließlich auch hohe Freiheitsstrafen nach sich ziehen können, in einer Zeit, in der gar der Kauf eines bestimmten Weckers, verbunden mit der kritischen Beschäftigung mit brisanten politischen Problemen, in die Isolationshaft führen kann – in einer solchen Zeit nicht an Zensur und Gesinnungsjustiz zu denken, fällt zunehmend schwerer.

Wird heute von Zensur im juristischen Sinne gesprochen – die in der Bundesrepublik, so weiß es offenbar das Grundgesetz aus eigener Anschauung, nicht stattfindet – dann ist meist die sog. Vorzensur, die klassische Präventivzensur gemeint, die eine Veröffentlichung von Anfang an durch staatliche Maßnahmen (etwa einer Zensurbehörde) verhindern will.[182]

Dieser herrschende Zensurbegriff ist allerdings zu eng gefaßt: Es gibt nämlich eine breitgefächerte Palette staatlicher Möglichkeiten, auch nachträglich die Verbreitung von Texten zu erschweren oder ganz zu verhindern, so daß, zumindest was die Wirkungen anbelangt, auch die Nach- oder Repressiv-Zensur unter den Zensur-Begriff gefaßt werden müßte – also ein staatlicher Eingriff, der erst nach der (Teil-) Veröffentlichung greift bzw. wirksam wird und die mit den inkriminierten Texten befaßten Menschen einem unkalkulierbaren Risiko aussetzt.[183]

In den vergangenen Jahren mußten wir in der Bundesrepublik vermehrte Zensur- und zensurähnliche Eingriffe registrieren. Sie sind teilweise kaum publik geworden – vor allem in jenen Fällen nicht, in denen ein »Terrorismus«-Zusammenhang konstruiert werden konnte. Solche zensurierenden Akte sind zwar nicht neu in diesem Lande: Seit Beginn der Bundesrepublik gehören sie zum politischen Alltag – erinnert sei nur an die antikommunistische Verfolgungspraxis in den fünfziger und sechziger Jahren. Sie unterliegen jedoch gewissen politischen Konjunkturschwankungen. Und nach der letzten Hochzeit Ende der siebziger Jahre, im Zuge der Sympathisantenhetze während des »Deutschen Herbstes« (und danach)[184], war auch in den achtziger Jahren immer wieder Konjunktur angesagt. Die Angst der herrschenden Kräfte vor dem gesprochenen und geschriebenen widerständigen oder staatskritischen Wort, vor dem gefährlichen Gedanken sitzt jedenfalls nach wie vor tief.

Als gesetzlicher Auslöser für Zensurmaßnahmen kann, wie wir gesehen haben, der vielseitige § 129a StGB dienen; aber auch – zum Teil flankierende – Zensurnormen wie etwa § 90a (»Staatsverunglimpfung«), § 111 (»Öffentliche Aufforderung zu Straftaten«) oder der neu-alte § 130a StGB (»Anleiten zu Straftaten«)[185] sorgen für die Verfolgung und »Verhaftung der gefährlichen Gedanken«:[186] Wer heute etwa über das Für und Wider militanter Aktionen auch nur debattieren will, sieht sich also bereits weit im Vorfeld möglicher oder auch unmöglicher Straftaten mit mehreren Strafnormen konfrontiert, die gezielt Diskussionsteilnehmer mit Strafe bedrohen (etwa per Veranstaltungsverbot und Strafverfahren),[187] wenn die Schrift- oder Redebeiträge »geeignet« sind, »die Bereitschaft anderer zu fördern oder zu wecken«, eine bestimmte rechtswidrige Tat zu begehen (so etwa § 130a), die selbstverständlich nicht erst begangen zu werden braucht.

Es müssen dann wohl auch schon diejenigen aufpassen, die in aufklärerischer Absicht eine bedrohliche Situation, einen Skandal ihrem Publikum so wirklichkeitsnah vermitteln, daß Teile desselben nicht umhinkommen, militante Gedanken zu hegen und diese möglicherweise sogar in die Tat umsetzen. Auch eine »scheinbare Distanzierung« wird dann nichts mehr nützen. Und auch die Heranziehung historischer Ereignisse, die bekanntlich häufig gewalttätig waren, könnte verfolgbar sein, wenn sie mit »Nachahmungseffekt« verbreitet werden und deshalb als »Anleitung zu Straftaten« gewertet werden könnten.

Wir haben es hier mit der »Ausübung semantischer Herrschaft«[188] zu tun, mit der bestimmte Äußerungen, Diskussionen und damit auch bestimmte Themen unterdrückt werden können und sollen. »Verfassungsschutz«, Bundeskriminalamt und Bundesanwaltschaft erfassen und verwalten das verdächtige Arsenal an Literatur in ihren elektronischen Giftschränken. In ihrer Antwort auf eine Kleine Anfrage der »Grünen im Bundestag« erläuterte die Bundesregierung 1989, wie etwa das

Bundeskriminalamt in diesem Bereich präventiv wie repressiv verfährt:[189]

»Das Bundeskriminalamt wertet regelmäßig terroristische/extremistische Publikationen aus, sofern sich Anhaltspunkte zur Einleitung von Ermittlungsverfahren gemäß § 129a StGB ergeben oder diese Publikationen Bedeutung für bereits laufende Ermittlungsverfahren gemäß § 129a StGB haben. Zu Zeitungsredaktionen, Medienschaffenden und Medienverlegern werden vom Bundeskriminalamt nur im oben geschilderten Rahmen von laufenden Ermittlungsverfahren Erkenntnisse beschafft und gesammelt.« Dies, so die Bundesregierung, besorge auch der »Verfassungsschutz«, wenn von Presseerzeugnissen Bestrebungen ausgingen, »die gegen die freiheitliche demokratische Grundordnung oder den Bestand und die Sicherheit des Bundes oder eines Landes gerichtet sind«.[190]

Im polizeilichen Staatsschutzbereich gibt es zwei tragende Sammlungen »terroristischen« Schriftguts, die laufend ergänzt werden und die die Grundlage für Ermittlungsmaßnahmen bilden. O-Ton Bundesregierung:

1. »In der Datei TESCH[191] des Bundeskriminalamtes werden terroristische/extremistische Zeitschriften, Zeitungen, Broschüren etc. (auch »Handschriften, Ton- oder Bildträger sowie Abbildungen«; R.G.)[192] erfaßt (und ausgewertet; R.G.), deren Inhalt u.a. die Straftatbestände nach den §§ 84 bis 90b und 129 bis 131 StGB erfüllt.[193] Insgesamt sind zur Zeit (April 1989; R.G.) im Bereich Linksterrorismus/-extremismus 959 ... derartige Publikationen erfaßt.«[194]

2. »Seit Januar 1988 wird durch das Bundeskriminalamt eine Loseblattsammlung über terroristische Publikationen herausgegeben. Diese Sammlung enthält Schriftwerke, die Gegenstand von Ermittlungsverfahren des Generalbundesanwalts sind. Es handelt sich dabei um sogenannte illegale Untergrundzeitschriften. Die Sammlung dient dazu, alle beteiligten Dienststellen über das Erscheinen neuer illegaler Untergrundpublikationen zu unterrichten, bei Durchsuchungsmaßnahmen gezielt diese Schriften als Beweismittel sicherzustellen sowie die für das Herstellungs- und Vertriebssystem verantwortlichen Personen zu erkennen. Die Sammlung wird regelmäßig bereinigt. Das Auffinden solcher illegaler Druckwerke kann bei Mehrfachbesitz zur Einleitung von Ermittlungsverfahren führen, wenn eine Weiterverbreitung, d.h. eine Unterstützungshandlung nach § 129a StGB, vorliegt... Die Sammlung wird an folgende Bundesbehörden übermittelt: Bundesminister des Innern, Bundesamt für Verfassungsschutz, Grenzschutzdirektion, Zollkriminalinstitut.«

Die »Feststellungsanordnung für die Datei ›TESCH‹ (Dokumentationssystem für terrorismus- und extremismusbezogene Schriften)« vom 7. Juli 1984 gibt darüber hinaus Auskunft über den betroffenen Personenkreis (S. 3, Nr. 4):

»Aufnahme in die Datei finden personenbezogene Daten von Autoren, Verantwortlichen im Sinne der Pressegesetze, Herstellern, Verbreitern sowie Daten über Verlage und Institutionen im Zusammenhang mit terrorismus- und extremismusbezogenen Schriften, Bild-/Tonträgern und Abbildungen,« sofern es sich um »Beschuldigte« oder »verdächtige Personen« handelt, »die nicht Beschuldigte sind«, bei denen aber »Anhaltspunkte« für eine (Mit-)Täterschaft vorliegen. Diese personenbezogenen Daten bleiben in der Regel zehn Jahre lang gespeichert (S. 6, Nr. 10.1).

Gegen dieses TESCH-Verfahren hat der Bundesdatenschutzbeauftragte (BfD) frühzeitig datenschutzrechtliche Bedenken erhoben, denen jedoch im wesentlichen nicht entsprochen wurde.[195]

Zensurmaßnahmen sind Mittel zum Einstieg in die alternativen Kommunikationswelten, Mittel zur umfassenden Szenen-Ausforschung. Die durch das 129a-Sonderrechtssystem ermöglichten Durchsuchungen, Beschlagnahmen, Festnahmen, Untersuchungshaft, Ermittlungs- und Gerichtsverfahren, Geld- und Gefängnisstrafen treffen in allererster Linie politisch unliebsame Personenkreise aus allen sozialen Gruppen, die einen wie auch immer gearteten Bezug zu einer inkriminierten Schrift aufzuweisen haben: Es sind entweder Menschen, die sich dem herrschenden Konsens verweigern (die Urheber, Verteiler, Diskutanten), oder aber solche, die sich lediglich dem Distanzierungsdruck und der Zumutung selbst zu vollziehender Zensur verweigern (Hersteller, Buchhändler, Leser) – also Menschen, die die demokratische Selbstverständlichkeit einer offenen politischen Kommunikation nutzen, unterstützen und verteidigen wollen. Ihre politische Integrität und ökonomische Existenz werden durch die staatlichen Maßnahmen nachhaltig bedroht.

Es sind aber nicht allein die spektakulären Zensurakte, die offenkundigen staatlichen Eingriffe in die Freiheitsrechte, die das freie Wort bedrohen, sondern ebenso die schleichenden, die lautlosen Wirkungen solcher Akte, die von der Öffentlichkeit, von den Lesern und Leserinnen nicht mehr (direkt) wahrgenommen werden können – es ist die latente Zensurdrohung mit ihren oft negativen Ein- und Auswirkungen auf die Schreibenden, ihre Produkte und letztlich die politische (Auseinandersetzungs- und Diskussions-)Kultur: das Problem der Verinnerlichung, des vorauseilenden Gehorsams, der Selbstzensur, also der »Schere im Kopf« bis hin zum Denkverbot.[196] Die Angst vor dem eigenen Gedanken, vor dem eigenen Wort geht um und flüchtet sich nach und nach in Angstvermeidungsstrategien. Diese generalpräventiven Wirkungen der Zensur gewährleisten immer wieder, daß sich offene Zensurmaßnahmen, gesamtgesellschaftlich gesehen, in relativ engen Grenzen halten können, denn mit den internalisierenden Fernwirkungen wird die Unterdrückung unliebsamer Gedanken bereits im Entstehungsprozeß effektiv, wodurch sich eine klassische Vorzensur praktisch erübrigt: »Das Gesetz setzt sich von nun an selbst durch«.[197] Diesem schleichenden Prozeß einer Steuerung individuellen und kollektiven Bewußtseins und Handelns kann letztlich nur mit einem offensiven Bewußtwerdungsprozeß und breiter Publizität entgegengesteuert werden, denn nichts fürchten die klammheimlichen »Zensoren«, die sich als »wehrhafte Demokraten« (miß)verstehen, so sehr wie eine offensive und kritische Öffentlichkeit.

Die sog. Gewaltfrage, um die es in dieser ungleichen Auseinandersetzung immer wieder geht, ist dabei Dreh- und Angelpunkt: Die Gewaltfrage in dieser auf ökonomischer Ungleichheit basierenden Gesellschaft mit ihren unleugbaren

Mißständen und gewaltigen Gefahrenpotentialen wird von den herrschenden Kräften und ihren Zensurinstanzen als ein für alle Mal gelöst angesehen – im Sinne des staatlichen Gewaltmonopols. Die Debatte darüber wird mit Strafe bedroht, mit dem Ziel, politisch-oppositionelle, kritisch-publizistische, literarische Produktion, Kommunikation und kontroverse Diskussion hierüber zu unterbinden – letztlich mit dem Ziel, die Gewaltfrage zu verdrängen, zum Tabu zu erklären. Die Verbots- und Zensurpraxis zielt dabei, wie wir gesehen haben, nicht mehr allein auf die öffentliche Manifestation oppositionellen politischen Willens und Handelns (Meinungsäußerung), sondern schon auf die vorbereitende Kommunikation, auf politischen Gedankenaustausch über die Formen oppositionellen Handelns und Forderns, letztlich auf bloßen Meinungsaustausch. Was ist das für eine Demokratie, in der Meinungsaustausch und Meinungsäußerung, seien sie noch so unbequem und militant, mit staatlichen Sonderermächtigungen kriminalisiert werden? Wo doch erst der offene und freie (auch angstfreie) Meinungsaustausch eine kontroverse Diskussion um politische Ziele und Wege in der jeweiligen historischen und gesellschaftlichen Situation ermöglichen kann.

Die Offenkundigkeit von Vor-Urteilen

Gerichtliche Beweiskonstruktionen

Wir kommen noch einmal zurück auf den »Terrorismus«-Prozeß gegen die Journalistin Dr. Ingrid Strobl (1989): Ihr war von der Anklagebehörde Mitgliedschaft in einer »terroristischen Vereinigung« nach § 129a Strafgesetzbuch und Beteiligung an einem Sprengstoff-Anschlag vorgeworfen worden. Die Anklagekonstruktion der Bundesanwaltschaft (BAW) ging damals, wie bereits im Eingangskapitel dargestellt, etwa folgendermaßen: Sie machte aus einem Weckerkauf eine Tatmittel-Beschaffung für besagten Anschlag und leitete dann aus der angeblichen Struktur und Arbeitsweise der »Revolutionären Zellen« (RZ), die sich zu dem Anschlag bekannt hatten, eine Mitgliedschaft in einer »terroristischen Vereinigung« ab – mit der Behauptung, die RZ seien eine solche »terroristische Vereinigung« gemäß § 129a StGB und Tatmittel würden ausschließlich von RZ-Mitgliedern, nicht von Außenstehenden besorgt. 0-Ton Anklageschrift des Generalbundesanwalts vom 26. Mai 1988:[1]

»Es ist mit den in vielen authentischen Schriften der ›Revolutionären Zellen‹ immer wieder betonten und meist auch erfolgreich praktizierten Arbeitsprinzipien der Abschottung und Klandestinität nicht vereinbar, Tatmittel für Anschläge dieser Vereinigung durch Außenstehende beschaffen zu lassen. Die Angeschuldigte muß daher Mitglied dieser Organisation sein« (S. 55). Und daraus messerscharf geschlossen: »Muß aus der Tatsache, daß die Angeschuldigte ein wichtiges Tatmittel für einen Anschlag der ›Revolutionären Zellen‹ besorgt hat, gefolgert werden, daß sie selbst Mitglied dieser Vereinigung ist, muß sie auch gewußt haben, welche Ziele und Strategien diese Organisation verfolgt und welche Taten zu deren Durchsetzung von ihr verübt werden« (S. 88). Das Prinzip dieser anklagenden Art von »Beweisführung«: gewagte Schlußfolgerungen aus schlichten Vermutungen, Hypothesen und unbewiesenen Indizien. Beweise für die Mitgliedschaft Strobls lagen jedenfalls zu keinem Zeitpunkt vor, ebensowenig wie Beweise dafür, daß sie um die spätere Verwendung des von ihr gekauften Weckers überhaupt gewußt hat.

Beweisvereinfachung per Offenkundigkeitserklärung

Eine solche Situation bringt Anklagebehörden und Gerichte normalerweise in große (Beweis-) Schwierigkeiten. Nicht allerdings, oder doch in wesentlich geringerem Maße in politischen Strafverfahren, insbesondere in sog. Terrorismus-

Prozessen: Im Rahmen des § 129a kann einerseits, entgegen sonst geltender strafrechtlicher Prinzipien, der Nachweis einer konkreten Tatbeteiligung schon mal entbehrlich sein (über die sog. Kollektivitätsthese) – und zwar dann, wenn die »Mitgliedschaft« in einer »terroristischen Vereinigung« konstruierbar ist, die etwa die Verantwortung für eine inkriminierte Tat übernommen hat. Am »Nachweis« einer solchen Mitgliedschaft wurde im Strobl-Verfahren, wenn auch letztlich ohne Erfolg, von Anfang an fleißig gebastelt. Darüber hinaus wird in derartigen Verfahren schon längst gewohnheitsmäßig zu einer weiteren Strategie der Beweisvereinfachung gegriffen – nämlich zur sog. Offenkundigkeit. Auch hierfür ist der Strobl-Prozeß ein instruktives Beispiel.

Die Strafprozeßordnung verpflichtet das Gericht generell zur »Erforschung der Wahrheit« (sog. Inquisitionsmaxime). Hierzu ist die »Beweisaufnahme von Amts wegen auf alle Tatsachen und Beweismittel zu erstrecken, die für die Entscheidung von Bedeutung sind« (§ 244 Abs.2 StPO). So lautet der Grundsatz der Beweisregelung, von dem es allerdings etliche Ausnahmen gibt. So darf ein Beweisantrag der Verteidigung u.a. dann vom Gericht abgelehnt werden, »wenn eine Beweiserhebung wegen Offenkundigkeit überflüssig ist« (§ 244 Abs. 3 StPO).[2] Tatsachen, die vom Gericht als offenkundig deklariert werden, bedürfen also keines Beweises mehr, auch keines entlastenden, es sei denn, sie betreffen unmittelbar die Tatbestandsmerkmale der aufzuklärenden Straftat selbst.

Wann können die Gerichte nun mit der »Offenkundigkeit von Tatsachen« argumentieren und jene Tatsachen auf diese Weise der Beweiserhebung im öffentlichen Verfahren entziehen?

»Offenkundigkeit« gilt in der juristischen Terminologie als Oberbegriff, der die Unterbegriffe »Allgemeinkundigkeit« und »Gerichtskundigkeit« umfaßt.[3] Als *allgemeinkundig* gelten Tatsachen und Erfahrungssätze, so der Bundesgerichtshof,[4] »von denen verständige Menschen regelmäßig Kenntnis haben, oder über die sie sich aus zuverlässigen Quellen ohne besondere Fachkunde sicher unterrichten können, wozu auch allgemeine wissenschaftlich gesicherte Erfahrungssätze gehören« – also etwa gesicherte historische und kalendarische Daten, einfachere physikalische Gesetze und Naturvorgänge sowie Tatsachen und Daten, die aus Lexika, Geschichtsbüchern, Landkarten, Stadtplänen, Kalendern, Fahrplänen, Kurszetteln, teilweise aus Funk, Fernsehen, Zeitungen etc. entnommen werden können. Noch nicht abgeschlossene zeitgeschichtliche bzw. politische Vorgänge fallen jedoch in aller Regel nicht unter diese Kategorie der Allgemeinkundigkeit, weil sie sich noch im Fluß befinden und je nach politischem Standpunkt unterschiedlich eingeschätzt werden. Insoweit ist also eine Beweisaufnahme im Verfahren erforderlich.

Als *gerichtskundig* gelten Tatsachen und Erfahrungssätze, so die allgemeine Definition,[5] die »der Richter im Zusammenhang mit seiner amtlichen Funktion und Tätigkeit zuverlässig in Erfahrung gebracht hat«; dieses Wissen muß in die Verhandlung mitgebracht werden, darf also nicht erst im laufenden Verfahren erworben sein (sonst muß Beweis erhoben werden).[6] Dabei können auch die Feststellungen anderer Richter, von denen das Gericht amtlich erfahren hat, gerichtskundig sein.[7] Nach herrschender Auffassung erfordert die Gerichtskundigkeit bei Kollegialgerichten, also den Senaten bei den Oberlandesgerichten, durchaus nicht die Kenntnis aller Richter; es soll bereits die Kenntnis eines einzigen Gerichtsmitglieds oder aber der Mehrheit des Gremiums genügen.[8]

Ausgerechnet im »Karlsruher Kommentar zur Strafprozeßordnung«, herausgegeben vom Präsidenten des Bundesgerichtshofs Gerd Pfeiffer, ist die Erkenntnis nachzulesen, daß »in der Praxis der Strafgerichte ... die Gerichtskundigkeit keine große Rolle« spielt.[9] Das ist durchaus richtig, doch bleibt dabei schamhaft verschwiegen, daß sie in der vom Karlsruher Generalbundesanwalt und den Oberlandesgerichten ausgehenden Praxis der politischen Strafjustiz eine umso größere Rolle spielt – was wiederum auf deren sonderjustitiellen Charakter verweist.

So verlasen etwa im Strobl-Verfahren des Jahres 1989, zum großen Erstaunen des Prozeß-Publikums, zwei Richter bereits in den ersten Verhandlungstagen immer wieder stundenlang Urteile sowie andere Dokumente aus grauer Vorzeit – was die ZuhörerInnen massenweise zum Gähnen und schließlich aus dem Saale drängte. Denn der Sinn dieser Vorlese-Prozedur blieb den meisten anfänglich verschlossen.

Vier Urteile aus den Jahren 1979, 1980 und 1982 sowie diverse RZ-Schriften (insbesondere der »Revolutionäre Zorn«) aus den siebziger Jahren spielten dabei eine zentrale Rolle. Sie wurden auf Anordnung des Vorsitzenden Richters auszugsweise verlesen, wie es hieß »zur Verdeutlichung und Konkretisierung der vom Senat als allgemeinkundig und gerichtskundig bezeichneten Tatsachen ... hinsichtlich der Existenz der terroristischen Vereinigung ›Revolutionäre Zellen‹ und der von ihr begangenen Straftaten«. Mit der Verlesung galten diese Dokumente als ins Verfahren gegen Ingrid Stobl eingeführt – obwohl die den Uralt-Urteilen zugrundeliegenden Sachverhalte offenkundig nichts mit dem aktuell zu verhandelnden Fall zu tun hatten; obwohl die seinerzeit getroffenen Feststellungen eigentlich längst überholt sein müßten und obwohl die Organisationsstruktur und Arbeitsweise der RZ zur Tatsachengrundlage des Schuldvorwurfs gehörten, über die grundsätzlich Beweis erhoben werden muß.

Das Gericht hatte gleich zu Beginn des Verfahrens am 21. Februar 1989 eine sog. Offenkundigkeitserklärung verfaßt.[10] In ihr bezeichnete es bestimmte »Tatsachen« über Existenz, Organisation, Arbeitsweise und Zielsetzung der »Revolutionären Zellen« (RZ) als »allgemeinkundig«, andere als »gerichtskundig«. Im Wortlaut:

»Aus den ... allgemein zugänglichen zuverlässigen Informationsquellen wie Presse, Rundfunk und Fernsehen sind folgende Tatsachen allgemeinkundig und deshalb offenkundig: Seit 1973 operiert in der Bundesrepublik Deutschland und in West-Berlin eine auf Dauer angelegte Organisation, die sich ... ›Revolutionäre Zellen‹ nennt. Zweck dieser Vereinigung ist, die bestehenden Herrschaftsverhältnisse mit dem Ziel des gewaltsamen Umsturzes der vorhandenen Gesellschaftsordnung zu bekämpfen. In Verfolgung dieses Ziels hat die Vereinigung zahlreiche schwere Straftaten wie Sprengstoff- und Brandanschläge insbesondere gegen Militäreinrichtungen und Wirtschaftsunternehmen begangen...

Durch die Bearbeitung anderer Strafsachen und durch das Studium der dem Senat dienstlich mitgeteilten rechtskräftigen Erkenntnisse anderer Strafgerichte sind dem Senat folgende Tatsachen gerichtskundig und deshalb offenkundig: Die Mitglieder der Organisation ›Revolutionäre Zellen‹ operieren in Gruppen, die nach außen streng abgeschlossen sind, jedoch untereinander in engem Kontakt stehen und die Zielrichtung ihrer Anschläge gemeinsam festlegen. Mitglieder der Vereinigung sind unter anderem folgende Personen gewesen: Gerhard Heinrich A., Enno S., Hermann F. ...

Über die vorstehend genannten offenkundigen Tatsachen wird der Senat keinen Beweis erheben (§ 244 Absatz 3 Satz 2 StPO).«

Solche gerichtlichen »Offenkundigkeitserklärungen« ziehen sich seit Jahren durch sämtliche sog. Terrorismus-Verfahren – ob es sich nun um RZ- oder RAF-Prozesse handelt. Sie bergen politisch, strafprozessual und verfassungsrechtlich brisanten Zündstoff in sich: Staatsanwaltschaft und Gerichte können nämlich mit der »Offenkundigkeit« von Tatsachen, die sie angeblich oder tatsächlich aus früheren Dokumenten bzw. Urteilen beziehen, das laufende Verfahren nachhaltig beeinflussen und manipulieren, da die derart deklarierten »Tatsachen«, wie bereits erwähnt, prinzipiell nicht mehr beweisbedürftig sind. Entspechende entlastende Beweisanträge der Verteidigung können nach § 244 Abs. 3 StPO ohne weiteres abgelehnt und damit der öffentlichen streitigen Verhandlung entzogen werden. Oder aber die Verteidigung wird darauf verwiesen, den Beweis des Gegenteils anzutreten. Dies bedeutet letztlich, daß nicht mehr das Gericht Tathandlung und Verstrickung der Angeklagten nachweisen muß, sondern diese ihre Unschuld – eine glatte Verkehrung rechtsstaatlicher Prinzipien. Der verfassungsgemäße Anspruch auf rechtliches Gehör (Art. 103 Abs. 1 Grundgesetz) und auf ein faires Verfahren (Art. 20 GG) wird drastisch beschnitten.

Zur dunklen Geschichte der »Notorietät«

Die sog. Notorietät, also die Gerichtskundigkeit, bildete bereits im späten Mittelalter ein wesentliches Fundament des Inquisitionsprozesses gegen »Ketzer« und »Hexen«, »des schlimmsten von Menschen erfundenen Gerichtsverfahrens« (Lea)[11] in der Geschichte der »Gerichtsbarkeit«. So war es nur folgerichtig, daß das Bürgertum bei seiner Befreiung von den geistigen und materiellen Fesseln des Feudalismus und seinem Aufstieg zur Macht bemüht war, sich von dieser und anderen Prozeßmaximen der Inquisition scharf abzugrenzen; dem bürgerlichen Strafprozeßrecht galt der Inquisitionsprozeß stets als reine Barbarei. Als Wesenskern des modernen Strafprozesses wird denn auch die Unmittelbarkeit der Beweisaufnahme im öffentlichen Verfahren angesehen. Erst diese eröffnet die Möglichkeit der Überprüfbarkeit, des Einflusses und Widerspruchs durch die Angeklagten und ihre Verteidigung.[12]

Dementsprechend zögerte bereits das Reichsgericht in einer seiner ersten Entscheidungen zur Frage der Notorietät aus dem Jahre 1887, das Institut der Gerichtskundigkeit in vollem Umfang anzuerkennen,[13] weil es jenen Grundsätzen der Unmittelbarkeit und des rechtlichen Gehörs weitgehend widerspreche: »Die sämtlichen Vorschriften der Strafprozeßordnung über die Beweiserhebung in der Hauptverhandlung beruhen darauf, daß alles, was auf der Wahrnehmung beruht, durch die Vernehmung des Wahrnehmenden, alles was beurkundet, durch Verlesung der Urkunde, alles was der Richter selbst gesehen hat, durch die richterliche Augenscheinseinnahme in der gesetzlich vorgeschriebenen Form festzustellen ist.«

Mit dieser Begründung hob das Reichsgericht am 15. November 1887 ein Urteil des Landgerichts Potsdam aus dem selben Jahr auf: Darin war als »gerichtskundig« angesehen worden, daß innerhalb der sozialdemokratischen Partei eine Verbindung bestehe, die darauf hinarbeite, die Vollziehung des Sozialistengesetzes (»Gesetz gegen die gemeingefährlichen Bestrebungen der Sozialdemokratie« vom 21. Oktober 1978) »durch Verbreitung verbotener Schriften zu verhindern oder zu entkräften«; dies sei »auch aus den bisher geführten Sozialistenprozessen ... zu entnehmen«,[14] hatte es in jenem Urteil geheißen, mit dem der Angeklagte in erster Instanz allein deswegen verurteilt worden war, weil er zu besagter »Verbindung« gehört habe.

Das Reichsgericht warnte demgegenüber in seiner Revisions-Entscheidung ausdrücklich vor einer Ausdehnung des Anwendungsbereiches von Gerichtskundigkeitserklärungen: So sollte nur Gerichtskundiges, das »auch zur allgemeinen Kenntnis gelangt« ist, den Beweis überflüssig machen. Insbesondere wies das Reichsgericht darauf hin, daß es dem bürgerlichen Strafverfahrensrecht widerspreche, das »angebliche Verbrechen selbst oder einzelne Thatsachen« , die zu den notwendigen »objektiven oder subjektiven Voraussetzungen« eines Verbrechens gehören, als offenkundig zu bezeichnen. Weiter wird in der Entscheidung ausgeführt:[15]

»Daneben kennt das Gesetz keine Gerichtskundigkeit in bezug auf Thatsachen, welche die Existenz des Verbrechens in objektiver oder subjektiver Hinsicht bedingen. In bezug auf alle diese Thatsachen ist der Beweis in der gesetzlichen Form durch die Hauptverhandlung zu erbringen.«

Daß dies insbesondere für die »strafrechtliche« (De-) Qualifizierung von Vereinigungen als gemeingefährlich, sozialdemokratisch, kommunistisch, kriminell, terroristisch, hochverräterisch, verfassungswidrig etc. gelten muß, dürfte einsichtig sein, zumal dann, wenn den jeweils Angeklagten eine strafbare Zugehörigkeit oder Unterstützungshandlung in bezug auf eine jener Vereinigungen vorgeworfen wird. Zur Begründung des zitierten Grundsatzes formulierte das Reichsgericht in aller Deutlichkeit: »Die gegenteilige Annahme würde dahin führen, den Angeschuldigtenbeweis durch die Notorietät ersetzen zu lassen und der subjektiven Willkür Thür und Thor zu öffnen.«

Das Reichsgericht blieb in der Folgezeit diesen hehren Grundsätzen jedoch nicht treu und öffnete der Willkür eigenhändig Thür und Thor. Insbesondere in der Weimarer Republik bediente es sich des ungeschriebenen Instituts der »Gerichtskundigkeit«, und zwar vornehmlich bei seinem Kampf gegen Kommunisten und all jene, die dafür gehalten wurden.[16] Es entwickelte im Laufe der Zeit insgesamt acht Gründe zur gerichtlichen Ablehnung von Beweisanträgen, die dann schließlich in der NS-Zeit mit der »Großen Strafprozeßreform« erstmals zum Gesetz erhoben wurden.[17] Darunter findet sich auch die »Offenkundigkeit« – eine gesetzliche Nazi-»Errungenschaft« des Jahres 1935, die später unbesehen und kritiklos ins bundesdeutsche Strafprozeßrecht übernommen wurde.

Die Problematik der »Offenkundigkeit«, mit deren Hilfe nach Belieben Beweisverhinderung betrieben werden kann, zeigte sich besonders deutlich in der Anwendungspraxis während der NS-Herrschaft. Die NS-Gerichte erklärten die faschistische Propaganda und die Lügen der Goebbels-Presse zu »offenkundigen Tatsachen«, womit sie sich den Beweis insbesondere in Hoch- und Landesverrats-Verfahren ersparten. Auf diese prozeßvereinfachende Weise konnten sie Oppositionelle und Regime-Gegner als Verbrecher verfolgen, ohne ihnen konkrete Straftaten nachweisen zu müssen.

Das Reichsgericht bezeichnete es bereits als »gerichtsnotorisch« und damit als ohne weiteres »bewiesen«, daß »die Kommunistische Partei Deutschlands ... mit allen Mitteln bestrebt (ist), die bestehende Verfassung des Reichs und der Länder zu beseitigen und an ihrer Stelle auf dem Wege über die Diktatur des Proletariats eine Räteregierung nach russischem Muster zu errichten«.[18] Diese Floskel zieht sich später auch durch eine lange Reihe von NS-Gerichtsentscheidungen gegen angebliche oder tatsächliche Kommunisten. In der Diktion des Volksgerichtshofs lautet die entsprechende Offenkundigkeitserklärung folgendermaßen:

Alle von den Kommunisten in Deutschland verfolgten Ziele und Bestrebungen sind hochverräterischer Art, da die KPD von jeher darauf ausgegangen ist, einen Umsturz der in Deutschland herrschenden politischen Zustände, jetzt insbesondere den gewaltsamen Sturz der nationalsozialistischen Staatsform und die Errichtung einer Arbeiter- und Bauerndiktatur nach sowjetrussischem Muster herbeizuführen.[19]

Auf dieser »offenkundigen« Grundlage wurden dann Menschen u.a. wegen »Beihilfe zur Vorbereitung zum Hochverrat« zu Gefängnis- und Zuchthausstrafen verurteilt, weil sie etwa eine der KPD gehörende Schreibmaschine besessen, für die »Rote Hilfe« bzw. für politische Gefangene Geld gesammelt oder illegale kommunistische Zeitungen gekauft oder weitergegeben haben sollen oder weil sie der »Niederlegung eines schlichten Kranzes« am Grabe von gefallenen Revolutionären überführt worden waren.[20]

Schon bald wurde die gerichtsnotorische Behauptung vom »hochverräterischen Charakter« auf die SPD, die Gewerkschaften und alle anderen antifaschistischen oder links-demokratischen Vereinigungen ausgedehnt: Seit dem Verbot der SPD am 22. Juni 1933 hielt es das Reichsgericht für »offenkundig«, daß die SPD »hochverräterische Ziele« verfolge – Beweis wurde darüber nie erhoben.[21] Nach gleichem Muster wurden sämtliche Aktivitäten der »Sozialistischen Arbeiterpartei« (SAP) vom Reichsgericht für »offenkundig hochverräterisch« erklärt: Hinsichtlich der Ziele dieser Partei, so Ingo Müller (»Furchtbare Juristen«),[22] übernahm das Gericht einfach seine ursprünglich für die KPD entwickelte Routineformel. Insgesamt bezeichnet Müller diese gesetzliche und gerichtspraktische Entwicklung, mit der die Ablehnung eines Beweisantrages über das Institut der »Offenkundigkeit« und weitere Ablehnungsgründe ins freie Ermessen des Gerichts gestellt wurde, als einen neuen »Schritt zum ›modernen‹ Inquisitionsprozeß«.[23]

Fortsetzung folgt: in der Bundesrepublik Deutschland

Nach der legendenumwobenen »Stunde Null«, dem sogenannten Neubeginn nach der Befreiung vom Hitler-Faschismus, schickte man sich alsbald an, wieder auf »Altbewährtes« zurückzugreifen. Schon mit dem Vereinheitlichungsgesetz von 1950[24] wurde in § 244 Strafprozeßordnung im wesentlichen die nationalsozialistische Beweisregelung aus dem Jahre 1935 übernommen[25] – inclusive aller acht Ablehnungsgründe,[26] also auch der Offenkundigkeitsregelung.

Auch in der Praxis übte sich die Politische Justiz auf der Grundlage eines restaurierten, weitgefaßten politischen Staatschutz-Rechts in verhängnisvoller Kontinuität, und das hieß: exzessive Kommunistenverfolgung.[27] Abermals bediente sich diese Justiz, die wiederum in politischen Sonder-Strafkammern und -Senaten organisiert war, hemmungslos der Offenkundigkeit, um sich der Beweiserhebung in öffentlichen Verfahren zu entledigen und einmal getroffene Feststellungen von Verfahren zu Verfahren weiterverwenden zu können – frei nach der Erkenntnis des Mephisto in Goethes Faust:

»Es erben sich Gesetz' und Recht
wie eine ew'ge Krankheit fort!«

Ausgangspunkt dieser Justiz-Ära der fünziger und sechziger Jahre bildete das sog. Fünf-Broschüren-Urteil (StE 3/52) des Bundesgerichtshofs (BGH) vom 8. April 1952, das in einer Art Gespenster-Verfahren ohne Angeklagte erging. Auf der Anklagebank »saßen« derweil 5 Broschüren, die mutmaßlich von der KPD bzw. SED (DDR) stammten und in denen insbesondere die revolutionären Verhältnisse in der UdSSR beschrieben wurden. Diese Schriften, die zuvor beschlagnahmt worden waren, zielten auf eine Beseitigung der freiheitlich-demokratischen Grundordnung des Grundgesetzes – so die Begründung für dieses sog. objektive Verfahren. In den Gründen des abschließenden BGH-Beschlagnahme-Urteils wird ausgeführt, daß die SED und jede/r, die oder der mit ihr zusammenarbeitet oder in irgendeiner Abhängigkeit von ihr steht, »ein bestimmtes hochverräterisches Unternehmen vorbereitet«. Als Nahziel jenes nicht näher definierten »Unternehmens« wird die »Errichtung der Diktatur des Proletariats in der Bundesrepublik«, als Fernziel die »Herbeiführung der klassenlosen Gesellschaft« genannt.[28]

Dieses Urteil, das entgegen der Vorschriften der Strafprozeßordnung ohne Gewährung rechtlichen Gehörs erging, ohne Hinzuziehung von Beschuldigten oder Zeugen, dieses Retorten-Urteil entpuppte sich rasch als richtungsweisend und machte beispiellose Justiz-Karriere: »Auf diese Weise haben ... Bundesanwaltschaft und Bundesgerichtshof bewirkt, daß praktisch die (west-) deutschen Gerichte sich an die Feststellung gebunden fühlen, daß jeder, der mit SED und KPD in irgendeinem politischen, persönlichen oder finanziellen Zusammenhang steht, als Hochverräter gilt«, resümierte der liberale Publizist Müller-Meiningen in der »Süddeutschen Zeitung« vom 21./22. November 1953. Und er sprach in diesem Zusammenhang vom »Hexeneinmaleins der kollektiven Schuldvermutung«, wonach jeder Kommunist in dieser seiner Eigenschaft automatisch Hochverräter sei; ein solches Verfahren – so der Publizist – sei nicht einmal in der NS-Zeit erfunden und angewandt worden.[29]

Normalerweise werden grundsätzliche BGH-Entscheidungen schnellstens in juristischen Fachschriften oder Entscheidungssammlungen veröffentlicht. Doch mit dem »Fünf-Broschüren-Urteil« verfuhr man anders: Es wurde auf dem Dienstwege an alle Gerichte und Staatsanwaltschaften der Politischen Justiz versandt und gelangte auf diese Weise zwar nicht in den Rang der Allgemeinkundigkeit, aber doch in den der Gerichtskundigkeit – unter weitgehendem Ausschluß der Öffentlichkeit.[30] Es diente nunmehr, landauf, landab, von Flensburg bis München, als Grundlage für eine Vielzahl von Verfahren gegen Tausende mutmaßlicher Kommunisten, ihre Helfer und Helfershelfer.[31] Zunächst hieß es in jeder einschlägigen Anklageschrift meist wortgleich:[32]

»Nach dem Urteil des Bundesgerichtshofs vom 8. April 1952 beabsichtigt die KPD die Vorbereitung eines gewaltsamen Umsturzes der Verfassung. Der Angeklagte ist Kommunist bzw. gehört einer kommunistischen Tarnorganisation an. Er ist daher schuldig der Vorbereitung zum Hochverrat.«

In den verfahrensabschließenden Urteilen wurden die Formulierungen des »Fünf-Broschüren-Urteils« sowie anderer Vor-Urteile meist wortgleich übernommen und lediglich um das Prädikat »zutreffend« oder »überzeugend« bereichert.[33] In all diesen Urteilen wurde letztlich auf einen Schuldbeweis verzichtet; an die Stelle des Beweises trat die Berufung auf das »Fünf-Broschüren-Urteil« des BGH.

Nach mehrfachen Rügen durch die Verteidiger der Angeklagten in diversen Kommunisten-Verfahren ließ man, etwa ab 1954/55, den direkten Hinweis auf dieses »höchst fragwürdige Urteil« (Müller-Meiningen) fallen und erklärte mit Blick auf die bisherige Rechtsprechung, es sei »offenkundig« bzw. »gerichtsbekannt«, daß die KPD einen gewaltsamen Umsturz in Westdeutschland vorbereite; daher seien die Angeklagten der Vorbereitung zum Hochverrat schuldig. Die Listen der gerichtlichen Offenkundigkeitserklärungen, die hinter verschlossenen Türen zusammengestellt worden waren, wurden von Verfahren zu Verfahren länger; in den Urteilsbegründungen der Gerichte nahmen sie zuweilen wesentlich mehr Raum ein als die Feststellungen über die Angeklagten selbst und ihre »Taten« sowie die Ausführungen über Beweise, rechtliche Würdigung und Strafzumessung.

Den textbausteinartig montierten Verurteilungen[34] lagen in den fünfziger und sechziger Jahren hauptsächlich zwei Strafbestimmungen zugrunde:

- der § 90a StGB, der die »Rädelsführerschaft« in einer »verfassungsfeindlichen Vereinigung« unter Strafe stellt und

■ der § 129 StGB, der die Gründung, Mitgliedschaft, Unterstützung, Werbung bezüglich einer »kriminellen Vereinigung« unter Strafe stellt.

Im letzteren Fall war also die Existenz einer Vereinigung Voraussetzung, die zum Zweck oder Tätigkeitsziel die Begehung strafbarer Handlungen hatte. War in einem der früheren Musterurteile eine bestimmte Vereinigung zur verfassungsfeindlichen gemäß dem damaligen § 90a StGB erklärt worden, dann galt es ohne weitere Untersuchung und Beweisführung als »offenkundig«, daß diese Vereinigung auch kriminell gemäß § 129 ist.

Die Beweisumgehung durch Offenkundigkeitserklärungen nahm in jenen Jahren gewaltige Ausmaße an. In nahezu allen Entscheidungen der Politischen Justiz in Sachen Kommunistenverfolgung wurde der Beweis für die behauptete Verfassungsfeindlichkeit einer nicht verbotenen Partei oder Organisation durch die behauptete Offenkundigkeit ersetzt und zur Grundlage der Verurteilung gemacht.[35]

Mit dieser Prozedur konnten die herrschende antikommunistische Doktrin und die Propagandathesen des Kalten Krieges in der Politischen Justiz der Bundesrepublik etabliert und für unbestimmte Zeit festgeschrieben werden – ohne daß über diesen wesentlichen Verfahrenskomplex noch Beweis erhoben werden mußte, ohne daß die zwangsläufig immer älter werdenden Feststellungen einer Aktualisierung unterzogen worden wären. »Die Offenkundigkeit des Antikommunismus hat den Prozeß der Wahrheitsfindung der Beweislast enthoben und auf die Frage reduziert, ob der Täter dem politischen Vorurteil subsumierbar ist oder nicht.«[36] Das politische Selbstverständnis der angeklagten Kommunisten und jener, die eine partielle Zusammenarbeit mit ihnen befürworteten, spielte jedenfalls keinerlei Rolle. Das grundgesetzlich garantierte rechtliche Gehör schrumpfte insoweit gegen Null.

Gleichwohl erwiesen sich die meisten der auf solchen Offenkundigkeitserklärungen beruhenden Urteile als revisionsfest: »Das ist für den Senat gerichtsbekannt«, meinte lapidar etwa der 2. Strafsenat des BGH bei der Überprüfung eines Urteils unterer Instanz:[37] »Deshalb genügen die etwas knappen Ausführungen, mit denen die Strafkammer die Volksbefragung (zur bzw. gegen die Remilitarisierung der BRD; R.G.) als einen Angriff auf die verfassungsmäßige Ordnung der Bundesrepublik kennzeichnet.«

Gleichzeitig konnte mit der Verbannung der Beweiserhebung aus der öffentlichen Verhandlung die politische Auseinandersetzung im Gerichtssaal weitgehend unterbunden werden. Dieser Entpolitisierungseffekt wird schlaglichtartig ersichtlich aus der gerichtlichen Ablehnung von Beweisanträgen der Verteidigung. Der in Kommunistenprozessen erfahrene Heidelberger Strafverteidiger Walter Ammann faßte die entsprechende Ablehnungsbegründung einer Strafkammer so zusammen: »...es würde sich dabei nur um politische Thesen ... oder um Werturteile handeln; sie verfolgten darüber hinaus lediglich den Zweck, den politischen Kampf in den Gerichtssaal zu tragen, und würden die Verhältnisse der Bundesrepublik unter Anklage stellen. Sie dienten somit nicht der Verteidigung und seien damit verfahrensfremd.«[38]

»Aus einer derart exzessiven Verwendung des strafprozessualen Instituts der Offenkundigkeit folgte, daß über die zentrale Frage der Politischen Justiz, nämlich ob die Politik der Kommunisten tatsächlich verfassungswidrig sei, im Prozeß nicht mehr gestritten werden konnte... Für den Angeklagten bedeutete die Zugehörigkeit zu einer offenkundig verfassungswidrigen Vereinigung meist schon die Verurteilung.«[39] Denn was offenkundig ist, was sozusagen alle wissen, ja das muß doch auch oder erst recht dem Täter, insbesondere einem (getarnten) Kommunisten bekannt gewesen sein: »Dem Angeklagten kann dies (die »verfassungwidrige« Tätigkeit der »Freien Deutschen Jugend« FDJ; R.G.) als Funktionär der FDJ nicht verborgen geblieben sein«, urteilte etwa der 2. Senat des Bundesgerichtshofs am 30. Januar 1953.[40] Da hilft ihm auch kein Leugnen und kein »Gegenbeweis«: »Die Einlassung eines Angeklagten, weder er noch die Organisation, in der er tätig war, habe z.B. die Übertragung der DDR-Verhältnisse auf die Bundesrepublik gewollt, weil dies wegen der sehr unterschiedlichen Entwicklung der beiden Teile Deutschlands gar nicht möglich sei, wird als bloße Schutzbehauptung abgetan« – so die Erfahrung des früheren Strafverteidigers in Kommunisten-Prozessen, Diether Posser.[42]

Diese Methode der Beweisvereinfachung und willkürgleichen Schuldkonstruktion nahm teilweise geradezu groteske Formen an. Nur ein kleines Beispiel zur allgemeinkundigen Kontaktschuld aus dem musikalischen Bereich sei zitiert: »Es ist allgemein bekannt, daß die Schalmeienmusik nicht schlechthin die Arbeitermusik repräsentiert, sondern ausschließlich der KPD zugeordnet ist«, so das Amtsgericht Kiel in seinem Beschluß vom 31. März 1957[42] – ungeachtet der biblischen Überlieferung von den schalmeienspielenden Hirten und Engeln.

Offenkundigkeit in RZ-Verfahren: Resultate finsterster Verhörmethoden

Die unrühmliche Tradition der Offenkundigkeit fand nach der bundesdeutschen Kommunistenverfolgung der fünziger und sechziger Jahre ihre Fortsetzung in den »Terrorismus«-Verfahren. Auf die beschriebene beweis- und prozeßvereinfachende Weise ziehen sich auch hier bestimmte einmal entwickelte Grundbehauptungen mehr oder weniger ungeprüft durch sämtliche einschlägigen Verfahren. Zumeist handelt es sich dabei um die herrschende Staatsschutz-Version über Existenz, Ziele, Strukturen und Arbeitsweisen sog. terroristischer Vereinigungen. Dadurch konnte im staatlichen »Anti-Terror-Kampf« eine in wesentlichen Punkten vereinheitlichte Linie der BKA-Ermittlungs-, BAW-Anklage- und OLG-Rechtsprechungspraxis durchgesetzt und immer wieder fortgepflanzt werden – voll zu Lasten der betroffenen Angeklagten.

Wie solche Staatsschutz-Behauptungen in ein Verfahren eingeführt werden, haben wir am Beispiel des Strobl-Prozesses gesehen. Mit der aufwendigen Vorleseprozedur sollten – so die Strafverteidigerin Edith Lunnebach (Köln) und der

Verteidiger Hartmut Wächtler (München) – »bestehende unübersehbare Beweislücken durch Hypothesen über die angebliche Struktur der RZ geschlossen werden«, aus der heraus die Anklage dann die Mitgliedschaft von Ingrid Strobl ableitete. Es gab wie gesagt keinerlei stichhaltigen Beweise für eine solche Mitgliedschaft, nur interessegeleitete Schlußfolgerungen, deren behauptete Prämissen apodiktisch in den Raum gestellt worden waren. Durch die Verlesung angeschimmelter Urteile der Jahre 1979 bis 1982[43] sowie sämtlicher Sprengstoffanschläge der RZ aus 15 Jahren[44] wurden Fakten eingeführt, die nicht mehr hinterfragt werden sollten. Es wurde damit aber auch spürbar ein bestimmtes Prozeß-Klima geschaffen, ein Klima, dem sich die Beteiligten und die Öffentlichkeit nicht sollten entziehen können: »Terrorismus« pur.

Um welche »Erkenntnisse« aus zweiter, dritter, vierter Hand, die da als »gerichtskundig« deklariert wurden, geht es nun bei den RZ-Verfahren?

Zunächst und in allererster Linie stützen sich die Gerichte regelmäßig auf das erste RZ-Urteil des Oberlandesgerichts Düsseldorf gegen den Lehramtsanwärter Gerd A. und den Diplom-Soziologen Enno Sch. aus dem Jahre 1979.[45] Diese Oldtimer-Entscheidung bildet die nicht versiegende Urquelle, aus der die Tatsachen-Erkenntnisse in Sachen »Revolutionäre Zellen« nach wie vor sprudeln – im wahrsten Sinne des Wortes: ein Ur-Teil, das Vorurteil des jeweils jüngsten Gerichts. Und dieses Urteil schöpft seinerseits insbesondere aus zwei Quellen: nämlich aus dem »Revolutionären Zorn«, der »Verbandszeitschrift der Revolutionären Zellen« (so die Sprachregelung der befaßten Oberlandesgerichte) und den Aussagen von Hermann F..

Der ehemalige Heidelberger Student Hermann F. ist jedoch noch nicht mal ein klassischer Zeuge, denn in keinem der einschlägigen Verfahren ist er je persönlich vor Gericht vernommen worden. Der angebliche Inhalt seiner Aussagen ist vielmehr über bis heute unüberprüfte »sinngemäß zusammengefaßte« handschriftliche Protokolle und Tonband-Abschriften sowie über sog. »Zeugen vom Hörensagen«, also Zeugenschaft aus zweiter Hand, in das Ausgangsverfahren sowie in die Folgeprozesse eingebracht worden.

F. wurde in der Zeit zwischen Juni und November 1978, also über fünf Monate lang, von Polizeibeamten, Staatsanwälten und einem Ermittlungsrichter am Bundesgerichtshof vernommen. Zunächst in der Universitätsklinik Heidelberg: Dorthin war er eingeliefert worden, nachdem er durch die Explosion eines selbstgebastelten Sprengsatzes am 23. Juni 1978 schwerste Verletzungen erlitten hatte: F. mußten beide Beine knapp unterhalb des Beckens amputiert und beide Augen entfernt werden; er erlitt außerdem schwere Verbrennungen zweiten Grades im Gesicht, eine Kieferhöhlen- und eine Hirnverletzung.

Der Sprengsatz war ursprünglich für das argentinische Konsulat in München bestimmt gewesen – als Protest gegen die politischen Zustände in Argentinien, wo eine Militärdiktatur das Volk unterdrückte. Im Sommer 1978 wurde in Argentinien die Fußball-Weltmeisterschaft ausgetragen; die bundesdeutsche Mannschaft kickte mit – ungeachtet der bekanntgewordenen Fälle von systematischer Folter.

Zu seiner politischen Motivation schrieb Hermann F. in einer späteren Erklärung: »Argentinien ist e i n Beispiel für imperialistische Barbarei betrieben durch die reichen Länder des Westens. Die Bundesrepublik ist in diesem System eine Metropole und hier zu leben heißt für jeden, sowohl Opfer als auch Mitschuldiger zu sein in einem System, das jährlich Millionen Hungertote fordert. Denn wir leben auch von ihnen. Antiimperialistische Politik heißt ausbrechen aus diesem Status von halb Opfer, halb Mitschuldiger...« (September 1980)

Nach seinem schweren Unfall, so F. weiter, sei er »beim Widerstand gegen die Verhältnisse in Argentinien selbst quasi in argentinische Zustände geraten«. Was er damit meinte, ist aus der weiteren Geschichte seiner Behandlung in der Heidelberger Klinik abzulesen.

F.s akute Situation in der Klinik war gekennzeichnet durch die plötzliche Erblindung, den damit verbundenen, existentiellen Schock, durch Orientierungslosigkeit und einen tiefgreifenden Wandel des Umwelterlebens, des Kommunikationsverhaltens, verschärft durch den plötzlichen Wegfall der selbständigen Fortbewegungsfähigkeit und die Wirkungen der mehrfach verabreichten starken Schmerzmittel (morphinhaltiges Dipidolor und Valium). Und in dieser katastrophalen Lage eines Hilflosen, Orientierungslosen und Abhängigen, in der F. zunächst vollkommen auf andere angewiesen war, in dieser Lage wurde er von Ermittlungsbeamten systematisch ausgeforscht (»angehört«, wie diese Form der Vernehmung eines lebensgefährlich Verletzten damals genannt wurde).

Schon unmittelbar nach Beendigung der künstlichen Beatmung, nämlich am ersten Tag nach dem Unfall, beginnen auf der Intensivstation der Chirurgischen Klinik F.s Vernehmungen durch einen Staatsanwalt, der ihn – so ein Aktenvermerk – nicht über seine Rechte belehrt und den F., wie er später berichtet, für einen Rechtsanwalt hält. Die Verhöre werden an den folgenden Tagen durch bis zu vier Polizeibeamte des Landeskriminalamts Baden-Württemberg und des Bundeskriminalamtes fortgesetzt. Im Zustand akuter Lebensgefahr also wird Feiling in vier Tagen zusammen fast zehn Stunden lang verhört (Vermerk im Protokoll über die Vernehmung vom 28. Juni 1978 auf der Intensivstation: »Herr F. macht eine längere Pause und atmet sehr stark«; S. 50). Der Inhalt der Verhöre kreiste um die Planung von Anschlägen, um personelle Beteiligung, um Gruppenstrukturen und Arbeitsweisen der »Revolutionären Zellen«.

F. hatte unsägliche Angst davor, verlassen zu werden. Für ihn, den nunmehr Blinden und von epileptischen Anfällen Geplagten, waren damals medizinisches Pflegepersonal und Polizeibeamte nicht unterscheidbar, zumal letztere ihn auch tatsächlich versorgten. Er befand sich zu den ihn umgebenden Personen in einem totalen, unentrinnbaren Abhängigkeitsverhältnis, abgeschirmt von sämtlichen Bekannten und Freunden. Nach F.s Aussagen sei er zusätzlich in Angst und Schrecken versetzt worden, als man ihm bedeutet habe, sein Leben sei durch Dritte bedroht: Es gebe hier einige, so die Vernehmer, »die ihm gerne eine Spritze verpassen würden« (übrigens ähnlich, wie es dem schwerverletzten Karl-Heinz Roth 1975 im Krankenhaus widerfuhr).[46]

Später wurden die Vernehmungen in verschiedenen Kliniken (Münster, Papenburg) sowie in der Höheren Landespolizeischule zu Münster fortgeführt, wo F. zwischen seinen Klinikaufenthalten, vollkommen abgeschottet von der Außenwelt, unter Polizeiaufsicht wohnte –[47] ohne einen Haftbefehl (weil offensichtlich haftunfähig), also in einer Art »Schutzhaft« ohne jegliche Rechtsgrundlage.

Erst allmählich, so F.ś verspätet beauftragter und mit erheblicher Verzögerung vorgelassener Anwalt Stephan Baier (Mannheim), als F. langsam wieder zu sich selbst fand, bemerkte er, daß seine vermeintlichen Beschützer und Pfleger in Wirklichkeit Bewacher waren, er sich quasi unter Kontaktsperre in unzulässiger polizeilicher Schutzhaft befand und daß seine Gesprächspartner zu Anklägern geworden waren. Rechtsanwalt Baier wörtlich:

»Es gibt keine andere Begründung dafür, warum F., der in diesen Tagen mit dem Tode noch um das Überleben kämpfte, verhört werden mußte, als die, daß es den Ermittlungsbehörden darauf ankam, für den Fall, daß F. nicht überleben würde, ihm wenigstens so viel wie möglich von seinem Wissen entreißen zu können. Es ging eben darum, wie es der Generalbundesanwalt Rebmann formulierte, ›seitens der Strafverfolgung in die Revolutionären Zellen einzudringen‹, auch wenn das Mittel zu diesem Zweck im Bewußtsein seiner Verstümmelung und unter den Operationsschmerzen leidend, im Sterben lag... Diese Situation der Hilflosigkeit, der Orientierungslosigkeit und der totalen Abhängigkeit haben die Ermittlungsbehörden in skrupelloser und barbarischer Weise genutzt. Von allen Freunden abgeschirmt, haben sie sich seiner wie eines Leibeigenen bedient. Sie haben sich, als er in seinem Wahrnehmungsapparat völlig zerstört und durcheinander geworfen und in seinem Persönlichkeitserlebnis völlig zerschmettert war, von ihm selbst und von seinem Wissen Besitz ergriffen, ihn wie ein Asservat behandelt und untersucht, ohne Rücksicht auf seine seelische Not in seinem Gehirn geblättert und sich daraus bedient wie in einem Selbstbedienungsladen. Das ist kein Rückfall in finsterste Inquisitionsmethoden des Mittelalters, das ist die Fortentwicklung modernster Verhörtaktik in finsterster Gegenwart.«[48]

Diese Vernehmungen sind, nimmt man Verfassung und Strafprozeßordnung als Maßstab noch ernst, unter grober Mißachtung der Menschenwürde (Art. 1 und 2 Grundgesetz) durchgeführt worden. Denn, so das Bundesverfassungsgericht in mehreren Urteilen:[49] »Es widerspricht der menschlichen Würde, den Menschen zum bloßen Objekt staatlichen Handelns zu machen« und einer Behandlung auszusetzen, »die seine Subjektqualität prinzipiell in Frage stellt« oder die »eine willkürliche Mißachtung der Würde des Menschen« darstellt. Es handelt sich darüber hinaus um verbotene Methoden der Vernehmung gemäß § 136a Strafprozeßordnung, eine Norm, die »die Freiheit der Willensentschließung und der Willensbetätigung des Beschuldigten« unter Schutz stellt. Deshalb unterliegen die auf solche Weise erlangten Aussagen von Gesetzes wegen einem absoluten Verwertungsverbot. Für F. selbst sind die »angeblichen Vernehmungsprotokolle...das Ergebnis einer Behandlung, die den Namen Folter verdient«: »Ich halte es für aberwitzig, Angaben daraus zu verwenden.«[50]

Ein Teufelskreis von Vor-Urteilen: Das Zitierkartell in RZ-Verfahren

Doch dessen ungeachtet beruhen die Feststellungen des Ausgangsurteils in Sachen RZ gegen A./Sch. im wesentlichen auf diesen widerrechtlich erlangten Aussagen des »Kronzeugen« wider Willen, die F. indes längst widerrufen hat. Die fast 1300 Protokoll-Seiten der »Soko« (Sonderkommission) des Landeskriminalamtes Baden-Württemberg[51] sind nämlich bis heute die einzige, wenn auch verständlicherweise reichlich verworrene und widersprüchliche Quelle zur Struktur und Arbeitsweise der RZ geblieben[52] – streckenweise in bester Polizeidiktion verfaßt. Und gerade dieser Umstand macht sie für die Ermittlungsbehörden noch heute so überaus wertvoll. Aus diesen Protokollen haben sie, allen voran die Bundesanwaltschaft, versucht, etwas für sie ganz wesentliches herauszufiltern: daß es sich nämlich bei den so schlecht greifbaren, im Gegensatz zur militärisch straff gegliederten RAF nicht hierarchischen, nur lose organisierten »Feierabend-Terroristen« der verschiedenen autonomen »Revolutionären Zellen« gleichwohl um festgefügte, zentral organisierte und gesteuerte Gruppen handele. Diese Behauptung hat gleich mehrere ermittlungsstrategische, beweis- und prozeßvereinfachende Vorteile:

- Die eigentlich »diffusen«, schwer greifbaren RZ können damit ohne weiteres als »terroristische Vereinigungen« nach § 129a Strafgesetzbuch verfolgt werden, der ja ein gewisses Maß der Organisiertheit voraussetzt;
- ihre Struktur, Arbeitsweise und Ziele gelten ein für allemal als festgestellt;
- über diese einmal (gerichtlich) festgestellten »Tatsachen« muß kein Beweis im Einzelfall mehr erhoben werden, sie werden stattdessen per Offenkundigkeit tradiert und dienen so als Grundlage für sämtliche Folgeprozesse;
- damit können, mangels weiterer streitiger Erörterung in der Hauptverhandlung, die politischen RZ-Verfahren praktisch entpolitisiert werden;
- das Unterstützer- und Sympathisanten-Umfeld kann auf die solchermaßen als »terroristisch« eingestuften Vereinigungen als Kristallisationspunkte bezogen und entsprechend problemlos verfolgt werden;
- nicht zuletzt können die Ermittlungs-, Anklage- und Gerichtsbehörden im Falle von RZ-Verdacht aufgrund des Prädikats »terroristische Vereinigung« jene Sonderbefugnisse aktivieren, die ihnen die sog. »Anti-Terror-Gesetze« einräumen, um damit ihrerseits nun wirklich zentralistisch gesteuert verfahren und z.B. alle RZ-Verdächtigen auch ohne Haftgrund einsperren zu können.

Aus diesen Gründen war und ist es den Anklagebehörden und Gerichten auch so wichtig, ausgerechnet die dubiosen, nunmehr über zehn Jahre alten Feststellungen aus den erwähnten früheren Urteilen, die sich auf die F.-Protokolle stützten, in den nachfolgenden RZ-Anklagen und -Urteilen nach dem »Prinzip eines Zitierkartells« (Cobler) gebetsmühlenartig »wiederzukäuen« – möglichst ohne weitere Beweisaufnahme. Die zentral handelnde Bundesanwaltschaft liefert in ihren Anklagen jeweils die Vorlage, die von den Oberlandesgerichten in der Regel nur noch nachvollzogen wird: Ein Gericht schreibt dabei vom anderen ab, Zitate von Zitaten von Zitaten...

Dabei werden jene seltenen Urteile, die zu anderen, eher unerwünschten Ergebnissen gelangten, geflissentlich unberücksichtigt gelassen: etwa die Festellungen des Kammergerichts Berlin im seinem Urteil vom 12. Februar 1979 gegen Mitglieder des »Agit-Druckkollektivs«,[53] die immerhin in Kenntnis der F.-Protokolle und des Sch./A.-Urteils vom Januar 1979 getroffen wurden – allerdings ohne diese im Wege der Gerichtskundigkeit unbesehen zu übernehmen. Aufgrund einer tatsächlich durchgeführten Beweisaufnahme (u.a. Zeugenvernehmungen) zu der Frage, ob es sich bei den RZ um eine »terroristische Vereinigung« handele, kam dieses Gericht zu folgendem »ketzerischen«, aber eigenständigen Urteil: »Die Organisationsstruktur dieser Gruppen ist bisher nicht bekannt. Es läßt sich deshalb nicht ausschließen, daß es sich bei ihnen um Gruppen handelt, die sich jeweils immer nur zu einer Tat zusammenschließen.« Allein aus der Art der Delikte könne »nicht mit ausreichender Sicherheit auf eine auf die Dauer angelegte Personenvereinigung geschlossen werden«. »Ein Organisationssystem, das mehreren solcher Gruppen übergeordnet ist und sie damit alle zu einer terroristischen Vereinigung zusammenschließen könnte, konnte nicht festgestellt werden.«[54]

Dieses Urteil blieb ein Einzelfall, denn es ist der Gnade der »Gerichtskundigkeit« nicht teilhaftig geworden.

Um ihre einmal gerichtsnotorisch herausdestillierte Staatsschutz-Version zur weiteren Verwendung aufrecht erhalten zu können, setzen sich Bundesanwaltschaft und die Mehrzahl der Oberlandesgerichte nicht nur über einzelne querliegende Urteile hinweg, sondern sie negierten auch entgegenstehende Erkenntnisse des Bundeskriminalamtes (BKA), das seit dem 14. März 1979 vom Generalbundesanwalt mit den zentralen Ermittlungen in Sachen RZ und mit der Auswertung aller RZ-Verfahren beauftragt ist.[55] In einem 27-seitigen Bericht, Stand: 14. Dezember 1982, stellt das BKA zum damals bekannten Wissensstand – unter Berücksichtigung der »Aussagen« von F. und sämtlicher einschlägigen Gerichtsurteile – unmißverständlich fest: »Die genaue Struktur der RZ und die Anzahl ihrer Gruppen und Mitglieder haben sich bisher nicht ermitteln lassen« (S. 11).

In gewissem Widerspruch zu dieser Erkenntnis wird enttäuscht hinzugefügt: »Dank ihrer Struktur, die nach dem Prinzip weitgehend unabhängig voneinander operierender und gegeneinander abgeschotteter Kleingruppen aufgebaut ist, konnte es ihnen bisher gelingen, sich, bis auf geringe Ausnahmen, dem polizeilichen Zugriff zu entziehen.« (S. 14).

Im wesentlichen ist dies bis Ende der achtziger Jahre so geblieben. Die Ermittlungsorgane fahnden nach wie vor nach einer verfestigten Organisation namens RZ, haben mittlerweile zwar eine Menge von Taten und Anschlägen aufgelistet, aber es mangelt ihnen an Tätern und Täterinnen. Insofern hat sich offenbar »bewährt«, was in der im Juli 1981 erschienenen Untergrundzeitung »Guerilla Diffusa« gepriesen wurde und in dem erwähnten BKA-Bericht (S. 12) so zitiert steht:

»Überall sind spontane ›Revolutionäre Zellen‹ entstanden, die es nicht mehr nötig hatten, sich so zu nennen... Jede Gruppe handelt selbstbestimmt, hat keinen Namen und tauscht in losem Kontakt zu anderen Erfahrungen aus.... Wenn wir es schaffen, unlogisch und unberechenbar zu bleiben, wird der perfektionistische BKA-Apparat weiterhin vor einem Berg von unaufgeklärten Kommandoerklärungen stehen.«

Angesichts dieser Belegstellen, die eher gegen eine festgefügte Vereinigung im Sinne von § 129a StGB sprechen (und hierfür gibt es noch wesentlich mehr Belege),[56] ist es äußerst aufschlußreich, was die Ermittlungsbehörden und Gerichte aus dieser mißlichen Lage der offenkundigen Unkenntnis und Erfolglosigkeit – mithilfe von Offenkundigkeit und § 129a StGB – zu entwickeln verstanden. Als Urquelle ihrer Sonder-Erkenntnisse dient den Gerichten in Sachen RZ, wie bereits erwähnt, das *Urteil A* des OLG Düsseldorf vom 19. Januar 1979: Verurteilt wurden damals zu mehrjährigen Freiheitsstrafen die Angeklagten A.[57] und Sch. u.a. »wegen mitgliedschaftlicher Beteiligung an einer terroristischen Vereinigung« und versuchtem Brandanschlag auf ein Kino, das den umstrittenen Film »Unternehmen Entebbe« zeigte. Die (vorbereitende) Tathandlung, die von beiden »Filmkritikern« bestritten worden sein soll, konnte ihnen indes nicht nachgewiesen werden. Eine »Revolutionäre Zelle« hatte die Verantwortung für den mißglückten Anschlag übernommen.

Es war das erste Verfahren nach dem neuen § 129a, der 1976 ins Strafgesetzbuch eingeführt worden war – eine recht zweifelhafte Premiere, die den Charakter dieser Vorschrift sogleich offenbarte. Das Gericht ordnete die Angeklagten aufgrund diverser Indizien den »Revolutionären Zellen« zu. Es konnte damit aus dem ihnen zur Last gelegten Versuch einer Straftat ein Organisationsdelikt kreieren, obwohl doch nur zwei angebliche Mitglieder namhaft gemacht werden konnten, eine Vereinigung allerdings aus mindestens dreien bestehen muß. Im abschließenden Urteil gegen A./Sch. heißt es zu dieser ominösen »Vereinigung« lapidar: »Die Revolutionäre Zelle/Revolutionären Zellen ... sind eine auf längere Dauer angelegte terroristische Vereinigung mit organisierter Willensbildung, deren Mitglieder sich als einheitlicher Verband fühlen« (S. 22).

Diese apodiktische, von keinem Nachweis getrübte Feststellung, die uns noch des öfteren begegnen wird, wurde getroffen, obwohl das Gericht schließlich auch eingestehen mußte, daß »die genaue Struktur« der RZ, »die Anzahl der Gruppen und Mitglieder« sich habe »nicht ermitteln lassen«. Insbesondere, so heißt es weiter, »konnte nicht festgestellt werden, daß jeder einzelne Anschlag auf einer zentralen Planung und Steuerung beruht« (S. 23) – was für eine Verurteilung nach § 129a StGB allerdings Voraussetzung wäre. Doch dieses glaubhafte Eingeständnis zeitigte wenig Wirkung. Gleich im darauffolgenden Satz kriegte das Gericht wieder die Kurve in Richtung einheitliche Organisation, womit sich die Verurteilung nach § 129a StGB dann doch begründen ließ: »Gleichwohl zielt die Organisationsform der RZ darauf ab, den gemeinsamen Zweck mit bewußt und absichtlich vereinten Kräften zu erreichen. Die verschiedenen Gruppen der Vereinigung existieren und operieren nach dem Prinzip strenger Abschottung. Nur so vermögen sie sich als illegale Vereinigung zu behaupten.«

Diese rechtskräftig gewordenen Feststellungen habe das Gericht, so ist es im Urteil niedergelegt, u.a. aus der RZ-Zeitschrift »Revolutionärer Zorn« bezogen, die neben den Protokollen über die Aussagen von F. zu den wichtigsten Erkenntnisquellen des Gerichts gehört.[58] Nicht in dieses erkenntnisleitende Muster passende Textpassagen wurden dabei allerdings kurzerhand umgedeutet:

»Trotz des erklärten Zieles, Gegenmacht in vielen kleinen, in den verschiedenen Bereichen ›autonom‹ arbeitenden ›Kernen‹ zu organisieren, und obwohl sie sich dabei als ›Teil einer Bewegung‹ sahen (Zorn 75, S.8)«, haben sich die RZ »als eigenständiger und einheitlicher Verband« verstanden. Dem widerspreche auch nicht, daß die RZ »hierarchische Strukturen« und »autoritäre Fixierungen« stets abgelehnt und »aus diesem Grunde einen Vereinscharakter von sich gewiesen habe (Zorn April 78, S. 3)«, und daß alle Angehörigen eines autonomen Kerns dazu angehalten wurden, »bei der Vorbereitung und Durchführung jeder einzelnen Aktion ›gleichberechtigt, selbstbestimmt, absolut vertrauensvoll zusammenzuarbeiten und miteinander umzugehen‹ (Zorn 75, S. 8)«.

Auf dieses Urteil A und seine als »Feststellungen« ausgegebenen vagen Vermutungen stützt sich schon drei Monate später das *Urteil B* des OLG Düsseldorf vom 16. März 1981[59] gegen den Einzelhandelshandelskaufmann Burkhard M., die erwerbslosen Jürgen K. und Harald N. sowie den Schüler Vincenzo B. Sie wurden u.a. wegen »Werbung für eine terroristische Vereinigung« und Sachbeschädigung zu mehrmonatigen Freiheitsstrafen bzw. Jugendstrafen mit Bewährung verurteilt. Im Urteil scheuten sich die Richter nicht, wortwörtlich von Urteil A abzuschreiben: »Die Revolutionären Zellen sind eine auf längere Dauer angelegte terroristische Vereinigung mit organisierter Willensbildung, deren Mitglieder sich als einheitlicher Verband fühlen« (S. 24). Und weiter: »Die Feststellungen zur terroristischen Vereinigung ›Revolutionäre Zellen‹ (›RZ‹), ihrer Organisation und ihren Zielen, der von ihr herausgegebenen Zeitschrift ›Revolutionärer Zorn‹ sowie zu den von ihr in Verfolgung ihrer Ziele verübten Sprengstoffanschlägen beruhen auf der auszugsweisen Verlesung einer Ausfertigung des rechtskräftigen Urteils des 4. Strafsenats des Oberlandesgerichts Düsseldorf vom 19. Januar 1979 in der Strafsache gegen A. und Sch.... Es bestehen keine Anhaltspunkte, die dem erkennenden Senat Anlaß geben könnten, an der Richtigkeit dieser Feststellungen zu zweifeln« (S. 62). Ohne Zweifel also keine korrekte Beweisaufnahme über die beweiserhebliche, beweisbedürftige und beweisfähige Frage der Organisationsstruktur der RZ.

Urteil C des Oberlandesgerichts Düsseldorf vom 2. Juli 1981[60] gegen den erwerbslosen Joachim Sch., der wegen »Werbung für terroristische Vereinigungen« und Sachbeschädigung zu einer zehnmonatigen Freiheitsstrafe ohne Bewährung verurteilt wurde, setzte vier Monate später den Reigen fort.[61] Seitenlange, textlich mit den Vor-Urteilen vollkommen identische Passagen finden sich auch in diesem Urteil (S. 11 ff.). Diese, so heißt es dort in schlichter Klarheit, seien

»dienstlich den Mitgliedern des Senats bekannt geworden, somit gerichtsbekannt und damit offenkundig« (S. 43). Wiederum wurde im Verfahren das Urteil A auszugsweise verlesen. Bestanden im Urteil B lediglich »keine Anhaltspunkte« zum Zweifel, so bestehen im Urteil C nunmehr »nicht die geringsten Anhaltspunkte, die dem erkennenden Senat Anlaß geben könnten, an der Richtigkeit dieser Feststellungen zu zweifeln.« Mit zunehmendem zeitlichen Abstand verringern sich offenbar auch die Zweifel.

Das *Urteil D* des Oberlandesgerichts Frankfurt vom 15. Februar 1982[62] erging gegen zwei Angeklagte, die aufgrund der zweifelhaft zustandegekommenen »Aussagen« Hermann F.ś in Verdacht geraten waren. Die Sekretärin Sylvia H. und die Verlobte F.ś, die Pädagogin Sibylle St., waren angeklagt wegen »Mitgliedschaft in einer terroristischen Vereinigung« und wegen diverser Anschläge. Ursprünglich war auch Hermann F. in diesem Verfahren angeklagt; ihm wurde jedoch aufgrund seiner körperlichen und psychischen Verfassung Verhandlungsunfähigkeit bescheinigt, so daß das Verfahren gegen ihn vorläufig eingestellt wurde.[63] Er blieb gleichwohl Mitbeschuldigter.

Der Prozeß verlief also ohne F.ś Anwesenheit, allerdings unter Verwendung der 1300 Protokollseiten, die seine skandalöse Vernehmung erbracht hatte.[64] Er konnte, ja durfte zu seinen folgenschweren »Aussagen« aus jener Zeit keine Stellung nehmen, obwohl er sie längst widerrufen hatte. Es half nichts.

F. konnte noch nicht einmal von seinem zeugenschaftlichen Aussageverweigerungsrecht als Verlobter von Sibylle St. Gebrauch machen,[65] weil er Mitbeschuldigter blieb und nicht als Zeuge geladen wurde. Wäre er Zeuge gewesen, so hätte dies nach der Strafprozeßordnung dazu führen müssen, daß das gesamte Aussagenmaterial der Ankläger auch aus diesem Grunde gesperrt worden wäre und seine früheren Vernehmungen nicht hätten verwertet werden dürfen. Das eben wußten Anklage und Gericht trickreich zu verhindern, indem sie ihn per Senatsbeschluß als Mitbeschuldigten weiterführten, statt ihn zum Zeugen zu machen. F.ś »Aussagen« wurden ihm auf diese Weise förmlich enteignet; sie wurden offiziell ins Verfahren eingeführt und führen seitdem ein justitiell konserviertes Eigenleben, auf das er keinerlei Einfluß mehr hat, das aber noch 1989 ff. unmittelbar mit seinem Namen verknüpft ist. Gerichtsnotorisch, unerschütterlich, (Gegen-) Beweisen weitgehend entzogen.

Gegen die beiden anderen Angeklagten wurde weiter verhandelt. Nach fast anderhalb Jahren Verhandlungsdauer und Untersuchungshaft unter Isolationshaft-Bedingungen mußte Sylvia H. allerdings freigesprochen werden. Die von der Anklage aus den F.śchen Vernehmungsprotokollen herausgezogenen Beschuldigungen ließen sich nicht aufrechterhalten. Auch Sibylle St. wurde vom Vorwurf der Mitgliedschaft in einer »terroristischen Vereinigung«, den RZ, freigesprochen, gleichwohl wegen »versuchter schwerer Brandstiftung« und »gemeinschädlicher Sachbeschädigung« zu einer Freiheitsstrafe von 15 Monaten mit Bewährung verurteilt.

Urteil E: Ein weiteres »Blaupausen-Verfahren« stellt der Prozeß gegen Rudolf

R. vor dem Oberlandesgericht Koblenz dar.[66] Auch er wurde angeklagt wegen »Mitgliedschaft in einer terroristischen Vereinigung«. Der Verdacht war auf ihn gefallen, weil die Ermittlungsbehörden aus den F.-Protokollen herausfiltern konnten, daß im Mai 1978 ein namentlich unbekannter Mann von Frankfurt nach Mainz gezogen sei, um dort eine neue RZ aufzubauen.

Dieser Rasterpunkt, so später die Anklage, habe auf R. zugetroffen. Der wird daraufhin pausenlos observiert, drei Monate lang, Tag und Nacht. Und tatsächlich hatte er doch früher Kontakt zu Personen, die später als angebliche Mitglieder der RZ polizeilich gesucht wurden. Dem schwer nierenkranken R. bleiben die systematischen, mitunter dreisten Observationen nicht verborgen. Er fühlt sich in Gefahr, verliert die Nerven und fährt, um der seelischen Belastung zu entgehen, Ende 1978 zu Freunden nach Irland, bei denen er vorübergehend lebt.

Dort wird er einige Monate später verhaftet, da jedoch kein Haftbefehl vorliegt, umgehend wieder freigelassen. Der Haftbefehl wird später vom Ermittlungsrichter am Bundesgerichtshof nachgereicht, nachdem R. zwischenzeitlich in einer öffentlichen Kampagne zum hochkarätigen internationalen Top-Terroristen, zu einem Carlos II, aufgebläht worden ist. Angeblich soll er mit der »Irisch Republikanischen Armee« (IRA) zusammengearbeitet und Mord-Anschläge vorbereitet haben: so etwa das IRA-Attentat auf Lord Mountbatten und eine geplante Entführung des Papstes.[67]

Nach diesen schweren Vorwürfen meldet sich R. umgehend mit einer öffentlichen Erklärung, in der er die Anschuldigungen dementiert und seine freiwillige Rückkehr in die Bundesrepublik ankündigt, obwohl er wegen seiner Nierenkrankheit ans Bett gefesselt ist:[68] In seinen Beinen haben sich bereits Wasserödeme gebildet, seine Füße sind stark angeschwollen, so daß er fast unfähig ist, sich fortzubewegen. Er schwebt seit jener Zeit in akuter Lebensgefahr. Die Antwort des BKA auf seine Rückkehr-Erklärung: erhöhter Fahndungsdruck.[69]

Dennoch kehrt Rudolf R., ermutigt durch eine starke Solidaritätskampagne (u.a. für Haftverschonung), im Juni 1980 in die Bundesrepublik zurück, wo er sich in einem Karlsruher Krankenhaus in medizinische Behandlung begibt. Bis zum Urteil muß er fast unerträgliche Wechselbäder aus Haftbefehlen, Haftverschonung, Festnahmen und Entlassungen erleben.

Im September 1980 wird R. u.a. wegen Mitgliedschaft in einer »terroristischen Vereinigung« (der RZ), Rädelsführerschaft und Beteiligung an einem Sprengstoffanschlag angeklagt. Wider alle Erwartungen lehnt der Staatsschutzsenat des OLG Koblenz die Eröffnung des Hauptverfahrens jedoch mit der Begründung ab, der dazu erforderliche hinreichende Tatverdacht liege nicht vor. Auf die Beschwerde der Staatsanwaltschaft beim Bundesgerichtshof muß das Hauptverfahren dann dennoch eröffnet werden, allerdings auf Grundlage einer reduzierten Anklage – im wesentlichen wegen Mitgliedschaft in einer »terroristischen Vereinigung«,[70] obwohl für diesen Vorwurf keine Beweise vorliegen.

Doch worauf es den Verfolgungsinstanzen in diesem Verfahren entscheidend ankommt, das ist offenbar die neuerliche Festschreibung der RZ als »terroristische

Vereinigung« – nach Düsseldorf und Frankfurt nun durch ein drittes Oberlandesgericht. Deshalb die entsprechende Anklage. Parallel dazu fordert Generalbundesanwalt (GBA) Rebmann energisch mehr Kompetenzen für seine Behörde bei der Bekämpfung der RZ: Die Bundesanwaltschaft soll künftig auch dann die Ermittlungen zentral an sich ziehen können, wenn »terroristische« Straftaten begangen werden, ohne daß die Merkmale einer »terroristischen Vereinigung« vorliegen (1987 wurde sein Wunsch erfüllt).

Im Lauf des Verfahrens gegen Rudolf R. vor dem OLG Koblenz werden die vagen Indizien für seine angebliche Mitgliedschaft verhandelt: darunter Aschereste verbrannten Papiers, möglicherweise der RZ-Schrift »Revolutionärer Zorn«. Im wesentlichen geht es dann aber um seine politische Gesinnung und Kontaktschuld: R. hat schließlich Personen gekannt, die als Mitglieder der RZ gesucht wurden (»Dunstkreis«). Auch die vagen »Aussagen« Hermann F.ś, die den Fall erst auslösten, spielen eine wesentliche Rolle. Eine konkrete »terroristische« Straftat wird dem Angeklagten aber nicht mehr vorgeworfen.

Ursprünglich sollte der groß geplante und angelegte, mittlerweile aber arg geschrumpfte Prozeß dazu dienen, die RZ-typischen Strukturen und die symptomatischen Lebens- und Verhaltensweisen von RZ-Mitgliedern, die sich bislang nie als solche zu erkennen gaben, genauer als bisher möglich zu erfassen. Damit hätten sie dann detaillierter per Offenkundigkeit fortgeschrieben und so eine einigermaßen reibungslose gerichtliche Bewältigung des Problems für die Zukunft sichern können (FR: »Musterprozeß«; taz: »Pilotverfahren gegen ›Revolutionäre Zellen‹«). Die Staatsanwaltschaft forderte, trotz der mageren Verfahrensergebnisse, zwei Jahre und sechs Monate Freiheitsstrafe, anschließende Führungsaufsicht und Aberkennung der bürgerlichen Ehrenrechte auf drei Jahre.[71] R.ś Verteidiger Hans-Joachim Weider fordert schlicht und einfach: Freispruch.

Die Rechnung der Staatsschützer von der ermittelnden und anklagenden Fraktion ging diesmal (wieder) nicht auf: Die Anklage brach jäh in sich zusammen, das Gericht weigerte sich, eine Verurteilung auf bloße Indizien zu gründen. Der Angeklagte mußte am 19. November 1982 vom Vorwurf der RZ-Mitgliedschaft freigesprochen werden. Sechseinhalb Jahre später ist Rudolf R. gestorben (am 11. Juli 1989).[72]

Auch in diesem Urteil versäumten es die Oberrichter nicht, Feststellungen über die RZ festzuschreiben und sie der Nachwelt zitierfähig zu hinterlassen. Allerdings in erheblich vereinfachter Form: Die Feststellungen zum Fortbestand der RZ als Vereinigung im Sinne des § 129a StGB beruhen, so das Gericht (S. 5), auf »Tatsachen«, die »zuletzt zusammengestellt« worden seien im Urteil des OLG Frankfurt vom Februar 1982 (Urteil D). Über vierzehn Seiten seines Urteils werden der Einfachheit halber wortwörtlich aus Urteil D zitiert, das seinerseits ja die Feststellungen des OLG Düsseldorf vom Januar 1979 (Urteil A) »zusammengestellt« hatte: ein wahrer Prozeß von »Erforschung der Wahrheit« – statt Beweiserhebung und -würdigung die Zusammenstellung von gerichtskundigen Tatsachen.

Die Macht des zum Urteil erhobenen Vorurteils

Zur vollen Anwendung des Zitierkartells, bestehend aus den Urteilen A bis E, kam es dann in den Jahren 1983/84 in der »Pressesache« gegen den Journalisten Benedikt Härlin und gegen den Studenten Michael Klöckner vor dem 3. Strafsenat des Kammergerichts Berlin. Sie waren angeklagt worden wegen »Werbung für eine terroristische Vereinigung«, wegen Billigung von und Aufforderung zu Straftaten – begangen durch Verbreitung der Zeitschrift »radikal«, in der u.a. »Bekennerbriefe« der RZ unkommentiert und unzensiert dokumentiert worden waren.[73] Autorenschaft oder konkrete Handlungen konnten ihnen indes nicht vorgeworfen werden.

Das angeklagte Werben für eine »terroristische Vereinigung« ist ja nun logischerweise nur möglich, wenn diese Vereinigung wirklich existiert und als »terroristische« identifizierbar und nachweisbar ist – was sich im Fall der RZ ohne Offenkundigkeitserklärung wohl kaum machen läßt. Das Kammergericht allerdings schien zunächst von dieser Art der Beweisführung nicht viel zu halten. Am ersten und zweiten Verhandlungstag führte es in zwei Beschlüssen vollkommen korrekt aus, daß es hinsichtlich der entscheidungserheblichen Struktur der RZ als einer Vereinigung im Sinne des § 129a StGB noch keine sichere Überzeugung besitze, sondern lediglich einen entsprechenden Verdacht hege.[74] Dies zu ergründen, so das Gericht, bleibe der Beweisaufnahme vorbehalten: »Die Angeklagten haben auch insoweit die Gelegenheit zu ausreichender Verteidigung.«

Am 24. Hauptverhandlungstag verkündete das Gericht dann aber, ohne Erörterung, in einem neuen Beschluß:[75] Der Senat »weist darauf hin, daß er Existenz, Aufbau, Tätigkeit und Ziele der ›Revolutionären Zellen‹ als gerichtskundig ansieht.« Plötzlich wurde also auf unerfindliche Art und Weise, ohne Beweisaufnahme, als gerichtskundig und damit nicht beweisbedürftig deklariert, was vom selben Gericht noch in den ersten Verhandlungstagen als ungewiß und damit als unbedingt beweisbedürftig bezeichnet worden war. Damit wurde den überrumpelten Angeklagten der Boden für eine sinnvolle Verteidigung entzogen.

Am 1. März 1984 erkannte das Kammergericht Berlin wegen der angeklagten Delikte auf je zweieinhalb Jahre Freiheitsstrafe.[76] Dieses horrende Urteil, wie überhaupt das gesamte Verfahren, provozierte heftige öffentliche Kritik (»Im Zweifel gegen die Angeklagten«, Verurteilung »ohne zureichende Beweise«, »Fehlurteil«, »Angriff auf die Pressefreiheit«).[77] Im Urteil heißt es zu den RZ lapidar und ohne jeglichen Quellenverweis: »Die festgestellten Tatsachen über Existenz, Aufbau, Tätigkeit und Ziele der ›Revolutionären Zellen‹ sind gerichtskundig« (S. 206). Also konnte auch für sie im strafrechtlichen Sinne geworben werden.[78]

In späteren RZ-Verfahren wurden demgegenüber, entsprechend der jeweiligen gerichtlichen Offenkundigkeitserklärungen, vier bis fünf der erwähnten Plagiats-Vor-Urteile auszugsweise verlesen. Auch wenn die Anklage – wie etwa im Strobl-Verfahren – mit dem Vorwurf der Mitgliedschaft Schiffbruch erlitt, so wurden auf diese Weise doch die gerichtsbekannten »Erkenntnisse« über die »terroristische Vereinigung ›Revolutionäre Zellen‹« perpetuiert und für künftige Verfahren konserviert.

Die Ermittlungs- und Anklagebehörden können also trefflich weiter operieren mit jenen per gerichtlicher Offenkundigkeit zementierten Staatschutzlegenden aus grauer Vorzeit; sie können auf dieser von ihnen selbst vorstrukturierten, nunmehr gerichtlich festgeschriebenen Grundlage weiter großflächig kriminalisieren, ausgedehnt im »terroristischen Umfeld« ermitteln, stereotype Anklagen verfassen und politisch Mißliebige per Haftbefehl mit vorgestanzten »Begründungen« aus dem Verkehr ziehen.

Und die Gerichte können sich in künftigen »Terrorismus«-Verfahren weiterhin auf jene sondergerichtlich herausgebildeten »Wahrheits«-Konstrukte beziehen, indem sie die öffentliche Beweisaufnahme durch Offenkundigkeitserklärungen ersetzen und das »Beweisergebnis« auf diese Weise antizipieren. Die »Einheitlichkeit« der Politischen Justiz in Sachen »Terrorismus« und ihre Entpolitisierung bleiben somit gewährleistet: Das Zitierkartell bürgt für Kontinuität und dafür, daß der wesentliche Gehalt politischer Auseinandersetzungen nicht im Gerichtssaal ausgetragen wird. Die in Wahrheit stetem Wandel unterliegenden Tatsachen und Vorgänge der Zeitgeschichte, mit denen wir es in den sog. Terrorismus-Verfahren zu tun haben, werden konserviert. Der heftig umstrittene politische Konfliktstoff wird der Hauptverhandlung entzogen und nicht mehr hinterfragt. Das staatstragende Vorurteil wird zum Urteil, das seinerseits wiederum das gerichtliche wie außergerichtliche Vorurteil stärkt und zum neuen Vor-Urteil aufsteigt.

Den betroffenen Angeklagten und ihrer Verteidigung werden mit diesen Beweisumgehungen die Kontrollmöglichkeiten in bezug auf die gerichtliche Überzeugungs- und (Vor-) Urteilsbildung vorenthalten und das verfassungsrechtlich garantierte rechtliche Gehör verwehrt; die Grundsätze der Öffentlichkeit, Unmittelbarkeit und Mündlichkeit des Strafverfahrens sind dadurch schwer beeinträchtigt; von einem »fairen Prozeß«, wie ihn die Verfassung proklamiert, kann auch insoweit keine Rede sein.

Offenkundigkeitserklärungen in RAF-Verfahren

Die schamlose Berufung auf die Entbehrlichkeit der Beweiserhebung wegen »Offenkundigkeit« (und seltener wegen »Wahrunterstellung«) bestimmter »Tatsachen« ist ein entscheidendes Strukturelement Politischer Justiz und spielt eine zentrale Rolle in allen sog. Terrorismusverfahren. Auch in Verfahren gegen mutmaßliche Mitglieder und Unterstützer der »Rote Armee Fraktion« sowie gegen RAF-»Werber« kommt es regelmäßig zu seitenlangen Offenkundigkeitserklärungen der damit befaßten Gerichte, die sich auf »Erkenntnisse« zahlreicher früherer RAF-Urteile stützen.[79] Diese beziehen sich im wesentlichen auf folgende, hier beispielhaft zitierten Festellungen (Auswahl):

1. RAF = »terroristische Vereinigung« nach § 129a StGB

»Es ist offenkundig, daß die RAF eine terroristische Vereinigung ist, denn mehrere Personen sind wegen Mitgliedschaft in ihr, die damals allerdings noch eine kriminelle Vereinigung im Sinne des § 129 StGB war, rechtskräftig verurteilt worden. Diese terroristische Vereinigung besteht auch fort.« *(Urteil des Kammergerichts Berlin vom 12. Februar 1979 gegen Mitglieder des »Agit-Druck-Kollektivs«).*[80]

»Die ›RAF‹ ist eine terroristische Vereinigung im Sinne der genannten Vorschrift (§ 129 a StGB). Die Vereinigung, ein seit längerer Zeit bestehender Zusammenschluß von mehr als zwei Personen, verfolgt bei Unterordnung ihrer Mitglieder unter den Willen der Gesamtheit den gemeinsamen Zweck, durch bewaffneten ›antiimperialistischen Kampf‹, durch ›Guerillakrieg‹ die bestehende Staats- und Gesellschaftsform ... zu zerstören. Die Mitglieder stehen untereinander derart in Beziehung, daß sie sich als einheitlicher Verband ... fühlen. Sie wollen ihre Zielvorstellungen gegebenenfalls unter rücksichtsloser Anwendung von Waffengewalt verwirklichen.« *(Urteil des OLG Stuttgart vom 2. April 1985 gegen Brigitte Mohnhaupt und Christian Klar).*[81]

2. Zu Entstehung, Entwicklung und Ziele der RAF

»Geschichte, allgemeine Zielsetzung und Struktur der ›RAF‹ sind allgemein- und gerichtskundig.« *(Urteil des OLG Stuttgart vom 6. Dezember 1985 gegen Claudia W. u.a.)*[81]

»Die Feststellungen zu Entstehung, ideologischem Hintergrund, Entwicklung und Zielen der ›RAF‹ sowie zu Aktivitäten ihrer Mitglieder bis in die Gegenwart sind als zeitgeschichtliche Vorgänge allgemeinkundig, in ihren Einzelheiten gerichtsbekannt. Insoweit gründen sie sich auf Erkenntnisse, die der Senat in vielen bereits verhandelten Strafsachen vorzugsweise gegen Angehörige oder Unterstützer der ›RAF‹ sowie durch Kenntnisnahme einer Fülle von Entscheidungen anderer Gerichte zuverlässig gewonnen hat.« *(Urteil des OLG Stuttgart vom 2. April 1985 gegen Brigitte Mohnhaupt und Christian Klar)*[83]

»Seit 1970 besteht ... eine von ihren Mitgliedern ....›RAF‹ genannte terroristische Vereinigung, die sich die Zerstörung der gesellschaftlichen und wirtschaftlichen Ordnung unter anderem durch Gewalttaten wie vor allem Morde, Sprengstoffanschläge und Raubüberfälle zum Ziel gesetzt hat.« *(Ebda., S.13)*

»Daß die terroristische Vereinigung ›RAF‹ auch gegenwärtig fortbesteht, ist allgemeinkundig: In den Monaten ab Dezember 1984 sind in ihrem Namen eine Reihe von Bombenanschlägen ausgeführt worden.« *(Urteil des Hanseatischen Oberlandesgerichts Hamburg vom 21. Januar 1986 gegen Elizabeth M.).*[84]

3. RAF-Verhaltensmaßregel: »Schießbefehl«[85]

»Die Verhaltensmaßregeln für das Leben im Untergrund, nach Möglichkeit eine drohende polizeiliche Festnahme durch – notfalls auch tödlichen – Schußwaffengebrauch zu verhindern, werden von allen Mitgliedern getragen.« *(Gerichtliche Offenkundigkeitserklärung des OLG Stuttgart im Klar/Mohnhaupt-Verfahren;*[86] *ähnlich u.a. im Urteil des Hanseatischen Oberlandesgerichts Hamburg vom 21. Januar 1986 gegen Elizabeth M., S. 8)*[84]

4. RAF-Organisation auf unterschiedlichen Ebenen

»Legale RAF«: die in der Legalität operierenden (mutmaßlichen) Mitglieder der RAF. Die »Illegalen«: die im Untergrund lebenden Mitglieder der ›RAF‹. *(s. dazu Offenkundigkeitserklärung des OLG Stuttgart in der Strafsache Ingrid J., S. 3)*[87]

»RAF im Knast«: »Die terroristische Vereinigung RAF bestand auch in der Haft weiter fort. Die inhaftierten Mitglieder fühlten sich weiterhin als Angehörige der Organisation und kämpften für deren terroristische und revolutionäre Ziele« (u.a. mit Hungerstreik/-Erklärungen). *(Urteil des HansOLG Hamburg gegen Elizabeth M., S. 12 f.)*[88]

5. Zum Hungerstreik der Gefangenen aus der RAF

»Die hungerstreikenden Gefangenen ... sahen im Hungerstreik den Kampf für ihre Ziele, verstanden sich als Einheit mit der in Freiheit befindlichen ›RAF‹ und führten mit ihr den Kampf einheitlich ›drinnen und draußen‹. Auch die in Freiheit befindlichen Mitglieder der ›RAF‹ faßten den Hungerstreik so auf und nutzten ihn im geschilderten Sinne für ihre Zwecke als Ausdruck und Form einheitlichen Kampfes.«

»Die Feststellungen zum Hungerstreik 1981 beruhen auf gerichtskundigen Tatsachen. Die Mehrzahl der Mitglieder des Senats war bereits in der Vergangenheit mit Strafverfahren befaßt, die sich gegen Personen richteten, denen Straftaten nach § 129a bzw. § 129 StGB vorgeworfen wurden, die mit jenem Hungerstreik zusammenhingen und dessen Orientierung wie Ziele erkennen und feststellen ließen. Darüber hinaus sind dem Senat Urteile anderer Oberlandesgerichte dienstlich bekannt geworden, die gleichartige Straftaten von Mitgliedern oder Unterstützern der ›RAF‹ betrafen und gleichermaßen zur Feststellung der auf Unterstützung der ›RAF‹ angelegten Zielsetzung des Hungerstreiks führten. Gerichtskundig ist es ebenso, daß die in den Vollzugsanstalten einsitzenden Angehörigen der ›RAF‹ ... den revolutionären Kampf auch im Gefängnis fortsetzten und ihn mit der Forderung nach Zusammenlegung nach draußen zu tragen beabsichtigen.« *(Urteil des HansOLG Hamburg gegen Elizabeth M., S. 12 f., 21 f.)*[84]

6. »Freitod« von Gefangenen aus der RAF...

»... Andreas Baader, Jan-Carl Raspe und Gudrun Ensslin nahmen sich in der Nacht vom 17. auf 18. Oktober 1977 in ihren Zellen in der Vollzugsanstalt Stuttgart das Leben.« *(Offenkundigkeitserklärung des OLG Stuttgart im Klar/Mohnhaupt-Verfahren*[89] *sowie Urteil des OLG Stuttgart vom 21. März 1989 – 6 OJs 47/78 –, bestätigt durch BGH-Beschluß vom 6. Juli 1981 – 3 StR 451/81).*[90]

»Der Senat erachtet für allgemeinkundig, daß der Gefangene Sigurd Debus am 16. April 1981 an den Folgen seines Hungerstreiks (nicht etwa an der durchgeführten Zwangsernährung; R.G.) starb, mit dem er sich am Anfang Februar 1981 begonnenen kollektiven Hungerstreik der ›Gefangenen aus der RAF‹ beteiligt hatte.« *(Offenkundigkeitserklärung des OLG Stuttgart in der Strafsache J. u.a., S. 3)*[87]

7. Kollektivitätsthese gegen links: Mitgegangen – mitgefangen

Auch diese sich ganz besonderer Beliebtheit erfreuende These erbt sich per Gerichtskundigkeit von Anklage zu Anklage, von Urteil zu Urteil weiter: Die RAF sei nach dem »Prinzip der Kollektivität« organisiert, alle Mitglieder seien gleichermaßen informiert und an allen Entscheidungen prinzipiell gleichrangig beteiligt. So u.a. zu lesen in den Anklagen und Urteilen gegen Angelika Speitel (1979), Stefan Wisniewski (1981), Sieglinde Hofmann (1982), Peter-Jürgen Boock (1984), Brigitte Mohnhaupt und Christian Klar (1985), Rolf-Clemens Wagner und Adelheid Schulz (1987) usw.

»In ihr (der RAF; R.G.) herrschte und besteht Einigkeit darüber, die gesetzten Ziele kollektiv zu verwirklichen. Jeder einzelne soll hieran mitwirken; sein Handeln hat er an den gemeinsam zu fassenden Entschlüssen auszurichten.« *(Gerichtliche Offenkundigkeitserklärung des OLG Stuttgart im Klar/Mohnhaupt-Verfahren 1984).*[91]

»Ziele und Strategien werden ebenso wie die bewaffneten ›Aktionen‹ nach vorangegangener Diskussion vom Kollektiv für alle verbindlich festgelegt. Die Willensbildung selbst geschieht nach dem Grundsatz der Gleichberechtigung aller Mitglieder... ›Aktionen‹ werden von langer Hand geplant, sorgfältig vorbereitet und nach einer genau durchdachten, gemeinsam erarbeiteten Aufgabenteilung durchgeführt. Dabei sind alle Teilnehmer einer ›Aktion‹ an Planung, Vorbereitung und Ausführung gleichrangig beteiligt und hierfür verantwortlich

...« *(Urteil des OLG Stuttgart gegen Klar/Mohnhaupt, S. 15; sinngemäß auch etwa im Urteil des OLG Stuttgart vom 6. Dezember 1985 gegen Claudia W. und im Urteil des Hanseatischen Oberlandesgerichts Hamburg vom 21. Januar 1986 gegen Elizabeth M.)*[92]

Diese »Erkenntnis«, die der ›Realität in keiner Weise standhält‹, [93] wurde Ende der siebziger Jahre unter ähnlich zweifelhaften Bedingungen gewonnenen wie die Gerichtsbekannten Glaubenssätze über die »Revolutionären Zellen« (u.a. Vernehmung der verletzten Angelika Speitel im Krankenhaus von Polizisten, die äußerlich nicht von medizinischem Personal zu unterscheiden waren).[94] Gleichwohl basiert darauf eine Haftungskonstruktion, wonach alle Mitglieder der RAF-Kommandoebene für alle während ihrer Mitgliedschaft von der Gruppe begangenen Taten strafrechtlich zu haften haben – gleichgültig, ob sie nun im Einzelfall tatsächlich davon wußten bzw. diese billigten, an ihnen gar unmittelbar tatausführend beteiligt waren oder nicht (Beispiel: Urteil gegen Peter-Jürgen Boock).[95]

»Aus dem bereits dargelegten Prinzip der Kollektivität folgt, daß seine Mitglieder diese Tat (hier Schleyer-Entführung und -Ermordung; R.G.) erst nach eingehender Diskussion unter Billigung aller beschlossen haben und daß auch die Aufgabenverteilung bei deren Vorbereitung und Durchführung bis zur Billigung durch *alle* erarbeitet worden ist.« *(Klar/Mohnhaupt-Urteil, S. 269; Hervorhebungen durch das Gericht).*

Diese bisher nirgends normierte, systematisch praktizierte Beweisvereinfachung findet ihre Wurzel im Organisationstatbestand des § 129a StGB; einmal vom Staatsschutz konstruiert, wird diese »Kollektivitätsthese« über die Gerichtskundigkeit, also ebenfalls per Beweisumgehung, seit über einem Jahrzehnt von RAF-Verfahren zu RAF-Verfahren weitertradiert. Wir haben es also hier mit einer doppelten Beweisumgehung zu tun, mit zwei sich ergänzenden und gegenseitig verschärfenden Strukturelementen der Politischen Justiz gegen »Terroristen«.

Die behauptete Kollektivität der RAF erübrigt den Ermittlungsbehörden und Gerichten im konkreten Einzelfall einen individuellen Straftat-Nachweis gegen die Angeklagten und hilft ihnen so über die regelmäßig offen zu Tage tretenden Beweisnöte hinweg (wer war für was verantwortlich?). Es ist dann im wesentlichen nur noch erforderlich, die Mitgliedschaft nachzuweisen und eine Mittäterschaft indiziell zu konstruieren.

Allerdings gibt es auch hier – wie bei den RZ-Verfahren – durchaus widersprüchliche Urteils-Feststellungen und seltene Variationen des ansonsten feststehenden Prinzips.

So wird in einem Urteil des OLG Frankfurt vom 18.7.1985 gegen Gisela D. (1 StE 1/84, S. 298, 316) der Kollektivitätsthese (auch »Gruppentheorie« genannt) eine klare Absage erteilt; sie wird in diesem Verfahren konsequenterweise nicht per Gerichtskundigkeit übernommen.

Dieses Urteil blieb allerdings eine Ausnahme. Nach wie vor gilt das Kollektivitätsprinzip in RAF-Verfahren fast uneingeschränkt. Hatte »Der Spiegel«[96] zum Urteil im großen Stammheimer Verfahren gegen Baader u.a. im Jahre 1977 noch das »›Stammheimer Landrecht‹, wie die Stuttgarter Art des eher großflächigen Schuldnachweises bespöttelt wurde« scharf kritisiert, hatte die »Stuttgarter Zeitung« damals noch konstatiert, daß »unser Recht... keine Kollektivschuld« kennt,[97] also »jedem einzelnen ... seine Tatbeteiligung nachgewiesen werden« muß, so müssen wir nach anderthalb Jahrzehnten feststellen, daß sich dieser »Sonderfall Stammheim« (»Der Spiegel«) bis heute gehalten hat und längst zum Normalfall »Modell Stammheim« geworden ist.

Teil 4:
Der Trend zum Geheimprozeß
Operative Geheim-Einsätze des Staatsschutzes und exekutive Verfahrenssteuerung

Strafjustiz agiert nicht im luftleeren Raum, isoliert und autonom, sondern ist vielfältigen geschichtlichen, gesellschaftlichen und staatlichen Voraussetzungen unterworfen sowie politischen, polizeilichen und geheimdienstlichen Einflüssen und Verflechtungen ausgesetzt – offenen, aber insbesondere auch verdeckten.

Einen ganz wesentlichen Faktor zur Beurteilung der Funktionsweise Politischer Justiz stellt der Einfluß der klandestin arbeitenden Exekutive – des polizeilichen »Staatsschutzes« und der Geheimdienste – auf die Judikative dar. Dieser Einfluß, so zeigt die Geschichte, ist schlicht konstitutiv für politische Strafverfahren und damit für Politische Justiz überhaupt. Angesichts einer solchen Erkenntnis fragt sich nun, wie damit in einem »demokratischen Rechtsstaat« umgegangen wird, inwieweit gesetzliche Vorgaben und das Verhalten der Gerichte diesen – gemessen am Prinzip der Gewaltenteilung und des »fairen Verfahrens« – systemwidrigen Einfluß eher unterbinden, oder stattdessen befördern und schließlich legitimieren bzw. legalisieren. Schon zu Beginn der sechziger Jahre stellte der damalige Strafverteidiger Diether Posser fest:»Einen immer größeren Einfluß spielen in politischen Prozessen die V-Leute des Verfassungsschutzamtes oder von Geheimdiensten. Diese ›Mitarbeiter‹ werden regelmäßig für ihre Berichte honoriert und neigen dazu, entweder aufzubauschen oder durch eigenes aktives Handeln erst die Grundlagen für ›besondere Vorkommnisse‹ zu schaffen.«[1]

Der Rechts– und Politikwissenschaftler Alexander von Brünneck bezeichnet die Einschleusung von Informanten in oppositionelle Organisationen jener Zeit als das »wichtigste und erfolgreichste Mittel zur Überwachung der Kommunisten«: »Den Staatsschutzorganen scheint es in den 50er und 60er Jahren gelungen zu sein, in allen relevanten kommunistischen Organisationen in der Bundesrepublik an maßgeblichen Stellen Vertrauensleute zu gewinnen oder sie dort zu plazieren...«.[2]

In einigen Fällen, so von Brünneck, »erlangten die ›Vertrauensleute‹ in den kommunistischen Organisationen eine solche Bedeutung, daß sie ihre Willensbildung beeinflussen konnten.« In der ›Nationalen Front‹ von Nordrhein-Westfalen z.B. habe 1953 die Mehrzahl der hauptamtlichen Instrukteure aus Mitarbeitern der Staatsschutzorgane bestanden. Einige Personen seien für Taten belangt worden, die sie unter Mitwirkung von Gewährsleuten des Verfassungsschutzes begangen hatten.[3] Diese Infiltration sei u.a. auch deshalb relativ problemlos realisierbar gewesen, »weil die in diesen Organisationen vorherrschende bürokratische Mentalität weithin dem Denken und der Arbeitsweise ihrer Verfolger entsprachen«.

Possers Erfahrung und von Brünnecks Einschätzung, die lediglich einen kleinen Wirklichkeitsausschnitt widergeben, stammen aus den Zeiten der Kommunistenverfolgung, der Verfolgung hierarchisch strukturierter Organisationen. Die geheimen Verfolger-Methoden des Staatsschutzes sind zwar bis heute grundsätzlich die gleichen geblieben, jedoch erheblich ausgeweitet und verfeinert worden. Das Zeitalter der »Terrorismusbekämpfung« hat an dieser Entwicklung entscheidenden Anteil, brachte allerdings auch vollkommen andere Voraussetzungen und besondere Erschwernisse für die staatlichen Verfolger mit sich, Umstände, die ihre »Erfolge« stark beeinträchtigten: Denn seit Ende der sechziger Jahre hatten es die Staatsschutzorgane nicht mehr primär mit zentralistischen, hierarchisch-autoritär strukturierten und übersichtlich gegliederten Parteiorganisationen zu tun, sondern mit dezentralen, basisdemokratischen, »chaotischen« und unübersichtlichen Bürgerinitiativen und militanten AktivistInnen, seit Anfang der siebziger Jahre dann mit klandestin abgeschotteten Untergrundgruppierungen wie der RAF oder der »Bewegung 2. Juni« und mit den untereinander nur lose verbundenen »Feierabend-Terroristen« der »Revolutionären Zellen«, die aus der Legalität heraus zuzuschlagen pflegen.

Gewichtige Grundsteine für den exekutiven Einfluß auf die Strafjustiz, oder genauer: für die spätere Steuerung von politischen Verfahren, werden von der Exekutive bereits frühzeitig, schon weit im Vorfeld des Verdachts strafbarer Handlungen gelegt. Auch wenn damit, zumindest teilweise, primär andere Zwecke verfolgt werden, als durch Manipulation und Steuerung spätere Strafverfahren politisch-exekutiven Zwecken dienstbar machen zu können, so wirken diese frühzeitig gelegten Grundsteine doch zwangsläufig auf die betroffenen Strafverfahren ein und prägen sie nachhaltig.

Variationen eines Themas: Geheime Staatsmissionen

Schon der Weg in die organisierten gewaltförmigen Auseinandersetzungen von militanten und bewaffneten Gruppen mit dem Staat wurde von Anfang an von geheimdienstlichen und geheimpolizeilichen Operationen und Einsätzen, mehr oder weniger sporadisch, gesäumt und gekreuzt. Das bedeutet zwar nicht, daß jene Gruppen vom Staatsschutz etwa erfolgreich infiltriert und in ihrer Politik entscheidend beeinflußt worden wären (wie etwa einige kommunistische Organisationen in den fünfziger und sechziger Jahren) – aber es wurden pausenlose Anstrengungen in jene Richtung unternommen. In Westberlin etwa agierte ein später bekanntgewordener V-Mann des Verfassungsschutzes schon seit 1967 in der Studentenbewegung, weitere »Geheime« waren im gesamten Bundesgebiet, insbesondere in Brennpunkten studentischer Unruhe, unterwegs – allerdings noch recht unsystematisch eingesetzt.

Im Mai 1972 schlug dann der seit 1970 amtierende Präsident des Bundesamtes für Verfassungsschutz (VS), Günther Nollau (SPD), dem damaligen Bundesinnenminister Hans-Dietrich Genscher (FDP) schriftlich vor, verstärkt »geheime Vertrauensleute in die Reihen der Terroristen einzuschleusen«. Die Bedenken von »besorgten Juristen, die manchmal über Zwirnsfäden stolpern«, mit diesen Methoden würden letztlich »agents provocateurs« herangezogen, die sich an Straftaten beteiligen, wischte Nollau mit dem Argument der »Größe der Gefahr« beiseite (die Bedenkenträger sollten Recht behalten). Nollau schritt also zielstrebig voran: »Im Laufe des Sommers entschloß ich mich, im Amt eine besondere Einheit zu bilden, die sich nur der Nachrichtengewinnung aus Kreisen der Terroristen widmen sollte.«[6]

Spätestens seit dieser Zeit begannen VS und Polizei gleichermaßen ihre operativen Methoden bei der »Terrorismusbekämpfung« zu systematisieren. Geheime Mitarbeiter des »Verfassungsschutzes« und der politischen (Geheim-)Polizei (»Staatsschutz«) waren in der Folgezeit u.a. in Waffen- und Sprengstoff-Beschaffungsaktionen sowie in Planung und Ausführung von einzelnen (teilweise versuchten) Anschlägen verwickelt. V-Leute und Under-Cover-Agenten betätigten sich als agents provocateurs, ja die staatlichen Dienste und Ämter schreckten später nicht davor zurück, gleich selbst die Gründung »terroristischer Vereinigungen« zu planen und zu betreiben sowie eigenhändig und vollkommen autonom (staats) terroristische Akte durchzuführen.

Dabei stellte sich heraus, daß diese operative Strategie insbesondere in Randbereichen (sog. »terroristische Umfelder«, »Sympathisanten«-Bereiche, legale Ränder, verdächtige Intiativen etc.) zum Zuge kam, kaum jedoch in den Kernbereichen, um die es angeblich ging. Der ehemalige Bundeskanzler Helmut Schmidt sprach dies bereits Mitte der siebziger Jahre offen aus. Nach seinen Worten lag in der Durchdringung der Ranbereichesogar das eigentliche Ziel der Geheimaktionen:[2] »Es kommt ... auf Infiltration in die Sympathisantengruppen hinein an.« Daß Geheimaktionen vor allem in den Randbereichen greifen konstatierte Ende der achtziger Jahre der Inspekteur der Nordrhein-Westfälischen Polizei, Alfred Dietel: »Polizeiliche Fahndung gegenüber in Gruppen agierenden Kriminellen arbeitet regelmäßig mit V-Personen und – soweit möglich – mit verdeckten Ermittlern. Diese Instrumente sind beim harten Kern des Linksterrorismus (›RAF-Kommandobereich‹ und ›Revolutionäre Zellen‹/›Rote Zora‹) unbrauchbar. Das gilt für Polizei wie für Verfassungsschutz.« Aus dem Bereich des »›kleinen Terrorismus‹ der militanten Autonomen«, so fügt er hinzu, gebe es hingegen durchaus »mehr oder weniger brauchbare Erkenntnisse für Prävention und Strafverfolgung«.[3]

Fallbeispiele aus dem geheimen Anti-Terror-Kampf

Staatliche Geheim-Methoden, Provokationen und Verstrickungen hatten und haben, über die unmittelbare rechtspolitische Brisanz hinaus, verhängnisvolle Auswirkungen auf die politischen Strafverfahren (und die Haftbedingungen) gegen (mutmaßliche) Mitglieder »terroristischer Vereinigungen«, aber auch gegen mutmaßliche Unterstützer oder Werber. Anhand von vier Fallbeispielen wollen wir im folgenden unterschiedliche Formen geheimer Einsätze knapp darstellen und dann ihre Verlängerung bis hinein in die jeweiligen gerichtlichen Verfahren aufzeigen. Besondere Brisanz erhält diese Thematik dadurch, daß seit Ende der achtziger Jahre von seiten der Sicherheitskräfte und -politiker der Versuch unternommen wird, jene geheimen Mittel und Methoden, die längst zur (illegalen) Praxis gehören, nachträglich in unterschiedlichen Gesetzesbereichen zu verrechtlichen (u.a. in den Polizeigesetzen sowie in der Strafprozeßordnung).

Fall 1: Der V-Mann der ersten Stunde
Peter Urbach als agent provocateur

Bereits 1967, als von »Terrorismus« noch keine Rede sein konnte, mischten Spitzel, V-Leute, Agenten und staatliche Provokateure in gewissen Gruppierungen der Studentenbewegung kräftig mit: unter ihnen der erst Jahre später enttarnte V-Mann und Agent des Berliner »Verfassungsschutzes« (VS) Peter Urbach, der sowohl mit handwerklichen Fähigkeiten und diversen Utensilien als auch mit einer passenden Legende ausgestattet war. So soll der allzeit hilfsbereite und szene-angepaßte Peter Urbach beispielsweise im Verlaufe der Blockade gegen den Axel-Springer-Konzern in Berlin zündfertige Molotow-Cocktails an Studenten verteilt und sie dazu aufgefordert haben, diese auch zu benutzen.[4] Die Blockade war eine spontane Reaktion der Studenten auf das Attentat eines Hilfsarbeiters auf Rudi Dutschke, der am 11. April 1968 durch drei Revolverschüsse lebensgefährlich verletzt worden war. Es kam dabei zu den bislang größten und militantesten Demonstrationen der Studentenbewegung Ende der sechziger Jahre. Der Springer-Verlag und insbesondere seine »Bild«-Zeitung wurden verantwortlich gemacht für die anti-studentische Pogrom-Stimmung in West-Berlin, die letztlich das Attentat auf Dutschke, die Symbolfigur der Stundentenbewegung, ermöglichte.

»Bommi« Baumann, ehemaliger Aktivist und Bombenleger der »Bewegung 2.Juni«, erinnert sich an die Springer-Blockade: »Dann natürlich habe ich meinen besonderen Freund Peter Urbach getroffen, mit den köstlichen Mollies und andere hatten schon so ein bißchen angefangen zu kokeln. Wir haben die Mollis aus seinem Auto geholt und die denn gegen die Springer-Lieferwagen geschmissen... An dem Abend nach den brennenden Autos, da bin ich mit Urbach ... rumgefahren im VW mit einer Kiste mit den restlichen Mollies, und wir haben überlegt, was wir nun noch anstecken können...«[5]

Auch Tilman Fichter und Siegward Lönnendonker, zwei Zeitzeugen aus der damaligen Studentenbewegung, berichten über den V-Mann Peter Urbach: »Alles in allem verlief die Sache noch relativ friedlich, bis der agent provocateur des Berliner Landesamtes für Verfassungsschutz, Peter Urbach, in einem geflochtenen Weidenkorb ein Dutzend Molotowcocktails heranschaffte, systematisch Leute ansprach, mit denen auf den Fuhrpark des Springer-Konzerns zog und dort nach Aufschrauben der Tankverschlüsse einzelne Fahrzeuge umwarf und mit den mitgebrachten Cocktails in Brand setzte. Die ›Zeitungswagen in Flammen‹ wurden zum Fanal für die deutsche und französische Studentenbewegung.«[6]

Peter-Paul Zahl, der »antiautoritäre Sozialist« und Schriftsteller, wirft den zitierten Autoren allerdings gerade in diesem Punkt der Darstellung »Geschichtsfälschung« vor: »...diese unglaublich alte Ente, daß die Autos bei Springer von Agents Provocateurs angesteckt worden seien. Das ist wider besseres Wissen geschrieben worden.«[7] Mit diesem »Dementi« wollte Zahl insbesondere auf den wesentlichen Umstand hinweisen, daß die damaligen militanten Aktionen keineswegs vom »Verfassungsschutz« initiiert und gesteuert waren, sondern daß damit, so Zahl, das »Denken von Ulrike Meinhof artikuliert wurde: ›Vom moralischen Protest zum bewaffneten Widerstand‹ zu kommen.«Die damalige Kolumnistin (und spätere RAF-Angehörige) Ulrike Meinhof schrieb 1968 in »konkret« (5/1968) folgenden Kommentar zu den Berliner »Osterunruhen«: »›Protest ist, wenn ich sage, das und das paßt mir nicht. Widerstand ist, wenn ich dafür sorge, daß das, was mir nicht paßt, nicht länger geschieht...‹ Die Studenten proben keinen Aufstand, sie üben Widerstand. Steine sind geflogen, die Fensterscheiben vom Springerhochhaus in Berlin sind zu Bruch gegangen, Autos haben gebrannt, Wasserwerfer sind besetzt worden, eine BILD-Redaktion ist demoliert worden, Reifen sind zerstochen worden, der Verkehr ist stillgelegt worden, Bauwagen wurden umgeworfen, Polizeiketten durchbrochen – Gewalt, physische Gewalt wurde angewendet... Die Grenze zwischen verbalem Protest und physischem Widerstand ist bei den Protesten gegen den Anschlag auf Rudi Dutschke in den Osterfeiertagen erstmalig massenhaft, von vielen, nicht nur einzelnen, über Tage hin, nicht nur einmalig, vielerorts, nicht nur in Berlin, tatsächlich, nicht nur symbolisch – überschritten worden.«[8]

Diese Sätze von Ulrike Meinhof rufen in Erinnerung, daß jene militanten Demonstrationen an Ostern 1968 von einer breiten Bewegung getragen wurden. Die isolierte Darstellung der Urbach-Geschichte würde der Historie einen vollkommen falschen Akzent verleihen – auch dann, wenn man von der Authentizität der damaligen V-Mann- bzw. agent-provocateur-Aktivitäten ausgeht, was wir angesichts der genannten Quellenlage für angemessen halten.[9]

Zu Urbachs Rüstzeug, auch das ist belegt, gehörten ferner Rohrbomben, Schreckschußpistolen und großkalibrige Waffen, aber auch Drogen.[10] Er besorgte Material für weitere militante Aktionen und Anschläge: Beispielsweise stammten von ihm die Zeitzünder-Bomben, die beim Berlin-Besuch des amerikanischen Präsidenten Nixon (1969) an der Fahrt-Route abgelegt sowie im Jüdischen Gemeindehaus (1969) und beim Juristenball in Westberlin (1970) deponiert wurden (jedoch nicht explodierten).[11] Darüber hinaus war Urbach seit 1970 auch in die ersten Waffenbeschaffungsaktionen für die gerade entstehende Stadtguerilla um Baader, Mahler u.a. verwickelt (in West-Berlin, Belgien und Italien).[12] Die Waffen hatte er zunächst vergraben, bevor er dann einzelne Personen gezielt an diese Waffenlager heranführte. Das Berliner Landesamt für »Verfassungsschutz« war jeweils informiert. Der damalige Berliner SPD-Innensenator beurteilt dieses Verhalten seines Agenten im nachhinein so: »Ich halte das in Anbetracht der Aufgabe, die Urbach zu erfüllen hatte, nicht für die Tätigkeit eines ›agent provocateur‹«.[13]

In seinem Beitrag zu den »Analysen zum Terrorismus« kommt der Sozialwissenschaftler und Kriminologe Fritz Sack zu dem Schluß, daß dieser frühe Einsatz eines »Instrumentes der sozialen Kontrolle« durch die staatlichen Behörden einige der späteren, als terroristisch verfolgten Handlungen erst »ermöglichen und vorbereiten half«; der »Weg in den Terrorismus« sei durch diesen und andere Geheim-Einsätze mit provokativem Charakter beschleunigt worden; dies bekräftige die Erkenntnis, »daß die gewalthafte Eskalation der Studentenbewegung in den Terrorismus und in sein in den Jahren danach erreichtes ›staatserschütterndes‹ Ausmaß nur unter Berücksichtigung der eskalierenden Verstrickung staatlichen Handelns ›erklärt‹ werden kann...«.[14]

Und der Soziologe Sebastian Scheerer ergänzt: »Es war, als sei der Verfassungsschutz schon von einer dauerhaften Existenz der RAF avant la lettre ausgegangen, von der Existenz eines Gegners, der bleiben würde und den zu beobachten und zu infiltrieren daher genauso wichtig, wenn nicht wichtiger war als dessen normale gerichtliche Aburteilung für bestimmte Taten.«[15]

Bereits im ersten »Terroristen«-Verfahren (1971) gegen den Rechtsanwalt Horst Mahler u.a.[16] wegen angeblicher Beteiligung an der Baader-Befreiung in Westberlin[17] wurden die ersten prozessualen Folgen dieser geheimdienstlichen Einwirkungen spürbar. Als sich nämlich nach etwa zweimonatiger Prozeßdauer ein Freispruch für Mahler abzeichnete, da präsentierte der damalige Innensenator Neubauer (SPD) den bis dahin geheimgehaltenen V-Mann des VS, Peter Urbach, als neuen Belastungszeugen. Allerdings durfte Urbach vor Gericht nur über einen drei Tage umfassenden Zeitabschnitt aussagen; auf alle weitergehenden, für den Prozeß aber wesentlichen Fragen verweigerte er, unter Hinweis auf die vom Innensenator beschränkte Aussagegenehmigung, die Antwort.[18] Ein Ausschnitt aus dem Verhör-Dialog zwischen Mahlers Verteidiger Otto Schily und dem V-Mann Urbach vermag diese absurde Situation zu illustrieren:[19]

»Haben Sie persönlich im Kreis der Linken Waffen angeboten, Pistolen, Maschinenpistolen, ja sogar Mörser mit Phosphorgranaten?«
»Ich darf die Frage nicht beantworten.«
»Haben Sie eine Bombe bei der ›Kommune I‹ hinterlegt?«
»Ich darf die Frage nicht beantworten.«
»Kamen die Bomben vom Verfassungsschutz?«
»Darüber darf ich nichts sagen.« (...)
»Haben Sie anläßlich der Springer-Demonstration 1968 Fahrzeuge in Brand gesetzt?«
»Darauf darf ich keine Auskunft geben.«
»Haben Sie einen Brandanschlag auf einen Polizeipferdestall verübt, wobei das Polizeipferd ›Zerline‹ schwer verletzt wurde?«
»Darauf kann ich nicht antworten.«

Das Muster dieser geheimdienstlich beschränkten Zeugenpräsentation: Aussagegenehmigung nur für solche Aussagen, die den Angeklagten belasten, nicht jedoch für Fragen, deren Beantwortung die Prozeßbeteiligten in die Lage versetzen könnten, die Glaubwürdigkeit des Belastungszeugen und die Zusammenhänge zu ergründen. Deshalb konnte auch die Rolle Urbachs als V-Mann und insbesondere als agent provocateur in diesem Verfahren letztlich nicht hinreichend geklärt werden, obwohl doch die geheimdienstliche Verstrickung ein wesentliches Kriterium darstellte für die Beurteilung nicht nur der angeklagten Aktion, sondern insbesondere auch der Glaubwürdigkeit des Belastungszeugen und der Rolle der hinter ihm stehenden staatlichen Organisation.

Mahler mußte nach 22 Verhandlungstagen gleichwohl freigesprochen werden:[20] Trotz der belastenden Aussagen des V-Mannes Peter Urbach konnte dem Angeklagten die ihm zur Last gelegte Tat nicht nachgewiesen werden.[21]

Allerdings wurde Mahler nach dem Freispruch nicht etwa auf freien Fuß gesetzt, sondern sogleich wieder verhaftet, da gegen ihn noch zwei weitere Haftbefehle vorlagen, deren Begründungen teilweise wiederum auf den internen unüberprüfbaren Berichten Urbachs an den VS beruhten.

Fall 2: Der »unendliche Prozeß«
Die Verwicklung des »Verfassungsschutzes« in den Mordfall Schmücker und die Auswirkungen auf das Strafverfahren.[22]

»Ich meine, wenn es einen fairen Prozeß gab, dann diesen. Wenn wir versucht haben, bestimmte Dinge aus dem Prozeß auszuklammern, dann ist das unser gutes Recht.« (Heribert Hellenbroich, ehemaliger Präsident des Bundesamtes für Verfassungsschutz)[23]

Das Berliner Strafverfahren im »Mordfall Schmücker« dauert anderhalb Jahrzehnte: Der bisher längste Strafprozeß in der bundesdeutschen Justizgeschichte mit

Verfahrenskosten von fast 15 Millionen DM und 591 Verhandlungstagen fand erst im Januar 1991 ein Ende.

Die drei zuvor in dieser Sache gefällten Urteile des Berliner Landgerichts, darunter jeweils ein »Lebenslänglich«, hat der Bundesgerichtshof (BGH) als Revisionsinstanz wegen Verfahrensfehlern jedesmal wieder aufgehoben[24] – vor allem weil er die Glaubwürdigkeit des Hauptbelastungszeugen Jürgen Bodeux und seine möglichen Verbindungen zum »Verfassungsschutz« für nicht genügend aufgeklärt hielt. In seinem letzten Beschluß vom 23. März 1989 bemängelte der BGH zusätzlich, das erkennende Gericht habe sich mit der Frage einer eventuellen Tatbeteiligung des unter anderer Identität im Ausland lebenden Verfassungsschutz-Mitarbeiters Volker Weingraber »und etwaiger Hintermänner nicht auseinandergesetzt«. Dies könne, so der BGH-Beschluß, »das Urteil zum Nachteil der Angeklagten beeinflußt« haben.[25]

Abgesehen von diesen gravierenden inhaltlichen Mängeln ist das angegriffene letzte Urteil des Berliner Landgerichts aus dem Jahre 1986 auch noch unter skandalösen Umständen ergangen: Es wurde, ohne Vorankündigung, in Abwesenheit der Angeklagten verkündet, und den Verteidigern war zuvor keine Gelegenheit zu ihren Schlußplädoyers gegeben worden. Mit dieser Verweigerung des »rechtlichen Gehörs« begründete der BGH zusätzlich die Zurückverweisung des Urteils an eine andere Strafkammer des Berliner Landgerichts. Ab April 1990 wurde, nach fünfzehnjähriger Verfahrensdauer, ein vierter Anlauf unternommen.[26]

In dem Mammut-Verfahren ging es um die Ermordung des 22jährigen Studenten Ulrich Schmücker, der am 4. Juni 1974 im Westberliner Grunewald erschossen wurde. Schmücker war ehemaliges Mitglied der »Bewegung 2. Juni«, einer bewaffneten, in der Illegalität operierenden Stadtguerilla-Gruppe, und verdingte sich später, auf Betreiben des VS-Agenten Michael Grünhagen alias Peter Rühl, als Informant und Kontaktmann des Berliner »Verfassungsschutzes«.

Die »Bewegung 2. Juni« bekannte sich zu diesem Mord, der als »Hinrichtung eines Konterrevolutionärs und Verräters« bezeichnet wurde.[27] In einem Schreiben an die »Deutsche Presseagentur« (dpa), das mit »Kommunique über Verrat« überschrieben ist, heißt es:

»schmücker war von einem tribunal der bewegung 2. juni wegen seiner aussagen vor staatsschutzbehörden der BRD und west-berlin zum tode verurteilt worden.« Iin einem an »genossen« gerichteten Schreiben wird erläuternd hinzugefügt:»jede revolutionäre bewegung muß sich mit der problematik der bespitzelung und des verrats befassen, will sie nicht schon in den ansätzen ihrer arbeit erstickt und liquidiert werden...«[28] Am Ende dieser Problembefassung stand dann die Liquidierung des »Verräters« Ulrich Schmücker.

Sechs tatverdächtige Personen wurden wenig später festgenommen und angeklagt –[29] unter ihnen die Hauptbeschuldigte Ilse Schwipper damals Bongartz, später Jandt, dann Schwipper. Sie mußte insgesamt fast acht Jahre in Untersuchungshaft verbringen,[30] davon dreieinhalb Jahre unter Isolationshaftbedingungen – ein zerstörerisches Haftregime, das sie an den Rand ihrer psychischen und physischen Kräfte und letztlich in akute Lebensgefahr brachte. Erst Mitte 1982 führten öffentliche Kampagnen und der unermüdliche Einsatz ihrer Verteidiger dazu, daß Ilse Schwipper wegen ihres äußerst ernsten Gesundheitszustandes – schwere Depressionen und Haftschäden – endlich Haftverschonung gewährt wurde.

Die zur Tatzeit 37jährige Ilse Schwipper ist angeklagt, Ulrich Schmücker in Gemeinschaft mit den anderen Angeklagten in Berlin ermordet zu haben, obwohl sie sich zur Tatzeit überhaupt nicht in Berlin aufgehalten hatte. Dreimal ist sie zu lebenslanger Haft verurteilt worden. Vier der anderen Angeklagten, zur Tatzeit waren sie zwischen 18 und 20 Jahre alt, erhielten Jugendstrafen zwischen vier und acht Jahren.

Die extrem lange Dauer des gesamten Strafverfahrens sowie die menschenrechtswidrige Länge der Untersuchungshaft[31] sind einzig und allein auf die erst nach und nach von Journalisten und Verteidigern aufgedeckte Verwicklung des »Verfassungsschutzes« in den Fall Schmücker – und letztlich auch in seinen Tod – zurückzuführen. Denn diese Verstrickung zeitigte jene ermittlungsbezogenen und strafprozessualen Konsequenzen, die immer wieder zur Aufhebung der Urteile führten, führen mußten. Diesen Zusammenhang hat auch der Bundesgerichtshof in seinem letzten Beschluß gesehen, mit dem er das dritte Urteil in diesem Verfahren aufhob:[32] »Weitgehend verantwortlich« für die »ungewöhnlich lange Verfahrensdauer« sei das Verhalten des Berliner Innensenators gewesen, der sich unter Berufung auf Sicherheitsinteressen Berlins geweigert hatte, Verfassungsschutzakten herauszugeben, Auskünfte zu erteilen oder Sicherheitsexperten unbeschränkte Aussagegenehmigungen zu erteilen.

Im folgenden wollen wir die einzelnen geheimdienstlichen Verstrickungstatbestände skizzieren, ohne jedoch die vielfältigen und recht komplizierten Verästelungen, wie sie bis heute bekannt geworden sind, genau oder umfassend darzulegen. Dieser eher summarische Abriß soll nämlich in erster Linie – quasi an einem Lehrstück – verdeutlichen, wie geheimdienstliche Infiltrationsmethoden zwangsläufig zu einer exekutiven Steuerung von Verfahren führen, letztlich zu rechtsstaatswidrigen Geheim-(dienst)-Prozessen, in denen die Angeklagten – »im Namen des Volkes« und des »Staatswohls« – zu Objekten staatlicher Willkür werden. (Im übrigen sei auf die inzwischen erschienene Literatur zu diesem Geheimdienst- und Justizskandal verwiesen).[22]

a) Das Opfer der angeklagten Tat, Ulrich Schmücker, war bereits zwei Jahre vor seinem Tod während einer Haftstrafe im Gefängnis mehrmals von dem Berliner VS-Agenten Michael Grünhagen, alias Peter Rühl, angesprochen worden: Er solle doch dem VS Informationen über terrorismusverdächtige Kreise liefern; im Gegenzug gebe es einige persönliche Vorteile.[33]

Im Verlaufe von 16 Knast-Besuchen lieferte Schmücker dem VS-Agenten tatsächlich Informationen über die »Bewegung 2. Juni«, bekam Haftverschonung und versuchte nach der Haftentlassung, wieder in seine politischen Zusammenhänge zurückzukehren. Dort wurde er allerdings äußerst reserviert aufgenommen, denn seine belastenden Aussagen,[34] die auch zu Festnahmen führten, waren mittlerweile in die Szene durchgesickert, und Schmücker galt fortan als Verräter. Die Anwerbung als Kontaktmann für den »Verfassungsschutz« hatte ihn in eine äußerst prekäre Lage gebracht, die ihn schließlich das Leben kosten sollte.[35]

»Rühl« hielt weiterhin Kontakt zu seinem neuen V-Mann Schmücker. Fünf Tage vor seinem Tod eröffnete Schmücker seinem »V-Mann-Führer« Rühl, daß er sich akut bedroht fühle; außerdem erzählt er von einem geplanten Treffen mit Genossen von der IRA und von der »Bewegung 2. Juni«, das im Grunewald stattfinden solle, dem späteren Tatort. Noch am Tattag rief er zweimal beim Berliner VS an und gab u.a. die Namen von zwei Personen durch, von denen er sich unmittelbar bedroht sah. Die Namen dieser Verdächtigen werden allerdings in den späteren Ermittlungsakten keinerlei Erwähnung finden; sie werden im Schmücker-Verfahren aus Gründen des »Wohles des Landes Berlin« geheim gehalten – sind jedoch, so wird sich erst viel später herausstellen, mit den Namen der Angeklagten nicht identisch![36]

Das Mordopfer war noch bis kurz vor seinen Tod von VS-Mitarbeitern observiert worden – »Die Zeit« spricht in diesem Zusammenhang von der »Chronik eines observierten Todes«.[37] Es drängt sich daher die Frage auf, ob der Mord möglicherweise amtlicherseits hätte verhindert werden können, wofür es in der Tat deutliche Anzeichen gibt. Nach offizieller Darstellung wurde die Observation durch den Berliner VS, die selbst den späteren Tatort mitumfaßt hatte, kurz vor dem Mord abgebrochen – warum, blieb bis heute im Dunkeln. Hatte der VS ein Motiv, gar ein wie auch immer geartetes Interesse an der Tat? Diente der VS-Informant Schmücker etwa als »Lockvogel«, um an »hochkarätige Terroristen« der »Bewegung 2. Juni« (oder der IRA) zu gelangen, die in jener Mordnacht von den »Diensten« eigentlich an dem ihnen bekannten Treffpunkt im Grunewald erwartet worden waren, aber dann doch nicht auftauchten?[38]

b) Inzwischen ist, neben den Angeklagten, noch eine ganz andere Person immer mehr in Verdacht geraten, an dem Mord maßgeblich beteiligt gewesen zu sein: Volker Weingraber Edler von Grodek, V-Mann des Berliner VS mit Decknamen »Wien«. Kurz nach der Mordtat, so viel steht heute fest, übergab der mutmaßliche Täter die Tatwaffe, eine Parabellum 08, eben diesem V-Mann, der sie seinerseits noch in der Tatnacht seinem V-Mann-Führer Michael Grünhagen (»Rühl«) weiterreichte – eben jenem VS-Agenten, der bislang auch den V-Mann Schmücker geführt hatte.[39] Seit jener Nacht blieb die Waffe, die nun beider Fingerabdrücke trug, verschwunden und tauchte erst 15 Jahre später, im Frühjahr 1989, wieder auf. Die neue, seit 1989 amtierende SPD/AL-Regierung in West-Berlin machte diese Entdeckung möglich: Die Tatwaffe befand sich, inzwischen stark angerostet, zusammen mit einer anderen Pistole seit 1974 in einem Panzerschrank im Keller des Berliner Landesamtes für Verfassungsschutz[40] und wurde erst 1989 an das Landgericht Berlin übergeben.

Der als Kellner im ehemaligen Szene-Lokal »Tarantel« getarnte V-Mann Volker Weingraber spielte eine maßgebliche Rolle in jener Gruppe, der der Mord an Schmücker vorgeworfen wird. Er versorgte sie mit Geld und versprach die Vermittlung von Waffen. Aus einem aufschlußreichen »Dossier« des früheren Berliner VS-Chefs Eberhard Zachmann ist über den »VM« (= V-Mann) Weingraber folgendes zu erfahren:[41]

»Als wir den VM im November 1972 warben, war er als Zuhälter tätig. Er war zwar noch nicht straffällig geworden oder besser gesagt, man hatte ihm noch keine Straftat nachweisen können, er lebte aber in einem eindeutig kriminellen Milieu. Er war in seiner Umgebung als nicht zimperlich bekannt. Er wurde allgemein, selbst von den Terroristen respektiert ... Er stammte aus gut bürgerlichem Haus – Professorensohn. Er hatte in der Schule Schiffbruch erlitten und nie einen normalen Beruf ausgeübt. Politisch hatte er allerdings mit den Terroristen nichts im Sinn. Und so hatte er sich bei der Polizei gemeldet, als er von einer Terroristin auf Waffenbeschaffung angesprochen worden war. Er galt in kriminellen Kreisen als Waffenspezialist. Die Polizei hatte ihn seinerzeit uns übergeben, und wir haben ihn dann in zäher und geduldiger Arbeit aufgebaut und in die terroristische Szene hineingespielt. Ihm selbst machte diese Arbeit Spaß. Wahrscheinlich war es Abenteuerlust... Im allgemeinen folgte er den Anweisungen, nur fand er uns häufig viel zu ängstlich und hatte für rechtsstaatliche Bedenken nicht das geringste Verständnis... Hatte der VM möglicherweise durch einen Alleingang den großen ›Schlag‹ landen wollen, von dem er immer geträumt hatte?«

Diese bange Frage könnte auch die gigantischen Anstrengungen erklären, mit denen die Verstrickungen des VS verdunkelt werden sollten: Hat der ehemalige VS-Chef womöglich Weingraber eine maßgebliche Tatbeteiligung an dem Mord durchaus zugetraut?

Der mit einer »Dienstwaffe« Marke Baretta, Kaliber 9 mm, Nr. F. 35 194[42] ausgestattete V-Mann wurde auch nach der Mordtat, entsprechend präpariert, weiterhin in den Untergrund geschickt (in Richtung »Bewegung 2. Juni«, aber auch RAF). Seit 1979 ist er ins Ausland (u.a. Italien/Toscana) abgetaucht, ausgepolstert mit über 700.000 DM Schweige- bzw. Versorgungsgeld für seine neue Existenz und Identität – bezahlt aus dem Haushalt des Berliner »Verfassungsschutzes« (Titel »Besondere Aufwendungen«).[43]

c) Noch eine andere Gestalt, die in der des Mordes verdächtigten Gruppe kräftig mitmischte, hat ganz besondere Bedeutung für den Schmücker-Prozeß: Jürgen Bodeux (»Harry«), unermüdlicher Werber für den bewaffneten Kampf, Spezialist im Fälschen von Papieren, Knacken von Autoschlössern und Beschaffen von Schußwaffen – u.a. der mutmaßlichen Tatwaffe. Nach der Mordtat wurde auch er angeklagt und am 22. Juni 1976, bisher als einziger rechtskräftig, wegen »gemeinschaftlichen Mordes« zu einer Jugendstrafe von fünf Jahren Freiheitsentzug verurteilt. Bodeux, der dieses Urteil akzeptierte, mußte allerdings lediglich zweieinhalb Jahre absitzen – eine auffallend »billige« Mordbeteiligung. Mithilfe staatlicher Zuwendungen, als »Bafög« getarnt, und ausgestattet mit einer neuen Identität begann er nach der Haftentlassung eine schulische Ausbildung.

Bodeux war nämlich inzwischen von der politischen Staatsanwaltschaft Berlin zum Hauptbelastungszeugen, zum (damals noch ungesetzlichen) Kronzeugen der Anklage gegen die anderen Angeklagten aufgebaut worden,[44] die gegen ihre Verurteilungen erfolgreich Revision einlegten. Auf seinen Angaben, die er in »vertraulichen Gesprächen« mit VS-Beamten und einem Staatsanwalt in unterschiedlichen Versionen bereits vor seinem eigenen Strafverfahren gemacht hatte,[45] beruhen die allermeisten Beschuldigungen im Mordfall Schmücker. Im Verlauf seiner Vernehmungen machte Bodeux zahlreiche – erst viel später nachweisbare – Falschaussagen und verwickelte sich in gravierende Widersprüche, deren Klärung das Gericht im Verfahren gegen die Beschuldigten jedoch im wesentlichen abzublocken verstand.[46]

Immer noch ungeklärt ist der Verdacht, daß Bodeux bereits im Jahre 1973 an einem bis heute nicht aufgeklärten Raubmord in Porz, seiner Heimatstadt, beteiligt gewesen sei, wofür er jedoch nie ermittlungsmäßig belangt worden ist[47] – womöglich ein grandioser Kronzeugen-Kuhhandel. Die Konfrontation mit dieser schweren Raubmord-Beschuldigung könnte Bodeux's Aussagebereitschaft in der Sache Schmücker wesentlich gefördert haben: Aussage gegen Nichtverfolgung – ein durchaus beliebtes und gängiges Staatsschutz-Geschäft zur Produktion von »Kronzeugen«. Der Porzer Raubmord könnte dann aber auch die Ausgangsgeschichte einer frühen erfolgreichen Kontakt- bzw. V-Mann-Anwerbung durch den »Verfassungsschutz« gewesen sein, wofür es etliche Hinweise gibt.[48] Das allerdings müßte ein für rechtsstaatliche Instanzen schier unerträglicher Gedanke sein: Denn wäre Bodeux bereits vor dem Mord V-Mann des VS gewesen, ja dann wäre einer seiner V-Leute bei Erfüllung seines Auftrags zum (auch noch rechtskräftig verurteilten) Mörder geworden. Die Akten, die diese Geschichte aufklären könnten, sind amtlicherseits unter Verschluß gehalten (etwa die ominöse Akte D/F 2066, s. weiter unten). Fragen zu diesem Komplex sind im Verfahren prinzipiell unbeantwortet geblieben – anderthalb Jahrzehnte lang. Warum wohl?

d) Noch ein weiterer V-Mann des VS spielte seine dubiose Rolle insbesondere vor und während des ersten Prozeßanlaufs Mitte der siebziger Jahre: der frühere Jura-Student Christian Hain, Deckname »Flach«, ehemals Vertrauter der Hauptbeschuldigten Schwipper (und bereits vor dem Mord für den VS tätig). Er war nach der Mordanklage, von Schwipper arglos empfohlen, als juristischer Mitarbeiter (Praktikant) im Büro des Schwipper-Verteidigers Philipp Heinisch sowie in der »Roten Hilfe Berlin« tätig, die sich u.a. um die Gefangenen in diesem Fall kümmerte. Auf diese Weise konnte »Flach« die VS-Behörde laufend mit internen Informationen u.a. über die Verteidigungsstrategie versorgen, die schließlich auch auf dem Tisch der zuständigen Staatsanwaltschaft landeten. Zusätzlich zu diesem staatlichen Bruch des Anwaltsgeheimnisses wurde Heinischs Verteidigertätigkeit jahrelang per Telefon- und Postüberwachung systematisch ausgeforscht (1975,

1976 und letztmalig bis zum September 1989),[49] somit auch die Korrespondenz mit seiner Mandantin Ilse Schwipper, die ihrerseits ebenfalls überwacht wurde.

Inzwischen ist Hain, der zuletzt in Berlin einen Taxi-Betrieb geführt hat, abgetaucht. Ilse Schwippers Verteidiger Philipp Heinisch wurde am 17. Juli 1989 von einem hochrangigen Mitarbeiter des Berliner VS aufgesucht, der ihn in einem vertraulichen Gespräch zu prozessualen Absprachen nötigen wollte: Die Hauptangeklagte solle ein Geständnis ablegen mit dem Ziel, daß dann die V-Leute Weingraber und Hain nicht oder nur eingeschränkt vor Gericht aussagen müßten. Im Gegenzug könne sie damit rechnen, nur noch zu 15 Jahren Haft, statt zu Lebenslänglich verurteilt zu werden; über sieben Jahre habe sie ja bereits in U-Haft abgebüßt. Der VS-Mitarbeiter wußte auch Druck zu machen: Er drohte mit Enthüllungen über die am Verfahren beteiligten Anwälte, mit »Erkenntnissen«, die der VS über die Bespitzelung des Heinisch-Büros und über die Kontrolle des Telefon- und Schriftverkehrs gewonnen haben will.[50] Ein letzter, verzweifelter Versuch, die öffentliche Erörterung der VS-Verstrickung in den Mordfall Schmücker wenn nicht zu vermeiden, so doch wenigstens zu begrenzen?

e) Eine der wichtigsten Schlüsselfiguren in der VS-Affäre Schmücker ist der VS-Agent Michael Grünhagen, Oberamtsleiter und »Anti-Terror-Spezialist« beim Berliner Landesamt für Verfassungsschutz, der die erwähnten V-Leute vor und nach der Tat geführt hat.[51] Er unterhielt während der Ermittlungen enge Kontakte zur Staatsschutz-Polizei und politischen Staatsanwaltschaft, fungierte praktisch als deren Geheim-Berater und als Verbindungsmann.[52] Auf diese Weise konnte er auf die Ermittlungsarbeit unmittelbaren und entscheidenden Einfluß nehmen, ohne daß er in den ersten beiden Prozeßdurchläufen hätte als Zeuge vernommen werden können, denn seine Identität war der Verteidigung und dem Gericht nicht bekannt. Erst nach detektivischer Ermittlungsarbeit der Verteidigung konnte »Rühl« als Grünhagen identifiziert werden; dann mußte sie allerdings noch um seine Freigabe als Zeuge vor dem Verwaltungsgericht klagen,[53] um ihn endlich im dritten Durchgang erstmals – allerdings unter Ausschluß der Öffentlichkeit und der Angeklagten – (kommissarisch) vernehmen zu können.

Anfang 1988 soll Grünhagen alias Peter Rühl, Peter Petersen, Michael Wegner, plötzlich und unerwartet, nach kurzer schwerer Krankheit (Hautkrebs), gestorben sein.[54] Dies meldete die Innenverwaltung des Berliner Senats. Ein Eintrag im Sterberegister ist nicht zu finden, eine Beerdigung fand unter dem Namen Michael Wend statt und auf dem Grabstein steht schlicht und ergreifend geschrieben: »Danke, Michael«. Es gibt jedoch keinen Nachweis dafür, daß Grünhagen – im Alter von Anfang fünfzig – tatsächlich gestorben ist. Vielmehr halten sich hartnäkkig Gerüchte, der dubiose Dunkelmann könnte eine neue Identität und Legende angenommen haben... Damit wäre er einerseits als Zeuge im Schmücker-Verfahren elegant aus dem Verkehr gezogen und könnte sich andererseits unerkannt neuen »Aufgaben« widmen.

Außer der direkten Einflußnahme Grünhagens auf die Ermittlungen waren auf höherer Ebene noch andere rechtsstaatlich bedenkliche Verquickungen zwischen Berliner VS und politischer Staatsanwaltschaft (Abteilung P II) zu verzeichnen: Der in der Schmücker-Affäre lange Zeit unermüdlich ermittelnde Staatsanwalt Hans-Jürgen Przytarski, der Bodeux fürsorglich unter seine Fittiche nahm, wurde später zum Vize-Präsidenten des Berliner VS befördert. Der ebenfalls als Staatsanwalt mit diesem Strafverfahren befaßte und am klandestinen Wirken des VS beteiligte Staatsanwalt Wolfgang Müllenbrock brachte es zum Staatssekretär des ehemaligen Berliner CDU-Innensenators Heinrich Lummer, zuständig für die Aufsicht über den VS und die Polizei. Beide Wanderer zwischen Justiz-, Polizei- und Geheimdienst-Welten gelangten also auf wundersame Weise in höhere Positionen, von denen aus sie jene – von ihnen selbst bereits streckenweise präjudizierten –Bedingungen im Schmücker-Prozeß weitgehend absichern konnten. Sie wußten ihre Positionen jedenfalls zu größtmöglicher Abschottung und Geheimhaltung zu nutzen.

f) Die nach und nach ersichtlich gewordene Nähe des »Verfassungsschutzes« zum Tod seines Informanten Schmücker und die Tatsache, daß dem Opfer – trotz Kenntnis von seiner Gefährdung und trotz nahezu lückenloser Observation – von dieser Behörde keinerlei Hilfe zuteil geworden war, veranlaßte die Verteidigung schon frühzeitig, Anträge auf Vernehmung aller VS-Beamten zu stellen, die mit Schmücker dienstlich befaßt waren. Allerdings ohne durchschlagenden Erfolg: Entweder die Zeugen wurden gesperrt, oder es wurde ein sog. Zeuge vom Hörensagen präsentiert, der über Beobachtungen Dritter aussagen sollte, oder aber die Aussagegenehmigungen der Innenbehörde für die geheimen Zeugen wurden derart eingeschränkt, daß das Wesentliche gezielt ausgespart blieb. Rainer Elfferding, einer der Verteidiger im Schmücker-Verfahren vermutet, der VS und die Strafverfolgungsorgane hätten diesen Prozeß geführt, »weil sie nicht hinnehmen konnten, daß jemand erschossen wurde, der in der Öffentlichkeit im Verdacht stand, für sie gearbeitet zu haben; jeder, den sie neu hätten anwerben wollen, hätte ihnen entgegengehalten, daß sie ja nicht einmal in der Lage seien, ihre eigenen Leute zu schützen.« Eine wahrlich fatale Situation – zumal in einer Zeit, in der die Staatssicherheitsorgane dazu übergingen, geheimdienstliche und -polizeiliche Mittel und Methoden weiter zu systematisieren, öffentlich zu legitimieren und schließlich zu legalisieren.

Immer dann, wenn die Verteidigung Anstrengungen unternahm, die Verstrikkung des VS in den Mordfall Schmücker aufzudecken, hielten der VS und andere Sicherheitsbehörden auch wichtige Akten oder Aktenteile (einzelne Seiten oder ganze Seitenfolgen) geheim, leugneten deren Existenz oder manipulierten ihren Inhalt (u.a. mit »Tipp-Ex«).[55] Darüber hinaus sind wichtige Beweismittel wie Akten, Fingerspuren, Tonbandaufzeichnungen, ein handgeschriebener Brief Schmückers und andere Dokumente sowie nicht zuletzt die Tatwaffe auf geheimnisvolle Weise verschwunden und teilweise nie wieder aufgetaucht.

Um eine Freigabe der genannten Geheim-Akten und -Zeugen dennoch zu erzwingen, strengten die Verteidiger etwa 20 Parallelverfahren vor diversen Verwaltungsgerichten an, die die einzelnen Strafprozeß-Etappen begleitetet und immer wieder unterbrochen haben.[56] Sie waren allerdings weitgehend erfolglos.

Nachbemerkung

Erst mit der Ablösung der West-Berliner CDU/FDP-Regierung durch eine »rotgrüne« SPD/AL-Koalition im Frühjahr 1989 zeichnete sich eine gewisse Wende in der Schmücker-Affäre ab, die allerdings, das sollte nicht vergessen werden, in einer SPD-Ära begonnen hatte. Seit Ende 1989 beschäftigte sich ein parlamentarischer Untersuchungsausschuß des Abgeordnetenhauses von Berlin mit der Rolle des VS und der Staatsanwaltschaft im Mordfall Schmücker und in den drei Strafverfahren.[57] Trotz der Desinformationspolitik, die der VS auch gegenüber dem Ausschuß weiter betrieb, konnte am 2. Oktober 1990 ein äußerst aufschlußreicher »Zwischenbericht« vorgelegt werden.[58]

Der vierte Durchgang des Schmückerverfahrens begann im April 1990 vor der 18. Großen Strafkammer beim Berliner Landgericht unter Leitung der Vorsitzenden Richterin Ingeborg Tepperwien. Nach insgesamt 591 Verhandlungstagen seit 1976 endete das Verfahren im Januar 1991 mit einer überfälligen, aber dennoch aufsehenerregenden Einstellung. Die Kosten von fast 15 Millionen DM trägt die Staatskasse. Die fünf Angeklagten werden für ihre bis zu fast acht Jahren dauernde Untersuchungshaft finanziell entschädigt.[59]

Anders als in den drei vorangegangenen Prozeßdurchläufen hat sich das Gericht diesmal sehr intensiv und kritisch mit den Begleitumständen des gesamten Verfahrens beschäftigt. Dabei können nach der Beweisaufnahme zwei Verflechtungstatbestände als bewiesen gelten, die letztlich zur Verfahrenseinstellung führten:

1. Der »Kronzeuge« Jürgen Bodeux bestätigte in seiner Zeugenaussage, daß der V-Mann des »Verfassungsschutzes«, Volker von Weingraber, direkt in den Fememord an Ulrich Schmücker verwickelt war – und damit auch der VS: Er sei in die Mordpläne eingeweiht gewesen, habe die Täter gekannt und die Tatvorbereitungen mitbekommen; er sei damit beauftragt worden, die Tatwaffe verschwinden zu lassen, was er auch tat, indem er die noch »warme« Waffe dem VS (dem VS-Agenten Grünhagen) übergab.[60] Die Staatsanwaltschaft wußte seit zwölf Jahren, daß die Mordwaffe beim VS lag, hat es jedoch unterlassen, diese wichtige Erkenntnis in das Verfahren einzubringen, wie es ihre Pflicht gewesen wäre.

2. Außerdem bestätigte der ehemalige Staatsanwalt Müllenbrock unter Eid, daß es bereits im zweiten Prozeß-Durchgang (1978) geheime Absprachen mit den Richtern des Verfahrens gegeben habe: Danach sollte die Tatsache, daß Volker von Weingraber V-Mann des VS war, gegenüber Verteidigung und Laienrichtern verschwiegen und eine entsprechende geheime Akte zurückgehalten werden. Diese skandalöse, rechtswidrige Kungelei war bereits kurz vor Müllenbrocks gerichtlicher Aussage durch einen dreiseitigen Vermerk Grünhagens vom 15. Dezember

Abgeordnetenhaus von Berlin - 11. Wahlperiode Drucksache 11/1224

Anlage 7 zum Bericht des 2. Untersuchungsausschusses - 11. WP -

522

IV (2)

Berlin, den 2. August 1974

HERRN ABTEILUNGSLEITER

mit der Bitte um Kenntnisnahme vorgelegt.

Betr.: VM WIEN

Bitte zurück an: (2) Eay 14.8.

Nach Rücksprache bei dem Herrn Bürgermeister (Teilnehmer: Bm, Herr GRIMMING, AL und (2)) ist für die VM-Führung des WIEN folgende Linie einzuschlagen:

1. WIEN läßt durch seinen "Fachmann" die ihm von der Gruppe übergebenen Ausweise frisieren (Durchführung durch unsere Technik)

2. Staatsanwaltschaft wird die Kommunemitglieder Wolfsburg zuerst als Zeugen und danach als Beschuldigte befragen, dabei wird der Staatsanwaltschaft auffallen, daß einer, nämlich W[redacted], fehlt. Die Staatsanwaltschaft wird hieraus den Schluß ziehen, daß W[redacted] Grund zum Verschwinden hat und gezielt nach ihm fahnden

bzw. ermitteln!

3. In dieser Phase kann WIEN, falls es dann tunlich ist, der Gruppe sagen, ihm würde bei dieser gezielten Fahndung der Boden zu heiß, er wolle für eine Zeitlang untertauchen und gebe deshalb vorsorglich die "Waffentasche" zurück.

4. Legende bei der Rückgabe: Keine Zeit, Eltern nicht mit hineinziehen, Gefühl der Observation usw., deshalb in einem Bahnhofsschließfach deponiert und "Harry" (oder wen auch immer) den Schlüssel zugespielt. Bei Leeren des Schließfaches - Routinekontrolle - Festnahme des Abholers.

Dazu muß aber ein Grund vorliegen.

5. WIEN soll an der Reise zu den anderen Kontaktpersonen teilnehmen.

6. Anmietung der "eleganten Wohnung" kann vorbereitet werden.

0542

- 2 -

Geheim

14

Anlage 11 zum Bericht des 2. Untersuchungsausschusses - 11. WP -

IV AbtL

Berlin, den 2. August 1974

Betr.: Operative Weiterbehandlung des Falles SCHMÜCKER

Nach dem im Auftrage von Herrn Bürgermeister NEUBAUER am 30. 7. durchgeführten Gespräch mit Präsident Dr. NOLLAU wurde Unterabteilungsleiter (2) am 1. 8. über die Stellungnahme des BfV-Präsidenten zu obiger Angelegenheit unterrichtet. Ihm wurde mitgeteilt, daß Dr. N. dringend vor einer Herausgabe der versteckten Waffen durch Quelle warnt, zumindest mit Wissen des LfV Berlin. Nach Ansicht von Dr. N. müsse dabei ein Weg gefunden werden, eine Enttarnung der Quelle zu vermeiden, selbst wenn der Mörder des SCHMÜCKER dadurch nicht überführt werden kann. Unterabteilungsleiter (2) wurde angewiesen sicherzustellen, daß die o.e. Herausgabe auf keinen Fall stattfindet.

Anlage 13 zum Bericht des 2. Untersuchungsausschusses - 11. WP -

- 4 -

c) Nach dem "Spiegel"-Artikel vom 29. September 1986, in dem die VM-Tätigkeit des W. publiziert wurde, kam es bis zum Abschluß des "Sicherheitsfalles W." zu folgenden Zahlungen (lt. Bd. XX):

lfd. Nr.	Datum	Zahlung	Grund
1.	03.10.86	5 000,--	Bewegungsfreiheit im Falle einer akuten Gefährdung
2.	16.12.86	60 000,--	Abschlagzahlung zur Begleichung der wichtigsten Verpflichtungen im Zusammenhang mit dem Weingut
3.	29.12.86	10 000,--	Rückzahlung eines Teils eines Darlehens an Gläubiger des W.
4.	17.02.87	30 000,--	Abschlagzahlung für notwendige Unterhaltskosten für das Weingut
5.	31.03.87	20 000,--	Abschlagzahlung für notwendige Unterhaltungskosten für das Weingut
6.	13.05.87	28 300,--	Abschlag Unterhalt Weingut, Miete in der Stadt und Kaution
7.	16.07.87	45 000,--	Landwirtschaftskredit, Weinabfüllung, Miete und Wohnen in der Stadt, Unterhalt des Weingutes
8.	24.07.87	5 000,--	Rückzahlung eines Darlehensteils
9.	06.10.87	27 990,--	bezahlte Landwirtschaftskredite, Abfindungsabschlag
10.	06.10.87	9 000,--	Unterhalt Weingut, Wohnen und Lebensunterhalt in der Stadt
11.	05.10. - 11.11.87	73 010,--	Abfindung
12.	05.10. - 11.11.87	450 000,--	Abfindung

- 5 -

Anlage 4 zum Schreiben vom [illegible]

-020-A-00016- 130 geh. - Geheim / amtlich geheimgehalten

Anlage 4

Anlage 14 zum Bericht des 2. Untersuchungsausschusses - 11. WP -

E r k l ä r u n g

Mit mir wurde heute in einem Vorgepräch die endgültige Regelung meines Sicherheitsfalles besprochen. Ich werde einer Abfindung in der Gesamthöhe von 550.000,-- DM zustimmen. Diese Summe setzt sich aus 450.000,--DM für die Gründung einer neuen Existenz und 100.000,--DM für notwendige Zahlungen in der Übergangszeit vom Tage des Inkrafttretens des Abfindungsvertrages (Übergabedatum des Schecks), sowie noch ausstehender Zahlungen aus der Zeit seit dem Verlassen des Gutes "… a", zusammen.

In den 100.000,--DM sind, wie mit mir bisher abgesprochen, folgende Einzelbeträge enthalten:

36.000,--DM	Unterhalt des Weingutes
12.000,--DM	Lebensunterhalt
17.000,--DM	Wohnung in Mailand (bis Kündigung)
10.000,--DM	Privatkredit
14.290,--DM	bezahlter Landwirtschaftskredit
13.700,--DM	" " "

Als Abschlag auf diesen Abfindungsteil wurden mir heute 27.990,--DM (per Scheck) ausgehändigt.

Des weiteren erkläre ich, daß ich damit einverstanden sein werde, daß mit der Abfindungszahlung alle finanziellen Zuwendungen im Rahmen des Betreuungsverhältnisses enden.

Mir ist klar, daß die Abfindungssumme nur unter der Voraussetzung an mich gezahlt wird, daß ich das Gut "… a" aufgeben und mir an einem anderen sicheren Ort eine neue Existenz unter den mit mir abgesprochenen Sicherheitsvorkehrungen aufbauen werde.

Mir wurde empfohlen, die Abfindungssumme auf ein sog. Auslandskonto meiner italienischen Bank einzuzahlen, um damit die Möglichkeit zu haben, das Geld ohne Schwierigkeiten, wenn nötig, nach Deutschland transferieren zu können.

Ich bin des weiteren damit einverstanden, daß meine Lebensgefährtin … von dem Inhalt dieser Erklärung und von dem Abfindungsvertrag Kenntnis erhält und bei Übergabe des Schecks zugegen ist.

Thun, den 5.10.1987 ....

Geheim / geheimgehalten

1978 bekanntgeworden, in dem dieses Stillschweigeabkommen zwischen Staatsanwaltschaft und den drei Berufsrichtern festgehalten worden ist.[61] Dieses geheime Dokument wurde erst auf Intervention der Alternativen Liste vom SPD-Innensenator Erich Pätzold als Beweismittel freigegeben.

In der Einstellungsbegründung des Gerichts vom Januar 1991 wird explizit die unheilvolle Komplizenschaft, das »geheime Zusammenspiel« von Richtern, Staatsanwälten, Ermittlungsbehörden und »Verfassungsschutz« dafür verantwortlich gemacht, daß der Mord an Ulrich Schmücker nach menschlichem Ermessen nicht mehr aufgeklärt werden könne; mit der Vorenthaltung und Manipulation zahlreicher Akten und Beweismittel seien »fundamentale Grundsätze des Rechtsstaates verletzt worden«; ein faires und rechtsstaatliches Verfahren für die fünf Angeklagten sei nach so langer Verfahrensdauer und unter den gegebenen Umständen nicht mehr zu erwarten.[62]

Fall 3: Under-Cover-Agenten des Staatsschutzes als »Vorkämpfer« Versuchte Gründung einer »Revolutionären Zelle« in Staatsregie

Stuttgart-Stammheim, Anfang der achtziger Jahre: Die beiden RAF-Verteidiger Arndt M. und Armin N. sind angeklagt der »Unterstützung einer terroristischen Vereinigung«, der RAF, sowie der Werbung für dieselbe[63] – ein Schicksal, das eine ganze Reihe von StrafverteidigerInnen in »Terrorismus«-Verfahren ereilt hat. Die beiden sollen, laut Anklageschrift, in die mehrfach hochgesicherte Stammheimer Haftanstalt Waffen geschmuggelt haben, die später in den Zellen der toten RAF-Mitglieder Jan-Carl Raspe, Andreas Baader und Gudrun Ensslin gefunden wurden. Mit dieser Version wurden seinerzeit der erstaunten Öffentlichkeit die angeblichen Stammheimer »Selbstmorde« plausibel gemacht.[64]

Regelmäßig besuchten nun zwei zunächst unbekannte Zuhörer die Verhandlungen gegen M. und N. im Stammheimer Gerichtsgefängnis. Sie gaben sich als »Sympathisanten« der Angeklagten zu erkennen, wetterten gegen die »Morde von Stammheim« und knüpften persönliche Kontakte zu anderen, ebenfalls sympathisierenden Prozeßbesuchern. In Wirklichkeit, so stellte sich viel später heraus, handelte es sich bei den vermeintlichen Sympathisanten um die beiden verdeckten Polizeiagenten des baden-württembergischen Landeskriminalamtes, »Ralf Hiller« und »Hans-Joachim (Hajo) Krauth«, die sich – versehen mit neuen, angepaßten Lebenslegenden und passender Szene-Wohnung – auf diesem geheimpolizeilichen Wege Zutritt verschafften zur sogenannten Sympathisantenszene, zu verdächtigen Gruppierungen wie etwa der »Schwarzen Hilfe« (Köln), die sich um politische Gefangene kümmerte sowie zu verdächtigten Einzelpersonen.

»Hiller« und »Krauth« erzählten von ihrer politischen Geschichte in der KPD und diversen Initiativen; sie vermittelten ihren jeweiligen Gesprächspartnern darüber hinaus einen »kampferprobten« und technisch versierten Eindruck, präsentierten bei Gelegenheit Schußwaffen, prahlten mit Sprengstoffanschlägen und versuchten damit gezielt, ein ganz bestimmtes »Opfer« zum »Terroristen« aufzubauen und in den Sog von Gewalt-Aktionen zu zerren: nämlich den Kölner Theo

P., Mitglied der »Schwarzen Hilfe« und Anti-AKW-Aktivist, der in den Augen der Agenten und ihres Amtes hinreichende Militanz, technisches Verständnis und nicht zuletzt die gehörige Portion »Verführbarkeit« zeigte.

Nach mehrmaligen Anläufen regten Hiller und Krauth schließlich an, in Köln eine »Revolutionäre Zelle« aufzubauen und Anschläge auf Leitungsmasten von Atomkraftwerken zu verüben. Sie setzten P. wegen einer bereits begangenen Straftat (Diebstahl einer Waffe)[65] unter massiven Druck und drängten ihn schließlich zur Ausführung eines großen Planes, in den sie ihn längst einbezogen hatten: Es war vorgesehen, so Theo P.,das Bundesamt für »Verfassungsschutz« (BfV) an der Kölner Inneren Kanalstraße in die Luft zu jagen. Ein PKW mit 50 Kilogramm Industriesprengstoff sollte über Funk gezündet werden. Mit Toten mußte bei der Realisierung dieses Vorhabens, selbst bei Vorwarnung, gerechnet werden. »Wie es nach solch einer Geheimdienstaktion aussieht, ist noch gut vom faschistischen Anschlag in Bologna in Erinnerung«, so wird Theo P. in einer späteren Erklärung dieses Ansinnen zusammenfassen.

Spätestens dieses »Wahnsinnsunternehmen«,[66] das die Aktionsbereitschaft des zu verführenden Opfers bei weitem überstieg, machte Theo P. stutzig: Er wandte sich an Rechtsanwälte und Journalisten und versuchte auf deren Rat hin, den Kontakt zu »Hiller« und »Krauth« vorsichtig abzubrechen. Doch diese ließen, nach P's Angaben, zunächst keineswegs locker und versuchten, ihn noch zu einem anderen Anschlag (auf den Hauptleitungsmast des Atomkraftwerks Neckar-Westheim) zu überreden – es fehle zur Realisierung nur noch ein dritter Mann. Als auch dieser Nötigungsversuch nichts fruchtete, wurde Theo P. kurze Zeit später, am 5. Februar 1981, festgenommen. Der Haftbefehl vom 27. Januar 1981 lautete auf Verdacht der Bildung einer »terroristischen Vereinigung« nach § 129a StGB. Der auf Tatprovokation gerichtete Einsatz der Agenten, der die Gründung einer »terroristischen Vereinigung« mitumfaßt hatte,[67] ermöglichte es den Sicherheitsbehörden nun, über das Organisationsdelikt § 129a StGB die einschlägigen Sonderermächtigungen zu aktivieren und das Ermittlungsverfahren nicht etwa allein auf Theo P. zu konzentrieren, sondern auf einen großen Teil der Kölner oppositionellen Szene auszudehnen, um diese schließlich umfassend auskundschaften zu können.

Das Ermittlungsverfahren gegen Theo P. wegen § 129a StGB wurde später sang- und klanglos wieder eingestellt, es hatte offenbar seine Funktion erfüllt – allerdings auf einem die Menschenwürde tangierenden Umweg: Theo P. wurde zum Objekt staatlichen Handelns gemacht, um ein außerhalb seiner Person liegendes, »staatsschützendes« Ziel zu erreichen.

Angeklagt wurde Theo P. lediglich wegen Diebstahls sowie Verstoßes gegen das Waffengesetz. Allerdings versuchte das Landeskriminalamt Baden-Württemberg, dem die verdeckten Polizeiagenten unterstanden, noch im Verfahren (1981) mit Hilfe eines 25seitigen Ermittlungsberichtes (Geheimhaltungsstufe »VS-Verschlußsache – Vertraulich«),[68] Theo P. zum hochkarätigen Terroristen zu stilisieren. Der Verfasser, ein Kriminalhauptkommissar, wurde daraufhin als »Zeuge vom Hörensagen« gerichtlich vernommen; er machte Aussagen über (angebliche)

Mitteilungen der beiden Agenten, da diese, mangels Aussagegenehmigung, nicht selbst vor Gericht erscheinen durften. Das Jugendschöffengericht Köln – ausnahmsweise also kein OLG-Sondergericht – relativierte jedoch auf dem Hintergrund des tatprovozierenden Agenten-Einsatzes die gegen Theo P. »vertraulich« vorgebrachten Vorwürfe erheblich – und erkannte auf eine Freiheitsstrafe von einem Jahr und vier Monaten.[69]

Fall 4: Das »Celler Loch« Ein staatsterroristischer Akt zur Legendenbildung

Erst im April 1986, mit achtjähriger Verspätung, wird der Skandal bekannt: In der Nacht zum 25. Juli 1978 um 2 Uhr 54 haben Beamte des niedersächsischen »Verfassungsschutzes« und Spezialisten der »Anti-Terror-Spezialeinheit« GSG 9 des Bundesgrenzschutzes in einer gemeinsamen »Aktion Feuerzauber« einen Sprengstoffanschlag auf die Justizvollzugsanstalt Celle verübt. Das Resultat dieser Aktion, die, so stellte sich später heraus, eng mit den Geheim-Operationen »Emsland« und »Neuland« verknüpft war: ein Loch in der Gefängnismauer, das später der Affäre ihren Namen geben sollte – das »Celler Loch« – Synonym für modernen geheimpolizeilichen Staatsterrorismus im Kleinformat.

Operatives Ziel des Celler Feuerzaubers war die »Schaffung brauchbarer Zugänge zu Terroristenkreisen (RAF und Bewegung 2. Juni)«. Mit dem Anschlag sollte ein »terroristischer« Versuch zur Befreiung eines ganz bestimmten Häftlings vorgetäuscht werden – nämlich von Sigurd Debus, der wegen politisch motivierten Bankraubs in der Celler Justizvollzugsanstalt einsaß und der der RAF zugerechnet wurde, obwohl er dieser Gruppe niemals angehört hatte; an eine wirkliche Befreiung war indes nicht gedacht.[70]

Dieser Versuch einer »Gefangenenbefreiung« sollte in der Folgezeit dazu dienen, zwei zuvor angeworbenen V-Leuten des »Verfassungsschutzes« die »terroristischen« Legenden zu verschaffen. Ihnen wurde die Tat von den Sicherheitsbehörden nach außen hin »zugerechnet«. Mit Hilfe der neuen Legenden sollten sich die vermeintlichen Täter nun Zugang zu »terroristischen Gruppen« und »terrorismusverdächtigen Kreisen« verschaffen. Als Fernziel wurde das Einschleusen solcher V-Leute in den Kernbereich der RAF anvisiert, was bisher nie gelungen und von den Staatssicherheitsorganen so schmerzlich vermißt worden war.

Bei den eingesetzten V-Leuten handelte es sich um »anpolitisierte« Schwerkriminelle bzw. Strafgefangene aus der Justizvollzugsanstalt Celle. Im Abschlußbericht des später eingesetzten Parlamentarischen Untersuchungsausschusses im Niedersächsischen Landtag heißt es dazu apologetisch:

»Die Konzeption eines Einsatzes von Straftätern fügte sich einerseits in die Ideologie der RAF ein und ersparte andererseits den Aufbau einer notwendigen kriminellen Legende. Dadurch entfielen eine Reihe von Problemen und Komplikationen, die zuvor dazu geführt hatten, daß herkömmliche, mit einer Legende ausgestattete V-Leute in diesem Bereich nicht erfolgreich arbeiten konnten. Die Straftäter brauchten ... weitgehend lediglich sich selbst spielen. Sie konnten ihr eigenes kriminelles Vorleben einbringen...«[71]

Und was für Karrieren: Einer der beiden V-Leute, der gelernte Büchsenmacher Klaus-Dieter Loudil, hatte ursprünglich eine langjährige Freiheitsstrafe wegen schweren Raubes und Tötungsdelikten zu verbüßen. Bereits während dieser Zeit war er im Auftrag des VS auf Sigurd Debus angesetzt worden. Auf Veranlassung des VS wurde Loudil dann wenige Wochen vor der »Aktion Feuerzauber« Hafturlaub gewährt, aus dem er »vereinbarungsgemäß« nicht zurückkehrte. Wenig später wurde der ursprünglich in Hessen verurteilte Loudil vom hessischen Ministerpräsidenten Holger Börner (SPD), mit Rückendeckung des Bundesinnenministeriums, begnadigt – obwohl er damals, so der ehemalige niedersächsische LKA-Direktor Waldemar Burghard Jahre später, einer der zehn meistgesuchten Schwerverbrecher in der Bundesrepublik war.

Mit von der Partie in der »Celler Loch«-Affäre war der ebenfalls vom VS als V-Mann angeworbene Manfred Berger, alias Werner Lepolt: Er war ursprünglich wegen versuchten Mordes an einem Polizeibeamten zu zehn Jahren Haft verurteilt und dann, ebenfalls früh- und rechtzeitig, auf »Bewährung« entlassen worden.

Zwei Tage nach dem Celler Staatsanschlag schrieb das niedersächsische Landeskriminalamt die Tat der »Unterstützer- und Sympathisanten-Szene der terroristischen Gewalttäter« zu; der Presse wurde Klaus-Dieter Loudil als mutmaßlicher Täter präsentiert; er wurde fortan zwar polizeilich gesucht, aber vom VS erfolgreich gegen die Fahndungsbemühungen einer eigens eingerichteten Sonderkommission des LKA-Niedersachsen abgeschirmt.[72] Die Polizei und die zuständigen Staatsanwaltschaften wurden über die wahren Hintergründe der VS-Geschichte im Unklaren gelassen: Sie führten ein Ermittlungsverfahren gegen Loudil und gegen Unbekannt wegen des Verdachts eines Vergehens nach § 129a StGB. Ihnen fiel damit die undankbare Rolle zu, die geheimdienstlich und ministeriell inszenierte Desinformationspolitik glaubwürdig, weil nichtsahnend, zu unterfüttern.[73] In der »Celleschen Zeitung« vom 28. Juli 1978 konnte man lesen: »Das Landeskriminalpolizeiamt vermutet: Sprengstoffanschlag von Terroristen verübt – Intensive Fahndung nach dem aus der Celler JVA geflüchteten Räuber Klaus-Dieter Loudil.«

Dieser Loudil war mittlerweile vom VS mit einer Gaspistole (»Vorzeigewaffe«, einer »scharfen Waffe« nachgebildet) und mit unterschiedlichen nachrichtendienstlichen Mitteln ausgestattet. Er suchte fortan seinem Auftrag gerecht zu werden und sich unter seiner neuen Legende als »Gefangenenbefreier« Zugang zu »terroristischen Kreisen« zu verschaffen. Dabei betätigte er sich, ebenso wie sein Kollege Manfred Berger, einschlägig auch als agent provocateur: So deponierte er etwa bei mindestens einem Verdächtigen Sprengstoff in der Wohnung, der diesem nach einer polizeilichen Hausdurchsuchung auch prompt zum Verhängnis wurde und ihm eine mehrjährige Gefängnisstrafe einbrachte (der V-Mann-Einsatz war dem erkennenden Landgericht Hamburg verschwiegen worden).[74]

Manfred Berger, der über Handfeuerwaffen und eine Maschinenpistole verfügte, hatte bereits vor dem Celler Anschlag versucht, gezielt bestimmte Personen aus entsprechenden »Szenen« und »Kreisen« zu einer gewaltsamen Befreiung von Sigurd Debus zu überreden – allerdings ohne Erfolg. Er nutzte in der Folgezeit die ihm vom VS verschaffte falsche Identität zu zahlreichen weiteren Provokationen und zu neuen, eigenen Straftaten (von denen der VS wußte; Berger knackte und verschob in zwei Jahren knapp zwei Dutzend Autos). In einem späteren Strafurteil wurde ihm strafmildernd zugute gehalten, daß die Tätigkeit für eine »niedersächsische öffentliche Institution dem Angeklagten es unmöglich gemacht hat, sich in die Gesellschaft normal einzugliedern und ein bürgerliches Leben zu führen.«[75]

Nachdem die gesamte Affäre aufgedeckt war, sprachen die politisch Verantwortlichen, allen voran der damalige niedersächsische Ministerpräsident Dr. Ernst Albrecht (CDU), von »erheblichen Erfolgen bei der Bekämpfung des Terrorismus«, die jene V-Leute damals erzielt hätten.[76] Albrecht, der über die »Aktion Feuerzauber« zuvor informiert worden war und sie gebilligt hatte,[77] in seiner rechtfertigenden Regierungserklärung vom 25. April 1986 wörtlich:

Der V-Mann (Loudil) »fand in der Folge Zugang zu terroristischen Kreisen. Er konnte zwar nicht in den allerinnersten Kern des Terrorismus vordringen; dennoch hat er erhebliche Erfolge bei der Bekämpfung des Terrorismus möglich gemacht. Der Ausbruch von Debus wurde verhindert, eine geplante Mordtat ebenfalls, Brandanschläge und Raubüberfälle konnten aufgeklärt werden, geraubtes Geld wurde sichergestellt, Waffen konnten beschlagnahmt werden, und auch ein Sprengstoffanschlag konnte auf diese Weise verhindert werden. Meine Damen und Herren, das sind nur Beispiele. Ich könnte die Liste verlängern, aber diese Beispiele zeigen das Wesentliche.«

In der Tat: Das Wesentliche an diesen Beispielen lag darin, daß sie nicht nachweisbar waren. Im Gegenteil: Die Medien, aber auch der fast drei Jahre arbeitende parlamentarische Untersuchungsausschuß (1986 bis 1989) deckten nach und nach auf, daß jene »Erfolge« sich letztlich allein auf die »Aufklärung« von Straftaten bezogen, die die eingesetzten V-Leute selbst eingefädelt oder einzufädeln versucht hatten.[78]

Die Öffentlichkeit konnte jedenfalls nicht mehr getäuscht werden mit diesen legitimatorischen Beschwichtigungen Albrechts, die sich in seiner Regierungserklärung zum wahnhaftigen Bekenntnis steigerten:

»Wir haben gemeinsam bewiesen, daß das Wort von der wehrhaften Demokratie keine Phrase ist... Wir haben auf diese Weise schlimme Verbrechen verhindern und andere Verbrechen aufklären können. Ich bin sicher, daß unsere Bevölkerung genau dies von uns verlangt, nämlich alles zu tun, was in unserer Macht steht und was rechtlich vertretbar ist, um den terroristischen Anschlägen ein Ende zu bereiten.«

»Darf der Staat Terror mit Terror bekämpfen?«, fragte da die hannoversche »Neue Presse« konsterniert.[79] Und das »Hamburger Abendblatt« stellte fest: »Wenn zukünftig irgendwo in der Bundesrepublik eine Bombe detoniert, wird man gezwungen sein, auch Behörden des Staates in den Kreis der Täter einzubeziehen«.[80] In diesem Zusammenhang ist an eine Reihe von Anschlägen bzw. Anschlagsdrohungen zu erinnern (u.a. Sprengstoffanschläge auf Hauptbahnhöfe in Bremen 1974, Hamburg 1975, Nürnberg, Augsburg, München, Köln), zu denen sich – entgegen sonstiger Gepflogenheiten – keine (nichtstaatlichen) bewaffneten bzw.

militanten Gruppen »bekannt« hatten, ja von denen sie sich im Gegenteil distanziert hatten, weil sich die Anschläge unmittelbar gegen die Bevölkerung richteten.[81]

Die gesamte Celler Staatsschutz-Aktion war verbunden mit schwerwiegenden Rechtsbrüchen. Dazu gehören insbesondere: Bildung einer (staats-)terroristischen Vereinigung, gemeinschädliche Sachbeschädigung, Zerstörung von Bauwerken, Vortäuschung einer Straftat und falsche Verdächtigung, Verfolgung Unschuldiger, Anstiftung zu Straftaten, Strafvereitelung im Amt sowie verfassungswidrige direkte Zusammenarbeit zwischen VS und der Polizeispezialeinheit GSG 9 des Bundesgrenzschutzes.[82]

Doch nicht allein diese Rechtsbrüche machen die Dimension der Affäre aus, sondern auch ihre weitergehenden unmittelbaren und mittelbaren Auswirkungen: Schließlich zeitigte dieser Staatsanschlag die objektive Wirkung, daß die besonders Ende der siebziger Jahre zu registrierende Terrorismus-Hysterie öffentlich noch weiter angeheizt wurde – ein Umstand, der sich sowohl auf die zu jener Zeit laufenden »Terrorismus«-Verfahren als auch auf den Gesetzgeber und seine damals äußerst kontrovers beurteilte sog. Anti-Terror-Gesetzgebung prägend auswirken mußte.

Und auch das ist noch nicht alles: Die Staatsschutz-Affäre um das »Celler Loch« hatte zudem unmittelbare Auswirkungen auf die Gefängnis- und Haftsituation in der Celler Justizvollzugsanstalt, aber auch in anderen Haftanstalten. Dazu vermerkte der ehemalige Erste Kriminalhauptkommissar des BKA, Alfred Klaus, in seiner Dokumentation »Aktivitäten und Verhalten inhaftierter Terroristen« noch im Jahre 1985 (also kurz vor Enthüllung der Affäre):

»In verschiedenen Anstalten wurde damit begonnen, die schon bestehenden Sicherheitseinrichtungen durch weitere bauliche Maßnahmen umzugestalten und zu ergänzen oder aber völlig neue Sicherheitsbereiche zu schaffen, die in die vorhandene Bausubstanz integriert werden mußten.

Abgesehen von den allgemeinen Empfehlungen der obersten Vollzugsbehörden gab es für die Anstalten auch unmittelbare Anlässe, ihren Sicherheitsstandard zu erhöhen. In Celle war am 25. Juli 1978 die Anstaltsmauer durch eine Sprengladung zerstört worden...«[83]

Gerade zu jener Zeit, als die Staatsbombe an der Gefängnismauer explodierte, wurde in Celle eine »neue Häftlingsabteilung für die Unterbringung terroristischer Gewalttäter« eingerichtet: der berüchtigte Hochsicherheitstrakt. Diese Tatsache wurde am 25. Juli 1978, dem Tag des Anschlags, in einer dpa-Meldung bundesweit bekanntgemacht. Dem in der liberalen Öffentlichkeit des öfteren kritisierten Trakt- und Isolationskonzept, das in Hochsicherheitstrakten seinen architektonischen Ausdruck findet, konnte mit dem zeitgleich inszenierten Anschlag also eine aktuelle Begründung und Rechtfertigung verpaßt werden.

Darüber hinaus wurden die Haftbedingungen für Sigurd Debus, zu dessen Befreiung der Anschlag vorgeblich gedient haben soll, mit Bezug auf eben diesen Anschlag wesentlich verschärft:[84] So durfte er nicht mehr am gemeinsamen Hofgang mit anderen Gefangenen teilnehmen; mehrere Monate lang wurde er vollkommen isoliert; ein bereits gestellter Antrag auf Erleichterung der Haftbedingungen wurde unter Hinweis auf den angeblichen Befreiungsversuch abgelehnt.

Drei Jahre später trat Sigurd Debus in Hamburg, wo er die meiste Zeit in Isolationshaft verbracht hatte, in den Hungerstreik, um endlich menschenwürdigere Haftbedingungen zu erzwingen. Er starb an den Folgen des Hungerstreiks und der durchgeführten Zwangsernährung.

Ein eingeleitetes Todesermittlungsverfahren (Az. 134 Js 1063/81) wurde gleichwohl mit Bescheid der Staatsanwaltschaft beim Landgericht Hamburg vom 17.4.1986 eingestellt, weil aufgrund der eingeholten medizinischen bzw. neuropathologischen Gutachten »nicht erwiesen« sei und sich »nicht beweisen« lasse, »daß die zum Tode des Herrn Debus führende Hirnblutung durch fehlerhafte ärztliche oder pflegerische Maßnahmen bzw. Unterlassungen verursacht worden ist« – obwohl eindeutig festgestellt wurde, daß bei der Zwangsernährung zumindest »fehlerhaft versäumt worden ist, Herrn Debus Vitamin B1 zuzuführen«.[85] Vitamin-B1-Mangel kann, so viel steht nach den Gutachten fest, für eine Hirnblutung, wie sie bei Debus im Verlauf der Zwangsernährung auftrat, ursächlich sein.

Die dunklen Gestalten

polizeilicher und geheimdienstlicher »Ermittlungsarbeit«

Angesichts der weitverbreiteten Begriffsverwirrung wollen wir zunächst die geheimen Figuren des geheimpolizeilichen und – dienstlichen Tarnnetzes vorstellen und erläutern, wie sie sich voneinander unterscheiden, sich ergänzen und wie sie ineinander sowie mit ihren Auftraggebern (Polizei/VS) verflochten sind.[1]

1. Informanten oder auch »Hinweisgeber« arbeiten lediglich im Einzelfall oder sporadisch den Sicherheitsorganen zu. Der Übergang zum Status einer V-Person, die demgegenüber langfristig Informationen liefert, ist fließend. Häufig werden V-Leute von ihren Auftraggebern verharmlosend als bloße (zudem anonyme) Informanten oder Hinweisgeber bezeichnet bzw. in die Ermittlungsakten aufgenommen. Ihre wahre »Mission«, Funktion und Tätigkeit sollen auf diese Weise verschleiert werden.

2. V-Leute: Vertrauens- oder Verbindungspersonen, auch Vigilanten (für Polizeispitzel) oder allgemeiner: Gewährspersonen genannt.[2] V-Leute sind die privaten Bindeglieder zwischen der als kriminell geltenden Szene und der Polizei oder zwischen der verdächtigen politischen Szene und dem Staatsschutz bzw. »Verfassungsschutz«. Sie stammen in der Regel aus der jeweiligen Szene, sind meist bereits straffällig geworden und bieten den Sicherheitsbehörden ihre Spitzeldienste freiwillig oder notged(r)ungen an. Dies geschieht sowohl gegen Entgelt (dafür werden Steuergelder in Millionenhöhe über eigens eingerichtete Konten ausgegeben), als auch bestimmter Vergünstigungen wegen: etwa Haftverschonung, (vorläufige) Einstellung des eigenen Strafermittlungsverfahrens etc. Die V-Leute verraten ihren staatlichen Auftraggebern verdächtige Personen und liefern Informationen aus den jeweiligen Szenen, in denen sie (weiter) tätig sind.

An V-Leute werden »hohe Anforderungen« gestellt. Der Frankfurter Staatsanwalt Dr. Harald Hans Körner, profunder Kenner der Szenerie, beschreibt, welche Charaktereigenschaften (hier: polizeiliche) V-Leute nicht haben dürfen:

»Gesetzestreue, ordnungsliebende, ängstliche, vorsichtige oder biedere Mitbürger haben als V-Leute keine Chance und werden von einer Zielgruppe nicht angenommen und nicht anerkannt. (...) Dies bedeutet, daß V-Personen (...) regelmäßig eine erfolgreiche kriminelle Karriere hinter sich gebracht oder miterlebt haben müssen.«[3]

V-Leute werden von Polizei und Geheimdiensten systematisch angeworben, mit Vorliebe in prekären Lebenssituationen, etwa während der Untersuchungsgefangenschaft in Haftanstalten (bei Terrorismusverdächtigen zumeist unter Isolationshaftbedingungen) oder etwa bei Überschuldung. In verschiedenen Kriminalitätsbereichen (insbesondere Drogenszene) und in bestimmten politisch-oppositionellen Szenen (Hausbesetzer-, Anti-AKW-, Friedensbewegung usw.) gibt es mehr oder weniger weit verzweigte Spitzelnetze. Jede darin tätige V-Person, die in der Regel von ihrem behördlichen Auftraggeber förmlich »verpflichtet« ist, wird von einem sog. V-Mann-Führer der Kriminalpolizei, des Staatsschutzes oder eines Geheimdienstes »geführt«. V-Leuten wird in aller Regel

Vertraulichkeit zugesichert, das heißt, die Tatsache ihrer V-Personen-Tätigkeit und ihre Berichte sollen Dritten, also auch den Gerichten gegenüber verheimlicht werden – einerseits, um sie nicht zu »verbrennen«, wie es im Geheimdienst-Jargon heißt, also nicht zu enttarnen, damit sie weiterhin für ihre Auftraggeber tätig sein können; andererseits, um sie nicht Gefährdungen auszusetzen, die etwa von verratenen Personen oder denunzierten Szenen ausgehen könnten (Racheakte). Diese amtliche Verdunkelungsstrategie hat weitreichende Konsequenzen für Strafverfahren gegen solche Angeklagte, die von V-Leuten beschuldigt werden.

Man unterscheidet zwei Einsatzformen: Entweder wird die V-Person mit ihrer eigenen Identität im angestammten Milieu eingesetzt, spielt also nur sich selbst, um an Informationen zu gelangen, oder aber sie wird mit neuer Identität (Tarnnamen und Tarnpapieren) und falscher Legende (etwa krimineller/politischer Werdegang) in die anvisierte Szene milieugerecht eingeschleust.

3. Under-Cover-Agenten (UCA),[4] auch Untergrundagenten oder verdeckte Ermittler (worunter auch kurzfristig agierende Beamte verstanden werden) genannt: Hierbei handelt es sich – im Unterschied zu V-Leuten – um Beamte bzw. Angestellte der Polizei oder Geheimdienste, die, mit neuer Legende, falschen Papieren, konspirativen Wohnungen etc. getarnt, in den kriminellen Untergrund oder in eine politisch verdächtige Szene ab- bzw. eintauchen, sich also dem jeweiligen »Milieu« flexibel anpassen. Diese Methode ist im Geheim-Polizei-Bereich während der letzten beiden Jahrzehnte zum wesentlichen Bestandteil der sog. verdeckten Ermittlung oder operativen Fahndung geworden, allerdings ohne rechtliche Grundlage (diese soll erst nachgeschoben werden).

4. Agent provocateur oder Lockspitzel:[5] Hierbei handelt es sich entweder um Under-Cover-Agenten oder um V-Leute, die im generellen oder speziellen Auftrag der Polizei oder der Geheimdienste über die erschlichene Informationsbeschaffung hinaus andere Menschen in strafbare Handlungen verwickeln, sie mit unterschiedlichen Mitteln (etwa hohen Geldsummen oder Drohungen) zu Straftaten anstiften. Insbesondere psychisch labile, hoch verschuldete oder sonstwie »aus dem Gleis geratene« Menschen fallen diesen staatlich gelenkten »Lockvögeln« leicht zum Opfer.

Schon im Jahre 1971 bestätigten verantwortliche Stellen den Einsatz solcher Methoden und warben um seine öffentliche Anerkennung. So führte ein Sprecher der Staatsanwaltschaft München in der Fachschrift »Kriminalistik« aus: »Nach seinem Einschleusen soll und muß der V-Mann in strafrechtlich relevanter Weise tätig werden... Es wäre eine Aufgabe der Strafverfolgungsbehörden und der Publikationsorgane, der Öffentlichkeit klarzumachen, daß auch unkonventionelle Methoden der Verbrechensbekämpfung Erfolg haben können.«[6] Oder sollte man nicht eher sagen: Methoden der Verbrechensförderung? Auch ein VS-Mitarbeiter, Ministerialrat Harald Wiehe, stellte 1978 in bezug auf »Terrorismus« trocken fest: »VM (= V-Männer, R.G.), die in TE-Gruppen eingeschleust werden, können nicht aus kriminellen Handlungen herausgehalten werden.« Im übrigen könnten sie dort nur dann längerfristig tätig sein, »wenn ihnen Straffreiheit zugesichert werden kann«.[7]

Es gibt also einen zwangsläufigen Trend zum agent provocateur: Es liegt geradezu in der Natur dieser geheimen Einsatzmittel, daß V-Leute und UCA Straftaten anschieben oder auch selbst begehen, um in den jeweiligen Szenen »glaubwürdig« zu erscheinen

(»Keuschheitsprobe«), um »Erfolge« aufweisen zu können und/oder sich bei den Auftraggebern »unentbehrlich« zu machen. Nicht von der Hand zu weisen ist in diesem Zusammenhang folgende Überlegung: Die Polizeibehörden können in der Öffentlichkeit den umstrittenen und nicht legalen Einsatz von UCA und V-Leuten letztlich nur über Erfolge legitimieren – Erfolge, deren Eintritt zwar immer wieder behauptet wird, aber häufig, oft nach Jahren, dementiert werden muß. In kaum einem anderen Bereich staatlichen Handelns ist der Legitimationsdruck größer als bei Geheimeinsätzen. Dieser Umstand könnte in gewissen Situationen zur Erfolgsproduktion verleiten, zu deren Realisierung sich die (Un-) Rechtsfigur des agent provocateur geradezu anbietet.[8]

In erster Linie – dies ist in zahlreichen Fällen nachweisbar – ist es allerdings das ureigene persönliche Interesse der staatlich gelenkten V-Leute, das sie als agents-provocateurs aktiv werden läßt. In aller Regel sind diese V-Leute psychisch anfällige Menschen, die häufig mit dem Gesetz bereits in Konflikt geraten sind. Ihre Spitzeldienste leisten sie, um von ihren Auftraggebern Gegenleistungen zu erhalten – etwa Haftverschonung oder Einstellung des eigenen Strafverfahrens sowie finanzielle Zuwendungen. Das bedeutet: V-Leute stehen zu ihren jeweiligen Auftraggebern in einem direkten Abhängigkeitsverhältnis, das sie erpreßbar macht; sie stehen regelmäßig unter einem starken psychischen Druck und unter einem besonderen Erfolgszwang: Um nämlich die erwähnten Vergünstigungen beizubehalten und nicht etwa erneute Haft oder Strafverfolgung zu riskieren, sehen sie sich veranlaßt, der Polizei oder dem »Verfassungsschutz« immer neue heiße Informationen aus der Szene zu liefern und Straftäter vorzuweisen. Wenn aber keine zu bekommen sind, ist dann nicht die Versuchung groß, sie eben notfalls bei Bedarf selbst zu produzieren?

In Verdacht geratene Menschen, ja auch bislang völlig Unverdächtige werden auf diese Weise von staatlich gelenkten Lockspitzeln oder agents provocateurs zu Straftaten verlockt oder genötigt. Verdächtige Personen werden zu jener Straftat angestiftet, derer sie verdächtigt werden, um endlich das fehlende Belastungsmaterial zu beschaffen. In staatlicher Regie werden Straftaten und Straftäter produziert, die sonst möglicherweise überhaupt nicht oder in kleinerer »Ausführung« entstanden wären. Häufig werden, insbesondere im Drogenbereich, aus »kleinen Fischen« große gemacht. Die Normtreue bestimmter BürgerInnen, ihr Gesetzesgehorsam, ihre psychische und moralische Standfestigkeit werden solchermaßen einer staatlichen Belastungsprobe unterzogen.[9] Der staatlichen Willkür ist damit in dieser Dunkelzone Tür und Tor geöffnet. Der Mensch wird zum Objekt staatlichen Handelns degradiert.

In den meisten Fällen bleibt der Einsatz solcher Geheimmethoden verborgen, was den individuellen Rechtsschutz praktisch unmöglich macht. Die Tatsache, daß ein agent provocateur beteiligt war, wird in den Ermittlungsakten häufig verschwiegen. Schon beim polizeilichen Zugriff auf den Verdächtigten können die beteiligten V-Leute und Provokateure meist auf wundersame Weise entfliehen oder werden nur pro forma mitfestgenommen. Deshalb stellen die – gleichwohl relativ zahlreichen – in der Rechtsprechung bekanntgewordenen Fälle lediglich die Spitze eines Eisberges dar. In den USA kamen Forschungen zu dem Befund, daß von 100 Einsätzen lediglich ein Fall gerichtlich bekannt wird.[10]

Wie aber gehen die Gerichte mit diesen Fällen um?

Die staatliche Produktion von Straftaten ist zwar rechtlich höchst umstritten, aber höchstrichterlich im Prinzip abgesegnet. Der Lockspitzel-Einsatz wird, obwohl es keine Ermächtigungsgrundlage gibt, zur Bekämpfung von organisierter und »besonders gefährlicher und schwer aufklärbarer Kriminalität« für grundsätzlich »zulässig und notwendig« erklärt.[11] Die Gerichte, vorneweg der Bundesgerichtshof, aber auch das Bundesverfassungsgericht, orientieren sich offensichtlich an polizeilichen Praxiserfordernissen und am staatlichen Strafverfolgungsinteresse, an dem sie selbst starken Anteil haben; das gilt insbesondere für den Bereich der »Terrorismusbekämpfung«.

Es haben sich prinzipiell zwei Möglichkeiten herausgeschält, mit Lockspitzeleinsätzen gerichtlich umzugehen: Entweder kann der Einsatz zu Gunsten des Verlockten ein Verfahrenshindernis bilden und die Verwirkung des staatlichen Strafanspruchs begründen – was die Einstellung des Strafverfahrens zur Folge hätte (nach §§ 206a, 260 Abs. 3 StP0). Oder aber, so die neuere Rechtsprechung, die Anstiftung des agent provocateur mindert die Schuld des angestifteten Täters, so daß lediglich eine Strafmilderung in Frage kommt. Erst bei entsprechender Intensität der Fremdeinwirkung kann die Schuld ganz entfallen und das Verfahren (nach §§ 153ff StPO) eingestellt werden.[12]

Diese Grenzlinie ist allerdings ziemlich willkürlich und äußerst dehnbar ausgefallen:[13] So darf der angestiftete Täter nur dann strafrechtlich nicht verfolgt werden (Verfahrenshindernis), wenn der Lockspitzel so erheblich auf ihn eingewirkt hat – etwa bei »wiederholten, länger andauernden Überredungsversuchen, intensiver und hartnäckiger Beeinflussung« –, daß durch dieses tatprovozierende Verhalten der eigene Beitrag des Täters in den Hintergrund tritt. Erst in einem solchen Fall setze sich der Staat dem Vorwurf »widersprüchlichen und arglistigen Verhaltens« aus, wenn nun dieser staatlich provozierte Täter strafrechtlich verfolgt werde, »um ihn wieder auf den Weg des Rechts zurückzuführen«.[14]

Das Erfordernis der »erheblichen Fremdeinwirkung« auf den Täter dürfte allerdings im Einzelfall schwer nachzuweisen sein. Auch fehlt es an Abgrenzungskriterien. Im übrigen gilt das Verfahrenshindernis zugunsten des Täters nur dann, wenn das tatprovozierende Verhalten des Lockspitzels dem Staat zugerechnet werden muß[15] – das bedeutet: wenn der Lockspitzel im allgemeinen oder konkreten Auftrag der Polizei oder des Geheimdienstes oder mit deren Kenntnis konkret den fraglichen Tatentschluß beim Täter hervorgerufen hat.[16] Handelt der Lockspitzel dagegen »eigenmächtig« oder »eigensüchtig«, wird der angestiftete Täter bestraft (nicht der agent provocateur). Auch dieses Erfordernis bringt kaum zu lösende Beweisprobleme für den Angeklagten mit sich, zumal in einer gerichtlichen Beweisaufnahme, in der die Zeugenvernehmung noch amtlich beschränkt wird.

Ein Strafverfolgungsverbot bezüglich der provozierten Straftat soll auch dann eintreten, wenn der Lockspitzel »durch besonders arglistiges und besonders sittenwidriges Einschleichen in das Vertrauen« auf den Täter eingewirkt hat. Staatsanwalt Körner nennt ein Beispiel: »Nutzt eine Agentin der Polizei ihre Attraktivität dahingehend, daß sie mit dem Angeklagten nur zu Sexualkontakten bereit ist, wenn dieser ihr eine größere Heroinlieferung (oder: Waffen-, Sprengstofflieferung; R.G) vermittelt, so ist der Strafverfolgungsanspruch verwirkt.«[17] Das sei nämlich sittenwidrig.

Abgesehen von solchen Ausnahmen, die in gewisser Weise als tatprovozierende »Exzesse« gelten, segnet die Rechtsprechung also den Lockspitzel-Einsatz voll ab.[18] Selbst das Bundesverfassungsgericht hat die Verwendung von V-Leuten als Lockspitzel im Grundsatz gebilligt. Der Einsatz von V-Leuten im Kampf gegen die organisierte Kriminalität dürfe auch mit dem Ziel geführt werden, auf einzelne Tatverdächtige einzuwirken, um ihr schlüssig vermutetes strafbares Handeln in einer für die Überführung geeigneten Weise zu steuern. Die hierdurch gewährleistete Durchsetzung des staatlichen Strafanspruchs, so das Gericht weiter, werde gerade durch die Belange einer funktionstüchtigen Strafrechtspflege[19] geboten bzw. legitimiert.[20]

Dabei muß man sich vor Augen halten, daß sich die Sicherheitsorgane mit solchen Einsätzen offenkundig krimineller Mittel bedienen: Denn der Anstifter einer Straftat wird normalerweise nach dem Strafgesetzbuch (§ 26 StGB) »gleich einem Täter bestraft«. Das heißt: Er wird prinzipiell für die Tat, zu der er angestiftet hat, in gleicher Höhe wie der Täter bestraft. Nicht so der Provokateur im staatlichen Auftrag,[21] der der Kriminalitätsbekämpfung dienen soll, indem durch ihn Kriminalität erst manifest geschaffen wird. Die Selbstbindung der Staatsgewalt an die eigenen Regeln ist damit streckenweise aufgekündigt.

Der Gießener Kriminologe Arthur Kreuzer resümiert diese herrschende Rechtsprechung folgendermaßen: »Man hat den Eindruck, daß sich nicht nur Politiker, sondern auch hohe Richter gelegentlich den rechtsstaatlichen Blick verstellen lassen, wenn Stichworte wie Terrorismus oder Rauschgift anklingen.«[22] Und: »Der BGH hat legalisiert, daß unbescholtene Bürger zu Straftaten verführt und anschließend verurteilt werden können.«[23] Der Frankfurter Strafrechtslehrer Klaus Lüderssen zur staatlich provozierten Straftat: »Das ist ein Mißbrauch, der mit der Achtung der Menschenwürde nicht vereinbar ist und außerdem der Aufgabe des Sozialstaates widerspricht, zu Straftaten neigende Personen vor dem endgültigen Abgleiten zu bewahren.«[24]

Anmerkungen

[1] S. dazu u.a. Lüderssen (Hrg.), V-Leute. Die Falle im Rechtsstaat, Frankfurt 1985; Gössner/Herzog, Im Schatten des Rechts, Köln 1984; zur Definition auch: Steinke, Begriffentwirrung: V-Mann, UCA, Vigilant, Gewährsperson..., in: Kriminalistik 6/1984, S. 285 ff.; Rogall, JZ 1987, S. 848 ff.

[2] Dazu auch: Bürgerrechte & Polizei 1/1984 (Themenheft: V-Leute).

[3] Körner, in: Kriminalistik 6/1983, S. 290.

[4] Dazu insbesondere: Gössner/Herzog (Anm. 1); Rebmann, Der Einsatz verdeckt ermittelnder Polizeibeamter im Bereich der Strafverfolgung, in: NJW 1985, S. 1 ff.; Seifert, Vom Under Cover Agent zum »Verdeckten Ermittler«, in: vorgänge 1/1986, S. 30 ff.; Humanistische Union, Auf dem Weg zu einer halbkriminellen Geheimpolizei, Memorandum, München 1984; Utecht, Bemerkungen zur Polizeiarbeit im Untergrund, in: Bull (Hrg.), Sicherheit durch Gesetze? Baden-Baden 1987, S. 83 ff.

[5] Als begriffliche Unterscheidung wäre denkbar: »Lockspitzel« für eine private, amtlich »verpflichtete« V-Person, die zu Straftaten anstiftet und »agent provocateur« für einen getarnten Agenten, der Straftaten »anschiebt«. S. u.a. Sieg, Die staatlich provozierte Straftat, in: Lüderssen (Hrg.), V-Leute, S. 228 ff.; Denker, Zur Zulässigkeit staatlich gesteuerter Deliktsbeteiligung, in: ebd., S. 238 ff.; Bruns, ebd., S. 259 ff u. 339 ff.; Seelmann, ebd., S. 285 ff. u. 379 ff.; Foth, ebd., S. 301 ff.; Taschke, ebda., S. 305 ff.; Wieczorek, Ultima ratio: der agent provocateur, in: Kriminalistik 6-7/1985, S. 288 ff.; Creutz, Verfassungsrechtliche Probleme des Lockspitzeleinsatzes, in: ZRP 1988, S. 415 ff. Historisch: Katzenstein, Der agent provocateur vom Standpunkt des R.St.G.Bs., in: Zeitschrift für die gesamte Strafrechtswissenschaft, Berlin 1901, S. 374 ff. (16.).

[6] Joachimski, in: Kriminalistik 11/1971, S. 556 f.

[7] Akten-Vermerk vom 6.7.1978, TgbNr. 2330/80, zit. nach Behnsen/Trittin, Das Lockspitzelsystem, in: Bürgerrechte & Polizei 3/1989, S. 27 ff. (30) sowie Abweichende Stellungnahme der »Grünen« Niedersachsen; Parl. Untersuchungsausschuß, Drucks. 11/4380, S. 354.

[8] Einen anderen Zusammenhang zeigt der Fall des VS-V-Mannes Troeber, der im Jahre 1983 zu den eifrigsten Steinewerfern während einer Demonstration gehörte, die als »Krefelder Krawalle« in die Chronik einging. Die Steinwürfe des VS-Mitarbeiters fielen just in eine Zeit, als eine Entscheidung über die von der CDU/FDP-Bundesregierung gezimmerte, von der Opposition aber hart bekämpfte Verschärfung des Demonstrationsrechts getroffen werden sollte. Die Krefelder Steinwürfe dienten den Befürwortern der Verschärfung als Munition für deren rasche Durchsetzung.

[9] Vgl. Riehle, Agent provocateur – eine polizeiliche Standardmaßnahme? In: Cilip/Bürgerrechte & Polizei 9/10-1981, S. 164 ff. (165 f.).

[10] Dies wurde während eines Hearings der »Grünen« im Bundestag 1985 bekannt, s. DRiZ 1985, S. 153.

[11] Dazu: Creutz, Verfassungsrechtliche Probleme des Lockspitzeleinsatzes, in: ZRP 1988, S. 415 ff. (Der Lockspitzeleinsatz, so Creutz, sei »de lege lata rechtswidrig«, S. 416); vgl. BGH-Beschluß vom 29.8.1989 – I StR 453/89, in: Strafverteidiger 1989, S. 518 f. Der Beschluß nennt als Grenzlinie, daß dieses Einsatzmittel nur gegen Personen eingesetzt werden darf, gegen die schon ein Straftatverdacht besteht.

[12] Für Einstellung des Verfahrens: u.a. BGH NJW 1981; Strafverteidiger 1981, S. 276 u. 392 f., 1984, S. 406 ff.; NStZ 1981, S. 70. Für Strafmilderung: BGHSt 32, 355 = NJW 1984, S. 2300; BGHSt 33, 283 = NJW 1985, S. 2838; BGH, NJW 1986, S. 75 f.; BGH (Großer Senat), NJW 1986, S. 1765 f. Literatur: u.a.Körner, in: Strafverteidiger 1982, S. 382 ff.; Bruns, in: NStZ 1983, S. 49 ff.; ders., in: Strafverteidiger 1984, S. 388 ff.; Taschke, in: Strafverteidiger 1984, S. 178 ff.

[13] Literatur zu den Grenzen des Lockspitzel-Einsatzes: Ostendorf/Meyer-Seitz, in: Strafverteidiger 1985, S. 73 ff.; Cobler, Catch-as-catch-can bei der Strafverfolgung? In: Der Spiegel Nr. 45/1985, S. 133 ff; Herzog, in: NStZ 1985, S. 153 ff.

[14] U.a. BGH, NStZ 1981, S. 70; NJW 1982, S. 838; NStZ 1982, S. 126; NStZ 1982, S. 152; Anm. Bruns, NStZ 1983, S. 49.

[15] So BGH, Strafverteidiger 1983, S. 2 = NStZ 1983, S. 80.

[16] S. Strafverteidiger 1983, S. 451.

[17] Körner, Die Glaubwürdigkeit und die Strafbarkeit von V-Personen – die Strafbarkeit der provozierten Tat, in: Strafverteidiger 1982, S. 382 ff. (384) mit weiterem Beispiel.

[18] Im übrigen hat der BGH in keinem Fall rechtskräftig festgestellt, daß etwa der polizeiliche oder im polizeilichen Auftrag handelnde Lockspitzel diese Grenzlinie überschritten habe. Daher nahm er auch nie ein Verfahrenshindernis an (so Creutz [Anm. 11] – 1988 –, S. 417).

[19] Zu diesem Begriff kritisch: Hassemer, Die »Funktionstüchtigkeit der Strafrechtspflege« – ein neuer Rechtsbegriff? in: Lüderssen, V-Leute, (Anm. 1), S. 71 ff.

[20] Nach Kriminalistik 7/1988, S. 372; BVerfG, Beschluß vom 10.3.1987 – 2 BvR 186/87. Weitere BVerfG-Entscheidungen: Strafverteidiger 1985, S. 177; NStZ 1987, S. 276.

[21] Vgl. BGH-Urteil vom 6.2.1981, NJW 1981, S. 1626 f.; BGH, Strafverteidiger 1982, S. 51 f.

[22] Kreuzer, Wenn der Spitzel lockt, in: Lüderssen (Hrg.), V-Leute, S. 55 ff. (58).

[23] Zit. nach Frankfurter Rundschau vom 28.4.1983.

[24] Lüderssen, Eine Sache des Vertrauens, in: Kriminologisches Journal 3/1983, S. 1 f.

Die unheimliche Sicherheit

Zur Systematik staatlicher Geheim-Einsätze

Die vier geschilderten Fallkonstellationen sind lediglich einigermaßen herausragende und dokumentierbare Beispiele aus der Palette geheimer Methoden der Staatsschutzorgane. Diese Methoden sind nicht eigentlich neu, aber im Zuge der »Terrorismusbekämpfung« (aber auch der »Bekämpfung« der Drogenkriminaliät) weiterentwickelt, verfeinert und differenziert worden.[1] Das Ausmaß des geheimdienstlichen und geheimpolizeilichen Wirkens in diesem Bereich ist längst noch nicht abschätzbar. Doch bereits die bekanntgewordenen Fälle werfen die Frage nach der Verträglichkeit solcher Methoden mit Verfassungs- und Rechtsstaatsprinzipien auf, etwa mit dem Prinzip des »fairen Verfahrens«, des umfassenden Rechtsschutzes und des »rechtlichen Gehörs« im Strafprozeß, in besonderem Maße aber auch mit dem grundgesetzlich geschützten allgemeinen Persönlichkeitsrecht und der »Menschenwürde«.

Auch wenn die geheimen Operationen nicht alle dem gleichen Strickmuster folgen und die prozessuallen Auswirkungen unterschiedlich ausfallen können, so sind den zugrundeliegenden Methoden durchaus grundsätzliche Gemeinsamkeiten zueigen – ob sie nun von der Polizei, vom »Verfassungsschutz« oder von beiden gleichzeitig angewandt werden: Sie gehen über die klassische Beobachtung bzw. Observation von außen und über Maßnahmen bloßer geheimer Informationsbeschaffung von innen weit hinaus. Sie dienen also nicht mehr nur staatlicher Überwachung und sozialer Kontrolle von Konflikt- und Risiko-Potentialen, sondern auch dem Versuch der Steuerung sozialer Prozesse (wobei offen bleiben muß, inwieweit dies tatsächlich in der Vergangenheit gelungen ist bzw. überhaupt gelingen kann): Ein wesentliches, präventiv orientiertes Ziel ist die unmittelbare, verdeckte staatliche Präsenz in Gestalt von V-Leuten und Under-Cover-Agenten und damit auch die »Chance«, sich am Prozeß der Willensbildung und Entscheidungsfindung politisch verdächtiger Gruppen und Einzelpersonen beteiligen zu können.

Bei dem in allen aufgezeigten Fällen zu beobachtenden Einsatz gezielter Provokationen durch die staatlich eingeschleusten »Dunkelmänner« geht es letztlich um folgendes: Vermutete, latent vorhandene Gewaltbereitschaft, die aus sozialen und politischen Zu- und Mißständen resultiert, soll in manifest illegales Verhalten transformiert werden, um dann anschließend vollkommen »legal« reagieren bzw. ermitteln und die Träger der Aktionen gegebenenfalls gezielt aus dem Verkehr ziehen zu können – frei nach dem Motto: »Gefahrenabwehr« durch »kontrollierte« Gefahren-Herbeiführung. Eine Verstrickung staatlichen Handelns in gesetzwidrige

Handlungen und Strukturen ist bei dieser Methode zwangsläufig – das zeigen sämtliche Beispielsfälle.

Ganz entscheidend scheint jedoch, daß solchermaßen ausgelöste illegale Aktionen (oder auch lediglich der produzierte Verdacht) den staatsschützerischen Zugriff nicht nur auf die einzelnen aufgebauten TäterInnen ermöglicht, sondern auch auf ein weiteres terrorismusverdächtiges »Umfeld«[2] – wie das obige Beispiel Nr. 3 (Verdeckter Versuch der Gründung einer »terroristischen Vereinigung« durch LKA-Beamte) am deutlichsten zeigt. Der BKA-Kriminaldirektor Werner Pietrzik umschreibt diese Verlagerung ins Vor- und Umfeld so:

»Personenbezogenes Ermitteln bedeutet Beobachtung, Durchleuchtung, Beschäftigung mit der(n) Zielperson(en), gleichgültig wo sie sich befindet(n). Mehr noch, es geht nicht nur um die Tatverdächtigen, ihre Beziehungen zu- und miteinander, ihre Rollenfunktionen, ihre Verhaltensweisen und Lebensgewohnheiten, es geht auch um die Durchleuchtung ihres – möglicherweise noch unauffälligen – Umfeldes und/oder ihrer Bezugspersonen.«[3] Und weiter führt er an anderer Stelle aus, die Polizei müsse ihr Handeln »möglichst weit in das möglicherweise strafrechtlich noch nicht relevante, kriminalpolizeilich aber äußerst interessante kriminelle Vorfeld verlagern«.[4]

Im Staatsschutzbereich wird den Sicherheitsorganen zu diesem Zweck, wie bereits aufgezeigt, die Möglichkeit eröffnet, mit Hilfe des 129a-Sonderrechtssystems breit zu ermitteln, Szenen auszuforschen und sie der erweiterten staatlichen Kontrolle zu unterziehen.

Alle beschriebenen Sachverhalte handeln von der Ausdehnung und Absicherung der ohnehin vorhandenen Definitionsmacht staatlicher Sicherheitsorgane – bis hin zur Herstellung von kriminogener und krimineller Wirklichkeit. Die operative Schaffung von Eingriffsanlässen ermöglicht gleichzeitig die Schaffung von »nachrichtendienstlichen Zugängen« und »szeneangepaßten« Legenden für V-Leute und »Under-Cover«-Agenten, um ihren längerfristig angelegten Einsatz abzusichern. Sie ermöglicht außerdem das gezielte Lancieren von (Falsch-) Meldungen durch die Sicherheitsbehörden: Die »terroristische Gefahr« kann – in »konjunkturschwachen« Perioden ausbleibender Anschläge – wieder und wieder beschworen, Terroristenhysterie künstlich geschürt werden; gleichzeitig läßt sich der Verdacht gezielt auf ganz bestimmte, politisch mißliebige Szenen, Gruppen und Personen richten. Die Maschinerie der öffentlichen Diffamierung kann – unter dankbarer Einbeziehung der Sensationsmedien – nach Belieben und »Bedarf« in Gang gesetzt werden: Die öffentliche Meinung sowie politische und rechtliche Entscheidungsträger (z.B. in Gesetzgebungsverfahren) können sich dieser Desinformationspolitik, das lehrt die Erfahrung, nur äußerst schwer entziehen – das »Celler Loch«, verdecktes Gemeinschaftswerk von »Verfassungsschutz« und GSG 9, entfaltete eben diese Wirkungen. Eine öffentliche Kontrolle findet nicht oder erst nach Jahren oder Jahrzehnten und in beschränktem Umfang statt.

Die behandelten Beispiele sind keineswegs Einzelfälle, sondern Symptome einer sicherheitspolitischen Praxis-Entwicklung sowie eines Strukturwandels im inneren Sicherheitssystem der Bundesrepublik, die etwa seit Ende der sechziger Jahre in

Planung und seit Beginn der siebziger Jahre im Gange sind. Die fatalen Auswirkungen jener aufgezeigten Geheim-Aktionen sind die zwangsläufigen Folgen dieser Entwicklung, die im folgenden in knapper Form dargestellt werden soll.

Sicherheitspolitische »Wiedervereinigung«: Die Verzahnung von Polizei und Geheimdiensten[5]

»Heaven is where the police are British, the cooks French, the mechanics German, the lovers Greek and it is all organised by the Swiss. Hell ist where the cooks are British, the mechanics French, the lovers Swiss, the police German, and it is all organised by the Greeks.« (gesehen in einem Cafe ín Kokari auf der Insel Samos/Griechenland).

Unter dem Slogan »Moderne Verbrechensbekämpfung« und mit Hilfe der scheinbar alles legitimierenden Zauberformeln »Terrorismus« und »Organisierte Kriminalität« wird in der Bundesrepublik seit Anfang der siebziger Jahre eine sicherheitspolitische Entwicklung vorangetrieben, die eindeutig illegale Züge trägt und in ihrer Gesamttendenz verfassungswidrige Elemente einer neuen Geheim-Polizei aufweist – der öffentlichen Kontrolle weitgehend entzogen.

Eine solche Entwicklung sollte ursprünglich in der Bundesrepublik schon vom Ansatz her unmöglich gemacht werden. Aufgrund der leidvollen Erfahrungen mit der faschistischen GeStaPo, der Geheimen Staatspolizei im Nationalsozialismus,[6] die allumfassend nachrichtendienstlich und vollziehend tätig war, wurde dem neuen Staat eine strikte Trennung zwischen polizeilicher und geheimdienstlicher Tätigkeit, eine Entflechtung von Polizeiapparat und Geheimdiensten verordnet. Damit sollten eine undemokratische staatliche Machtkonzentration und das Wiederaufleben eines staatsterroristischen Systems von vornherein verhindert werden. Dies war allerdings keine bessere Einsicht von deutschen Politikern der »ersten Stunde«, sondern geschah auf Veranlassung der Westalliierten. In ihrem sog. Polizeibrief vom April 1949[7] an den verfassungsgebenden Parlamentarischen Rat sowie in weiteren Dokumenten legten sie die entsprechenden Grundsätze fest.[8]

Danach, so läßt sich zusammenfassen, sollten den Geheimdiensten, zu denen auch der »Verfassungsschutz« (VS) zählt, keine vollziehenden Befugnisse oder Kontrollbefugnisse zustehen; der Polizei hingegen als exekutiver Behörde sollte der Einsatz nachrichtendienstlicher Mittel und Methoden grundsätzlich untersagt bleiben; das Auftreten und Handeln der Polizei gegenüber den Bürgern und Bürgerinnen sollte offen, berechenbar und kontrollierbar sein – das bedeutet: Sie darf prinzipiell nicht im Geheimen tätig werden.[9]

Seitdem gilt das sog. Trennungsgebot nach überwiegender Ansicht als verfassungskräftiges »essential«,[10] obwohl es – entgegen den historischen Erwartungen – keine direkte Aufnahme ins Grundgesetz fand.[11] Immerhin fand es Eingang in das »Bundesverfassungsschutz-Gesetz« (BVerfSchG) von 1950:[12] Darin wird ausdrücklich bestimmt, daß das Bundesamt für Verfassungsschutz keine »polizeilichen Befugnisse oder Kontrollbefugnisse« hat und »einer polizeilichen Dienststelle nicht angegliedert werden« darf (§ 3 Abs. 2). Nach Auffassung des Frankfurter Rechtswissenschaftlers Erhard Denninger kommt dem Trennungsgebot »als einer Ausprägung des Rechtsstaatsprinzips zwar nicht formell, aber materiell Verfassungsrang zu.«[13]

Doch mit dem allmählichen Verblassen der Erinnerungen an die Schrecken der NS-Herrschaft fielen auch die ursprünglich daraus gezogenen (wenn auch von außen verordneten) Lehren und Konsequenzen einem stetigen Prozeß der Verwässerung anheim. Die neuerliche Einschwörung auf das alte Feindbild Kommunismus ließ, bei gleichzeitiger Verharmlosung des Neo-Faschismus, den Blick für die immanenten Gefahren einer politisch selektierenden, wiedervereinigten und übermächtigen Sicherheitsbürokratie immer mehr verschwimmen. Längst ist eine zunehmende Verschmelzung der geheimdienstlichen und polizeilichen Tätigkeitsbereiche zu beobachten: Insbesondere in dem stark ausufernden Präventionsbereich, also weit im Vorfeld des Verdachts, bevor überhaupt Straftaten oder konkrete Gefahren vorliegen, gibt es großflächige Überschneidungen und ein intensives Zusammenwirken zwischen Geheimdiensten (»Verfassungsschutz«, Militärischer Abschirmdienst und Bundesnachrichtendienst) und der auf dem Gebiet des Staatsschutzes und der allgemeinen Kriminalitätsbekämpfung präventiv wie repressiv tätigen Polizei.

Institutionelle Zusammenführung auf höherer Ebene

Eine unabdingbare Konsequenz des Trennungsgebots ist es, daß Polizeiapparat und VS-Ämter, bzw. Geheimdienste überhaupt, organisatorisch und funktionell strikt voneinander getrennt sein müssen. Dennoch wurde, entgegen einer Forderung der Alliierten Hohen Kommission,[14] im BVerfSchG von 1950 das Bundesamt für Verfassungsschutz (BfV) dem Geschäftsbereich des Bundesinnenministeriums (BMI) zugeordnet (§ 2 Abs. 1), dem auch die Bundes-Polizei unterstellt ist. Der BMI ist somit Polizei- und VS-Minister in einem (entsprechend die Landesinnenminister). Bei ihm, in der mit Weisungsbefugnis ausgestattenen obersten politischen Entscheidungsinstanz, treffen die nachrichtendienstlich erfaßten Vorfeld-Erkenntnisse und die polizeilichen Exekutiv-Vollmachten trotz ihrer institutionellen Trennung auf organisatorisch höherer Ebene wieder zusammen; die Informationen des BfV können sich auf diesem Wege also exekutiv auswirken – eine Situation, die eigentlich auf allen Ebenen verhindert werden sollte.

In einigen Bundesländern geht die Ämterverquickung noch einen entscheidenden Schritt weiter: Existieren auf Bundesebene noch getrennte Ämter für VS und Bundespolizeien, die zwar alle dem BMI unterstehen, so ist in verschiedenen Bundesländern der VS jeweils unmittelbar den Innenministerien zugeordnet. »Verfassungsschutzbehörde« ist beispielsweise in NRW, wo 1981 eines der jüngsten LVerfSchGe erlassen wurde, der »die Aufgabe des Verfassungsschutzes« wahrnehmende Innenminister selbst (§ 2), dem gleichzeitig die Länderpolizeien unterstellt sind – wobei, so merkte der Düsseldorfer Polizeipräsident Lisken kritisch an, »die Vorstellung einer behördeninternen Informationskumulierung und -verarbeitung anscheinend als selbstverständlich zulässig mitgedacht werden mußte«.[15] Von einer organisatorischen Trennung zwischen VS und Polizei kann bei dieser Konstruktion also keine Rede sein.

Die Wirkungen dieser frühzeitigen Zusammenführung beider Behörden auf höherer Ebene werden noch verstärkt durch die in den siebziger Jahren vorangetriebene Zentralisierung der Entscheidungsstrukturen im Bereich der »inneren Sicherheit«:

■ *Bundeskriminalamt (BKA), Bundesgrenzschutz (BGS) und Bundesamt für Verfassungsschutz (BfV) erhielten mehr Kompetenzen;[16] beim BMI, den Landesinnenministerien sowie beim Bundeskanzleramt (BuKa) wurden für »besondere Lagen« sog. Führungs- und Lagezentren eingerichtet.[17]*
■ *Das BuKa besitzt seit 1975 eine zentrale »Kommando-Brücke«, die über ein geheimes und parlamentarisch nicht kontrolliertes Geflecht ressortübergreifender Ausschüsse und Stellen praktisch alle Bereiche der inneren Sicherheitspolitik koordiniert. Das Lagezentrum, ein technisch perfekt ausgerüstetes »Anti-Krisen-Büro«, unterstützt auch die »Großen, Kleinen und Interministeriellen Krisenstäbe«,[18] die im BuKa bei Bedarf – etwa bei »inneren Unruhen« – eingerichtet werden können. Krisenstäbe wurden beispielsweise aus Anlaß der Entführung des Westberliner CDU-Politikers Peter Lorenz und des Arbeitgeberpräsidenten Hanns-Martin Schleyer gebildet. Insbesondere im Fall Schleyer ist dieses extra-legale und unkontrollierbare Regierungssystem, das in der Verfassung nicht vorgesehen ist, zu trauriger Berühmtheit gelangt (s. Kapitel »Zum Aufstieg des präventiven Sicherheits-Staats«).*
■ *Ebenfalls im BuKa werden aufgrund eines »Organisationserlasses«[19] von 1975 die Geheimdienste VS, Bundesnachrichtendienst (BND) und Militärischer Abschirmdienst (MAD) über einen »Beauftragten für die Nachrichtendienste« zentral koordiniert, u.a. zur Verbesserung der »ressortübergreifenden Zusammenarbeit« mit anderen Behörden, insbesondere der Polizei.*
■ *Als weitere Zentralisations- und Koordinationsinstanz hat sich die »Ständige Konferenz der Innenminister des Bundes und der Länder (kurz: »Innenministerkonferenz«, IMK) erwiesen. Obwohl auch dieses Gremium weder in der Verfassung vorgesehen ist, noch eine gesetzliche Grundlage aufzuweisen hat, werden hier weitreichende Beschlüsse in Sachen Polizei und Geheimdienste gefaßt, die für die einzelnen Bundesländer Vorbildcharakter haben.*
■ *Auf Beschluß der IMK vom 3. Mai wurde die »Kooridnation Terorismusbekämpfung« (KGT) eingerichtet und beim BKA angesiedelt (lt. Beschlußniederschrift, TOP 10, Az.: SIK 20/49). Ihr gehören Vertreter des BKA, des BMI, des BfV und des GBA an. Vorgesehen ist u.a.: »Koordinierter Einsatz der Bekämfungsmaßnahmen von Bund und Ländern ..., Intensivierung des Informationsaustausches zwischen Polizei und Ländern ... unter voller Ausschöpfung des rechtlich Zulässigen ... Durchführung verdeckter und systematischer Fahndungsmaßnahmen ... Maßnahmen zur Aufklärung des weiteren terroristischen Umfeldes, auch unter Einsatz nachrichendienstlicher Mittel, ... verdeckte Ermittler... Verbesserung der Häftlingsüberwachung... Sensibilisierung der Bevölkerung ... durch ständige und anlaßbezogene Presse- und öffentlichkeitsarbeit« usw. (s. Bericht des BMI über die Einrichtung einer KGT beim BKA vom 18.06.1991 – »VS-nur für Dienstgebrauch!«; vgl. dazu: Winter, An der Grenze der Legalität, in: FR vom 24.7.1991, S. 4; Grüße vom Celler Loch, in: Der Spiegel Nr. 20/1991, S. 33 f.)*

Die Folge dieser Gesamtentwicklung ist eine zunehmende Vereinheitlichung der bundesdeutschen Polizei- und Geheimdienst-Strukturen, die dem föderativen Gliederungsprinzip und dem Trennungsgebot zuwiderläuft und einen gefährlichen Prozeß der staatlichen Machtkonzentration in Gang gesetzt hat.

Personelle Grenzüberschreitungen

Die eigentlich geforderte Trennung zwischen Geheimdiensten und Polizei bedingt auch eine strikte personelle Trennung zwischen beiden Bereichen. Darunter ist nicht lediglich das Verbot zu verstehen, daß eine Person nicht gleichzeitig sowohl für die Polizei und etwa für den VS arbeiten darf. Auch reger personeller Austausch zwischen den Ämtern und Diensten kann zu einer unzulässigen Funktions- und Methodenvermengung führen.
Solche Arbeitsplatz- bzw. Auftraggeberwechsel gab es jedoch zu allen Zeiten und auf allen Ebenen. In den vergangenen Jahren sind sie allerdings vermehrt aufgetreten – in den jeweiligen Führungsetagen (z.B. Aufstieg des BKA-Vize und »Anti-Terrorismus-Spezialisten« Boeden zum BfV-Präsidenten) ebenso wie auf mittlerer und unterer Ebene.[20] So wechselten beispielsweise im Zuge der Einrichtung abgeschotteter Under-Cover-Abteilungen im BKA Anfang der siebziger Jahre Gerhard Folger, Dr. Hans Kollmar und Walter Schill vom BND zum BKA, um geheimdienstliches Know-how in den polizeilichen Sektor einzubringen. Im Jahre 1977 empfahl der damalige BfV-Präsident Nollau (SPD), für die vorbeugende »Terrorismusbekämpfung« Beamte des VS und des BKA abzuordnen, »um ihre Erfahrungen in präventiver Arbeit zu nutzen«.[21]

Auch auf der Agenten- und V-Leute-Ebene ist das personelle Ämterhüpfen zu verzeichnen.[22] Nicht nur der schon legendäre V-Mann und Quasi-Agent Werner Mauss dient(e) mehreren »Herren« mitunter gleichzeitig: Er wechselte mehrfach vom BND zum BKA sowie zu verschiedenen Landeskriminalämtern (insbesondere Hessen und Niedersachsen) und auch zum VS. Seine Skrupellosigkeit und seine Fähigkeiten zur verdeckten Arbeit waren – Trennungsgebot hin oder her – in allen Ämtern und Diensten gefragt.[23]

Die politische Nonchalance, mit der diese Personalwechsel betrieben werden und die Tatsache, daß dies bisher kaum problematisiert worden ist, offenbaren einen eklatanten Mangel an politischer Sensibilität gegenüber der Geschichte und den Erfordernissen des Trennungsgebotes. Und ein Wandel ist nicht abzusehen – im Gegenteil.

Intensive Zusammenarbeit und Arbeitsteilung

Die Geschichte des Trennungsgebotes ist eine Geschichte der Mißachtung, Umgehung und Demontage, die den historischen Erfahrungen und der historischen Verantwortung Hohn spricht. Schon frühzeitig arbeiteten Polizei und Geheimdienste in formell getrennten Institutionen mehr oder weniger intensiv und kontinuierlich Hand in Hand. Die im Laufe der Jahrzehnte, vor allem in den siebziger und achtziger Jahren im Zuge der sog. Terrorismusbekämpfung als Skandale bekanntgewordenen Fälle von funktioneller Zusammenarbeit, von Arbeitsteilung, technischer Hilfeleistung und systematisierter »Amtshilfe« (die eigentlich nur im überprüfbaren Einzelfall zulässig ist) sind schwerwiegende Indizien für eine enger gewordene Verzahnung von Polizei und Geheimdiensten.[24]

Fall-Beispiele für die praktische Überwindung des Trennungsgebots

1. Abhörfall – Verbotene Früchte auf verbotenen Wegen: *Im Jahre 1972 ließ das BfV anderthalb Monate lang Post und Telefon des Strafverteidigers Heinrich Hannover nach dem »G-10-Abhör-Gesetz«[25] überwachen. Es stützte sich dabei auf die Aussage eines »Hinweisgebers«, der den Strafverteidiger als »Anlaufstelle« für gesuchte RAF-Mitglieder denunziert hatte (eine Verdächtigung, die sich, so das BMI zehn Jahre später, nicht bestätigte).[26]*

Hannover vertrat zu jener Zeit die zur Fahndung ausgeschriebene RAF-Angehörige Ulrike Meinhof in einem Sorgerechtsverfahren und verteidigte Werner Hoppe, der als Begleiter des mutmaßlichen RAF-Mitglieds Petra Schelm 1971 festgenommen worden war. Der Hinweisgeber, so stellte sich später nach Akteneinsicht heraus, war V-Mann nicht etwa des abhörenden BfV, sondern des BKA. Dieses Amt verbürgte sich nämlich in einer späteren Glaubhaftmachung für diese »Quelle«:[27] »Der Hinweisgeber galt stets als gut informierte Quelle«, schrieb der ehemalige BKA-Vizepräsident Boeden in einer »Amtlichen Erklärung« an das BMI.[28]

Obwohl also das BKA offenbar mit seiner polizeilich geführten V-Person federführend tätig war, und zwar zunächst durchaus im Bereich seiner Kompetenzen, der Strafverfolgung bzw. Fahndung nach Ulrike Meinhof u.a., scheute das Amt anscheinend davor zurück, aufgrund der vagen Anhaltspunkte (»Anlaufstelle für gesuchte RAF-Mitglieder«) eine richterliche Überwachungsanordnung gegen einen Strafverteidiger zu beantragen. Eine solche Anordung wäre nach §§ 100a, 100b der Strafprozeßordnung (StPO) erforderlich gewesen: Danach müßten als Voraussetzung »bestimmte Tatsachen den Verdacht (bestimmter strafbarer Handlungen; R.G.) begründen«.

Diese Voraussetzung und der richterliche Vorbehalt bildeten offenbar eine zu hohe Hürde, und so wurde der einfachere Weg unter Umgehung der Strafprozeßordnung eingeschlagen: nämlich über den VS nach dem für die Geheimdienste geschaffenen »G-10-Abhör-Gesetz«, das die Anordnung von Überwachungsmaßnahmen an geringere Anforderungen knüpft: Hiernach brauchen gemäß § 2 Abs.1 nur »tatsächliche Anhaltspunkte für den Verdacht bestehen« (etwa auf »Hochverrat«, was der RAF zu jener Zeit noch vorgeworfen wurde; s. dazu das Kapitel »Entpolitisierung«). Und noch eine Vereinfachung bietet dieser Weg: Der BMI als oberste exekutive Aufsichtsbehörde ordnet die Überwachungsmaßnahmen auf Antrag des VS an und nicht ein »unabhängiger«, die Exekutive kontrollierender Richter, wie das beim beschwerlicheren Weg über die Strafprozeßordnung der Fall ist bzw. sein sollte. Das BKA bediente sich also – unter Umgehung der StPO – des geheim- bzw. nachrichtendienstlichen Armes des VS, um unter vereinfachten Bedingungen eine Telefon- und Postkontrolle gegen einen verdächtigen Strafverteidiger durchführen zu lassen, der just zu jener Zeit in einem politischen Strafverfahren verteidigte.

2. Illegale Nutznießer: *Geheimdienste dürfen selbst keine exekutiven Kontrollen – Verkehrskontrollen, erkennungsdienstliche Behandlungen, Hausdurchsuchungen etc. – durchführen. Deshalb versucht etwa der VS immer wieder, von den exekutiven Maßnahmen der Polizei zu profitieren. Der ehemalige Bundesdatenschutzbeauftragte Hans-Peter Bull (SPD) zu dieser Partizipation im Schatten des Rechts:*

»So ist wiederholt herausgekommen, daß Materialien, die von der Polizei bei Hausdurchsuchungen beschlagnahmt worden waren (insbesondere Karteien, Adressenmaterial usw.), an den Verfassungsschutz übermittelt wurden. Damit partizipiert dieser Dienst, der selbst keine Hausdurchsuchungen durchführen darf, an polizeilichen Aktionen, die nur zu Zwecken der Strafverfolgung nach der Strafprozeßordnung zulässig sind.«[29]

Vom Bundesgrenzschutz (= Bundespolizei) wurden jahrelang – nach einer »Sonderanweisung über die Erfassung bestimmter Erkenntnisse bei der grenzpolizeilichen Kontrolle« (So-GK)[30] *– personenbezogene »Erkenntnisse« (in Sachen »Linksextremismus« und »Terrorismus«) über Reisende routinemäßig und in großem Umfang an das BfV und den BND übermittelt.*[31]

3. Nachrichtendienstliche Leiharbeit: *Im Rahmen der Fahndung nach den Entführern des Arbeitgeber- Präsidenten Hanns-Martin Schleyer im Jahre 1977 haben etwa 150 Angehörige des militärischen Geheimdienstes MAD bei Observationen des BKA und der Landeskriminalämter personell und mit technischen Mitteln ausgeholfen. Die Observationen erfolgten unter BKA-Einsatzplanung.*[32]

4. Entwicklungshilfe für die »Aktion Paddy«: *Anfang der achtziger Jahre startete das BKA im Rahmen der »Terrorismus-Abwehr« eine großangelegte und technisch aufwendige Video-Observation im Raum Heidelberg-Mannheim. An den geheimen Lagebesprechungen nahmen auch Mitarbeiter des BND und des VS teil. Technische Hilfe leisteten dem BKA insbesondere Beamte des BND.*[33] *Mit so vereinten Kräften wurde diese elektronische Observation über sechs Monate lang betrieben. Diese und vergleichbare Aktionen führten zur Speicherung und zum Abgleich der (Porträt-) Fotos und Daten von Tausenden von Personen und Fahrzeugen.*

5. Das »Celler Loch« als Gemeinschaftsleistung *(s.o. Beispielsfall 4)*

Die Zusammenarbeit zwischen Polizei- und Geheimdienst-Organen ist eine äußerst umstrittene juristische Materie und eine problematische Gradwanderung in der Praxis – eine Praxis, die dazu neigt, im Sinne möglichst ungehinderter Informationsflüsse das Rechtsinstitut »Amtshilfe« als Zauberformel zum »Sesam-Öffne-Dich« zu entwickeln. Eine Reihe von internen, untergesetzlichen Richtlinien ermuntern und verpflichten die Sicherheitsorgane zu einer solchen systematischen Zusammenarbeit. Zu diesen gehören, neben den Grenz- und Datenrichtlinien, u.a.:

■ Die *Zusammenarbeitsrichtlinien* (ZAR)[34] vom 18. September 1970, in der Fassung vom 23. Juli 1973 (»VS-Nur für den Dienstgebrauch«):
Hiernach besteht eine gegenseitige Unterrichtungspflicht über alle bei der einen Behörde anfallenden »Hinweise, Wahrnehmungen und Erkenntnisse«, die für die jeweils andere Behörde von Interesse sein können. »Auch in Zweifelsfällen ist stets zu unterrichten«, heißt es in § 4 ZAR (in Verbindung mit § 8), wo außerdem zu lesen ist: »Die ... genannten Behörden sind im Interesse eines wirksamen Staatsschutzes zu vertrauensvoller Zusammenarbeit verpflichtet...«[35]

■ Die *»Richtlinien für das Straf- und Bußgeldverfahren* (RiStBV)[36]:
Sie erlegen der Polizei in Staatsschutzfällen eine Pflicht zur »rechtzeitigen Fühlungnahme« mit den Geheimdiensten auf. Was dabei herauskommen kann, davon

zeugen insbesondere die Ermittlungen im Mordfall Schmücker in eindrucksvoller Weise.

Zwar konstituiert auch das BVerfSchG eine allgemeine Pflicht zur Zusammenarbeit zwischen BfV, Gerichten und Behörden, also auch Polizeibehörden.[37] Doch dieses auf den Einzelfall bezogene Amtshilfegebot darf nicht dazu führen, daß das Trennungsgebot dadurch in seiner Substanz angetastet wird. Insofern ist das Verhältnis Geheimdienste/Polizei eben mit einer rechtlichen Besonderheit behaftet, die stets miteinzubeziehen ist und die die Amtshilfe begrenzt.[38] Dem tragen die genannten Zusammenarbeitsrichtlinien und -praktiken in keiner Weise Rechnung.

Wenn dem VS nämlich ausdrücklich verboten ist, polizeiliche Befugnisse oder Kontrollbefugnisse auszuüben, dann dürften ihm solche Befugnisse auch nicht auf dem Umweg über eine Polizeibehörde per Übermittlung von Informationen erwachsen, die mit polizeitypischen Mitteln erfaßt worden sind – genauso wenig wie im umgekehrten Fall der Polizei Informationen des VS zufließen dürften, die dieser in seinem Aufgabenbereich mit geheimdienstlichen Mitteln erschlichen hat.

Elektronische Informationshilfe

Der Informationsaustausch zwischen Geheimdiensten und der Polizei wird besonders dann problematisch, wenn er auf elektronischem Wege, im Informationsverbund, gar per on-line-(Direkt-)Verbindung erfolgt. Damit nämlich wird der Rahmen einzelfallbezogener, überprüfbarer Amtshilfe endgültig gesprengt.[39] Die informationstechnologische Infrastruktur könnte – hinter der verfassungskonformen Fassade – die organisatorische Trennung zwischen den Sicherheitsorganen zunichte machen.

Die beiden großen Informationssysteme, das polizeiliche INPOL und das nachrichtendienstliche NADIS, müßten, folgt man den Anforderungen des Trennungsgebotes, vollkommen unabhängig und getrennt voneinander arbeiten. Ein Direktzugriff der jeweils anderen Seite müßte technisch ausgeschlossen sein. Nur in begründeten und überprüfbaren Einzelfällen, also nicht automatisiert, dürften elektronisch gespeicherte Informationen übermittelt werden.[40] Direktabrufverfahren und ein Daten-(teil-)verbund zwischen beiden Systemen sind untersagt. Diese Konsequenz folgt nicht allein aus dem Trennungsgebot, sondern auch aus dem vom Bundesverfassungsgericht im »Volkszählungsurteil« von 1984 aufgestellten Grundsatz der »informationellen Gewaltenteilung«.[41]

Doch wie sieht die Staatsschutz-Praxis der elektronischen Informationshilfe tatsächlich aus? Mit den internen NADIS-Richtlinien vom 1. August 1975 unternahmen die Sicherheitspraktiker den Versuch, die Trennung wenigstens teilweise zu überwinden. Diese Richtlinien ermöglichten nämlich einen Teilinformationsverbund zwischen INPOL und NADIS. Danach kann die BKA-Abteilung Staatsschutz (»St«) das NADIS-System des BfV nutzen, indem sie ihre Daten (Aktennachweise) direkt in NADIS speichert. Zu diesen Daten hat somit auch der VS in seinem eigenen System direkten Zugang. MAD und BND haben, als NADIS-

Teilnehmer, im Wege des Bandabgleichs direkten Zugriff auf die Fundstellen der BKA.[42] Der VS kann auf diese Weise Informationen nutzen, die für andere Aufgaben, nämlich polizeiliche Gefahrenabwehr und Strafverfolgung, gesammelt worden sind – ein glatter Verstoß gegen das Gebot der Trennung von Polizei und VS.

Aber auch durch routinemäßig praktizierten konventionellen Informationsaustausch kann die Trennung unterlaufen werden: Allein schon der große Umfang des täglichen Auskunftsverkehrs zwischen Polizei und Geheimdiensten, teilweise unter Angabe von pauschalierten bzw. stereotypen Anfragegründen nach den entsprechenden Richtlinien,[43] macht eine sorgfältige Prüfung des Einzelfalls praktisch unmöglich.[44]

Strukturen und Methoden einer neuen Geheim-Polizei[45]

Zur Erinnerung: Sinn und Zweck des Trennungsgebotes ist es u.a., die Kumulierung von geheimdienstlichen und exekutiven Machtbefugnissen zu verhindern. Deshalb sollte das Auftreten und Handeln der Polizei gegenüber den BürgerInnen – im Gegensatz zum VS – prinzipiell offen, berechenbar und kontrollierbar sein – denn: »Nur in Diktaturen muß der Bürger mit geheimer Polizeiarbeit ... rechnen«, so der Strafrechtswissenschaftler und schleswig-holsteinische Generalstaatsanwalt Heribert Ostendorf.[46] Deshalb ist der Polizei der Einsatz geheim- bzw. nachrichtendienstlicher Mittel grundsätzlich versagt.[47] Doch diesen hehren Grundsätzen wird bereits seit Beginn der siebziger Jahren systematisch zuwider gehandelt. Parallel zur allmählichen Ausweitung der polizeilichen Aufgabenfelder über Strafverfolgung (Repressiv-Funktion) und Abwehr konkreter Gefahren (Präventiv-Funktion) hinaus in das Vorfeld der allgemeinen »vorbeugenden Verbrechensbekämpfung« und der »Gefahrenvorsorge« bildeten sich auch neue Formen der Organisation und der Polizeiarbeit heraus. Diese Entwicklung bewirkte eine unheilvolle Aufgaben- und Methoden-Verquickung und führte letztlich zur Etablierung geheimdienstlicher Strukturen im rechtsfreien Raum: So ist auf unterschiedlichen Ebenen, etwa beim Bundeskriminalamt und bei verschiedenen Landeskriminalämtern, ein Polizeiapparat mit Spezialabteilungen innerhalb des Polizeiapparates etabliert worden,[48] abgeschottet gegenüber dem normalen Polizeibetrieb und jeglicher öffentlichen, aber nicht selten auch innerbehördlichen Kontrolle entzogen.

Mithilfe von nachrichtendienstlichen Mitteln und Methoden, die der Polizei eigentlich prinzipiell versagt sind, wie z.B.

- großangelegten Observationen und Telefonabhöraktionen, auch unter Verwendung optischer und akustischer Hilfsmittel,
- systematischem Einsatz von V-Leuten, agents provocateurs und getarnten Polizeibeamten (Under-Cover-Agenten, UCA) mit falschen Legenden, Tarnnamen und Tarnpapieren, konspirativen Wohnungen und Scheinfirmen[49]

wird weit im Vorfeld des Verdachts (pro-)aktive Informationsbeschaffung betrieben mit dem Ziel der systematischen »Verdachtsgewinnung« und »Verdachtsverdichtung«. Das Prinzip dieser präventiv-polizeilichen Herangehensweise im Rahmen der »operativen Fahndung« bzw. »verdeckten Ermittlung«: Nicht mehr abwarten, bis Strafanzeigen auf den Tisch des Polizeihauses flattern, sondern aktiv in die sozial oder politisch verdächtigten Szenen eintauchen, sie konspirativ durchdringen, mitmischen, gegebenenfalls provozieren, um Informationen zu beschaffen bzw. solche erst zu produzieren.

Diese Vorverlagerung der polizeilichen Tätigkeit, insbesondere auf dem Gebiet des Staatsschutzes (aber auch in anderen »Kriminalitäts«-Bereichen), führte zwangsläufig zu großflächigen Überschneidungen mit den Tätigkeitsfeldern des VS, obwohl doch »polizeiliche Gefahrenabwehr« und »nachrichtendienstliche Gefährdungskontrolle«[50] prinzipiell »zwei völlig verschiedene und voneinander unabhängige, nach Inhalt und Zweck sowie Ausmaß zu differenzierende Tätigkeiten«[51] sein müßten.

Dessen ungeachtet sind sowohl BfV als auch BKA etwa für die präventive Bekämpfung des »Terrorismus« zuständig. Beide Ämter haben hierfür Spezialabteilungen installiert; beide bedienen sich bei ihrer Arbeit nachrichtendienstlicher Mittel. Polizei und VS machen sich folglich in denselben Bereichen des vorverlagerten Staatsschutzes (»Terrorismus«/»politischer Extremismus«) praktisch mit den gleichen Mitteln Konkurrenz – so auch bei dem Versuch der Infiltration politisch-oppositioneller Gruppierungen oder bei Observationen -, was gelegentlich schon zu regelrechten »Pannen« geführt hat.[52] Die unausweichlich scheinende Konsequenz: Die Ämter und Dienste sind praktisch zur permanenten Kooperation und Koordination gezwungen, sonst könnte es tatsächlich passieren, daß sich konspirativ arbeitende V-Leute des VS, die sich als »Terroristen« gerieren und Polizei-V-Leute, die sie für echte bzw. angehende »Terroristen« halten, gegenseitig zu Gewalttaten animieren – zum »Wohle des Staates«.[53]

Die Polizei hat also inzwischen in ihren Händen exekutive (vollziehende) und geheimdienstliche (nachrichtendienstliche) Machtmittel angehäuft. Diese geheimpolizeiliche Praxis- Entwicklung, die unter Umgehung parlamentarischer Gremien und unter weitgehender Ausschaltung der Öffentlichkeit vollzogen wurde, verletzt geltendes Recht und tragende Verfassungsprinzipien:[54]

- sie verstößt gegen den Grundsatz, daß Polizei prinzipiell nicht im Geheimen tätig werden darf, sondern offen den BürgerInnen gegenüber aufzutreten hat;
- sie verstößt gegen das Verbot des polizeilichen Einsatzes nachrichtendienstlicher Mittel und Methoden;
- sie verstößt gegen das Legalitätsprinzip, wonach die Polizei zur unverzüglichen Verfolgung jeder Straftat ohne Ansehen der Person verpflichtet ist;
- sie schließt wegen mangelnder Offenheit und Kenntnis von geheimen Polizeiaktionen den durch Art. 19 Abs. 4 Grundgesetz gewährleisteten Rechtsschutz gegen polizeiliche Eingriffe praktisch aus.[55]

Dort, wo immer mehr polizeiliche Organisations- und Tätigkeitsbereiche in abgeschottete Geheimzonen verlagert werden, ist eine öffentliche Kontrolle letztlich nicht mehr möglich.

Verfassungsbruch als Gesetz: Die Legalisierung einer neuen Geheimpolizei

Nach einer Phase des sprunghaften Ausbaus, der technologischen Aufrüstung und des strukturellen Umbaus des Polizeiapparates sowie nach einer jahrzehntelangen Phase des »Experimentierens« im rechtsfreien Raum und in der Illegalität geht es nun seit geraumer Zeit um die publikumswirksame Legitimierung und Legalisierung dieser Staatsschutz-Entwicklung und -praxis.[56] In den sog. Sicherheitsgesetzen der späten achtziger Jahre, insbesondere im neuen Vorentwurf zum »Musterentwurf für ein einheitliches Polizeigesetz« der Innenministerkonferenz (als Vorbild für die Ländergesetzgebung) ist, im Zusammenhang mit erweiterten Befugnissen zur polizeilichen Informationserhebung, ganz nebenbei auch die Legalisierung bisher ungesetzlicher Erhebungsmethoden und Eingriffe vorgesehen; die erwähnten nachrichtendienstlichen Mittel sollen für die Polizei legales Instrumentarium der vorbeugenden Informationsbeschaffung werden.[57] Für den Bereich der Strafverfolgung ist eine entsprechende Anpassung der Strafprozeßordnung mit parallelen Befugniserweiterungen vorgesehen.[58]

Insbesondere zwei elementare Eckpfeiler der Begrenzung staatlicher Allmacht und Willkür werden mit dieser Praxis und ihrer teils erfolgten, teils bevorstehenden Verrechtlichung aus den Angeln gehoben:

- zum einen die Bindung staatlicher Eingriffe in die Grundrechte der BürgerInnen an das Vorliegen einer konkreten Gefahr – statt unbestimmter und abstrakter »Gefahrenvorsorge«; in dieser Sicherheitskonzeption wird der Mensch zum potentiellen oder akuten Sicherheitsrisiko – was die Umkehrung herkömmlicher rechtsstaatlicher Prinzipien bedeutet;
- zum anderen die verfassungsgemäße Trennung von Polizei und Geheimdiensten – immerhin eine grundlegende Konsequenz aus den mörderischen Erfahrungen mit der Gestapo im Nationalsozialismus.

Die »Wiedervereinigung« von Polizei und Geheimdiensten im Sinne einer neuen Geheim-Polizei ist, wie wir gesehen haben, zunächst nicht synthetisch zwischen diesen beiden Sicherheitsorganen erfolgt, sondern vor allem innerhalb des Polizeiapparates selbst, der sich damit in gewisser Weise insbesondere vom »Verfassungsschutz« emanzipiert hat. Beide Bereiche stehen jedoch über einen regen elektronischen Datenverkehr untereinander in Verbindung – ein verfassungsrechtlich äußerst zweifelhafter Verkehr, der mit den sog. Sicherheitsgesetzen künftig ebenfalls rechtlich ausgebaut und abgesichert werden soll.[59] Mit einem solchen, fast ungebremsten Datenaustausch zwischen Polizei und Geheimdiensten würde die vom Bundesverfassungsgericht geforderte »informationelle Gewaltenteilung« ins Gegenteil verkehrt: in einen umfassenden elektronischen Gewaltenverbund, mit dem die verbliebene institutionelle Trennung auf elektronischem Datenwege praktisch unterlaufen werden kann.

Die Rettung einer bedeutenden historischen Konsequenz, des nur wenig abgesicherten Gebots der Trennung von Geheimdiensten und Polizei, zur politischen Zentralforderung zu erheben, scheint angesichts der beschriebenen Praxis- und

Gesetzesentwicklung überholt. Gleichwohl muß sie so lange mit unverdrossenem Nachdruck und mit Vehemenz in die politische Diskussion und die juristische Debatte eingebracht werden, wie Polizei und Geheimdienste parallel existieren. Das Trennungsgebot wird in der Bundesrepublik erst dann seine historische und aktuelle Bedeutung verlieren, wenn die Forderung von Bürgerrechtsgruppierungen nach Abschaffung der bundesdeutschen Geheimdienste, insbesondere des »Verfassungsschutzes«, durchgesetzt sein wird.[60]

Allerdings wird sich spätestens dann herausstellen, daß die Forderung nach Abschaffung des VS und der anderen Geheimdienste keineswegs ausreichend war: Denn auch die geheimdienstlich angereicherte Substanz der Polizei muß aufgelöst werden. Und diese Forderung gilt umso mehr, als zu befürchten ist, daß nach Wegfall des VS bzw. der anderen Geheimdienste, der nachrichtendienstlich arbeitende Zweig der Polizei noch umfassender und perfekter zur zentralen Geheim-Polizei ausgebaut werden wird, um im Interesse des Staatsschutzes den möglichen sicherheitspolitischen Vorfeld-Verlust kompensieren zu können. Dieses Resultat wäre fatal.

Zur Rolle der Politischen Justiz:

Von der »Legitimation durch Verfahren«[1] zur Manipulation von Verfahren[2]

»Es liegt im Interesse des Staates, ein mühsam angelegtes, an die verbrecherischen Gruppierungen herangewachsenes Geflecht von Kontaktpersonen vor Enttarnung zu bewahren.« (Generalstaatsanwalt Dr. Geißer)[3]

Strafprozesse, das ist bekannt, werden bereits weitgehend im Ermittlungsverfahren entschieden, denn dort werden schließlich die Weichen für das Hauptverfahren gestellt.[4] Allerdings, so zeigen unsere Beispielsfälle, müssen wir noch einen entscheidenden Schritt zurückgehen und feststellen, daß Ermittlungsverfahren und Strafprozesse bereits weit im Vorfeld der zu ermittelnden Taten, bevor sie überhaupt geplant oder begangen worden sind, mitentschieden werden. Ermöglicht und abgesichert wird diese Einflußnahme durch die aufgezeigten klandestinen Methoden und ihre grundsätzliche, höchstrichterliche Anerkennung. Im Gefolge des frühzeitigen Einsatzes geheimdienstlicher und -polizeilicher Mittel und Methoden, von Geheimagenten, V-Leuten und agents provocateurs, kommt es zwangsläufig zu Vertuschungs- und Manipulationsversuchen der beteiligten Sicherheitsorgane und ihrer Aufsichtsbehörden. Denn ihnen ist daran gelegen, daß ihre operativen Methoden und ihr Einsatz, ihre Verstrickung im Einzelfall nicht offenbart bzw. publik werden: »Diese konspirativen Ermittlungsmethoden eignen sich natürlich nicht zu einer detaillierten Darstellung«, meint beispielsweise BKA-Kriminaldirektor Pietrzik in einer internen BAK-Schrift,[5] assistiert von seinem BKA-Kollegen Wolf Plewka: »Auf keinen Fall dürfen bei Presseveröffentlichungen jedoch taktische oder operative Maßnahmen der Polizei dargestellt werden (...). Ebenso halte ich die Veröffentlichung von Aufsätzen in Fachzeitschriften, die jedermann zugänglich sind, über Formen und Methoden der verdeckten Ermittlungen..., V-Mann-Führung usw. (...) für bedenklich.«[6]

Die Geheim-Methoden sollen auch im prinzipiell öffentlichen Strafverfahren geheim bleiben – hier wird gerne mit dem »Staats- oder Landeswohl« argumentiert, um eine Aufklärung zu verhindern. Ebenfalls geheim bleiben soll die wahre Identität der eingesetzten V-Leute (so ihr Einsatz überhaupt aktenkundig wird) und damit auch deren Rolle im konkreten Fall – hier wird dann die Gefährdung von Leib und Leben dieser dunklen Gestalten ins Feld geführt, um eine Enttarnung zu vermeiden.

Gelegentlich vermissen die Sicherheitsorgane allerdings genügend Verständnis der Justiz für ihr Verdeckungsinteresse: Denn nicht immer beugen sich Richter und Staatsanwälte – die in der Regel in das Versteckspiel eingebunden werden

– ihren geheimen Wünschen. So kommt es bisweilen auch zu Verfahrenseinstellungen oder gar Freisprüchen mangels Beweisen, weil die beteiligten V-Leute nicht im Verfahren als Zeugen auftreten (dürfen).[7] Es gibt in der Tat auch Staatsanwälte (allerdings kaum in politischen Verfahren), die die strafprozessualen Auswirkungen verdeckter Operationen kritisch betrachten. So beispielsweise der Bamberger Generalstaatsanwalt Dr. Hans Geißer:

»Bei Tataufklärungen durch verdeckte Ermittlungen hat die Staatsanwaltschaft keinen genügenden Einblick in das Ermittlungsgeschehen mehr (...). Bei den unteren Polizeidienststellen, wo die verdeckten Ermittlungsmaßnahmen verantwortet und geleitet werden, potenziert sich Strafverfolgungsmacht, die keiner (Gegen-) Kontrolle unterliegt, dem ›aus dem Wesen polizeilicher Tätigkeit entspringenden Zweckdenken‹ ist nicht mehr das ›Rechtsdenken‹ der Staatsanwaltschaft entgegengestellt. Das ist ein Verlust an Rechtsstaatlichkeit.«[8]

Diese Überlegung läßt allerdings außer Betracht, daß Polizei und Staatsanwaltschaften in der Regel recht gut kooperieren, wenn es darum geht, die übrigen Prozeßbeteiligten hinters Licht zu führen. Trotzdem wecken derartige Äußerung bereits Argwohn und veranlaßten etwa den BKA-Kriminaldirektor Pietrzik zu der Aufforderung, die Polizei müsse endlich das Gespräch suchen, »um auf Seiten der Justiz Verständnis zu wecken«:

»Es darf doch nicht der Regelfall werden, daß wir (die Polizei; R.G.) – wie heute vielfach üblich – ›Klimmzüge‹ machen müssen, um einen Tatort und damit das Ermittlungsverfahren ›bei der richtigen Staatsanwaltschaft‹ unterzubringen, und daß sich der Staatsanwalt seinerseits Gedanken machen muß, wen er z.B. zum Hauptbeschuldigten macht, um nur ja nicht bei dieser oder jener Kammer anklagen zu müssen.«[9]

Der ehemalige baden-württembergische Polizeipräsident Dr. Alfred Stümper brachte die geheimpolizeilichen Vereinnahmungsversuche auf die atemberaubende Kurzformel: »Wir müssen die Justiz ›an unser polizeiliches Herz drücken‹...«[10] – Strafprozeß im Polizeigriff?

Die folgende Darstellung der verschiedenen Praktiken von Polizei und Geheimdiensten zur Manipulation und Steuerung von Strafverfahren mag aufzeigen, wie fest dieser Geheim-Polizeigriff bereits sitzt.[11]

Spurenverwischen im übergeordneten Sicherheitsinteresse

Bereits im Vorfeld der Strafverfolgung gibt es in Staatsschutzangelegenheiten mannigfache Absprachen zwischen Geheimdiensten, Polizei und Staatsanwaltschaften, die auf die bereits erwähnten geheimen »Zusammmenarbeitsrichtlinien« (ZAR) gestützt werden können:[12] Halten die Geheimdienste, so heißt es dort u.a., »aus operativen oder sonst wichtigen Gründen einen Aufschub der polizeilichen Ermittlungstätigkeit für geboten, so setzen sie sich unmittelbar mit der zuständigen Staatsanwaltschaft in Verbindung und verständigen hiervon unverzüglich die Polizei. Diese hält auf Weisung der Staatsanwaltschaft mit den weiteren Ermittlungen inne.« (§ 11 Abs.2 ZAR)

Schon diese Vorschrift eröffnet der geheimdienstlichen Willkür und Manipulation Tür und Tor; sie ist eine deutliche Aufforderung, das Legalitätsprinzip, dem

Polizei und Staatsanwaltschaften unterworfen sind, zu durchbrechen und ermöglicht es den Geheimdiensten, ungestört weiter zu operieren und ihre Spuren zu verwischen. Weiter heißt es in § 14 ZAR:

»Die Strafverfolgungsbehörden beachten unter Berücksichtigung der Belange des Verfahrens das Sicherheitsinteresse der Verfassungsschutzbehörden, des Bundesnachrichtendienstes und des Militärischen Abschirmdienstes. Dies gilt insbesondere dann, wenn sich Anhaltspunkte dafür ergeben, daß ein Beschuldigter, Zeuge oder sonst am Verfahren Beteiligter geheimer Mitarbeiter der genannten Behörden ist oder war.«

Diese Bestimmung ist Ausgangspunkt für erste Überlegungen zur Geheimhaltung der »geheimen Mitarbeiter« im wohlverstandenen »Sicherheitsinteresse« der beteiligten Geheimdienste.

Geheimdienste als Ermittlungsgehilfen – oder: Die (un)heimlichen »Herren des Verfahrens«

Die in bestimmte Sachverhalte verstrickten Geheimdienste werden, trotz ihrer Verstrickung, von Anfang an vertrauensvoll in die entsprechenden Ermittlungen, so sie weitergeführt werden, einbezogen: »Während der Ermittlungen dürfen Verfahrensbeteiligte durch Angehörige der Verfassungsschutzbehörden ... zum Verfahrensgegenstand nur mit Zustimmung der Staatsanwaltschaft befragt werden. Über die Befragung von Untersuchungsgefangenen entscheidet der Richter, in dringenden Fällen der Staatsanwalt«, heißt es dazu in den »Zusammenarbeitsrichtlinien« (§ 15 Abs.1). Wozu diese Möglichkeiten führen – insbesondere jene zur Vernehmung von U-Gefangenen durch VS-Beamte – illustrieren all jene Fälle von Kronzeugenproduktion, V-Leute-Rekrutierung und Wahrheitskonstruktionen, die in den vergangenen zwanzig Jahren nach und nach ans Licht der Öffentlichkeit gelangten: Ulrich Schmücker (gegen Haftverschonung), Gerhard Müller (dem ein Polizistenmord »geschenkt« wurde), Volker Speitel, Karl-Heinz Ruhland, Jürgen Bodeux, Reiner Hochstein und wie die Informanten, V-Leute und umgedrehten Zeugen der Anklage alle heißen.

Zur V-Leute-Rekrutierung fand der Hamburger Kriminaldirektor Hans Zühlsdorf bereits 1974 erhellende Worte:

»Das Gewinnen von V-Leuten erfolgt in den meisten Fällen bei der Bearbeitung von Strafermittlungsverfahren, in denen sie als Beschuldigte mit der Kriminalpolizei zu tun haben und eine Vorführung vor den Haftrichter befürchten. Dem in dieser Lage befindlichen Beschuldigten geht es vorrangig darum, nicht in Untersuchungshaft zu kommen. Um dies zu erreichen, ist er mitunter bereit, der Polizei Dienste als V-Mann anzubieten. Neben dem Verschaffen von Erleicherterungen oder Vorteilen in einem anhängigen Strafverfahren sollte auch durch die Bereitstellung von entsprechenden Mitteln die Möglichkeit geschaffen werden, V-Leute durch Bezahlung ihrer Dienste zu gewinnen.«[13]

Doch den Geheimdiensten werden noch weitere Einflußmöglichkeiten im Vorfeld des Verfahrens zugestanden: »Angehörige der genannten Dienststellen (VS, BND, MAD; R.G.) können als Sachverständige oder Auskunftspersonen zu Vernehmungen oder sonstigen Ermittlungshandlungen (wie Beschlagnahmen, Durchsuchungen oder Tatortbesichtigungen) zugezogen werden (...)« (§ 15 Abs.2 ZAR). Und weiter: »Abschriften von Protokollen können mit Zustimmung der Staatsanwaltschaft den genannten Dienststellen zur Verfügung gestellt werden...« (§ 15 Abs. 3). Präzisierend heißt in den »Richtlinien für das Straf- und Bußgeldverfahren«, daß dem VS »Abschriften von Niederschriften über Vernehmungen und andere (polizeiliche; R.G.) Ermittlungshandlungen zur dienstlichen Auswertung überlassen« werden können (Nr. 205 Abs. 2).

Der frühere Generalbundesanwalt Martin wußte schon vor 25 Jahren, welche Vorteile es hat, »Verfassungsschützer« auf diese Weise zu polizeilichen Handlungen hinzuzuziehen:

»Ihre Hinweise und Erläuterungen können den Erfolg prozessualer Maßnahmen wesentlich fördern... So kann ihr fachkundiger Rat den Ermittlungsbeamten zur Auffindung wichtiger Tatspuren verhelfen und sie vor dem Verlust von Beweismitteln bewahren. Ihre umfassenden Hintergrundkenntnisse können bei Vernehmungen dazu beitragen, unwahre Einlassungen Beschuldigter zu widerlegen und die Aussagen von Zeugen auf ihre Glaubhaftigkeit nachzuprüfen.«[14]

Geheimdienste als Lügendetektoren im Dienste der Polizei? Wohl kaum. Mit den zitierten Richtlinien wird den Geheimdiensten die unmittelbare Beteiligung an exekutiven Ermittlungshandlungen der Polizei ebenso ermöglicht wie die nachträgliche Auswertung der auf dieser Tätigkeit beruhenden polizeilichen Protokolle.

Die Leugnung von Geheimeinsätzen in den Ermittlungsakten

Häufig ist weder dem Gericht noch der Verteidigung bekannt, daß es mögliche Zeugen aus staatlichen Geheim-Bereichen gibt; ihre Beteiligung oder Verstrickung wird schlicht verschwiegen oder geleugnet. Der Nachweis von seiten der Beschuldigten und ihrer Verteidiger ist in solchen Fällen äußerst schwer zu führen:

»Wenig von dem, was in den Ermittlungsakten über die Entstehung der Tat steht, ist wahr, wenn nicht zugegeben wird, daß mit einem ›agent provocateur‹ gearbeitet wurde, und das ist so gut wie nie der Fall... Mit ausschweifender Routine wird da in den Akten gelogen, nie ohne das Ziel aus den Augen zu verlieren, Verteidiger und Gericht hinters Licht zu führen. Die Lüge ist da zwangsläufige Konsequenz des Verschweigens«, berichtet der Strafverteidiger Stephan Baier aus eigener Anschauung. So beginnen die Ermittlungsakten häufig mit lapidaren Vermerken wie: »Nach umfassenden Ermittlungen wurden die Beschuldigten am... festgenommen.«[15] Stephan Baier: »Richtig müßte es heißen: ›Nach eindringlicher Verführung..!« Solche Aktenvermerke entsprechen den Ratschlägen des Frankfurter Rechtswissenschaftlers Friedrich Geerds in seinem für die Polizei- und Juristenausbildung maßgeblichen Fachbuch »Vernehmungstechnik«:

»Schon die Tatsache, daß überhaupt ein V-Mann in dieser Sache etwas mitgeteilt hat, sollte am besten in den Akten überhaupt nicht erwähnt werden... Die Erwähnung ist ... sachlich überflüssig und in der Regel sogar schädlich. Denn durch den Verteidiger, der bekanntlich nach Anklageerhebung ein Recht auf Akteneinsicht hat, und vielleicht auch durch eine unbedachte Äußerung eines Staatsanwalts oder Richters kann der Beschuldigte dann leicht

erfahren, daß in seiner Sache ein V-Mann eine Rolle gespielt hat. Daß er sich dann mit mehr oder weniger Erfolg darum bemühen wird, diesen Informanten herauszubekommen, liegt auf der Hand.«[16]

Und dies – so die Intention – gilt es tunlichst zu vermeiden.

Auch Polizeistrategen, wie der ehemalige Hamburger Kriminaldirektor Hans Zühlsdorf, sind dieser Auffassung und handeln entsprechend: »Die vom V-Mann erlangten Informationen dürfen aus grundsätzlichen taktischen Erwägungen nicht ins Verfahren eingeführt werden«,[17] und BKA-Kriminaldirektor Pietrzik ergänzt in seltener Offenheit: »Wir müssen von Anfang an die Aktenlage so gestalten, daß die zugesagte Vertraulichkeit auch bei späteren Gerichtsverhandlungen gewährt werden kann.«[18]

Auch in den geheimen V-Leute-Richtlinien (»VS-Nur für den Dienstgebrauch«) sind indirekte Aufforderungen zur frühzeitigen Flurbereinigung enthalten. So beispielsweise in der »Dienstanweisung für den Umgang mit Vertrauenspersonen (VP)«[19] des Leiters der Kriminalpolizei bei der Polizeidirektion Hannover vom 1. August 1983, wo unter Ziffer 3.8 zu lesen ist:

»Eine mit Hilfe der Zusicherung der Vertraulichkeit erlangte Information ist so in die Ermittlungsakten aufzunehmen, daß sie keine Rückschlüsse auf den Informanten zuläßt. Darüber hinaus ist stets anzustreben, mit Hilfe der Information eine Beweislage zu schaffen, die einen Rückgriff sowohl auf den Informanten als auch auf seinen vertraulich gegebenen Hinweis unnötig macht. Im letzteren Fall ist kein Hinweis auf die vertraulich erreichte Information in die Ermittlungsakten aufzunehmen.«[20]

»Kein Hinweis«, »am besten in den Akten nicht erwähnen«, »dürfen nicht ins Verfahren eingeführt werden«, »Beweislage schaffen«, »daß keine Rückschlüsse möglich«, »müssen von Anfang an Aktenlage so gestalten« – das sind kaum verhüllte Metaphern für dreiste Aktenmanipulationen im Vorfeld des Strafverfahrens und im Schatten des Strafprozeßrechts.[21]

Legale Beweismittel-Unterdückung im Amt

Gemäß § 96 StPO können Akten und andere amtliche Schriftstücke über diese Praktiken hinaus mit einem »Sperrvermerk« versehen werden, wenn das Bekanntwerden ihres Inhaltes dem »Wohl des Bundes oder eines deutschen Landes Nachteile« bereiten würde. Eine Aushändigung an die Justiz bzw. die Verfahrensbeteiligten ist dann nicht möglich.[22]

Beispiel: Schmücker-Verfahren:
In den folgenden Fällen (Auswahl) verweigerten staatliche Behörden die Aktenvorlagen aus »Gründen des Staats- und Landeswohls« bzw. wegen »Enttarnungsgefahr« oder »Gefährdung an Leib und Leben« der geheimen Mitarbeiter, so die stereotypen Begründungen:[23]

Vorlage folgender vollständiger Akten:

- *Akten des Berliner VS über Ulrich Schmücker und Jürgen Bodeux;*
- *Akte des Berliner VS über Götz T. (der auch in dem Verdacht stand, für den VS zu*

arbeiten und belastende Angaben gegen die Hauptbeschuldigte gemacht hatte, dann allerdings am 18.7.1976 unter mysteriösen Umständen verstorben ist);

- *Akte der Staatsanwaltschaft bei dem Landgericht Berlin (»VS-Vertraulich«, 2 P Kls 8/75, Bl. 35, 51 bis 54, 58-59) mit Aufzeichnungen über die erste Vernehmung von Bodeux;*
- *Geheim-Akten D/F 2066 und D/F 1979 des Hessischen Landeskriminalamtes, die Aufschlüsse über die Person des Jürgen Bodeux bieten (»VS-Vertraulich« deklariert);*
- *Akte 7006/75 = 294 (VS-Vertraulich) des Bundeskriminalamtes mit Erkenntnissen über Jürgen Bodeux und die »Wolfsburger Kommune«.*
- *Akte »Mordfall Schmücker« des Bundeskriminalamtes, Az.: 9020/74, 9 Seiten – »VS-Vertraulich«.*

Um eine Freigabe der genannten Akten und Zeugen dennoch zu erzwingen, strengten die Verteidiger, wie bereits erwähnt, etwa 20 Parallelverfahren vor diversen Verwaltungsgerichten an. Sie waren allerdings weitgehend erfolglos. Nur ein Beispiel aus dem Schmücker-Verfahren:

Der Kampf um die Geheimakte D/F 2066, die mit hoher Wahrscheinlichkeit über die verdeckte Zusammenarbeit zwischen dem »Kronzeugen« Jürgen Bodeux und dem VS bzw. Staatsschutz Aufschluß geben könnte:

1) *Antrag der Verteidiger Ilse Schwippers vom 11. Juli 1979 auf Beiziehung der »Vernehmungsakte« D/F 2066 beim Hessischen Landeskriminakamt.*
2) *Anforderung vom 3. September 1981 durch den Vorsitzenden der 13. Strafkammer des Landgerichts Berlin.*
3) *Weigerung des Hessischen Landeskriminalamtes (V/2 + V/4) vom 29. September 1981: Die Vorlage werde gemäß § 96 StPO abgelehnt, da das Bekanntwerden des Inhalts dieser Vorgänge dem »Wohl des Landes« Nachteile bereiten würde.*
4) *Der Berliner Strafkammervorsitzende erhebt am 26. Oktober 1981 hiergegen »Gegenvorstellung«, in der auf die Notwendigkeit der Aktenvorlage zur Überprüfung von Bodeux's Glaubwürdigkeit eingegangen wird. Schließlich ist Bodeux Hauptbelastungszeuge im Schmücker-Mord-Prozeß.*
5) *Der Hessische Innenminister hält mit Schreiben vom 12. November 1981 die Sperrerklärung aufrecht, weil die Akte(n) »Aussagen über Einsatzgrundsätze, z.B. Observationen, und über Auswertungs- und Bekämpfungssysteme, wie Art, Weise und Umfang der Umfeldabklärung« enthielte(n); desweiteren seien in den Akten »geheimhaltungsbedürftige Informationen über Umfang, Art und Weise der Zusammenarbeit mit anderen Institutionen sowie vertraulich erlangte Unterlagen« aufbewahrt.*[24]
6) *Daraufhin am 4. Januar 1982 Klage der Prozeßbevollmächtigten Ilse Schwippers vor dem Verwaltungsgericht (VG) Wiesbaden gegen das Land Hessen, vertreten durch den Hessischen Minister des Innern, auf Aufhebung des Sperrvermerks und Herausgabe der Akte D/F 2066.*
7) *Urteil des VG Wiesbaden vom 2. März 1982 (Az.: IV/1 E 15/82): Die Akte ist dem Landgericht Berlin für das Schmücker-Verfahren zugänglich zu machen. Die entgegenstehende Sperrerklärung des Hessischen Innenministers sei der Klägerin gegenüber rechtswidrig und verletze sie in ihren Rechten. In der Begründung heißt es wörtlich:*

»Die Angeklagte sieht sich seit vielen Jahren einem der ungeheuerlichsten Vorwürfe, die denkbar sind, gegenüber, nämlich dem Vorwurf, Mörderin zu sei. Ihr droht eine lebenslange Freiheitsstrafe. Sie mußte bereits zweimal eine Urteilsverkündung, die auf diese Strafe lautet, über sich ergehen lassen. Sie ist gesundheitlich, soweit dies die Kammer nachvollziehen kann, stark angegriffen. Sie sitzt seit über 7 Jahren in Untersuchungshaft. Sie verspricht sich von der Akte – ob zu Recht oder zu Unrecht ist zu beurteilen der Kammer verwehrt

Observationsbericht MEK KÖLN

18.59 h

Um das Presseteam bildet sich eine Menschenmenge.

19.00 h

ZP1, ZP3 und neue Geisel gehen wieder in den Gemüseladen.

Innerdienstlicher Vorgang
nicht für Gerichtsakten

19.01 h

Eine Gruppe von Personen kommt aus dem Gemüseladen. Es sollen sich die drei Täter, die männl. und mindestens eine weibl. Geisel darunter befinden.

19.03 h

ZP3 besetzt Fahrersitz des ZF.

ZP1 geht mit der männl. Geisel und ZP2 mit der neuen weibl. Geisel in Richtung Innenstadt. Die Täter halten die Waffen in den Händen, die auf die Geiseln gerichtet sind.

Innerdienstlicher Vorgang
nicht für Gerichtsakten

19.04 h

ZP1 schießt erneut zweimal in die Luft. Alle zuvor genannten Personen gehen weiter in die Straße Huckelriede zu dem dortigen Busbahnhof. Sie stellen sich an einen Bus der Linie

– eine deutliche Entlastung. Sie hat erlebt, daß nach vielen Jahren die Existenz einer Akte eingeräumt wurde, deren Existenz zuvor verneint worden war... Es erscheint nicht überzogen die Vermutung, daß nahezu jeder, der sich in der Lage der Klägerin und Angeklagten befände, sich nur schwer des Eindrucks erwehren könnte, die Akten würden zu seinem Nachteil zurückgehalten.« Angesichts dieser Lage, so das Verwaltungsgericht weiter, »müssen die gewichtigen staatlichen Interessen an der völligen Geheimhaltung der Akten zurückweichen. Dabei ist zugunsten der Klägerin und Angeklagten davon auszugehen, daß sie bis zur Rechtskraft einer Verurteilung als unschuldig zu betrachten ist und daß es ihr bei dieser vermuteten Unschuld besonders schwerfallen muß, das Beweismittel entbehren zu müssen, auf das sie eine – vielleicht letzte – Hoffnung setzt...«

Nicht nur die Rechte der Angeklagten liegen dem VG mit seiner Entscheidung am Herzen, sondern zugleich durchaus auch übergeordnete, (rechts-)staatstragende Interessen: »Insgesamt wird sich in der Sicht der rechtstreuen Bevölkerung die Aktenvorlage samt Folgen jedenfalls eher als ein ›Sieg des Rechtsstaates‹ darstellen, als wenn der Eindruck zurückbleiben könnte, der Hessische Minister des Innern verweigere die Aktenvorlage aus nicht zu billigenden Gründen. Dieser Eindruck ist ... indessen durch ... Veröffentlichungen im Funk und in Buchform[25] mit einiger Sicherheit bei einem Teil der Bevölkerung entstanden...« Deshalb könne »in gewissen Fällen die unbedingte Einhaltung der Interessen der Staatssicherheit und des Geheimnisschutzes zum Gegenteil dessen führen..., was im Interesse dieser Prinzipien anzustreben wäre.« (S. 24 f).

8) *Auf die Berufung des beklagten Landes Hessen wird dieses Urteil vom Hessischen Verwaltungsgerichtshof in Kassel am 30. August 1983 wieder aufgehoben und die Klage abgewiesen (Az.: IX OE 28/82). Begründung: Der Verwaltungsrechtsweg sei hier nicht gegeben, das falsche Gericht habe also geurteilt; zuständig für die Entscheidung dieses Rechtsstreits seien vielmehr die ordentlichen Gerichte (hier: Strafgerichte).*
9) *Auf die Revision der unterlegenen Angeklagten Ilse Schwipper entscheidet der Bundesverwaltungsgerichtshof Berlin am 27. April 1984 (Az.: BVerwG 1 C 10.84), daß das Urteil des Hessischen Verwaltungsgerichtshof aufgehoben und an diesen zur »anderweitigen Verhandlung und Entscheidung« zurückverwiesen werde – der Verwaltungsgerichtsweg sei hier doch gegeben, so daß also in der Sache entschieden werden müsse.*
10) *Daraufhin urteilt der Hessische Verwaltungsgerichtshof am 25. September 1984 (Az.: 9 UE 1579/84) nach erneuter Verhandlung, daß auf die Berufung des beklagten Landes Hessen das Urteil des VG Wiesbaden wiederum aufgehoben und die Klage abgewiesen werde. Aus der Begründung:*

»Es liegt auf der Hand, daß es verfassungsmäßig legitimierte staatliche Aufgaben gibt, die zu ihrer Erfüllung der Geheimhaltung bedürfen, ohne daß dagegen verfassungsrechtliche Bedenken zu erheben wären. Die Wahrnehmung derartiger ... Aufgaben würde erheblich erschwert und in weiten Teilen unmöglich gemacht, wenn die Aufdeckung geheimhaltungsbedürftiger Vorgänge im Strafverfahren ausnahmslos geboten wäre. Dies gilt insbesondere für Erkenntnisse und Arbeitsweisen der für die innere und äußere Sicherheit der Bundesrepublik Deutschland tätigen Behörden...«

Nach dieser generellen Anerkennung eines umfassenden Geheimhaltungsinteresses staatlicher Organe entscheidet der Verwaltungsgerichtshof im konkret vorliegenden Fall entsprechend konsequent: Der Innenminister habe »in seiner Sperrerklärung glaubhaft dargelegt, daß die streitige Akte geheimhaltungsbedürftig ist, da das Bekanntwerden des Inhalts dieser Akte dem Wohl des Landes Hessen Nachteile bereiten würde. Die Schwierigkeit, dies zu beurteilen, liegt darin, daß die Gründe, die für die Verweigerung der Herausgabe der Akte maßgebend sind, nicht in vollem Umfange dargelegt werden können. Ihre vollständige Offenbarung würde dem Sinn und Zweck des Geheimnisschutzes zuwiderlaufen...« (S. 21 f). Trotz dieser eingestandenermaßen beschränkten gerichtlichen Kontrollmöglichkeit stehe »zur Überzeugung des Senats fest«, daß bei einer Herausgabe der Akte das »Wohl des Bundes wie der Länder« gefährdet werden könne. Denn: »Zukünftige Ermittlungen können, wenn bekannt wird, daß die Vertraulichkeit von Informationen nicht mehr gewährleistet ist, erschwert werden. Darüber hinaus ist es nicht ausgeschlossen daß die körperliche Unversehrtheit oder das Leben von Informanten gefährdet ist, wenn deren Namen bekannt werden. Ein Bekanntwerden der in der Akte D/F 2066 enthaltenen Unterlagen würde die künftige Arbeit der Verfassungsschutzbehörde ernstlich beeinträchtigen, da eine auf verdeckte Ermittlungen und konspirative Arbeit angewiesene Behörde in kurzer Zeit aktionsunfähig wäre, wenn deren Arbeitsweise aufgedeckt würde« (S. 23).[26]

Demgegenüber habe die Akte D/F 2066 »nach Überzeugung des erkennenden Senats für das Strafverfahren der Klägerin vor dem Landgericht Berlin schwerlich einen Stellenwert als Beweismittel«, so daß durch die Verweigerung der Herausgabe die Grundsätze eines fairen rechtsstaatlichen Strafverfahrens auch nicht verletzt würden. (S. 24 ff).

Revision wird vom Hessischen Verwaltungsgerichtshof nicht zugelassen.

11) Gegen die Nichtzulassung der Revision legt Ilse Schwippers Verteidiger Beschwerde beim Bundesverwaltungsgericht ein, die am 18. Juli 1985 verworfen wird.

Sechs Jahre zäher Kampf um eine gesperrte Geheimakte. Die Akte bleibt gesperrt.

Weitere gesetzliche Geheimhaltungsmöglichkeiten

Der Verlust an Rechtsstaatlichkeit, der im Zusammenhang mit prinzipiell unkontrollierbaren verdeckten Ermittlungsmethoden konstatiert wurde, schlägt im Verlauf des Strafverfahrens voll auf die Situation der Beschuldigten durch. Ihre Verteidiger haben unter solchen Voraussetzungen im gesamten Verfahren mit der ganzen Palette von Vertuschungen, Manipulationen und Lügen der Polizei und der Geheimdienste zu kämpfen, die sich über die Akten bis hinein in die gerichtliche Hauptverhandlung erstrecken und diese nachhaltig prägen.

Die Strafprozeßordnung schreibt zwar vor: »Beruht der Beweis einer Tatsache auf der Wahrnehmung einer Person, so ist diese in der Hauptverhandlung zu vernehmen« (§ 250 StPO); dies entspricht dem rechtsstaatlichen Grundsatz der Unmittelbarkeit und Mündlichkeit des Strafprozesses. Doch regelmäßig stehen in Staatsschutz- bzw. »Terrorismus«-Verfahren mögliche und notwendige Zeugen – V-Leute, Lockspitzel, »Kronzeugen« mit neuer Identität, Geheimagenten mit falschen Legenden und sonstige Bedienstete der Staatssicherheitsbehörden – dem Gericht nicht zur Verfügung, sind »unerreichbar«, werden von den Aufsichtsbehörden, in der Regel den Innenministerien, unerreichbar gemacht (»gesperrt«).[27] Ihnen werden die Aussagegenehmigungen verweigert oder aber inhaltlich beschränkt, so daß ihre (zumeist belastenden) Aussagen und ihre Glaubwürdigkeit von den Verfahrensbeteiligten in der Hauptverhandlung nicht überprüft werden können. Und dies, obwohl doch die Zeugenpflicht generell beinhaltet, daß der Zeuge in der Hauptverhandlung erscheinen, offen und umfassend aussagen und ggfls. seine Aussage beeiden muß.[28]

Nach § 54 Absatz 1 Strafprozeßordnung in Verbindung mit den besonderen beamtenrechtlichen Vorschriften kann Personen des öffentlichen Dienstes (Beamten, Angestellten, Arbeitern) die Genehmigung zur Aussage versagt werden, soweit Umstände betroffen sind, auf die sich ihre Pflicht zur Amtsverschwiegenheit bezieht. Nach § 39 Abs. 3 Beamtenrechtsrahmengesetz darf die Genehmigung, als Zeuge vor Gericht auszusagen, grundsätzlich nur versagt werden, wenn die Aussage dem »Wohl des Bundes oder eines deutschen Landes Nachteile bereiten oder die Erfüllung öffentlicher Aufgaben erheblich erschweren würde« (die letzte Alternative wurde in der NS-Zeit – 1937 – eingefügt)[29]. Das wird in den hier behandelten Fälle regelmäßig angenommen; eine Überprüfung ist allerdings kaum möglich, da die Entscheidungsgründe ebenfalls geheimgehalten werden und lediglich eine »Glaubhaftmachung« erforderlich ist (»Plausibilitätskontrolle«).[30]

V-Leute können durch förmliche Verpflichtungen (gemäß Verpflichtungsgesetz vom 2. März 1974,[31] Art. 42 EGStGB) der Pflicht zur Amtsverschwiegenheit unterworfen werden.[32] Die ihnen zumeist von den Sicherheitsbehörden zugesicherte Vertraulichkeit hat zur Folge, daß die V-Leute-Tätigkeit und die Identität der V-Person zum »Dienstgeheimnis« avanciert, »dessen unbefugte Offenbarung wichtige öffentliche Interessen gefährdet (vgl. § 353b StGB)«, wie es beispielsweise in den Hamburger V-Leute-Richtlinien heißt.[33]

Beispiel: Schmücker-Verfahren:
In folgenden Fällen (Auswahl) verweigerten staatliche Behörden Aussagegenehmigungen für Bedienstete bzw. geheime Mitarbeiter aus »Staatswohl«-Gründen bzw. wegen »Enttarnungsgefahr« oder »Gefährdung an Leib und Leben«:[34]
Aussagegenehmigungen für

- *den Berliner »Verfassungsschutz«(VS)-Beamten Peter Rühl (Michael Grünhagen) als Kontaktbeamter (V-Mann-Führer) für Ulrich Schmücker und Volker Weingraber;*[35]
- *den Berliner VS-Beamten Koppermann als Zeugen für die V-Mann-Tätigkeit Jürgen Bodeux's für staatliche Behörden;*[36]
- *den (ehemaligen) Chef des Berliner Landesamtes für Verfassungsschutz, die beiden Namen zu nennen, die Schmücker vor seinem Tod telefonisch an den VS durchgegeben hatte;*[37]
- *alle Beamten des Berliner VS, die mit Schmücker dienstlich befaßt waren (19 laut Angabe des Behördenchefs).*

Mit welchem Zynismus und salbaderischem Wortschwall über die Rechte und Interessen von Angeklagten zum »Wohle des Staates« hinweggegangen wird, das verrät ein Schreiben des niedersächsischen Innenministeriums vom 5. September 1983 in einer anderen Sache.[38] Darin heißt es:

»Auch unsere moderne Gesellschaftsordnung, die aus Respekt vor der Individualität jedes einzelnen Bürgers die Integrität und das Wohl eben dieses Bürgers in den Mittelpunkt ihrer Bemühungen um ein geordnetes und gesichertes Miteinander aller Bürger stellt und sich als Mittel versteht, um diese Ziele zu erreichen, kann nicht negieren, daß ein Höchstmaß an individuellem Wohlergehen nur dort erreicht und dann auch gewährleistet werden kann, wo das Wohl der Allgemeinheit nicht vollständig aus den Augen verloren und sein Stellenwert nicht zu niedrig veranschlagt wird. Es ist daher nicht nur legitim, sondern stellt sogar eine Verpflichtung für die obersten Landesbehörden dar, bei der Entscheidung über die Ver-

schleierung der Identität eines Zeugen die Individualinteressen des von dieser Verschleierung unter Umständen benachteiligten Angeklagten mit den Interessen des Landes, auch den Interessen des nicht preisgegebenen Zeugen abzuwägen und auf der Basis der dabei gewonnenen Erkenntnis schließlich zu einer Entscheidung zu gelangen.«

Fasching im Gerichtssaal: Verdeckte Zeugenvernehmungen

»Die offene V-Mann-Vernehmung in der Hauptverhandlung gleicht häufig einem spanischen Stierkampf. Der Gerichtssaal ist die Arena, der V-Mann der Stier. Die Verteidiger verstehen sich als Toreros. Es ist nicht schwer, durch Vorwürfe und unsachliche Fragen den V-Mann in Rage zu bringen. In großen Rauschgiftprozessen (gleiches dürfte für »Terrorismus«-Prozesse gelten; R.G.) sieht nun jeder Verteidiger seinen Erfolg darin, wie ein Banderillero mit seinen Banderillas (= mit Widerhaken versehene Spieße mit Fähnchen) durch verfängliche Fragen den V-Mann in Widersprüche zu verwickeln, um ihm schließlich am Ende der Vernehmung wie ein Matador den Estocada (= Todesstoß) zu versetzen.« (Staatsanwalt Dr. Harald Hans Körner, Frankfurt)[39]

Das gilt es zu vermeiden, schließlich wird der Stier, der V- Mann, noch gebraucht. Falls die Exekutive es nun nicht für notwendig hält, einen ihrer geheimen Zeugen vollkommen zu sperren, so besteht die Möglichkeit, Aussagegenehmigungen sowohl inhaltlich zu beschränken (keine Beantwortung von Fragen über »geheimhaltungsbedürftige« Vorgänge...) als auch an Bedingungen der Zeugenvernehmung zu knüpfen. Eine typische Formulierung solcher Auflagen lautet(e):

»Diese Aussagegenehmigung gilt nicht für Aussagen, die dem Wohle des Bundes oder eines deutschen Landes Nachteile bereiten oder die Erfüllung öffentlicher Aufgaben ernstlich gefährden oder erheblich erschweren würden. Hierzu gehören insbesondere Angaben über Art, Zweck und Umfang des dienstlichen Auftrages des Zeugen, über seine frühere und jetzige Beschäftigung einschließlich seines jetzigen Arbeitgebers und über seinen Wohnsitz.

Diese Genehmigung ergeht unter den Voraussetzungen, daß

- *der Zeuge in Anwesenheit nur des Richters und des Staatsanwaltes unter Ausschluß der Öffentlichkeit, der Angeklagten und ihrer Verteidiger vernommen wird,*[41]
- *die Vernehmung nicht im Justizgebäude, sondern an einem mit dem Minister des Innern noch zu vereinbarenden Ort durchgeführt wird*
- *Ort und Zeitpunkt der Vernehmung außer den an der Vernehmung Beteiligten niemandem bekanntgeben werden.«*[40]

Auch kommissarische Vernehmungen (durch ein anderes Gericht)[42] oder Vernehmungen unter optischer und akustischer Abschirmung gehörten zum Arsenal der verdeckten Zeugenvernehmung:[43]

So spielten sich in bundesdeutschen Gerichtssälen mitunter makabre Szenen ab, als V-Leute in Faschingskostümen und hinter Masken versteckt oder sichtgeschützt und akustisch abgeschirmt in einer Art hölzernem Beichtstuhl oder aus dem Off mit angelehnter Tür, über Mikrophon, telefonische Konferenzschaltungen und Stimmverzerrer vernommen wurden.[44]

Abgesehen davon, daß in diesen Fällen weder das Gericht noch die Verteidigung und die Angeklagten überhaupt feststellen konnten, wer nun tatsächlich als »Zeuge« vor Gericht – zumeist Belastendes – aussagte, so läßt sich selbstverständlich unter solchen Bedingungen auch die Glaubwürdigkeit der Zeugen unmöglich überprüfen – zumal sie über alles, was ihre Identität und ihren Einsatz auch nur erahnen lassen könnte, schweigen dürfen und müssen. Der Frankfurter Strafverteidiger Hans-Joachim Weider zu dieser Art »Zeugenvernehmung«: »Sowohl der Dialog mit einer mit Faschingsmaske verkleideten Person als auch mit einem Schrank ist für alle Verfahrensbeteiligten entwürdigend.«[45]

Im Oktober 1983 ist dieser Mummenschanz, also die totale Abschirmung von Polizei- und Geheimdienst-Zeugen sowie der Ausschluß der Verteidigung von der Zeugenvernehmung durch einen Grundsatzbeschluß des Bundesgerichtshofes für rechtswidrig erklärt worden.[46] Diese Grundsatzentscheidung hat für erhebliche Unruhe bei Polizei, Staatsanwaltschaften und V-Leuten gesorgt. Sie sehen die Vertraulichkeitszusagen, letztlich die Anonymität der bezahlten Spitzel in Gefahr.

So beklagte sich der Frankfurter Staatsanwalt Körner bitterlich über die »Herabwürdigung des V-Mannes zum bloßen Objekt staatlichen Handelns«:[47]

»Es wurde bislang viel über die Grundrechte des Angeklagten nachgedacht. Dabei wurde vielfach übersehen, daß der polizeiliche V-Mann, der sich zum Wohle der Gesellschaft in die Dienste der Polizei begibt, ebenfalls über schützenswerte Grundrechte verfügt.« Und er weist auf die seiner Ansicht nach fatalen Folgen der neuen BGH-Rechtsprechung hin, die den »V-Leute-Bestand in der Bundesrepublik in Windeseile mehr als halbiert« habe und »auch die Mehrheit engagierter V-Mann-Führer in tiefe Frustration stürzte«.

Doch trotz Halbierung und tiefer Frustration – so positiv dieser Beschluß für die Rechte der Angeklagten auch zu bewerten ist: Das V-Leute-Unwesen wird dadurch nicht beseitigt, im Gegenteil, es bleibt weiterhin höchstrichterlich anerkannt und wird seine strafprozessualen Auswirkungen, leicht abgemildert, beibehalten. Diese Erkenntnis ließ V-Mann-Führers Frustrationen inzwischen längst wieder verfliegen, die andere Hälfte des V-Leute-Kontingents längst wieder aus den Löchern kriechen. Körner hatte Recht, als er sich im selben Aufsatz Mut zu machen versuchte: Diese BGH-Rechtsprechung bedeutet »nicht das Ende des V-Mannes«[48] – noch das Ende der V-Frau, bliebe hinzuzufügen.

Es führt eher dazu, daß in vielen Fällen nur noch auf die Beamten, die solche V-Leute führen, als »Zeugen vom Hörensagen« zurückgegriffen wird, um den V-Leuten ein Auftreten vor Gericht zu ersparen und auf diese Weise ihre wahre Identität zu schützen.

Zeugenschaft aus zweiter Hand: Der »Zeuge vom Hörensagen« als Surrogat

Statt des eigentlichen, aber »unerreichbar« gemachten »Tatzeugen« wird häufig ein sog. Aussagebeamter, meist der V-Mann-Führer, präsentiert, der als »Zeuge vom Hörensagen« vor Gericht zum Beweisthema über fremde Wahrnehmungen berichtet.[49] Das Bundesverfassungsgericht hat in einem Beschluß vom 26. Mai 1981[50] die Verfassungsmäßigkeit dieser Rechtsfigur prinzipiell bestätigt.

Den Verfahrensbeteiligten wird allerdings mit dieser Zeugenschaft aus zweitem Munde verwehrt, sich über die Persönlichkeit, die Beweggründe und Glaubwürdigkeit des unbekannt bleibenden Zeugen (oder Denunzianten) unmittelbar ein eigenes Urteil bilden zu können. Der »Zeuge vom Hörensagen« übernimmt praktisch die richterliche Funktion der Bewertung der Glaubwürdigkeit des V-Mannes. Die Umstände der Wahrnehmungen und seiner Vernehmung durch Polizei oder Geheimdienste bleiben im Dunkeln. Deshalb sind, so die neuere Rechtsprechung, die von solchen »Zeugen« vermittelten Angaben über die V-Personen wegen des minderen Beweiswertes »besonders kritisch zu würdigen«.[51]

Der schon öfter zitierte und so ergiebige Frankfurter Staatsanwalt Dr. Körner über die von V-Mann-Führern regelmäßig vermittelten Angaben zur Glaubwürdigkeit von V-Personen (VP): »Folgt man den Berichten von VP-Führern in den Hauptverhandlungen, so handelt es sich bei den unbekannten VP regelmäßig um untadelige, besonders glaubwürdige Mitbürger, die über jeden Zweifel erhaben sind. Die schablonenhaften Charakterbeschreibungen entsprechen vielfach nicht der Wahrheit.«[52] Wird man es jemals erleben, daß ein V-Mann-Führer bzw. sein Sicherheitsamt aus freien Stücken zugibt, daß seine (Erkenntnis-) Quelle trüb, seine V-Leute unglaubwürdig und unzuverlässig sind? Wohl nicht. Doch die Gerichte unterwerfen sich allzu häufig diesen Glaubwürdigkeits- und Zuverlässigkeits-Beteuerungen – eine Vertrauensseligkeit gegenüber der Exekutive, die voll zu Lasten der Angeklagten geht.[53]

Das Befragungsrecht insbesondere der Angeklagten wird mit dieser Zeugen-Prozedur in bezug auf die V-Person total beschnitten. Die gerichtliche Zulassung dieser gesetzlich nicht verankerten Rechts-Figur verstößt somit gegen tragende Grundsätze des Strafprozeßrechtes, vor allem gegen das Prinzip der Unmittelbarkeit und Öffentlichkeit. Der SPD-Sicherheitsexperte Dr. Alfred Emmerlich konstatiert in diesem Zusammenhang eine »Abkehr vom offenen und fairen Gerichtsverfahren hin zum Inquisitionsprozeß«.

Politische Jusitz als Geheimjustiz

Die beschriebene, durchweg praktizierte Abschottungspolitik ermöglicht es den agierenden Behörden, die bei ihnen monopolisierten, für die jeweiligen Strafverfahren wesentlichen Geheim-Informationen zurückzuhalten, lediglich selektiv zugänglich zu machen oder erst auf Drängen der Verteidigung oder der Gerichte und nach erheblichen Zeitverzögerungen zur Verfügung zu stellen. Das zeigte sich nicht allein in den bereits erwähnten Verfahren gegen Horst Mahler, Ilse Schwipper u.a. sowie gegen Theo P., sondern auch in einer Vielzahl anderer Fälle: So etwa im Berliner Lorenz-v.Drenkmann-Verfahren,[54] in dem der »Kronzeuge« Hochstein eine wichtige Rolle spielte, oder in einer Reihe anderer »Terrorismus«-Verfahren, in denen sich die Prozeßbeteiligten mit den dubiosen Staatszeugen Karl-Heinz Ruhland und Gerhard Müller herumzuschlagen hatten. Desweiteren in dem bereits erläuterten Strafverfahren gegen das ehemalige RAF-Mitglied Astrid Proll wegen (zweifachen) Mordversuchs, in dem der VS-Beamte Michael Grünhagen die Angeklagte schwer belastet hatte und sich erst später herausstellte, daß noch weitere VS-Mitarbeiter am Tatort zugegegen waren, die jedoch die angebliche Tathandlung der tatsächlich Unbewaffneten nicht bestätigten. Obwohl dieser Sachverhalt dem ermittelnden BKA bekannt war, konnte der verantwortliche BKA-Beamte vor Gericht – wegen eingeschränkter Aussagegenehmigung – darüber nichts aussagen – das heißt: Die entlastenden Zeugen (und ihre Berichte) wurden zunächst geleugnet und erst sehr viel später, im zweiten Proll-Verfahren, unter Ausschluß der Öffentlichkeit gerichtlich vernommen.[55] Auf diesen Aussagen (»Wenn Frau Proll geschossen hätte, dann hätte ich das wahrgenommen«)[56] basierte dann letztlich der Freispruch Astrid Prolls vom Vorwurf des zweifachen Mordes. Die Schwurgerichtsvorsitzende Johanna Dierks über die massive Fremdsteuerung in diesem Verfahren: »Uns stimmt es nachdenklich, auf welche Weise die Exekutive in die Rechtsprechung eingreift.«[57] Und das Nachrichtenmagazin »Der Spiegel« kommentierte: »Kein Zweifel, daß die Unabhängigkeit der Gerichte spätestens dort aufhört, wo Polizisten und Geheimdienstler bestimmen, was Richter erfahren und beurteilen dürfen.«[58]

In seiner Arbeit »Justitielle und polizeiliche Wahrheit im Strafverfahren«[59] weist der Verfassungsrechtler Ulrich K. Preuß in diesem Zusammenhang auf die unterschiedlichen Erkenntnisperspektiven von Justiz, Polizei und Geheimdiensten (»Verfassungsschutz«) hin: »Die Polizei beobachtet und beurteilt soziale Prozesse, die Justiz Handlungen und deren individuelle Urheber.« Die (gefahrenabwehrende) Polizei habe ein »typischerweise auf die Zukunft gerichtetes Erkenntnisinteresse«, dem es um operatives Wissen zur Kontrolle sozialer Prozesse, um Zusammenhänge und Strukturdaten gehe. Ganz besonders gelte diese Handlungsperspektive für die Ämter für »Verfassungsschutz«, »die Kraft gesetzlicher Kompetenz ausschließlich in einem Bereich operieren, der im Vorfeld des Strafrechts liegt«. Hier gibt es Überschneidungen mit der im Präventionsbereich tätigen Polizei (»Präventionspolizei«), was innerhalb des gesamten Polizeibereichs jedoch unweigerlich zu Kollisionen führen muß: Denn im repressiven Aufgabenbereich der Strafverfolgung, dort wo die Polizei als »Hilforgan der Staatsanwaltschaft« fungiert, ist sie der »Erkenntnisperspektive und den Wahrheitskriterien der Justiz unterworfen. Die Justiz hat es mit der Aufklärung in der Vergangenheit liegender, abgeschlossener Sachverhalte zu tun, nicht mit ›Gefahren‹ für die soziale Ordnung, sondern mit ›Straftaten‹«.

So kommt es auf der einen Seite – und der Proll-Prozeß ist hierfür ein aufschlußreiches Beispiel –, daß die auf soziale Prozesse und Konflikte sowie auf die Zukunft ausgerichtete »Präventivpolizei« ihr operatives Wissen im konkreten Strafverfahren geheimzuhalten versucht, ja geheimhalten muß, um ihre längerfristig angelegte Arbeit nicht zu gefährden; sie ist bestrebt, ihre operativen Zugänge, ihre Vorgehensweisen und Arbeitsmittel sowie ihr damit gewonnenes Wissen im Einzelfall, um den es ihr gar nicht primär geht, nicht preiszugeben, um Informationsquellen zu erhalten und weiter geheim im kriminellen oder auch kriminogenen Umfeld operieren zu können.

Auf der anderen Seite hat jedoch die auf den Einzelfall des Strafverfahrens, also auf die Vergangenheit bezogene »Repressivpolizei« eine möglichst detaillierte und präzise Ermittlungsarbeit zu leisten, die die Erkenntnisse der Präventivpolizei unbedingt mitzuberücksichtigen hätte.

Diese hier lediglich skizzierte Kollision geht in der Regel zu Lasten der Beschuldigten, zumal da, wo einschneidende Zwangsmaßnahmen wie Untersuchungshaft (insbesondere in Form der Isolationshaft) verhängt werden und die Nachrichtendienste bzw. die Präventivpolizei vorhandenes, möglicherweise entlastendes Wissen nicht preisgeben. Auch die Dauer und der jeweilige Ausgang der Strafverfahren werden hiervon zu Lasten der Angeklagten beeinflußt – wie das Schmücker-Verfahren deutlich zeigt.

Analysiert man anhand des vorliegenden Aktenmaterials das Verhalten der Politischen Justiz bzw. der einzelnen Gerichte bezüglich dieser Geheimhaltungsinteressen und -praktiken der Exekutive, so muß man konstatieren, daß die Justiz fast durchgängig einsichts- und tatenlos zusah, wie sich geheimdienstliche und -polizeiliche Strukturen und Methoden bis hinein in die Strafverfahren verlängerten und die Entscheidungen beeinflußten. In den weitaus meisten Fällen waren die Sonderrichter der Sondergerichte sich nicht zu schade, dies als sicherheitstaatliche Handlanger der Exekutive auch noch tatkräftig zu unterstützen und rechtlich abzusichern – anstatt diesem Treiben durch Verfahrenseinstellungen einen rechtsstaatlichen Riegel vorzuschieben.[60] Die geheimstaatlichen Einsätze finden stattdessen in einer Art von Geheimprozessen ihre Absicherung und Vollendung. Politische Justiz entpuppt sich, insbesondere im »Terrorismus«-Bereich, in wesentlichen Teilen als Geheimjustiz.

Handelsgeschäfte mit der »Wahrheit«

Kronzeugen als Sonder-Beweismittel der Anklage

»Ich bin ... ein entschiedener Gegner der Kronzeugenlösung, weil ich sie für eine ganz unnötige Kapitulation des Rechtsstaates halte.« Der das im Jahre 1976 bekannte, war niemand »Geringerer« als der wenig später von Mitgliedern der RAF ermordete oberste Ankläger der Republik, Generalbundesanwalt Siegfried Buback.[1] Dreizehn Jahre nach diesem Bekenntnis, im Jahre 1989, ist die »Kronzeugenregelung bei terroristischen Straftaten« nach mehrmaligen Anläufen erstmals, wenn auch nur befristet bis 1992, als Gesetz eingeführt worden.[2] Eine »ganz unnötige Kapitulation des Rechtsstaates« oder etwa eine mittlerweile »nötig« gewordene Kapitulation?

Gesetzlose »Kronzeugen«-Produktion in der Praxis

Siegfried Buback hatte seine Bedenken gegen eine solche gesetzliche Regelung seinerzeit mit rhetorischen Fragen zur Figur des Kronzeugen in einem Rechtsstaat untermauert: »...was machen wir zum Beispiel hinterher mit den Leuten? Wir müßten ihnen eine neue Identität geben und sie schützen. Aber mich stört vor allem die Durchbrechung des Rechtsstaatsprinzips und des Gleichheitssatzes. Sollen wir denn von zwei Mördern einen laufen lassen, nur weil er sagt, der andere war auch dabei?«

Trotz dieser verbalen Abneigung Bubacks gegen eine gesetzliche Kronzeugenlösung entwickelten er und sein Nachfolger Kurt Rebmann unter dem Motto »In der Praxis finden wir da immer einen Weg« (Buback) eben diese Lösung und praktizierten sie ohne jede rechtliche Grundlage fast zwanzig Jahre lang: Karl-Heinz Ruhland,[3] Dierk Hoff,[4] Gerhard Müller,[5] Peter K.,[6] Volker Speitel,[7] Hans-Joachim Dellwo,[8] Jürgen Bodeux,[9] Reiner Hochstein,[10] Heinz B.[11] und Hans B.[12] sind die bekanntesten Resultate dieser gesetzlosen staatlichen Kronzeugenproduktion der letzten zwei Jahrzehnte.[13]

Es handelt sich bei diesen gekürten Zeugen der Anklage, oder, wie sie auch genannt werden, »Kronzeugen ohne Titel« ausschließlich um Mittäter aus den jeweiligen bewaffneten Gruppen, denen nach ihrer Festnahme in aller Regel, unter Ausnutzung der Sonderhaftbedingungen mehr oder weniger offene Versprechungen hinsichtlich ihres eigenen Strafverfahrens gemacht wurden – sofern sie sich bereiterklärten, über ihre ehemaligen Mitkämpfer »auszupacken«. So wurde etwa dem »Kronzeugen« Hoff von der Bundesanwaltschaft bedeutet, er könne »auf die Milde des Gerichts bauen«,[14] obwohl die Staatsanwaltschaft mit einer solchen

»Zusage« massiv in die Unabhängigkeit der Gerichte eingreift; anderen wurden darüber hinaus finanzielle Leistungen im Zusammenhang mit einer Existenz-Neugründung versprochen – Methoden, die nach § 136a StPO – hier: »Versprechen eines gesetzlich nicht vorgesehen Vorteils« – verboten sind.[15] Aber selbst mit dem bloßen Versprechen eines »fairen Verfahrens«, also einer rechtsstaatlichen Selbstverständlichkeit, konnten »Kronzeugen« schon gewonnen werden. Daß ein derartiger Handel überhaupt möglich ist, erklärt sich aus der bitteren Erfahrung, daß in »Terrorismus«-Prozessen dieses strafprozessuale Prinzip des »fair trail« ansonsten längst suspendiert ist – und das erst recht, wenn ein zum »Kronzeugen« auserkorener Häftling die Kollaboration mit der Staatsgewalt verweigert. In diesem Fall wird dem Betroffenen von den Ermittlern meist recht unverblümt mit einer schwerwiegenden Anklage, häufig mit einer Mord(versuchs)-Anklage gedroht.[16]

Für die Strafermittlungsbehörden, allen voran die Bundesanwaltschaft und das Bundeskriminalamt, war und ist die »Kronzeugen«-Produktion, neben der Strategie per »Kollektivitätsthese« und »Offenkundigkeit«, ein wesentliches Mittel, um den chronischen Beweisnotstand in bezug auf die Mitglieder bewaffneter Gruppen zu überwinden. Daher genügt es den Ermittlungsbehörden bei weitem nicht, wenn ein Delinquent lediglich dem bewaffneten Kampf entsagt und zum Aussteiger wird wie beispielsweise das Ex-RAF-Mitglied Peter-Jürgen Boock. Wesentlich ist ihnen vielmehr der umfassende Verrat, der als Beweis für die Aufrichtigkeit des Betroffenen gewertet wird.

Diese Einstellung moderner Strafverfolgungsorgane in einem »freiheitlich-demokratischen Rechtsstaat« muß eigentlich befremden, zumal die Figur des »Kron«-Zeugen unschwer als Element eines vordemokratischen, monarchistischen Straf(prozeß)rechts auszumachen ist. Deshalb möchten ihn manche auch zum »Staatszeugen« transmutieren.[17] Doch wie auch immer die Titulierung ausfallen mag, die charakteristischen Wesensmerkmale solcher »Zeugen« haben eine noch wesentlich ältere undemokratische und freiheitsfeindliche Tradition, die bis zum Inquisitionsprozeß des Mittelalters zurückreicht. Der amerikanische Gelehrte Henry Charles Lea hat dazu in seiner großen Untersuchung zur Geschichte der Inquisition festgestellt, daß das Geständnis eines Ketzers »in der Regel von dem Bekenntnisse der Bekehrung und Reue begleitet« sein mußte. Dies allein genügte jedoch nicht, »sondern der Neubekehrte war auch verpflichtet, seine Aufrichtigkeit dadurch zu beweisen, daß er alle, von denen er wußte oder vermutete, daß sie Ketzer seien, dem Inquisitor anzeigte und so der Verfolgung neue Bahnen eröffnete.«[18] Andernfalls »könnte der Bußfertige keine Vergebung und Gnade erhoffen; denn die Weigerung, seine Verwandten und Freunde zu verraten, galt als ein Beweis, daß er im Herzen keine Reue empfinde, und so blieb nichts anderes übrig, als ihn dem weltlichen Arme auszuliefern, genau dem römischen Rechte entsprechend, das einen bekehrten Manichäer, der noch mit ehemaligen Glaubensgenossen verkehrte, ohne sie der Behörde anzuzeigen, mit dem Tode bestrafte.«[19]

Jahrhunderte später erging es im Rechtsstaat Bundesrepublik dem geständigen RAF-Aussteiger Peter-Jürgen Boock, der sich weigerte, seine ehemaligen Genossen der Staatsgewalt auszuliefern, nicht viel besser: Er wurde zunächst zu dreimal lebenslänglicher Freiheitsstrafe verurteilt, die später reduziert wurde auf einmal Lebenslänglich.[20] Als »Kronzeuge« wäre er mit einiger Sicherheit des Denunziantenprivilegs teilhaftig geworden und möglicherweise mit ein paar Jahren davongekommen, im übrigen, als Schutz vor der Rache seiner früheren Mitkämpfer, wahrscheinlich mit einer neuen Identität und obendrein mit staatlichem Salär ausgestattet worden – ganz nach mittelalterlichem Vorbild, demzufolge denjenigen, die freiwillig vortraten, um ihren Eifer durch Geständnis und Verrat kundzutun, »nicht nur verziehen, sondern auch ihr Lebensunterhalt von den Fürsten und Prälaten sichergestellt« wurde: Die Denunziationen von Ketzern waren für den Inquisitor »so unerläßlich, daß man sie nicht nur durch Bestrafungen (etwa Folterungen, Isolation; R.G.), sondern auch durch Belohnungen herbeizuführen suchte«, berichtet Lea.[21]

Gerichtliche Mittäterschaft

Zurück in die Bundesrepublik Deutschland des 20. Jahrhunderts: Die erfolgreich zu Verrätern gemachten »Kronzeugen« tauchten in einer Vielzahl jener großen »Terrorismus-Verfahren« auf, in denen es zumeist um Lebenslänglich ging – als Handlungsreisende in Sachen Verrat, als Ermittlungsgehilfen der Staatsgewalt, zu ihrem eigenen Schutz mehr oder weniger verfremdet und getarnt.[22] Häufig wurden gar aus »Sicherheitsgründen« (wegen angeblicher »Gefährdung« der Zeugen) oder wegen »Unerreichbarkeit« (Aufenthaltsort angeblich den Ermittlungsbehörden unbekannt) lediglich die polizeilichen Aussagen der »Kronzeugen« vor Gericht verlesen bzw. die Verhörpersonen der Polizei und Staatsanwaltschaft als »Zeugen vom Hörensagen« vernommen[23] (s. dazu das vorangegangene Kapitel).

Trotz der naheliegenden Überlegung, daß bei solchen Zeugen der Anreiz besonders hoch sein muß, andere, möglicherweise auch Unschuldige schwer, ja bewußt falsch zu belasten, um selbst mit heiler Haut davonzukommen, spielten die Gerichte dieses ungesetzliche Spiel weitgehend mit, obwohl sich alle »Kronzeugen« im Verlaufe ihrer zahlreichen Aussagen in erhebliche Widersprüche verwickelten. Und so kam es, daß diese regelmäßig selbst straffällig gewordenen »Kronzeugen ohne Titel« für ihre belastenden Aussagen gegen ehemalige Genossen, trotz schwerer Tatvorwürfe, erheblichen Strafrabatt erhielten,[24] zudem frühzeitig begnadigt wurden[25] und anschließend mit neuer Identität (neuer Name, Lebenslauf, Paß) und einer Menge Geld zur Gründung einer neuer Existenz ausgestattet wurden.[26] Dem »Kronzeugen« Gerhard Müller wurde für seinen Verrat sogar ein Polizistenmord »geschenkt«.[27] Auf der anderen Seite wurden jene umso schwerer bestraft, meist mit lebenslänglicher Freiheitsstrafe, die von den »Kronzeugen« in fragwürdigen Prozessen entsprechend belastet worden waren.[28]

»Kronzeugen« ohne gesetzliche Grundlage gab es nicht nur in den Kern-Verfahren gegen Mitglieder der RAF oder der »Bewegung 2. Juni«, sondern auch in kleineren und unbekannteren »Terrorismus«-Prozessen: in Verfahren gegen Mitglieder der »Revolutionären Zellen« und anderer Gruppen, die zu »terroristischen Vereinigungen« deklariert wurden, aber auch gegen bloße Unterstützer, Werber, »Sympathisanten«. So beklagte sich beispielsweise der »Kronzeuge« Volker Speitel in einem Interview über die Bundesanwaltschaft: »Einige meiner Aussagen, speziell in ganz winzigen Verfahren gegen Sympathisanten, sind dazu benutzt worden, um daraus abenteuerliche Anklagen zu konstruieren«.[29] So wurde etwa der Arzt Karl Heinrich A. aufgrund verfälscht wiedergegebener Aussagen Speitels und Dellwos angeklagt. Das Gericht lehnte die Eröffnung des Verfahrens nach einer kritischen Überprüfung der Anklage ab[30] – eine gerichtliche Kontrollpraxis, die jedoch nicht allen Angeklagten zuteil wird.

Fallbeispiele: Zur Glaubwürdigkeit von »Kronzeugen«

Ungeachtet des Wahrheitsgehalts ihrer Aussagen erfüllen »Kronzeugen« den Behörden nicht selten den Traum, großangelegte Ermittlungen nach § 129a Strafgesetzbuch durchführen zu können. Oder sie liefern nachträglich die Rechtfertigung für solches Tun. Dafür einige Beispiele abseits der »Terrorismus«-Großverfahren, Beispiele, die zeigen, in welchen Abhängigkeitsverhältnissen sich solche Zeugen der Anklage befinden, unter welchem Druck sie ihre Aussagen machen, wie es also um ihre Glaubwürdigkeit bestellt ist und welche Kriminalisierungsfolgen sie damit heraufbeschwören:

■ Die Ergebnisse umfangreicher Ermittlungen über ein terroristisches Phantom namens »Antifa-Gruppe« in Wuppertal füllten nach über vierjährigen exzessiven Observationen, Telefon-Abhöraktionen, Postkontrollen, Hausdurchsuchungen, Beschlagnahmen von Adressenmaterial, Kalendern, Briefen und Tagebüchern schließlich insgesamt 150.000 Seiten. Dieses gesammelte Ermittlungsmaterial wurde 1984 zu einer knapp 300 Seiten starken Anklageschrift gegen neun Personen eingedampft. Ihnen wurde darin vorgeworfen, Parolen gesprüht (»Feuer + Flamme für diesen Staat«, »Staat verschwinde«), Plakate geklebt, Fensterscheiben von Banken und Kaufhäusern zertrümmert und Brandanschläge verübt zu haben, und zwar organisiert in der »Terroristischen Vereinigung Antifa-Gruppe«.

Das Oberlandesgericht Düsseldorf weigerte sich zunächst, ungeachtet dieser staatsanwaltschaftlichen Fleißarbeit, die 129a-Anklage zuzulassen – mangels »fester Gruppenbindung« und »organisierter Willensbildung« in jener »Antifa-Gruppe« – Voraussetzungen, wie sie für eine § 129a-Anklage eigentlich gegeben sein müßten.[31] Ein Beschluß des Bundesgerichtshofs führte aber 1987 schließlich doch noch zur Eröffnung des Gerichtsverfahrens. In der Zwischenzeit hatte nämlich die Generalstaatsanwaltschaft einen »Kronzeugen« aus dem Hut gezaubert, der die Existenz einer »terroristischen Vereinigung«, denen die Angeklagten angeblich angehört haben sollen, behauptet hatte. »Aus Sicherheitsgründen«, so die Anklagebehörde, könne dieser Zeuge zwar nicht vor Gericht erscheinen, aber seine Vernehmungsprotokolle könnten ja im Verfahren zum Beweis verlesen werden.

Dieser »Kronzeuge« war, so stellte sich erst später aufgrund privater Nachforschungen heraus, einer der Angeklagten: Günter P. Da ihm bereits eine Haftstrafe wegen Haschisch-Schmuggels drohte, hatte er – wie er später in einem Widerruf seiner Aussagen zugab – »aus panischer Angst vor dem Knast« die belastenden Aussagen gegen die Angeklagten weitgehend frei erfunden.[32] Andere Beweise, die individuelle Tatbeiträge der als »Terroristen« angeklagten Personen hätten belegen können, gab es nicht, und so fiel die Anklagekonstruktion in sich zusammen. Das Verfahren endete am 4. November 1987 nach fast achtjährigen intensiven »Terrorismus«-Ermittlungen folgerichtig mit Freisprüchen.[33]

Zu fragen bleibt, was wohl passiert wäre, wenn der Plan der Generalstaatsanwaltschaft aufgegangen wäre: Der »Kronzeuge« wäre unbekannt geblieben, wegen »Unerreichbarkeit« (er hielt sich zunächst im Ausland auf) nicht vor Gericht erschienen und daher nicht als Mitangeklagter identifiziert worden; seine Glaubwürdigkeit und der Wahrheitsgehalt seiner Aussagen hätten folglich nicht überprüft werden können. Stattdessen wären seine belastenden Aussagen aus den Vernehmungsprotokollen vor Gericht verlesen worden, und die Vernehmungsbeamten hätten als »Zeugen vom Hörensagen« diese Aussagen bestätigt und die »Glaubwürdigkeit« des »Kronzeugen« attestiert. Eine Verurteilung aufgrund von Indizien und auf der Basis dieser »Zeugenaussage« wäre möglich geworden.

■ Aufgrund der Aussagen des »Kronzeugen« Walter L. gegenüber der Bundesanwaltschaft wurden 1981 über fünzig Personen beschuldigt, die »terroristische Vereinigung ›Schwarzer Block‹«, eine angebliche »autonome Gruppierung mit anarchistischer Zielsetzung«, in und um Frankfurt gebildet zu haben und für bislang unaufgeklärte Anschläge im Rhein-Main-Gebiet verantwortlich zu sein. Gegen sechs Personen wurde Haftbefehl erlassen.[34] Nach diversen Razzien zog der Hauptbelastungszeuge die Aussagen gegen seine ehemaligen Gesinnungsgenossen jedoch zurück: Sie seien falsch und »nur unter Druck gemacht« worden; ihm sei für »gute Aussagen« Straffreiheit zugesichert worden, außerdem habe er bei den Polizei-Verhören Prügel bezogen. »Da hab ích nur noch ja, ja gesagt, scheißegal, was protokolliert wurde.«[35]

■ Noch ein anderer »Kronzeuge« fühlte sich zu »massig falschen Aussagen« animiert: Karl-Peter Pl., alias Jörg Paulus, der als »Randfigur der RAF-Szene« galt. Er hatte sich dem Bundeskriminalamt mit Informationen angedient und Internas aus dem Untergrund geliefert.[36] Ihm selbst warf die Bundesanwaltschaft »Unterstützung einer terroristischen Vereinigung« vor; ein BAW-Vertreter stellte ihm jedoch als Gegenleistung für seine Informationen Strafmilderung in Aussicht. Und es kam noch besser: Das BKA bezahlte für die Dauer der Vernehmungen Kost und Logis in einem Hotel, dem Zeugen wurde eine neue Identität versprochen, ja sogar von einer Gesichtsoperation soll die Rede gewesen sein. Plein wurde amtlich für tot erklärt, und damit stand einer neuen Identität nichts mehr im Wege. Der amtlich gefälschte Ausweis lautete auf den Namen Jörg Paulus und auf diesen Namen liefen auch die regelmäßigen Zahlungen des BKA ein, die sich nach Pl's Angaben auf über 30.000 DM summierten.

Nach drei Monaten Informationsfluß gab Pl. gegenüber dem Nachrichtenmagazin »Der Spiegel« zu, daß er bei den polizeilichen Vernehmungen, da wo er nicht mit Fakten dienen konnte, »frei erfunden« habe. So habe er etwa zwei Bekannte als Angehörige der »Revolutionären Zellen« denunziert: »Alles war bis ins Detail erlogen. Ich weiß heute noch nicht, warum ich die beiden als angebliche RZ-Mitglieder belastet habe. Ich war in einem schlimmen Tief.« Wie er in dieses Tief gerutscht war, schilderte P. in knappen Worten so: Obwohl er sich »Tag für Tag beschissener fühlte in meiner Haut als Verräter« habe er sich von den Verhörspezialisten »total abhängig« gefühlt; er hatte »Angst, daß die mich fallenlassen« und wollte deshalb »immer irgendwie eine Leistung bringen«.[37]

Dieser Leistungsdruck aufgrund von existentieller Abhängigkeit, aufgrund des ureigenen Interesses, möglichst ungeschoren aus dem eigenen Verfahren herauszukommen und die Vorteile des Verrats zu erlangen, ist charakteristisch für die »Kronzeugen«-Rolle. Jene, die sich hierauf einlassen, werden letztlich für Staatsinteressen instrumentalisiert, sie werden zu Objekten staatlichen Handelns und Inszenierens degradiert.

■ Belastende Aussagen des ehemaligen, im Gefängnis »anpolitisierten« Strafgefangenen Dirk St., der sich zuvor mit Hilfe dieser »Karriere« als V-Mann in verschiedene politische Szenen eingeschlichen hatte, lösten Ende 1987 bundesweite Razzien gegen das angebliche RAF-Umfeld aus. Obwohl dieser zum »Kronzeugen« aufgebaute Ermittlungsgehilfe selbst nach Auffassung von Sicherheitsexperten als »Aufschneider« und »Spinner« anzusehen ist, basierten sogar Haftbefehle ausschließlich auf seinen Aussagen. So wurde beispielsweise die Offenbacher Studentin Andrea B. wegen – so der Haftbefehl vom 18.9.1987 – des Verdachts der Mitgliedschaft in einer »Terroristischen Vereinigung«, die in mehreren Städten der Bundesrepublik existiere, fast zwei Monate lang in Isolationshaft gehalten.[38] Das Ermittlungsverfahren mußte allerdings bald wieder eingestellt, der zu Unrecht Beschuldigten eine Entschädigung für die erlittene Untersuchungshaft zugesprochen werden.[41]

Aufgrund der umfangreichen Aussagen von Dirk St. durchsuchte die Bundesanwaltschaft sowohl bundesweit Gefängniszellen von politischen Gefangenen als auch Wohnungen und Büroräume, u.a. die der Hamburger Rechtsanwältin Ute Brandt,[40] seiner ehemaligen Verteidigerin, gegen die ein Ermittlungsverfahren eingeleitet worden war. Mit diesen Aktionen drangen Polizei und Staatsanwaltschaft in verdächtige politisch-oppositionelle Kommunikationszusammenhänge ein, mit der Beschlagnahme von Verteidigerakten und -post durchbrachen sie die prinzipiell geschützte Vertrauenssphäre zwischen der Strafverteidigerin und ihren Mandanten.[41] wurde. Wenig später fand noch eine zweite Durchsuchung von Ute Brands Büro statt, in deren Verlauf Verteidigerpost und private Korrespondenz zwischen der Anwältin und einem ihrer Mandanten, dem zu lebenslanger Haft verurteilten RAF-Gefangenen Rolf Heißler, beschlagnahmt wurden.

Nach Auswertung der zuerst beschlagnahmten Unterlagen wurde das Ermittlungsverfahren im September 1988 eingestellt, soweit es auf »die Fantastereien des Herrn Dirk St.«[42] zurückging. Die Begründung der Bundesanwaltschaft: »Seine Anschuldigungen sind nicht haltbar.«[43]

Doch St.s' unhaltbare Anschuldigungen hatten gleichwohl eine wichtige Funktion erfüllt: Sie spielten den Türöffner zu Ute Brandts »verdächtiger« Anwaltspraxis, die auf diese Weise unter die Lupe genommen werden konnte. Ute Brandt vertritt nämlich bereits seit geraumer Zeit politische Gefangene und unterstützt öffentlich die Forderung ihrer Mandanten nach Zusammenlegung mit anderen Gefangenen und Aufhebung der Isolationshaftbedingungen, was nicht zuletzt zu ihren anwaltlichen Pflichten gehört. Ihr wurde deshalb jedoch »Unterstützung einer terroristischen Vereinigung« und »Werbung für die RAF« vorgeworfen. Das diesbezügliche Belastungsmaterial stammte aus einem sog. Zufallsfund während der zweiten Bürodurchsuchung und aus einer Zellenrazzia: Es handelt sich um den Schriftwechsel mit Rolf Heißler, Schriftstücke, die ordnungsgemäß als Verteidigerpost gekennzeichnet waren und den zuständigen Post-Überwachungsrichter unbeanstandet passiert hatten.

Ute Brandt wurde gleichwohl am 2. Oktober 1988 wegen Unterstützung einer terroristischen Vereinigung angeklagt.[44] Mit dem Schriftverkehr und der Übersendung verschiedener Zeitschriften und Materialien habe sie, so wird ihr vorgeworfen, die RAF und den Hungerstreik der RAF-Gefangenen unterstützt. Nach neun Monaten lehnte der Staatsschutzsenat des Hanseatischen Oberlandesgerichts mit Beschluß vom 30. Juni 1989 allerdings die Eröffnung des Hauptverfahrens »mangels hinreichenden Tatverdachts« ab. Die Begründung der Richter:[45] »Denn sie wurde als Verteidigerin ihres Mandanten tätig und konnte grundsätzlich die Verteidigungsstrategie und -maßnahmen zur Erzielung von Hafterleichterungen bestimmen, wobei ihr stets bewußt war, daß sämtliche Schriftstücke vom Überwachungsrichter kontrolliert werden würden.«

Gesetzliche Regelung trotz erheblicher Bedenken

Aus den bisherigen Erfahrungen mit den ungesetzlichen »Kronzeugen ohne Titel« in »Terrorismus«-Verfahren, aber auch mit der »kleinen« Kronzeugenregelung in § 31 BtMG (Betäubungsmittelgesetz) zur Bekämpfung der Drogenkriminalität[46] oder aus den Erfahrungen in anderen Ländern[47] hätte eigentlich deutlich werden müssen, mit welchen Problemen dieses Ermittlungsinstrument befrachtet ist. Trotzdem bemühten sich die staatlichen Organe seit Mitte der siebziger Jahre, parallel zu ihrer einschlägigen Praxis, permanent um eine gesetzliche Absicherung dieser Figur zur Terrorismusbekämpfung.

Auch bislang gab es in diesem Kriminalitätsbereich bereits eine durchaus bedenkliche Möglichkeit, die Strafe zu mildern oder ganz von Strafe abzusehen: nach § 129a Abs. 5 in Verbindung mit § 129 Abs. 6 StGB; Voraussetzung: Der Täter muß sich bemühen, das Fortbestehen einer »terroristischen Vereinigung« oder die Begehung einer ihrem Ziel entsprechenden Straftat zu verhindern; oder: Er muß freiwillig sein Wissen so rechtzeitig einer Dienststelle offenbaren, daß Straftaten, deren Planung er kennt, noch verhindert werden können. Straferlaß oder milderung erhält der Täter nach dieser Vorschrift sozusagen nur für »tätige Reue«,[48] für ein Handeln, das präventiv auf die Verhinderung künftiger Straftaten oder auf die Auflösung einer »terroristischen Vereinigung« gerichtet ist. Die

Regelung ist nicht anwendbar, wenn es um die Aufklärung bereits begangener Straftaten nach § 129a bzw. um die Ergreifung von Mittätern geht.

Bei der angestrebten gesetzlichen »Kronzeugen«-Regelung sollte es also nicht in erster Linie um die Verhinderung von Straftaten gehen – eine solche Vorschrift existierte ja schon –, sondern um die Legalisierung eines bereits erprobten Ermittlungsinstruments, das der Verbesserung der Ermittlung begangener Taten und der Verfolgung von Tätern dient. »Belohnt wird nicht die ›Umkehr‹ des Täters und sein Wille zur Wiedergutmachung der Tat, soweit dies möglich ist, sondern die Menge von verratenen Informationen über Mitglieder, SympathisantInnen und Strukturen politischer Gruppen.«[49]

Nachdem nun mehrere Versuche zu Zeiten der sozialliberalen Regierungskoalition (nach der Lorenz-Entführung in Berlin und als Reaktion auf die Beweisschwierigkeiten im Stammheimer Baader-Meinhof-Prozeß) und letztmalig 1986 (nach dem Mord an dem Diplomaten Gerold von Braunmühl) gescheitert waren,[50] kam schließlich Ende der achtziger Jahre (1989) trotz heftiger wissenschaftlicher Bedenken und politischer Proteste eine erste gesetzliche »Kronzeugenregelung bei terroristischen Straftaten« zustande, die bis zum 31. Dezember 1992 befristet ist. Diese Befristung offenbart den Charakter der Vorschrift als Sondergesetz. Schon früher war man, etwa im Rechtsausschuß des Bundestages, der Auffassung, in einer solchen Befristung »komme nur das schlechte Gewissen des Gesetzgebers zum Ausdruck«.[51]

Nach dieser Kronzeugenregelung kann nun der Generalbundesanwalt mit Zustimmung eines Strafsenates des Bundesgerichtshofs von der Strafverfolgung absehen (§ 1) oder das Gericht kann im Urteil von Strafe absehen oder die Strafe nach seinem Ermessen mildern (§ 2):

- *wenn »der Täter oder Teilnehmer*[52] *einer Straftat nach § 129a des Strafgesetzbuches oder einer mit dieser Tat zusammenhängenden Straftat selbst oder durch Vermittlung eines Dritten gegenüber einer Strafverfolgungsbehörde sein Wissen über bestimmte Tatsachen (offenbart), deren Kenntnis geeignet ist,*
  1. die Begehung einer solchen Straftat zu verhindern,
  2. die Aufklärung einer solchen Straftat, falls er daran beteiligt war, über seinen eigenen Tatbeitrag hinaus zu fördern oder
  3. zur Ergreifung eines Täters oder Teilnehmers einer solchen Straftat zu führen«,
- *und »wenn die Bedeutung dessen, was der Täter oder Teilnehmer offenbart hat, insbesondere im Hinblick auf die Verhinderung künftiger Straftaten, dies im Verhältnis zu der eigenen Tat rechtfertigt«.*

Diese Abwägung nach §1 wird vom Generalbundesanwalt vorgenommen, womit ihm richterliche Befugnisse und Gewalt übertragen werden (daran ändert grundsätzlich auch die Pflicht zur Zustimmung des BGH nichts) – eine Kompetenzverschiebung, die der ehemalige Präsident des Bundesgerichtshofes, Gerd Pfeiffer, als unzulässige Anmaßung richterlicher Gewalt durch den Generalbundesanwalt kritisiert.[57]

Kommt es doch zu einer Anklage gegen den Kronzeugen, so kann das Gericht von Strafe absehen oder die Strafe mildern (§ 2); dabei kann es zugunsten des

Kronzeugen bis zum gesetzlichen Mindestmaß der angedrohten Strafe herabgehen oder statt auf Freiheitsstrafe auf Geldstrafe erkennen. Mit Zustimmung des Generalbundesanwalts kann es das Verfahren auch einstellen (nach § 153b Abs.2 StPO).

Werden dem Kronzeugen Tötungsdelikte, also Mord (§ 211 StGB) oder Totschlag (§ 212) zur Last gelegt, dann ist nach § 3 ein Absehen von Verfolgung und Strafe nicht und eine Strafmilderung nur bis zu einer Mindeststrafe von drei Jahren (statt Lebenslänglich bzw. einer langjährigen Freiheitsstrafe) zulässig – eine Regelung, die im Vorfeld der Legalisierung besonders umstritten war; ursprünglich sollte auch Straffreiheit für Mörder möglich gemacht werden.[54]

Trotz der letztgenannten Einschränkung treffen auf diese zeitlich befristete Ausnahmeregelung mit Maßnahmecharakter sämtliche Bedenken zu, die in der Vorphase der Verrechtlichung von wissenschaftlicher und politischer Seite artikuliert wurden:[55] Achtzig Strafrechtslehrer und die Strafverteidigervereinigungen protestierten; in einer Experten-Anhörung des Bundestags-Rechtsausschusses lehnten 1986 18 von 20 Sachverständigen die Kronzeugenregelung ab; selbst die Gewerkschaft der Polizei (GdP) hält sie für »rechtsstaatlich und rechtsethisch nicht vertretbar«;[56] der Präsident des Oberlandesgerichts Braunschweig, Rudolf Wassermann, äußerte die feste Überzeugung, »daß unser Rechtssystem den Kronzeugen nicht verträgt«,[57] andere sprechen von »Komplizenschaft mit Mördern«, von »Strafvereitelung im Amt« sowie von einem »Offenbarungseid« des Rechtsstaates.[58] Die Bedenken und Einwände lassen sich folgendermaßen zusammenfassen:[59]

1. Die Privilegierung des Kronzeugen verstößt gegen eine Reihe von verfassungsrechtlichen Prinzipien, so gegen das Rechtsstaats- (Art. 20 I GG), das Verhältnismäßigkeits- und das Gleichheitsprinzip (Art. 3 I GG). Letztgenannter Verfassungsgrundsatz ist dadurch verletzt, daß der Kronzeuge durch die Gewährung von Straffreiheit oder Strafmilderung im Vergleich zu seinen Mittätern und zu anderen Straftätern bevorzugt, also ungleich behandelt wird. Diese Ungleichbehandlung per Sondergesetz ist willkürlich und kann auch nicht mit der so beliebten Formel von der »besonderen Gefährlichkeit des Terrorismus« sachlich begründet werden.

2. Die gesetzliche Zulassung des Kronzeugen verstößt auch gegen eine Reihe von strafprozessualen Prinzipien: So wird das sog. Legalitätsprinzip durchbrochen, wonach die Staatsanwaltschaft zur Verfolgung jeder Straftat ohne Ansehen der Person verpflichtet ist (§ 152 II StPO); zwar gibt es eine ganze Reihe von Einschränkungen dieses Prinzips (§§ 153 ff StPO), doch bedeutet die Nichtverfolgung bzw. Straffreistellung von Kronzeugen, die meist in schwerwiegende Straftaten verwickelt sind, praktisch eine Freistellung vom Legalitätsgrundsatz – frei nach ermittlungsstrategischer Opportunität. Nach Auffassung mancher Kritiker wird dadurch das »Rechtsbewußtsein der Allgemeinheit empfindlich erschüttert... Aber auch der Kronzeuge wird mit dem doppelten Makel belastet: Er bleibt ein unbestrafter Verbrecher, ist aber darüber hinaus auch ein Verräter. Und wer den

Verrat liebt, liebt noch lange nicht den Verräter. Damit können auch bei der Resozialisierung des Kronzeugen erhebliche Probleme entstehen«.[60]

3.Der Kronzeuge ist das Gegenteil eines klassischen Zeugen: Selbst tief in Schuld verstrickt, kauft er sich durch den Verrat seiner Mitgenossen vom Staat frei, der seinerseits bei der Terrorismusbekämpfung unter besonderem Erfolgszwang steht:

- ein Handel, der in der Regel in Untersuchungshaft, zumeist unter Isolationshaftbedingungen, angebahnt und perfekt gemacht wird, in einer örtlichen und psychischen Situation also, in der die Grenzen zwischen Versprechen eines Vorteils, Täuschung und Unterdrucksetzen äußerst fließend sind (vgl. § 136a StPO »Verbotene Vernehmungsmethoden«) und in der ausschließlich die eine Seite, die staatliche, die Bedingungen diktiert;
- ein Handel, der den frisch gekürten Kronzeugen vom Mitbeschuldigten zum Ermittlungsgehilfen der Staatsanwaltschaft und Polizei transformiert, ihn in den staatlichen Verfolgungsapparat integriert (ebenso wie seine Verteidiger), dem repressiven und präventiven Staatsschutz nutzbar macht und so gegen das Verbot des Rollentauschs (vom Beschuldigten zum Zeugen und Fahndungsinstrument) im Strafprozeß verstößt;
- ein Handel, der die ohnehin kaum gewährleistete Waffengleichheit im Strafprozeß vollends zunichte macht: »Da der Kronzeuge als reines Ermittlungsinstrument ausschließlich Überführungszwecken dient, erhöht sich damit das ohnehin im Ermittlungsverfahren vorhandene Übergewicht der Strafverfolgungsbehörden deutlich.«[61] Ein Umstand, der im Gerichtsverfahren noch dadurch verstärkt wird, daß der Einsatz von Kronzeugen, ebenso wie der von V-Leuten und Untergrundagenten, zwangsläufig zur exekutiven Manipulation von Gerichtsverfahren führt.[66] Insbesondere durch die Vorenthaltung dieser Zeugen aus »Sicherheitsgründen« oder »Gründen des Staatswohls« und durch die mittelbare Einführung ihrer Aussagen per Vernehmungsprotokoll und »Zeugen vom Hörensagen«, wird das prozessuale Öffentlichkeits- und Unmittelbarkeitsprinzip ausgehöhlt. Eine Überprüfung der Glaubwürdigkeit des Zeugen durch die Angeklagten und ihre Verteidigung wird praktisch verhindert (s. dazu ausführlich im vorigen Kapitel).

4. Die Kronzeugenregelung geht davon aus, der potentielle Kronzeuge habe seine ethischen Wertvorstellungen gewandelt und sich auf die geltenden Werte dieser Gesellschaft rückbesonnen, wolle also dem bewaffneten Kampf entsagen und künftig keine Straftaten mehr begehen; nur der Verrat seiner bisherigen Genossen und politischen Zusammenhänge könne diesen Sinneswandel hinreichend deutlich machen; für diese denunziatorische Fahndungshilfe gebühre ihm eine angemessene Gegenleistung: Straferlaß oder Strafmilderung, darüber hinaus Geld und ein neues Leben (»Zeugenschutzprogramm«). Mit der Rückbesinnung auf die geltenden Werte dieser Gesellschaft wird er sogleich mit ihnen hautnah konfrontiert: Der Handel, auf den er sich einläßt, seine Leistung und die Gegenleistung des Staates haben mit Moral und politischer Ethik sowenig zu tun wie der Durchschnitt der

kapitalistischen Handelsgeschäfte in dieser Gesellschaft. Insofern scheint in der Tat, so könnte man zynisch schlußfolgern, bereits mit dem Kronzeugen-Deal ein wesentliches Stück »Resozialisierung« gelungen.

5. Eines der gewichtigsten Bedenken gegen die Figur des Kronzeugen resultiert aus den vorgenannten Argumenten: die mangelnde Glaubwürdigkeit jener bestochenen, gekauften »Zeugen«, die ihre Aussagen, die nicht selten wie Fahndungsexpertisen klingen, in bestem Polizeijargon verfaßt, eigentlich für ein rechtsstaatliches Strafverfahren von vornherein wertlos machen müßte. Das alles dominierende Interesse, die eigene Rolle zu schönen und die der Tatgenossen zu überhöhen, das verständliche Interesse an Straffreiheit oder zumindest an milder Beurteilung durch das Gericht, das existentielle Interesse an dem Schutz und der Unterstützung durch die Sicherheitsorgane – diese Interessenkonstellation und Abhängigkeit von staatlichen Instanzen erzeugt einen ungeheuren psychischen Druck und damit die Gefahr, letztlich mehr zu sagen, als man weiß. Die Sicherheitsorgane sind unersättlich in ihrem Drang, Verdächtiges zu erfahren, politische, soziale und organisatorische Zusammenhänge zu ergründen, kriminogene Zonen auszumachen, Kontaktpersonen zu verdaten. Ganze Fahndungsbücher, Lichtbildmappen und andere Dokumente werden mit den Kronzeugen systematisch durchgegangen, immer auf der Lauer nach interpretierbaren Reaktionen und Informationen, immer darauf aus, Kontakt- und Phantombilder zu erstellen. Wo der Verrat um des eigenen persönlichen Vorteils willen gefordert ist, da sind falsche Bezichtigungen geradezu vorprogrammiert. Der Beweiswert eines solchermaßen gekauften Zeugen sinkt gen Null – eine gerichtlich nur selten und unvollkommen gewürdigte Tatsache, die etliche »Terrorismus«-Verfahren, zusätzlich zu den sonstigen Gründen, gelinde gesagt erheblich ins Zwielicht brachte.

Nicht verwunderlich also, daß die Strafverteidigervereinigungen schon im Jahre 1987 alle VerteidigerInnen aufforderten, »ihre Mandanten eindringlich davor zu warnen, sich als Kronzeugen mißbrauchen zu lassen«.[62]

Der erste Anwendungsfall 1990

Inzwischen ist die umstrittene Kronzeugenregelung erstmals in der bundesdeutschen Justizgeschichte zur Anwendung gekommen: Der geständige Angeklagte Ali Cetiner, der den Ermittlungsorganen als ehemaliger leitender Funktionär der kurdischen Arbeiterpartei PKK gilt, wurde im März 1990 von einer Schwurgerichtskammer des Berliner Landgerichts wegen Mordes an einem Parteidissidenten zu fünf Jahren Freiheitsstrafe verurteilt – statt, wie nach dem Strafgesetzbuch zwingend vorgeschrieben, zu Lebenslänglich. Die neue Kronzeugenregelung machte es ganz offiziell möglich: Denn Cetiner hatte zuvor gegenüber der Bundesanwaltschaft umfassend und in mehreren Versionen über die PKK »ausgepackt«. Er hat damit zu einer ganzen Reihe von Haftbefehlen beigetragen und darüber hinaus für das bereits mehrfach beschriebene Großverfahren gegen mutmaßliche PKK-Mitglieder vor dem OLG Düsseldorf belastende Aussagen beigesteuert.[63]

Cetiner gilt als »wichtigster Zeuge im Düsseldorfer Prozeß« (so der BKA-Chefermittler in Sachen PKK).[64] Einer der BAW-Ankläger im PKK-Verfahren, Oberstaatsanwalt beim BGH, Lothar Senge, bekannte während seiner Zeugenaussage in dem Berliner Kronzeugen-Prozeß: »Ich muß gestehen, daß in einigen Anklagepunkten sehr hypothetische Indizienketten aufgestellt worden sind. Cetiner hat uns durch seine Aussagen die Dinge rund gemacht.«[65]

Die zunächst »sehr hypothetische«, von Senge auch mal »mutig« genannte »Indizienkette«, die offenbar zur Anklage gegen 18 KurdInnen vor dem OLG Düsseldorf ausgereicht hatte, wurde also im Nachhinein durch einen Mitbeschuldigten weitgehend bestätigt – einem Mitbeschuldigten, der nach eigenem Eingeständnis selbst an einem Mord beteiligt war, der sich monatelang in der Verfügungsgewalt der Ermittlungs- und Anklagebehörden befunden hatte und der sich als Kronzeuge, um den Preis des Verrats an seinen früheren Genossen, mit vereinter Hilfe staatlicher Instanzen aus der Schlinge der lebenslänglichen Verurteilung ziehen konnte. Nicht verwunderlich, daß manche Kritiker davon sprechen, der Staat paktiere auf diese Weise mit Mördern, kaufe angesichts der offenkundigen Interessenlage solcher Kronzeugen notgedrungen äußerst zwielichtige »Zeugen« ein, schütze sie anschließend und leiste auch noch großzügige Hilfe bei der Gründung einer neuen Existenz (Wohnung, Arbeitsplatz usw.), die Cetiner tatsächlich von der Bundesanwaltschaft versprochen worden war.[66]

Der Sachverständige Dr. med. Celler schilderte den akuten Zustand des angeklagten Kronzeugen vor Gericht folgendermaßen:[67] Cetiner, 36 Jahre alt, sei um mindestens zehn Jahre vorgealtert, körperlich schwach, seine Psyche zusammengebrochen. Er sei schwer depressiv, hoffnungslos, ohne Antrieb. Seine Haftsituation empfinde er als miserabel und seine besondere Bewachung nicht als Schutz, sondern als Schikane. Sein Intelligenz-Quotient betrage nur 76, was erstaunlich niedrig sei. Cetiner, so der Sachverständige sinngemäß weiter, sei völlig erfolglos, gescheitert sowohl politisch als auch familiär, eine schwache Persönlichkeit, die dem Fanatismus und der Indoktrination innerhalb der PKK erlegen sei.

Kann es da nicht möglich sein, daß er auch den Vernehmungsmethoden der Ermittler erlegen ist, dem Wechselbad von Zuckerbrot und Peitsche, der staatschützerischen Instrumentalisierung in einer absoluten Abhängigkeits- und Zwangslage – und dann letztendlich Aussagen produzierte, die schließlich wundersamerweise genau die »sehr hypothetische und mutige Indizienkette« der Ankläger im PKK-Verfahren bestätigten?

Das BKA betreut solche »gefährdeten Zeugen« der Anklage, die möglicherweise die Rache ihrer verratenen Genossen fürchten müssen, sehr intensiv. Dafür gibt es spätestens seit 1987 ein eigenes »Zeugenschutzprogramm«, das sowohl auf die in Freiheit lebenden (Kron-) Zeugen Anwendung findet, als auch auf inhaftierte Zeugen der Anklage.[68] Die »Koordinationsstelle Zeugenschutz« beim BKA sorgt für deren Unterkunft, ggfls. für wechselnde Wohnorte, Verpflegung, Kleidung, Geldzahlungen und sonstige Vergünstigungen sowie für Bodyguards und kugelsichere Westen bei ihren diversen Gerichtsauftritten – eine wahrhaft fürsorgliche Belagerung, die zu einer vollständigen Abschirmung nach außen und zu einer umfassenden Abhängigkeit von den Ermittlungsbehörden führt.

Mit dem im März 1990 abgeschlossenen Berliner Kronzeugen-Verfahren wurden entscheidende Fakten gesetzt, die in das noch laufende Düsseldorfer »Terrorismus«-Verfahren gegen zunächst 18 (später 16) mutmaßliche Mitglieder bzw. Unterstützter der kurdischen PKK unmittelbar hineinwirkten; die Verteidigung und das Gericht wurden dadurch in ihrem jeweiligen Wirken drastisch eingeschränkt: Mit dem Berliner Strafmaß-Rabatt-Urteil wurde Cetiner als Kronzeuge gerichtlich anerkannt, er und seine teils wirren, oftmals widersprüchlichen Aussagen galten damit als prinzipiell glaubwürdig. Auf diese Weise wurden ohne Kenntnis der Düsseldorfer Akten entscheidende Punkte des PKK-Verfahrens bereits vorweggenommen, die eigentlich dort noch zu beweisen gewesen wären – etwa Aussagen über Personen und Strukturen der PKK und insbesondere die Feststellung, daß es sich bei der PKK oder bei Teilen von ihr um eine »terroristische Vereinigung« handele.[69] Gleichwohl mußte das Düsseldorfer OLG ein Jahr später indirekt eingestehen, daß der Kronzeuge im PKK-Verfahren doch nicht halten konnte, was die Anklagebehörde (sich von ihm) versprach: Das Gericht bot nämlich im März 1991 – nach fast 120 Verhandlungstagen – insgesamt acht Angeklagten des PKK-Prozesses an, ihr Verfahren gemäß § 153 StPO (»Nichtverfolgung von Bagatellsachen«) einzustellen. Begründung: Der Kronzeuge Cetiner habe »seine früheren Angaben« zu Binnenstruktur und Bestrafungspraktiken der PKK inzwischen »erheblich relativiert« und die Aussagen des »bestgeschützten Zeugen des BKA«[70], Nusret A., zur PKK-Parteistruktur in Europa beruhten, so das Gericht, »weitgehend auf Kenntnis vom Hören-Sagen und in vielen Punkten wohl auch eher auf Vermutungen als auf Wissen«.[71] Die betroffenen Angeklagten, die bislang der Öffentlichkeit als »Top-Terroristen« präsentiert wurden, lehnten diese gerichtliche Einstellungsanregung allerdings ab – sie erwarten Freisprüche oder die Einstellung des gesamten Verfahrens.

Zurück zum Berliner Kronzeugen-Verfahren gegen den Hauptbelastungszeugen Cetiner. Prozeßbeobachter der Berliner »Roten Hilfe« schildern ihren Eindruck von diesem ersten offiziellen Kronzeugen-Prozeß: »Erinnerte doch der gesamte Prozeß eher an ein abgekartetes Spiel, denn an einen Strafprozeß. In bisher nicht dagewesener Eintracht saßen sich die Verteidigung Cetiners, Staatsanwaltschaft und das Gericht gegenüber, warfen sich ab und an freundlich die Bälle zu und verfolgten unübersehbar dasselbe Ziel, Cetiner als Kronzeugen mit einer reduzierten Strafe aus dem Gericht zu bekommen.«[72] Was denn auch perfekt gelungen ist. »Der Spiegel« sprach in diesem Zusammenhang anschaulich von einem Strafprozeß, der »nach den Regeln des orientalischen Basars« ablaufe.[73] Doch da wird noch mehr um den Preis gerungen als in jenem Verfahren.

Weitere Kronzeugen-Prozesse

Weitere Kronzeugen-Handelsgeschäft nach der neuen gesetzlichen Regelung standen 1991 ins mittlerweile gesamtdeutsche Haus: Einige der in der ehemaligen

DDR festgenommenen Ex-RAF-Mitglieder, die dem »Terrorismus« längst abgeschworen hatten, boten sich der Bundesanwaltschaft als unerwarteten Kronzeugen-Nachschub an.[74] Und die Bundesanwaltschaft akzeptierte.

Der zweite Kronzeugenprozeß fand – erstmals gegen ein ehemaliges RAF-Mitglied – vor dem Bayerischen Obersten Landesgericht statt. Dieser Prozeß sollte, bezogen auf die RAF, »Pilotfunktion« haben.[75] Allerdings wurden dabei manche Erwartungen enttäuscht: Werner Lotze, angeklagt wegen Mordes, Mordversuchs in mehreren Fällen, zweier Banküberfälle und wegen eines Sprengstoffanschlags, wurde im Januar 1991 zu zwölf Jahren Haft verurteilt – äußerst wenig für Mord und Mordversuche (sonst zwingend lebenslänglich), aber doch ziemlich viel für einen Kronzeugen der Anklage, der sich geständig zeigte und dabei auch Taten gestand, die ihm bisher gar nicht zur Last gelegt worden waren.[76] Doch das Gericht ging davon aus, daß es sich bei Lotze nicht um den vom Gesetzgeber angepeilten »klassischen Kronzeugen« handele, dessen Aussagen zu unmittelbaren Fahndungserfolgen führen; solche seien bislang jedenfalls »nicht feststellbar« – nicht verwunderlich, wie das Gericht befand: schließlich habe Lotze zehn Jahre lang abseits der RAF in der früheren DDR gelebt: »historisch interessante Aufklärung früherer Straftaten« falle jedoch nicht unbedingt unter die Kronzeugenregelung.[77]

Und in der Tat hatte der Gesetzgeber jene Alt-Fälle aus der Ex-DDR, allesamt frühe Aussteiger, nicht im Blick, sondern die noch aktiven RAF-Mitglieder und ihre aktuelle Abkehr vom »Terrorismus«. Trotz dieser Tatsache hat der Generalbundesanwalt gegen das Münchener Urteil – verkehrte Welt in Kronzeugen-Prozessen – in seltener Einigkeit mit der Verteidigung zugunsten des Verurteilten Revision eingelegt, um in nächster Instanz (vor dem BGH) vielleicht doch noch ein »richtiges« Kronzeugen-Urteil mit angemessenem Rabatt zu erwirken. Schließlich sollen auch diese Urteile als politisches Signal an die noch aktiven RAF-Kader dienen: als positives Signal, endlich »reinen Tisch« zu machen und damit von der zeitlich begrenzten Kronzeugenregelung noch rechtzeitig zu profitieren (womöglich bleibt dies allerdings eine pure Illusion, angesichts der unstreitigen Erkenntnis, daß es sich bei den RAF-Kämpfern um hoch motivierte Täter mit hohem moralischen Anspruch handelt – der RAF-Aussteiger Baptist Ralf Friedrich spricht von »furchtbaren Moralisten« –,[78] die sich auf ein solch verräterisches Handelsgeschäft ebensowenig einlassen werden, wie auf die mehrfache Auslobung von mehreren Millionen DM für Aussteiger und Denunzianten.

Auf ein politisches Signal hoffen indes andere: nämlich einige der in der DDR bereits »resozialisierten« und geläutertern Ex-Terroristen. So z.B. Susanne Albrecht, der u.a. die Ermordung des Dresdner-Bank-Chefs Jürgen Ponto im Jahre 1977 zur Last gelegt wird.[79] Doch auch sie wurde enttäuscht: Ihr Ausstieg aus der »Terrorszene«, der sich in ihrem jahrelangen DDR-Asyl manifestierte, sowie Selbstbezichtigungen und auf über zehn Jahre alte Taten bezogene Beschuldigungen haben zwar ausreicht, dem »Lebenslänglich« zu entrinnen, nicht aber um weitergehende Vergünstigungen zu erzielen: Ihr Verfahren vor dem OLG Stuttgart endete im Juni 1991 ebenfalls mit zwölf Jahren Freiheitsstrafe[80] – genauso wie es Werner Lotze erging.

Lotze wollte nicht, so machte er vor seinem Prozeß geltend, daß seine belastenden Aussagen, sein Wissen über die RAF »als Ware betrachtet« werde, mit der er um Vergünstigungen feilschen wolle. »Doch genau so ist es gekommen: Die Ware wurde als minderwertig eingestuft. Der Warencharakter der Aussagen liegt in der Natur des Kronzeugengesetzes.«[81]

Teil 5: Auf der Suche nach den verlorenen Maßstäben

Was ist Terrorismus? Zugleich eine statistisch-vergleichende Bestandaufnahme der sogenannten Terrorismus-Verfahren

»Terrorismus«

Mehr als eine staatliche Kampf- und Legitimationsformel?

»Schon die flüchtigste Analyse des heutigen Terrorismus-Diskurses zeigt, daß da ein Schlagwort gehandhabt wird, ein Wort, mit dem man auf den politischen Gegner einschlägt.« (Henner Hess)[1]

»Terrorismus« ist nicht der Begriff unserer Wahl. Gleichwohl sehen wir uns gezwungen, ihn immer wieder in unserer Untersuchung als Verständigungskürzel zu verwenden, weil er nun mal von den Betreibern innerer Feindbekämpfung allgemein und publikumswirksam »eingeführt« worden ist und eine ähnlich knappe, allgemeinverständliche Benennung jener als »Terrorismus«-Prozesse bezeichneten, von uns untersuchten Strafverfahren nicht möglich ist. Um eine kritische Distanz zu diesem Begriff dennoch zum (visuellen) Ausdruck zu bringen, wird er innerhalb der vorliegenden Publikation (fast) durchgängig in Anführungszeichen gesetzt.

Zu den auf nationaler wie internationaler Ebene feststellbaren Verwirrungen bezüglich dieser Begrifflichkeit wollen wir hier nicht noch mit eigenen Definitionsversuchen beitragen.[2] Es geht uns im folgenden vielmehr darum, die hinter den herrschenden Begriffsbestimmungen steckenden Interessen wenigstens ansatzweise aufscheinen zu lassen und die mit diesem Begriff betriebene politische Instrumentalisierung aufzuzeigen, um unsere so Distanz dazu verständlich machen zu können. Dabei gehen wir davon aus, daß die Geschichte der unter dem stigmatisierenden Begriff »Terrorismus« in der Bundesrepublik gefaßten sozialen und politischen Bewegungen, Gruppen, Akteure, Handlungen und sonstigen – nur streckenweise mörderischen – Ereignisse allgemein hinreichend bekannt bzw. aus unserer gesamten Arbeit herausdestillierbar ist und an dieser Stelle nicht referiert zu werden braucht.[3]

Ein Phantom mit realem Kern

In der neueren Epoche innerer (aber auch internationaler) Sicherheitsentwicklung spielt der Begriff »Terrorismus« eine herausragende und zentrale Rolle. Er hat das Feindbild, die Zauberformel »Kommunismus« als Schreck-Gespenst, das da umgeht in Europa, in der Welt, nicht nur verdrängt, sondern weit überrundet. Der »Terrorismus« der bewaffneten Gruppen in der Bundesrepublik wurde zur »Herausforderung unserer Zeit«, zur »Geißel der Demokratie« und zum »Staatsfeind Nr. 1« hochstilisiert, zu dessen Bekämpfung jedes Mittel erlaubt schien. Der Heidelberger Kriminologe Helmut Janssen spricht in diesem Zusammenhang kurz und bündig von »Terronoia«, die da über die Republik hereinbrach, besser: verbreitet wurde.[4] Inzwischen, so müssen wir erkennen, hat sich der »Terrorismus«-Begriff längst von allen einschränkenden Begriffsinhalten gelöst und solcher Verhaltensweisen und insbesondere Gesinnungen bemächtigt, die weit unterhalb der Schwelle des bewaffneten Kampfes anzusiedeln sind, die also dem unbewaffneten, militanten Widerstand, den Bereichen der einfachen Sachbeschädigung und linksorientierter Meinungsäußerung zugerechnet werden können: »Terrorismus« – weit gefaßt.

Auffallend ist nun, daß bis heute – trotz der bereits über fünfzehnjährigen Existenz des Straftatbestands »Terroristische Vereinigung« (§ 129a StGB) – weder eine Legaldefinition existiert, noch eine wissenschaftlich exakte oder allgemein akzeptierte Definition dieses Begriffes vorliegt.[5] Daran haben auch die zahlreichen Auftragsstudien zum Thema »Terrorismus« nichts geändert. Es gibt zwar eine Unmenge von Definitionsversuchen, die jedoch in aller Regel deutlich interessegeleitet sind – je nach politischem Standort. So heißt es in der Zeitschrift »Vereinte Nationen«: »Der Begriff Terrorismus ist vielschillernd. Als gemeinsamer Nenner läßt sich sagen, daß er ein negativer Begriff ist. Das schließt nicht aus, daß ein und dieselbe Personengruppe als Terroristen und als Freiheitskämpfer eingruppiert werden kann. Es kommt ganz auf den Standpunkt an...«[6] Ganz ähnlich auch Meyers Enzyklopädisches Lexikon, Stichwort »Terrorismus«: »Der Wortgebrauch hängt meist vom Standpunkt des Betrachters ab.«[7]

Und so nimmt beispielsweise der »Verfassungsschutz« (VS) den folgenden Standpunkt ein: »Terrorismus«, so ist in den jährlichen Verfassungsschutzberichten des Bundesinnenministeriums zu lesen, »ist der nachhaltig geführte Kampf für politische Ziele, die mit Hilfe von Anschlägen auf Leib, Leben und Eigentum anderer Menschen durchgesetzt werden sollen, insbesondere durch schwere Straftaten, wie sie in § 129a Abs. 1 des Strafgesetzbuches genannt sind (vor allem Mord, Totschlag, erpresserischer Menschenraub, Brandstiftung, Herbeiführung einer Explosion durch Spengstoff) oder durch andere Gewalttaten, die der Vorbereitung solcher Straftaten dienen.«[8]

Denkbar wäre ja nun, daß jemand auf die Idee käme, zugegeben naiverweise, unter diese weite »Definition« könne möglicherweise auch die atomare Aufrüstung fallen, die die Welt mit einem tausendfachen Tschernobyl bedroht. Oder: das Festhalten der Bundesregierung am Atomenergieprogramm mit seinen immensen Gefahren für Leib und Leben der Menschen. Oder: die Giftanschläge der chemischen Industrie auf Gesundheit und Leben der Bewohner dieses Landes. Oder: die unverantwortlichen Luftwaffen-Manöver und Tiefflüge über bewohntem, dicht besiedeltem Gebiet, die bereits etliche Menschenleben forderten...

Aber nein, wir ahnen es schon, weder soll die Bundesregierung, die ihre Politik bekanntlich mit (Staats-) Gewalt durchzusetzen pflegt, als »terroristische Vereinigung« verfolgt werden, noch die Vorstände der waffenproduzierenden und chemischen Industrie, noch die Verantwortlichen der Atomenergie-Unternehmen. Denn schließlich sind diese Regierung und die genannten Wirtschaftsunternehmen ja alle staatstragende Hüter oder Nutznießer dieser kapitalistischen Ordnung, auch wenn sie ab und an mit der Steuergesetzgebung in Konflikt geraten.

Es geht also, so müssen wir enttäuscht feststellen, bei der Anwendung des Begriffs »Terrorismus« nicht darum, besonders schwerwiegende Gefahren und bewußt in Kauf genommene aktuelle Anschläge (atomare, chemische Verseuchung, Tiefflug-Terror usw.) auf eine unbestimmte Vielzahl von Menschen aus allen Schichten der Bevölkerung mit dem »Anti-Terror«-Instrumentarium zu brandmarken oder zu ahnden. Sondern es geht in der Hauptsache darum, die Repräsentanten des Systems und die jeweilige politische Ordnung selbst vor gezielten Anschlägen, Widerstandshandlungen und Meinungsäußerungen zu schützen. Und nur Handlungen mit einer solchen Zielrichtung sowie Akteure solch staatsfeindlicher Geisteshaltung sind mit dem Schlagwort »Terrorismus« zu belegen und vernichtend zu treffen.

Unter »Terrorismus« wird also nahezu durchgängig politische Gewalt von unten verstanden, manchmal weniger (etwa bloße verbale Äußerungen), aber vor allem nicht mehr: weder direkte und systematisch angewandte Staatsgewalt, noch strukturelle Gewalt eines Systems (wie sie Johan Galtungs Gewalttypologie beinhaltet),[9] die schließlich ihrerseits Gewalt von unten gegen das System oder gegen Teile desselben provozieren kann.

Der frühere Bundesjustizminister Hans-Jochen Vogel (SPD) hat einmal das Wesen des Phänomens »Terrorismus« mit erstaunlich deutlichen Worten umschrieben und kam dabei – möglicherweise unfreiwillig – der Quintessenz ziemlich nahe: »Nicht daß Menschen getötet werden – so furchtbar das auch ist –, ist das Spezifikum des Terrors. Sein Spezifikum ist der frontale Angriff gegen unseren Staat, gegen das Vertrauen der Bürger in den Staat, gegen die Wertordnung unserer Gesellschaft und gegen den Grundkonsens der geistigen und politischen Kräfte, auf dem unsere staatliche und gesellschaftliche Ordnung ruht.«[10]

Weniger die konkreten Straftaten und ihre unmittelbaren Folgen also, als vielmehr die damit verbundene prinzipielle politische Gegnerschaft der linken bewaffneten Gruppen gegen die herrschende Ordnung, die Tatsache, daß sie dem Staat und der Gesellschaft, ihren Organen und Repräsentanten den »Krieg« erklärt haben, das staatliche Gewaltmonopol mit konkurrierender Gewalt bekämpfen und damit die Wertordnung, den Grundkonsens angreifen sowie das Vertrauen der Bevölkerung in den Staat unterminieren – das also sind die eigentlichen Kriterien, die den herrschenden »Terrorismus«-Begriff inhaltlich ausmachen. Ein Begriff, mit dessen Hilfe allerdings nach außen genau das Gegenteil suggeriert werden soll: als handele es sich nämlich um eigentlich unpolitische, aber ganz besonders abscheuliche Kriminalität, gerichtet nicht etwa gezielt gegen einzelne Funktionsträger bzw. Einrichtungen des Staates und der Wirtschaft, wie es den Tatsachen entspricht, sondern gegen die gesamte Bevölkerung, inszeniert von gemeingefährlichen Bestien. »Die Welt« förderte schon 1975 die entsprechende Konsensbildung mit dem entlarvenden Satz: »Verantwortungslos und unintelligent ist jede vermenschlichende Darstellung der Terroristen.«[11]

Allgemein faßte jene wichtige »Alle-sind-betroffen«-Komponente des herrschenden »Terrorismus«-Begriffs der ehemalige Innenminister der sozialliberalen Bundesregierung, Werner Maihofer (FDP), in folgende Worte:

»Zwar stellen diese Terroristen, ohne Rückhalt in der Bevölkerung, keine Gefahr für den Bestand unserer freiheitlich demokratischen Grundordnung dar, wohl aber eine ernsthafte Gefahr für Leben und Freiheit der von ihnen mit brutalem Terror bedrohten Bürger und damit für die innere Sicherheit unseres freiheitlichen Staates. Das aber heißt mit anderen Worten: Ernsthaft gefährlich an diesem Terrorismus sind nicht seine politischen Zielsetzungen eines gewaltsamen Umsturzes unseres politischen Systems, sondern seine kriminellen Auswirkungen auf Leben und Freiheit unserer Bürger...«[12]

Andere staatliche Funktionsträger überboten solch eigenwillige Ansichten noch und zögerten nicht, die staunende, aber leichtgläubige Öffentlichkeit auch mit Lügen zu bedienen: »Grundregel des Terrorismus« sei, so der frühere rheinland-pfälzische Innenminister Schwarz,[13] »möglichst viele unbeteiligte Menschen in einem einzigen spektakulären Gewaltakt zu töten« – eine leicht zu widerlegende Behauptung, die im Falle des sog. linken Terrorismus in der BRD – und um den geht es ja bei diesem Propaganda-Kreuzzug – schlicht jeglicher Grundlage entbehrt.[14] Hier handelt es sich eher um ein Charakteristikum des rechten Terrorismus, wie etwa das Okoberfest-Attentat und der Anschlag im Bahnhof von Bologna belegen.

Staatsterrorismus[15] als Ursprung

Mit einem solchen doppelbödigen, »Terrorismus«-Begriff, wie ihn etwa Vogels und Maihofers Sentenzen repräsentieren, kann nun trefflich zwischen »legitimer staatlicher Gewalt« (Krieg, militärische Selbstverteidigung, »Terrorismusbekämpfung«) und »illegitimer sozialrevolutionärer Gewalt« (Guerilla, »Terrorismus«, Sabotage, Widerstand) unterschieden werden. Staatliches Handeln kann jedenfalls in diesem Definitionsnebel kaum jemals als »terroristisch« ausgemacht und bewertet werden – obwohl doch gerade hierauf der ursprüngliche Terror- bzw. Terrorismus-Begriff bezogen war: etwa auf Despotismus und Tyrannis in der Antike oder auf »terreur«, die bürgerliche, jakobinische »Schreckensherrschaft« nach der Französischen Revolution (die sich allerdings, mit Hilfe staatlicher Apparate, gegen überkommene Privilegien der vormals herrschenden Kräfte richtete).[16] Die originäre Bedeutung des Begriffs ist also bezogen auf die Ausübung systematischer staatlicher Gewalt nach innen zur Unterdrückung der Bevölkerung oder von Teilen derselben und zur Aufrechterhaltung der bestehenden Ordnung. Und so heißt es denn auch noch in einem alten Nachschlagewerk, dem Brockhaus-Staatslexikon von 1870/71, über »Terrorismus«:

»... der Besitz der öffentlichen Gewalt verleitet sehr oft die Inhaber, sie mißbräuchlich dazu anzuwenden, um ihre individuellen Zwecke und Pläne gewalttätig und willkürlich durchzusetzen und jeden Widerstand mit grausamen Strafen zu belegen, um durch die Furcht vor diesen das Volk im Zaume zu halten und dasselbe vor Widerstandsversuchen abzuschrecken. Furcht und Schrecken sind die Mittel, wodurch eine derartige Regierung sich bei ihren Gegnern in Respect zu setzen sucht.«[17]

Seit der Zeit der Französischen Revolution gab es bekanntlich mehrere geschichtlich herausragende Terrorismus-Herrschaftsformen, die keineswegs mit Jakobiner-Herrschaft, Stalinismus und Faschismus erschöpft sind (ohne diese Formen durch die Aneinanderreihung etwa gleichsetzen zu wollen). Und es gab bzw. gibt auch nach Hitlers Vernichtungspolitik und den amerikanischen Atombomben-Abwürfen auf Hiroshima und Nagasaki im Jahre 1945 noch bis in die Gegenwart genügend staatlich organisierte Terrorismus-Aktionen und systematisch angewandte Gewalt zur Aufrechterhaltung diktatorischer Herrschaftsverhältnisse und imperialistischer Machtpositionen – staatliche Gewalt, die sich in erster Linie gegen Kommunisten, »Untermenschen«, nationale Minderheiten und Befreiungsbewegungen richtete.[18]

Der grausame Krieg, den die USA gegen Vietnam führte, die menschenfeindliche Apartheid-Politik in Südafrika, die mörderischen US-CIA-Aktionen in Lateinamerika[19] und die systematische Unterdrückung der Kurden in der Türkei sowie im Irak sind lediglich vier besonders herausragende Beispiele des wirklichen internationalen Terrorismus.

Jene (herrschafts-) interessegeleiteten einseitigen Definitionsansätze, die diesen staatlichen Terrorismus und damit auch das Wechselverhältnis zwischen staatlicher Unterdrückung und gewaltsamer Gegenwehr weitgehend ausklammern, ermöglichen es, so Helmut Janssen, »im eigenen Land ›Terrorismus‹ als verabscheuungswürdiges Verhalten darzustellen, sich am gleichen Abend aber mit Vertretern von Ländern, die systematisch Folter anwenden und/oder Kriegsverbrechen begehen, an einen Tisch zu setzen und Wirtschafts- und Außenpolitik zu betreiben.«[20]

Besonders deutlich wird die unterschiedliche Blickrichtung bei einer Gegenüberstellung von Definitionsvorschlägen auf internationaler Ebene.[21] So bezeichnet etwa die U.S. Draft Convention for the Prevention of Certain Acts of International Terrorism den »Terrorismus als ... jede von Individuen oder Gruppen von Individuen durchgeführte Handlung, die beabsichtigt, die Autorität eines legitimen Staates oder einer rechtmäßigen Regierung zu untergraben.«[22]

Demgegenüber lautet die Formulierung im Draft Proposal der Non-Aligned Group of the Ad Hoc Committee on International Terrorism, der insbesondere Staaten der sog. Dritten Welt bzw. sog. Blockfreie angehören (u.a. Algerien, Jemen, Guinea, Indien, Nigeria, Tunesien, Jugoslawien, Zaire und Sambia): »Terrorismus ... ist die Unterdrückung persönlicher Freiheit seitens eines Militärregimes oder einer Regierung.«[23]

Ähnlich argumentiert eine aus dem Jahr 1987 stammende Erklärung der International Progress Organization (IPO), einer internationalen, unabhängigen Vereinigung von Wissenschaftlern und Politikern mit beratendem Status bei der UNO und der UNESCO. In dieser Erklärung heißt es u.a.:

»Die internationale Debatte über den Terrorismus wird in den Medien und anderswo von den herrschenden Kräften gelenkt und manipuliert. Die Öffentlichkeit wird dazu verleitet, Terrorismus ausschließlich mit den Opfern dieses Systems zu verbinden. Wir wollen klarstellen, daß Terrorismus in überwältigendem Umfang ein Ausdruck dieser Herrschaftsstrukturen ist und nur ganz vermittelt auftritt in den Kämpfen, die aus berechtigtem Widerstand erwachsen ...«[24]

Nicht der Kampf gegen die gewaltsame Unterdrückung, so läßt sich zusammenfassen, ist Terrorismus, sondern die Unterdrückung selbst. Die IPO-Erklärung fährt fort:

»Wir müssen darauf bestehen, daß Terrorismus durch Nukleare Aufrüstung, kriminelle Regimes, Staatsverbrechen, ... Angriffe auf Völker der Dritten Welt und durch die systematische Verweigerung von Menschenrechten entsteht. Es ist eine grausame Ausdehnung der terroristischen Geißel, den Kampf gegen den Terrorismus mit dem Etikett ›Terrorismus‹ zu versehen. Wir unterstützen diese Kämpfe und rufen auf zur Befreiung der politischen Sprache entlang der Befreiung der Völker.
Terrorismus entsteht aus dem staatlichen System struktureller Gewalt und Beherrschung, welche das Recht auf Selbstbestimmung der Völker verneint... Es erlegt seinen eigenen Bürgern ein ungeheuerliches und folgerichtiges Muster von Verstößen gegen Menschenrechte auf ..., oder es begeht militärische Aggressionshandlungen und offene oder verdeckte, gegen die territoriale Integrität oder politische Unabhängigkeit anderer Staaten gerichtete Einmischungen ...«

In diesem Zusammenhang sei erinnert etwa an die US-CIA-Einmischung in Nicaragua und an die jüngeren völkerrechtswidrigen militärischen Aktionen der USA gegen Libyen und gegen Panama, bei denen es zu Tausenden von Toten unter der betroffenen (zivilen) Bevölkerung kam[25] – Aktionen, die vorgeblich gegen den »internationalen Terrorismus« und das »organisierte Verbrechen« gerichtet waren (»Counter-Terrorism«).[26]
Wenn (staatliche) Terroristen den »Terrorismus« bekämpfen, dann pflegen sie verbrannte Erde und Leichenberge zu hinterlassen.[27] Vor diesem Hintergrund bemerkte der US-Wissenschaftler Noam Chomsky mit bitteren Worten: »Ich lebe in dem größten Terroristenstaat, den es auf der Welt gibt. Wir unterdrücken, foltern, morden und verursachen den Hungertod vieler Menschen.«[28] Er meinte die USA, die damit allerdings nicht alleine dastehen ...

»Terrorismus«-Inbegriff: Gewalt von unten, die die Herrschenden erschreckt

Staatliche und zwischenstaatliche Terrorakte nehmen traditionellerweise nur wenig Rücksicht auf Menschenleben, und die Zahl der Toten spielt nur eine geringe Rolle: »Der Terrorismus, der durch staatliche Apparate ausgeführt wird, ist sowohl quantitativ als auch qualitativ, sowohl in der Geschichte als auch in der Gegenwart ohne jeden Zweifel der bedeutsamste«, stellt der Frankfurter Sozialwissenschaftler Henner Hess in seiner Studie »Terrorismus und Terrorismus-Diskurs« fest.[29]

Doch der Terrorismus der Herrschenden fällt gleichwohl niemals unter den herrschenden »Terrorismus«-Begriff,[30] obwohl jener ungleich größeres Leid über die Menschheit brachte, als es jemals noch so unberechtigter, verabscheuungswürdiger oder politisch törichter Individual-Terrorismus von unten vermochte. Abgesehen vom systematischen Ausschluß des Staatsterrorismus aus den offiziellen Begriffsumschreibungen ist alles andere offen, weit und dehnungsfähig geblieben. »Terrorismus« ist längst zu einem allgemeinen Kampfbegriff geworden, der die moralische Diskreditierung des politischen Feindes bezweckt und der Legitimierung staatlicher Maßnahmen gegen eben diesen Feind, aber auch weit darüber hinaus, dienstbar gemacht wird.

Als Hauptfunktionen des Begriffs haben sich die Stigmatisierung des politischen Gegners und die Kriminalisierung seiner veröffentlichten Meinung und seiner Handlungen herausgestellt – verbunden übrigens mit jener dem »Terror« eigenen Intention der Abschreckung: Die psychische Auswirkung der Stigmatisierung und Kriminalisierung auf eine Vielzahl hiervon (noch) nicht unmittelbar betroffener, möglicherweise aber politisch »anfälliger« Menschen und Gruppen ist gewollt. In dieser Zielsetzung stimmen Terror und »Terrorismusbekämpfung« überein.[31]

Es gibt eine durchaus plausible Erklärung für die Beibehaltung der Dehnungsfähigkeit des Begriffs: »Terrorismus« als potenter und »populärer« Angstauslöser und scheinbar alles legitimierende Zauberformel, mit der trefflich innere Sicherheits- und Aufrüstungspolitik betrieben und begründet werden kann, hat den staatstragenden Interessengruppen unschätzbare Dienste erwiesen. Denn die Terrorismus-Furcht, die Politik der Dramatisierung und Verunsicherung vermochte die Ausbildung eines konservativen Massenkonsenses zu unterstützen:[32] Nichts scheint eine Gesellschaft mehr zu einen als (analog zu ihren »normalen« Verbrechern und Mördern)[33] ihre »Terroristen« – jenseits aller Klassen- und sonstigen politischen Gegensätze. »Wir spüren ein Zusammenrücken in unserem Volk, ein Schrumpfen von Gegensätzen ...«, hatte der frühere SPD-Bundesjustizminister Vogel in einer der zahlreichen »Anti-Terror«-Debatten der siebziger Jahre vor dem Bundestag ergriffen bilanziert: »In der Größe der Gefahr, in der Erfahrung gemeinsam erlebter Bedrohung liegt auch eine Chance ... es ist noch etwas in Gang gekommen: Ein neues Verständnis unseres Staates.«[34]

Dem erfolgreich produzierten Massengefühl von eigener Bedrohung kommt also eine wichtige Integrationsfunktion zu: Es fördert das Bedürfnis nach Sicherheit, nach mehr Staatssicherheit. Gefragt ist mehrheitlich der »starke Staat« und »hartes Durchgreifen«; der Mangel an bürgerlich-demokratischer Tradition in Deutschland rächt sich unter diesem massiven Druck auf die Bevölkerung. Massenmedien und Stammtisch-Gespräche offenbaren dabei oft erschreckende Einblicke in die terroristischen Gewaltphantasien der »Normal«-Bürger, die sich am Phänomen »Terrorismus« und seinen vermeintlichen Trägern austoben können, wie sonst nur an wenigen anderen Themen und Objekten. So berichtete beispielsweise der Angehörige einer Polizei-Spezialeinheit über Reaktionen von Bürgern in einer Kneipe:

»›Ich dacht, du wärst auf Terroristenjagd. Umlegen müßt man die doch. Wenn ihr sie kriegt, dann voll drauf, daß keiner überlebt ...«‹ So viele Leute, die diese Meinung vertreten haben, unheimlich brutale Meinungen, aufhängen, erschießen, das ging teilweise noch weiter: ›einmal, zweimal, dreimal umbringen«...«[35]

Mit der geschürten Angst und dem bis hin zu Haß und Gewaltbereitschaft reichenden Sicherheitsextremismus ist dann auch die Legitimation beschafft für die extreme Sonderbehandlung der als (besonders gefährliche) »Terroristen« stigmatisierten Personen sowie für weitergehende staatliche Aufrüstungsmaßnahmen – zum Wohle des Staates und zur Stabilisierung der herrschenden Ordnung, insbesondere wenn sie sich angesichts ganz anderer Krisenerscheinungen ohnehin in einer Legitimationskrise befindet.

Immer wieder, so läßt sich in der Geschichte beobachten, wurden Attentate, terroristische Anschläge oder kommunistische Aktionen von den politischen Machthabern zum Anlaß, zum Vorwand genommen, um Gesetzesverschärfungen und repressive Maßnahmen gegen die aufmüpfigen Teile der Bevölkerung durchzusetzen.[36] Es ist der immerwährende Versuch herrschender Kräfte, aufgeputschte Volksstimmungen zu erzeugen und zu nutzen, um dann auch liberale Zweifler moralisch unter Druck und Freiheitsrechte peu a peu außer Kraft setzen zu können. Frei nach dem Motto: Staatsschutz geht vor Freiheitsschutz.[37]

»Terrorismus« soll – eingedenk der unschätzbaren Vorteile – wohl auch in Zukunft ein vager, schillernder, ein fungibler Begriff bleiben, der sich den jeweiligen staatlichen Praxiserfordernissen zum Schutze des status quo anpassen läßt (so etwa durch die Ausweitung des Tatbestands § 129a StGB seit 1987). Erst mal zum angsterregenden Popanz aufgebläht, eignet er sich gleichzeitig vorzüglich dazu, die realen Gefahren der herrschenden Ordnung, die strukturellen Ungerechtigkeiten und sozialen Mißstände in der Wahrnehmung der Bevölkerung zu relativieren und zu minimieren und den Widerstand dagegen zu kriminalisieren.

Der Kriminologe Helmut Janssen plädiert u.a. aus diesen Gründen dafür, daß die Termini »Terrorismus und Terrorist« in künftigen wissenschaftlichen Arbeiten Fremdwörter bleiben und durch die Begriffe des »politisch motivierten Straftäters und der politischen Straftat« ersetzt werden.[38]

Wider die Stilisierung einer »terroristischen Gefahr«

Wir gehen – prima facie – davon aus, so viel sollte von unserer »Voreingenommenheit« und »Einseitigkeit« erkennbar geworden sein, daß der unbeständige »Terrorismus« einzelner Individuen und Gruppen gegen einzelne gesellschaftliche und staatliche Funktionsträger nicht die quasi schicksalshafte Bedrohung darstellt, zu der er beschwörend und gebetsmühlenartig von Sicherheitsbehörden und Politikern hochstilisiert wurde und weiterhin wird. In dieser Annahme sehen wir uns übrigens bestätigt von einem der besten Kenner der Materie, dem Inspekteur der nordrhein-westfälischen Polizei, Alfred Dietel: »Der Terrorismus in der Bundesrepublik Deutschland ist nur eine geringe Bedrohung für den Großteil der Bevölkerung. Er ist auch keine akute Gefahr für den Staat.«[39] Vielmehr sehen wir das geschichtlich brisante Problem – nun wieder in gebührender Opposition zu Dietel – in einem hochgerüsteten Staatsapparat, der sich zur Legitimation für seine fortschreitenden Strukturveränderungen wahlweise auf die Gefahren des »Kommunismus«, des »Linksextremismus« und seit zwei Jahrzehnten mit besonderer Vehemenz auf die des »Terrorismus« (seit geraumer Zeit auch auf die »Organisierte Kriminalität«) beruft, dabei die demokratischen Freiheitsrechte der Verfassung schamlos beschneidet.[40]

Auf der Grundlage staatlich-bürokratischer Permanenz zeitigt eine solche Entwicklung – und gerade dies lehrt die jüngere deutsche Geschichte – systematische und daher dauerhaftere und gravierendere Auswirkungen, als es ein wie auch immer definierter nichtstaatlicher »Terrorismus« jemals vermochte. Denn untersuchen wir die staatliche Entwicklung der letzten zwei Jahrzehnte, so müssen wir feststellen, daß nicht eigentlich er das Land drastisch verändert hat, sondern die »Abwehrmaßnahmen« des Staates, die strukturellen Veränderungen, Kompetenzverschiebungen und Machtkonzentrationen im System der »Inneren Sicherheit«,[41] deren Ursachen allerdings größtenteils woanders zu suchen sind.

Entmystifizierung der »terroristischen Bedrohung«

Zur Funktion der herrschenden »Bedrohungsanalyse«[1]

»Die Bundesregierung ist der Auffassung, daß der Rechtsstaat auf die Herausforderungen des Terrorismus in den siebziger Jahren verantwortungsbewußt und angemessen reagiert hat. Angesichts der fortbestehenden Bedrohung durch den Terrorismus sieht die Bundesregierung keinen Anlaß, die seinerzeit getroffenen Maßnahmen in Frage zu stellen.« (O-Ton Bundesregierung, Ende 1988).[2]

»Der Terrorismus in der Bundesrepublik Deutschland ist nur eine geringe Bedrohung für den Großteil der Bevölkerung. Er ist auch keine akute Gefahr für den Staat. Er ist gleichwohl geeignet, den inneren Frieden zu beeinträchtigen und die freiheitliche Ordnung unseres Gemeinwesens zu destabilisieren. Er ist auch geeignet, das Sicherheitsgefühl der Menschen in unserem Lande nachhaltig zu erschüttern. Deshalb sind massive Anstrengungen zur Bekämpfung des Terrorismus geboten. Sie wurden und werden auch gemacht.« (Alfred Dietel, Inspekteur der Polizei in NRW)[3]

Nach so viel politischer Dramatisierung und schwerwiegenden staatlichen Reaktionen auf das Phänomen »Terrorismus«, wie wir sie seit Beginn der siebziger Jahre erleben und am Übergang zu den neunziger Jahren immer noch registrieren, scheint es uns angebracht, endlich die realen Dimensionen zu ergründen und die Größenverhältnisse zurechtzurücken. Der verstorbene Schriftsteller Heinrich Böll versuchte dies bereits während der ersten großen Terrorismus-Hysterie im Jahre 1972 in einem »Spiegel«-Essay, für den er maßlos diffamiert wurde, mit der Formel vom »Krieg der sechs gegen 60 Millionen«[4]:

»Die Bundesrepublik Deutschland hat 60.000.000 Einwohner. Die Gruppe um Ulrike Meinhof mag zur Zeit ihrer größten Ausdehnung 30 Mitglieder gehabt haben. Das war ein Verhältnis von 1 : 2.000.000. Nimmt man an, daß die Gruppe inzwischen auf 6 Mitglieder geschrumpft ist, wird das Verhältnis noch gespenstischer: 1 : 10.000.000.« Sarkastisch fährt er fort: »Das ist tatsächlich eine äußerst bedrohliche Situation für die Bundesrepublik Deutschland. Es ist Zeit, den nationalen Notstand auszurufen.«

Die CDU/FDP-Bundesregierung dazu im Jahre 1988: »Die (...) Äußerungen Heinrich Bölls lassen völlig außer acht, welchen terroristischen Bedrohungen sich die Bundesrepublik Deutschland Anfang der 70er Jahre durch die ›Rote Armee Fraktion‹ gegenübergestellt sah.«[5]

Nach »Erkenntnissen des Verfassungsschutzes« belief sich die personelle Stärke des »RAF-Kommandobereichs« in den Jahren 1973 bis 1977 auf 10 bis 20 Personen;[6] sie sei in den folgenden Jahren im wesentlichen konstant geblieben.[7] Obwohl sich also das angesprochene Verhältnis im Laufe der Jahre kaum geändert hat, reagierten die staatlichen Instanzen, als habe man es mit einem permanenten Ausnahmezustand zu tun, der allerdings nie offiziell erklärt wurde.

Allein die Polizeidichte der Vollzugspolizei hat sich in den siebziger und achziger Jahren drastisch verändert, nämlich um fast 25 Prozent verdichtet: Kam 1971 ein Polizeivollzugsbeamter noch auf 466 Einwohner, so hat sich das Verhältnis bis 1987 bereits auf 1 : 361 entwickelt. *(Quelle: Antwort der Bundesregierung, Anm. 2, auf Frage 13.)* Auf Länderebene haben die Polizeiorgane (Bereitschafts-, Kriminal- und Schutzpolizei) in den siebziger Jahren, dem entscheidenden Jahrzehnt des im Windschatten des »Terrorismus« erfolgten Ausbaus der »Inneren Sicherheit«, insgesamt ca. 50 Prozent mehr Personal zugesetzt (zum Vergleich: von 1960 bis 1969 lediglich 17 Prozent). Die Sicherheitsorgane des Bundes (Bundeskriminalamt, Bundesgrenzschutz sowie Bundesamt für Verfassungsschutz) erhielten im gleichen Zeitraum insgesamt 110 Prozent mehr Mitarbeiter (von 1960 bis 1969 lediglich 75 Prozent). Die finanziellen Mittel stiegen in den siebziger Jahren um über 450 Prozent![8]

In absoluten Zahlen: Die 10 bis 20 »Rote-Armee-Fraktions«-Mitglieder der »Kommandoebene« sahen sich letztlich mit einem expandierten und hochaufgerüsteten Heer von mehr als 200.000 Sicherheitskräften des Bundes und der Länder konfrontiert.

Der Gesellschaftswissenschaftler und Kriminologe Sebastian Scheerer weist auf einen sicherlich wichtigen Umstand hin, der dieses Bedrohungsgefühl in jenen Anfangsjahren des »Linksterrorismus« zu erklären vermag:[9] Die »echte« Bedrohung des Staates, auf die etwa die Baader-Meinhof-Gruppe verwiesen habe, liege weniger im »Terrorismus« als vielmehr in der »heimlichen Systemopposition der 'Sympathisanten', zu denen sich etwa 1972 noch jeder fünfte Bundesbürger zählte.«[10] 17,5 Prozent aller im Zuge einer Infas-Umfrage interviewten Personen erklärten gar ihre Bereitschaft, Mitgliedern der Baader-Meinhof-Gruppe praktische Unterstützung zu gewähren – und zwar selbst im Bewußtsein der Strafbarkeit solcher Handlungen.[11]

Vor diesem Hintergrund – Scheerer nennt es eine »Grundwelle der Sympathie«[12] – sind manche der damals getroffenen staatlichen Maßnahmen zu sehen, so z.B. auch der sog. Radikalenerlaß oder Extremistenbeschluß des Jahres 1972, mit dem die Berufsverbote-Verfahren in den Bundesländern und auf Bundesebene vereinheitlicht wurden. »Ulrike Meinhof als Lehrerin oder Andreas Baader bei der Polizei beschäftigt, das geht nicht«, so begründete der damalige nordrhein-westfälische Ministerpräsident Kühn (SPD) diesen Beschluß gegenüber der Öffentlichkeit,[13] obwohl weit mehr hinter dem Erlaß steckte: nämlich die Ausgrenzung einer aufmüpfigen, gesellschaftskritischen Generation, die sich in weiten Teilen anschickte, den »Marsch durch die Institutionen« anzutreten.

Über solche Einzelbeschlüsse hinaus kam es im Zuge der umfangreichen personellen, finanziellen und technologischen Aufrüstung aller Sicherheitsorgane zu sicherheitspolitischen Kompetenz- und Machtverschiebungen im Drei-Gewalten-

Gefüge des Staates, zu Einschränkungen, streckenweise zur Suspendierung bürgerlicher Freiheitsrechte bis hin zu einem wochenlang andauernden »übergesetzlichen Notstand« im Jahre 1977, dem mit quasi dikatorischen Mitteln begegnet worden ist. Der »wehrhafte« Rechtsstaat zeigte die Stärke eines Unrechtsstaates, was von der »demokratischen Öffentlichkeit« nie richtig begriffen und heute längst verdrängt worden ist. Schon ein Jahr zuvor sah sich der renommierte Jurist Hans Dahs in der »Neuen Juristischen Wochenschrift« (NJW) zu der prophetischen Bemerkung veranlaßt: »Wenn der Gesetzgeber auf dem eingeschlagenen Weg fortschreitet, wird er den freiheitlichen Rechtsstaat ›zu Tode schützen‹«.[14]

Der eingeschlagene Weg wurde fortgesetzt. Das Leitbild des »starken Staates« ist bis heute ungebrochen. Ende 1988 rechtfertigt die CDU/FDP-Bundesregierung diese Entwicklung ungerührt mit der Begründung: »Wenn einzelne gesetzgeberische Maßnahmen auf terroristische Vereinigungen abstellen, so deshalb, weil es erforderlich war, deren besonderer Gefährlichkeit Rechnung zu tragen.«[15]

Der frühere Regierungssprecher der sozialliberalen Regierungskoalition, Klaus Bölling (SPD), sieht das mit zehnjährigem Abstand und bar jeglicher »Regierungsverantwortung« allerdings wesentlich nüchterner und realistischer: »Die Bedrohung durch die RAF war einerseits real, andererseits wurde diese Bedrohung (...) schon damals in einer – um es milde auszudrücken – ungenauen Dimension gesehen. Eine reale Gefahr (...) wurde gewaltig überhöht.«[16]

Auch der Sozialwissenschaftler und Kriminologe Fritz Sack stellt in seiner Studie »Staat, Gesellschaft und politische Gewalt: Zur ›Pathologie‹ politischer Konflikte« (1984) ein krasses Mißverhältnis zwischen Anlaß und Reaktion fest: »Die Art und die Summe der durch Terroristen verletzten Rechtsgüter vermag nicht die Intensität, Dramatik und Heftigkeit der Reaktionen auf den Terrorismus verstehbar zu machen.«[17]

»Terroristische Gewalt« und allgemeine Kriminalität – ein Vergleich

In der Bundesrepublik geschehen Jahr für Jahr rund vier Millionen Verbrechen und Vergehen (ohne Straßenverkehrsdelikte und ohne »Staatsschutzdelikte«): Morde, Totschlagsdelikte, Raubüberfälle, Körperverletzungen, Brandstiftungen, Diebstähle usw. – Straftaten, wie sie zum größten Teil auch den bewaffneten, teilweise den militanten Gruppen und ihren Mitgliedern zur Last gelegt werden.

Versucht man nun, die Handlungen dieser Gruppen in der Bundesrepublik ihrer politischen Motivierung und Bedeutung zu entkleiden und sie als »pure« Straftaten bzw. kriminelle Handlungen zu werten, so kommt man zu verblüffenden Einsichten – zu Einsichten, denen sich ausgerechnet, aber nicht zufällig, jene herrschenden Kräfte in Politik und Justiz mit Vehemenz verschließen, die doch im Zusammenhang mit den sog. Terrorismus-Strafverfahren hartnäckig eine Strategie der Entpolitisierung betreiben und nicht müde werden, von »Terroristen« als »gewöhnlichen

Schwerverbrechern« zu reden und den solchermaßen Etikettierten den Status von politisch motivierten Gefangenen zu verweigern. Gleichwohl wurden diese Gefangenen mit der Begründung der »besonderen Gefährlichkeit terroristischer Gewalttäter«[18] strengsten Sicherheitsvorkehrungen bis hin zu Isolationshaftbedingungen unterworfen.

Wir lassen uns zunächst auf diese entpolitisierende Ebene ein, um untersuchen zu können, wie es tatsächlich um das Bedrohungspotential des »Terrorismus« bestellt ist, wie stark sich die Gefährdung der Bevölkerung nun wirklich ausnimmt. Für eine solche vergleichende Untersuchung ist es zunächst erforderlich, das Erscheinungsbild »terroristischer Taten« zu entmystifizieren. Mit einer solchen, längst überfälligen Entmystifizierung soll weder das Leid der Gewalt-Opfer und ihrer Angehörigen auch nur im geringsten negiert oder mißachtet, noch die durch diese Gewalttaten manifestierte und von den bewaffneten Gruppen intendierte politische Zielsetzung geleugnet oder relativiert werden. Es geht vielmehr darum, die spektakulären Ereignisse – Entführungen, Geiselnahmen, Anschläge, Raubdelikte usw. – zu trennen von der Symbolik, die mit der Wahl der Opfer und deren staatlichen bzw. gesellschaftlichen Machtfunktionen verbunden ist; zu trennen von ihrer manipulativen Massenverbreitung durch die Sensationsmedien, von den obligaten, öffentlichkeitswirksamen Ritualen »empörter Anteilnahme« der Politiker, von den mitunter hysterischen Reaktionen der Sicherheitsorgane und ihren gewalttätigen Entsprechungen an bundesdeutschen Stammtischen.

Übrig bleiben im Kern:[19] eine fast verschwindend geringe Anzahl von Tötungsdelikten (im Schnitt 1,68 pro Jahr) und Raubüberfällen (2,9 pro Jahr) sowie eine Reihe von Sprengstoff- und Brandanschlägen (im Schnitt 109 pro Jahr). Mißt man diese durchschnittlich 114 Taten pro Jahr an der Zahl der sonstigen, jährlich in der Bundesrepublik verübten Gewaltdelikte, die die Hunderttausender-Grenze längst überschritten hat, so schlagen die »terroristischen Gewalttaten« mit lediglich 0,11 Prozent oder nur wenig mehr als einem Promille zu Buche.[20]

In den folgenden Tabellen 1 und 2 haben wir eine statistische Gegenüberstellung der den linken bewaffneten/militanten Gruppen hauptsächlich zur Last gelegten spezifischen Straftaten und der entsprechenden Zahlen der allgemeinen Polizeilichen Kriminalstatistik (PKS)[21] vorgenommen.

Beim Vergleich zwischen »terroristischer« und »allgemeiner« Gewalt wollen wir uns nun zunächst die *Tötungsdelikte* ansehen:
Umgerechnet auf einen Zeitraum von zehn Jahren kamen in der Bundesrepublik im Schnitt 17 Personen durch bundesdeutsche linke bewaffnete bzw. militante Gruppen ums Leben. Demgegenüber fanden, wie die Tabelle 2 zeigt, im selben Zeitraum den *gewaltsamen Tod* ohne (diesen) politischen Hintergrund (Durchschnittswerte):

- 8.500 Menschen durch vorsätzliche Tötungen (Mord/Totschlag)
- 1.600 Menschen durch Körperverletzungen mit Todesfolge
- 1.300 Kinder (incl. Tod infolge Mißhandlungen)

- 140 Menschen durch polizeiliche Todesschüsse
- 25.000 ArbeitnehmerInnen infolge von Arbeitsunfällen
- 300.000 ArbeitnehmerInnen infolge von Berufskrankheiten (insbes. Krebs aufgrund von Gift am Arbeitsplatz)
- 110.000 VerkehrsteilnehmerInnen im Straßenverkehr.

Gemessen an dieser Summe von fast einer halben Million gewaltsamer Tötungen bzw. Todesursachen innerhalb von zehn Jahren, machen sich die oben erwähnten 17 Toten lediglich mit 0,0035 Prozent bemerkbar. Oder anders ausgedrückt: Die Zahl der genannten gewaltsamen Tötungen in der Bundesrepublik, die alle Bevölkerungsschichten gleichermaßen treffen (können), ist fünfundzwanzigtausendmal höher als die Zahl der von bewaffneten linken Gruppen begangenen Tötungsdelikte, die im übrigen lediglich einen winzigen, zumeist ausgewählten Kreis betrafen. Mit einem Gespür für diese Diskrepanz und die Unverhältnismäßigkeit der Mittel stellte Willi Brandt (SPD) 1976 im Deutschen Bundestag die ihm von »vielen jungen Menschen« aufgetragene rhetorische Frage:[22]

»Wann trat euer großer Krisenstab (...) denn schon einmal zusammen, weil sich unsere Zivilisation Jahr für Jahr Zehntausende von Verkehrstoten leistet? Wann habt ihr schon einmal drei Tage und drei Nächte (...) getagt, weil in unserer Gesellschaft Tausende von Kindern mißhandelt oder sogar getötet werden? Wann eigentlich stellen sich die Politiker aller Parteien bedrückt vor die Kameras und rufen nach Solidarität, weil Millionen Menschen in der Welt um uns herum verhungern, dahinsiechen? (...) Wann werden auch da Krisenstäbe zusammentreten?«

Zuruf von Dr. Mertes, Bundestagsabgeordneter der CDU/CSU: »Das ist diabolisch!«

Diabolisch ist es also, anschaulich darauf hinzuweisen, daß gerade da keine staatlichen Sondermaßnahmen begründet werden, wo eine Vielzahl von Menschen betroffen ist – von Menschen, die eben nicht einer bestimmten Funktionselite zugehören. Wo die »terroristische Gefahr« beschworen werden soll, da stört ein Vergleich wie der unsere, der gerade auch Arbeitsunfälle und Verkehrstote (»Freie Fahrt für freie Bürger«) einbezieht, weil er den Blick öffnet für weitaus größere Gefährdungspotentiale, denen der bzw. die einzelne in dieser Gesellschaft ausgesetzt ist. Dazu der Kriminologe Heinz Steinert:[23]

»Jede Gesellschaft lebt damit, daß in ihr Menschen gewaltsam umkommen, und bewältigt das, bei aller Trauer und Empörung im Einzelfall, insgesamt entweder als ›Schicksal‹ oder als jedenfalls in der Summe ›menschliche Tragik‹. Auffallend ist dabei der Unterschied in der Reaktion auf den Einzelfall und auf das statistische Phänomen: Wo der einzelne Unfall tiefe Betroffenheit (...) auslöst, wird die alle Jahre wiederkehrende Gesamtzahl (...) bei allen moralischen Appellen (...) letztlich als ›Schicksal‹ hingenommen. Es ist noch keine Regierung dadurch in Schwierigkeiten gekommen, daß sie es nicht geschafft hat, die Zahl der Verkehrstoten zu vermindern. (Im Gegenteil: Es sind schon Regierungen dadurch in Schwierigkeiten gekommen, daß sie eine Tempobeschränkung und eine Gurtenpflicht einführen und dadurch die ›freie Fahrt für freie Bürger‹ beschneiden wollten).«

Entsprechendes gilt für die enorm hohen Zahlen jährlicher Todesfälle durch Arbeitsunfälle (Ende der 80er Jahre jährlich zwischen 1.500 und 2.500) oder infolge

Tabelle 1: »Linksterroristischen« Gruppen zugerechnete Anschläge in der BRD[a]

	70er Jahre (1971-1980) = 10 Jahre	+	80er Jahre (1981-1989) = 9 Jahre	=	(70er+80er Jahre) = 19 Jahre
Tötungsdelikte (Mord/Totschlag)	22	+	10	=	32
Sprengstoff-/Brandanschläge (incl. Versuche)	484	+	1.588	=	2.072
Raubüberfälle (Beschaffungsaktionen, incl. Diebstahlsversuche)	44	+	12	=	56
Summe	550	+	1.610	=	2.160

Im Schnitt pro Jahr	in 70er J.	in 80er J.	in 70+80er J.	in 10 Jahren
Tötungsdelikte	2,2	1,1	1,68	16,8
Sprengstoff-/Brandanschläge	48,4	189,3	176,4	1.094,2
Raubüberfälle	4,4	1,33	2,9	29,5
Anschläge insges. im Durchschnitt	55,0	178,83	113,58	1.140,5

Schaden durch Anschläge[h]	
1984:	30 Mio. DM
1985:	35 Mio. DM
1986:	38 Mio. DM
im Durchschnitt:	ca. 35 Mio. DM

Anmerkungen zu Tabelle 1 und 2

[a] Zur Definition »linksterroristische« Gruppen s. folgendes Kapitel. Zahlen über Tötungsdelikte: dpa-Archiv/ HG vom 10.7.1979 »Terrorismusopfer« 1971-1978, S. 14 ff. Für 1979 bis 1988: Verfassungsschutzberichte 1979-1989. Zahlen über Sprengstoff-/Brandanschläge und Raubüberfälle: Verfassungsschutzberichte 1971-1989 (VS-Berichte).

[b] Polizeiliche Kriminalstatistiken (PKS) 1971-1989, veröffentlicht in: Bulletin des Presse- und Informationsamtes der Bundesregierung bzw. als jährlich erscheinende BKA-Statistik.

[c] vgl.dazu: Gössner/Herzog, Der Apparat – Ermittlungen in Sachen Polizei, Köln 1984, S. 192 ff, 340 ff m.w.N.; »Bürgerrechte & Polizei« (cilip) 19/1985, 24/86, 25/86, 26/87, 27/87, 31/88, 33/89, 35/89.

[d] Quellen zu 5. tödliche Arbeitsunfälle: Die gesetzliche Unfallversicherung in der Bundesrepublik Deutschland im Jahre 1987, hrg. vom Bundesminister für Arbeit und Sozialordnung, Bonn 1988, S. 20 sowie Arbeits- und Sozialstatistik – Hauptergebnisse 1988, Hrg.wie zuvor, Bonn 1988, S. 150 f. Quellen zu 6. tödliche Berufskrankheiten: Die IG Metall schätzt, daß »wenigstens 30.000 Arbeitnehmer«, die am Arbeitsplatz mit gefährlichen/ giftigen Stoffen umgehen müssen, jährlich an Krebs sterben (vgl. Frankfurter Rundschau vom 9.8.1989). Die offiziellen Zahlen geben lediglich die von den Berufsgenossenschaften anerkannten Fälle wieder (in Klammern angegeben; Quellen wie zu 5.).

[e] Statistische Jahrbücher 1979, S. 298; 1981, S. 302; 1983, S. 305; 1987, S. 314; 1988, S. 308 (Tab. 13.28); für 1988: Frankfurter Rundschau 22.2.89. Seit der Vereinigung mit steigender Tendenz (FR, 22.11.90).

[f] Zusammenfassung lt. PKS (z.B. PKS 1987, Bulletin, S. 590 oder BKA-Ausgabe, S. 178).

[g] In den 80er Jahren zwischen ca. 25.000 und 30.000 Fälle jährlich. Die folgenden Zahlen spezieller Raubdelikte beziehen sich auf die 80er Jahre.

[h] »Terror«-Schäden: VS-Bericht 1984, S. 110; 1985, S. 3; 1986, S. 128 (Schäden durch »Terroranschläge«). Schäden durch Wirtschaftskriminalität u.a.: PKS 1985, S. 351; PKS 1986, S. 319 (Diebstahls- und Vermögensdelikte incl. Wirtschaftskriminalität). Meldung der taz vom 3.8.89, wonach das Bundeskriminalamt in einer internen Studie von einem jährlichen Schaden in Höhe von 30 Milliarden DM ausgeht (die hohe Dunkelziffer ist dabei berücksichtigt; der offiziell angegebene Schaden steht in Klammern).

[i] Schätzung von Prof. Lutz Wicke, Wiss. Dir. des Bundesumweltamtes, stern vom 24.8.1989, S. 10, 18.

Tabelle 2: Allgemeine Polizeiliche Kriminalstatistik in den 70er und 80er Jahren[b]

	Durchschnitt pro Jahr	in 10 Jahren
Kriminalfälle insgesamt (nach PKS, incl. Versuche, ohne Verkehrs- und Staatsschutzdelikte)	3 - 4 Mio. (in 80er Jahren mehr als 4 Mio)	ca. 40 Mio.
Todesfälle		
1. Vollendeter Mord/Totschlag	800 - 900	8 - 9.000
2. Kindestötungen (incl. Tod durch Mißhandlungen) ca.	130	1.300
3. Körperverletzungen mit Todesfolge	160	1.600
4. Polizeiliche Todesschüsse (ca.)[c]	14	140
5. Tödliche Arbeitsunfälle[d]	2.500	25.000
6. Tödliche Berufskrankheiten[d]	30.000 (200)	300.000 (2.000)
7. Straßenverkehrstote[e]	11.000	110.000
Gewaltkriminalität insgesamt[f] (Mord, Totschlag, Kindestötung, Vergewaltigung, Raub, räuberische Erpressung, Körperverletzung (KV) mit Todesfolge, gefährliche und schwere KV, Vergiftung, erpresserischer Menschenraub, Geiselnahme, Angriff auf Luftverkehr), davon	103.000	1.030.000 (ca. 1 Mio.)
1. Raubdelikte[g] (Raub, räuberische Erpressung, räuber. Angriff auf Kraftfahrer)	25.000	250.000
2. Bank- und andere Raubüberfälle (auf Post- u. Zahlstellen, Geschäfte und Geldtransporte)	4.000	40.000
3. Geiselnahme/erpress. Menschenraub	130	1.300
4. Vorsätzliche Brandstiftungsdelikte	9.000	90.000
Opfer von Gewalttaten insgesamt	110.000	1,1 Mio.
Schäden[h] durch Diebstahls- und Vermögensdelikte (Betrug, Untreue, Unterschlagung, Konkursstraftaten, Wirtschaftskriminalität)	ca. 30 Mrd. DM	300 Mrd.DM (Schätzung des BKA)
	über 7 Mrd. DM	70 Mrd. (offizielle Angabe)
Schäden durch Umweltkriminalität und Umweltverseuchung (kaum bezifferbar)[i]	120 Mrd. DM	1.200 Mrd.DM

von Berufkrankheiten, die noch nicht mal durchweg bekannt (gemacht) werden. Die IG Metall schätzt, daß »wenigstens 30.000 Arbeitnehmer«, die am Arbeitsplatz mit gefährlichen/giftigen Stoffen umgehen müssen, jährlich an Krebs sterben.

Der wohlfeile Einwand gegen einen solchen Vergleich, die statistische »Aufrechnung« von Toten sei makaber oder zynisch, weil sie das tragische Einzelschicksal aus den Augen verliere, ist verlogen, wenn man noch nicht einmal bereit ist, die (potentiellen) Einzelschicksale von Hunderttausenden, ja Millionen von Menschen überhaupt zur Kenntnis zu nehmen.[24] Nimmt man – in Besinnung auf Tschernobyl – allein die Risiken der Atomenergie (1988 insgesamt 296 AKW-Störfälle allein in der BRD),[25] und der atomaren Auf- und Weltraum-Rüstung in unseren Vergleich mit auf – Risiken, denen die gesamte Bevölkerung infolge einer verantwortungslosen Energie-, Rüstungs-, Profit-Politik unterworfen wird -, so mag deutlich werden, von welcher Seite in unseren Zeiten die eigentlichen, lebensbedrohenden Gefahren ausgehen.

Greifen wir nun die Deliktsart der *Raubüberfälle* heraus:
Innerhalb von zehn Jahren stehen insgesamt
– etwa 30 Raubüberfälle von linken bewaffneten bzw. militanten Gruppen (Beschaffungsaktionen incl. Versuche) einer Anzahl von
– 250.000 Raubüberfällen ohne politischen Hintergrund gegenüber.
Dies sind gerade mal 0,012 Prozent. Nehmen wir lediglich die Zahl der speziellen Raubüberfälle auf Geldinstitute, Poststellen, Geschäfte sowie auf Geld-und Werttransporte (einschließlich der Fälle in Verbindung mit Geiselnahme und erpresserischem Menschenraub), so ergibt sich ein Verhältnis von 30 zu 40.000, gleich 0,075 Prozent oder ein dreiviertel Promille.

Nicht berücksichtigt in dieser Vergleichsrechnung sind die umgekehrten Fälle, in denen – durchaus auch »seriöse« – Kreditinstitute und »Kredithaie« von ihren Kunden über horrende Zinsforderungen (bis zu 30 Prozent per anno) Millionenbeträge erpressen – fast durchweg legal, versteht sich, ohne Waffen, aber letztlich mit Hilfe von (staatlicher Vollstreckungs-) Gewalt. »Sittenwidriger« Kreditwucher beginnt nach der herrschenden Rechtsprechung nämlich in der Regel erst bei einer – gemessen am marktüblichen Zins – mehr als hundert Prozent überhöhten Zinsforderung der Banken. Hunderttausende von Menschen werden in der Bundesrepublik auf diese Weise finanziell in den Ruin getrieben.[26]

Vergleichen wir noch die *Sprengstoff- und Brandanschläge,* mit 1.100 Fällen in zehn Jahren, die in ihrer Mehrzahl linken militanten Gruppen zugerechnet werden, allein mit den in der Bundesrepublik innerhalb desselben Zeitraumes begangenen vorsätzlichen Brandstiftungsdelikten mit einer Anzahl von ca. 90.000 Fällen, so ergibt sich ein Anteil in Höhe von ca. 1,22 Prozent. Hierbei sind weder berücksichtigt der staatsterroristische Sprengstoffanschlag des Staatsschutzes auf die Mauer der Justizvollzugsanstalt Celle zur Vortäuschung einer »terroristischen« Gefangenenbefreiung noch die todbringenden Sprengstoffwirkungen jener Waffen, die

die Rüstungsindustrie im Zuge von Milliardengeschäften legal oder illegal aus der Bundesrepublik in andere Staaten, nicht selten in Krisen- und Kriegsgebiete, exportiert.[27]

Auch was den durch »terroristische Taten« entstandenen *finanziellen Schaden* – im Schnitt jährlich ca. 35 Mio. DM – anbelangt, so müßte dieser den Vergleich etwa mit den Schäden durch Diebstahls- und Vermögensdelikte (Betrug, Untreue, Unterschlagung, Konkursstraftaten) sowie durch Wirtschaftskriminalität in Höhe von offiziell ca. 7 Milliarden, nach einer internen BKA-Studie (unter Berücksichtigung der erheblichen Dunkelziffer) sogar bis zu 30 Milliarden DM (= 3.000 Millionen) im Jahr ebenfalls scheuen – vom gar nicht mehr bezifferbaren Schaden der (legalen und halblegalen) Umweltvergiftung und der Umweltkriminalität ganz zu schweigen. Professor Lutz Wicke (Technische Universität Berlin), wissenschaftlicher Direktor des Bundesumweltamtes, schätzt diesen gewaltigen Schaden auf 120 Milliarden DM pro Jahr.

Politische Dramatisierung

Obwohl also, so läßt sich zusammenfassen, der sog. Terrorismus in der BRD seit seinem Bestehen für die Bevölkerung, was die konkrete Gefährdung anbelangt, allenfalls marginale Bedeutung hat, warteten die etablierten Parteien und staatlichen Organe nahezu nach jedem einzelnen Anschlag jeweils mit einem Paket von neuen sicherheitspolitischen Verschärfungen auf. Die vermeintliche »Bedrohung des Rechtsstaates« oder der vorgebliche »Schutz von Menschenleben« wurden und werden von den »Terrorismus«-Gewinnlern dazu benutzt, den Aus- und Umbau der Sicherheitsapparate sowie die tiefen Einschnitte in demokratische Grundrechte zu legitimieren und voranzutreiben. Noch Ende 1988 sprach der scheidende CSU-Bundesinnenminister Friedrich Zimmermann, trotz eines deutlichen Rückgangs der »linksterroristischen« Anschläge, von einer »ernstzunehmenden Bedrohung«.[28] Die Bundesregierung spricht von einer »solchen Gefahr für die Gesellschaft, daß kein vertretbarer Versuch ungenutzt bleiben darf, die Handlungsfähigkeit der Terroristen einzuengen und zu einer Verbesserung der inneren Sicherheit beizutragen«[29] – womit sie die problematische Einführung der »Kronzeugenregelung bei terroristischen Straftaten« zu begründen versuchte.

Diese nun über zwei Jahrzehnte zu beobachtenden staatlichen Reaktionen sind eigentlich um so erstaunlicher, als selbst die CDU/CSU-FDP-Bundesregierung der achtziger Jahre trotz der vielbeschworenen »terroristischen Herausforderung« und des politischen »Extremismus« gerade durch ihren ehemaligen Innenminister Zimmermann in den jährlichen »Verfassungsschutzberichten« immer wieder stereotyp und beschwörend verkünden ließ: »Unsere Demokratie erweist sich als stabil« (1983), »Unsere Demokratie erweist sich als stabil« (1984), »Unsere Demokratie erweist sich als politisch stabil« (1985), »Unsere Demokratie ist politisch stabil; die Demokratie ist gesichert« (1986).

Daß Sicherheitsorgane und Bundesregierung auch vor Lügen zur Dramatisierung der »Bedrohungslage« nicht zurückschrecken, um damit rechtliche, apparative oder strukturelle Veränderungen zugunsten der Staatssicherheit zu begründen und durchzusetzen, das zeigte nicht zuletzt die Verschärfung des Demonstrationsstrafrechts im Jahre 1989.[30] Die Einführung eines strafbewehrten »Vermummungsverbots« und eines Verbots von sog. Schutzbewaffnung (= Helme, Regenmäntel etc.)[31] wurde von der Bundesregierung in ihrem Gesetzesentwurf vom 23. Dezember 1987[32] folgendermaßen begründet:

»Die Erfahrung der letzten Jahre zeigt eine zunehmende Bereitschaft radikaler Gruppierungen, zur Durchsetzung ihrer auf demokratischem Wege nicht erreichbaren Ziele Gewalt anzuwenden (...) Kennzeichnend für diese Entwicklung ist der zunehmende Mißbrauch des Demonstrationsrechts durch gewalttätige Ausschreitungen.«[33]

Diese Begründung ist nachweislich falsch: Selbst die Bundesregierung mußte wenige Monate nach der Verschärfung des Demonstrationsstrafrechts auf eine parlamentarische Anfrage der »Grünen« hin einräumen,[34] daß die Zahl der »unfriedlichen« Demonstrationen im Durchschnitt der vergangenen Jahre in Wahrheit sogar deutlich abgenommen hat.[35] Anhand der nunmehr zugänglichen Demonstrationsstatistik läßt sich erkennen, daß im Durchschnitt der Jahre 1970 bis 1988 insgesamt knapp unter 6 Prozent aller ca. 86.000 Demonstrationen ganz oder teilweise »unfriedlich« verlaufen sind. In der Zeit von 1968 bis 1978 lag dieser Satz noch bei 12 Prozent, während er in der Zeit von 1979 bis 1988 im Schnitt auf 3,5 Prozent sank. 1988 verliefen von 7.103 Demonstrationen 133, also lediglich 1,87 Prozent, »unfriedlich«. Das ist mit Abstand der niedrigste Anteil seit Beginn der amtlichen Zählung im Jahre 1968. Dabei ist noch zu berücksichtigen, daß für die regierungsamtlichen Statistiker selbst friedliche Sitzdemonstrationen vor Atomwaffenlagern und Giftgasdepots (1988 machten diese 40 % der als »unfriedlich« eingestuften Demos aus) und bloßer polizeilicher Straftat-Verdacht gegen einzelne Demonstrationsteilnehmer schon die Kategorie »unfriedlich« erfüllen. Eine spätere gerichtliche Überprüfung, die zu einem anderen Ergebnis kommt, wird dann nicht mehr berücksichtigt.

Zurück zur staatlich-politischen Dramatisierung der »terroristischen Gefahr«: Diese Politik hat für den Staat mehrere sehr wünschenswerte Funktionen:

- Die Dramatisierung einer »terroristischen Bedrohungssituation«[36] dient der öffentlichen Legitimation von Maßnahmen im Interesse des »Staatswohls«, insbesondere der Politik der inneren Aufrüstung;
- mit Hinweis auf die »großen Gefahren des Terrorismus« kann von den herrschenden (a)sozialen Zu- und Mißständen, von den wahren, den staatlich und industriell betriebenen bzw. geduldeten Risiken mit ihren unendlich viel größeren Gefahren für die Bevölkerung abgelenkt werden;
- der Widerstand gegen diese Mißstände und Gefahren wird in den Dunstkreis des »Terrorismus« und des Sympathisanten-Sumpfs gezogen und läßt sich auf diese Weise unter erleichterten Bedingungen kriminalisieren,
- und zwar auf der Grundlage staatlicher Sonderermächtigungen, die unter Hin-

weis auf die Zauberformel »Terrorismus« durchgesetzt werden.

Man stelle sich andererseits mal vor: Staatliche Sicherheitshektik, Gesetzes- und Maßnahmepolitik sowie Fahndungsanstrengungen nicht nur – wie üblich – anläßlich eines Anschlags der RAF gegen einen Industriellen oder der »Revolutionären Zellen« auf eine gentechnische Einrichtung, sondern anläßlich der Einleitung von Giften in den Rhein, wegen der Produktion von »Ozonkillern« oder aus Anlaß gemeingefährlicher gentechnischer Experimente der chemischen Industrie – nur drei mögliche Beispiele unter vielen denkbaren Varianten. Aber in solchen Zusammenhängen wurde bisher die Forderung etwa nach gesetzlicher Einführung des »Kronzeugen« nicht gestellt, ganz zu schweigen von einer entsprechenden Ausweitung und Verschärfung des § 129a StGB.

Auf die Frage, ob die Bundesregierung Angaben dazu machen könne, »in welchem Bereich des materiellen Strafrechts und des Strafverfahrensrechts Änderungen und Eingriffe (...) in vergleichbarem Ausmaß erfolgt sind, wie dies anläßlich der sog. ›Anti-Terror-Gesetzgebung‹ der Fall war«, muß selbst die Bundesregierung passen. Ihre klare und selten ehrliche Antwort lautet schlichtweg: »Nein.«[37] Die Bedrohung durch den bundesdeutschen »Linksterrorismus« hat offenbar doch etwas Einmaliges, nie Dagewesenes. Steht uns da vielleicht in einigen Jahrzehnten ein neuer, anders gewendeter »Historikerstreit« ins Haus?

Befangen?

Zur justitiellen Behandlung des »Linksterrorismus« im Vergleich zur allgemeinen (Gewalt-)Kriminalität

»Diese Vorgänge und sozialen Prozesse laufen alle fernab dessen, was man unter der routinemäßigen Verfolgung von kriminellem Unrecht zu verstehen hat. Sie aber – und nicht das Kriminelle am Terrorismus – stellen die eigentliche Bedrohung der Gesellschaft dar.« (Fritz Sack)[1]

Nach dem Versuch, Vergleichsmaßstäbe zu finden und die Größenverhältnisse zurechtzurücken, um die wahren Dimensionen des »Terrorismus« zu ergründen und den wahren Terrorismus in Ansätzen sichtbar zu machen, sollen nun die unterschiedlichen Verfahrensphasen der »Linksterrorismus«-Prozesse der Jahre 1971 bis 1980 und 1980 bis 1989 einer statistisch-vergleichenden Untersuchung unterzogen werden. Diese bislang umfassendste statistische Bestandsaufnahme und Vergleichsarbeit deckt somit insgesamt einen Zeitraum von 19 Jahren ab.

Wir haben die 129a-Sonderrechtssystematik herausgearbeitet und den Aufstieg des präventiven Sicherheitsstaates nachgezeichnet. Dabei ist ersichtlich geworden, daß das inzwischen aufgetürmte Instrumentarium für die Inszenierung von »Terrorismus«-Verfahren überwiegend in den sozialliberalen siebziger Jahren entwickelt wurde – dem entscheidenden Jahrzehnt des staatlichen »Anti-Terror-Kampfes« und der inneren Sicherheitsentwicklung. Insbesondere in den achtziger Jahren wurde dann die Anwendung dieses zunächst und offiziell gegen die bewaffneten »terroristischen Vereinigungen« gerichteten Instrumentariums kontinuierlich ausgeweitet; die zu Anfang quasi »zweckgebundenen« Gesetzeswerke eigneten sich vorzüglich als »Notstandgesetze« für den allgemeinen und alltäglichen Gebrauch.

Daß dieses ausdifferenzierte und flexibel konstruierte legislative und exekutive, präventive und repressive Instrumentarium und seine justitielle Umsetzung im Wege einer politischen Sondergerichtsbarkeit und Ausnahmejustiz nicht ohne tiefgreifenden Einfluß auf Verlauf und Ergebnisse der betroffenen Verfahren bleiben konnte, haben wir gesehen. Wie aber schlägt sich diese Tatsache statistisch nieder? Wie ist die Justiz insgesamt in den siebziger und achtziger Jahren mit den sog. Terrorismus-Verfahren umgegangen? Wie viele solcher Verfahren hatte sie in jener Zeit überhaupt zu bewältigen, welche Ergebnisse zeitigten sie? Wie häufig und für wie lange wurde etwa Untersuchungshaft angeordnet im Vergleich zu den sonstigen Gepflogenheiten? Wie hoch liegen die jeweiligen Anklage- und Verurteilungsquoten? Wie ist die Strafzumessung in solchen Verfahren ausgefallen? Wie häufig wurden Freiheitsstrafen gegen »terroristische Straftäter« zur

Bewährung ausgesetzt? Gibt es signifikante, statistisch quantifizierbare Unterschiede zur sonstigen Praxis der Strafjustiz im Bereich der allgemeinen Kriminalität?

Wir wollen im folgenden auf diese und weitere Fragen einige Antworten geben, die sich auf von uns »gegen den Strich« gelesenes, statistisches Zahlenmaterial des Bundesjustizministeriums (BMJ) und des Statistischen Bundesamtes stützen. Obgleich es sich zunächst und auf weite Strecken um durchaus nüchterne Zahlenvergleiche handeln wird, scheint es uns dennoch lohnend und erhellend, sich durch sie »hindurchzuquälen«.

Zur Datenbasis

Zum verwendeten Zahlenmaterial ist folgendes vorauszuschicken:
(1) Für die Jahre 1971 bis 1980 – also einen Zeitabschnitt von zehn Jahren – stützen wir uns im wesentlichen auf eine Arbeit von Richard Blath und Konrad Hobe, die das Bundesjustizministerium im Jahre 1984 in 3. Auflage herausgegeben hat. Der Titel der Studie lautet »Strafverfahren gegen linksterroristische Straftäter und ihre Unterstützer«.[2]

Diese ministeriell gebräuchliche Sprachregelung werden wir im folgenden – trotz aller inhaltlichen Vorbehalte – weitgehend übernehmen, um die Ergebnisse korrekt erfassen und vergleichen zu können. Der Titel der Untersuchung signalisiert im übrigen, daß nicht lediglich jene Verfahren wegen Mitgliedschaft, Unterstützung und Werbung nach § 129a Strafgesetzbuch erfaßt sind, sondern auch Verfahren gegen Personen, die bzw. deren Handlungen »keiner bestimmten Terroristengruppe (der ›RAF‹, der ›Bewegung 2. Juni‹ oder den ›Revolutionären Zellen‹) angehörten« bzw. zugeordnet werden konnten,[3] die aber von den Ermittlungsbehörden und Strafgerichten als »linksterroristische Straftäter« eingestuft wurden. Der Untersuchung lagen im wesentlichen die Anklageschriften und die rechtskräftigen Urteile zugrunde.[4]
(2) Die entsprechenden Zahlen für die achtziger Jahre, also den Zeitraum von 1980 bis 1989 (= 10 Jahre), konnten zunächst für unsere Untersuchung nicht zugänglich gemacht werden. Dr. Hobe teilte uns mit Schreiben vom 8. Oktober 1986 mit, dem Bundesminister der Justiz stehe weiteres statistisches, »zur Versendung geeignetes Material (...) leider nicht zur Verfügung«. Um nun aber jenes offenbar doch vorhandene, angeblich so immobile oder fragile Material nicht brachliegen zu lassen und es einer kritischen Durchsicht zugänglich zu machen, formulierten wir eine detaillierte Parlamentarische Anfrage, die im Jahre 1988 von der Fraktion »Die Grünen« im Bundestag in erweiterter Fassung an die Bundesregierung gerichtet wurde.[5] Mit Antwort vom 10. August 1988 legte die Bundesregierung durch den Bundesjustizminister erstmals das einschlägige Zahlenmaterial vor, das allerdings auf Drängen der Anfragenden wegen einiger Mängel nochmals nachgebessert werden mußte.[6]

Die polizeikritische Fachzeitschrift »Bürgerrechte & Polizei« (cilip) geriet, nach Jahren der regierungsamtlichen Geheimniskrämerei, ob der Ergebnisse dieser Regierungsantwort geradezu ins Schwärmen:

»Während in der polizeilichen Kriminalstatistik und in der Urteilsstatistik Verfahren wegen § 129a StGB nur mühsam zu recherchieren sind, bietet diese Antwort ein hervorragendes Kompendium für die Kritik politischen Strafrechts und seiner Anwendung durch Polizei und Justiz. In insgesamt 16 Tabellen erhält der Leser deutlichen Aufschluß über die Wirkung des Ermittlungsparagraphen 129a, insbesondere bei der Drangsalierung politisch mißliebiger Meinungen.«[7]

Gleichwohl sind einige wesentliche Einschränkungen bezüglich der dargebotenen Zahlen zu machen: In der Vorbemerkung zur Regierungsantwort vom 10. August 1988 wird darauf hingewiesen, daß die Beantwortung der Fragen im wesentlichen »auf der Grundlage der dem Generalbundesanwalt zur Verfügung stehenden Erkenntnisse« erfolge. Weiter heißt es: »Berücksichtigt werden die Verfahren, die nach dem Gerichtsverfassungsgesetz in die Zuständigkeit des Generalbundesanwalts fallen (zunächst prinzipiell alle 129a-Ermittlungsfälle; R.G.). Soweit der Generalbundesanwalt Verfahren an die (Bundes-) Länder abgegeben hat, erfolgt die Beantwortung der Fragen auf der Grundlage der Rückmeldungen der Länder.« In seiner ergänzenden Auskunft vom 28. Oktober 1988 weist das Bundesjustizministerium darauf hin, daß »lediglich bezüglich der Anzahl der an die Länder abgegebenen Verfahren konkrete Angaben« gemacht werden konnten.

Zum weiteren Verfahrensverlauf heißt es dann: »Auf die Mitteilung näherer Einzelheiten wurde (zunächst; R.G.) verzichtet, weil die Rückmeldungen aus den Ländern sehr lückenhaft sind und ihnen deshalb auch nur ein äußerst geringer Aussage- bzw. Informationswert zukommt. Im Hinblick auf Ihre Zusatzfragen sind trotz dieser Bedenken die von den Ländern übermittelten Daten gleichwohl nunmehr ausgewertet worden.«

Von einer Ergänzung dieser eingeschränkten Datenbasis durch direkte Anfragen an die Regierungen der einzelnen Bundesländer wurde für die folgende Untersuchung jedoch abgesehen, da sich bereits aus den in der Zuständigkeit des Generalbundesanwaltes verbliebenen Verfahren in Verbindung mit den als Kontrolldaten nutzbaren Zahlen einiger abgegebener Verfahren deutliche Aussagen und Trends mit hinreichendem Informationswert und ausreichender Zuverlässigkeit herauslesen und -arbeiten lassen.

Im übrigen führte der Versuch einer entsprechenden schriftlichen Anfrage etwa in der Bürgerschaft der Freien und Hansestadt Hamburg zu ernüchternden Ergebnissen.[8] In der Antwort des Senats vom 17.3.1989 heißt es an entscheidenden Punkten u.a.: »... Eine nähere Aufschlüsselung ist in der (...) zur Verfügung stehenden Zeit und mit vertretbarem Aufwand nicht möglich ... Die Beantwortung der Fragen würde das Heraussuchen und die Auswertung aller diesbezüglichen Akten des genannten Zeitraums voraussetzen. Dies ist in der zur Verfügung stehenden Zeit und mit vertretbarem Aufwand nicht möglich.« Insofern blieb das Ergebnis dieser direkten Länder-Anfrage sehr unergiebig.

Auch die Bundesregierung bediente sich an einigen Stellen ihrer Antwort solcher Ausreden: Deshalb können wir uns in diversen Abschnitten der folgenden Untersuchung lediglich auf die detaillierteren Verfahrensdaten der siebziger Jahre beziehen. Im übrigen ist eine unmittelbare Vergleichbarkeit zwischen dem Zahlenmaterial der siebziger und dem der achtziger Jahre nicht immer gegeben, weshalb streckenweise eine getrennte Darstellung für die jeweiligen Zeitabschnitte erfolgt.

»Linksterrorismus«-Verfahren und -Urteile 1971 bis 1989

(1) Rechtskräftige Urteile 1971 bis 1980
In der Zeit zwischen 1. Januar 1971 und dem 31. Dezember 1980[9] ergingen wegen »linksterroristischer oder hiermit in Zusammenhang stehender Straftaten« nach der bereits erwähnten Untersuchung des Bundesjustizministeriums (im folgenden: BMJ) von Blath/Hobe insgesamt
- 279 rechtskräftige Urteile (Freisprüche und Verurteilungen) gegen
- 234 Personen, von denen
  - 201 Personen mit einem Urteil,
  - 25 Personen mit 2, und je
  - 4 Personen mit 3 bzw. 4 Urteilen

  vertreten sind
- 206 Personen wurden rechtskräftig verurteilt.[10]
- Eingestellte Verfahren sind nicht berücksichtigt.

Um gleich hier die Relationen der justiziellen Belastung zurechtzurücken:[11] Diese 279 Urteile ergingen innerhalb von zehn Jahren – einem Zeitraum, in dem die Strafjustiz in der Bundesrepublik Urteile gegen insgesamt ca. 8,5 Millionen Menschen aussprach.[12] Auch wenn man berücksichtigt, daß diese Urteile der Politischen Justiz meist am Ende umfangreicher und langwieriger Verfahren standen, so umfassen sie doch nur einen winzigen Tätigkeitsausschnitt der gesamten Strafjustiz.

(2) Verfahren 1980 bis 1989
Für diesen Zeitabschnitt liegen als Datenbasis die Zahlen der »Straf(ermittlungs)-verfahren wegen linksterroristischer und hiermit in unmittelbarem Zusammenhang stehender Straftaten« vor; auch hier sind also nicht nur die Kern-Verfahren nach § 129a StGB enthalten, sondern auch diejenigen Verfahren, die nach allen weiteren einschlägigen, in die Zuständigkeit des Generalbundesanwalts (§§ 142a, 120 GVG) fallenden Straftatbeständen eingeleitet worden sind.[13]

Ausgangsbasis und Schwerpunkt unserer Untersuchungen zu diesem Zeitabschnitt bilden die Anzahl der eingeleiteten Ermittlungsverfahren und die Daten der Verfahrensstadien vor Urteilsverkündung, da einige der Verfahren zum Zeitpunkt der Datenermittlung und -Auswertung noch nicht (rechtskräftig) abgeschlossen waren. Die entsprechenden Zahlenangaben sind – im Gegensatz zu den Angaben über Anklagen und Urteile – vollständig, da sie sämtliche *eingeleiteten Verfahren* umfassen, auch die später an die Staatsanwaltschaften der Bundesländer abgegebenen. Ab dem Stadium der Anklage müssen wir aufgrund der eingeschränkten Datenbasis zwischen Verfahren in ausschließlicher, durchgängiger Zuständigkeit des Generalbundesanwalts (kurz: *»GBA-Zuständigkeit«*) und (an die Bundesländer) *»abgegebene Verfahren«* unterscheiden.

Dabei ist zu berücksichtigen, daß es sich bei jenen Ermittlungsverfahren, die in GBA-Zuständigkeit verbleiben (über die und deren weiteren Verlauf die Zahlenangaben also vollständig sind), in der Regel um die besonders schwerwiegenden strafrechtlichen Beschuldigungen und Anklagen handelt; insofern kann es bei der Auswertung mitunter zu gewissen Verzerrungen kommen. Die zahlreicheren, an die Länder-Staatsanwaltschaften abgegebenen Verfahren (bei denen nur die Anzahl und die Zahl der staatsanwaltschaftlichen Einstellungen vollständig erfaßt sind, nicht aber die weitere Entwicklung ab Anklage bis hin zum Urteil) geben dagegen mehr die »alltäglichen Anwendungen«, also die leichteren Fälle wieder.

In der Zeit von 1980 bis 1989, also in einem Zeitraum von zehn Jahren, wurden ingesamt

- 3.308 »Linksterrorismus«-Verfahren eingeleitet, davon
  - 960 Verfahren gegen insgesamt 2.834 namentlich bekannte Beschuldigte und
  - 2.348 Verfahren, die sich ausschließlich gegen eine nicht bekannte Vielzahl unbekannter TäterInnen richten; insgesamt wurden
- 2.357 Verfahren an die Staatsanwaltschaften der Bundesländer abgegeben;
- 951 Verfahren bleiben bis zum jeweiligen Verfahrensabschluß in der Zuständigkeit des Generalbundesanwalts (GBA).

Diese zusammengefaßten Verfahrenszahlen werden in der Tabelle 3 jahrgangsweise aufgeschlüsselt und die jeweiligen Summen ins Verhältnis zueinandergesetzt: An dieser Stelle interessiert uns zunächst, gegen wie viele Personen insgesamt ermittelt wurde. Bei den Ermittlungsverfahren gegen namentlich bekannte Beschuldigte kommen, wie die Tabelle zeigt, im Schnitt knapp 3 Beschuldigte auf ein Verfahren. Berücksichtigt man zusätzlich die weiteren 2.348 Ermittlungsverfahren gegen eine Mehrzahl unbekannter (mutmaßlicher) TäterInnen und multipliziert sie mit diesem Durchschnittsfaktor 3, so kommt man auf eine (fiktive) Zahl von weiteren etwa 7.000 unmittelbar Betroffenen. Zusammengerechnet ergibt sich somit für sämtliche eingeleiteten Ermittlungsverfahren eine Anzahl von fast 10.000 unmittelbar Betroffenen und eine noch wesentlich höhere Anzahl von Personen, die durch die umfangreichen Ermittlungs- und Fahndungsmaßnahmen (etwa Kontrollstellen, Schleppnetzfahndung, Großrazzien, Abhöraktionen, Observationen etc.) zumindest mittelbar betroffen sind. Ihre Zahl dürfte im untersuchten Zeitraum die Hunderttausender-Grenze weit überschritten haben.

Tabelle 3: Ermittlungsverfahren (E-Verf.) wegen »linksterroristischer und hiermit in unmittelbarem Zusammenhang stehender Straftaten« im Zeitraum 1980 bis 1989

Jahr	Einleitungen – davon Abgabe[a]	Anzahl der E-Verf. insg.	E-Verf. gegen Unbekannt[b]	E-Verf. gegen bekannte Beschuldigte	Anzahl der namentlich Beschuldigten	Namentlich bekannte Beschuldigte pro Verfahren
1980	Einl.	263	167	96	245	2,6 B/V
	Abg.	182	131	51	145	2,8
1981	Einl.	571	415	156	451	2,9
	Abg.	474	355	119	375	3,2
1982	Einl.	352	274	78	127	1,6
	Abg.	210	160	50	81	1,6
1983	Einl.	330	232	98	322	3,3
	Abg.	250	195	55	172	3,1
1984	Einl.	208	134	74	188	2,5
	Abg.	134	89	45	117	2,6
1985	Einl.	388	316	72	246	3,4
	Abg.	289	237	52	183	3,5
1986	Einl.	362	229	133	377	2,8
	Abg.	266	158	108	303	2,8
1987	Einl.	314	208	106	310	2,9
	Abg.	219	160	59	120	2,0
1988	Einl.	270	177	93	316	3,4
	Abg.	179	128	51	159	3,1
1989	Einl.	250	196	54	252	4,7
	Abg.	154	123	31	129	4,2
1980-	Einl.	3.308	2.348	960	2.834	2,95
1989	Abg.	2.024	1.485	539	1.496	2,9
Rest in GBA-Zuständigkt. (1980-1989)		951	612	339	1.050	3,1

Quelle: Regierungsantwort, S. 5 (Tabelle), BT-Drucksachen 11/2774, 11/6166, 11/8500
Erläuterungen:
[a] Jeweils 1. Zeile (»Einl.«) = Einleitung von E-Verfahren insgesamt, 2. Zeile (»Abg.«) = davon Abgaben an Staatsanwaltschaften der Bundesländer.
[b] Anzahl der Ermittlungsverfahren, die sich ausschließlich gegen unbekannte Täter richten.

Die Kern-Verfahren nach § 129a StGB

Wir beginnen mit einer Untersuchung der staatsanwaltschaftlichen Verfolgungsarbeit und des justitiellen Umgangs mit sog. Linksterrorismus-Verfahren am Beispiel der Kern-Verfahren nach § 129a Strafgesetzbuch (»terroristische Vereinigung«).

Die Verteilung der »Begehungsformen«
Mitgliedschaft, Unterstützung, Werbung
Es muß nicht immer, wie wir wissen, der harte Vorwurf des »Gründens« einer »terroristischen Vereinigung« oder der »Mitgliedschaft« in einer solchen sein, um nach § 129a StGB verfolgt, angeklagt bzw. verurteilt zu werden: Es reichen bereits die leichteren »Begehungsformen« des »Unterstützens« einer »terroristischen Vereinigung« oder des »Werbens« für sie – Begehungsformen, die sich längst als Auffangtatbestände erwiesen haben und die Möglichkeiten zum Einstieg in die staatlichen Sonderermächtigungen und speziellen »Terrorismus«-Verfahrensweisen wesentlich erleichtern und erweitern. Die Gewichtung der einzelnen Begehungstatbestände in den unterschiedlichen Verfahrensabschnitten kann Aufschluß geben über die Anwendungspraxis und damit auch über den grundsätzlichen Charakter dieser Norm.
(1) 70er Jahre (1976 bis 1980): Eine Untersuchung der Anklagen und Verurteilungen wegen § 129a StGB ergibt im untersuchten Zeitraum, daß die Mehrzahl dieser Entscheidungen – nämlich ca. 70 Prozent der Fälle – die Tatbestände der »Unterstützung« und der »Werbung« betreffen, nämlich:[14]
– 22 von 32 Anklagen (68,8%) und
– 16 von 23 Verurteilungen (69,6%).
Nur etwa 30 Prozent der Anklagen und Verurteilungen lauteten auf »Mitgliedschaft«.

Der schwächste Vorwurf des »Werbens« für eine »terroristische Vereinigung«, der auch die bloße »Sympathiewerbung« und damit rein verbale »Taten« kriminalisiert, erweist sich als der häufigste. Er ist bei den Anklagen mit 50 Prozent und bei den Urteilen mit über 60 Prozent vertreten. In absoluten Zahlen:
– bei den Anklagen: 16 x Werbung + 6 x Unterstützung;
– bei den Urteilen: 14 x Werbung + 2 x Unterstützung.
Diese Zahlen machen deutlich, daß § 129a StGB zum überwiegenden Teil auf eine unerwünschte politische Gesinnung und Manifestation abzielt und keineswegs, wie offiziell immer wieder behauptet, auf die Bekämpfung von »terroristischer« Gewaltkriminalität.

Im Vergleich dazu die Verhältnisse bei »Linksterrorismus«-Verfahren nach dem Vorläufer § 129 StBG (»Kriminelle Vereinigung«), der ähnlich wie § 129a aufgebaut ist (Zahlen für die 70er Jahre):[15] in mindestens 121 Fällen wurde Anklage gem. § 129 erhoben. Die Mehrzahl der Anklagen bezog sich hier allerdings auf den Tatbestand der Mitgliedschaft (53%; bei 129a: 31%), gefolgt vom Tatbestand der Unterstützung (32%; 129a: 19%). Die Tatbestände der Gründung (6%) und Werbung (6%; 129a: 50%) waren relativ selten; Unterstützung und Werbung zusammengenommen also 38% (129a: 69%).

Bei den Verurteilungen nach §129 sieht das Verhältnis folgendermaßen aus: Wegen Mitgliedschaft: 62% (129a: 30%); wegen Unterstützung: 27% (129a: 9%); wegen Werbens: nur 3% (129a: 61%); Unterstützung und Werbung zusammengenommen: 30% (129a: 70%).

(2) In den 80er Jahren hat sich die für die 70er Jahre bei den Anklagen und Verurteilungen (nach § 129 a) belegbare Tendenz noch wesentlich verschärft: Knapp 85 Prozent der im Zeitraum 1980 bis 1989 eingeleiteten Strafermittlungsverfahren nach § 129a betrafen nicht etwa die schwerwiegenderen Vorwürfe des Gründens oder der Mitgliedschaft, sondern lediglich die der Unterstützung oder gar des Werbens (jahrgangsweise Aufschlüsselung s. Tabelle 4 im Anschluß an dieses Kapitel). Die Gewichtung der »Begehungs-« Tatbestände des § 129a StGB ergibt für die achtziger Jahre folgendes Bild.

1. Stadium:
a) Ermittlungsverfahren nach § 129a insgesamt

Mitgliedsch./Gründen	540 = 16,9 Prozent
Unterstützung	768 = 24,0 Prozent
Werben	1.890 = 59,1 Prozent
Unterstützung und Werbung zusammen	2.658 = 83,1%
Gesamtzahl der Ermittlungsverf. nach § 129a	3.198 = 100,0 Prozent

b) Abgegebene und GBA-Rest – Ermittlungsverfahren nach §129 a

	abg.	U+W	%	U+W	GBA	U+W	%	U+W
Mitgliedsch./Gründen	150		6,5		390		44,3	
Unterstützung (U)	531		22,9		237		26,9	
		2.193		94,6		465		52,8
Werben (W)	1.662		71,7		228		25,9	
Abgeg. Verf. insg.	2.317			881				
	(2.343 teilw. Doppelzähl.			855)				

Durchschnitt GBA + abgegebene Verfahren: 83,1% U = W.

2. Stadium:
a) Bei den vom Generalbundesanwalt im Zeitraum 1980 bis 1989 *allein* wegen § 129a StGB erhobenen Anklagen liegt das Verhältnis von Mitgliedschaft zu Unterstützung bei 5:7 (ca. 41,7% Mitgliedschaft zu 58,3% Unterstützung und keine Anklagen wegen Werbung).[16]
b) Bei jenen 129a-Anklagen, die nach Abgabe der Verfahren auf das Konto der Länder-Staatsanwaltschaften gingen, ist folgendes Verhältnis zu verzeichnen (auch hier geht es nur um Anklagen, die ausschließlich nach § 129 a erhoben wurden):
– Mitgliedschaft (4) = 3,9 Prozent
– Unterstützung (22) = 21,6 Prozent
– Werbung (76) = 74,5 Prozent
– Unterstützung und Werbung zusammen = 96,1 Prozent
(Eingeschränkte Datengrundlage)

In abgegebenen 129a-Verfahren, die das Gros ausmachen, werden also – greift man die »Nur-129a-Anklagen« heraus – zu über 95 Prozent Unterstützung und Werbung angeklagt, das entspricht etwa dem Anteil im Stadium der abgegebenen Ermittlungverfahren (im Gegensatz zur Mitgliedschaft, wo im Ermittlungsstadium noch 6,5%, also 2,6% mehr, zu verzeichnen waren). Allein der schwächste Vorwurf »Werben« wird zu fast 75 Prozent angeklagt, gegenüber der Einleitungsphase also eine Steigerung um 3 Prozent (zu berücksichtigen ist, daß es sich hier lediglich um eine Trendaussage handeln kann, da die Datengrundlage bei den abgegebenen Verfahren eingeschränkt ist).

3. Stadium: Verurteilungen nach § 129a StGB.
a) Die Verurteilungen *nur oder auch nach § 129a StGB* aufgrund der vom Generalbundesanwalt erhobenen Anklagen erfolgten[18]
– wegen Mitgliedschaft (23 Verurteilungen) zu 78,6%
– wegen Unterstützung (9 Verurteilungen) zu 21,4%
– wegen Werbung (keine Verurt.) zu 0,0%
(vollständige Datenbasis) 42 Verurteilungen 100,00%

Hierbei ist ebenso wie bei den Anklagen zu berücksichtigen, daß der Generalbundesanwalt (GBA) die »schwersten« Fälle in eigener Zuständigkeit anklagt und praktisch keine einfachen Werber-Verfahren führt.

b) Die Verurteilungen aufgrund der vom GBA *abgegebenen Verfahren* (nur oder auch nach §129a) erfolgten demgegenüber
– wegen Mitgliedschaft (8 Verurt.) zu 10,8%
– wegen Unterstützung (22 Verurt.) zu 29,7%
– wegen Werbens (44 Verurt.) zu 59,5%
– Unterstützung und Werbung zusammen = 89,2%
– (Eingeschränkte Datenbasis) 74 Verurt. 100,0%

(3) Vergleich 70er und 80er Jahre
Vergleicht man nun den Anteil der Tatbestände »Unterstützen« und »Werben« in Relation zur »Mitgliedschaft« in einer »terroristischen Vereinigung« jahrzehntweise, so ergibt sich
– bei der Einleitung von 129a-*Ermittlungsverfahren* in den 80er Jahren ein knapp 85 prozentiger Anteil[19]
– bei den *Anklagen*
  in den 70er Jahren ein etwa 70prozentiger Anteil
  in den 80er Jahren ein bis zu 96prozentiger Anteil
(bei abgeg. Verfahren nur nach §129a; mit entspr. GBA-anklagen: 92,1%).
– bei den *Verurteilungen*
  in den 70er Jahren ein etwa 70prozentiger Anteil
  in den 80er Jahren ein bis zu 89prozentiger Anteil. (bei abgeg. Verfahren nur

oder nach §129 a; mit entspr. GBA-Verfahren: 64,7%).
Insbesondere die äußerst hohen Anteile der Unterstützungs- und Werber-Tatbestände bei den Ermittlungsverfahren und die in den achtziger Jahren gestiegenen Anteile dieser »Begehungsformen« bei den 129a-Anklagen sind deutliche Anzeichen für eine ausgedehntere Anwendung des § 129a StGB.

Ausforschungscharakter des § 129a StGB
Die im I. Teil dieses Buches aufgezeigten zahlreichen Sonderermächtigungen der Ermittlungsorgane mit § 129a als Anknüpfungs- bzw. Auslöse-Norm machen aus diesem Straftatbestand, wie wir gesehen haben, einen fungiblen Ausforschungs- oder Ermittlungsparagraphen. Daß es bei seiner Anwendung den Ermittlungsbehörden nicht in erster Linie auf das Ergebnis einer Verurteilung der Beschuldigten im Einzelfall ankommt, sondern vielmehr auf die Ausnutzung der vielfältigen Sonderermächtigungen zur Ausforschung des vermeintlich »terroristischen« Um- und Vorfeldes »terroristischer Vereinigungen«, das läßt sich auch in aller Deutlichkeit statistisch verifizieren.[20] Im folgenden werden wir untersuchen, in wie vielen Fällen die großzügig eingeleiteten Ermittlungsverfahren nach § 129a StGB zu keinem strafrechtlich intendierten »Erfolg« geführt haben.

(1) Ein Vergleich der eingeleiteten 129a-Ermittlungsverfahren der Jahre 1980 bis 1989 mit den später erfolgenden vorgerichtlichen Einstellungen der Verfahren (vor Anklageerhebung) ergibt das in den Tabellen 4-7 dargestellte Bild (jahrgangsweise Aufschlüsselung, s. Tabelle 6): In durchschnittlich rund 80 Prozent sämtlicher eingeleiteter 129a-Ermittlungsfälle erfolgte in den Jahren 1980 bis 1989 eine vorgerichtliche Verfahrenseinstellung durch den Generalbundesanwalt oder die Länder-Staatsanwaltschaften (nach Abgabe der Verfahren). Nur ca. 20 Prozent der Ermittlungsfälle gelangten überhaupt ins Stadium der Anklageerhebung.

(2) Ein Vergleich der Anzahl von Tatverdächtigen aus eingeleiteten 129a-Ermittlungsverfahren[21] mit den hieraus resultierenden Aburteilungen – also Freisprüchen und Verurteilungen – (= Anklagequote) zeigt, daß der bis zum gerichtlichen Urteilsabschluß verbleibende Anteil der Verfahren einem weiteren steten Erosionsprozeß anheimfällt (durch Nichtzulassung oder abweichende Zulassung von Anklagen, gerichtliche Einstellung von Verfahren).

Der Tabelle 7 ist zu entnehmen, daß in den Jahren 1980 bis 1989 nur in durchschnittlich 2 bis 4 Prozent der Fälle die im Verlaufe der 129a-Ermittlungsverfahren beschuldigten Tatverdächtigen auch tatsächlich gerichtlich abgeurteilt wurden. Dieses erstaunliche Ergebnis läßt sich auch am Beispiel eines einzelnen Bundeslandes überprüfen (Kontrollwert): Im Stadtstaat Hamburg sind von 1976 bis 1987, also in 11 Jahren, insgesamt 185 Ermittlungsverfahren (mit jeweils mehreren Tatverdächtigen) nach § 129a StGB eingeleitet worden. Daraus resultierten 11 Anklagen (= ca. 6%; d.h. ca. 94% der Ermittlungsverfahren wurden eingestellt). Von den 11 Anklagen waren 5 nicht erfolgreich (in 4 Fällen wurde die

Hauptverhandlung nicht eröffnet, in einem Fall das Verfahren gerichtlich eingestellt). Das bedeutet: 45,5 Prozent der Anklagen waren erfolglos. Die restlichen 6 Gerichtsverfahren führten dann schließlich zu Verurteilungen – das sind lediglich 3,2 Prozent aller eingeleiteten Ermittlungsverfahren.[22]

Zum Vergleich: Die Anklagequote, also das Verhältnis von Abgeurteilten zu Tatverdächtigen, gegen die ermittelt wurde, liegt bei der allgemeinen Kriminalität (ohne Straßenverkehrsvergehen) im Schnitt bei 45 Prozent (im Zeitraum 1980 bis 1986).[23]

Um es noch einmal umgekehrt auszudrücken: In mehr als 96 Prozent der Fälle führten die 129a-Ermittlungsverfahren nicht zu dem vorgeblich angestrebten »Erfolg«, nämlich eine gerichtliche Haupverhandlung und Überprüfung mit Schluß-Entscheidung per Urteil herbeizuführen. Dieses beeindruckende Ergebnis macht deutlich, in wie hohem Maße § 129a StGB dazu benutzt wird, mit Hilfe einer Vielzahl von Sonderermächtigungen großangelegte Ermittlungsmaßnahmen einzuleiten und durchzuführen. Zu entsprechenden Anklagen und Aburteilungen kommt es nur in seltenen Fällen, denn die Beschuldigungen lassen sich zuallermeist nicht aufrechterhalten. Bevor aber der mit § 129a verknüpfte, weite und vage, zumeist falsche Anfangsverdacht ausgeräumt ist, müssen die Betroffenen erst langwierige und belastende Ermittlungen über sich ergehen lassen.[24] Insofern ist es berechtigt (und statistisch belegbar), im Zusammenhang mit § 129a StGB nicht von einem »Straftatbestand« im klassisch-rechtsstaatlichen Sinne zu sprechen, als vielmehr von einem exekutiven »Ermittlungs-« oder »Ausforschungs«-Paragraphensystem.

Tabelle 4: Gewichtung der §-129a-»Begehungsformen«
1. Stadium: Ermittlungsverfahren nach § 129a StGB

Jahr		insg.	Mitgl.	%	Unter-stützg.	%	Wer-bung	%	U+W	%
1980	Einl.	254	41	16,1	61	24,0	152	59,8	213	83,9
davon	Abg.	176	10	5,7	37	21,0	129	73,3	166	94,3
1981	Einl.	554	48	8,7	87	15,7	419	75,6	506	91,3
	Abg.	458	12	2,6	60	13,1	386	84,3	446	97,4
1982	Einl.	344	73	21,2	52	15,1	219	63,7	271	78,8
	Abg.	207	18	8,7	17	8,2	172	83,1	189	91,3
1983	Einl.	318	69	21,7	73	23,0	176	55,3	249	78,3
	Abg.	241	34	14,1	39	16,2	168	69,7	207	85,9
1984	Einl.	200	44	22,0	54	27,0	102	51,0	156	78,0
	Abg.	133	9	6,8	31	23,3	93	69,9	124	93,2
1985	Einl.	383	64	16,7	188	49,1	131	34,2	319	83,3
	Abg.	287	11	3,8	158	55,1	118	41,1	276	96,2
1986	Einl.	361	12	3,3	135	37,4	214	59,3	349	96,7
	Abg.	265	-	-	109	41,0	182	68,7	291	100,0
1987	Einl.	293*	74	25,3	55	18,8	164	56,0	219	74,7
	Abg.	219	19	8,7	45	20,5	155	70,8	200	91,3
1988	Einl.	261*	78	29,9	22	8,4	161	61,7	183	70,1
	Abg.	179	24	13,4	10	5,6	145	81,0	155	86,6
1989	Einl.	230*	37	16,1	41	17,8	152	66,1	193	83,9
	Abg.	152	13	8,6	25	16,4	114	75,0	139	91,4
Einleitungen		3.198	540	16,9	768	24,0	1.890	59,1	2.658	83,1
Abgaben		2.317	150	6,5	531	22,9	1.662	71,7	2.193	94,6
Nur GBA-Verf.		881	390	44,3	237	26,9	228	25,9	465	52,8

Quelle: Regierungsantworten, a.a.O.
Anmerkungen: Die Zahlen in der Spalte »Mitgl.« (Mitgliedschaft) enthalten auch den Vorwurf des »Gründens«. Bei den Spalten »Unterstützung« und »Werbung« ist eine Doppelzählung möglich, da in einigen Fällen bei der Einleitung der Ermittlungen noch keine rechtlich eindeutige Zuordnung erfolgte. Rundungsfehler bei Prozentangaben.

* Die Polizeilichen Kriminalstatistiken (PSK) 1987 ff. nennen hier für 1987 331 Ermittlungsverfahren, also 38 mehr als die Regierungsantwort. Hierbei ist allerdings zu berücksichtigen, daß damit Links- und Rechtsterrorismus-Verfahren erfaßt sind. Auch für die Jahre 1982 bis 1986 gibt es erhebliche Abweichungen gegenüber den in der Sonderstatistik »Staatsschutzdelikte« der PSK ausgewiesenen 129a-Ermittlungsfällen; in jenen Jahren enthält die Tabelle der Regierungsantwort allerdings durchweg wesentlich mehr Verfahren. (PKS 1982: 219; 1983: 238; 1984: 182; 1985: 300; 1986: 225).

Tabelle 5 : Gewichtung der 129a-»Begehungsformen«
Zusammenfassung der Stadien 1 bis 3 für die 80er Jahre

E-Verfahren			Anklagen (allein nach §129 a)					Verurteilungen (nur und auch nach §129 a)				
1	insg.	%	GBA	%	a.V.	%	U+W	GBA	%	a.V.	%	U+W
M	540	16,9	5	41,7	4	3,9		33	78,6	8	10,8	
U	768	24,0	7	58,3	22	21,6%		9	21,4	22	29,7	
			83,1% U+W				96,1	89,2				
							92,1[1]	64,7[2]				
W	1890	59,1	0	0	76	74,5		0	0,0	44	59,5	
	3198	100	12	100	102	100		42	100	74	100	

Anmerkungen:
1. Spalte: M = Mitgliedschaft, U = Unterstützung, W = Werbung. GBA = Generalbundesanwalt. Bei Anklagen: vom GBA erhobene; bei Verurteilungen: aufgrund von GBA-Anklagen. a.V. = vom GBA an die Länder-Staatsanwaltschaften abgegebene 129a-Verfahren.
[1] Werden die GBA-Anklagen mitberücksichtigt, so ergibt sich hier ein U+W-Anteil von 92,1 Prozent.
[2] Werden die Verurteilungen in GBA-geführten Verfahren mitgerechnet, so ergibt sich hier ein U+W-Anteil von 64,7 Prozent.

Tabelle 6:
§-129 a-Verfahrens-Einstellungen
durch GBA sowie von StA nach Abgabe der Verfahren

Jahr	Anzahl d. Besch.	Einstellungin	%	E-Verf. gg. Unbekannt	Einstellg.	in %	Einstell. im Schnitt
1	2	3	4	5	6	7	8
1980	238	161	67,6	164	153	93,3	78,1
1981	432	315	72,9	405	363	89,6	81,0
1982	124	101	81,5	269	194	72,1	75,1
1983	303	234	77,2	223	214	96,0	85,2
1984	182	143	78,6	128	121	94,5	85,2
1985	211	152	72,0	312	287	92,0	83,9
1986	377	256	67,9	228	209	91,7	76,9
1987	264	149	56,4	195	158	81,0	66.9
1988	306	185	60,5	173	149	86,1	69,7
1989	225	179	79,6	182	159	87,4	83,0
80-89	2.662	1.875	70,4	2.279	2.007	88.1	78,6

Quelle: Regierungsantwort, a.a.O., S. 9 Tabelle und Ergänzungen 1988 und 1989.
Anmerkungen:
Spalte 2: Anzahl der namentlich bekannten Beschuldigten.
Spalte 3: Vorgerichtliche Einstellungen durch GBA und nach Abgabe durch Landes-Staatsanwaltschaften.
Spalte 4: Prozentualer Anteil der Einstellungen.
Spalte 5: Anzahl der Ermittlungsverfahren, die sich ausschließlich gegen unbekannte Täter richten.
Spalte 6: Einstellungen dieser Verfahren durch GBA und nach Abgabe durch Landes-StA;
Spalte 8: Prozentualer Anteil aller vorgerichtlichen Einstellungen an sämtlichen Ermittlungsverfahren.

Tabelle 7: Vergleich der Anklagequoten bei §129 a-LT-Verfahren

Jahr	Anzahl d. Tatver-däch-tigen	Aburt. nach 129a	Sp. 2:1 in %	Tatverd. aller 129a-Verf.	Hochrech-nung (s. Anm.)	Aburt. nach 129a	Sp. 6:4 in %	Hochrech-nung Sp. 6:5) in %
	1	2	3	4	5	6	7	8
1980	133	8	6,0	402	730	30	7,5	4,1
1981	135	3	2,2	837	1.647	27	2,2	1,6
1982	230	1	0,4	393	931	21	5,3	2,3
1983	184	4	2,2	526	972	26	4,9	2,7
1984	105	6	5,7	310	566	8	2,6	1,4
1985	119	5	4,2	523	1.147	21	4,0	1,8
1986	145	3	2,1	605	1.061	17	2,8	1,6
1987	180	2	1,1	459	771	5	1,1	1,6
1988	192	3	1,6	479	825	9	1,9	1,1
1989	157	9	5,7	407	771	11	2,7	1,4
80-89	1.580	44	2,8	4.941	9.499	175	3,5	1,8

Quelle: Regierungsantwort, a.a.O., S. 5 (Tabelle, Spalte 2 und 3) und S. 13 f (Tabelle 1, S.14) sowie Ergänzende Auskunft, a.a.O., Tabelle 4. Ergänzungen 1988 und 1989.

Anmerkungen:
In dieser Tabelle wird die Anzahl der abgeurteilten Personen (Freigesprochene und Verurteilte) ins Verhältnis gesetzt zur Anzahl der Tatverdächtigen; letztere ist nicht eindeutig zu ermitteln: Wir haben eine Mindestsumme angenommen aus der Anzahl der namentlich bekannten 129a-Beschuldigten (Spalte 2 der Regierungsantwort, S. 5) und aus der Anzahl der E-Verfahren gegen unbekannte Täter (Spalte 3 der Regierungsantw.), wobei wir nur einen Beschuldigten pro Verfahren gegen Unbekannt in Ansatz brachten. Da von einem E-Verfahren durchschnittlich 3 Beschuldigte betroffen sind , ergeben sich gewisse Verzerrungen. Bringt man diese dreimal höhere (fiktive) Beschuldigtenzahl bei diesen E-Verfahren gegen unbekannte Täter in Ansatz (s. Spalte 5 und 8 so fällt das Verhältnis noch wesentlich ungünstiger aus, d.h. die Anklagequote sinkt weiter gegen Null (nämlich unter 2 Prozent).
Spalte 1: Tatverdächtige in GBA-geführten 129a-Verfahren (vollständige Datenbasis).
Spalte 2: Aburteilungen in den GBA-geführten 129a-Verfahren; Aburteilungen = Freisprüche (allerdings nicht unbedingt 129a-Verfahren zuzuordnen) und Verurteilungen nur oder auch nach § 129a StGB (ebenfalls vollständig). Aburteilungen in Verfahren, die vor 1980 eingeleitet wurden, sind nicht berücksichtigt. (Anzahl der Besch. und Anzahl der E.-Verfahren gegen Unbekannt).
Spalte 4: Zahlen nach Tabelle der Regierungsantwort, S. 5 (vollständige Datenbasis) errechnet.
Spalte 5: Anzahl der 129 a-Beschuldigten und anzahl der 129 a-E.-Verfahren gegen Unbekannt x Faktor 3 (= Beschuldigtenzahl pro E-Verfahren nach Tabelle 3).
Spalte 6: Bei den Aburteilungen (s.Anm.zu Sp.2) wurden jeweils die höchsten amtlichen Angaben berücksichtigt (1980-81 und 1984-87: Abgeurteilte in GBA-Verf. + in abgeg. Verf., s. Reg.antw.Tab.1, S. 14 und Ergänzung, Tab.4; 1982-83: Statistisches Bundesamt, Fachserie 10, Rechtspflege, Reihe 3: Strafverfolgung 1983, Stuttgart/ Mainz, S. 8. Hierbei ist zu beachten, daß in dieser Statistik zum einen auch die (wenigen) »Rechtsterrorismus«-Aburteilungen enthalten sind, zum anderen nur die Zahl der rechtskräftig verurteilten Personen und bei einer Verurteilung wegen mehrerer gleichzeitig begangener Delikte immer nur das mit der schwersten Strafe bedrohte Delikt – hier § 129a – erfaßt sind). In den jährlichen Verfassungsschutzberichten sind unter der jeweiligen Rubrik »(Einzelne) Verurteilungen« wegen »Straftaten mit linksterroristischem Hintergrund« (also nicht nur 129a-Verfahren) durchweg geringere Verurteilungszahlen genannt.
Spalte 8: Die sich aus Spalte 7 und Spalte 6 ergebenden Prozentsätze.
Insgesamt ist bei dieser Untersuchung zu berücksichtigen, daß es zu zeitlichen Verschiebungen kommen kann, da die eingeleiteten Verfahren in der Regel nicht im selben Jahr abgeschlossen werden; allerdings werden diese Verschiebungen innerhalb eines längeren Zeitraums (von hier 10 Jahren) ziemlich ausgeglichen.

Vergleich der Strafvorschriften in Anklage und Urteil

Nachdem wir am Beispiel der zentralen »Terrorismus«-Strafrechtsnorm des § 129a StGB u.a. untersucht haben, wie die staatsanwaltschaftliche Ermittlungs- und Verfolgungspraxis sich statistisch niederschlägt, weiten wir nun unsere Untersuchung auf einen Vergleich der weitergehenden Strafvorschriften (z.T. Katalogstraftaten der §§ 129, 129 a) in Anklage und Urteil aus (allerdings nur für den Untersuchungszeitraum 1971 bis 1980).[25] Ein solcher Vergleich, der sich hier auf alle »Linksterrorismus«-Verfahren bezieht (also nicht ausschließlich 129/129a-Verfahren), kann insbesondere Aufschluß darüber geben, ob der Generalbundesanwalt und die Staatsanwaltschaften bereits in den siebziger Jahren vorschnell oder unangemessen häufig in den Anklagen schwere und schwerste Straftatbestände unterstellt haben, die dann aber in den gerichtlichen Urteilen nicht bestätigt worden sind. Eine solche Praxis hätte gravierende Konsequenzen für die betroffenen Angeklagten.

Prinzipiell darf die Staatsanwaltschaft nur dann die öffentliche Klage erheben, wenn die Ermittlungen hierzu genügend Anlaß bieten (§ 170 Abs. 1 StPO). Im Durchschnitt erfolgte bei 60 Prozent der in der Anklageschrift aufgeführten Tatbestände auch eine entsprechende Verurteilung, bei 3 Prozent hat das Gericht eine wesentlich andere Vorschrift herangezogen, bei 11 Prozent die Konkurrenz anders beurteilt, und 26 Prozent der angeklagten Tatbestände führten zu keiner Verurteilung.[26]

Was die schwersten der angeklagten Deliktsgruppen anbelangt, so waren sie in den Urteilen zu etwa einem Drittel erfolglos. Aufgeschlüsselt nach einzelnen Deliktsbereichen führten folgende angeklagten Straftatbestände zu keiner entsprechenden Verurteilung:[27]

- Tötungsdelikte zu 30 Prozent
- Gemeingefährliche Straftaten, Nötigung von Verfassungsorganen, Freiheitsberaubung, Geiselnahme zu 43 Prozent
- »kriminelle Vereinigung« zu 30 Prozent
- »terroristische Vereinigung« zu 28 Prozent.

Gerade diese schwersten Tatvorwürfe bzw. Straftatbestände, auf die sich Ermittlungen und Anklagen beziehen, bilden in der Praxis auch die Grundlagen der Untersuchungshaft-Anordnungen durch die Gerichte. Insofern ist es aufschlußreich, daß diese schwersten und folgenreichsten Anklage-Straftatbestände durchschnittlich zu etwa einem Drittel von den Gerichten in ihren späteren Urteilen nicht bestätigt werden.

Nimmt man hinzu, daß auch andere, weniger schwere Straftatbestände sich zwar in der Anklage, nicht aber in den Urteilen finden, beispielsweise[30]

- Gefährdung des demokratischen Rechtsstaates zu 37 Prozent
- Straftaten gegen die öffentliche Ordnung zu 55 Prozent
- Begünstigung/Hehlerei zu 54 Prozent
- Sachbeschädigung zu 37 Prozent

– Verstöße gegen Sprengstoffgesetz zu 40 Prozent
– alle angeklagten Straftatbestände/Deliktsgruppen zusammen genommen (im Schnitt) zu 26 Prozent,
so könnte dies – auf der einen Seite – als ein Indiz für die kritische Würdigung der staatsanwaltschaftlichen Ermittlungsergebnisse durch die Gerichte gewertet werden – was jedoch an anderen Stellen dieser Untersuchung dementiert werden muß; auf der anderen Seite deutet dieser Umstand auf einen spezifischen Verfolgungseifer der Ermittlungsbehörden in Sachen Terrorismusbekämpfung hin, der in dieser Ausgestaltung immerhin die Funktion erfüllt, in der Öffentlichkeit das Bild von der besonderen Gefährlichkeit der »Terroristen« zu nähren, immer wieder neu zu verfestigen und die so Stigmatisierten per Untersuchungshaft frühzeitig aus dem Verkehr ziehen zu können. Denn die Entscheidung über eine Anordnung der U-Haft wird in erheblichem Maße von Art und Schwere der den »Terrorismus«-Verdächtigten zur Last gelegten Straftaten und des zu erwartenden Strafausspruchs beeinflußt.

Untersuchungshaft-Praxis im Vergleich

Die Anordnung der U-Haft
Wie wirken sich die bereits genannten 129 a-Sonderbedingungen auf die Anordnungspraxis der Gerichte aus, und was ergibt ein Vergleich der von uns untersuchten Verfahren mit der ohnehin schon recht skandalösen allgemeinen U-Haft-Praxis? Die folgende Übersicht zeigt das Verhältnis von abgeurteilten »linksterroristischen Straftätern und ihren Unterstützern« (= Freigesprochene und Verurteilte) zur Zahl der U-Haft-Gefangenen:
1971-80: Von 279 Abgeurteilten waren 197 in U-Haft (= 70,6%)[31]
1980-87: GBA-Verf.: Auf 58 Abgeurteilte kommen 93 U-Haftgef. (= 160,3%)[32]
Abg.Verf.: Auf 180 Abgeurteilte kommen 52 U-Haftgef. (= 28,9%)[33]
Insgesamt kommen auf 238 Abgeurteilte 145 U-Haftgef. = 60,9%
Demgegenüber befand sich von den Abgeurteilten im Bereich der »gewöhnlichen Kriminalität« in U-Haft
– 1975 bis 1980 ein Anteil von 4,5 Prozent[34]
– 1980 bis 1987 ein Anteil von 3,7 Prozent[35]
im Schnitt also ein Anteil von ca. 4,0 Prozent.

Während hier also, nicht zuletzt aufgrund der öffentlichen Kritik und Diskussion, in den achtziger Jahren die U-Haft-Quote gesunken ist, rangiert sie im »Terrorismus«-Bereich nach wie vor jenseits der 50-Prozent-Marke. Bereits für die siebziger Jahre hatten Blath/Hobe in ihrer Untersuchung festgestellt, daß selbst jene Personen, die etwa wegen »nichtterroristischem« Raub und Erpressung abgeurteilt wurden, sich lediglich zu einem verhältnismäßig geringen Anteil von 40,9 Prozent in U-Haft befunden hätten. Allein bei den wegen Mordes Beschuldigten sei häufiger, nämlich in 85 Prozent der Fälle, U-Haft verhängt worden.[36] Selbst

Blath/Hobe kommen angesichts dieser erstaunlichen Ergebnisse zu einer Einsicht, die auch für die achtziger Jahre Gültigkeit hat: »Bei mutmaßlichen terroristischen Straftätern wurde also in einem Umfang Untersuchungshaft angeordnet und auch vollzogen, wie es sonst nur bei schweren Verbrechen üblich ist«[37] – obwohl doch, wie die Autoren wissen und wir noch sehen werden, bei den Verurteilungen lediglich ein Viertel der den »terroristischen Straftätern« zur Last gelegten Straftaten als schwere Verbrechen eingestuft werden, über 50 Prozent davon geringere Straftaten betreffen und fast 30 Prozent der Verurteilten zu den sog. Unterstützern/Werbern mit relativ leichten Straftaten bzw. mit lediglich verbalen »Taten« gezählt werden.[38]

Untersuchungshaft-Dauer
U-Haft muß generell – entsprechend dem Grundgesetz und der Menschenrechtskonventionen – auf das »unbedingt notwendige Maß beschränkt bleiben«.[39] In § 121 Strafprozeßordnung (StPO) ist der Versuch einer zeitlichen Begrenzung der U-Haft-Dauer auf sechs Monate unternommen. Doch die Haftdauer über diese Zeit hinaus nimmt seit Mitte der sechziger Jahre stetig zu;[40] sie lag in den siebziger Jahren in etwa 14 Prozent der Fälle über der Sechs-Monats-Schwelle[41], in den achtziger Jahren sogar bei 17 Prozent aller Abgeurteilten, die in U-Haft saßen (Bereich »gewöhnliche Kriminalität«).

Die U-Haft-Dauer bei »mutmaßlichen terroristischen Straftätern und ihren Unterstützern« übersteigt jedoch die bereits sehr lange durchschnittliche U-Haft-Dauer bei den Abgeurteilten insgesamt noch erheblich. Der Vergleich in Tabelle 8 offenbart dabei eine völlige Umkehrung der sonstigen U-Haft-Praxis: Während 65 Prozent aller »nichtterroristischen« U-Häftlinge sich bis zu drei Monate in U-Haft befanden, waren es bei »terroristischen Straftätern« im Schnitt zwischen 12 und 40 Prozent. Statt dessen befanden sich (seit 1975) zwischen 32 und weit über 50 Prozent über ein Jahr lang in U-Haft, »nichtterroristische« U-Häftlinge dagegen lediglich zu ca. 4 Prozent.[42]

U-Haft und Urteilsspruch
Knapp die Hälfte aller Untersuchungshaft-Gefangenen im Bereich der allgemeinen Kriminalität werden später nicht zu einer vollstreckbaren Freiheitsstrafe bzw. zu überhaupt keiner Freiheitsstrafe verurteilt (Durchschnitt der Jahre 1976 bis 1987):[43]

- Bei ca. 30,0% wird eine verhängte Freiheitsstrafe zur Bewährung ausgesetzt;
- ca. 12,5% erhalten lediglich eine Geldstrafe;
- bei ca. 2,0% wird das Verfahren eingestellt oder erfolgt Freispruch.

Insgesamt 44,5 Prozent ohne (vollstreckbare) Freiheitsstrafe.

Den Betroffenen kann also die erlittene U-Haft noch nicht einmal auf eine verhängte Freiheitsstrafe zeitlich angerechnet werden. Vergleichen wir dieses Ergebnis mit den entsprechenden Zahlen im »Linksterrorismus«-Bereich, so läßt sich für die achtziger Jahre dieser Trend in noch weit verschärfter Form feststellen (1980-1987):

- Etwa 40 Prozent der *beschuldigten* U-Haftgefangenen werden in GBA-Verfahren überhaupt nicht abgeurteilt[44] (Verfahren werden u.a. eingestellt; ähnlicher, wenn nicht noch höherer Prozentsatz bei den abgegebenen Verfahren wahrscheinlich);[45]
- bei ca. 17 Prozent der *abgeurteilten* U-Häftlinge wurde eine verhängte Freiheitsstrafe zur Bewährung ausgesetzt (GBA- und abgegebene Verfahren zusammengerechnet);[46]
- ca. 20 Prozent erhalten lediglich eine Geldstrafe;
- bei ca. 5 Prozent der abgeurteilten U-Häftlinge erfolgt Freispruch.

  (ca. 57 Prozent der abgeurteilten U-Häftlinge werden zu Freiheitsstrafen ohne Bewährung verurteilt).

Diese Aufstellung zeigt deutlich, daß ein hoher Prozentsatz der linksterrorismusverdächtigen U-Haftgefangenen entweder überhaupt nicht abgeurteilt, freigesprochen, lediglich zu einer Geldstrafe oder zu einer Freiheitsstrafe mit Bewährung verurteilt wird. Etwa 42 Prozent der Abgeurteilten wurden zu keiner vollstreckbaren oder zu überhaupt keiner Freiheitsstrafe verurteilt. Das bedeutet, daß der betroffene Personenkreis größtenteils »zu Unrecht«, wegen Lappalien oder vorschnell in U-Haft genommen wurde. Der verfassungsmäßige Grundsatz der Verhältnismäßigkeit scheint in diesem Bereich außer Kraft gesetzt worden zu sein.

Es mag nun dahingestellt bleiben, ob die Gründe für diese – selbst die ohnehin skandalöse allgemeine U-Haft noch überbietende – Praxis der speziellen U-Haft gegen Terrorismus-Verdächtigte in der Schwierigkeit der Ermittlungen und im spezifischen Verlauf der Gerichtsverhandlungen zu suchen sind,[47] wie von verantwortlicher Seite eingewandt wird: Fest steht jedenfalls, daß sowohl U-Haft-Anordnung als auch -Dauer einer Spezialbehandlung für mutmaßliche »Linksterroristen« und ihre Unterstützer gleichkommen, die sich in einem Sonder-Haftvollzug fortsetzt und die mit den wohlklingenen Minimalprinzipien der Menschenrechtskataloge schwerlich in Einklang zu bringen ist.

Tabelle 8: U-Haft-Dauer im Vergleich (in Prozent)

Von allen Abgeurteilten saßen in U-Haft

		bis 1 Mo	1-3 Mo	bis 3 Mo	3-6 Mo	6-12 Mo	über 1 Jahr	mehr als 1/2/3 Jahre
1975-80	4,5	38	28,2	=66,2	19,5	10,9	3,4	
1980-87	3,7	38	25,3	=63,3	19,8	12,7	4,3	
Von »Linksterrorismus«-Verdächtigen saßen in U-Haft								
1971-80	70,6	6,8	5,7	=12,5	15,6	28,1	43,8	
1975-79	65,7	6,7	8,4	=15,1	11,8	21,0	52,1	
1980-87:								
GBA-V.(55)	144,7			18,2	12,7	12,7	56,4	22/20/14,5
Abg.V.(40)	30,1			70,0	22,5	7,5		
Zus.(95 V.)	51,5			40,0	16,8	10,5	32,6	13/12/8,4
1988:								
GBA-V. (9 Abgeurt.: 28-U-Gef.)				17,9	3,6	21,4	57,1	
1989:								
GBA-V. (14 Abgeurt.: 10-U-Gef.)				0,0	30,0	10,0	60,0	
23		: 18		13,2	10,5	18,4	57,9	

Quellen und Anmerkungen:

1) Statistisches Bundesamt, Fachserie 10: Rechtspflege Reihe 2: Strafverfolgung 1975-1987, Stuttgart/Mainz.

2) *70er Jahre:* Blath/Hobe, a.a.O., S. 62. Bezugsgröße: Abgeurteilten-Anzahl. Bei diesen Zahlenangaben zur U-Haftdauer ist zu beachten, daß die tatsächliche Dauer der U-Haft noch wesentlich zu niedrig angegeben ist, da nur die Zeit bis zum erstinstanzlichen Urteil berücksichtigt werden konnte. Durch Rechtsmittelverfahren verlängerte sich die tatsächliche U-Haft-Dauer meist noch erheblich.

80er Jahre: GBA-Verfahren: Regierungsantwort, a.a.O., S. 8 (Tabelle 2). Die hier genannten Prozentzahlen beziehen sich ausschließlich auf Verfahren, die in der Zuständigkeit des GBA verblieben (vollständige Zahlenbasis; allerdings Verzerrung möglich wegen der »Schwere« der beim GBA verbleibenden Fälle). Bezugsgröße ist hier die Anzahl der in GBA-Verfahren wegen »Linksterrorismus«-Verdachts in U-Haft genommenen Personen. *Abgegebene Verfahren:* Ergänzende Auskunft, Tab. 2: Über 10 U-Haftgefangene liegen keine Angaben zur Haftdauer vor, daher wird hier von 40 (statt 50) U-Haftgefangenen ausgegangen. Die unvollständigen Angaben bei den 50 an die Länder »abgegebenen« U-Haftgefangenen (1980-87): 28 Beschuldigte bis 3 Monate, 9 mehr als 3 Monate, 3 mehr als 6 Monate in U-Haft; darüber hinaus keine weiteren Angaben; 10 Beschuldigte fehlen. 1988 und 1989: Ergänzungen der Regierungsantwort, a.a.O.

Zur »besonderen Gefährlichkeit« der TäterInnen

Deliktsgruppen und Strafverteilung (nach den Urteilen 1971 bis 1980)
Wir verlassen nun die Phase der staatsanwaltschaftlichen Ermittlungsarbeit und die Praxis der Haftrichter und untersuchen im folgenden die *Urteile* gegen »linksterroristische Straftäter und ihre Unterstützer«.

Was wurde den Verurteilten im einzelnen zur Last gelegt? Wie verteilen sich die unterschiedlichen Deliktsgruppen nach Art und Schwere der jeweiligen Taten auf die zwischen 1971 und 1980 verurteilten Personen aus dem genannten Täterkreis (entsprechende Angaben über die achtziger Jahre liegen uns nicht vor)?

Auf der Grundlage der untersuchten Urteile der siebziger Jahre unterscheiden wir mit den Autoren der BMJ-Studie, Blath und Hobe:[48]
(1) *Anschläge* auf Persönlichkeiten des öffentlichen Lebens sowie auf öffentliche Einrichtungen und Gebäude;
(2) *Gruppenbezogene Handlungen:* Aufbau und Aufrechterhaltung einer »terroristischen Vereinigung«; hierunter fallen z.B. Mitgliedschaft nach § 129a StGB (bis 1976: nur § 129), Beschaffung von Geld, Waffen, Sprengstoff, Kraftfahrzeugen durch Diebstahl, Raub, Erpressung; Handlungen, die auf die Verdeckung der eigenen Identität und auf die Verhinderung einer Festnahme zielen – etwa durch Urkundsdelikte, Widerstand gegen Vollstreckungsbeamte bis hin zur Gefangenenbefreiung;
(3) *Unterstützungshandlungen:* Hierunter fallen (in der BMJ-Studie nicht weiter differenziert) sog. materielle Handlungen, z.B. Gewährung einer Übernachtung für gesuchte Personen, Beschaffung von Ausweispapieren, sowie bloße verbale »Handlungen«, wie z.B. Befürwortung von Gewalt, Wandparolen, »Werbung für eine terroristische Vereinigung«, Forderung nach Abschaffung der »Isolationsfolter« gegen politische Gefangene etc.

Bei dem untersuchten Personenkreis ergibt sich folgende Verteilung:[49]
1) Anschläge: 50 Personen = 24%
2) Gruppenbezogene Handlungen: 96 Personen = 47%
3) Unterstützungshandlungen: 60 Personen = 29%
Insgesamt: 206 Personen = 100%

Fast die Hälfte der verurteilten »Linksterroristen« (47%) ist also keineswegs wegen Anschlägen auf Personen und Sachen oder wegen Brandstiftung bzw. Sprengstoffanschlägen verurteilt worden, sondern wegen Handlungen, die der Erhaltung der Gruppe, der Sicherung der eigenen Handlungs- und Bewegungsfreiheit sowie der Erhaltung der materiellen und immateriellen Ressourcen dienten. Nimmt man die 29 Prozent Unterstützer/Werber hinzu, denen wesentlich geringere Straftaten zur Last gelegt wurden, so ergibt sich ein realistischeres Bild von der »besonderen Gefährlichkeit« dieser Gruppen und Personen für die Bevölkerung, als es offiziell und multimedial immer wieder mit Hinweis auf die spektakulären

Anschläge gegen gesellschaftliche Funktionsträger bzw. staatliche Repräsentanten gezeichnet wird.

Eine weitere Ausdifferenzierung der genannten Handlungsgruppen in einzelne Delikte bestätigt diese Erkenntnis: Von insgesamt 808 erfüllten Straftatbeständen aus 16 Deliktsgruppen wurde gegen die Waffengesetze (unerlaubter Erwerb, Besitz, Vertrieb) mit einem Anteil von 16,5 Prozent am häufigsten verstoßen. Es folgen: Organisationsdelikte nach §§ 129, 129a StGB mit 15,6 Prozent, gemeingefährliche Straftaten inclusive Nötigung von Verfassungsorganen etc. mit 11,1 Prozent, Diebstahls- und Unterschlagungsdelikte mit 9,5 Prozent, Raub- und Erpressungsdelikte mit 8,5 Prozent, Urkundenfälschungen mit 7,8 Prozent, Widerstand gegen die Staatsgewalt mit 5,6 Prozent sowie Beleidigung mit 5,3 Prozent. Tötungsdelikte erscheinen erst an neunter Stelle mit 5,1 Prozent.

Beispiel: Tötungsdelikte und Tatsituationen
Schauen wir uns diese das »Bild des Terrorismus« doch sehr stark prägende Gruppe der Tötungsdelikte einmal genauer an: Von den insgesamt 206 verurteilten Personen der 70er Jahre wurden 50, also etwa ein Viertel, wegen Anschlägen auf Persönlichkeiten des öffentlichen Lebens sowie auf öffentliche Einrichtungen verurteilt.[50] Davon wurden 21 Personen, also nur 10 Prozent der insgesamt Verurteilten, wegen Tötungsdelikten verurteilt. Von diesen 21 hatten jedoch lediglich 7 zielgerichtete Anschläge (mit Todesfolgen) zu verantworten, den restlichen 14 Personen – also zwei Dritteln – wurden dagegen gruppenbezogene bzw. -erhaltende Handlungen zur Last gelegt. Dabei hat sich die überwiegende Mehrzahl dieser 14 durch den Gebrauch von Schußwaffen in Festnahmesituationen strafbar gemacht – also in Situationen, die geprägt waren von Ängsten und Aggressionen, von öffentlicher Terroristen- und polizeilicher Fahndungshysterie, von überfallartigen Hausdurchsuchungen, Razzien, Verkehrskontrollen und Identitätsfeststellungen, vom Einsatz diverser Spezialeinsatzkommandos sowie von paramilitärischen Großfahndungsaktionen gegen den »Staatsfeind Nr. 1«.[51]

Strafzumessung im Vergleich

Verurteilungsquoten
In diesem Abschnitt wollen wir uns zunächst das Verhältnis von Verurteilungen zu Freisprüchen in »Terrorismus«-Verfahren im Vergleich zur allgemeinen Urteilspraxis ansehen.

(1) 70er Jahre (1971 bis 1980)
a) Von 279 Urt. waren 31 Freispr. (= 11%) + 248 Verurt. = 89%[52]
b) Durchschnittl. Verurteilungsquote in den 70er Jahren = 83%[53] (Strafverfahren der allgemeinen Kriminalität). Die Differenz beträgt 6 Prozent.

(2) 80er Jahre (1980 bis 1989)
a) GBA: Von 64 Urt. waren 2 Freispr. (= 3,1%) + 62 Verurt.= 96,1%[3]
b) Abg.: Von 180 Urt.waren 20 Freispr. (=11,1%) + 160 Verurt.= 88,9%[4]
Insgesamt waren von 210 Urt. 22 Freispr. (= 9,0%) + 222 Verurt.= 91,0%

c) durchschnittl. Verurteilungsquote in den 80er Jahren (Strafverfahren der allgemeinen Kriminalität) = 78,0%[53]
Die Differenz beträgt 13 Prozent.

Während also die Verurteilungsquote bei den von uns untersuchten »Linksterrorismus«-Verfahren konstant bei etwa 90 Prozent lag, so sank sie bei Strafverfahren der allgemeinen Kriminalität von 83 Prozent in den siebziger auf 78 Prozent in den achtziger Jahren. Diese wachsende Differenz zwischen der Verurteilungspraxis der allgemeinen und der Politischen Justiz könnte u.a. ein Resultat des öffentlich geschürten Erwartungsdrucks sein sowie ein Hinweis auf den besonderen Verurteilungseifer der Strafjustiz in Sachen »Linksterrorismus«.

Sanktionen insgesamt (70er und 80er Jahre)
Die Rechtstatsachenforschung geht davon aus, daß bei der allgemeinen, also »nichtterroristischen« Kriminalität der Strafrahmen, den die einzelne Strafnorm den Gerichten als Rechtsfolgen-Spielraum setzt, zu weniger als der Hälfte ausgeschöpft wird.[57] Wie nun reagierten die Strafgerichte auf die »terroristische Herausforderung des Rechtsstaates«?

Die Art der Sanktionen und ihre prozentuale Verteilung lassen sich aus der im Anschluß an dieses Kapitel abgedruckten Aufstellung (Tabelle 9) ersehen: Danach lauten die allgemeinen Strafurteile zu 55 Prozent lediglich auf Geldstrafe und nur zu knapp 12 Prozent auf Freiheitsstrafe, während die Urteile in Sachen »Linksterrorismus« dazu in umgekehrtem Verhältnis stehen: nämlich 15 Prozent Geldstrafe zu 66% Freiheitsstrafe.

Strafzumessung bei Freiheitsstrafe
(1) Die jeweils ausgeurteilte *Länge der Freiheitsstrafe* verteilt sich folgendermaßen (s. Tabelle 10): Während bei der allgemeinen Kriminalität (aK) in der überwiegenden Mehrzahl der Fälle, nämlich bei 86,5 Prozent, Freiheitsstrafen lediglich bis zu einem Jahr ausgesprochen werden, ist dieses Strafmaß bei »Linksterroristen« (LT) hier nur zu 31,5 Prozent vertreten (70er und 80er Jahre zusammengerechnet). Umgekehrt ist dann allerdings das Verhältnis bei Freiheitsstrafen über einem Jahr bis zu 5 Jahren (12,5 Prozent aK zu 43 Prozent LT) und noch krasser bei den Langzeit-Verurteilungen von 5 bis 15 Jahren: 1 Prozent (aK) zu 18,8 Prozent (LT), bei lebenslänglich: 0,06 (aK) zu 6,8 Prozent (LT).

(2) Aussetzung zur Bewährung (70er Jahre): Gemäß § 56 Abs. 2 StGB ist eine Aussetzung zur Bewährung prinzipiell bei Freiheitsstrafen bis zu zwei Jahren

möglich. In den siebziger Jahren wurde bei »linksterroristischen Straftätern« von dieser Möglichkeit lediglich zu 52 Prozent Gebrauch gemacht,[58] während bei sonstigen Straftätern (ohne Straftaten im Straßenverkehr) im selben Zeitraum in ca. 64 Prozent der Fälle die Freiheitsstrafe zur Bewährung ausgesetzt wurde.[59] Mangels Angaben über "Urteile bis zu 2 Jahren Freiheitsstrafe läßt sich für ide 80er Jahre keine Aussage treffen).

Dieser im Vergleich zur allgemeinen Strafjustiz höchst bemerkenswerte Unterschied von 12 Prozent in den siebziger deutet auf eine besondere justitielle Behandlung von »terroristischen Straftätern und ihren Unterstützern« hin – ein Hinweis, der spätestens aufgrund folgender Detailuntersuchungen zur Gewißheit wird.

(3) *Strafzumessung bei Mord/Mordversuch (70er Jahre)*[62]: Um dem Einwand zu begegnen, wir würden Unvergleichbares miteinander vergleichen, sollen im folgenden zwei Deliktgruppen herausgegriffen werden, mit denen »terroristische Straftaten« am häufigsten assoziiert werden (auch wenn sie insgesamt, wie wir gesehen haben, nur einen geringen Teil der »Linksterrorismus«-Verfahren ausmachen).

Zunächst zur Deliktgruppe Mord/Mordversuch: Auch bei einem solchen partiellen Vergleich bestätigt sich die bislang herausgefundene, allgemeine Tendenz: »Terroristische Straftäter«, die in den 70er Jahren wegen der genannten Delikte verurteilt wurden,[63] erhielten prozentual auffallend häufiger lebenslange Freiheitsstrafen – nämlich in 55 Prozent der Fälle – als »normale« Mord-Delinquenten, von denen lediglich etwa 30 Prozent zu lebenslänglich verurteilt wurden (1978).[64] (Kontrollwert: In Nordrhein-Westfalen 1980 insgesamt 32,8 Prozent).[65] Bei den Erstgenannten wurde in keinem der untersuchten Fälle auf verminderte Schuldfähigkeit (§ 21 StGB) erkannt und die Strafe entsprechend gemildert.[66]

Aufschlußreich ist in diesem Zusammenhang auch der gerichtliche Umgang mit dem Mordversuch. Der Versuch kann nach § 23 Abs. 2 in Verbindung mit § 49 Abs. 1 StGB einerseits genauso wie das vollendete Delikt, andererseits aber auch wesentlich milder bestraft werden. So kann an die Stelle von lebenslanger Freiheitsstrafe eine zeitige Freiheitsstrafe treten, allerdings nicht unter drei Jahren.

Von insgesamt 10 »Terroristen«-Urteilen wegen Mordversuchs lauteten drei auf lebenslänglich, also 30 Prozent. Aus einer im Bundesministerium der Justiz erstellten Mord- und Totschlagsstatistik nach dem allgemeinen Strafrecht (1971 bis 1973) läßt sich entnehmen, daß hier von den Verurteilungen wegen Mordversuchs lediglich knapp 5 Prozent auf lebenslänglich lauteten.[67] (Kontrollwert: In NRW wurden 1980, ausweislich der Mord- und Totschlagsstatistik, 4,3% der wegen Mordversuchs Verurteilten zu lebenslanger Freiheitsstrafe verurteilt).[68] Dieser Unterschied in der Strafzumessung legt den Verdacht nahe, daß die »terroristischen Straftäter« einen politischen Gesinnungszuschlag erhalten haben.

(4) *Strafzumessung bei Raub/Erpressung (70erJahre):* Auch bei diesem partiellen Vergleich stellt sich heraus, daß gegen »linksterroristische Straftäter« tendenziell

wesentlich höhere Freiheitsstrafen verhängt wurden als gegen »nichtterroristische«, die wegen vergleichbarer Delikte verurteilt wurden. Für Raub/Erpressung sind bei ersteren Freiheitsstrafen von über 5 Jahren in 78 Prozent der Fälle, bei letzteren (1978) nur in 15 Prozent der Fälle verhängt worden. 33 Prozent der Letztgenannten wurden mit Freiheitsstrafen bis zu einem Jahr belegt – auf »terroristischer« Seite findet sich in dieser Rubrik nicht ein einziger Prozentpunkt:

Freiheitsstrafen	»terroristischer« Raub/Erpressung	Alle sonstigen wegen Raub + Erpressung zu Freiheitsstrafe Verteilten (1978)
bis 1 Jahr	-	33%
1 bis 5 Jahre	23%	51%
5 bis 10 Jahre	59%	14%
10 bis 15 Jahre	19%	1%

Quelle: Blath/Hobe, a.a.O., S. 127, Tabelle 5.8 (Rundungsfehler)

Rechtsmittelverfahren im Vergleich

»Der Gebrauch von Rechtsmitteln seitens der Verteidigung dient in aller Regel dem Schutz der individuellen Freiheitsrechte. Er kann aber als Mittel des Kampfes gegen den Staat und seine Organe mißbraucht werden. So ist von Linksterroristen bekannt, daß sie ihre prozessualen Rechte zu diesem Zweck extensiv ausnutzten.« (Aus einer Studie des Bundesjustizministeriums, 1985/86).[69]

(1) Von den insgesamt 279 untersuchten Urteilen der *Jahre 1971 bis 1980* wurde gegen 8 Urteile (= 3%) ausschließlich Berufung eingelegt; gegen 132 Urteile (= 47%) erfolgte allein Revision; gegen 27 Urteile (= 10%) wurde zunächst Berufung und anschließend Revision eingelegt. Ohne Einlegung von Rechtsmitteln wurden 93 Urteile (= 33%) rechtskräftig.[70] Damit wurden insgesamt gegen etwa zwei Drittel der Urteile Rechtsmittel eingelegt. Bei 8 Urteilen fand eine zweite, bei einem Urteil eine dritte Revisionsverhandlung statt (bis Ende 1980).[71]

Berufung gegen Urteile des Amtsgerichts (Strafrichter oder Schöffengericht): Von den 279 Urteilen der siebziger Jahre ergingen insgesamt 64 von einem Amtsgericht. Gegen 35 dieser Urteile (= 56%) wurde Berufung eingelegt. Gegen 17 Prozent dieser Urteile legte allein die Staatsanwaltschaft, gegen 16 Prozent allein die Verteidigung, gegen 22 Prozent legten beide Prozeßbeteiligte Berufung ein.

»Beide Prozeßbeteiligten gingen damit also etwa zu gleichen Anteilen in die Berufung. Dieses Ergebnis mag insofern erstaunen, als nach dem Alltagswissen die Verteidigung häufiger von Rechtsmitteln Gebrauch macht als die Staatsanwaltschaft. Die Staatsanwalt-

Tabelle 9: Sanktionen-Verteilung insgesamt

	»Linksterrorismus«-Urteile 1971-80		1980-1989		70er/80er	Strafurteile allgemein (70er/80er Jahre)
	Anzahl	in %	Anzahl	in %	in %	in %
Freiheitsstrafe	188	67,5	162	65,3	66,4	11,8
Jugendstrafe	29	10,5	18	7,3	8,9	2,0
Geldstrafe	31	11,0	46	18,5	14,6	55,5
Freispruch	31	11,0	22	8,9	10,1	22-28 (incl. and. Maßnahmen)
	279	100,0	248	100,0	100,0	Rundungsfehler

Quellen: 70er Jahre: Blath/Hobe, a.a.O., S. 110; 80er Jahre: Hier wurden die Urteile aus GBA-geführten und abgegebenen Verfahren zusammengerechnet. Quellen: Regierungsantwort, a.a.O., S. 14, Tabelle 1; in dieser Tabelle sind lediglich 6 Lebenslänglich verzeichnet (was sich aus Tab.2 ergibt), obwohl in den 80er Jahren insgesamt 12 ergingen (eigene Zählung); deshalb wurden zu den Verurteilungen aus GBA-geführten Verfahren noch 6 weitere Lebenslänglich-Urteile rechnerisch mitberücksichtigt. Ergänzende Antwort der Bundesregierung, a.a.O., Tabelle 4 und Ergänzungen 1988 und 1989. Strafurteile im übrigen (allgemeine Kriminalität): Statistische Jahrbücher 1979 und 1988, Tabellen 15.7/15.11/15.12.

Tabelle 10: Strafzumessung bei Freiheitsstrafe

Freiheitsstrafen	»Linksterrorismus«-Urteile 1971 - 1980		1980 - 1989		70er+80er J.		allgemeine Kriminalität
	abs.	%	abs.	%	abs.	%	%
bis 6 Mo.	19	10	9	5,8	28	8,2	
6 - 12 Mo.	48	26	31	20,1	79	23,2	
bis 1 Jahr	67	36	40	26,0	107	31,5	86,5
1- 5 Jahre	71	39	75	48,7	146	42,9	12,5
5-10 Jahre	30	16	16	10,4	46	13,5	
10-15 Jahre	7	4	11	7,1	18	5,3	
5-15 Jahre	37	20	27	17,5	64	18,8	1,0
lebenslängl.	11	6	12	7,8	23	6,8	0,06
	186	100	154	100,0	340	100,0	100,0

Quellen: 70er Jahre: Blath/Hobe, a.a.O., S. 115 (bei 2 Urteilen fehlen die Angaben über die Höhe der Freiheitsstrafe). 80er Jahre: Hier wurden die Urteile aus GBA-geführten und abgegebenen Verfahren (unvollständig) zusammengerechnet. Quellen: Regierungsantwort, a.a.O., S. 14, Tabelle 1; ergänzende Antwort der Bundesregierung, a.a.O., Tabelle 4 und Ergänzungen 1988 und 1989 (Urteile in GBA-Verfahren).
In diesen Tabelle sind lediglich 6 Lebenslänglich verzeichnet (was sich aus Tab.2 der Regierungsantwort ergibt), obwohl in den 80er Jahren insgesamt 12 ergingen (eigene Zählung); deshalb wurden zu den Verurteilungen aus GBA-geführten Verfahren noch 6 weitere Lebenslänglich-Urteile rechnerisch mitberücksichtigt.
In den 70er und 80er Jahren wurde insgesamt gegen 23 Personen lebenslänglich verhängt (Stand: 1989). Rechnet man die zeitigen Gefängnisstrafen hinzu, so ergibt das weit über 1.000 Jahre zeitige Freiheitsstrafe (Vgl. dpa-Kurzdokumention Justiz/Terrorismus 9/BRD, 1968-1984 + Ergänzungen + eigene Zählung).
Vergleich mit Strafurteilen im übrigen (allgemeine Kriminalität 70er und 80er Jahre)): Statistische Jahrbücher 1979 und 1988, Tabellen 15.11.
Prozentzahlen addieren sich aufgrund von Rundungsfehlern nicht auf 100 Prozent.

schaft hatte jedoch bei der Berufung sehr viel häufiger Erfolg als die Verteidigung. Ihre Berufung wurde bei 36% der Urteile verworfen, während der Berufung der Verteidigung bei 71% der Urteile der Erfolg versagt blieb.«[72]

Revision: Die Verteidigung legte siebenmal häufiger Revision ein als die Staatsanwaltschaft. 4 Prozent der hiervon betroffenen Urteile wurden allein von der Staatsanwaltschaft, 50 Prozent allein von der Verteidigung und 3 Prozent von beiden Seiten durch Revision angefochten.[73] »Hinsichtlich des Erfolges unterscheiden sich die Prozeßbeteiligten bei der Revision noch stärker als bei der Berufung. 93 Prozent der Revisionen seitens der Verteidigung wurden verworfen. Die Staatsanwaltschaft war bei 43% ihrer Revisionen nicht erfolgreich.«[74]

(2) In den *achtziger* Jahren wurden bei insgesamt 238 Aburteilungen gegen 150 Urteile (= 63%) Rechtsmittel eingelegt. 161 Urteile sind rechtskräftig (Stand: 1989). Gegen 19 Urteile legte die Staatsanwaltschaft Rechtsmittel ein, gegen 138 die Verteidigung. Nur in 3 Fällen (= 2%) führte dies zu einem Erfolg, nämlich zur Aufhebung der Gerichtsentscheidung. In allen anderen Fällen wurde das Rechtsmittel entweder verworfen (in 100 Fällen = 66,7%) oder aber zurückgenommen (in 23 Fällen); die restlichen waren zum Zeitpunkt der Erhebung noch nicht entschieden.[75]

Resümee: Zur justitiellen Befangenheit in Sachen »Linksterrorismus«

Die statistisch-vergleichende Auswertung der justitiellen Verfahrensabschnitte und Resultate von »Terrorismus«-Verfahren aus zwei Jahrzehnten macht überdeutlich, daß die vorgeblich unabhängige Strafjustiz in diesem Zusammenhang keineswegs ein relativ autonomes, kritisches Korrektiv zur extensiven Macht- und Gewaltausübung der Exekutive darstellt. Sie erweist sich statt dessen als weitgehend eingebunden in den gesamtstaatlichen »Anti-Terror-Kampf« sowie in die ausschließlich gegen links gerichtete, Auf- und Widerstandsbekämpfung der Exekutivgewalt, deren Absicherung sie weitgehend besorgt.

Die justitielle Behandlung von »linksterroristischen Straftätern und ihren Unterstützern« weist durchgängig gravierende Unterschiede zur allgemeinen Justizpraxis in der Bundesrepublik auf – Unterschiede, die sich in den achtziger Jahren noch erheblich vergrößerten. Diese reichen u.a.

- von signifikant niedrigen Anklagequoten bei 129a-Ermittlungsverfahren, was die Hauptfunktion des § 129a StGB als Ausforschungsnorm der Ermittlungsbehörden verdeutlicht,
- und einer extensiven Untersuchungshaft-Praxis gegen »Terrorismus«-Verdächtigte, die mit den Menschenrechten unvereinbar ist,
- über eine strafjustitielle Dämonisierung der Verdächtigten und Angeklagten
- und signifikant erhöhte Verurteilungsquoten (um 13%), die auf einen speziellen

gerichtlichen Verfolgungseifer und Verurteilungswillen verweisen,

- bis hin zu einer um über 50 Prozent vermehrten Verhängung von Freiheitsstrafen,
- die mit einer extensiven Ausschöpfung des Strafrahmens einhergeht,
- wobei in wesentlich weniger Fällen die Freiheitsstrafe zur Bewährung ausgesetzt wird.

Mit zweierlei Maß?

Zur strafjustitiellen Behandlung des »Rechtsterrorismus« im Vergleich zum »Linksterrorismus«(1980 bis 1989)

»Der häufig geäußerte Vorwurf, die Justiz sei auf dem rechten Auge blind, ist (...) nicht berechtigt.« (Aus einer Studie des Bundesjustizministeriums, 1985)[1]

»Mit dem häufig (...) zu hörenden Vorwurf, die Justiz sei noch immer auf dem rechten Auge blind oder würde zumindest nicht hart genug strafen, verknüpft sich die problematische Erwartung, der Staat möge die Bekämpfung rechtsextremistischer Tendenzen besorgen.« (Joachim Jahn)[2]

Wenn in der öffentlichen Diskussion von »Terrorismus« die Rede ist, dann scheint unausgesprochener Konsens zu sein, daß damit »Linksterrorismus« (LT) gemeint ist. »Rechtsterrorismus«(RT) scheint es in der Bundesrepublik nicht zu geben. Allenfalls »Rechtsextremismus«, unter den dann Rechtsradikalismus und Neonazismus bzw. -faschismus subsumiert werden[3] und der offenbar auch wenig ernst genommen, ja mitunter regelrecht verharmlost wird. Terroristische Gewalttaten von rechts werden gerne als Handlungen von Einzeltätern bagatellisiert und jedes politischen Anspruchs beraubt.[4]

Was von rechts kommt, das scheint in westdeutschen Landen, entgegen der einschlägigen historischen Erfahrung, nie und nimmer als derart gefährlich zu gelten, wie »Linksextremismus« oder auch »Linksterrorismus«, wie Kommunismus oder Anarchismus – schließlich lauert der »Feind« traditionell links, und das tradierte Feindbild hat sich als immun erwiesen gegen geschichtliche Erkenntnisse und Wahrheiten. Der Soziologe Fritz Sack registriert in seiner bereits erwähnten Studie »Zur ›Pathologie‹ politischer Konflikte«[5] diese widersprüchliche Sichtweise, bleibt jedoch recht zaghaft in seinen Aussagen zur aktuellen Situation in der Bundesrepublik:

»Beklemmend ist (...) eine Überlegung, die hier nur unter Rückgriff auf historische Erfahrungen und nur zurückhaltend in bezug auf die aktuelle Gegenwart formuliert werden soll. Gewalt in politischen Kontexten ist durchaus nicht immer und in gleicher Weise Anlaß und Garant für die Chance der Diskreditierung des politischen Bezugsfeldes, dem sie entstammt bzw. zurechenbar ist. Dies ist eine historische Erfahrung, die die Weimarer Republik lieferte. Damals konnte Gewalt von rechts bekanntlich auf ein geringeres Maß ›desinteressierter‹ Entrüstung rechnen als Gewalt von links. Wir zögern, diese Beobachtung auf die Bundesrepublik auszudehnen, wenngleich wohl der Eindruck nicht ganz von der Hand zu weisen ist, daß die Fälle rechtextremistischer Gewalt der letzten Jahre zunächst bei weitem nicht den Politisierungsgrad erreicht haben, den die linksextremistische Gewalt schon immer auf sich gezogen hat.«

In der offiziellen Politik spielen Rechtsextremismus und Rechtsterrorismus tatsächlich keine große Rolle, mit ihnen wird keine (Sicherheits-) Politik gemacht: Sie dienten bisher jedenfalls weder als Legitimierung von staatlichen Auf- und Umrüstungsmaßnahmen,[6] noch als Auslöser für eine politische Hatz auf vermeintliche oder tatsächliche Sympathisanten des rechten Terrors. Nein, es scheint sie im Öffentlichen Bewußtsein und in der sicherheitspolitischen Wahrnehmung wirklich nicht gegeben zu haben – zumindest nicht bis zur deutschen Vereinigung. Erst seit das rechtsgerichtete Potential der ehemaligen DDR offenbar wurde, dient der Rechtsextremismus als »neue« Legitimation für staatliches Handeln. Doch bereits die bundesdeutsche Wirklichkeit vor jener Entwicklung zeigte bei näherer Betrachtung, was da geflissentlich oder arglos übersehen, ausgeblendet oder verdrängt wurde: In den achtziger Jahren (1980 bis 1989) gab es – neben über 700 rechtsterroristischen Gewalttaten wie Sprengstoff- und Brandanschlägen, Raubüberfällen und Körperverletzungen – insgesamt 36 Tote aufgrund von rechtsterroristischen Anschlägen.[7] Das sind über dreieinhalb mal so viele gewaltsame Todesfälle, wie sie im selben Zeitraum von »Linksterroristen« verursacht wurden (10 Fälle). Diese Zahlen zeigen, daß das Phänomen »Rechtsterrorismus« in der Bundesrepublik nicht nur existent ist,[8] sondern in den achtziger Jahren auch eine Intensität erreicht hat, die mit ihren tödlichen Auswirkungen die des »Linksterrorismus« um ein Vielfaches übertrifft. Dies gilt ebenso für die Opfer von zum Teil schweren Körperverletzungen: Allein der rechtsterroristische Sprengstoff-Anschlag während des Münchner Oktoberfests 1980, der bislang brutalste Terroranschlag in der Geschichte der Bundesrepublik, forderte 13 Tote – 30 Prozent mehr als der »Linksterrorismus« in fast zehn Jahren – und 219 zum Teil lebensgefährlich Verletzte.[9]

Zur Problematik eines Links-Rechts-Vergleichs

»Rechts = Links« ist eine immer noch beliebte Formel politischer Vereinfachung und herrschender Demagogie – Ausfluß der sogenannten Totalitarismusdoktrin,[10] die davon ausgeht, daß Kommunismus und Faschismus ihrem Wesen nach identisch seien (weil »totalitär«).[11] Wenn wir nun im Verlaufe dieses Kapitels die justitielle Behandlung des »Links- und Rechtsterrorismus'« vergleichen, so begeben wir uns damit möglicherweise auch in die Gefahr, geschichtsblind links und rechts stillschweigend gleichzusetzen, zumindest aber diesen Eindruck zu erwekken. Deshalb sind einige klärende Vorbemerkungen unerläßlich.

Neo-Nazismus als Kontinuum und die besondere deutsche Verantwortung

Nach dem »größten geschichtsbekannten Verbrechen mit Millionen und Abermillionen Opfern« (Ralph Giordano)[12], Verbrechen, die Deutsche unter der Terrorherrschaft des NS-Regimes begingen, scheint der Faschismus und Nazismus als nationalistische und rassistische Ideologie sowie als staatsterroristisches Herrschaftssystem endgültig diskreditiert zu sein. Die Deutschen, das Volk der ehemaligen Terroristen und Mitläufer, haben diese fabrikmäßig betriebene, grausamste Vernichtungsmaschinerie der Menschheitsgeschichte zu verantworten; ihnen und der Bundesrepublik Deutschland ist daher auch eine besondere geschichtliche Verantwortung – auch gegenüber dem Ausland – zugewachsen, was die künftige Bekämpfung von Neonazismus und -faschismus, von Rechtsextremismus und -terrorismus anbelangt. Allein schon vor diesem geschichtlichen Hintergrund können »rechts« und »links«, können eine neofaschistische Rechte und eine antifaschistische Linke nicht »gleich« sein, können und dürfen die qualitativ verschiedene politische und kulturelle Theorie und Praxis sowie die sich hierauf jeweils berufenden Personen und Gruppen weder gleichgesetzt noch gleich behandelt werden. Die entsprechenden antinazistischen Vorgaben sind bereits im Potsdamer Abkommen von 1945 völkerrechtlich niedergelegt worden:

»Der deutsche Militarismus und Nazismus werden ausgerottet ... Zu diesem Zweck werden alle ... militärischen und halbmilitärischen Organisationen ... völlig und endgültig aufgelöst, um damit für immer der Wiedergeburt oder Wiederaufrichtung des deutschen Militarismus und Nazismus vorzubeugen ... Die Nationalsozialistische Partei mit ihren angeschlossenen Gliederungen und Unterorganisationen ist zu vernichten; ... es sind Sicherheiten dafür zu schaffen, daß sie in keiner Form wieder auferstehen können ...«[13]

Durch das Kontrollrats-Gesetz Nr. 2 (»Auflösung und Liquidierung der Nazi-Organisationen«) vom 10. Oktober 1945 sind die Nazi-Organisationen abgeschafft und für ungesetzlich erklärt worden.[14]

Obwohl eine Fülle weiterer Bestimmungen der Allierten aus dem Zeitraum 1945 bis zu den Anfängen der Bundesrepublik die besonderen Verpflichtungen bei der Bekämpfung des »Nazismus« beinhalten[15] (deren Gültigkeit durch das Grundgesetz nicht aufgehoben worden ist, Art. 139 GG »Befreiungsgesetz«), obwohl dem Grundgesetz die Aufgabe zugewiesen wurde, Faschismus und Rassismus unmöglich werden zu lassen, obwohl ins Strafgesetzbuch für die Bundesrepublik spezielle Straftatbestände mit eben dieser Stoßrichtung (insbesondere §§ 80 ff. StGB)[16] aufgenommen wurden – gleichwohl gibt es in der Bundesrepublik bereits seit langem wieder eine Menge neonazistischer Parteien und Gruppierungen, deren Existenz und Anwachsen, deren offizielle Verharmlosung der geschichtlichen Verantwortung und dem »antifaschistischen Auftrag« des Grundgesetzes hohnsprechen.[17]

Diese Entwicklung zeigt allerdings auch, daß mit Verfassungsnormen und Strafgesetzen allein schließlich keine unerwünschte politische Richtung abgewehrt werden kann, und sei sie noch so gefährlich und geschichtlich diskreditiert. Antifaschismus als repressive »Verwaltungsaufgabe des Staates« muß scheitern, wenn die politisch-inhaltliche Auseinandersetzung in der Bevölkerung nicht geführt bzw. erschwert wird.[18]

Der Verfassungsschutzbericht für das Jahr 1989 nennt insgesamt 71 »rechtsextremistische« Organisationen mit rund 36.000 Mitgliedern und konstatiert eine steigende Tendenz (S. 108 ff.).[19] Der sog. neue Nationalsozialismus, der den

»Kern rechtsextremistischer Programmatik«[20] ausmacht, und die dieser Ideologie anhängenden rund 2.000 Neonazisten die in 23 als neonationalsozialistisch eingestuften Verbänden organisiert sind, streben einen »von Führerprinzip und Elitedenken bestimmten autoritären bzw. totalitären großdeutschen Staat nach der Ideologie und dem Programm der historischen ›Nationalsozialistischen Deutschen Arbeiterpartei‹ (NSDAP) an«.[21] Neonazisten planen seit geraumer Zeit, die NSDAP neu zu gründen (die NSDAP-AO = Aufbauorganisation existiert bereits).

Über diesen neonazistischen Kern hinaus gibt es noch ein weit gefächertes Spektrum von nationalistisch, rassistisch, und militant antikommunistisch orientierten Gruppen (u.a. Wehrsportgruppen, Wiking-Jugend, Freiheitliche Arbeiterpartei),[22] von denen offenbar jene, die sich zu Wahlen stellen, auch als durchaus wählbar gelten (s. etwa die Wahlergebnisse der »Deutschen Volksunion« DVU – Liste D und der »Republikaner« in den späten achtziger Jahren).

Gleichwohl richtet sich das staatsschützerische – politische, polizeiliche und geheimdienstliche – Hauptaugenmerk, entgegen der aus den historischen Verpflichtungen resultierenden Prioritätensetzung, insbesondere auf »linksextremistische Bestrebungen«: Der Verfassungsschutzbericht von 1988 beispielsweise befaßt sich mit ihnen extensiv auf insgesamt knapp hundert Druckseiten, die »rechtsextremistischen Bestrebungen« dagegen werden auf nur 30 Seiten abgehandelt (bei der Abhandlung von »linksextremistischem und rechtsextremistischem Terrorismus« ist das Verhältnis sogar 14 : 2).[23]

Verkehrte Welt der Bundesrepublik Deutschland: Statt »Kampf dem Faschismus« mal wieder: »Der Feind steht immer noch links«. Nachwirkungen des NS-Traumas: Die große Verdrängung der NS-Verbrechen und der eigenen Schuld bedingt offenbar eine zweite Verdrängung – die der Gefahr von rechts.

Qualitative Unterschiede zwischen »Terror« von »Rechts« und von »Links«

Daß Rechts nicht gleich Links sein kann und beide politischen Bestrebungen eigentlich auch unterschiedlich zu behandeln sind, ergibt sich nicht allein aus der Geschichte, sondern diese Erkenntnis wird auch bestätigt durch die grundsätzlich und qualitativ verschiedenen Zielsetzungen, Angriffsziele und Handlungsweisen, wie immer diese im einzelnen zu bewerten, zu be- oder verurteilen sind. Am Beispiel des »Rechtsterrorismus« und des »Linksterrorismus« läßt sich diese Tatsache besonders deutlich aufzeigen:[24]

»Rechtsterroristische« Anschläge richten sich – prinzipiell im Gegensatz zu »linksterroristischen« – entweder relativ ungezielt gegen Teile der Bevölkerung, wie etwa das blutige Massaker auf dem Münchner Oktoberfest (was bisher allerdings ein »untypischer«, aber durchaus wiederholbarer Einzelfall geblieben ist), oder gezielt gegen mißliebige Bevölkerungsgruppen, was sich als Regel herausstellte.[25] Ein Auszug aus dem Verfassungsschutzbericht von 1988 belegt diese These beispielhaft und anschaulich für die späten achtziger Jahre:[26]

Von den zwölf dort aufgeführten rechtsterroristischen Brandanschlägen (1989 ebenfalls 12) richtete sich je einer

■ gegen ein überwiegend von Ausländern bewohntes Haus in Schwandorf; dabei kamen vier Personen ums Leben;
■ gegen eine Schule in Neumünster während einer Podiumsdiskussion zum Thema »Wir wollen keine Nazis«;
■ gegen ein türkisches Lebensmittelgeschäft in Witten;
■ gegen ein Kommunikationszentrum in Rendsburg;
■ gegen Ausländerwohnungen in Wiesbaden;
■ gegen ein Heim der »Sozialistischen Deutschen Arbeiterjugend« (SDAJ) in Hannover;
■ gegen ein Jugendzentrum in Gronau.

Weitere 27 Brandanschläge (1989: 41), die nicht aufgeklärt wurden, verrieten ebenfalls neonazistische Handschrift und Motivation, nämlich vorwiegend rassistische Ausländerfeindlichkeit, Antisemitismus bzw. »Haß auf Linke«. Außerdem wurden 1988 mehrmals Asylbewerber und Ausländer-Wohnheime überfallen, Bewohner mißhandelt und zum Teil schwer verletzt. Angriffsziele waren in mehreren Fällen auch jüdische Einrichtungen und Gedenkstätten.

Seit Beginn der achtziger Jahre sind zahlreiche rechtsterroristische Überfälle auf derartige Ziele durchgeführt und Brandanschläge verübt worden: u.a. gegen Unterkünfte von Asylbewerbern und »Nichtseßhaften«, gegen türkische Geschäfte und Arbeiter, gegen Schulen, Jugendzentren, jüdische Einrichtungen und linksorientierte politische Gegner; dabei gab es Schwerverletzte und Tote: 1984 forderte der Brandanschlag auf eine Münchner Diskothek ein Todesopfer, 7 Personen wurden zum Teil schwer verletzt. »Zu der Tat bekannte sich eine Gruppe ›Ludwig‹,[27] die in ihrem Bekennerschreiben u.a. ein Hakenkreuz verwendete, sich offen zum Nazismus bekannte und deutlich machte, daß sich ihr Kampf u.a. gegen den Sittenverfall richte ...«[28] Die durch rechtsterroristische Anschläge in den Jahren 1980 bis 1989 verursachten 36 Todesfälle betrafen u.a. 13 Oktoberfestbesucher aus allen Bevölkerungsschichten, 10 Ausländer, die in der Bundesrepublik lebten (u.a. Türken, farbige Amerikaner, Ägypter, Vietnamesen), einen jüdischen Verleger und seine Lebenspartnerin, eine Diskotheken-Besucherin, zwei Männer ohne festen Wohnsitz.

Auch wenn sich die Mittel mitunter gleichen, zeichnen sich demgegenüber Anschläge, die von »Linksterroristen« verübt oder ihnen zugerechnet werden, in aller Regel dadurch aus, daß sie gezielt gegen staatliche und gesellschaftliche Repräsentanten und Funktionäre, gegen Einrichtungen und Vertreter des großen Kapitals, des »militärisch-industriellen Komplexes« – Schleyer (Arbeitgeber-Präsident), Ponto (Dresdner Bank), Zimmermann (MTU), Beckurts (Siemens), Herrenhausen (Deutsche Bank) – oder des staatlichen Repressionsapparates (Generalbundesanwalt Buback, Kammergerichtspräsident v. Drenkmann) gerichtet sind – also gegen Personen und Institutionen, die politisch verantwortlich sind bzw. gemacht werden für vermeintliche oder tatsächliche Mißstände, Ungerechtigkeiten und Menschenrechtsverletzungen, für staatliche Repression, kapitalistische Ausbeutung, imperialistische Unterdrückung und für die Beteiligung an internationalen Verbrechen (Vietnamkrieg, Nicaragua, Südafrika).[29] Mehr als 75 Prozent der »linksterroristischen« Brand- und Sprengstoffanschläge im Jahre 1988 richteten sich gegen entsprechend eingestufte Wirtschaftsunternehmen; ein Viertel der Anschläge bezog sich auf die global verhängnisvolle Politik des »Internationalen Währungsfonds« und der Weltbank, die 1988 ihre Jahrestagung in Berlin abhielten. Weitere Anschläge richteten sich gegen Einrichtungen der Atom-Wirtschaft und ihrer Zulieferer, außerdem gegen Großunternehmen, die mit dem Apartheid-Regime in Südafrika kooperieren.[30] Zur Frage der Angriffsziele heißt es etwa in einem »Kompendium für den Untergrundkampf« (Kröcher-Papier): »Die gewalt, die wir anwenden, anzuwenden gezwungen sind, darf niemals einfache leute aus dem volk treffen. Unbeteiligte dürfen nicht zu schaden kommen. Unsere gewalt darf niemals blind sein, sondern immer nur gezielt. Nicht die verblödeten Massen sollen schockiert werden, sondern diejenigen, die sie verblöden.«[31]

Solche Vorgaben zeigen, und die Erfahrungen bestätigen es: Dieser linke »politische Terrorismus bedroht bei uns nicht jedermann, er bedroht eine ganz bestimmte Funktionselite« (so der Strafrechtler Friedrich Dencker), die es allerdings – mit Hilfe von Massenmedien, Politik und Staatsgewalten[32] – fertiggebracht hat, ihre (potentielle) Betroffenheit zu verallgemeinern und der Bevölkerung als deren eigene zu vermitteln (s. dazu auch das Kapitel »Entmystifizierung der ›terroristischen Bedrohung‹«).

Demgegenüber haben die Opfer des »Rechtsterrorismus« keine Lobby. Es sind zumeist gesellschaftliche »Außenseiter«, Ausländer, Asylbewerber, Berber, Linke, Juden, einfach Fremde, denen weite Teile der Bevölkerung selbst mit Vorurteilen, Ressentiments und latenter Gewaltbereitschaft begegnen.

Gesellschaftlicher Nährboden für Rechtsextremismus und Neonazismus

Tatsächlich stellen mehrere Studien aus den achtziger Jahren einen relevanten rechtsextremistischen Meinungsanteil in der bundesdeutschen Bevölkerung fest – Ergebnisse, die allzu schnell wieder in Vergessenheit geraten sind.[33] Folgt man etwa den Ergebnissen einer empirischen Studie des SINUS-Instituts (Heidelberg/München),[34] die 1980/81 veröffentlicht wurde, so hatten am Übergang von den siebziger in die achtziger Jahre 13 Prozent der wahlberechtigten Bevölkerung (= 5,5 Millionen) ein »ideologisch geschlossenes rechtsextremes Weltbild,[35] dessen Hauptstützen ein nationalsozialistisches Weltbild, Haß auf Fremdgruppen, Demokratie und Pluralismus sowie eine übersteigerte Verehrung von Volk, Vaterland und Familie sind.«[36] Fast die Hälfte dieser rechtsextrem Eingestellten, rund 6 Prozent der Bevölkerung, akzeptieren politisch rechts motivierte Gewaltkriminalität bis hin zum Rechtsterrorismus. »Brücken nach rechts«, also autoritäre Tendenzen, ausländerfeindliche, antisemitische Einstellungen beim »nicht-extremistischen« Bevölkerungsanteil, sind bei 37 Prozent der Wahlbevölkerung feststellbar. Die Studie ermittelte ein 54,4prozentiges rechtsextremistisches Einstellungspotential bei CDU/CSU-Wählern, ein 20prozentiges bei den SPD-Wählern und ein 4prozentiges bei den FDP-Wählern.[37]

Die in der Umfrage vorgestellte Meinung, »gäbe es bei uns wieder Arbeitslager, kämen Zucht und Ordnung von allein«, finden 8 Prozent völlig und 20 Prozent teilweise richtig. 18 Prozent der Bundesdeutschen meinen: »Wenn man vom Krieg absieht, hatte es Deutschland unter Hitler besser.« Und 39 Prozent der Bevölkerung finden folgende Ansicht völlig oder teilweise richtig: »Nicht nur unsere Umwelt, sondern auch unsere Rasse muß rein gehalten werden.«[30]

Die SINUS-Studie beschreibt die ideologischen Grundmuster der extremen Rechten folgendermaßen (Auswahl):

■ »Leitfaktor ist das ›reaktionäre Menschenbild‹: Es ist geprägt von einer offensichtlichen tiefenpsychologisch begründeten haßerfüllten Ablehnung von Fremdgruppen«; Haß und Abneigung gegen alles Andersartige, zum Beispiel gegen »unanständige Jugendliche, ausländische Arbeitnehmer, sexuelle Minderheiten, Asoziale usw.«

■»Der Faktor ›Bedrohung‹: Er taucht als Bestandteil rechtsextremer Ideologie bereits in der klassischen Autoritätsforschung Adornos und anderer auf. Heute konkretisiert er sich an aktuellen gesellschaftlichen Problemen der Bundesrepublik: Ausländische Mitbürger ›bedrohen‹ in den Augen der Rechtsextremen den Bestand des deutschen Volkes, die ›Rasse‹ und damit die eigene Identität. Der in diesem Zusammenhang sichtbare Zerstörungs- und Vernichtungswille wird als notwendige Verteidigung empfunden.«[39]

Eine im Jahr 1982 veröffentlichte Untersuchung von Alphons Silbermann, Leiter des Kölner Instituts für Massenkommunikation, kommt zu dem Ergebnis, daß 20 Prozent der Bevölkerung »ausgeprägte antisemitische Vorurteile« haben, bei weiteren 30 Prozent sei Antisemitismus »in Latenz mehr oder weniger stark vorhanden«: »Auf diesem Hintergrund kann vom ›Ende eines Vorurteils‹ wohl keine Rede sein.«[40] Zwei Jahre später offenbart eine vom Bundesinnenministerium vorgelegte Studie, daß 80 Prozent der Bevölkerung der Meinung sei in der Bundesrepublik würden zu viele Ausländer leben.[41]

Vor diesem Hintergrund erscheint es gar nicht mehr so eigenartig, daß rechtsterroristische Anschläge, auch wenn sie sich ersichtlich gegen Teile der Bevölkerung, also gegen »einfache Leute«, richten, in der Gesamt-Bevölkerung nicht als derart große Bedrohung und Gefährdung wahrgenommen werden, wie das bei linksterroristischen Anschlägen der Fall ist. Offensichtlich, so lehrt die bundesdeutsche Geschichte, besteht in der Bevölkerung mehr Bereitschaft, Anteil am Schickal prominenter »Linksterrorismus«-Opfer aus der »Funktionselite« zu nehmen,[42] als sich mit den »namenlosen« Opfern des »Rechtsterrorismus« zu solidarisieren.

Wieder haben wir eine Verkehrung in der öffentlichen Wahrnehmung und Reaktion zu verzeichnen, die von herrschenden politischen Kreisen, von der herrschenden Politik nach Kräften ausgenutzt und gefördert wird.

Warum Unvergleichbares dennoch vergleichen?

Es gibt, wie wir gesehen haben, gravierende Unterschiede zwischen »Linksterrorismus« und »Rechtsterrorismus«. »Terrorismus« ist nicht gleich »Terrorismus«.

Warum also Unvergleichbares trotzdem vergleichen?

Bei aller Unterschiedlichkeit der zugrundeliegenden Phänomene ist unser Untersuchungs- und Erkenntnisinteresse auf etwas anderes gerichtet, nämlich auf die staatlichen, die strafjustitiellen Reaktionen: Es geht uns bei unserem nachfolgenden statistischen Vergleich der gerichtlichen Strafverfahren gegen tatsächliche oder vermeintliche Angehörige beider politischen Spektren in erster Linie darum, herauszufinden, wie die Politische Justiz mit diesen Phänomenen umgeht, ob sie Prioritäten setzt und welche, ob es signifikante Unterschiede gibt in der Behandlung, Auswertung und Beurteilung. Ist die Politische Justiz auch bei der Bewältigung von »Rechtsterrorismus«-Verfahren »befangen« – entsprechend oder vielleicht anders befangen, als wir es feststellen mußten beim Vergleich der »Linksterrorismus«-Verfahren mit Strafverfahren der allgemeinen (Gewalt-) Kriminalität?

Um gleich hier einem möglichen Mißverständnis vorzubeugen: Es geht uns bei diesem »Vergleich« nicht etwa um die Forderung einer (formalen) Gleichbehandlung beider Formen, Inhalte und Ziele politischer Gewalt. Wir sind auch nicht der Auffassung, die Bekämpfung des »Rechtsextremismus und -terrorismus« könne dem Strafrecht, der Politischen Strafjustiz bzw. diesem Staat überlassen werden. Eine solche Erwartung, wie sie auch in linken, antifaschistischen Kreisen immer wieder geäußert wird, halten wir für äußerst problematisch und zweischneidig.

Der so früh verstorbene Strafverteidiger und Publizist Sebastian Cobler hatte immer wieder diese »Scheinheiligkeit und doppelbödige Moral« angeprangert, »mit der solche Justizkritik in der Regel vorgetragen wird: von Leuten nämlich, denen die Strafjustiz nur so lange ein Dorn im Auge ist, als sie damit rechnen müssen, selbst zu deren Opfern zu gehören, die ihrerseits jedoch nicht zögern, nach dem Kadi zu rufen oder sich als Staatsanwälte aufzuspielen, wo immer ihnen dies in das politische Konzept paßt«.[43] Und weiter: »Das gerade von der Linken in eigener Sache reklamierte Recht auf politisch unbeschränkte Kontroversen ist nicht teilbar. Die Strafjustiz wird sonst zum Selbstbedienungsladen, aus dem dann jeder seine Klientel versorgt.«[44]

Auch die Schaffung neuer Gesetze gegen neonazistische Umtriebe, wie etwa das umstrittene Gesetz gegen die »Auschwitz-Lüge«, lehnte Cobler als »rechtspolitischen Ablaßhandel« kategorisch ab:

»Bereits die Absicht, mit Hilfe des Strafrechts und der Strafjustiz antisemitischen Anschauungen und Äußerungen begegnen zu wollen, ja: wirksam begegnen zu können, müßte gerade in Deutschland nachdenklich stimmen. Die Fixierung auf staatliche Institutionen und Interventionen im Kampf gegen Antisemitismus und Rassismus schlechthin ist nicht nur naiv oder vermessen; sie verweist auch auf jene spezifische Geschichtsblindheit, die eine radikale Aufarbeitung des Faschismus hierzulande verhindert hat.«[45]

Eine solche Konzeption der Funktionalisierung des politischen Strafrechts hätte praktisch die Delegierung eines historisch und gesellschaftspolitisch brisanten Problems, des Neofaschismus, an Institutionen zur Folge, gegenüber denen doch eigentlich historisch begründetes Mißtrauen angebracht ist. Sie hätte auch, um mit dem Verfassungsrechtler Ulrich K. Preuß zu sprechen, »die politische Konsequenz, daß die Abwehr unerwünschter politischer Entwicklungen nicht mehr als Aufgabe der politischen Aktivität des Volkes, sondern gleichsam als eine Verwaltungsaufgabe des Staates konzipiert ist – Staat und Verfassung (und Strafrecht; R.G.) sind die politischen Lebensversicherungen gegen unerwünschte politische Entwicklungen, wobei das System aber eine entscheidende offene Flanke hat: es macht nämlich das Volk wehrlos gegen den Staat und die ihn tragenden gesellschaftlichen Kräfte, die (...) definieren, was erwünscht ist und was unerwünscht.«[46] Die Erfahrung lehrt, daß eine solche Konzeption rasch und zielsicher gegen links losgehen kann.

Justizpraxis gegen »Rechtsterroristen«

Zur Datenbasis des Vergleichs

Zu dem verwendeten Zahlenmaterial und zum Untersuchungszeitraum ist folgendes vorauszuschicken:

(1) Den statistischen Vergleich führen wir durch anhand von Material zu den entsprechenden einschlägigen Verfahren in den achtziger Jahren: Die Zeitspanne umfaßt die Jahre 1980 bis 1989 (= 10 Jahre). Wir beziehen uns dabei – wie bei den »Linksterrorismus«-Verfahren – auf die Antworten der Bundesregierung, die aufgrund Parlamentarischer Anfragen der Bundestags-Fraktion »Die Grünen« erteilt wurden.[47] Mit diesen Antworten wurde zum ersten Mal auch einschlägiges Zahlenmaterial zum Komplex »Strafverfahren wegen ›rechtsterroristischer‹ und hiermit in unmittelbarem Zusammenhang stehenden Straftaten« zugänglich gemacht; dabei dürfte vor allem der justitielle Umgang mit dem § 129a StGB von besonderem rechtspolitischen Interesse sein. Wiederum unterscheiden wir bei unserer Untersuchung, entsprechend dem vorliegenden statistischen Material, Verfahren, die in die ausschließliche Zuständigkeit des Generalbundesanwaltes (GBA) fallen und dort bis zum Urteil verblieben sind (vollständige Datenbasis), und jene Verfahren, die an die Staatsanwaltschaften der Länder abgegeben wurden (eingeschränkte Datenbasis). Für den Vergleich der (Teil-) Ergebnisse, die wir im folgenden bezüglich der »Rechtsterrorismus«-Verfahren herausfiltern, werden wir uns auf die jeweiligen Auswertungsergebnisse der Linksterrorismus«-Verfahren weiter oben beziehen.

(2) Als Hintergrundmaterial und ergänzende bzw. konterkarierende »Argumentationshilfe« werden wir die Ergebnisse einer »Analyse von Strafverfahren wegen mutmaßlicher rechtsextremistischer Aktivitäten und Erscheinungen« aus dem Jahre 1985 (2. Auflage 1986) heranziehen. Diese Studie ist von Harry H. Kalinowsky unter Mitarbeit von Richard Blath, Konrad Hobe und Claudia Kothe-Heggemann verfaßt und vom Bundesminister der Justiz (BMJ) herausgegeben worden.[48] Gegenstand dieser Untersuchung waren insgesamt 903 rechtskräftige Aburteilungen

(=Verurteilungen und Freisprüche) mit 787 betroffenen Personen (d.h. einige der erfaßten Personen wurden mehrmals abgeurteilt), davon 579 rechtskräftig Verurteilten, von denen knapp 47 Prozent einer »rechtsextremistischen« Gruppierung zugeordnet werden konnten.[49] Titel der Studie: *»Rechtsextremismus und Strafrechtspflege«*.

Wenn wir diese Studie, so wie jene Vorgänger-Studie von Blath/Hobe über »Strafverfahren gegen linksterroristische Straftäter und ihre Unterstützer« (s.o.), ebenfalls »gegen den Strich« zu lesen versuchen, dann muß dies unseres Erachtens bereits mit den Titeln, den jeweiligen Themenstellungen beginnen. Es ist auffallend, daß in der einen BMJ-Studie bereits im Titel von »linksterroristischen Straftätern und ihren Unterstützern« die Rede ist, während die Nachfolge-Studie sich nicht etwa – parallel dazu – mit Strafverfahren gegen »rechtsterroristische Straftäter und ihre Unterstützer« befaßt, sondern mit »Rechtsextremismus und Strafrechtspflege«.[50] Schon einmal gab es eine ähnlich feine Unterscheidung zwischen links und rechts, diesmal aus dem Ressort des Bundesinnenministeriums: Da lautete eine Untersuchungsreihe mit 5 dickleibigen Bänden und über 2.000 Seiten »Analysen zum Terrorismus«, wo es in erster Linie um »Linksterrorismus« geht, während auf der anderen Seite eine schlichte Aufsatzsammlung mit teils nachgedruckten »Beiträgen aus Wissenschaft und Publizistik« den Titel »Gewalt von rechts«[51] trägt und mit 300 Seiten auskommt. Auch hier scheint im Gegensatz zu »Linksterrorismus« der Begriff »Rechtsterrorismus« ein Fremdwort zu sein, das höchst unspezifisch und moderat durch »Rechtsextremismus« und »Gewalt von rechts« ersetzt wird.

Nun bedeutet dieser Unterschied auch, daß die Ergebnisse der jeweiligen Studien nur sehr schwer zu vergleichen sind, eine Situation, die zusätzlich durch die unterschiedlichen Untersuchungszeiträume erschwert wird: Während die Studie von Blath/Hobe den Zeitraum 1971 bis 1980 umfaßt, widmet sich die Kalinowsky-Studie den Jahren 1978 bis 1982. Außerdem wird in der letztgenannten Arbeit die sicherlich aufschlußreiche Verfahrenspraxis in Sachen §§ 129/129a StGB nicht gesondert untersucht, geschweige denn nach den unterschiedlichen Tatbestandsverwirklichungen gefragt. Wir halten diese unterschiedlichen Herangehensweisen der mit der »Terrorismusbekämpfung« und ihrer »Aufarbeitung« befaßten ministeriellen Bundesstellen für keinen bloßen Zufall, vielmehr für ein Indiz dafür, daß schon im Untersuchungsansatz unterschiedlich gewertet wird.[52]

Gleichwohl ist in der BMJ-Studie von Kalinowsky ein Vergleich mit der ersten Studie von Blath/Hobe enthalten, den der Autor als bloße »Gegenüberstellung der Ergebnisse« beider Untersuchungen verstanden wissen will (S. 263 ff.): Dabei mußte der Verfasser fast durchgängig erhebliche Unterschiede in der justitiellen Behandlung von »Linksterroristen« und »Rechtsextremisten« – zu Lasten ersterer, zu Gunsten letzterer – registrieren: So wird etwa bei »Linksterroristen« wesentlich »häufiger Untersuchungshaft angeordnet und vollzogen, die Dauer der U-Haft ist zudem deutlich länger als bei Verfahren mit rechtsextremistischem Bezug.[53] Beachtliche Unterschiede fanden sich auch bei der Strafzumessung. Gegen linksterroristische Straftäter und ihre Unterstützer wurden häufiger Freiheits- bzw. Jugendstrafen verhängt, die im Durchschnitt auch höher waren als bei Verurteilungen wegen Straftaten mit rechtsextremistischem Bezug. Ebenso wurde dort der Strafrahmen stärker ausgeschöpft.« (S. 275) Außerdem setzten die Gerichte bei »rechtsextremistischen Aktivitäten« überproportional Freiheitsstrafen zur Bewährung aus (in fast 75 Prozent der Fälle;[54] S. 208 f.). Kalinowsky konnte diesen eindeutigen Befund allerdings, pauschal und en detail, mit der Feststellung entkräften, Untersuchungsgegenstand, Art und Schwere der jeweils zugrunde gelegten Delikte seien ja schließlich auch unterschiedlich:

»Während Extremismus – wie er hier verstanden wird – ein relativ breites Kontinuum von politischen Protesthaltungen und -handlungen umfaßt, meint Terrorismus, als spezifische Ausprägung des Extremismus, das Verbreiten von Schrecken durch unberechenbare und überraschende, aber systematisch eingesetzte Gewalttaten, um politische Wirkungen, letztlich eine gewaltsame Änderung der gesellschaftlichen und politischen Strukuren, zu erzielen.« (S. 263)[55]

Ausgehend von dieser prinzipiellen Unterschiedlichkeit läßt sich dann im einzelnen argumentieren: »Es wäre jedoch verfehlt, in der hier festgestellten ›milderen‹ Sanktionierung eine Ungleichbehandlung von rechtsextremistischen und linksterroristischen Straftätern zu sehen. Es ist neben der unterschiedlichen Bandbreite im wesentlichen die unterschiedliche Schwere der Straftaten, die diese Differenzierung in den verhängten Sanktionen bewirkt hat« (S. 273 f.). Das klingt zunächst plausibel. Ergo: »Man kann aus diesen Unterschieden ... nicht folgern, die Justiz lege an Rechtsextremismus und Linksterrorismus unterschiedliche Maßstäbe an ... Der häufig geäußerte Vorwurf, die Justiz sei auf dem rechten Auge blind, ist also nicht berechtigt« (S. 275)

Diese im ministralen Brustton der Überzeugung vorgetragene Einschätzung wollen wir im folgenden überprüfen und zwar anhand vergleichbaren Zahlenmaterials. Wer Justitia kennt, weiß, daß sie auf beiden Augen blind ist – sie richtet bekanntlich ohn' Ansehen der Person und ihrer politischen Heimat. Die Frage wäre also korrekter, ob die Politische Justitia nicht vielleicht mit einem Auge schielt, über die Augenbinde hinweg, und gegebenenfalls mit welchem? Und ob das wohl statistisch zu ergründen ist?

»Rechtsterrorismus«-Verfahren 1980 bis 1989

»Verharmlosung des Problems, übermäßige Milde, schleppende Strafverfolgung, kurz: die Justiz sei wie in der Weimarer Republik auf dem rechten Auge blind, sind Vorwürfe, die häufig an die Strafrechtspflege gerichtet werden, ohne daß eine genaue und umfassende Kenntnis der Praxis der Strafverfolgung und Rechtsprechung ... bestünde. Die Kritik ... fußt nicht selten auf unzulässigen Verallgemeinerungen.« (Studie des Bundesjustizministeriums, 1986)[56]

Der mangelnden Kenntnis und den unzulässigen Verallgemeinerungen wollen wir nach Kräften abhelfen und uns an die Detail-Arbeit unseres Vergleiches machen.

Für den Zeitabschnitt 1980 bis 1989 liegen als Datenbasis die Zahlen der »Straf(ermittlungs)verfahren wegen rechtsterroristischer und hiermit in unmittelbarem Zusammenhang stehender Straftaten« vor.

Ausgangsbasis und Schwerpunkt unserer Untersuchung bilden – wie im vorangegangenen Kapitel »Befangen?« – die jeweilige Anzahl der eingeleiteten Ermittlungsverfahren und die Daten der Verfahrensstadien vor Urteilsverkündung. Wiederum unterscheiden wir bei der Auswertung »GBA-Verfahren« und an die Staatsanwaltschaften der Bundesländer »abgegebene Verfahren«.

In der Zeit von 1980 bis 1989, also in einem Zeitraum von zehn Jahren, wurden insgesamt

- 134 »Rechtsterrorismus«-Verfahren eingeleitet, davon
    - 113 Verfahren gegen insgesamt
      323 namentlich bekannte Beschuldigte und
      21 Verfahren, die sich ausschließlich gegen eine nicht bekannte Anzahl unbekannter Täter richten;

  insgesamt wurden
    - 65 Verfahren an die Staatsanwaltschaften der Länder abgegeben;
    - 69 Verfahren blieben bis zum jeweiligen Verfahrensabschluß in GBA-Zuständigkeit.

Ähnlich wie bei den Ermittlungsverfahren gegen »Linksterroristen« kommen auf ein Verfahren gegen namentlich bekannte Beschuldigte im Schnitt knapp 3 Beschuldigte. Legt man diesen Faktor auch bei den 21 Ermittlungsverfahren gegen eine Mehrzahl unbekannter (mutmaßlicher) TäterInnen zugrunde, so kommt man auf eine (fiktive) Zahl von weiteren 63 Betroffenen. Zusammengerechnet ergibt sich somit für sämtliche eingegeleiteten Ermittlungsverfahren eine Anzahl von 386 Betroffenen.

Zur Erinnerung: Bei »Linksterrorismus«-Verfahren lag die Zahl der unmittelbar Betroffenen bei fast 10.000, also 25mal höher. Das bedeutet: In Sachen »Linksterrorismus« wird wesentlich extensiver ermittelt und es werden entsprechend mehr verdächtige bzw. beschuldigte Personen involviert als dies beim »Rechtsterrorismus« der Fall ist. Es handelt sich um vollkommen unterschiedliche Dimensionen der Strafverfolgung.

Zur Anwendung des § 129a StGB gegen »Rechts«

Paragraph 129 a Strafgesetzbuch bildet bekanntlich den Kern staatlicher, speziell justitieller »Terrorismusbekämpfung«; er ist Anknüpfungsnorm für die Eröffnung eines komplexen Sonderrechtssystems. Deshalb kann eine Untersuchung der entsprechenden Anwendungspraxis Aufschluß darüber geben, ob dieses Instrumentarium auch gegen den »Rechtsterrorismus« in vergleichbarer Weise Verwendung findet, wie das beim »Linksterrorismus« der Fall ist.

Tabelle 11: Ermittlungsverfahren (E-Verf.) wegen »rechtsterroristischer und hiermit in unmittelbarem Zusammenhang stehender Straftaten« im Zeitraum 1980 bis 1989

Jahr	Einleitungen/Abgaben	Anzahl der E-Verf. insgesamt[1]	E-Verf. gg. Unbekannt[2]	E-Verf. gegen bekannte Besch.	Anzahl der nementlich bekannten Beschuldigten	Namentlich bekannte Beschuldigte pro Verfahren
1980	Einl.	34	10	24	81	3,4
	Abg.	17	7	10	43	4,3
1981	Einl.	30	3	27	59	2,2
	Abg.	23	1	22	36	1,6
1982	Einl.	17	4	13	56	4,3
	Abg.	12	3	9	43	4,8
1983	Einl.	10	1	9	21	2,3
	Abg.	4	1	3	8	2,7
1984	Einl.	5	0	5	15	3,0
	Abg.	2	0	2	6	3,0
1985	Einl.	4	2	2	10	5,0
	Abg.	2	1	1	9	9,0
1986	Einl.	3	0	3	33	11,0
	Abg.	1	0	1	1	1,0
1987	Einl.	24	0	24	32	1,3
	Abg.	1	0	1	1	1,0
1988	Einl.	4	0	4	11	2,8
	Abg.	1	0	1	5	5,0
1989	Einl.	3	1	2	5	2,5
	Abg.	2	0	2	5	2,5
1980 bis 1989	Einl.	134	21	113	323	2,9
	Abg.	65	13	52	157	3,0
Rest in GBA-Zuständigkt. (1980-1989)	69	8	61	166	2,7	

Quelle. Regierungsantwort, S. 19 (Tabelle), BT-Drucksache 11/2774 und Ergänzungen 1988 und 1989.
Erläuterungen:

[1] jeweils 1. Zeile (»Einl.«) = Einleitung von E-Verfahren insgesamt; 2. Zeile (»Abg.«) = davon Abgaben an Staatsanwaltschaften der Bundesländer.

[2] Anzahl der Ermittlungsverfahren, die sich ausschließlich gegen unbekannte Täter richten.

Anteil der 129a-Verfahren an der Gesamt-Verfahrenszahl
Eine erste Antwort läßt sich gleich vorab geben: Die Zahl der Einleitungen von 129a-Ermittlungsverfahren im »Rechtsterrorismus«-Bereich – Höhepunkt 1980 mit 34 Verfahrenseinleitungen – nimmt bis 1989 stetig ab und tendiert gegen Null (1986 und 87 lediglich je 1 Verfahren, 1988: 0; s. Tabelle 12). Und dies, obwohl die Gefahren rechtsterroristischer Gewalt und rechtsextremistischer Entwicklungen keineswegs geringer geworden sind – im Gegenteil, sie sind, folgt man den Verfassungsschutzberichten und liest aufmerksam die Tagespresse, durchaus im Zunehmen begriffen. Demgegenüber bleiben die Zahlen der Verfahrenseinleitungen im »Linksterrorismus«-Bereich relativ konstant auf hohem Niveau: Es waren in den achtziger Jahren nie unter 200 (1984), der Höchststand lag bei 554 (1981); meist pendeln die Zahlen zwischen 250 und 380 Verfahrenseinleitungen.

Daß im linken Spektrum, im Gegensatz zum rechten, rascher ein Organisationsdelikt nach § 129a angenommen bzw. unterstellt wird, das zeigt recht deutlich das jeweilige Verhältnis von Strafermittlungsverfahren wegen »terroristischer« und hiermit in unmittelbarem Zusammenhang stehender Straftaten zum hierin enthaltenen Anteil der 129a-Ermittlungsverfahren:
beim »Linksterrorismus« ist das Verhältnis 3.308 zu 3.198 = 96,7%
beim »Rechtsterrorismus« 134 zu 97 = 72,4%.

Im erstgenannten Bereich wird also zu fast 100 Prozent von den Ermittlungsbehörden ein 129a-Organisationszusammenhang unterstellt, im rechten Lager dagegen um fast 25 Prozent seltener.

Hinzu kommt, daß bei den eingeleiteten »Linksterrorismus«- Verfahren nach dem Organisationsdelikt § 129a StGB jene, die sich ausschließlich gegen eine Vielzahl unbekannter Täter richten, mehr als 70 Prozent ausmachen; dies eröffnet den Ermittlungsbehörden ausgedehnte, relativ willkürliche und »ziellose« Vorfeld-Ermittlungen – woran offenbar im »Rechtsterrorismus«-Bereich kaum Interesse besteht, denn dort liegt der Anteil der ausschließlich gegen unbekannte TäterInnen gerichteten Ermittlungsverfahren bei nur etwa 15,7 Prozent.

Die Verteilung der Tatbestandsformen:
Mitgliedschaft, Unterstützung und Werbung
Wir untersuchen die 129a-Anwendungspraxis im Bereich »Rechtsterrorismus« weiterhin anhand der Gewichtung der 129a-»Begehungsformen«: Mitgliedschaft in einer »terroristischen Vereinigung«, Unterstützung einer solchen und Werben für sie.

Die Gewichtung der »Begehungs«-Tatbestände des § 129a StGB ergibt im Bereich »Rechtsterrorismus« für die achtziger Jahre – folgen wir den Resultaten der Tabelle 12 – folgendes Bild, das wir sogleich mit der Verteilung bei »Linksterrorismus«-Verfahren vergleichen wollen:

129a-»Begehungsform«	Linksterr.-Verf.	U+W	Rechtsterr.-Verf.	U+W	Differenz	U+W
Mitgliedsch./Gründen	16,9%		42,3%		25,4%	
Unterstützung (U)	24,0%		45,4%		20,3%	
		84,3%		58,9%		25,4%
Werben (W)	58,3%		12,6%		45,7%	
Gesamtzahl d. Ermittlungsverf. nach § 129a.	100,0%		100,0%			

Im Gegensatz zum »Linksterrorismus« betreffen im »Rechtsterrorismus«-Bereich nur knapp 60 Prozent der Ermittlungsverfahren die Tatbestände Unterstützung und Werbung, also 25 Prozent weniger als im linken Spektrum. Betrachtet man die absoluten Zahlen insbesondere ab 1982, so muß man feststellen, daß staatliche Strafermittlungen gegen »Unterstützer des Rechtsterrorismus« oder gegen »Sympathie-Werber« praktisch kaum und ab 1987 überhaupt nicht mehr vorkommen (gleiches gilt übrigens auch für mutmaßliche Mitglieder; auch da tendieren die Verfahrenszahlen gegen Null). Ob es daran liegt, daß es keine »Rechtsterroristen« und kein »rechtsterroristisches Umfeld« gibt, ist zu bezweifeln.

»Begehungsformen« bei §-129a-Verurteilungen

Die Verurteilungen nur oder auch nach § 129a StGB aufgrund der vom Generalbundesanwalt erhobenen Anklagen erfolgten zu 100 Prozent wegen Mitgliedschaft (11 Verurteilungen verteilt auf die Jahre 1980 = 4, 1982 = 2, 1984 = 2, 1985 = 1, 1987 = 1, 1988 = 1).[57] Die gemeldeten Verurteilungen aufgrund der vom GBA abgegebenen Verfahren[58] erfolgten zu 100 Prozent wegen Werbens für eine »terroristische Vereinigung« (13 Verurteilungen). Diese 13 Verurteilungen wegen Werbens sind alle im Jahr 1980 erfolgt; seitdem sind bis einschließlich 1989 keine weiteren Verurteilungen gemeldet, so daß bei dieser Häufung von Verurteilungen wegen Werbens in einem einzigen Jahr von einer Ausnahme auszugehen ist. Im Verfassungsschutzbericht 1983 (S. 159) sind noch 2 Verurteilungen wegen Unterstützung einer »terroristischen Vereinigung« verzeichnet; im übrigen keine Verurteilungen wegen Werbens.[59]

Das Verhältnis von Mitgliedschaft zu den Auffangtatbeständen Werben und Unterstützen liegt damit, GBA- und abgegebene Verfahren zusammengenommen, bei 11 zu 15, d.h. in etwa 58 Prozent der Verurteilungen wird nicht wegen Mitgliedschaft verurteilt. Bei »Linksextremismus«-Verurteilungen liegt dieser Satz bei etwa 70 Prozent. Ergebnis: Bei »Rechtsterrorismus«-Verfahren wird in wesentlich weniger Fällen von den besonders amorphen 129a-Begehungsformen Unterstützung und Werbung Gebrauch gemacht als bei »Linksterrorismus«-Verfahren. Das hat auch zur Folge, daß im rechten Spektrum wesentlich weniger »Taten« aus dem Meinungsäußerungsbereich mit § 129a als »terroristisch« kriminalisiert werden, als links.

Diesem Befund könnte nun entgegen gehalten werden, daß doch »rechtsextremistische« Äußerungsdelikte mit speziellen Strafnormen geahndet werden (können), so etwa mit § 86 StGB (»Verbreiten von Propagandamitteln verfassungswidriger Organisationen«) oder mit § 86a (»Verwenden von Kennzeichen verfassungswidriger Organisationen«).[60] »Hitlergruß« und »Hakenkreuz«, »SS«-Runen und sonstige NS-Kennzeichen, Propaganda zur sog. Vergasungs- oder Auschwitz-Lüge, also der größte Teil der rechtsextremistischen »Agitationskriminalität«, wären damit erfaßt, § 129a folglich für diesen Bereich überflüssig.

Abgesehen davon, daß § 129a u.E. generell überflüssig (und gefährlich) ist, offenbart doch diese Argumentation in Verbindung mit der einschlägigen justitiellen Praxis wieder einmal entscheidende Unterschiede zur Behandlung des linken Spektrums. Zum einen beträgt der Strafrahmen bei den §§ 86, 86a StGB nur bis zu drei Jahren Freiheitsstrafe oder aber lediglich Geldstrafe, während § 129a Freiheitstrafe wenigstens zwischen sechs Monaten und fünf Jahren (für Unterstützung und Werbung) oder zwischen einem Jahr und zehn Jahren (für Mitgliedschaft) vorsieht. Zum anderen wird, im Gegensatz zur vorschnellen Vorgehensweise gegen links, im rechten Spektrum bei den genannten »Propaganda- bzw. Agitationsdelikten« und bei der Anwendung der beispielhaft genannten Normen der organisatorische Hintergrund regelmäßig ausgeblendet.[61] Würde er berücksichtigt, dann wäre häufig auch § 129a StGB anwendbar. Davon wird jedoch nur gegen links Gebrauch gemacht, und zwar so generös, daß schon die Buchstabenkombination »RAF« an einer Mauer dem Urheber zur Werbung für eine »terroristische Vereinigung« geraten kann. Die Anzeichen für eine immer ausgedehntere Anwendung des § 129a StGB und für einen besonderen Verfolgungseifer der Sicherheitsbehörden gegenüber politisch verdächtigen Szenen, Gruppen und Personen, die wir bei der Bekämpfung des »Linksterrorismus« ausgemacht haben, können wir bei der justiziellen Behandlung des »Rechtsterrorismus'« nicht erkennen.

Ausforschung mit Hilfe des § 129a auch gegen rechts?

Bei der statistischen Untersuchung der »Linksterrorismus«-Verfahren hat sich die Ausforschungsfunktion als wesentliches Charakteristikum des §129 a erwiesen.

Trifft diese Einschätzung auch für die Anwendung dieser Norm gegen den »Rechtsterrorismus« zu? Wird auch hier §129 a vorwiegend dazu genutzt, die mit ihm verknüpften Sonderermächtigungen aktivieren zu können, und kommt es folglich auch hier den Sicherheitsbehörden nicht in erster Linie auf eine Verurteilung der Beschuldigten im Einzelfall an? Deshalb also auch hier die Frage: In wie vielen Fällen haben die im Vergleich sehr wenigen Ermittlungsverfahren nach § 129a StGB zu keinem strafrechtlich intendierten »Erfolg« geführt?

(1) In durchschnittlich rund 69 Prozent sämtlicher eingeleiteter 129a-Ermittlungsfälle erfolgte in den Jahren 1980 bis 1989 eine vorgerichtliche Verfahrenseinstellung durch den Generalbundesanwalt oder die Länder-Staatsanwaltschaften (s. Tabelle 13). Immerhin: Auch in diesem Bereich ein 129a-typisches Ergebnis, aber doch signifikante rund 10 Prozent unterhalb der Einstellungsquote bei »Linksterrorismus«-Verfahren.

(2) Bei »Linksterrorismus«-Verfahren hatten wir eine Anklagequote (Verhältnis der Anzahl von Tatverdächtigen aus eingeleiteten 129a-Ermittlungsverfahren zu den hieraus resultierenden Aburteilungen) von lediglich 2 bis 4 Prozent festgestellt. Im »Rechtsterrorismus«-Bereich wurden dagegen in den Jahren 1980 bis 1989 in durchschnittlich 9 bis 16 Prozent der Fälle die im Verlaufe der 129a-Ermittlungsverfahren beschuldigten Tatverdächtigen auch tatsächlich gerichtlich abgeurteilt (s. Tabelle 14).[62]

Der Vergleich mit der üblichen Anklagequote im Bereich der allgemeinen Kriminalität (ohne Straßenverkehrvergehen), die im Schnitt bei 45 Prozent liegt, zeigt, daß auch im »Rechtsterrorismus«-Bereich tendenziell eine 129a-typische Anwendungspraxis festzustellen ist, falls diese Norm überhaupt herangezogen wird. Allerdings ist diese Tendenz wesentlich schwächer ausgeprägt als in »Linksterrorismus«-Verfahren.

Tabelle 12:
Gewichtung der »Begehungsformen« bei §-129a-Ermittlungsverfahren (RT)

Jahr		§-129a-Ermittlungsverfahren insg.	Mitgl.	%	Unter-stützg.	%	Wer-bung	%	U+W	%
1980	Einl.	34	8	23,5	15	44,1	11	32,4	26	76,5
	Abg.	17	3	17,6	6	35,3	8	47,1	14	82,4
1981	Einl.	28	14	50,0	14	50,0	0	0,0	14	50,0
	Abg.	23	12	52,2	11	47,8	0	0,0	11	47,8
1982	Einl.	15	8	53,3	6	40,0	1	6,7	7	46,7
	Abg.	11	6	54,5	4	36,4	1	9,1	5	45,5
1983	Einl.	9	3	33,3	6	66,7	0	0,0	6	66,7
	Abg.	4	2	50,0	2	50,0	0	0,0	2	50,0
1984	Einl.	4	3	75,0	1	25,0	0	0,0	1	25,0
	Abg.	1	0	0,0	1	100,0	0	0,0	1	100,0
1985	Einl.	3	2	66,7	1	33,3	0	0,0	1	33,3
	Abg.	1	1	100,0	0	0,0	0	0,0	0	0,0
1986	Einl.	1	0	0,0	1	100,0	0	0,0	1	100,0
	Abg.	1	0	0,0	1	100,0	0	0,0	1	100,0
1987	Einl.	1	1	100,0	0	0,0	0	0,0	0	0,0
	Abg.	0	0	-	0	-	0	-	0	-
1988	Einl.	0	0	-	0	-	0	-	0	-
	Abg.	0	0	-	0	-	0	-	0	-
1989	Einl.	2	2	100,0	0	-	0	-	0	-
	Abg.	1	1	100,0	0	-	0	-	0	-
Einleitungen		97	41	42,3	44	45,4	12	12,4	56	57,6
Abgaben		59	25	42,4	25	42,4	9	15,3	34	57,6

Quelle: Regierungsantwort, a.a.O., S. 19; Ergänzungen 1988 und 1989; vollständige Datenbasis.
Anmerkungen:
Die Zahlen in der Spalte »Mitgl.« (Mitgliedschaft) enthalten auch den Vorwurf des »Gründens«. Bei den Spalten »Unterstützung« und »Werbung« ist eine Doppelzählung möglich, da in einigen Fällen bei der Einleitung der Ermittlungen noch keine rechtlich eindeutige Zuordnung erfolgte. Rundungsfehler bei Prozentangaben.

Tabelle 13:
Verfahrens-Einstellungen
(durch GBA und von StA nach Abgabe der §129 a-RT-Verfahren)

Jahr	Anzahl d. Besch.	Einstellung	in %	E-Verf. gg. Unbekannt	Einstellg.	in %	Einstellg. im Schnitt %
1	2	3	4	5	6	7	8
1980	74	38	51,4	10	10	100,0	57,1
1981	53	41	77,4	1	1	100,0	77,8
1982	55	37	67,3	3	2	66,7	67,3
1983	20	17	85,0	1	0	0,0	81,0
1984	12	9	75,0	0	0	–	75,0
1985	9	9	100,0	2	2	100,0	100,0
1986	1	1	100,0	0	0	–	–
1987	8	8	100,0	0	0	–	–
1988	0	0	–	0	0	–	–[1]
1989	4	0	–	1	1	100,0	20,0
80-87:	236	160	67,8	18	16	88,9	69,3

Quelle: Regierungsantwort, a.a.O., S. 22 Tabelle.

Anmerkungen:
Spalte 2: Anzahl der namentlich bekannten Beschuldigten.
Spalte 3: Vorgerichtliche Einstellungen durch GBA und nach Abgabe durch Landes-Staatsanwaltschaften.
Spalte 4: Prozentualer Anteil der Einstellungen.
Spalte 5: Anzahl der Ermittlungsverfahren, die sich ausschließlich gegen unbekannte Täter richten.
Spalte 6: Einstellungen dieser Verfahren durch GBA und nach Abgabe durch Landes-StA;
Spalte 8: Prozentualer Anteil aller vorgerichtlichen Einstellungen an sämtlichen Ermittlungsverfahren.
[1] Im Jahr 1988 wurden insgesamt 16 Verfahren nach §129 a gegen bekannte Täter und zwei Verfahren gegen Unbekannt eingestellt; diese Einstellungen beziehen sich auf vor 1988 eigeleitete Ermittlungsverfahren.

Tabelle 14: Anklagequoten bei §129a-RT-Verfahren

Jahr	Anzahl der Tatverdächtigen	Aburt. nach 129a	Sp. 2:1 in %	Tatverd. aller 129a-Verf.	Hochrechnung (s. Anm.)	Aburt. nach 129a	Sp. 6:4 in %	Hochrechnung Sp. 6:5 in %
	1	2	3	4	5	6	7	8
1980	41	4	9,8	84	104	17	20,2	16,3
1981	22	0	0,0	54	56	0	0,0	0,0
1982	13	2	15,4	58	64	3	5,2	4,7
1983	12	0	0,0	21	23	2	9,5	8,7
1984	9	2	22,2	12	12	2	16,7	16,7
1985	2	1	50,0	11	15	1	9,1	6,7
1986	0	0	-	1	0	1	0,0	0,0
1987	8	1	12,5	8	8	1	12,5	12,5
1988	0	1*	-	0	0	1*	-	
1989	0	0	-	5	7	0	0,0	
80-89:	107	11	10,3	170	290	27	15,9	9,3

Die Anklagequote, also das Verhältnis Abgeurteilten zu Tatverdächtigen, liegt bei der allgemeinen Kriminalität im Schnitt bei ca. 45 Prozent (1980-1986).[63]

Quelle: Regierungsantwort, a.a.O., S. 19 (Tabelle, Spalte 2 und 3 zu § 129a) und S. 26 (Tabelle 1) sowie Ergänzende Auskunft, a.a.O., Tabelle 9. (Eigene Hochrechnung)

Anmerkungen:
In dieser Tabelle wird die Anzahl der abgeurteilten Personen ins Verhältnis gesetzt zur Anzahl der Tatverdächtigen; letztere ist nicht eindeutig zu ermitteln: Wir haben eine Mindestsumme angenommen aus der Anzahl der namentlich bekannten 129a-Beschuldigten (Spalte 2 zu § 129a der Regierungsantwort, S. 19) und aus der Anzahl der E-Verfahren gegen unbekannte Täter (Spalte 3 zu § 129a der Regierungsantw.), wobei wir hier nur einen Beschuldigten pro Verfahren in Ansatz brachten.
In Spalten 5 + 8 haben wir – entsprechend unserer Berechnung in Tabelle 11 – pro Verfahren 3 Beschuldigte in Ansatz gebracht.
Spalte 1: Tatverdächtige in GBA-geführten 129a-Verfahren (vollständige Datenbasis; eigene Berechnung).
Spalte 2: Aburteilungen in den GBA-geführten 129a-Verfahren (Verurteilungen nur oder auch nach § 129a StGB - ergänzte, vollständige Datenbasis; s.o.). * 1988: Verfahren aus Anfang 80er Jahre (vgl. VS-Bericht 1988, S. 141).
Spalte 4: Zahlen aus Tabelle der Regierungsantwort, S. 19 (vollständige Datenbasis) = Anzahl der Beschuldigten + Anzahl der E-Verfahren gegen Unbekannt (GBA + abgeg. Verfahren).
Spalte 5: Anzahl der 129a-Beschuldigten + Anzahl der 129a-E-Verfahren gegen Unbekannt x 3 (= Beschuldigtenzahl pro E-Verfahren nach Tabelle 11)
Spalte 6: Bei den Aburteilungen (s.Anm.zu Sp.2) wurden jeweils die höchsten amtlichen Angaben berücksichtigt (incl. Angaben in Verfassungsschutzberichten; s. oben).
Apalte 8: die sich aus Spalte 5 und 6 ergebenden Prozentsätze.

Insgesamt ist bei dieser Untersuchung zu berücksichtigen, daß es zu zeitlichen Verschiebungen kommen kann, da die eingeleiteten Verfahren in der Regel nicht im selben Jahr abgeschlossen werden; allerdings werden diese Verschiebungen innerhalb eines längeren Zeitraums (von hier 10 Jahren) ziemlich ausgeglichen.

Untersuchunghaft-Praxis im Vergleich

Für »Linksterrorismus«(LT)-Verdächtige gibt es, so haben wir festgestellt, einschneidende Untersuchungshaft-Bedingungen, die für Tat-Verdächtige aus dem Bereich der allgemeinen Kriminalität nicht gelten. Wie sieht nun die U-Haft-Praxis für »Rechtsterrorismus«(RT)-Verdächtige aus?

Anordnung der U-Haft

Zunächst ist zur Beurteilung vorstehender Frage interessant, wie viele der Untersuchungsgefangenen später auch abgeurteilt werden. Das Verhältnis von RT-verdächtigen U-Häftlingen zu abgeurteilten »rechtsterroristischen Straftätern« (= Freigesprochene und Verurteilte) stellt sich für die Jahre 1980 bis 1989 folgendermaßen dar:

In GBA-Verfahren:[64]

– Auf 15 Aburteilungen kommen 24 U-Haftgefangene = 160 %

In abgegebenen Verfahren:[65]

– Auf 32 Aburteilungen kommen 17 U-Haftgefangene = 53 %

Beide Verfahren zusammengefaßt:

– Auf 47 Aburteilungen kommen 41 U-Haftgefangene = 87 %

Diese Verhältnisse entsprechen in der Tendenz ungefähr denen bei LT-Verfahren; allerdings liegt bei den hier untersuchten RT-Verfahren die U-Haft-Quote noch höher (Erklärung: hoher Anteil an Mitgliedschaftsverfahren) – jedoch mit rapide fallender Tendenz seit 1982 (im Gegensatz zu den LTV):

1980: 12 Beschuldigte in U-Haft; 1981: 13; 1982: 5; 1983: 1; 1984: 3; 1985: -, 1986: 5; 1987: 2; 1988: 0; 1989: 0.

Untersuchungshaft-Dauer

Die Ergebnisse des folgenden Vergleichs erstaunen zunächst, signalisieren sie doch zum ersten Mal eine gewisse »Schlechterstellung« von RT-Verdächtigen (siehe Tabelle 15).

Dieser Vergleich zeigt, daß der bereits festgestellte Trend bei der U-Haftdauer offenbar für alle »Terrorismus«-Verdächtigen, ob links, ob rechts, gleichermaßen gilt: Wesentlich weniger Kurz-Zeit-U-Haft bis 3 Monate im Vergleich zur allgemeinen Kriminalität, dafür ein umso höherer Anteil von Langzeit-U-Haft über einem Jahr. Allerdings sind in den Jahren 1980-87 fast 12 Prozent mehr LT-Verdächtige als RT-Verdächtige nur bis zu 3 Monaten inhaftiert,[66] während RT-Verdächtige in wesentlich mehr Fällen länger als ein Jahr in Untersuchungshaft sitzen (über 13 % mehr).

Diese Unterschiede sind erklärungsbedürftig: Zunächst ist auch hier zu berücksichtigen, daß die U-Haft-Zahlen im RT-Bereich seit 1982 drastisch sinken (1988 und 1989 keine RT-U-Haftgefangenen), so daß unser bisheriges Ergebnis übermäßig stark von den beiden Jahren 1980 und 1981 beeinflußt wird. Obendrein ist hier wohl eine Korrektur anzubringen, denn die Datengrundlagen sind, was die abgegebenen Verfahren anbelangt, sehr unterschiedlich lückenhaft: Im RT-Be-

Tabelle 15: U-Haft-Dauer im Vergleich

Von allen »Terrorismus«-U-Häftlingen saßen 1980 - 1987

		bis 3 Mo	3-6 Mo	6-12 Mo	über 1 Jahr	mehr als 1 J.	mehr als 2 J.	mehr als 3 J.
»Rechtsterr.«								
GBA-Verf.	24 U-H.	4,2%	4,2%	20,8%	70,8%	20,8%	45,8%	4,2%
abg.Verf.	15 U-H.	66,7%	26,7%	0,0%	6,7%	6,7%	0,0%	0,0%
	39 U-H.	28,2%	12,8%	12,8%	46,2%	15,4%	28,2%	2,6%
1988 + 1989: Keine RT-U-Haftgefangenen								
»Linksterr.«:								
GBA-Verf.	55 U-H.	18,2%	12,7%	12,7%	56,4%	21,8%	20,0%	14,5%
abg.Verf.	40 U-H.	70,0%	22,5%	7,5%	-	-	-	-
	95 U.H.	40,0%	16,8%	10,5%	32,6%	12,6%	11,6%	8,4%
1988 + 1989	38 U.H.	13,2%	10,5%	18,4%	57,9%			

Quellen: Regierungsantwort (GBA-Verf.), a.a.O., S. 21 (Tabelle 2) und Ergänzende Auskunft (abgegebene Verfahren), Tabelle 7. Ergänzungen 1988 + 1989.

Anmerkungen:
Der Vergleich der U-Haft-Dauer bei GBA-Verfahren basiert auf vollständigen Zahlenangaben, während bei den abgegebenen Verfahren keine Angaben vorliegen über 2 RT-verdächtige (= 11,8 %) und über 10 LT-verdächtige U-Haftgefangene (= 20 %).

reich gibt es über 2 U-Haftgefangene keine Angaben zur Haftdauer (= knapp 12 %), während im LT-Bereich solche Angaben zu 10 Personen fehlen (= 20 %). Insofern könnten hier noch wesentliche Gewichtsverschiebungen möglich sein.

Zum anderen: Wie wir bei der Untersuchung der »Terrorismus«-Verfahren nach § 129 a StGB festgestellt haben, wird diese Norm gegen LT wesentlich extensiver anwandt, als gegen RT; insbesondere sind Unterstützer- und Werber-Verfahren, also zum Teil auch relativ leichte Vorwürfe, auf der Linken bedeutend häufiger zu finden (Anteil von ca. 83 %; bei RT nur 58 %). Deswegen ist es eigentlich wenig erstaunlich, daß gerade LT-Verdächtige zu einem höheren Prozentsatz nur bis 3 Monate in U-Haft sitzen. Die relativ wenigen RT-Verfahren konzentrieren sich hingegen mehr um den schwereren Vorwurf der Mitgliedschaft in einer »terroristischen Vereinigung«; Unterstützer und Werber werden hier wesentlich weniger verfolgt. Mit diesem Umstand ist auch die um 13 Prozent höhere Langzeit-Quote (über 1 Jahr) erklärlich. Im übrigen, so läßt sich aus der letzten Spalte ablesen, dauert die U-Haft für LT-Verdächtige durchschnittlich wesentlich länger als im RT-Bereich – und zwar über drei Jahre hinaus (bis zu fast 8 Jahre im Extremfall):[67] In dieser Rubrik sind nahezu 6 Prozent mehr LT-Verdächtige zu finden als RT-Verdächtige (in absoluten Zahlen: 8 zu 1 U-Haftgefangenen).

U-Haft und Urteilsspruch/Strafausspruch
In wie vielen Fällen werden RT-verdächtige U-Haftgefangene später überhaupt zu einer vollstreckbaren Freiheitsstrafe verurteilt – oder andersherum gefragt: wie viele werden noch nicht mal zu einer vollstreckbaren bzw. zu überhaupt keiner Freiheitsstrafe verurteilt?
– 37,5 Prozent der RT-*verdächtigen* U-Haftgefangenen in GBA-Verfahren werden überhaupt nicht abgeurteilt;[68] im LT-Bereich sind es etwa 40 Prozent.
– bei 9,5 Prozent der *abgeurteilten* U-Haftgefangenen wurde eine verhängte Freiheitsstrafe zur Bewährung ausgesetzt (GBA- und abgegebene Verfahren zusammengerechnet);[69] bei U-Haftgefangenen im LT-Bereich waren es 17 Prozent.
– 0 Prozent erhalten eine Geldstrafe; LT: ca. 20 Prozent.
– 0 Prozent Freisprüche; LT: ca. 5 Prozent.
– 90,5 Prozent werden zu Freiheitsstrafen ohne Bewährung verurteilt; LT: nur 57 Prozent.

Diese Aufstellung und die Vergleichszahlen zeigen deutlich, daß hier die Verhältnisse vollkommen anders liegen als im LT-Bereich: Wurden dort etwa 42 Prozent der abgeurteilten U-Haftgefangenen zu keiner vollstreckbaren oder zu überhaupt keiner Freiheitsstrafe verurteilt, also zu Unrecht oder vorschnell in U-Haft genommen, so sind dies im RT-Bereich lediglich 9,5 Prozent. Das bedeutet, daß bei RT-Verdächtigen das Mittel der U-Haft wesentlich weniger breit gestreut, weniger »willkürlich« angewandt wird als bei LT-Verdächtigen – bei denen die U-Haft in der Regel, wiederum im Gegensatz zu RT-Verdächtigen, zusätzlich zur Isolationshaft ausgestaltet wird.[70]

Resümee: Zweierlei Maß

»Die Diskussion zum Thema Justiz und Rechtsextremismus ist durch Vorurteile und Ressentiments gekennzeichnet, die sich z.T. noch aus den Erfahrungen mit der Justiz in der Weimarer Republik herleiten. Einschlägige Untersuchungen über die Rechtsprechung in dieser Zeit kamen zu dem Ergebnis, daß die Strafverfolgung sich fast ausschließlich gegen den Linksextremismus gerichtet habe, während der Rechtsextremismus weitgehend unbehelligt geblieben sei.« (Kalinowsky in seiner vom Bundesjustizministerium herausgegebenen Studie, 1985).[71]

Politische Justiz richtet sich – auf den ersten flüchtigen Blick – gegen »links« wie gegen »rechts« gleichermaßen und vermittelt so den Eindruck einer gewissen staatlichen Neutralität. Dieser Eindruck ist falsch. Unsere Untersuchungsergebnisse zeigen für den »Terrorismus«-Bereich in aller Klarheit: Es gibt sie tatsächlich doch, die einerseits vielfach befürchtete und unterstellte, andererseits vehement geleugnete und verdrängte Rechts-Blindheit bundesdeutscher Polit-Justiz – immer noch und nachweislich. Sie manifestiert sich in einer, für die achtziger Jahre statistisch untermauerbaren, signifikant unterschiedlichen justitiellen Behandlung von »Linksterrorismus« (LT) und »Rechtsterrorismus« (RT) – eine »Ungleichbehandlung« nicht etwa entsprechend der ungleichen Phänomene, sondern gerade verkehrt herum: einseitig zu Lasten des linkspolitischen Oppositions- und Widerstandsspektrums, während das rechte, neonazistische Spektrum demgegenüber vielfach »begünstigt« wird.

Folgende Tendenzen lassen sich zusammenfassend herauslesen:

Es wurden fast 25mal mehr LT-Verfahren eingeleitet als RT-Verfahren. Das bedeutet: In Sachen »Linksterrorismus« wird wesentlich extensiver ermittelt und es werden entsprechend mehr verdächtigte Personen involviert als dies beim »Rechtsterrorismus« der Fall ist. Es handelt sich um vollkommen unterschiedliche Dimensionen staatlicher Reaktionen, die kaum mit unterschiedlichem Umfang, auch nicht mit unterschiedlicher Gefährlichkeit der beiden Phänomene zu erklären sind.

■ Im Gegensatz zu den LT-Ermittlungsverfahren nach § 129a StGB nehmen die entsprechenden RT-Verfahren im Laufe der achtziger Jahre stetig ab und tendieren seit 1986 gegen Null. Diese Nulltendenz geht einher mit einem Aufwärtstrend »rechtsterroristischer« Gewaltaktivitäten.

Zu Lasten des linken Spektrums wird, im Gegensatz zum rechten, wesentlich häufiger, nämlich zu fast 100 Prozent, ein Organisationsdelikt nach § 129 a StGB angenommen bzw. unterstellt – mit den bekannten Folgen von staatlichen Sondermächtigungen, die an jene Norm geknüpft sind. Die These vom isolierten rechtsterroristischen Einzeltäter und die Kollektivitätsthese gegen links finden hier ihren Ausdruck.

■ Von den eingeleiteten LT-Verfahren nach § 129a richten sich mehr als 70 Prozent ausschließlich gegen eine Vielzahl unbekannter Beschuldigter (bei RT-Verfahren ist es nur ein etwa 15prozentiger Anteil). Dies eröffnet den Ermittlungsbehörden relativ »willkürliche«, ausgedehnte und personenunabhängige Vorfeld-Ermittlungen gegen linke Szenen und Gruppen. Das »rechtsterroristische« Vor- und Umfeld bleibt dagegen relativ ungeschoren bzw. scheint es überhaupt nicht zu geben.

■ Diese Tendenz zur umfassenderen Ausforschung von vermeintlichen »linksterroristischen« Vor- und Umfeldern wird auch durch einen Vergleich der sog. Anklagequoten bestätigt: Durchschnittlich 9 bis 16 Prozent der im Verlaufe der verbliebenen RT-Verfahren beschuldigten Tatverdächtigen werden auch tatsächlich gerichtlich abgeurteilt (verurteilt oder freigesprochen), während bei LT-Verfahren dieser Satz lediglich 2 bis 4 Prozent beträgt.

■ Bei RT-Verfahren wird im übrigen in wesentlich weniger Fällen von den besonders amorphen 129a-»Begehungsformen« der Unterstützung einer »terroristischen Vereinigung« und der Werbung für eine solche Gebrauch gemacht, als dies bei LT-Verfahren der Fall ist. Im rechten Spektrum wurden also wesentlich seltener leichte Taten, insbesondere solche aus dem Meinungsäußerungsbereich, mit Hilfe des § 129a als »terroristisch« und auf eine Organisation bezogen kriminalisiert als links. Staatliche Strafermittlungen gegen »Unterstützer des Rechtsterrorismus« oder gegen diesbezügliche »Sympathie-Werbung« kommen kaum vor.

■ Schließlich gibt es auch in der U-Haft-Praxis deutliche Unterschiede: Wurden im RT-Bereich lediglich 9,5 Prozent der verdächtigten U-Haftgefangenen später zu keiner vollstreckbaren oder zu überhaupt keiner Freiheitsstrafe verurteilt, so sind es im LT-Bereich etwa 42 Prozent, die zu Unrecht oder vorschnell in U-Haft genommen wurden. Bei RT-Verdächtigen wird also das Mittel der U-Haft wesentlich weniger breit gestreut, weniger »willkürlich« angewandt als bei LT-Verdächtigten, die zudem besonderen Isolationshaftbedingungen ausgesetzt werden.

Die ausgedehnte Anwendung des 129a-Sonderrechtssystems und der besondere »anti-terroristische« Verfolgungseifer der Sicherheitsbehörden und der Politischen Justiz, den wir bei der Bekämpfung des »Linksterrorismus« feststellen mußten, läßt sich – dies zeigt unsere statistische Bestandsaufnahme – bei der justiziellen Behandlung des »Rechtsterrorismus« in keiner Weise erkennen.

Wo mögen die Ursachen für diese systematische »Ungleichbehandlung« liegen?

Eine Institution mit Vergangenheit: Traditionen deutscher Justiz

Wer sich in der deutschen Geschichte umsieht, dem wird das Ergebnis des letzten Kapitels irgendwie bekannt vorkommen – ein »schwarz-rot-gold« gewirkter Faden kommt da zum Vorschein, der sich vom deutschen Kaiserreich und der Weimarer Republik über die NS-Zeit bis hinein in die Bundesrepublik Deutschland windet und dessen Ende nicht abzusehen ist.

Wie war doch noch in der Studie des Bundesjustizministeriums zu lesen? »Die Diskussion zum Thema Justiz und Rechtsextremismus ist durch Vorurteile und Ressentiments gekennzeichnet, die sich z.T. noch aus den Erfahrungen mit der Justiz in der Weimarer Republik herleiten ...«

Angesichts der zu konstatierenden Kontinuität deutscher Justizpraxis – ein Urteil, kein Vorurteil! – empfiehlt sich in der Tat ein politischer Blick zurück – im Zorn, ohne Ressentiments! Wenigstens ein kurzer Blick auf die Traditionen der Politischen Justiz ist unerläßlich, um ansatzweise dieses zähe Phänomen rechtsgerichteter Parteilichkeit begreifen zu können, das allerdings in der Bundesrepublik wesentlich subtiler daherkommt, sich auch widersprüchlicher durchsetzt als in der ersten deutschen Republik.

Weimarer Republik: Tendenzjustiz gegen links

Es war ein Nicht-Jurist, der in der Weimarer Republik die klarste, statistisch untermauerte Anklage gegen die fatale Einseitigkeit der damaligen Politischen Justiz führte: der Heidelberger Mathematiker Emil Julius Gumbel.[1] In seiner Anfang der zwanziger Jahre erschienenen Schrift »Vier Jahre politischer Mord«[2] untersuchte er die in Deutschland seit Januar 1919 verübten zahlreichen politischen Morde und ihre justitielle Behandlung: Er rechnete in einer Vielzahl von Tabellen die Morde von links gegen die von rechts begangenen gegeneinander auf und untersuchte die justitiellen Reaktionen, indem er das Verhältnis der Strafen zueinander herausarbeitete sowie die Techniken der jeweiligen Justizentscheidungen bloßlegte. Sein erschütterndes Ergebnis:[3]

- 22 Morde von links standen 332 von rechts gegenüber.
- Die Ahndung der von Linken begangenen Morde: 10 Erschießungen, 248 Jahre und 9 Monate Einsperrung, 3 lebenslängliche Zuchthausstrafen;
- die Ahndung der von Rechten begangenen Morde: 90 Jahre und 2 Monate Einsperrung, 730 Mark Geldstrafe und 1mal lebenslängliche Haft.

Die 22 Morde von links wurden (von den Erschießungen einmal abgesehen) mit durchschnittlich 15 Jahren Einsperrung bestraft, wohingegen die 332 Morde der Rechten mit nur durchschnittlich 4 Monaten Haft gesühnt wurden.

An zwei herausragenden Beispielen jener Zeit läßt sich die damals herrschende Grausamkeit gegen links und jene Nachsicht und Milde gegenüber rechts veranschaulichen:[4] An der gerichtlichen »Nachbehandlung« der linksgerichteten Münchner Räterepublik von 1919, der 12 Morde zur Last gelegt wurden, und des rechtsgerichteten Kapp-Putsches des Jahres 1920, der über 200 Menschen das Leben kostete. Während die wichtigsten Initiatoren der Räterepublik teils willkürlich, teils »gesetzlich« getötet wurden und ihre Anhänger (über 2.200) von eigens eingerichteten Sondergerichten zu 6080 Jahren Freiheitsstrafen verurteilt wurden, kamen die Kapp-Putschisten mit einer einzigen Verurteilung zu 5 Jahren vergleichsweise komfortabler Festungshaft davon; ihre Anhänger wurden überhaupt nicht bestraft, sondern alsbald amnestiert – obgleich der antirepublikanische, nationalistisch orientierte Kapp-Putsch, im Gegensatz zur sozialistisch orientierten Münchner Räterepublik, das ganze Land an den Rand eines Bürgerkriegs gebracht hatte.

Die fast unglaublichen, aber beweiskräftig abgesicherten Erkenntnisse Gumbels mußten seinerzeit in einer »Denkschrift des Reichsjustizministers« weitgehend amtlich bestätigt werden. Politische Konsequenzen blieben allerdings aus: Die konservativen und reaktionären Teile der Richterschaft konnten mit Hilfe der Politischen Justiz ihr antidemokratisches Handwerk unbehelligt weiter betreiben.[5] In einer Rezension, die am 24. Juli 1924 in der »Weltbühne«[6] erschien, hieß es zu jener folgenlosen Denkschrift des Reichjustizministers: »Auf der Anklagebank saßen und sitzen nicht die unerzogenen und ungehemmten völkischen Bengels – auf der Anklagebank sitzt die bürgerliche Gesellschaft und ihre Justiz.«

Gumbels Publikationen[7] sind grundlegende Texte für die kritische Auseinandersetzung mit der politischen Justiz der Weimarer Republik, auf die sich u.a. auch die wichtige, erstmals 1966 erschienene Arbeit des Strafverteidigers Heinrich Hannover und der Historikerin Elisabeth Hannover-Drück stützt. In »Politische Justiz 1918 – 1933«[8] analysieren sie eine Fülle von Gerichtsverfahren und Urteilen, »deren gemeinsames, sich immer wiederholendes Merkmal die einseitige Gesetzesanwendung gegen links und die lässige Verfolgung und milde Beurteilung der Taten von rechts war«.[9]

Im Vorwort zur Neuauflage dieser Publikation (1987) qualifiziert der Hannoveraner Politikwissenschaftler Joachim Perels[10] die Praxis dieser »einseitigen Tendenzjustiz gegen links« (Hannover) als »strukturelle Ungleichbehandlung«, die »auf einem rechtstechnischen Mechanismus« beruhe, »durch den die Bindung an das für alle Individuen in gleicher Weise geltende Gesetz ausgehöhlt wird«. Diesen Mechanismus, »der den meisten politisch relevanten Entscheidungen der Weimarer Justiz zugrunde liegt«, sieht er in der weitgehenden Auflösung der gesetzlichen Tatbestände (wie wir sie auch in der BRD kennen und, in zunehmendem Maße kennenlernen):

»... nicht primär die Tat ist Gegenstand der juristischen Wertung, sondern die jeweilige Gesinnung des Täters. Auf der Grundlage dieser – vermutlich nicht einmal bewußten – Weichenstellung kann je nach der politischen Präferenz der Richterschaft die eigene politische Gesinnung positiv, die abweichende liberale, demokratische, sozialistische und kommunistische Gesinnung negativ sanktioniert werden. Das aber führt dazu, daß – weil wesentlich über die innere Einstellung, nicht aber über das äußere Geschehen judiziert wird – prinzipiell rechtmäßiges Verhalten für rechtswidrig erklärt werden kann, rechtswidriges Verhalten aber durch einen ›vaterländischen‹ oder ›völkischen‹ Gesinnungsbonus gerechtfertigt erscheint oder mindestens milder beurteilt wird.«

Das Autorenpaar Hannover sieht diese antirepublikanische, antidemokratische Justizpraxis in der Weimarer Republik im Zusammenhang mit dem Aufstieg des Nationalsozialismus, mit einer politischen Entwicklung, die schließlich zum Holocaust führte: »Besser als die Geschichte der Hitler-Zeit selbst kann deren Vorgeschichte deutlich machen, daß die physische Vernichtung der politischen Linken und der Juden nicht das Werk einzelner Verbrecher, sondern die Verwirklichung einer Gesinnung war, die von breiten Schichten des Bürgertums getragen wurde. Der Nationalsozialismus ist nicht über Nacht gekommen. Er ist auch nicht über Nacht verschwunden.«[13]

Und die Politische Justiz hatte entscheidenden Anteil an dieser Entwicklung, Anteil »an der Zerstörung der ersten Republik« (Joachim Perels);[14] sie »hat ihren Beitrag zum Untergang demokratischer Staatlichkeit und zur Herrschaft des Unrechts geleistet« (Hannover).[15]

NS-Justizterrorismus: Massenmord durch »Rechtsprechung«

Die (politische) Justiz der Weimarer Republik stellte mit ihrer geschichtlich fatalen »Rechtsprechung« nach zweierlei Maß also keineswegs eine zuverlässige demokratische Kraft dar, nein, sie entpuppte sich letztlich als frühe Wegbereiterin des Faschismus.[14] Nach der Machtergreifung Hitlers und des Nationalsozialismus' begnügte sie sich dann nicht mehr damit, mit zweierlei Maß zu messen, von da an ging sie allmählich und zielstrebig selbst zum offenen Terror über, tarnte Gewalt und Verbrechen nur noch notdürftig als Gesetz und Recht: der blutige Dolch des Mörders verborgen unter der Robe des Richters.[15]

Die völlige Einordnung der Justiz in das nationalsozialistische Terrorsystem, in das arbeitsteilig und fabrikmäßig betriebene Verfolgungs- und Vernichtungsprogramm, läßt sich schlaglichtartig an der Zahl der verhängten und vollstreckten Todesurteile der Jahre 1933 bis 1945 ablesen.[16] Obwohl es keine verläßliche Gesamtstatistik gibt, so läßt sich doch, basierend auf Teilstatistiken über Urteile der unterschiedlichen NS-Gerichtsbarkeiten – Volksgerichtshof (VGH), Sondergerichte, Kriegsgerichte, Standgerichte, Nacht-und-Nebel-Justiz usw. –, eine Gesamtzahl zwischen 50.000 und 80.000 Todesurteilen hochrechnen.[17] Fast 90 Prozent dieser Urteile wurden auch vollstreckt. Zu den Opfern dieser justitiellen

Tötungsmaschinerie gehörten vornehmlich politische Gegner des NS-Regimes wie Kommunisten, Sozialisten und Pazifisten, aber auch »Wehrkraftzersetzer«, »Volksschädlinge«, »Rassenschänder«, »Fremdvölkische«, »Schmarotzer im Alltagsleben«, »destruktive Außenseiter«, »Asoziale« und wie die Begriffe aus dem Wörterbuch der Unmenschlichkeit noch lauten mögen.[18]

»Vom Jahr 1941 an verwandelte sich die vorher als Terrorjustiz tätige deutsche Strafgerichtsbarkeit in einen Zweig der nazistischen Massenvernichtung. Sie wütete unter der kriegsmüden Bevölkerung der Städte, in den geschlagenen Armeen, unter den Sklavenarbeitern im Reich und den Patrioten des militärisch besetzten, deutschem Strafbefehl unterstehenden Europa«, so faßt der Journalist Jörg Friedrich die Tätigkeit der NS-Justiz zusammen und kommt zu dem Ergebnis: »Angesichts der Dimensionen ist das Justizverbrechen im Nationalsozialismus unter der Bezeichnung ›Blutjustiz‹ nicht mehr unterzubringen«.[19]

Traditionen deutscher Justiz: Massenmord durch »Rechtsprechung«, mittelbar und unmittelbar begangen durch die Terroristen einer verbrecherischen Großorganisation, das Justiz-Personal eines staatsterroristischen Systems.

BRD: Freispruch für die Terroristen der NS-Justiz

Als dem deutschen Volk dann mit der Kapitulation und Befreiung vom Nazi-Terrorismus die sog. Stunde Null schlug – was geschah da mit jenen Justizterroristen? Der einzige Ansatz einer Bewältigung des NS-Justizterrors blieb bis heute der Nürnberger Juristenprozeß vor dem amerikanischen Militärgerichtshof Nr. III im Jahre 1947.[20] Das am 4. Dezember 1947 verkündete »Nürnberger Juristenurteil« gegen 16 führende Juristen aus der Verwaltung und der Justiz des NS-Regimes war die erste und, wie sich herausstellen sollte, auch letzte Verurteilung der Nazi-Justiz.[21] Zur schuldhaften Mitwirkung der NS-Juristen an Staatsverbrechen und im arbeitsteiligen Unterdrückungssystem heißt es in dem Urteil:

»Keiner der Angeklagten ist ... der Ermordung oder der Mißhandlung irgendeiner bestimmten Person beschuldigt ... Einfacher Mord und Einzelfälle von Greueltaten bilden nicht den Anklagepunkt für die Beschuldigung. Die Angeklagten sind solch unermeßlicher Verbrechen beschuldigt, daß bloße Einzelfälle von Verbrechenstatbeständen im Vergleich dazu unbedeutend erscheinen. Die Beschuldigung, kurz gesagt, ist die der bewußten Teilnahme an einem über das ganze Land verbreiteten und von der Regierung organisierten System der Grausamkeit und Ungerechtigkeit unter Verletzung der Kriegsgesetze und der Gesetze der Menschlichkeit, begangen im Namen des Rechts unter der Autorität des Justizministeriums und mit Hilfe der Gerichte. Der Dolch des Mörders war unter der Robe des Juristen verborgen.«[22]

Damit wurde in Nürnberg nicht allein den handelnden Individuen, sondern auch der NS-Justiz insgesamt und dem blinden Gesetzesgehorsam der Prozeß gemacht – entgegen dem entschuldigenden Grundsatz der Angeklagten, die Treue zum Gesetz könne doch logischerweise niemanden zum Kriminellen machen. Dazu das Urteil: »Der Kern der Anklage in diesem Fall besteht ja gerade darin, daß die Gesetze, die Hitler-Erlasse und das drakonische, korrupte und verderbte nationalsozailistische Rechtssystem als solche, in sich selbst, Kriegsverbrechen und Verbrechen gegen die Menschlichkeit darstellen und daß eine Teilnahme an dem Erlaß und der Durchführung dieser Gesetze verbrecherische Mittäterschaft bedeutet.«[23]

Die Schuldsprüche des Urteils gegen die Angeklagten lauteten im einzelnen auf viermal lebenslänglich Zuchthaus sowie auf zeitige Freiheitsstrafen zwischen fünf und zehn Jahren; vier Angeklagte wurden freigesprochen. Die Verurteilten kamen jedoch schon wenige Jahre später – per Gnadenerlaß bzw. Amnestie – wieder frei: Bis auf einen NS-Rechts-Juristen waren bereits 1950/51 alle in Nürnberg verurteilten Juristen wieder auf freiem Fuß und verzehrten ihre stattlichen staatlichen Pensionen.[24] Der letzte wurde 1956 vorzeitig aus der Haft entlassen.

Das Nürnberger Juristenurteil blieb ohne politische und juristische Signalwirkung in der bundesrepublikanischen Rechtslandschaft. Es fand keine Nachfolge: Kein einziger NS-Richter, kein NS-Staatsanwalt, weder des Volksgerichtshofs noch der Sondergerichte, wurde von einem bundesdeutschen Gericht je rechtskräftig verurteilt.[25] Im Gegenteil: Die westdeutschen Justizbehörden holten massenweise auch die furchtbarsten NS-Juristen in Amt und Würden zurück und besetzten mit ihnen selbst Schlüsselpositionen.[26] So stieg etwa der in der Tschechoslowakei zu lebenslanger Haft verurteilte »Blutrichter von Prag«, Dr. Kurt Bellmann, dessen Unterschrift nachweislich unter 110 Todesurteilen zu finden war, nach seiner Abschiebung in die Bundesrepublik zum Landgerichtsdirektor in Hannover auf. Ein Beispiel unter vielen.[27]

Einziger, unvollendet gebliebener Ansatz bildete das Verfahren gegen den ehemaligen Richter Rehse, Beisitzer beim Volksgerichtshof unter Freisler und bis Kriegsende wenigstens an 230 Todesurteilen beteiligt.[28] Er wurde 1967 in erster Instanz wegen Beihilfe zum Mord und zum Mordversuch zu 5 Jahren Zuchthaus verurteilt. Die bei NS-Verbrechern übliche Täterkonstruktion wurde auch hier beibehalten: Der eigentliche Täter der vom Volksgerichtshof begangenen Justizmorde sei der VGH-Präsident Freisler gewesen, Rehse sei lediglich Gehilfe.[29] Dieses Urteil wurde jedoch 1968 vom Bundesgerichtshof in der Revisionsinstanz wieder aufgehoben und – »mit der unverhüllten Empfehlung freizusprechen«[30] – zur erneuten Verhandlung zurückverwiesen.[31] Ergebnis: Freispruch für Rehse,[32] aber zugleich »für den ganzen Volksgerichtshof und darüber hinaus für die gesamte NS-Justiz – (...) das letzte Wort der westdeutschen Gerichte zur Nazi-Justiz« (Ingo Müller).[33] Inzwischen ist Rehse verstorben.[34]

Jörg Friedrich zur Konsequenz dieser Entscheidung: »Der Volksgerichtshofrichter Rehse konnte nicht gemordet haben, sonst wäre die bundesdeutsche Justiz mit Hunderten von Mördern errichtet worden.«[35]

Eine spezielle juristische Hürde bei der Ahndung von NS-Justizmorden ist gerade im Zusammenhang mit der in »Linksterrorismus«-Verfahren so beliebten Kollektivitätsthese von besonderem Interesse: Die allermeisten NS-Terror-Urteile sind nicht von einem einzelnen Richter allein, »sondern von einem mindestens aus drei Richtern bestehenden Gremium aufgrund einer hinter verschlossenen Türen erfolgten Abstimmung ergangen«.[36] Nun taucht die Frage auf, ob dem einzelnen an einem Todesurteil beteiligten NS-Kollegial-Richter nachgewiesen werden kann und muß, daß gerade er damals durch seine Stimmabgabe zum Zustandekommen des Urteils beigetragen hat; schließlich könnte er ja möglicherweise dagegen gestimmt oder sich enthalten haben. Der Bundesgerichtshof verlangt in einer Entscheidung aus dem Jahr 1957 einen solchen Nachweis: »Der Kollegialrichter macht sich einer Rechtsbeugung bei der Entscheidung nur schuldig, wenn er für die von ihm als Unrecht erkannte Entscheidung stimmt.«[37]

Nur in einem solchen Fall soll also ein NS-Richter wegen Mordes verurteilt werden können – ein aussichtsloses Unterfangen, denn dieser Nachweis ist in der Praxis kaum zu erbringen.

Was dabei – zugunsten des beschuldigten Richter-Kollegen – übersehen wird, ist die (Mit-) Verantwortung begründende Tatsache, daß auch der im Kollegialgericht überstimmte Richter seine Unterschrift unter das Urteil setzt und dieses somit verantwortlich mitträgt: »Wer sich so an einem Terrorurteil beteiligt, wird auch kausal für das Unrecht. Die Weigerung mitzumachen hätte es verhindert, zumindest verzögert.«[38]

Wenn die Kollektivitätsthese jemals einen Sinn gemacht hätte, dann doch wohl in diesen Fällen, wo ein Beschuldigter innerhalb eines Richterkollegiums, das unschwer als kriminelle bzw. terroristische Vereinigung zu definieren sein dürfte, ein ganzes Verfahren lang persönlich unmittelbar beteiligt ist an der sog. Rechtsfindung, sich ebenfalls beteiligt an der Urteilsabstimmung sowie per Unterschrift unter das Urteil letztlich auch an dem darauf beruhenden Terrorakt. Aber nein, diese These gilt eben nicht für die rechten Großterroristen der deutschen Geschichte, die organisierte Massenverbrechen begangen haben.

Jörg Friedrich, der die »Verfolgung«/Nichtverfolgung der NS-Richter durch die Nachkriegsjustiz in seinem Buch »Freispruch für die Nazi-Justiz« erstmals umfassend dokumentierte, hat in den einschlägigen Urteilstexten eine »seltsame Einfühlungsgabe unserer Justiz in die Welt des richterlichen Massentötungsbeamten« herausgespürt:[39] Die deutschen Nachkriegsgerichte hätten praktisch durchgängig das »justitielle Enthauptungsprogramm als richterliche Handlungen« ausgegeben, das »Ausmerzungsprogramm als – wenn auch fehlerhaften – Akt der Rechtsprechung« gewertet: »Die Täter werden fast immer freigesprochen, weil sie nach fester Rechtsüberzeugung getötet hätten. Sie waren überzeugt von der Todeswürdigkeit von Rasseschändern, von Rundfunkhörern, von Witzeerzählern und von kampfesüberdrüssigen Soldaten ... Hartes Durchgreifen, Abschreckung, Schutz des ›Staats als solchem‹ vor Widerstandskämpfern galten unseren Richtern als überzeitliche Anwendung von Notstandsrecht. Mit Hitler habe dies nichts zu tun. Die Richterschaft ist der einzige Stand, der seine Verbrechen nicht auf Hitler abschiebt, sondern sich ausdrücklich zu ihnen bekennt. Nicht aber als Verbrechen, sondern als überharte Strafen in überharter Zeit.«

Jörg Friedrich faßt seine Erkenntnisse in einem neuen Paragraphen 211 a StGBzusammen: »Der Justizmord ist straffrei«.[40] Besonders wenn er gleich massenhaft begangen wurde.[41]

Erklärungsversuche: Warum sich das Recht zum »Rechten« findet?

»Die stolze Geschichte der Richterschaft durchzogen stets die Treue zur Staatsführung und die Liebe, mit der man dem Staate diente.« Diese peinliche Äußerung stammt von dem ehemaligen Landgerichtspräsidenten Hubert Schorn und ist nachzulesen in seinem Rechtfertigungswerk »Der Richter im Dritten Reich« (1959).[42] Wahrlich eine stolze Geschichte der politischen Rechtslastigkeit, des faschistischen Justizterrorismus und der Selbstamnestierung. Mit den überschwenglich positiv besetzten Richtereigenschaften der »Treue zur Staatsführung« und der »Liebe« zum Staat hat Schorn allerdings das ungeheure Dilemma eines überwiegenden Teils der deutschen, auch bundesdeutschen Richterschaft ungewollt offenbart: die Staatsbezogenheit, ja Staatsfixiertheit, die die Freiheitsrechte der Bürger zwangsläufig in den Schatten stellt. Ingo Müller sieht darin auch einen Grund für die politische Einäugigkeit der Politischen Justiz in der Bundesrepublik: »Diese Staatsfixiertheit großer Teile der Richterschaft, die ihre Anpassung an das Dritte Reich so reibungslos gemacht hatte, erklärt auch die Einseitigkeit der Justiz bei der Beurteilung aller Anklagen mit politischem Hintergrund. Bis heute wissen vor allem die höheren Gerichte je nach ›Staatsnähe‹ des Angeklagten ihre rechtlichen Ausführungen fein zu differenzieren.«[43]

Die Wiedereingliederung von Nazis, von ehemaligen NS-Beamten in den staatlichen Verwaltungsapparat und der große »Friede mit den Tätern«, also die tendenzielle Nichtverfolgung von NS-Verbrechern bzw. ihre Amnestierung,[44] überhaupt die Nicht-Aufarbeitung respektive Verdrängung der NS-Zeit und ihrer Folgen – all das, was Ralph Giordano als »zweite Schuld« bezeichnet,[45] offenbart in eindrucksvoller Weise, wie wenig die Westdeutschen, wie wenig die Juristen in ihrer Mehrzahl, die Staatsanwälte und Richter in NS-Verfahren, aus der deutschen Geschichte gelernt haben. Diese Nachkriegs-Entwicklung erklärt auch zu einem erheblichen Teil, weshalb hierzulande der »Linksextremismus/-terrorismus« derart überzogen wahrgenommen und überdimensional verfolgt wird, während der »Rechtsextremismus/-terrorismus«, den es schließlich in erheblichem Maße gibt und der seine mentalen Wurzeln im Nationalsozialismus findet, kaum zur Kenntnis genommen wird. Es besteht insoweit, juristisch ausgedrückt und auf die Justiz bezogen, Fortsetzungszusammenhang zwischen der schuldhaften Nichtbewältigung der NS-Verbrechen, insbesondere der justizeigenen terroristischen Vergangenheit, einerseits und der Verharmlosung des Neonazismus, der milden (Nicht-) Verfolgung neonazistischer Umtriebe und Verbrechen andererseits. Dabei stellt die Justiz selbstverständlich nur ein, wenn auch sehr folgenreiches Symptom der

Gesellschaft dar: In der Bundesrepublik erfolgte bekanntlich im Zeichen des »Kalten Krieges« sehr frühzeitig eine ideologische Aus- und Zurichtung der Bevölkerung auf den althergebrachten Antikommunismus. Die gesamte, rasch wiedererstarkte Staatsschutzmacht richtete sich fast ausschließlich gegen links, gegen Kommunisten und ihre Sympathisanten, gegen Menschen, die zumeist bereits in der NS-Zeit zu den politisch Verfolgten gehört hatten.[46] Insofern konnte sich auch die Justiz auf dasselbe Feindbild stützen wie damals in der Weimarer Republik und im »Dritten Reich« und dabei die gleichen, wenn auch modifizierten sozio-ökonomischen, nämlich kapitalistischen Strukturen gegen ihre Feinde verteidigen, die schon damals bestanden.

Aus dem Motto »Nie wieder Faschismus« wurde sehr bald ein erbitterter Kampf gegen den Kommunismus, den »Linksextremismus«, später den » Linksterrorismus« – ein »Terrorismus«, der nun wirklich nicht in einem Atemzug mit dem Massenmord-Programm der NS-Richter und anderer NS-Verbrecher genannt werden kann. Man wird den Verdacht nicht los, daß mit dieser extensiven staatlichen und justitiellen »Terrorismusbekämpfung« ein Verdrängungsprogramm losgetreten wurde, mit dessen Hilfe von der eigenen, unvergleichlichen terroristischen Tradition im großen Stil abgelenkt werden konnte: Wer Ketzer verfolgt, kann selbst kein Ketzer sein. Wer »(Links-) Terroristen« mit Vehemenz verfolgt, kann selbst kein Terrorist sein und kann dabei gleichzeitig antikommunistische Traditionspflege betreiben und die herrschende Ordnung sichern. Alles in einem.

Darüber hinaus agiert die Justiz als Teil des staatlichen Gewaltmonopols bei ihrem Kampf gegen den »Linksterrorismus« schließlich in erheblichem Maße auch in ureigener Sache, hat doch diese ganz andere Sorte »Terrorismus« im Kern ausgerechnet dem Staat, seinen Organen und Repräsentanten, zu denen auch die Justiz und ihre personellen Träger gehören, den »Krieg« erklärt. Das staatliche Gewaltmonopol, so muß es ihnen erscheinen, steht auf dem Spiel.

Politische Justiz als spezifische Form der Herrschaftssicherung und -legitimierung durch Gerichtsverfahren und Rechtsprechung agiert, so haben wir feststellen müssen, jedenfalls ganz anders, weniger »angefaßt«, schon gar nicht überzogen, wenn es um die Bekämpfung des »Rechtsterrorismus« geht. Ob dieses Verhalten wohl auch damit zu tun hat, daß von dieser Art Terrorismus keine Gefahr für das staatliche Gewaltmonopol ausgeht, erklärtermaßen nicht? Schließlich huldigt »Rechtsterrorismus«, wie wir gesehen haben, den althergebrachten Feindbildern, die auch weigehend die in der Bundesrepublik herrschenden sind: Er richtet sich, recht physisch und gewalttätig, gegen Kommunisten und Anarchisten, aber auch gegen soziale Minderheiten, gegen Prostituierte, Homosexuelle, gegen Ausländer und Asylbewerber, gegen Juden. Nicht etwa gegen Staatsfunktionäre, nicht gegen Staatsanwälte und Richter. Die staatlichen Gewalten und ihre Vollstrecker fühlen sich offenbar von rechts kaum bedroht, schon gar nicht in ihrer Substanz.

Der Strafrechtler und heutige Generalstaatsanwalt in Schleswig-Holstein, Heribert Ostendorf, formuliert angesichts der unheilvollen Kontinuität bedrückende Fragen: »Nicht nur die NS-Justiz rückte nach Kriegsende in die neuen Justizpositionen ein, auch die Opfer blieben z.T. identisch, so bei der strafrechtlichen Kommunistenverfolgung, so bei der strafrechtlichen Homosexuellenverfolgung, so bei den Entscheidungen über Wiedergutmachungsanträge. Die eigene verfassungsfeindliche Tätigkeit in der Zeit des ›Dritten Reiches‹ hinderte die Nazi-Juristen nicht daran, über die ›Reinhaltung‹ des öffentlichen Dienstes in der Bundesrepublik zu entscheiden. Diese politische und justitielle ›Nichtbewältigung‹ der NS-Justiz wirft die Frage nach der heutigen Verfassung der Juristenschaft auf: Ist sie gegen einen Rückfall gefeit? Besteht nach der natürlichen Beendigung der personellen Kontinuität weiterhin eine geistig-ideologische Kontinuität? Diese Fragen stellen sich angesichts vermehrt aufkeimender neonazistischer Umtriebe mit besonderer Dringlichkeit. Kritische Fragestellungen und zeitbedingte Antworten sollen vor einer Wiederholung der NS-Justiz warnen.«[47]

Nicht nur vor einer Wiederholung der NS-Justiz muß gewarnt werden, die in ihrer Massenmord-Variante künftig doch wohl recht unwahrscheinlich ist – nein, bereits vor einer entsprechenden Disposition, vor einer latenten, mitunter subtilen Rechtslastigkeit, wie wir sie in den vorangehenden Kapiteln aufdecken konnten; wir warnen vor einer staatlichen Institution mit einer unbewältigten Vergangenheit, in der Terrorismus wahrlich kein Fremdwort war. Nicht zuletzt aber fühlen wir uns veranlaßt, ganz grundsätzlich vor einer Politischen Justiz, einer Staatsschutz-Justiz in einer sich demokratisch verstehenden Gesellschaft zu warnen – einer Justiz, die für politische Zwecke der herrschenden Kräfte in Anspruch genommen und nutzbar gemacht wird, um die selbstdefinierten Staats- und Verfassungsfeinde mit dem Schein des gleichen Rechts kriminalisieren, ausgrenzen, und eine oft menschenverachtende Politik mit dem Schein der Legitimität durchsetzen zu können. In Zeiten zugespitzter politischer Krisen und sozialer Konflikte wird eine solche Justiz – wiederum – kaum zum Garanten demokratischer und liberaler Grundsätze avancieren. Da wird wieder der »Staatsnotstand« herrschen.

Die Justiz in der Bundesrepublik Deutschland hat sich schon bisher – mit einigen rühmlichen Ausnahmen[48] – ganz überwiegend nicht als Korrektiv erwiesen zur öffentlich-rechtlichen Feindbildproduktion und zur exekutiven Feindbekämpfung durch Regierung, Polizei und Geheimdienste – im Gegenteil, sie hat täterschaftlich hieran kräftig mitgewirkt; sie hat sich fast widerspruchslos einbinden lassen in ein rechtsstaatliche Prinzipien auflösendes Sonderrechtssystem, das überwiegend Produkt exekutiver Dominanz und unkritischen legislativen Nachvollzugs ist. Sie hat schwerwiegende Kompetenz- und Machtverschiebungen hingenommen und abgesegnet, ebenso, wie die Reduktion demokratischer Kontrollmechanismen. Längst ist der staatliche Gewaltapparat, in seiner Ausformung als Dreieinigkeit geteilter Gewalten, zu einer ernsthaften Gefahr für die Freiheitsrechte geworden: Wann endlich wird sich die historische Erkenntnis durchsetzen, daß die wirklichen und systematischen Gefahren für die Menschen und Menschenrechte nicht zuletzt von staatlicher Seite, vom staatlich organisierten Gewaltapparat drohen? Zumal einem übermächtigen, derart hochgerüsteten, der womöglich den Keim des Staatsterrorismus bereits in sich trägt.

Anmerkungen

Kapitel »Hochsicherheitspolitik, ›Terrorismus‹ und Tabu«

[1] Zit. in Anlehnung an Janssen, Politische Gefangene, in: Widersprüche (Offenbach), August 1986, S. 95.

[2] So der Journalist Ulf G. Stuberger in: ders.(Hrsg.), »In der Strafsache gegen Andreas Baader, Ulrike Meinhof, Jan-Carl Raspe, Grudrun Ensslin wegen Mordes u.a.«. Dokumente aus dem Prozeß, Frankfurt 1977, S. 7; jüngste ausführliche Aufarbeitung dieses Verfahrens: Bakker Schut, Stammheim. Die notwendige Korrektur der herrschenden Meinung, Kiel 1986.

[3] Ausführlich dazu u.a.: Cobler, Die Gefahr geht von den Menschen aus. Der vorverlegte Staatsschutz, Berlin 1978; Blankenburg (Hrsg.), Politik der inneren Sicherheit, Frankfurt 1980; Gössner/Herzog, Der Apparat. Ermittlungen in Sachen Polizei, Köln 19842; Busch u.a., Die Polizei in der Bundesrepublik, Frankfurt/New York 1985; Brand, Staatsgewalt, Göttingen 1988; Gössner, Widerstand gegen die Staatsgewalt. Handbuch zur Verteidigung der Bürgerrechte, Hamburg 1988.

[4] Vgl. dazu etwa die Analysen von Sack und Steinert, in: Analysen zum Terrorismus: Protest und Reaktion (Bd. 4/2), hrsg. vom Bundesminister des Innern, Opladen 1984; beide Autoren zeigen wichtige Gründe in der staatlich-gesellschaftlichen Entwicklung der BRD auf, die für das Entstehen des sog. Terrorismus zumindest mitverantwortlich sind. S. dazu u.a. Angriff auf das Herz des Staates. Soziale Entwicklung und Terrorismus, Frankfurt 1988; Wittke, Terrorismusbekämpfung als rationale politische Entscheidung, Frankfurt 1983, S. 64ff.

[5] Vgl. dazu z.B. Ulrike Marie Meinhof, Die Würde des Menschen ist unantastbar. Aufsätze und Polemiken, Berlin 1986; Brückner, Ulrike Marie Meinhof und die deutschen Verhältnisse, Berlin (Neuauflage) 1987.

[6] Sontheimer/Kallscheuer (Hrsg.), Einschüsse. Besichtigung eines Frontverlaufs zehn Jahre nach dem Deutschen Herbst, Westberlin 1987, S. 11.

[7] Boock, Schwarzes Loch – Im Hochsicherheitstrakt, Reinbek 1988, S. 9

[8] Boock, in: Boock/Schneider, Ratte – tot... Ein Briefwechsel, Darmstadt/Neuwied 1985, S. 102.

[9] zit. nach Bäcker/Mahler, Die Linke und der Terrorismus. Gespräche mit Stefan Aust, in: Die Linke im Rechtsstaat, Band 2, Berlin 1979, S. 178.

[10] Karl-Heinz Roth, Zehn Jahre später, in: Der blinde Fleck. Die Linke, die RAF und der Staat, Frankfurt 1987, S. 144ff (146).

[11] Sternebeck, in: Der Spiegel Nr. 33/1990, S. 59.

[12] Die RAF mußte dämonisiert werden. taz-Gespräch mit Klaus Bölling (SPD), Regierungssprecher der sozialliberalen Koalition in den siebziger Jahren, die Tageszeitung vom 7.10.1987.

[13] S. dazu u.a. Mitscherlich, Die Unfähigkeit zu trauern, München 1967; Bracher, Das deutsche Dilemma. Leidenswege der politischen Emanzipation, München 1971; Steinbach, Nationalsozialistische Gewaltverbrechen. Die Diskussion in der deutschen Öffentlichkeit nach 1945, Berlin 1981; Hannover/Wallraff, Die unheimliche Republik, Hamburg 1982; Giordano, Die zweite Schuld oder Von der Last Deutscher zu sein, Hamburg/Zürich 1987; Funke (Hrsg.), Von der Gnade der geschenkten Nation, Berlin 1988.

[14] S. u.a. Fraenkel, Der Doppelstaat. Recht und Justiz im »Dritten Reich«, Frankfurt 1974, 1984;

[15] S. dazu diverse Publikationen zu dem Mitte der achtziger Jahre entbrannten »Historikerstreit« über die Frage der »Einzigartigkeit der nationalsozialistischen Judenvernichtung«, u.a. »Historikerstreit« – Die Dokumentation der Kontroverse..., München 1987; Habermas, Eine Art Schadensabwicklung, Frankfurt 1987.

[16] S.u.a. Reich, Massenpsychologie des Faschismus, Frankfurt 1972 (Junius-Drucke); Jäger, Verbrechen unter totalitärer Herrschaft. Studien zur nationalsozialistischen Gewaltkriminalität, Frankfurt 1982.

[17] S. dazu u.a. Engelmann, Wie wir wurden, was wir sind, München 1980; ders., Wir hab'n ja den Kopf noch fest auf dem Hals, Köln 1987.

[18] S. dazu u.a. Niethammer, Die Mitläuferfabrik. Die Entnazifizierung am Beispiel Bayern, Berlin/Bonn 1982; Friedrich, Die kalte Amnestie. NS-Täter in der Bundesrepublik, Frankfurt

1984.

[19] s.u.a. Heydecker/Leeb, Der Nürnberger Prozess, Köln 1958ff; Smith, Der Jahrhundert-Prozeß, Frankfurt 1979 (2 Bände); Przybylski, Zwischen Galgen und Amnestie, Berlin/DDR 1979ff; Hirsch/Paech/Stuby (Hrsg.), Politik als Verbrechen. 40 Jahre »Nürnberger Prozesse«, Hamburg 1986.

[20] s. u.a. Red. Kritische Justiz (Hrsg.), Der Unrechts-Staat, Baden-Baden 1983, 1984 (2 Bände); Friedrich, Freispruch für die Nazi-Justiz, Reinbek 1983; Fangmann/Paech (Hrsg.), Recht, Justiz und Faschismus, Köln 1984; Rückerl, NS-Verbrechen vor Gericht, Heidelberg 1984; Lichtenstein, Im Namen des Volkes? Eine persönliche Bilanz der NS-Prozesse, Köln 1984; Götz, Bilanz der Verfolgung von NS-Straftaten, Bonn 1986; Müller, Furchtbare Juristen. Die unbewältigte Vergangenheit unserer Justiz, München 1987; Just-Dahlmann/Just, Die Gehilfen. NS-Verbrechen und die Justiz nach 1945, Frankfurt 1988.

[21] Pross, Wiedergutmachung. Der Kleinkrieg gegen die Opfer. Hrg. vom Hamburger Institut für Sozialforschung, Frankfurt 1988.

[22] Schmidt/Fichter, Der erzwungene Kapitalismus, Berlin 1971; Horowitz, Kalter Krieg, Berlin 1969ff; Kahn, Der Kalte Krieg, Köln 1986, 1987 (2 Bände).

[23] S. Gössner, Im Antikommunismus vereint, in: ders., Widerstand gegen die Staatsgewalt, Hamburg 1988, S. 95ff m.w.N. und Literaturangaben (S. 294)

[24] S. Verfassungsstreit oder Klassenkampf? Das Dilemma der Anti-Notstandsbewegung gegen den drohenden Notstandsstaat, Rolf Gössner im Gespräch mit Prof. Jürgen Seifert, in: Gössner, Widerstand gegen die Staatsgewalt, Hamburg 1988, S. 110ff mit Literaturangaben S. 294f.

[25] Vgl. von Brünneck, Politische Justiz in der Bundesrepublik 1949-1968, Frankfurt 1978

[26] S. Ohne Zweifel für den Staat. Die Praxis zehn Jahre nach dem Radikalenerlaß, hrsg. vom Komitee für Grundrechte und Demokratie, Reinbek 1982 und Veröffentlichungen der Initiative »Weg mit den Berufsverboten« (Hamburg), vgl. Nehrkorn, Der Widerstand gegen die Berufsverbote, in: Geheim 3/1986 und 1/1987, S. 26ff.

[27] s. dazu: Der Tod Ulrike Meinhofs. Bericht der Internationalen Untersuchungskommission, Paris-Tübingen 1979; Bakker Schut u.a.(Hrsg.), Todesschüsse, Isolationshaft, Eingriff ins Verteidigungsrecht, o.O. 1985; Weidenhammer, Selbstmord oder Mord? Todesermittlungsverfahren Baader/Ensslin/Raspe, Kiel 1988. Einige der 1990 in der ehemaligen DDR festgenommenen Ex-RAF-Mitglieder sprechen im Zusammenhang mit den Stammheimer Todesfällen von einer kollektiven Selbstmord-Aktion der Gefangenen.

Teil 1:
Kapitel »Ein Stück Staatskunde-Unterricht«

[1] Abgedruckt in: clockwork 129a Nr. 15 vom 12.6.1989, S. 3f. (4).

[2] Original-Wortlaut des Urteilstenors: »Die Angeklagte ist der Beihilfe zum gemeinschaftlichen Herbeiführen einer Sprengstoffexplosion in Tateinheit mit Beihilfe zur gemeinschaftlichen Zerstörung von Bauwerken und mit Unterstützung einer terroristischen Vereinigung schuldig. Sie wird zu einer Freiheitsstrafe von fünf Jahren verurteilt. Die Angeklagte trägt die Kosten des Verfahrens. Angewendete Vorschriften: §§ 2, 25 Abs.2, 27, 49 Abs. 1, 52, 129a Abs. 1 (a.F.), 305 Abs. 1, 311 Abs.1 StGB.« (Urteil des OLG Düsseldorf vom 9.6.1989 – Az. V 11/88 – 1 StE 3/88 – S. 3).

[3] 34 Anschläge mit diesem Weckerfabrikat als Zündzeitverzögerer seit 1982: dazu Anschlagsliste als Anlage 1 zum Vermerk der BKA-Abteilung TE 12-100 300/84 vom 19.9.1988 (Stand: Januar 1988) und im Urteil gegen Dr. Ingrid Strobl, Az. V 11/88 – 1 StE 3/88, S. 21ff. Früher wurden bei RZ-Anschlägen zur Zündzeitverzögerung vorwiegend Wecker der Firma Junghans (»Isovox«) verwendet.

[4] Zwischen dem 18. und 20.12.1987. Durchgeführt von BKA und Bundesanwaltschaft. Für 33 Objekte und 23 Personen in Hamburg, Hannover, Düsseldorf, Köln, Ratingen und im Ruhrge-

biet (Bochum, Essen usw.) wurden Duchsuchungsbefehle erwirkt; vgl. die tageszeitung vom 21.12.1987, S. 1ff.; Frankfurter Rundschau vom 23.12.1987.

[5] Dazu Tolmein, Aktion Wasserschlag, in: Volkszeitung vom 26.8.1988.

[6] Az.: 1 BJs 188/87-4; I BGs 604/87.

[7] Frankfurter Rundschau vom 28.6.1988, die tageszeitung vom 21. und 29.6.1988.

[8] Az.: 1 BJs 292/86-4; StE 3/88.

[9] Inzwischen erschienen: Ingrid Strobl, »Sag nie, du gehst den letzten Weg«. Frauen im bewaffneten Widerstand gegen Faschismus und deutsche Besatzung, Frankfurt 1989.

[10] Insgesamt sind 25 Ausgaben erschienen bis Mitte 1991. Außerdem erschien, ebenfalls prozeßbegleitend, eine Zeitung mit dem Titel »Nicht zu fassen« der UnterstützerInnengruppe Köln.

[11] S. u.a. die kritischen Berichte über das Strobl-Verfahren und den § 129a in den bürgerlichen Medien (Auswahl): Der Spiegel Nr. 46/1988, S. 64f.; Thoms, § 129a – Der Freiheit eine Falle, in: Die Zeit vom 3.2.1989, S. 50; Parnass, Schreibtischtäterin im besten Sinn, in: Vorwärts vom 25.2.1989, S. 13ff. Thiele, Ein Wecker soll die Mitgliedschaft in 'Revolutionären Zellen' beweisen, Weser-Kurier vom 14.2.1989; ders., Strobl-Prozeß läßt bei kritischer Öffentlichkeit die Wecker schrillen, Weser-Kurier vom 5.4.1989; Voss, Ein Weckerkauf und die »anschlagsrelevanten« Themen, Frankfurter Rundschau vom 11.4.1989, S. 5; Elend/Trunk, »Die Luft ist raus«, in: »stern« vom 3.5.1989, S. 236f..; Gössner, Politisch motivierter Gewaltakt, in: die feder (IG Medien) 7/1989, S. 28ff. = vorgänge (Sept. 1989), S. 1ff.

[12] S. dazu u.a.: Anschlag auf die Schere am Gen und die Schere im Kopf – Texte zu Gentechnologie, Frauenbewegung, Faschismus und Bevölkerungspolitik, ausgesucht von Ulla Penselin und Ingrid Strobl, Hamburg 1988.

[13] Außerdem gehörten der Gruppe noch Karin Ebert (Berlin) und folgende Mitarbeiterinnen der »Grünen« an: Silke Struckmeyer, Marina Groß und Beate Bongartz.

[14] Publizistik & Kunst. Zeitschrift der IG Medien, S. 44 (»Weg mit dem § 129a – Freiheit für Ingrid Strobl«).

[15] FR vom 10.6.1989

[16] Gitti Hentschel, Gesinnungsurteil, in: taz vom 10.6.1989.

[17] Presseerklärung vom 9.6.1989.

[18] Pressemitteilung Nr. 500/89 vom 9.6.1989 von Hillerich und Oesterle-Schwerin für den Fraktionsvorstand der Grünen im Bundestag.

[19] Modifizierte und erweiterte Fassung meines Berichts, der zuerst erschienen ist in: die feder. Zeitschrift der IG Medien 7/1989, S. 28ff. Die Zitate stammen, sofern nicht anders vermerkt, aus der mündlichen Urteilsverkündung, nicht aus dem schriftlichen Urteil, Az. V 11/88 – 1 StE 3/88.

[20] S. dazu: Terroristen & Richter 1, Heinrich Hannover, »Terroristenprozesse«, Kapitel »Kollaboration mit der Staatsgewalt als Kriterium der Freund-Feind-Unterscheidung«.

[21] Dazu bedurfte es der Mithilfe einer Vielzahl von Menschen: Geschäftsleitung der Wecker-Firma »Emes« sowie Teile der Belegschaft; Geschäftsführung und VerkäuferInnen der (80) Uhrengeschäfte (u.a. »Wempe« in Köln), die die eigens eingebauten Video-Anlagen bedienen und Gedächtnisprotokolle schreiben mußten, sobald verdächtige KäuferInnen auftauchten. Erstaunlich ist, daß dieses klandestine Gesamtunternehmen geheim blieb und daß sich so viele Menschen fraglos bereit erklärten, hilfspolizeiliche Aufgaben zu übernehmen.

[22] Niedergelegt in einem Vermerk der BKA-Abteilung TE 12 – TE 100 300/84 vom 19.9.1988 (»EMES-Fahndungsprogramm«). Dazu im schriftlichen Urteil S. 71, 134ff. Kostenaufwand für dieses Programm ca. 200.000 DM.

[23] Zit. nach Schlußplädoyer von Rechtsanwältin Edith Lunnebach, Manuskript S. 40.

[24] Dazu im schriftlichen Urteil S. 134ff.

[25] Schriftliches Urteil S. 167ff.

[26] Urteil S. 175ff.

[27] Urteil S. 179ff., 192.

[28] Urteil S. 193ff.
[29] So in der mündlichen Urteilsverkündung; im schriftlichen Urteil, S. 194, heißt es moderater: »Die Themen .... gehörten zu solchen, mit denen sie sich umfänglich publizistisch befaßt hatte.«
[30] Auszug aus dem Urteil des OLG Düsseldorf vom 9.6.1989, Az. V 11/88 – 1 StE 3/88, GBA Karlsruhe, S. 193f..
[31] Schriftliches Urteil S. 195ff.
[32] Teilweise auch durch das Mittel der richterlichen »Wahrunterstellung« von eigentlich zu beweisenden Tatsachen, s. schriftliches Urteil, S. 198ff.
[33] S. dazu das Schwerpunkt-Kapitel zur »Offenkundigkeit von Vor-Urteilen«.
[34] Abgedruckt in: clockwork 129a Nr. 15 vom 12.6.1989, S. 4f..
[35] Telefax, Sender: BGH GBA KHE 49 721 159606, 10.05.90, 15:43.
[36] Hier bezieht sich der BGH auf Rechtsprechung und Literatur: u.a. BGH NStZ 1982, 478; Herdegen in Karlruher Kommentar StPO § 244 Rdn. 4 und NStZ 1987, 193, 199.
[37] Der BGH bezieht sich dabei auf das OLG-Urteil S. 117, 198 sowie auf BGHSt 31, 239.
[38] Der BGH verweist hier u.a. auf BGH, Urteil vom 24.8.1983 – 3 StR 176/83 (S) S. 12f.; Cramer in: Schönke/Schröder, StGB 23. Aufl. § 27 Rdnr. 19.
[39] Vgl. die tageszeitung vom 23.10.1990; Frankfurter Rundschau vom 24.10.1990.

Kapitel »Das Anti-Terror-System im Überblick«

[1] Gräßle-Münscher, Der Tatbestand der kriminellen Vereinigung (§ 129 StGB) aus historischer und systematischer Sicht, Diss. Hamburg 1982; ders., Kriminelle Vereinigung, Hamburg 1991; Blasius, Geschichte der politischen Kriminalität in Deutschland 1800-1980, Frankfurt 1983.
[2] Rudolphi, Die Gesetzgebung zur Bekämpfung des Terrorismus, in: Juristische Arbeitsblätter 1979, S. 1ff. (1).
[3] S. dazu die Protokolle der Bundestagsdebatten, in: Die Anti-Terror-Debatten im Parlament, Reinbek 1978; Fürst, Grundlagen und Grenzen der §§ 129, 129a StGB, Frankfurt u.a. 1989.
[4] Vor allem in Verbindung mit den damaligen Zensur-Paragraphen 88a und 130a StGB. S. dazu etwa die Verfahren gegen »agit-Druck« und die Zeitschrift »radikal« sowie wegen des »Mescalero«-Artikels: Agnoli u.a. »...da ist nur freizusprechen!« Die Verteidigungsreden im Berliner Mescalero-Prozeß, Reinbek 1979; Blanke u.a., Der Oldenburger Buback-Prozess, Berlin 1979.
[5] Dazu eingehend in Terroristen & Richter 1, Heinrich Hannover, »Terroristenprozesse«, Kapitel »7. Verteidigung in Stammheim – Begegnung mit der Angst«.
[6] S. dazu die Antwort der Bundesregierung auf eine Kleine parlamentarische Anfrage der Fraktion »Die Grünen« mit dem Titel »Karteien von Prozeß- und Häftlingsbesuchern bei Polizei und Verfassungsschutzbehörden«, BT-Drucks. 11/4364 vom 18.4.1989. Im Frankfurter Startbahn-Prozeß 1989 kam es zu der absoluten Ausnahme, daß die Ausweiskontrollen von ProzeßbesucherInnen eingestellt wurden, vgl. Till Meyer, Ende der großen Prozeßschnüffelei? In: die tageszeitung vom 9.3.1989.
[7] S. die tageszeitung vom 21.1.1989, derzufolge das Berliner Landesamt für Verfassungsschutz jahrelang sämtliche Besucher von sog. Terroristenprozessen namentlich erfaßt und in der Hinweisdatei NADIS abgespeichert hat.
[8] Erstmals praktiziert im Bereich der BRD. Ähnliche »Käfighaltung« von Angeklagten im Berliner »2.Juni-Prozeß«, s. Terroristen & Richter 3, Margot Overath »Drachenzähne«, Kapitel »9. Der Prozeß gegen ›Reinders u.a.‹ (Lorenz/Drenkmann-Prozeß)«.
[9] Gesetz vom 9.12.1974 (BGBl. I 3393, 3533); Gesetz vom 20.12.1974 (BGBl. I 3686); Gesetz vom 14.4.1978 (BGBl. I 497) und vom 5.10.1978 (BGBl.I 1645); Gesetz vom 18.8.1976 (BGBl. I 2181); Kontaktsperregesetz vom 30.9.1977 (BGBl. I 1877), geändert durch Gesetz vom 4. 12.1985 (BGBl. I 2141). Übersicht in: Deutscher Bundestag, Verhandlungen des Deutschen Bundestages über den Terrorismus (1973-1980), Materialien Nr. 71, Bonn 1982; Die Anti-Terror-

Debatten im Parlament. Protokolle 1974-1978, Reinbek 1978. Rieß, »Die Anti-Terrorismusgesetzgebung« in der Bundesrepublik Deutschland, in: Freiheit und Sicherheit. Die Demokratie wehrt sich gegen den Terrorismus, Schriftenreihe der Bundeszentrale für politische Bildung, Bd. 148, Bonn 1979, S. 69ff. Zu den Erfahrungen s. Terroristen & Richter 1, Heinrich Hannover, »Terroristenprozesse«, Kapitel »9. Strafverteidiger als Objekte Politischer Justiz«.

[10] S. dazu etwa die Äußerungen des SPD-Abgeordneten Gnädinger, Plenarprotokoll des Bundestages vom 24.6.1976, S. 17990 sowie des damaligen Bundesjustizministers Vogel (SPD), Strafverfahrensrecht und Terrorismus – eine Bilanz, in: NJW 1978, S. 1217 (1223).

[11] So das Bundesverfassungsgericht.

[12] S. kritisch zu dieser Argumentation: Gesetzesentwurf der »Grünen« im Bundestag zur Liberalisierung des politischen Straf- und Verfahrensrechts, Drucksache, März 1990, S. 9f.

[13] Ebda., S. 10.

[14] Vogel, im Deutschen Bundestag, Plenarprotokoll vom 11.10.1974, S. 8230.

[15] Vgl. dazu ausführlich: Die Einschränkung der Verteidigung im Strafprozeß, Dokumentation, Hamburg 1976; Göddeke, Die Einschränkung der Strafverteidigung, Köln 1980; Basten, Von der Reform des politischen Strafrechts bis zu den Anti-Terror-Gesetzen, Köln 1983, S. 253ff. Cobler, Plädoyer für die Streichung der §§ 129, 129a StGB. Zur Revision der »Anti-Terrorismus-Gesetze«, in: Kritische Justiz 1984, S. 407ff.

[16] Anders das Bundesverfassungsgericht in BVerfGE 41, 246, 249: Art. 103 GG sei Genüge getan, da der Angeklagte vor seinem Ausschluß die Gelegenheit zur Stellungsnahme habe. Vgl.dazu auch BT-Drucksache VII/2989, S. 6; Löwe-Rosenberg-Gollwitzer, StPO-Kommentar § 231a Rdn. 15ff. Dagegen argumentiert Sebastian Cobler: Der Sinn des rechtlichen Gehörs liege »selbstverständlich nicht in einer einmaligen Anhörung des Beschuldigten vor dem Gericht, das dann in seiner Abwesenheit die Beweisaufnahme eröffnet und damit erst zur Sache kommt.« (Cobler, Strafprozeß und Staatsräson, in: 3. Internationales Russell-Tribunal, Band 4, Berlin 1979, S. 40).

[17] Dazu Terroristen & Richter 1, Heinrich Hannover, »Terroristenprozesse«, Kapitel »9. Strafverteidiger als Objekte politischer Justiz«; dazu auch: Die Verteidigung auf der Anklagebank. Dokumentation Hamburger Rechtsanwälte, Hamburg 1977; Rühmann, Anwaltsverfolgung in der Bundesrepublik 1971-1976, Hamburg 1977; Gössner, Anwaltsverfolgung, in: Neue Politik 12/1978, S. 38ff.; Gössner/ Klein, Justizkritik bei Strafe verboten. Ein Ehrengerichtsverfahren gegen Heinrich Hannover, in: »vorgänge« 5/1978, S. 33ff.

[18] So der Rechtsanwalt und Publizist Sieghart Ott, Niederlagen des Rechtsstaates, in: vorgänge 34/1978, S. 86ff. (88).

[19] »Kronzeugenregelung bei terroristischen Straftaten« vom 9. Juni 1989, BGBl. I S. 1059. Befristet bis 31.12.1992.

Kapitel »Sesam-öffne-Dich«

[1] Az. 100 011/86. Betr.: Sprengstoffanschlag auf das Verwaltungsgebäude der Deutschen Lufthansa AG in Köln am 28.10.1986 durch unbekannte Mitglieder der terroristischen Vereinigung RZ/Rote Zora.

[2] Tolmein, Beugehaft und Kontaktschuld, in: Konkret 3/1988, S. 16ff.

[3] S. dazu u.a. Gössner, Demonstrationsfreiheit unter Mordverdacht. Nach den Schüssen an der Startbahn-West (1987), in: ders., Widerstand gegen die Staatsgewalt, Hamburg 1988, S. 68 ff. Die Illusion einer breiten Bewegung, in: Geheim 1/1989, S. 7ff. Dokumentation 2.11.87... Berichte. Stellungnahmen. Diskussionen zu den Schüssen an der Startbahn, hrsg. vom ID-Archiv im Internationalen Institut für Sozialgeschichte, Amsterdam 1987 (über AurorA, Knobelsdorffstr. 8, 1 Berlin 19). Bunte Hilfe (Hrsg.), »... wir hatten ja zwei Morde aufzuklären...« Dokumentation zu den Folgen des 2.11.87, Frankfurt 1989.

[4] Rebmann: Eichler war Chef einer Terrorgruppe, in: Frankfurter Rundschau vom 28.11.1987.

[5] Kronauer, »Von der Sachbeschädigung zur terroristischen Vereinigung«. Das Verfahren gegen Andreas Semisch u.a. (Startbahn-Verfahren), in: § 129a, Verteidigerinnen und Verteidiger berichten über aktuelle Verfahren, Schriftenreihe der Strafverteidigervereinigungen, Köln 1989, S. 61ff.

[6] Gegen zwei Personen, Eichler und Frank H., hat die Staatsanwaltschaft Mordanklage erhoben; angeklagt wurden außerdem sieben weitere Personen (u.a. nach § 129a, so etwa Andreas S., der nach über zwei Jahren U-Haft im Februar 1990 freigelassen wurde; vgl. taz vom 23.2.90). Die Verfahren, die getrennt verhandelt wurden, fanden vor dem Oberlandesgericht Frankfurt statt. Im März 1990 wurde Andreas S. lediglich wegen Verstoßes gegen das Waffengesetz und Hehlerei zu zwei Jahren Freiheitsstrafe ohne Bewährung verurteilt. Die 129a-Anklage brach in sich zusammen; vgl. FR vom 23.3.1990. Eichler wurde wegen Totschlags und Mitgliedschaft in einer »terroristischen Vereinigung« zu 15 Jahren Haft verurteilt, H. nur wegen Mitgliedschaft zu viereinhalb Jahren (taz 16.3.91).

[7] Antrag auf Beugehaft, Dezember 1988; zit. nach taz vom 10.4.1989.

[8] Oft nach stundenlangen Verhören und polizeilichen Psycho-Tricks mit Drohungen und Lockungen; vgl. Bunte Hilfe (Hrsg.), a.a.0., S. 38ff. In anderem Zusammenhang: Der Spiegel Nr. 45/1984, S. 82ff. Grundsätzlich: Grabska, Die polizeiliche Vernehmung – eine peinliche Befragung, in: Psychologie & Gesellschaftskritik 1/1982, S. 26ff. m.w.N.

[9] Helwerth, Auf Beugen und Brechen, in: taz vom 10.4.1989.

[10] z.B. Startbahnprozeß: Erneut Zeugenaussage widerrufen, in: Frankfurter Rundschau vom 8.5.1990. vgl. auch: die tageszeitung vom 10.3.90.

[11] S. dazu u.a. Texte zur Aussageverweigerung, Berlin o.J. (Bezug: M. Aulzu c/o Buchladen, Gneisenaustr. 2a, 1 Berlin 61).

[12] Zit. nach Jakobs, Wie aus ZeugInnen Beschuldigte werden, sowie ders., ZeugInnen droht Erzwingungshaft, in: die tageszeitung vom 3.2.1989, S. 4.

[13] Dazu u.a. Helwerth (Anm. 9); clockwork 129a Nr. 7 vom 31.3.1989; Schnell, Beugen und Brechen, in: Forum Recht 3/1989, S. 20; Gericht droht mit Beugehaft, in: FR 23.9.1989

[14] Beispiel: Haft-Anordnungsbeschluß des Ermittlungsrichters des Bundesgerichtshofs – 1 BJs 72/87-4 – 1 BGs 63/89 – vom 27.2.1989 gegen Gaby H. aus Bochum. Gemäß §§ 70, 161a Abs.1 StP0.

[15] Ebda., S. 3.

[16] Vgl. das Auskunftsverweigerungsrecht nach § 55 StP0. Der Haftanordnungsbeschluß wurde auf die Haftbeschwerde der Bochumer Rechtsanwältin Anne Mayer hin aus diesem Grunde später vom 3. Strafsenat des BGH wieder aufgehoben (Az 1 BJs 72/87-4- StB 15 u. 16/89; Beschluß vom 3.5.1989).

[17] Wobei hier die Aussage nicht generell verweigert werden darf, sondern bei jeder Frage erneut die Voraussetzungen des § 55 StP0 geprüft werden müssen. Allerdings reicht für die Aussageverweigerung schon die Möglichkeit aus, daß gegen den Zeugen selbst ein Ermittlungsverfahren eingeleitete werden könnte; vgl. BGH, NStZ 1986, S. 181.

[18] S. u.a. Der Spiegel Nr. 35/1985, S. 83.

[19] Dazu grundsätzlich u.a.: SPUDOK-Systeme der Polizei, in: Bürgerrechte & Polizei Nr. 26/1987, S. 51ff.

[20] Der Spiegel, a.a.0., S. 84.

[21] Lauschangriff auf AKW-Gegner, in: die tageszeitung vom 2.3.1989;. Telefone von AKW-Gegnern abgehört, taz vom 13.3.1989.

[22] Auch AKW-Gegner sind nunmehr Terroristen, in: die tageszeitung vom 18.6.1981; Nürnberger Nachrichten vom 17.7.1981.

[23] Viele stellten daraufhin beim niedersächsischen Landeskriminalamt (LKA) Anträge auf Auskunft über die zu ihrer Person gespeicherten Daten. Antwort des LKA: Da ca. 150 Personen solche Anträge gestellt hätten und die Bürgerinitiative Lüchow-Dannenberg e.V. die behördlichen Reaktionen sammeln wolle, handele es sich um einen »Ausforschungsversuch«, der es zulasse, die Auskunft zu verweigern (z.B. Schreiben des LKA vom 7.3.1986 – Az.: 13.1/11.1-12330/

140200).

[24] Vor dem Landgericht Lüneburg wegen § 129 StGB (»kriminelle Vereinigung«); den Beschuldigten wurden außerdem Sabotagehandlungen vorgeworfen, s.: Wendland-Prozeß geplatzt, in: die Tageszeitung vom 25.10.1988; Einstellung: Jahrelange Überwachung – eine Stunde Prozeß, in: Rote Hilfe-Zeitung 4/90, S. 4; FR vom 29.8.1990.

[25] Dazu ausführlich: Drieschner/Kassel, Was geschieht in Meuchelfitz? Wie die Polizei von Gorleben eine terroristische Vereinigung erfand, in: Die Zeit vom 16.11.1990, S. 13ff.

[26] U.a. Ausspionierung von WAA-GegnerInnen durch Polizei und »Verfassungsschutz« (z.B. Abfotografieren von Fotos und Ausforschung der Daten in den Melderegistern; s. die tageszeitung vom 27.5., 31.5. und 11.7.1988), Hausdurchsuchungen, s. u.a. Mittelbayerische Zeitung vom 27.10.1986.

[27] z.B. schon BGH-Urteil vom 12.2.1975 – 3 StR 7/74 I (LG Hamburg), in: NJW 1975, S. 985f.; Urteils-Kritik in: Rote Robe 1975, S. 158f. Bereits ein lockerer Zusammenhang soll den Tatbestand des § 129 erfüllen. Weitere Urteile, s. Arbeiterkampf vom 9.11.1981, S. 18; BGHSt 31, S. 239; LG Berlin, NStZ 1982, S. 203. Krit. Gräßle-Münscher, Der Tatbestand der kriminellen Vereinigung, Hamburg 1982, S. 12ff.

[28] Terroristen, für die die Herzen schlagen. Haftbefehle gegen Tierversuchsgegner wegen Bildung einer terroristischen Vereinigung erlassen, in: die tageszeitung vom 10.7.1985, S. 3; Gegen Rebläuse, in: Der Spiegel Nr. 30/1985, S. 41f.

[29] Milde Urteile für Tierschützer, in: die tageszeitung vom 16.5.1987; s. auch: »Die flehenden Augen der Tiere« (zum Prozeß gegen den militanten Tierschützer Andreas W.), in: taz vom 19.2.1986; Frankfurter Rundschau vom 19.2.1986.

[30] Der Hamburger Kriminologe Sebastian Scheerer spricht in seinem Aufsatz »Gesetzgebung im Belagerungszustand« von »Einschüchterungseffekt«, in: Blankenburg (Hrsg.), Politik der inneren Sicherheit, Frankfurt 1980, S. 120ff. (138).

Kapitel »Staatlicher Kampf gegen die ›neue Unübersichtlichkeit‹«

[1] Dazu u.a. Kraushaar, Revolte und Reflexion, Frankfurt 1990; Roth/Rucht (Hrsg.), Neue soziale Bewegungen in der Bundesrepublik Deutschland, Frankfurt/New York 1987; Haasken/Wigbers, Protest in der Klemme. Soziale Bewegungen in der Bundesrepublik, Frankfurt 1986; Jochheim, Die gewaltfreie Aktion, Hamburg/Zürich 1984; Tatz (Hrsg.), Gewaltfreier Widerstand gegen Massenvernichtungsmittel, Freiburg 1984; Ehmke (Hrsg.), Zwischenschritte. Die Anti-Atomkraft-Bewegung zwischen Gorleben und Wackersdorf, Köln 1987; Wahsner/Bayh, »... Widerstand bis hin zum Generalstreik...« Gewerkschaften, Streikrecht und Widerstandsrecht gegen Raketenstationierung, Marburg 1983.

[2] S. dazu: Habermas, Die Neue Unübersichtlichkeit, Frankfurt 1985 (darin insbes. das Kapitel »Die veränderte Protestszene«, S. 80ff.).

[3] Dazu u.a. Butterwegge/Docke/Hachmeister (Hrsg.), Kriminalisierung der Friedensbewegung. Abschreckung nach innen? Köln 1985. Forschungsjournal Neue Soziale Bewegungen (und soziale Kontrolle) 2/1988; Gössner, Die Einkreisung der Demonstrationsfreiheit, in: ders.u.a. (Hrsg.), Restrisiko Mensch, Bremen 1987; ders., Widerstand gegen die Staatsgewalt – Handbuch zur Verteidigung der Bürgerrechte, Hamburg 1988.

[4] S. dazu Preuß, Politische Verantwortung und Bürgerloyalität. Von den Grenzen der Verfassung und des Gehorsams in der Demokratie, Frankfurt 1984.

[5] Zum Selbstverständnis der RZ, s. u.a. die Zeitschrift »radikal«.

[6] Interview in: die tageszeitung vom 13.4.1988, S. 9.

Teil 2:
Kapitel »Zum Aufstieg des präventiven Sicherheitsstaates«

[1] Beck, Risikogesellschaft. Auf dem Weg in eine andere Moderne, Frankfurt 1986.

[2] Das gilt nicht unbedingt für einzelne, spezielle Maßnahmen zur »Terrorismusbekämpfung«, die später allerdings häufig zur allgemeinen Verwendung genutzt wurden (Verallgemeinerungstendenz).

[3] BMI Genscher im Bundestag am 22.6.1972, Protokoll S. 11467, zit. nach Cobler, Die Gefahr geht von den Menschen aus – Der vorverlegte Staatsschutz, West-Berlin 1978 (2. Aufl.), S. 12f.

[4] Dazu eingehender: Kraushaar, Der Kanzler und seine Krisenstäbe. Der nicht erklärte Ausnahmezustand während der Schleyer-Entführung, in: Hafner/Jacoby, Die Skandale der Republik, Frankfurt 1989, S. 151ff.

[5] Schmidt, in: Der Spiegel vom 15.1.1979.

[6] Dazu: Gössner, Sicherheitsextremismus, in: ders., Widerstand gegen die Staatsgewalt – Handbuch zur Verteidigung der Bürgerrechte, Hamburg 1988, S. 13ff. Ders. u.a. (Hrsg.), Restrisiko Mensch, Bremen 1987.

[7] Ausführlicher zu dieser Rechtsentwicklung u.a.: Gössner, Widerstand gegen die Staatsgewalt, a.a.0.; Busch u.a., Die Polizei in der Bundesrepublik, Frankfurt/New York 1985; Bull (Hrsg.), Sicherheit durch Gesetze? Baden-Baden 1987; Lisken (Düsseldorfer Polizeipräsident), Über Aufgaben und Befugnisse der Polizei im Staat des Grundgesetzes, in: ZRP 1990, S. 15ff. Janssen/ Schubert, Staatssicherheit, Bielefeld 1990.

Kapitel »Massenorientierte Vorfelderfassung«

[1] Die Grundidee zu dieser Art von szenarischer Veranschaulichung wurde bereits Anfang der achtziger Jahre zusammen mit dem Bremer Rechtsinformatiker Prof. Dr. Wilhelm Steinmüller konzipiert.

[2] Bereits 1971 gab es in Norddeutschland Vorläufer-Aktionen der Polizei: So z.B. am 15.7.1971 die Aktion »Hecht«, in deren Verlauf 3.000 Polizeibeamte die wichtigsten Straßen absperrten und Kontrollen durchführten (s. Aust, Der Baader-Meinhof-Komplex, Hamburg 1985, S. 171ff.); Terroristen & Richter 3, Margot Overath »Drachenzähne«, Kapitel »6. Werner Hoppe«, m.w.N.

[3] Dazu Aust (Anm. 2), S. 237f.

[4] Ebda., S. 238. Im Jahre 1972 hatte Herold noch, aus Sorge um die öffentliche Meinung, eine ganz andere Auffassung von Großfahndungen, die er in einer vertraulichen Sitzung der Innenministerkonferenz am 27.1.1972 preisgab: »Die Großfahndung an sich scheint problematisch zu sein, denn sie wird wegen ihres erheblichen personellen und materiellen Aufwandes frühzeitig entdeckt und während ihres Beginns publiziert. Im übrigen wirkt sich das martialische Aussehen der Beamten mit ihren Helmen, den Geräten und den Maschinenpistolen psychologisch auf die Öffentlichkeit keineswegs günstig aus. Mit den Vertretern der Länder wurde daher folgendes Modell einer fliegenden Zivilfahndung entwickelt: Zivile Fahndungsfahrzeuge befinden sich im fließenden Verkehr, beobachten die Verkehrsteilnehmer, selektieren Verdächtige, melden diese Verdächtigen über Funk den Funkstreifenwagen der Schutzpolizei, die dann ihrerseits zur Kontrolle schreiten. Ein solches System ist unauffällig und nicht zu aufwendig, weil es vorselektieren und dadurch wahrscheinlich wirksamer sein kann...« (zit. aus IMK-Protokoll, dokumentiert in: Der Baader-Meinhof-Report, Mainz 1972, S. 214).

[5] In diesem Jahr wurden von August bis Oktober (im Zusammenhang mit der Entführung des Arbeitgeberpräsidenten H.M. Schleyer) allein in Hessen an insgesamt über 1.000 Kontrollstellen ohne rechtliche Grundlage insgesamt 51.000 Personen und 33.000 Kraftfahrzeuge kontrolliert (Frankfurter Rundschau vom 10.11.1977). Im gesamten Bundesgebiet wurden bei Straßenkontrollen 1,5 Millionen Personen erfaßt und 1.500 davon festgenommen (allerdings »niemand von Rang«; vgl. Der Tagesspiegel vom 7.12.1977 nach BKA-Angaben).

[6] Dazu: Die Streife, Nr. 10/1977. Kosten des gesamten Polizeieinsatzes: über drei Millionen DM.

[7] S. u.a. Busch u.a., Die Polizei in der Bundesrepublik, Frankfurt/New York 1985, S. 126ff., 190ff., 294ff.; Gössner/Herzog, Der Apparat, Köln 1984, S. 96ff. Dazu auch die (Ober-) Verwaltungsgerichtsentscheidungen, zusammengefaßt in: Bürgerrechte & Polizei 1/1983, S. 85ff.

[8] Der Rechtsausschuß des Deutschen Bundestages ging allerdings bei der Beratung des Gesetzesentwurfes davon aus, daß lediglich gezielt einzelne Kontrollstellen an konkreten Orten zu einer konkreten Zeit genehmigt und eingerichtet werden können (BT-Drucks. 8/1482, S. 10). In § 111 Abs. 2 StPO ist denn auch von der richterlichen Anordnung, »*eine* Kontrollstelle einzurichten«, die Rede und nicht von einer (gar unbestimmten) Vielzahl (so auch der ehemalige Bundesjustizminister Vogel, in: NJW 1978, S. 1217, 1227 und die Kommentarliteratur zur StPO (Karlsruher Kommentar, Löwe-Rosenberg, Kleinknecht/Meyer zu § 111 StPO). Die Praxis kümmert sich jedoch nicht um diese einschränkenden Vorgaben.

[9] Weitere personengebundene Hinweise (PHW): ANST = Ansteckungsgefahr (Vorsicht Blutkontakt), GEKR = Geisteskrank, BTMK = BTM-Konsument, FREI = Freitodgefahr, PROS = Prostitution (aus dem zusammenfassenden Kurzbericht über die Sitzungen der Berichterstattergruppe »Achter und neunter Tätigkeitsbericht des Bundesdatenschutzbeauftragen für den Datenschutz« (Drucksachen 10/4690 und 10/6816) in der Zeit vom 11. November 1987 bis zum 10. November 1988, vom 17. November 1988, S. 20ff.

[10] Nach einem Bericht der Bundesregierung, dokumentiert in Frankfurter Rundschau (»Die Strafverfolgung ist mit der neuen Waffe behutsam umgegangen«) vom 7.2.1980. BT-Drucksache 8/3564, S. 3. S. dazu auch Busch u.a. (Anm. 7), S. 302ff. Soweit ersichtlich erfolgte die erste Kontrollstellen-Anordnung nach Inkrafttreten des § 111 StPO anläßlich der Befreiung von Till Meyer aus der Haftanstalt Berlin-Moabit (1978).

[11] Entgegen den gesetzlichen Vorgaben des § 111 StPO.

[12] Zur Problematik s.u.a. Ehrhardt/Kunze, Kontrollstellen außer Kontrolle, in: Demokratie und Recht 2/1989, S. 137ff.

[13] Allerdings, so Kinkel, beruhe diese Aussage auf den »unvollständigen« Erkenntnissen der Länder, des Generalbundesanwalts und des BKA, BT-Drucksache 11/837 vom 15.9.1987. In den ersten zehn Jahren nach Inkrafttreten des § 111 StPO sind schätzungsweise etwa 2.000 Kontrollstellen in der BRD und Westberlin eingerichtet worden.

[14] Antwort der Bundesregierung auf eine Anfrage der »Grünen«, Drucksache 11/2774 vom 11.8.1988, S. 13.

[15] Der Spiegel vom 15.6.1987, S. 116.

[16] BT-Drucksache 11/2066 vom 28.3.1988, S. 3.

[17] Holzhaider, Ein bewährtes Schema im Café Normal, in: Süddeutsche Zeitung vom 6.4.1987. Pressebericht des Polizeipräsidiums München vom 5.11.1986 (Beilage: 112 Personen wurden am 4.11.86 kontrolliert und 8 festgenommen). Siehe dazu auch das Verfahren gegen Janine St. in Kapitel »Eine flexible Wunderwaffe«.

[18] Die Bundesregierung räumte dies in ihrer Antwort auf eine parlamentarische Anfrage am 17.10.88 ein (BT-Drucksache 11/3130); Spätes Eingeständnis von GBA Rebmann, FR vom 16.12.1988. S. dazu auch »Jeder(r) ist verdächtig«, Petition der »Internationalen Liga für Menschenrechte« (Berlin) in Sachen polizeilicher Kontrollstellen, dokumentiert in: vorgänge Juli 1989, S. 105ff. und Schraut, IWF-Tagung – »Die größte Datenaktion der Polizei«, in: Bürgerrechte & Polizei (cilip) 31/1988, S. 99ff. und Ergänzung, ebda. Nr. 33/89, S. 49ff. Gössner, Freibrief für Massenkontrollen, in: vorgänge Sept. 1988, S. 18ff.

[19] So Ex-GBA Rebmann während der 39. Sitzung des Bundestags-Innenausschusses am 30.11.1988, Protokoll S. 28f.); die tageszeitung vom 1.12.1988; ähnliche Intentionen zur Einrichtung von Kontrollstellen hegte schon der damalige BMI Zimmermann, lt. FAZ vom 28.7.1987.

[20] Der BGH erhob inzwischen mit seinem Beschluß vom 30.9.1988 (in: Strafverteidiger 1/1989, S. 1f.) rechtsstaatliche »Bedenken« gegen die Rechtmäßigkeit der richterlichen Anordnung vom 20.5.1988: Er sah es mit der Anordnungskompetenz des Richters für unvereinbar an, daß

die Polizei ermächtigt wird, »für einen längeren Zeitraum nach ihrem eigenen Ermessen zu jeder Tages- und Nachtzeit an jedem öffentlich zugänglichen Ort der Bundesrepublik Kontrollstellen einzurichten«. Ex-GBA Rebmann zeigte sich von dieser »Rüge« allerdings relativ unbeeindruckt, s. Interview in: Passauer Neue Presse vom 21.11.1988; FR 16.12.1988. Dazu auch: Der Spiegel vom 28.11.1988, S. 55ff.

[21] Allein in Berlin gab es insgesamt fast 100 Kontrollstellen innerhalb von zwei Monaten; allein an den Grenzübergangsstellen Dreilinden und Heiligensee wurden fast 40 mal Kontrollstellen eingerichtet; s. Schraut, in: Bürgerrechte & Polizei 33/1989, S. 49 und Nr. 31/1988, S. 100; Antwort des Berliner Senators für Inneres – III B 22-0331/031 – vom 17. November 1988 auf die Kleine Anfrage des Abgeordneten Wieland (AL).

[22] Frankfurter Rundschau vom 24.10.1988. Dazu auch: Arbeiterkampf vom 22.8.1988. Angeklagt im November 1988 (FR 17.11.88).

[23] Die hohe Erfolglosigkeitsquote dieser Großeinsätze ist offenkundig; auch in folgendem, noch aktuelleren Fall ist alles andere, nur kein Fahndungserfolg zu verzeichnen: Im Zusammenhang mit IRA-Anschlägen ist auf Antrag des GBA vom BGH-Ermittlungsrichter die Einrichtung von Kontrollstellen in der Zeit vom 6./8. bis zum 30. November 1989 gestattet worden, und zwar in den Regierungsbezirken Köln, Düsseldorf und Münster sowie in der Stadt Dortmund und in den Landkreisen Lüdenscheid und Soest (NRW), in den Regierungsbezirken Lüneburg und Hannover, in Stadt und Landkreis Osnabrück und in den Landkreisen Helmstedt und Wolfenbüttel (Niedersachsen) und in den Regierungsbezirken Darmstadt und Gießen (Hessen). Täglich durften bis zu 10 Kontrollstellen pro Regierungsbezirk bzw. 3 Kontrollstellen pro Stadt und Landkreis eingerichtet werden. Nach Auskunft der Bundesregierung sind »weder Tatverdächtige ergriffen noch Beweismittel sichergestellt worden«. (Vgl. Bundestags-Drucksache 11/6225 vom 15.1.1990).

[24] Inhalt und Zweck dieser Datei »Ermittlungsverfahren des GBA (Anschlag auf den Staatssekretär im BMF Dr. Tietmeyer, der für die IWF-Tagung zuständig war). Errichtet am 21.9.1988.

[25] Hervorstechendes Merkmal des »fälschungssicheren« Personalausweises (sowie Passes) ist, wie sich herausstellte, nicht seine »Fälschungssicherheit«, sondern daß er über mobile, elektronische Lesegeräte abgelesen und unmittelbar mit dem bereits sehr weit verzweigten Computernetz der Polizei in elektronischen Kontakt treten kann. In Sekundenschnelle können die Daten des Ausweises mit denen im Datenbestand der Polizeicomputer abgeglichen werden; s. dazu u.a. Taeger (Hrsg.), Der neue Personalausweis, Reinbek 1984; Steinmüller/Peschek, Der Schlüssel zum Computerstaat, in: Gössner u.a. (Hrsg.) Restrisiko Mensch, Bremen 1987, S. 12ff.

[26] Weitere BKA-Verbunddateien und -Zentraldateien in erweitertem Zusammenhang: Personenfahndung (FAH-P); Haftdatei (HAFT); TESCH-Dokumentationssystem für terrorismus- und extremismusbezogene Schriften; SPUDOK »Strom«; SPUDOK »18 West« usw. Zum INPOL-System und seinen Dateien im einzelnen: Kauß, Der suspendierte Datenschutz bei Polizei und Geheimdiensten, Frankfurt/New York 1989, S. 107ff.

[27] Zu diesem Mittel polizeilicher Fahndung, das mit den sog. Sicherheitsgesetzen (Strafverfahrensänderungsgesetz-Entwurf 1989; § 163 e StPO) legalisiert werden soll, s. u.a. Busch u.a (Anm. 7), S. 308f.; Dietel (Polizeiinspekteur NRW), »Innere Sicherheit« – Verheißung und reale Möglichkeit, in: Bull (Hrsg.), Sicherheit durch Gesetze? Baden-Baden 1987, S. 57ff. (79f.): »Im Rahmen der Terrorismusbekämpfung bezieht sich die ›Polizeiliche Beobachtung‹ auf Personen, die auf Grund tatsächlicher Anhaltspunkte als Mitglieder oder Unterstützer terroristischer Vereinigungen in Betracht kommen. Der Sinn ... liegt in der Annahme, daß der Weg zu den bereits im Haftbefehl gesuchten terroristischen Straftätern über das sie unterstützende personelle Umfeld führt.« Näheres in PDV (Polizeidienst-Vorschrift) 384.2.

[28] So die Begründung zum StrVerfÄG-Entwurf 1988 (§ 163 e StPO), in: Schriftenreihe der Strafverteidiger-Vereinigungen, Köln 1989, S. 60. Mit diesem Änderungsgesetz soll die »Polizeiliche Beobachtung« eine rechtliche Grundlage erhalten. Dabei soll sich diese Methode unter bestimmten Voraussetzungen auch gegen nichtverdächtige Kontakt- und Begleitpersonen von Verdächtigten richten können (§ 163 h Abs. 2 iVm. § 163 e StPO-E).

[29] Dazu u.a. Gössner, Der Bürger als Sicherheitsrisiko, in: Frankfurter Rundschau (Dokumentation) vom 1.4.1989 = Neue Kriminalpolitik 4/1989, S. 24ff.

[30] Dietel, in: Bull (Hrsg.), Sicherheit durch Gesetze? Baden-Baden 1987, S. 79.

[31] Herold in einem »Spiegel«-Interview, in: Der Spiegel Nr. 37/1986, S. 49. Lotze ist 1990 in der DDR festgenommen und 1991 zu 12 Jahren Haft verurteilt worden.

[32] Anzuordnen vom Richter, bei »Gefahr im Verzug« auch von der Staatsanwaltschaft oder der Polizei (§ 163 d Abs.2 StPO).

[33] S. dazu Polizeidienst-Verordnung PDV 384.2; Rogall, Frontalangriff auf die Bürgerrechte oder notwendige Strafverfolgungsmaßnahme? In: Neue Zeitschrift für Strafrecht NStZ 9/1986, S. 385ff. (390).

[34] Seit 1985 tauchen in den Tätigkeitsberichten (TB) des Bundesdatenschutzbeauftragten (BfD) Hinweise auf, wonach bei der Polizei die Speicherung von »Massendaten«, die im Zusammenhang mit polizeilichen Maßnahmen wie Ringalarmfahndung und Kontrollstellen erhoben werden, ausgebaut werden soll. Der BfD: »Insgesamt läßt sich ... eine Entwicklung ablesen, die über die Verarbeitung von Daten über Verdächtige und Beschuldigte hinausführt, bis zur Verarbeitung von Daten über Randpersonen, 'Szene'-Angehörige, Kontaktpersonen usw.« (7. TB des BfD vom 1.1.1985, S. 67).

[35] Begründung zum StrVerfÄG-Entwurf 1988 (zu § 98 a StPO), in: Schriftenreihe der Strafverteidigervereinigungen, Köln 1989, S. 39. Bei Straftaten nach den §§ 129, 129a StGB wurden 1985 und 1986 insgesamt 5 mal Rasterfahndungen angeordnet und mindestens 11mal bei »terroristischen« Anschlägen, die vor 1987 noch nicht unter § 129a StGB fielen (ebda.).

[36] Das ist auch (allein, oder zusätzlich) mit der Fahndungsmethode der »Polizeilichen Beobachtung« möglich, wenn sie über einen längeren Zeitraum durchgeführt wird und die gewonnen Informationen und Daten elektronisch erfaßt und verarbeitet werden (s.o.). Zusammengenommen können auch Persönlichkeitsbilder elektronisch erstellt werden.

[37] Vgl. dazu ausführlich: Simon/Taeger, Rasterfahndung, Baden-Baden 1981; außerdem: Tolmein, Rasterfahndung ist wieder im kommen, in: die tageszeitung vom 4.11.1986. Dietel (Anm. 30), S. 80f.: »Gesucht wird nach Personen mit falscher Identität, die als Straftäter bereits begangener oder noch andauernder terroristischer Straftaten ... in Betracht kommen.« Auch die bislang ungesetzliche Rasterfahndung soll eine rechtliche Grundlage verpaßt bekommen: §§ 98 a,b,c StPO (nach dem Strafverfahrensänderungsgesetz-Entwurf 1989) sowie in den Polizeigesetzen.

[38] Herold (Anm. 31), S. 49.

[39] Auf einer BKA-Jahrestagung 1979.

[40] Herold im Spiegel-Interview (Anm. 31), S. 49.

[41] Blitzschnelle Totalkontrolle auf Knopfdruck, in: Frankfurter Rundschau vom 22.10.1988. In den 70er Jahren wurden auch der BND und der »Verfassungsschutz« vom Bundesgrenzschutz routinemäßig (per »Sonderanweisung über die Erfassung bestimmter Erkenntnisse bei der grenzpolizeilichen Kontrolle« -So-GK) mit Grenzkontroll-Daten versorgt, dazu: Gössner, Sicherheitspolitische »Wiedervereinigung«, in: Bürgerrechte & Polizei 2/1987, S. 38ff. (50ff.) m.w.N.

[42] U.a. Äußerungen des ehemaligen CSU-Bundesinnenministers Friedrich Zimmermann, in: Frankfurter Rundschau vom 17.8.1984 (»Überwachung im Inland statt an den Grenzen«) und von Ex-GBA Rebmann (»bei Wegfall der EG-Binnengrenzen öfter Kontrollstellen benutzen«) während der 39. Sitzung des Bundestags-Innenausschusses am 30.11.1988, Protokoll S. 28f.

[43] Zur Europäisierung des Sicherheitsstaates: Gössner/Bethune, in: Europol – Die Bullen greifen nach den Sternen – Europäische Gemeinschaft der Inneren Sicherheit, hrsg. von »Bürger kontrollieren die Polizei« u.a., Bremen/Hamburg/Berlin 1990, S. 5ff.

[44] Dazu: Tanneberger, ZEVIS – Das Adreßbuch des Großen Bruders, in: Gössner u.a. (Hrsg.), Restrisiko Mensch, Bremen 1987, S. 17ff.

[45] Vgl. u.a. Frankfurter Rundschau vom 11.1.1984; die tageszeitung vom 12.1.1984.

Kapitel »›Terroristen‹ aus der Computer-Retorte«

[1] Dazu Gössner, Sicherheitsrisiko Mensch, in: ders., Widerstand gegen die Staatsgewalt, Hamburg 1988, S. 30ff.

[2] Rasterfahndungprogramme, s. u.a. Simon/Taeger, Rasterfahndung, a.a.0., S. 24ff.

[3] Frankfurter Rundschau vom 9.1.1988. Dazu: Appel/Hummel, »Auch Terroristen haben mit Kleinigkeiten angefangen«, in: vorgänge 1/1988, S. 21ff. 8. Tätigkeitsbericht der Landesbeauftragten für den Datenschutz in Baden-Württemberg, Az. C 2310 (30.12.1987).

[4] Bundesweit ca. 650 Einspeicherungen in diesem Volkszählungszusammenhang wegen Straftat-Verdachts (so Staatssekretär Neusel im Innenausschuß des Dt. Bundestages – Stand: 19.1.1988).

[5] Zum polizeilichen INPOL-System und zum geheimdienstlichen Pendant NADIS, s. u.a. Kauß, a.a.0. (Anm. 26 im vorigen Kapitel).

[6] Stand Anfang der 80er Jahre (inclusive »andere Personen, also Nichtverdächtige, Kontakt- und Begleitpersonen, Hinweisgeber etc.), s. 5. Tätigkeitsbericht des BfD vom 1.1.1983, S. 90.

[7] So die APIS-Errichtungsanordnung vom 17.4.1986, S. 8 Nr. 7.3.

[8] Davon 15.370 Beschuldigte, 9.370 Verdächtige und 7.994 »andere Personen«; in Sachen »Terroristische Vereinigungen« i.e.S. insgesamt 1.268 Speicherungen (Angaben lt. Schreiben des Bundesinneministeriums an den Innenausschuß des Bundestages vom 18.8.1988, S. 2 und Anlage S. 2 (Az. P I 5-625 330-1/7); desweiteren: 5.700 Institutionen (Organisationen, Gruppen, Initiativen, Vereine etc.), 18.000 Sachen (z.B. Autos oder Waffen) und 83.000 Ereignisse (vgl. Krumm, Wenn die Polizei ein politisches Motiv vermutet..., in: Frankfurter Rundschau vom 19.1.1988).

[9] Zit. nach 11. Tätigkeitsbericht (TB) des Bundesdatenschutzbeauftragten (BfD) vom 1.1.1989, S. 63. So auch die »Richtlinien für den Kriminalpolizeilichen Meldedienst in Staatsschutzsachen« (Umlaufbeschluß gemäß Schreiben AK II vom 04.11.1986 – Stand Feb. 1987, S. 5 und die APIS-Errichtungsanordnung (»VS-Nur für den Dienstgebrauch«) vom 17.4.1986, S. 2. Im letztgenannten Dokument heißt es unter 2.3 (S. 3): »Die APIS ermöglicht,
– relevante Personen, Institutionen, Objekte, Sachen und Ereignisse sowie Zusammenhänge zwischen diesen zu erkennen
– Erkenntnisse für polizei- und ermittlungstaktisches Vorgehen zu gewinnen
– unbedeutende Informationen und Erkenntnisse auszuscheiden.«

[10] 11. TB BfD, (Anm. 9). Umfassende Datenerfassung erfolgt u.a. auch anläßlich von Großereignissen, u.a. Demonstrationen, Blockaden und Aktionen.

[11] So zit. in einem vertraulichen Kurzbericht über die Sitzungen der Berichterstattergruppe »8. und 9. TB des BfD« in der Zeit vom 11.11.87 bis zum 10.11.88, vom 17.11.1988, S. 28.

[12] Schreiben des BfD an den BMI vom 7.12.1988 – Gesch.Z.: V – 192 642-2/4 (»VS-Nur für den Dienstgebrauch«), S. 3, 12. S. auch 10. Tätigkeitsbericht des BfD, S. 77f.).

[13] Zit. nach Der Spiegel Nr. 3/1988, S. 100.

[14] Entsprechend der APIS-Errichtungsanordnung, S. 4 , (Anm. 9).

[15] Bundeskriminalamt – ED 5304/7312 – Beilage zum Bundeskriminalblatt Nr. 53 vom 15. März 1985. Einführung des Erfassungsbelegs »KP 8« zur Personenbeschreibung (L-Gruppe). Vorl. Handbuch APIS (= Arbeitsdatei PIOS-Innere Sicherheit)/Vorl. Handbuch APLV (= Arbeitsdatei PIOS-Landesverrat) – Stand: April 1987. Inzwischen sollen Modifizierungen und eine Reduzierung des Katalogs vorgenommen worden sein.

[16] Aus: Arbeitsanleitung zum Erfassungsbeleg KP 8 »Personenbeschreibung (L-Gruppe)«, S. 5f.

[17] Prüfbericht des BfD, »amtlich geheimgehalten«, über die Datenpraxis der Abteilung III »Linksextremismus« des »Verfassungsschutzes« (1984).

[18] 8. Tätigkeitsbericht des BfD vom 1.1.1986, S. 48.

[19] Vgl. die tageszeitung vom 12.2.1982; Frankfurter Rundschau vom 17.2.1982.

[20] S. dazu u.a. Werkentin, Die Demontage des Strafprozeßrechts durch das Polizeirecht. Der

rechtspolitische Raubbau an traditionellen Eingriffsgrenzen, in: Schriftenreihe der Strafverteidigervereinigungen, Artikelgesetz, Köln 1988, S. 58ff.

[21] Polizeiliche Definition sog. Massendaten: »Im Zusammenhang mit polizeilichen Maßnahmen (z.B. Ringalarm, Einrichtungen von Kontrollstellen) können personen- oder sachbezogene Massendaten anfallen, bei denen aus sachbezogenen Gründen zu vermuten ist, daß die für die Fallaufklärung brauchbaren Daten darin enthalten sind. Im Gegensatz zu den von vorherein im engeren Fallzusammenhang erfaßten Hinweisen und Spuren werden Massendaten aufgrund rein zufälliger Bezüge zum jeweiligen Tatgeschehen erhoben, um daraus für die Ermittlungen bedeutsame Hinweise zu gewinnen.« (99. Tagung der AG Kripo am 11.4.1984, zit. nach 7. TB BfD vom 1.1.1985, S. 67).

[22] Vgl. hierzu die Dokumentation des BMJ-Entwurfs zur Änderung der StPO, in: Bürgerrechte & Polizei 29, S. 77ff. (Begründung).

Teil 3: Vorspann

[1] Cobler, Strafprozeß und Staatsräson, in: 3. Internationale Russell-Tribunal zur Situation der Menschenrechte in der Bundesrepublik Deutschland, Band 4, Berlin-W 1979, S. 32ff. (32).

[2] Schmid, Im Rechtsstaat sind Gesinnungen und Gefühle frei, in: Stuttgarter Zeitung vom 8.7.1975.

Kapitel »Politische Justiz«

[1] Kirchheimer, Funktionen des Staates und der Verfassung, Frankfurt 1972, S. 143, 147f.

[2] Blasius, Geschichte der politischen Kriminalität in Deutschland (1800-1980), Frankfurt 1983, S. 139.

[3] Preuß, Politische Justiz im Verfassungsstaat. 10 Thesen, in: vorgänge 2/1986, S. 117.

[4] S. dazu: Tuschling, Rechtsform und Produktionsverhältnisse, Frankfurt 1976; Friedmann, Recht und sozialer Wandel, Frankfurt 1969; Wittkämper/Stanzel, Politik und Recht, Kronberg 1976.

[5] Dazu für die Weimarer Republik: Hannover/Hannover-Drück, Politische Justiz 1918-1933, Bornheim-Merten 1987, S. 21ff.; für die BRD: Richter, Zur soziologischen Struktur der deutschen Richterschaft, Stuttgart 1968; Kaupen/Rasehorn, Die Justiz zwischen Obrigkeitsstaat und Demokratie, Neuwied/Berlin 1971; Rasehorn, Recht und Klassen. Zur Klassenjustiz in der Bundesrepublik, Darmstadt/Neuwied 1974; vorgänge-Themenheft (Nr. 1/1973) zu Klassenjustiz heute? Perels, Politische Justiz und juristische Sozialisation, in: Rupp (Hrsg.), Die andere Bundesrepublik, Marburg 1980, S. 205ff.

[6] S. dazu u.a. Copic, Grundgesetz und Politisches Strafrecht neuer Art, Tübingen 1967; Harnischmacher/Heumann, Die Staatsschutzdelikte in der Bundesrepublik Deutschland, Stuttgart u.a. 1984.

[7] Kurzer Überblick über die Entwicklung des politischen Strafrechts: Gössner, Widerstand gegen die Staatsgewalt – Handbuch zur Verteidigung der Bürgerrechte, Hamburg 1988, S. 97ff.; zu den Auswirkungen: Lehmann, Legal & opportun, Berlin 1966; Cobler, Die Gefahr geht von den Menschen aus, Berlin 1978; v. Brünneck, Politische Justiz gegen Kommunisten 1949-1968, Frankfurt 1978; Hannover (Anm. 5).

[8] Dazu u.a. Laubenthal, Ansätze zur Differenzierung zwischen politischer und allgemeiner Kriminalität, in: Monatsschrift für Kriminologie und Strafrechtsreform, Nr. 5 vom Oktober 1989, S. 326ff.

[9] S. dazu auch: de Boor (Hrsg.), Politisch motivierte Kriminalität – echte Kriminalität? Schriftenreihe des Instituts für Konfliktforschung, Heft 4, Basel u.a. 1978.

[10] Blath/Hobe, Strafverfahren gegen linksterroristische Straftäter und ihre Unterstützer, Bonn

1984 (3. Auflage), S. 148.
[11] Posser, Politische Strafjustiz aus der Sicht des Verteidigers, Karlsruhe 1961, S. 3.
[12] Preuß (Anm. 3), S. 120.
[13] ebd., S. 119.
[14] Kirchheimer, Politische Justiz, Frankfurt 1981 (Erstveröffentlichung in den USA 1961), S. 85.
[15] Ebd..
[16] Kirchheimer (Anm. 1), S. 147f.

Kapitel »›Ganz normale Prozesse‹«

[1] Maihofer, Politische Kriminalität, in: Meyers Enzyklopädisches Lexikon, Bd.14, Mannheim 1975 sowie in: Funke (Hrsg.), Extremismus im demokratischen Rechtsstaat, Bonn 1978, S. 327ff. (334).
[2] Richard Schmid, Rede im Norddeutschen Rundfunk 1 am 1.2.1976 (zit. nach einer Bandabschrift).
[3] So Preuß, Anmerkungen zum Begriff des politischen Gefangenen, in: Croissant u.a. (Hrsg.); Politische Prozesse ohne Verteidigung? Berlin 1976, S. 12ff. (17).
[4] U. K. Preuß, Politische Justiz im Verfassungsstaat. 10 Thesen, in: vorgänge 2/1986, S. 115ff. (aus These 9, S. 120).
[5] Herold im stern Nr. 27/1972, S. 132.
[6] Herold in der Fernsehsendung »Tatort Bundesrepublik« am 22.8.1975, zit. nach Groenewold, Angeklagt als Verteidiger, Hamburg 1978, S. 19f.
[7] Cobler, Die Gefahr geht von den Menschen aus, Berlin 1978, S. 97. Dazu auch: Blasius, Geschichte der politischen Kriminalität in Deutschland, Frankfurt 1983, S.13f.; Baltzer, Die geschichtlichen Grundlagen der privilegierten Behandlung politischer Straftäter im Reichsstrafgesetzbuch von 1871, Bonn 1966.
[8] S. etwa § 17 RStGB der Weimarer Republik; s. von Bülow, Der Sonderstrafvollzug an Tätern aus Überzeugung, strafrechtl. Abhandlungen Heft 327, Breslau 1933, S. 5ff. (38) – Grundsätze für den Strafvollzug von 1897.
[9] So § 52 der Grundsätze des Reichsrates für den Vollzug von Freiheitsstrafen vom 7. Juni 1923.
[10] Cobler (Anm. 7), S. 97.
[11] »Vereinbarung über die Beseitigung der Sonderbehandlung der Überzeugungstäter im Strafvollzug« vom 25.4.1933 (RGBl. I Nr. 45, S. 232 sowie RGBl I, S. 295); dazu: Ingo Müller, Furchtbare Juristen, München 1987, S. 84f.
[12] Freisler, Schutz des Volkes oder des Rechtsbrechers, in: Deutsches Strafrecht 1935, S. 8.
[13] Scheffers Grundriß des Strafprozeßrechts, 1943, S. 5.
[14] S. dazu Bakker Schut, Stammheim, Kiel 1986, S. 48f.
[15] Der ehemalige Generalbundesanwalt L. Martin nannte diese Tatsache als eine Begründung dafür, weshalb eine solche Lösung nicht gewählt wurde: Martin, in: Juristenzeitung 1975, S. 313.
[16] So auch nachzulesen in einem Urteil des Kölner Verwaltungsgerichts vom 12. September 1985 (Az. 6 K 3639/83), wo es heißt, daß diese Weichenstellung »auf einem entsprechenden Entschluß der zuständigen Strafverfolgungsbehörden« beruhe (S. 19).
[17] Vgl. dazu die einschlägige Rechtsprechung aus den 50er Jahren: BGH, Urteil vom 6. Mai 1954 – StE 207/52, BGHSt 6, 336ff.; BGH, Urteil vom 3. Nov. 1954 – 6 StR 146/54, BGHSt 7, 11ff.; Dreher/Tröndle, StGB, 40. Aufl., § 83 Anm. 2 m.w.N.
[18] u.a. Rote Armee Fraktion, Das Konzept Stadtguerilla, in: Schubert, Stadtguerilla, Westberlin 1971, S. 103ff.; dies., Über den bewaffneten Kampf in Westeuropa; Stadtguerilla und Klassenkampf; s. auch »texte: der RAF«, o.O., o.J. mit einer Menge von Dokumenten aus den 70er Jahren, etc.; Bundesrepublik Deutschland (BRD) – Rote Armee Fraktion (RAF). Ausgewählte Dokumente der Zeitgeschichte, Köln 1987.

[19] Rote Armee Fraktion, Das Konzept Stadtguerilla, in: Schubert, Stadtguerilla, Westberlin 1971, S. 103ff. (114, 117f.).

[20] S. dazu auch F. Chr. Schroeder, Moabiter Landrecht oder Hamburger juristische Spökenkiekerei? NJW 1980, S. 920.

[21] Beschluß des Landgerichts Kaiserslautern vom 12.12.1974, Az. 1 AK 34/74, in der Strafsache gegen Klaus Jünschke u.a.; zit. nach: Bakker Schut, Stammheim, Kiel 1986, S. 47.

[22] Emnid-Umfrage vom November 1971, nach Bakker Schut, Stammheim, S. 51.

[23] Scheerer, Gesetzgebung im Belagerungszustand, in: Blankenburg (Hrsg.), Politik der inneren Sicherheit, Frankfurt 1980, S. 120ff. (124) mit Verweis auf Kepplinger (1974).

[24] Vogel während der 1. Lesung über das »Antiterrorgesetz« vom 28.10.1977, dok. in: Die Anti-Terror-Debatten im Parlament, a.a.0., S. 315f.

[25] So Bakker Schut (Anm. 21), S. 51.

[26] Regierungserklärung vom 13.3.1975, Deutscher Bundestag, Stenografischer Bericht, 155. Sitzung vom 13.3.1975, S. 10737.

[27] S. dazu etwa die Anträge der Verteidigung im Stammheimer Verfahren gegen Baader u.a., dokumentiert in: Stuberger (Hrsg.), »In der Strafsache gegen Andreas Baader, Ulrike Meinhof, Jan-Carl Raspe, Gudrun Ensslin wegen Mordes u.a.«, Dokumente aus dem Prozeß, Frankfurt 1977, S. 242ff. Oder: Dokumentation zum Verfahren gegen Brigitte Mohnhaupt und Christian Klar vor dem OLG Stuttgart, hrsg. von den Verteidigern (RA Schubert, Poststr. 5), 7800 Freiburg 1984, S. 46f.

[28] So Oberstaatsanwalt Zeis in seinem Schlußplädoyer, zit.nach Bakker Schut, Stammheim, S. 447, der sich auf Aufzeichnungen der Verteidiger stützt; s.dazu: Busche, Bei diesen Angeklagten ist nichts politisch, in: FAZ vom 9.10.1976.

[29] Anklageschrift der Bundesanwaltschaft vom 26.9.1974, S. 15.

[30] So der Vorsitzende Richter Foth, s. dazu Frankfurter Rundschau vom 29.4.1977 sowie Bakker Schut, Stammheim, S. 457.

[31] Nach Bakker Schut, Stammheim, S. 452. Die Plädoyers (sog. Hotel-Plädoyers) sind abgedruck in: Kritische Justiz 1977, S. 193ff.

[32] Schily, in: Croissant u.a., Politische Prozesse ohne Verteidigung? Westberlin 1976, S. 57ff. (78).

[33] Preuß, Anmerkungen... (Anm. 3), S. 12.

[34] Joachim Wagner: Terrorismus, Hochverrat und Abhörgesetz, NJW 1980, S. 914. Weitere Nachweise für diesen offiziellen Kurs bei: Bakker Schut, Stammheim, S. 549f. (Anm. 60).

[35] S. zu dieser »Umwidmung« auch Kirchheimer, Funktionen des Staates und der Verfassung, Frankfurt 1972, S. 153ff.

[36] Preuß, Anmerkungen... (Anm. 3), S. 18

[37] Preuß, Anmerkungen... , S. 18. Die Situation Anfang der neunziger Jahre sieht, was die damals konstatierte »Legitimationskrise« anbelangt, wohl etwas anders aus, zumindest oberflächlich betrachtet, denken wir nur an die deutsch-deutsche Vereinigung auf der Basis kapitalistischen Wirtschaftens.

[38] Arndt, zit. nach Schily (Anm. 32), S. 81.

[39] Urteil des VG Köln vom 12.9.1985, Az. 6 K 3639/83.

[40] Urteil des Oberverwaltungsgerichts für das Land Nordrhein-Westfalen (OVG NW) vom 27. Oktober 1982 – 20 A 348/81 -, OVGE 36, 182; DVBL 1983, 1017; NJW 1983, 2346 m.w.N.

[41] BGBl. I 1968, S. 949ff. (15.8.1968).

[42] Erst später wurde der § 129a StGB (»Terroristische Vereinigung«) als Anknüpfungsnorm in das G-10 aufgenommen: Änderungsgesetz vom 13.9.1978, BGBl. I S. 1546.

[43] Schily (Anm. 32), S. 81.

Kapitel »›Auserlesen‹ und ›zuverlässig‹«

[1] § 142a Abs. 1 in Verbindung mit § 120 Abs. 1 Nr. 6 GVG.

[2] Terroristen & Richter 1, Heinrich Hannover, »Terroristenprozesse«, Kapitel »6. Durchbrechung und Aufhebung der Feinderklärung (Fall Boock)« sowie Kapitel »7. Verteidigung in Stammheim – Begegnung mit der Angst«; Terroristen & Richter 3, Margot Overath »Drachenzähne«, Kapitel »12. Peter-Jürgen Boock«.

[3] Zu Person und Amtsführung s. u.a. Mit Risiko leben, in: Der Spiegel Nr. 26/1977, S. 29f.; Mitleid für Kurt Rebmann, in: Tempo 4/1987, S. 41ff.

[4] Rebmann, Die Zuständigkeit des Generalbundesanwalts zur Verfolgung terroristischer Straftaten, in: NStZ 1986, S. 289.

[5] Bakker Schut, Stammheim, Kiel 1986, S. 41, der diese Frage verneint, mit Verweis u.a. auf den Strafrechtsgelehrten Eberhard Schmidt, Lehrkommentar, 1960, Anm. 3 zu § 16 GVG.

[6] Vgl. Creifelds, Rechtswörterbuch, München 1983 (7. Aufl.), S. 109.

[7] Müller, Furchtbare Juristen, München 1987, S. 59.

[8] RGBl. I, S. 136.

[9] Dazu: Schumacher, Staatsanwaltschaft und Gericht im Dritten Reich, Köln 1985.

[10] Müller (Anm. 7), S. 60.

[11] Dazu u.a. Jahntz/Kähne, Der Volksgerichtshof, Berlin 1986.

[12] Vgl. dazu u.a. Staff (Hrsg.), Justiz im Dritten Reich, Frankfurt 1978; Reifner/Sonnen (Hrsg.), Strafjustiz und Polizei im Dritten Reich, Frankfurt/New York 1984; Fangmann/Paech (Hrsg.), Recht, Justiz und Faschismus, Köln 1984; Kritische Justiz (Hrsg.), Der Unrechts-Staat I und II. Recht und Justiz im Nationalsozialismus, Baden-Baden 1983 und 1984; Hirsch/Paech/Stuby (Hrsg.), Politik als Verbrechen. 40 Jahre »Nürnberger Prozesse«, Hamburg 1986; Ostendorf/ter Veen, Das »Nürnberger Juristenurteil«, Frankfurt 1985; Wüllenweber, Sondergerichte im Dritten Reich, Frankfurt 1990.

[13] Vgl. Potsdamer Abkommen und das Kontrollratsgesetz Nr. 4.

[14] Von Weber, in: MDR 1951, S. 645 zum 1. Strafrechtsänderungsgesetz von 1951, mit dem neue politische Sonderzuständigkeiten eingeführt wurden: »...der Gesetzgeber hat sich bemüht, nicht den Eindruck aufkommen zu lassen, als ob es sich hier um irgendeine Art von Sondergerichtsbarkeit handelt.«

[15] Creifelds (Anm. 6), S. 994; dazu BVerfGE 8, 174,182.

[16] Bakker Schut, Politieke Justitie in de BRD, in: Nederlands Juristenblad 1975, S. 203ff. (207); dagegen der niederländische Strafrechtsgelehrte C.F. Rüter, Een »Lex Baader-Meinhof«, in: Delikt en Delinkwent, 1975, S. 329.

[17] 1. Strafrechtsänderungsgesetz von 1951 (BGBl. I S. 739): §§ 74a, 134, 134a GVG.

[18] Vgl. zur Dimension der justiziellen Kommunistenverfolgung vor allem: v. Brünneck, Politische Justiz gegen Kommunisten in der Bundesrepublik Deutschland 1949-1968, Frankfurt 1978.

[19] §§ 146, 147 GVG. Zur Verselbständigungstendenz dieser Institution, s. Terroristen & Richter 1, Heinrich Hannover, »Terroristenprozesse«, Kapitel »6. Durchbrechung und Aufhebung der Feinderklärung« sowie Kapitel »7. Verteidigung in Stammheim – Begegnung mit der Angst«.

[20] Posser, 1. Tagung, S. 16, zit. nach v. Brünneck (Anm. 18), S. 224. S. auch die Kritik von Richard Schmid, Einwände, Stuttgart 1965, S. 36.

[21] Durch das »Gesetz zur allgemeinen Einführung eines zweiten Rechtszuges in Staatsschutz-Strafsachen« vom 8.9.1969 (BGBl. I S. 1582). Dazu eingehender: Nedelmann, Die Gewalt des politischen Staatsschutzes und ihre Instanzen, in: Schäfer/ Nedelmann, Der CDU-Staat I. Analysen zur Verfassungswirklichkeit der Bundesrepublik, Frankfurt 1969 (2.Aufl.), S. 174ff.; v. Brünneck (Anm. 18), S. 224ff.

[22] So geschehen etwa im Falle des großen Stammheimer Verfahrens gegen Baader u.a., die u.a. noch wegen § 129 StGB angeklagt worden waren, da der § 129a zu jener Zeit noch nicht existierte.

[23] Buback in einem Interview »Die Kritiker haben es sich zu leicht gemacht«, in: Frankfurter

Rundschau vom 5.11.1976.

[24] Rotberg in der 119. Sitzung des Rechtsausschusses des Bundestags am 29.6.1951, Amtliches Protokoll, S. 2, zit. nach Pfannenschwarz/Schneider, Das System der strafrechtlichen Gesinnungsverfolgung in Westdeutschland, Berlin/DDR 1965, S. 25. Zur Rolle Rotbergs, der am 1.1.1963 Präsident des politischen Strafsenats des BGH wurde, s. ebda., S. 23ff.

[25] Ders., »Verhandlungen des 38. Juristentages«, zit. nach Cobler, die Gefahr geht von den Menschen aus, Berlin 1978 (2. Aufl.), S. 93,

[26] S. bei v. Weber (Anm. 14), S. 645; Rotberg, im Rechtsausschuß am 29.6.1951; Schwarz, Zuständigkeitsfragen im Strafprozeß, in: NJW 1956, S. 1305; zusammengestellt und zit. nach Cobler (Anm. 25), S. 93; außerdem BMI Robert Lehr (CDU), zit. nach Bakker Schut (Anm. 5), S. 40.

[27] GBA Max Güde, zit. nach Der Spiegel Nr. 28/1961, S. 25; zur Reaktion der Justiz auf dieses Urteil: Süddeutsche Zeitung, dokumentiert in: Der Spiegel 38/1961, S. 66.

[28] Löwe-Rosenberg, Die Strafprozeßordnung und das Gerichtsverfassungsgesetz mit Nebengesetzen, Groß-Kommentar, Berlin/New York 1979 (23. Aufl.), Anm. 3 zu § 120 GVG.

[29] Zit. nach: Johe, Die gleichgeschaltete Justiz, Frankfurt 1967, S. 106.

[30] Das war auch eine wesentliche Intention der Gesetzesbetreiber, die eine »zentrale Planung und Steuerung der strafrechtlichen Ermittlungen« für notwendig hielten, insbesondere, um beim ersten Zugriff der Ermittlungsbehörden »Verzögerungen und Reibungsverluste« zu vermeiden (aus: Bericht und Antrag des Rechtsausschusses des Bundestages vom 16.6.1976, BT-Drucks, 7/5401, S. 11; Begründung des Regierungsentwurfs vom 1.9.1975, BT-Drucks. 7/4005, S. 13).

[31] S. dazu den Gesetzesentwurf der Fraktion »Die Grünen« zur »Liberalisierung des politischen Straf- und Verfahrensrechts« vom März 1990, S. 75f.

[32] Außerdem: Terroristen & Richter 1, Heinrich Hannover, »Terroristenprozesse«, Kapitel »10. Die Tradition der beweislosen Wahrheitsfindung im politischen Strafprozeß«.

[33] So möglicherweise in den Fällen einiger der in der DDR 1990 festgenommenen mutmaßlichen EX-RAF-Mitglieder oder -UnterstützerInnen; s. die tageszeitung vom 23.6.1990.

[34] S. zu beiden Fällen die Ausführungen der Verteidiger von Proll und Roth, Heinrich Hannover (in: Terroristen & Richter 1, Heinrich Hannover, »Terroristenprozesse«, Kapitel »6. Durchbrechung und Aufhebung der Feinderklärung«), der diese Verfahren anschaulich kontrastiert zum Stammheimer Prozeß gegen Peter-Jürgen Boock vor dem Sondersenat des OLG Stuttgart.

[35] Vgl. dazu u.a. Gefährlicher Pfad, in: Der Spiegel Nr. 13/1990, S. 101ff. und Hans-Joachim Klein, Rückkehr in die Menschlichkeit. Appell eines ausgestiegenen Terroristen, Reinbek 1979, S. 46ff.

[36] S. dazu u.a. die tageszeitung vom 23.5.1990; Der Spiegel Nr. 22/1990, S. 252.

[37] Zit. nach die tageszeitung vom 23.5.1990, S. 5.

[38] Mindesterfordernis für die Strafverfolgung nach der damaligen Rechtsprechung und Literatur: Solche ausländischen Vereinigungen müßten zumindest eine »selbständige Teilorganisation« in der BRD unterhalten (BGHSt 30, 328; Rudolphi, NStZ 1982, 198). Rebmann nennt drei Beispiele, wo eine zentrale Verfolgung durch seine Behörde mangels dieser Voraussetzung vor 1987 nicht möglich war: die »Wehrsportgruppe Hoffmann – Ausland«, der Sprengstoffanschlag in der Abfertigungshalle des Frankfurter Flughafens am 19.6.1985 sowie der Sprengstoffanschlag auf die Berliner Diskothek »La Belle« am 5.4.1986 (NStZ 1986, S. 290); beide Anschläge wurden ausländischen Terrorgruppen zugeschrieben.

[39] So GBA Rebmann, in: NStZ 1986, S. 289 mit Hinweis u.a. auf BGHSt 27, S. 325; 28, 147; 31, 239 (240); BGH, NJW 1966, 311; 1975, 985; Dreher-Tröndle, StGB, 42. Aufl., § 129 Rdnr. 3; Schmidt, MDR 1979, S. 708.

[40] Ebd., S. 294.

[41] Ebd., S. 291.

[42] Nach § 120 Abs. 2 Nr. 3 iVm. § 142 a GVG n.F. sind die für »Terrorismus«-Verfahren üblichen Sonderzuständigkeiten unter gewissen Voraussetzungen gegeben bei Vorliegen bestimmter Katalogstraftaten des just zum selben Zeitpunkt erweiterten Tatbestands des § 129a

StGB. Organisatorische Elemente sind entbehrlich.

[43] »Gesetz zur Bekämpfung des Terrorismus«, BGBl. I S. 2566 (u.a. §§ 120 Abs. 2 Nr. 2 und 3, 142a GVG).

[44] Usprünglich richtete sich das Verfahren gegen 20 KurdInnen.

[45] S. zu diesem Ermittlungs- und Gerichtsverfahren: Hans-Eberhard Schultz, von stammheim nach düsseldorf. inszenierung des schauprozesses gegen 20 kurdInnen durch den generalbundesanwalt, Kiel 1989 sowie den Informationsdienst »Kurdenprozeß aktuell«, 4 Düsseldorf, Scheibenstr. 18; Yok etme, in: Der Spiegel Nr. 28/1989, S. 40f.

Zu den Hintergründen aus kurdischer Sicht die Dokumentationen: C.E.D.R.I (Hrsg.), Bis zum letzten Kurden? Der geplante Monsterprozess gegen Kurden in der Bundesrepublik Deutschland, Basel 1988; Kurdistan-Komitee in der BRD (Hrsg.), Schauprozess gegen die Arbeiterpartei Kurdistans in der BRD, Köln o.J.; Kurdistan-Report (Sonderausgabe): Die BRD kann das kurdische Volk nicht verurteilen, Köln (Oktober) 1989.

[46] S. zu dieser Entwicklung Gössner/Bethune, Europas Sicherheitsbehörden machen mobil, in: Europol – Die Bullen greifen nach den Sternen. Europäische Gemeinschaft der »Inneren Sicherheit«, Hamburg 1990, S. 5ff.

[47] Yok etme, in: Der Spiegel Nr. 28/1989, S. 40.

[48] GBA Rebmann während seiner am 27.7.1989 durchgeführten Halbjahres-Pressekonferenz; vgl. etwa Frankfurter Rundschau vom 28.7.1989, S. 4 über Äußerungen des GBA: »Die RAF ist nicht mehr so gefährlich wie früher«/Gefahr durch Auslands-Terrorismus.

[49] S. dazu: Busch, Organisierte Kriminalität – Karriere eines Begriffs, in: Europol – Die Bullen greifen nach den Sternen, Europäische Gemeinschaft der »Inneren Sicherheit«, Hamburg 1990, S. 38.

[50] Frankfurter Rundschau vom 17.12.1988: »Im Blickpunkt: 'Importierter Terror'«. Über GBA Rebmanns Halbjahrespressekonferenz.

[51] S. dazu u.a. Höhler, »Barrikaden brennen auf der Seidenstraße«, in Frankfurter Rundschau vom 20.4.1990, S. 6. »medico«-Aufruf für Kurden: Halabdscha nicht vergessen, in: FR vom 20.3.1990; Tatort: Kurdistan, Idstein 1989; Kurdistan-Komitee in der BRD (Hrsg.), »Kurdistan wird siegen!«, Kurdenprozess aktuell, Sonderausgabe 1, Febr. 1990. Zum Terror gegen die Kurden im Schatten des Golf-Krieges (1991): FR vom 15.12.1990 und vom 7.3.1991.

[52] GBA-Pressemitteilung vom 18.2.1988, zit. nach Weichert, in: Geheim 4/89-1/90, S. 14.

[53] Das Verfahren gegen Karl-Heinz Hoffmann u.a. mußte u.a. nach § 170 II StPO eingestellt werden; diese Entscheidung erging im Rahmen einer Haftentscheidung im Ermittlungsverfahren (1 BJs 350/81-2): BGHSt 30, 328ff. = NJW 1982, 530.

[54] Der Spiegel Nr. 7/1990, S. 117.

[55] S. zur »deutsch-türkischen Sicherheits-Connection und der PKK-Prozeß«: Weichert, in: Geheim 4/89-1/90, S. 7ff. Erinnert sei auch an die Rolle der Türkei in der Golf-Krise.

[56] Dazu: H.E. Schultz, a.a.0., S. 25ff. Das gilt auch für die Versuche, die PKK für den Palme-Mord in Schweden verantwortlich zu machen (s. dazu: Kanger, Wer erschoß Olof Palme. Polizeifahndung auf Abwegen, Kiel 1988).

[57] S. z.B. »Terroristen« kriegen kein Asyl, in: die tageszeitung vom 23.2.1990; Süddeutsche Zeitung vom 23.2.1990; Kurde trotz Petition abgeschoben, in: Frankfurter Rundschau vom 4.8.89 sowie der Fall K., den Schultz und Schubert in ihrem Aufsatz zum PKK-Verfahren schildern, in: Strafverteidigervereinigungen (Hrsg.), § 129a StGB. Verteidigerinnen und Verteidiger berichten über aktuelle Verfahren, Köln 1989, S. 49ff. (52). Pressemitteilung des Bundesverfassungsgerichts Nr. 6/90 vom 22.2.1990, betr. Beschluß des BVerfG vom 20.12.1989 – 2 BvR 958/86.

[58] Presseerklärung vom 21.7.1988, S. 5.

[59] Dazu: Yurttagül, Festung Europa – Grenzen dicht für Flüchtlinge, sowie Scheuerer, Bundesausländergesetz – Ausländerzentralregister – Schengen-Abkommen, in: Europol (Anm. 49), S. 24ff., 27f.

[60] Zu den Auseinandersetzungen innerhalb der bundesdeutschen Linken über Rolle und Politik der PKK s. u.a. die Debatten in: die tageszeitung (z.B. Lavel, »Deutsche Sicherheitsorgane«,

taz vom 2.7.1987, S. 8; Gottschlich, Märtyrer oder Kriminelle? in: taz vom 31.10.1989) oder im AK (Arbeiterkampf) vom 13.11.1989: »Schwierige Solidarität«.

[61] Vgl. dazu die Ausführungen des Verteidigers im PKK-Prozeß, H.E. Schultz (Anm. 45), S. 54ff.

[62] Vgl. Terrorismus Informationsdienst Nr. 10/1989, S. 2; FR vom 16.8.1990; taz vom 16.8., 17.8. und 17.11.1990. Diese Entwicklung kann auch die Internationalismus-Arbeit in der BRD tangieren: Die Solidarität mit Befreiungsbewegungen und ihren Organisationen könnte nun leichter als »Unterstützung terroristischer Vereinigungen« oder als Werbung für solche kriminalisiert werden. Das bedroht die internationale Solidarität mit unterdrückten Völkern und nationalen Minderheiten – eine Solidarität, die in der BRD ohnehin sehr reduziert daherkommt, allerdings schon bessere Zeiten erlebt hat (s. dazu Balsen/Rössel, Hoch die internationale Solidarität. Zur Geschichte der Dritte-Welt-Bewegung in der Bundesrepublik, Köln 1986).

Kapitel »Eine flexible ›Wunderwaffe‹«

[1] Vgl. Bericht des Rechtsausschusses, BT-Drucks. 10/6635, S. 9: 367 Brand- und Sprengstoffanschläge, 101 Anschläge gegen die Energieversorgung im Zeitraum von Februar bis Dezember 1986. Zu den sich häufenden, unaufgeklärten Aktionen: Abschalten mit Säge, in: Der Spiegel vom 27.10.1986 (»Nicht ein einziges Mal ist es gelungen, Saboteure beim Sprengen, Sägen oder Schweißen zu ertappen, die Aufklärungsquote liegt bei Null.«); Hungrige Herzen, in: Der Spiegel vom 8.12.1986, S. 111ff.; Meyer-Thompson, in: die tageszeitung vom 12.12.1986; Anschläge, Sabotage, Widerstand. Eine Bilanz des Jahres 1986, in: AK vom 22.9.86 und 15.12.86.

[2] Eylmann, BT-Stenographische Berichte 10/254. Sitzung, S. 19790 (B); Bundesjustizminister Engelhardt sprach in derselben Sitzung von einer »neuen Form des Terrorismus«, ebda, S. 19805 (C).

[3] Am 10.10.1986 wurde von Braunmühl erschossen, zwei Wochen später billigten die Koalitionsfraktionen CDU/CSU und FDP die Gesetzesinitiative; vgl. Frankfurter Rundschau vom 24.10.1986.

[4] »Gesetz zur Bekämpfung des Terrorismus« vom 19.12.1986 (BGBl. I S. 2566).

[5] §§ 211, 212, 220a; 239a, 239b; 306 bis 308, 310b Abs. 1, 311 Abs. 1, 311a Abs. 1, 312, 316c Abs. 1, 319.

[6] BGHSt 15, S. 259 (260); BGH NJW 1966, S. 310 (312), bezogen auf § 129 StGB.

[7] BGH, NJW 1975, S. 985, bezogen auf § 129 StGB.

[8] Vgl. Fürst, Grundlagen und Grenzen der §§ 129, 129a StGB, Frankfurt u.a. 1989, S. 46ff.

[9] § 305a wurde ebenfalls neu einfügt ins StGB durch »Gesetz zur Bekämpfung des Terrorismus« (Art. I Nr. 2) vom 19.12.1986 (BGBl. I S. 2566); dazu: Kühl, NJW 1987, S. 737 (746).

[10] BT-Drucksache 10/6286 vom 31.1086, S. 6f.; Bericht des Rechtsausschusses, BT-Drucks. 10/6636, S. 11.

[11] Ebda.

[12] Dencker, Kurzgutachten zum Gesetzesentwurf der Fraktionen der CDU/CSU und FDP, BT-Drucksache 10/6286, vom 11. November 1986. S. dazu auch: Dencker, Kronzeuge, ›terroristische Vereinigung‹ und rechtsstaatliche Strafgesetzgebung, in: Kritische Justiz 1/1987, S. 36ff. Weitere von Dencker konstruierte Fälle:

– »Drei Polizeibeamte einer Landeseinsatzhundertschaft, denen nach dem Erleben der aufgeputschten Atmosphäre bei Demonstrationseinsätzen angst und bange geworden ist, beschließen, in Zukunft vor jedem solchen Einsatz vorsichtshalber die Schlagbolzen aus den Maschinenpistolen ihrer Einheit zu entfernen, um evtl. Schlimmes zu verhüten.

Sie bilden eine »terroristische Vereinigung« – mit allen strafrechtlichen, strafprozessualen und beamtenrechtlichen Konsequenzen« (nach einem realen Fall, BGHSt 31, 1, gebildet).

– »Eine Gruppe von jungen 'Hackern', die sich zu dem ehrgeizigen Vorhaben zusammenfindet, in die Programmsysteme der Computer von Polizei und BGS (Bundesgrenzschutz; R.G.) allerlei fröhlichen, wenn auch störenden Unfug hineinzubringen, hat sich – mit allen rechtlichen Konsequenzen – zu einer terroristischen Vereinigung zusammengeschlossen.«

[13] Frankfurter Rundschau vom 1.12., 5.12.1986. S. dazu auch die Presseerklärung der Strafverteidiger-Vereinigungen, Informationsblatt und die Stellungnahme der Humanistischen Union, in: FR vom 5.12.1986. Lediglich drei Stellungnahmen stimmten während der Anhörung vor dem Rechtsausschuß des Bundestages grundsätzlich der Gesetzesinitiative der Bundesregierung zu: die des Generalbundesanwalts Rebmann, des BKA-Präsidenten Boge und des Oberstaatsanwalts Emrich; vgl. BT-Rechtsausschuß 10/101. Sitzung, Anlage S. 8ff., 57ff., 67ff. Selbst der Hamburger Verfassungsschutz-Präsident Lochte stimmte, mit allen anderen geladenen Sachverständigen, gegen die Gesetzesverschärfung, ebda., S. 148ff.

[14] Dencker (Anm. 12), S. 10.

[15] Roxin, in: stern vom 10.9.87. S. 74.

[16] BGH-Entscheidung vom 9.10.1964, in: NJW 1965, S. 55f.

[17] BVerfGE 25, 57 (vom 14.1.1969).

[18] Begründung der Regierungsvorlage zum politischen Strafrecht, in: BT-Drucks. 1/1307 vom 4.9.1950, S. 27; zit. nach Cobler, Die Gefahr geht von den Menschen aus, Berlin 1978^2, S. 84.

[19] Obgleich wechselnde Überschriften diese Vorschrift zierten – »Untergrundverein«, »Staatsfeindliche Verbindung«, »staatshemmende Verbindung«, »kriminelle Vereinigung« –, so blieb doch die grundsätzliche Zielrichtung dieselbe:
– Mit dem Edikt von 1798 und der nachfolgenden Gesetzgebung wurden Handwerkerbünde und Burschenschaften kriminalisiert;
– ab 1871 konnte mit § 129 RStGB gegen Arbeiterbünde und die SPD vorgegangen werden;
– mit § 129 RStGB in Gestalt des Republikschutzgesetzes gegen die Weimarer revolutionäre Arbeiterbewegung (KPD, Rote Hilfe);
– verschärft in der nationalsozialistischen Zeit;
– und mit dem 1. Strafrechtsänderungsgesetz von 1951 als § 129 StGB wiederaufgelegt und eingesetzt gegen Kommunistische Vereinigungen. Dazu: H. und E. Hannover-Drück, Politische Justiz 1918-1933, Bornheim-Merten 1987; Blasius, Geschichte der politischen Kriminalität in Deutschland 1800-1980, Frankfurt 1983; von Brünneck, Politische Justiz gegen Kommunisten in der Bundesrepublik Deutschland 1949-1968, Frankfurt 1978; Cobler, Die Gefahr geht von den Menschen aus, Berlin 1978^2; Gräßle-Münscher, Der Tatbestand der kriminellen Vereinigung (§ 129) aus historischer und systematischer Sicht, Diss., München/Hamburg 1982; ders., Kriminelle Vereinigung. Von den Burschenschaften bis zur RAF, Hamburg 1991; Fürst, Grundlagen und Grenzen der §§ 129, 129a StGB, Frankfurt 1989.

[20] Die Organisationsdelikte §§ 129 und 129a weisen insofern Parallelen zu dem anglo-amerikanischen »conspiracy-Delikt«, der »Verschwörung«, auf, »wozu vor allem die relativ unproblematische Beweisführung zählt« (vgl. dazu Bakker Schut, Stammheim, Kiel 1986, S. 48f.).

[21] Lossos, BT-Rechtsausschuß 7/95. Sitzung, S. 23, 111.

[22] Boge, BT-Rechtsausschuß 10/101. Sitzung, Anlage S. 8, im Gegensatz zu GBA Rebmann, der die Beweisvereinfachung per § 129a bestritt, ebda., S. 92.

[23] Vgl. dazu Heinrich Hannover, Das Prinzip Kollektivität – oder wer wußte was in der RAF? In: Der Prozess. Justiz in der Bundesrepublik Deutschland. Am Beispiel Peter-Jürgen Boock 1983/1984 zu Stuttgart-Stammheim. Dokumentation, vorgelegt vom Komitee für Grundrechte und Demokratie, Sensbachtal 1985, S. 223ff.; Terroristen & Richter 1, Heinrich Hannover, »Terroristenprozesse«, Kapitel »11. Die gerichtsbekannte Kollektivität der RAF« sowie Terroristen & Richter 3, Margot Overath »Drachenzähne«, Kapitel »10. Angelika Speitel«.

[24] Wobei zu berücksichtigen ist, daß RAF-Mitglieder dieser Einschätzung regelmäßig Nahrung gaben, indem sie die angebliche »Kollektivität« innerhalb der RAF beschworen; diese ideologisch gefärbten Aussagen, die von Ermittlungsbehörden und Gerichten gerne für »bare Münze« genommen wurden, wie sonst keine Beschuldigten-Angaben, rechtfertigen jedoch noch lange keine generelle Schuldzuweisung, da zumindest zwischen Propaganda und realer Gruppenstruktur zu unterscheiden ist und darüber hinaus die individuelle Tatbeteiligung bzw. Zurechenbarkeit gleich-

wohl festgestellt werden muß; s. dazu auch Gräßle-Münscher (Anm. 19), S. 88ff.

[25] Dazu kritisch das Interview mit dem Münchner Strafrechtswissenschaftler Claus Roxin, Wir haben kein Gesinnungs-Strafrecht«, in: stern vom 10.9.1987, S. 74; s. auch Roxin, Täterschaft und Teilnahme, 4. Auflage 1984; Narr, Gutachten: War die »RAF« kollektiv organisiert? In: Der Prozess, a.a.0., S. 189ff.

[26] Dazu Bakker Schut, Stammheim, 1986, S. 285f., 453ff. Der Begriff der Kollektivität innerhalb der RAF war im Verfahren von Ulrike Meinhof als »Selbstverständnis« eingeführt und erläutert worden und wurde im Urteil vom OLG vollkommen unkritisch aufgegriffen; vgl. OLG Stuttgart vom 28.4.77, 2 StE 1/74 – UA 186f.

[27] Urteil des OLG Stuttgart vom 28.4.1977, S. 240.

[28] Der Spiegel Nr. 19/1977.

[29] S. dazu die entsprechenden Kapitel in Terroristen & Richter 1, Heinrich Hannover, »Terroristenprozesse« und Terroristen & Richter 3, Margot Overath »Drachenzähne«.

[30] Ströbele während einer Anhörung der »Grünen« im niedersächsischen Landtag am 4.6.1988 in Hannover zum Thema »Amnestie für Aussteiger?« Sinngemäß zit. nach schriftlichem Protokoll der »Grünen« im niedersächsischen Landtag, S. 11. Ströbele benannte als Beispiel den Fall Horst Mahler, in dem das Gericht folgendermaßen argumentierte: Es handele sich bei der RAF um eine so feste Gruppe, daß es undenkbar sei, daß jemand wie Mahler, in so bedeutender Stellung, sich an dem ihm vorgeworfenen Banküberfall nicht beteiligt habe. Ohne weitere Beweise sei Mahler allein mit dieser Beweisvereinfachungsmethode verurteilt worden (S. 11 und S. 13 des Protokolls).

[31] Roxin, in: stern vom 10.9.87, S. 74.

[32] BGH-Entscheidung vom 11.10.1978 – 3 StR 105/78 (S), Bl. 5; BGHSt 28, S. 147 (148).

[33] Basten, Von der Reform des politischen Strafrechts bis zu den Anti-Terror-Gestzen, Köln 1983, S. 223.

[34] BGH NJW 1978, S. 433; BGHSt 27, S. 325 (328): Der BGH bejaht in dieser Entscheidung eine Strafbarkeit nach § 129 StGB selbst bei einer inhaftierten Gruppierung, die sich in der Haft zum »bewaffneten Kampf« verabredet hatte, obwohl hier noch keine konkreten Straftaten geplant waren und eine Realisierung im Gefängnis unmöglich schien. Zur Kritik dieser Entscheidung in der Literatur: Fürst (Anm. 8), S. 78ff. m.w.N. Demgegenüber verlangen die im Strafgesetzbuch und im Betäubungsmittelgesetz unter Strafe gestellten Bandendelikte (§§ 244 I Nr.3, 250 I Nr. 4 StGB; § 30 I Nr. 1 BtMG), nach gutem rechtsstaatlichem Brauch, ausdrücklich eine bereits begangene Tat als Manifestation des »Bandenwillens«: Dieser muß sich in einer bestimmten Tat verwirklicht haben, weil die pure Absicht, die »Disposition« allein für ein Tatstrafrecht nicht ausschlaggebend sein dürfen; vgl. dazu Schild, Der strafrechtsdogmatische Begriff der Bande, in: GA 1982, S. 55ff.

[35] Maurach, Strafrecht, BT II, 5. Aufl. 1969, S. 670 (§ 129); § 129a gilt daher als »abstraktes Gefährdungsdelikt«, da für die Strafbarkeit eine konkrete Gefahr nicht vorliegen muß; vgl. u.a. Fürst (Anm. 8), S. 57ff. m.w.N.; Rebmann, NStZ 1981, S. 457 (458).

[36] Dazu Interview mit dem Verteidiger von K., Rechtsanwalt Berthold Fresenius, in: Kriminalisierungsrundbrief Nr. 30/1990, S. 12.

[37] FR 7.3.89 u. 24.11.89; taz 7.3.89 u. 24.11.89.

[38] Vgl. RAF-Prozeß ohne Tatgeschehen, in: die tageszeitung vom 4.5.90.

[39] Maurach (Anm. 35), S. 570f., 671, bezogen auf § 129 StGB.

[40] BGH NJW 1966, S. 312; NJW 1975, S. 985; s. auch BGH-Urteil vom 25.7.1984, in: NJW 1984, S. 2956f.; BGHSt 28, S. 110 (116); BGHSt 28, S. 147 (148); Maurach, a.a.0., S. 670.

[41] Als Schutzgüter des § 129a werden in der juristischen Literatur genannt: öffentliche Sicherheit und Ordnung, der innere oder öffentliche Friede, die staatliche Zwangsgewalt; zur Problematik des Schutzgutes der §§ 129, 129a StGB, vgl. Fürst (Anm. 8), S. 55ff. m.w.N.

[42] Verfassungsschutzbericht 1988, S. 90.

[43] Vgl. z.B. BGHSt 15, 167, 173; BGHSt 16, 299; BGHSt 20, 45, 54. Dieser »Kommunistischen Gesamtorganisation« wurden alle im Sinne marxistischer Ideen denkende und gemäß dieser

Überzeugung handelnde Personen zugerechnet.

[44] Die Ebenen-Theorie ist bereits mehreren Veränderungen unterzogen worden und wurde nach und nach erweitert. U.a. verbreitet über den jährlichen Verfassungsschutzbericht, z.B. von 1988 (erschienen Mitte 1989), S. 84ff. Dazu auch: 12000 Helfer im Umfeld der RAF. Der Terror ist in vier Ebenen organisiert, in Rheinische Post vom 15.10.1986; Arbeiterkampf (ak) vom 15.12.1986; Rote Hilfe (RH): Die Gesamt-RAF, in: Info der RH in Westberlin 1989, Nachdruck in: ak vom 18.9.1989, S. 20; Gräßle-Münscher, §§ 129, 129a – auf dem Weg zur Terroristischen Gesamtorganisation, in: Demokratie und Recht 1989.

[45] So der leitende BKA-Beamte für »Terrorismusbekämpfung«, Jürgen Hessel, lt. Stuttgarter Zeitung vom 22.5.1990.

[46] Verfassungsschutzbericht 1988, S. 95.

[47] RA Diesing, »Der Sachverständige Ockelmann – ein Mann für alle Fälle«, in: § 129a StGB – Verteidigerinnen und Verteidiger berichten über aktuelle Verfahren, Schriftenreihe der Strafverteidigervereinigungen, Köln 1989, S. 19.

[48] Mehrfach dementiert von RAF-Gefangenen, u.a. von Christian Klar und Manuella Happe, vgl. z.B. die tageszeitung vom 6.5.1988 sowie Rosenkranz, »Zellensteuerung«: Kampfbegriff der Ratlosen, in: taz vom 29.8.90, der den Hamburger »Verfassungsschutz«-Präsidenten Christian Lochte mit den Worten zitiert: »Eine Steuerung von Anschlägen aus den Zellen heraus gibt es schon lange nicht mehr.« Bekräftigt in einem taz-Interview mit Lochte (»Die Fehlschlüsse der Bundesanwaltschaft«, in: taz vom 25.7.91, S. 6

[49] S. dazu: BGHSt 27, S. 325ff.; OLG Hamburg, JZ 1979, S. 275f. Der Bundesgerichtshof ging später davon aus, daß spätestens seit April 1978 die inhaftierten Mitglieder der RAF eine neue »terroristische Vereinigung« gebildet hätten (BGHSt 31, S. 16ff. (17).

[50] Vgl. dazu Ostendorf, Das Recht zum Hungerstreik, Frankfurt 1983 sowie ders., in: GA 1984, S. 308ff.

[51] Vgl. z.B. Rebmann, NStZ 1981, S. 457ff. (461).

[52] Beispiele in: BGH, NJW 1982, S. 2510ff.; Weichbrodt, NJW 1983, S. 311ff. (314); Rebmann, NStZ 1981, S. 457ff. (461).

[53] Erst seit 1989 gibt es hierzu eine differenziertere Rechtsprechung, wonach die Beteiligung an einem Hungerstreik der RAF-Gefangenen nicht automatisch den Vorwurf einer Mitgliedschaft in der RAF nach sich zieht: Hungerstreik keine Straftat, in: Frankfurter Rundschau (FR) vom 15.6.89; Hungerstreik nicht strafbar, in: FR 21.3.90; die tageszeitung vom 7.10.89 und 21.3.90.

[54] Alfred Klaus (Erster Kriminalhauptkommissar a.D.), Aktivitäten und Verhalten inhaftierter Terroristen, hrsg. vom Bundesministerium des Innern, Bonn 1985, Vorwort des Herausgebers (Frühjahr 1983).

[55] Z.B. BGH, in: Strafverteidiger 5/1989; in den BGH-Entscheidungen vom 29.3. und 23.5.1989 (FR 15.6.89; Az. IBGs 101/89 und 151/89) wurde eine Ausnahme gemacht, wonach speziell der in diesen Verfahren zu beurteilende Hungerstreik (ausnahmsweise) keine gesteuerte RAF-Aktion gewesen sei. Im Vordergrund stünden diesmal Forderungen nach einer Veränderung der Haftbedingungen. Auch im Verfahren gegen den Düsseldorfer Studenten Thomas K. wurde die Argumentation der Bundesanwaltschaft vom OLG Düsseldorf zurückgewiesen, allein die Teilnahme des Angeklagten am Hungerstreik der RAF-Gefangenen 1989 sei als Beweis für seine Mitgliedschaft in jener »terroristischen Vereinigung« zu werten; vg. FR 21.3. (Hungerstreik nicht strafbar), 18.5.90; taz vom 21.3.90 (Hungerstreik nicht prozeßrelevant).

[56] Vgl. dazu z.B. die Anklageschrift gegen Luitgard Hornstein, zit. nach BGH-Urteil – 3 StR 171/89 – vom 15.11.1989, S. 5f.

[57] Etliche dieser Personen stammen aus der Düsseldorfer Kiefernstraße, einem alternativen Wohnprojekt, mit ehemals besetzten Häusern. Diese Straße ist bereits seit Jahren als »Terroristennest«, ihre Bewohner als »Terroristen« im Visier der nordrhein-westfälischen CDU, der örtlichen Boulevard-Presse und des Bundeskriminalamtes (vgl. Jakobs, Kiefernstraße im Visier des BKA, in: die tageszeitung vom 12.10.88; ders., Presse hetzt gegen Kiefernstraße, in: taz vom 14.10.88; Voss, Biedermänner, Brandstifter und ein bekanntes Spiel, in: Frankfurter Rundschau vom

14.10.88, S. 3). Aus der Festnahme eines Bewohners, des Studenten Rolf H., als angeblichem RAF-Mitglied machte die CDU im NRW-Landtag ein Politikum gegen die regierende SPD (Blutspur des deutschen Terrorismus führe in die Kiefernstraße); später mußte sich die CDU entschuldigen, nachdem die Anklage gegen H. mangels hinreichenden Verdachts zurückgezogen, H. freigelassen worden war und Entschädigung für zu Unrecht erlittene Haft bekommen hatte (CDU entschuldigt sich, FR vom 29.11.89).

[58] OLG Stuttgart, Az. 2-1 StE 4/81: Verurteilung zu drei Jahren Haft; vgl. die tageszeitung vom 2.4., 26.8., 1.9.82.

[59] Sie wurde wegen »Mitgliedschaft« in der RAF (und Unterstützung) zu insgesamt 4 Jahren und 9 Monaten Freiheitsstrafe verurteilt: Urteil des OLG Stuttgart, Az. 5-StE 2/82; vgl. Bakker Schut u.a. (Hrsg.), Todesschüsse, Isolationshaft, Eingriffe ins Verteidigungsrecht, o.0. 1985 (2. erw. Auflage), S. 151f.

[60] Vgl. RA Diesing (Anm. 47), S. 19ff.

[61] Zu dieser Affäre um den im Auftrag der Bundesanwaltschaft (BAW) in mehreren 129a-Verfahren begutachtenden Hamburger »Schriftsachverständigen« Hans Ockelmann, vgl. u.a. RA Diesing (Anm. 47), und RA Viergutz, 9 Jahre mit Hilfe eines obskuren Privatgutachters und »2 Wochen Mitgliedschaft«, in: § 129a StGB (Anm. 47), S. 25ff.; Willier, Stammheim verläßt niemand ungestraft. Ein umstrittener Schriftvergleich ist diesmal das einzige Indiz, in: die tageszeitung vom 11.1.89; Jakobs, Zweifel werden nicht zugelassen, in: die tageszeitung vom 14.8.1990, S. 12. Inzwischen ist diese »Geheimwaffe« der BAW (taz) und ihre offensichtlich vollkommen überalterte Methode, die fast immer zu den erwünschten, belastenden Ergebnissen führte, fachlich demontiert worden, nachdem selbst die BKA- Gutachterin Barbara Wagner und der baden-württembergische LKA-Gutachter Kai Nissen regelmäßig zu anderen, häufig entlastenden Ergebnissen kamen (Jakobs, Rebmann RAF-Gutachter demontiert, in: die tageszeitung vom 23.11.89; FR 23.11.89). So etwa in dem Fall des wegen Mitgliedschaft und Beteiligung an einem Sprengstoffanschlag inhaftierten und angeklagten Rolf H.; die Anklage stützte sich, u.a. hinsichtlich eines Bekennerschreibens, weitgehend auf ein Gutachten Ockelmanns, das zu dem Ergebnis kam, H. sei (Mit-) Urheber desselben; doch das Gutachten erwies sich als unhaltbar: Die Anklage mußte aufgrund der BKA- und LKA-Gutachten zurückgenommen und H. aus der Haft entlassen werden (taz 29.11.89); für die erlittene U-Haft – neun Monate Einzelhaft – wurde er entschädigt (FR 16.2.90). Andere, inzwischen teilweise rechtskräftige Urteile basieren weiterhin auf Ockelmanns zweifelhaften Gutachten. Diese Tatsache müßte eigentlich zu Wiederaufnahmeverfahren führen.

[62] Willier, Neun Jahre wegen »Dornier«, in: die tageszeitung vom 19.1.89.

[63] Verfassungsschutzbericht 1988, S. 94; RAin Heike Krause, »Die Mitgliedschaft in der RAF ist keine Tatsache, sondern eine Rechtsfrage«..., also bestimmt sie das Gericht! Verfahren gegen Norbert Hofmeier, Barbara Perau, Thomas Thoene und Thomas Richter, in: § 129a (Anm. 47), S. 29ff.; Jakobs, 32 Jahre Haft in Düsseldorf, in: die tageszeitung vom 21.1.1989; Dokumentation zum Verfahren, Köln o.J. (GNN, Zülpicher Str. 7). Im Revisionsverfahren wurden die Freiheitsstrafen auf jeweils 8 Jahre gesenkt (FR v. 8.6.91).

[64] Diesing (Anm. 47), S. 19.

[65] Außerdem wegen Urkundenfälschung.

[66] BGH-Urteil – 3 StR 171/89 – vom 15. November 1989.

[67] Vgl. Neumann, »Lebenstatsachen« als Straftat? In: die tageszeitung vom 4.7.1990; Henkel, Ein starkes Stück bundesdeutscher Rechtspflege, in: Frankfurter Rundschau vom 10.9.1990, S. 6; Schmitz, Stammheim und kein Ende, in: Forum Recht 3/1990, S. 92f.

[68] BGH-Urteil (Anm. 66), S. 7. Dazu auch: Lebens-Tatsachen: Gezinkte Gutachten und ein infamer Prozeß, in: clockwork 129a vom 13.6.90, S. 3f.

[69] Vgl. Neumann, Fünf weitere Jahre Stammheim, in: taz vom 17.1.1991; Das Urteil stand schon lange fest, Interview mit dem Verteidiger Martin Heiming, in: clockwork 129a Nr. 22 vom 18.1.1991.

[70] Zit. nach: Neumann, Zwölf Jahre gegen Hornstein verlangt, in: taz vom 5.10.1990.

[71] Aussage von Eva Haule z.B. am 29.11.1988 im Prozeß gegen Andrea Sievering und Erik P., Rede-Manuskript.

[72] BVerfGE 56, S. 22ff. (33); BGHSt 29, S. 288 (294). Zwar reicht nach überwiegender Auffassung rein passives Verhalten für die Annahme einer Mitgliedschaft nicht aus, allerdings ist eine kontinuierliche Betätigung keinesfalls erforderlich: BGHSt 29, S. 114ff. (121); Dahs, NJW 1976, S. 2145f.; BVerfGE 56, S. 22 (33); BGHSt 29, S. 288 (294).

[73] Verfassungsschutzbericht 1988, S. 86.

[74] U.a. Stuttgarter Nachrichten vom 22.5.90, S. 1; Stuttgarter Zeitung vom 22.5.90; 12000 Helfer im Umfeld der RAF, in: Rheinische Post vom 15.10.86.

[75] Verfassungsschutzbericht 1988, S. 87.

[76] Ebd., S. 91.

[77] Ebd.

[78] Ebd., S. 91f.; s. auch Der Spiegel vom 8.12.1986, S. 114.

[79] Vgl. u.a. BGH, NJW 1975, S. 985; BGHSt 28, S. 147, 148f., 3667; BGHSt 31, S. 202 (206); BGHSt 31, S. 239 (240ff.); BGH, NStZ 1982, S. 147 (148); BGH, in: Strafverteidiger 1983, S. 196 m.w.N.; Ostendorf, JA, S. 499 (501); Rudolphi, JR 1984, S. 32 (33). Kommentar-Literatur bei Fürst (Anm. 8), S. 70ff.

[80] Dazu RAin Ulrike Halm, »Terroristische Vereinigung« unterstützt »Terroristische Vereinigung«. Verfahren gegen Ali Jansen, Bernhard Rosenkötter und Michael Dietiker, in: § 129a (Anm. 47), S. 37ff.

[81] Dieses Verfahren vor dem OLG Frankfurt ist am 24.1.1989 eröffnet und mit Urteil vom 22.6.1989 – Verurteilung nur wegen Brandstiftung – abgeschlossen worden.

[82] S. die tageszeitung vom 30.4.87, 1.7.87; Weser-Kurier vom 30.6.86; § 129a – Dokumentation, Hannover 1986 (2. Aufl.).

[83] Dazu umfassend: Giehring, Politische Meinungsäußerung und die Tatmodalitäten des Werbens und des Unterstützens in den §§ 129, 129a StGB, in: Strafverteidiger 1983, S. 296ff.; Basten (Anm. 33), S. 247ff.

[84] Zit. nach Frankfurter Rundschau vom 18.5.90: Student kein RAF-Mitglied, sowie nach die tageszeitung vom 18.5.90: Dämpfer für die Bundesanwaltschaft.

[85] Anklage des Generalbundesanwalts beim BGH – 1 BJs 172/88-5 – 1 StE 1/89 – vom 19.1.1989: »Der Angeschuldigte ist Mitglied der terroristischen Vereinigung Rote Armee Fraktion (RAF)« (S. 4).

[86] Beschluß des OLG Stuttgart vom 28.2.1989: »Die dem Senat vorliegenden Erkenntnisse und Beweismittel reichen nicht aus, um eine Verurteilung des Angeklagten wegen mitgliedschaftlicher Beteiligung... wahrscheinlich zu machen« (S. 3). Dazu: clockwork 129a Nr. 6 vom 16.3.1989, S. 2. RA Jansen, Ein Betäubungsmittel und die Ausweitung der Mitgliedschaft auf den »Widerstand«, in: § 129a (Anm. 47), S. 43ff.

[87] Urteil des OLG Stuttgart – 5-1 StE 1/89 – vom 8.6.1989 (S. 38); Zeeb, kein Freispruch, aber frei, in: die tageszeitung vom 9.6.1989; Uli Winterhalter ist frei! Kein Sieg, aber ein Teilerfolg, in: ak vom 26.6.89, S. 23.

[88] Schriftliche Erklärung Winterhalters, vorgelegt während der Hauptverhandlung am 25. April 1989, zit. nach Urteil, S. 17f.

[89] Anklage der Bundesanwaltschaft vom 19.1.1989, S. 46ff.

[90] Aus dem Urteil (Anm. 87), S. 4ff.: Die persönlichen Verhältnisse des Angeklagten und Vorgeschichte der Tat.

[91] S. dazu ausführlich im statistischen 5. Teil, »Befangen?«.

[92] BGHSt 20, 89; s. auch Dahs, NJW 1976, S. 2145ff. (2148).

[93] BGH, NJW 1988, S. 1677f.

[94] BGHSt S. 20, 89f.; BGHSt 29, S. 99ff. (101); BGHSt 32, S. 243ff. (244); BGH, MDR 1981, S. 89ff. (91). Anderer Auffassung: Ostendorf, JA 1980, S. 499ff. (502); Bottke, JR 1985, S. 122ff. (123); Schreiber, DuR 1978, S. 51ff. (54).

[95] BGHSt 20, S. 89 (90).

[96] BGH, NJW 1975, S. 985 (986) bezüglich § 129 StGB; s. auch Fürst (Anm. 8), S. 106.
[97] OLG-Entscheidung vom 21.5.81, 20 Js (24) 41/79, S. 86ff.
[98] Zit. nach Fürst (Anm. 8), S. 107.
[99] BGH, NJW 1988, S. 1677f.
[100] BGH, NJW 1984, S. 2956; s. auch Rebmann, in: NStZ 1989, S. 97.
[101] BGH, NJW 1989, S. 2002.
[102] Zit. nach Gesetzentwurf der Fraktion »die Grünen« im Bundestag, 11. Wahlperiode (Entwurf eines Strafrechtsänderungsgesetzes zur Liberalisierung des politischen Straf- und Verfahrensrechts, MS, S. 28); Knapp, Buchverkauf als Hilfe für RAF, in: Frankfurter Rundschau vom 23.6.89.
[103] Urteil des OLG Düsseldorf – V 19/83 – 3 OJs 192/91 – vom 10.6.1985, rechtskräftig seit dem 30.1. 1986.
[104] Dazu u.a. Hannover, Die Strafverfolgung der Strafverteidigung, Referat vom 28.3.1981, in: VDJ-Forum 2/1981, S. 2ff.; Basten (Anm. 33), S. 243ff.
[105] Vgl. dazu: Rühmann, Anwaltsverfolgung in der Bundesrepublik 1971-1976, Hamburg 1977; Die Verteidigung auf der Anklagebank. Dokumentation Hamburger Rechtsanwälte, Hamburg 1977; Die Einschränkung der Verteidigung im Strafprozeß. Eine Dokumentation Hamburger Juristen, Hamburg 1976 (2. Aufl.); Göddeke, Die Einschränkung der Strafverteidigung, Köln 1980.
[106] Vgl. BGHSt 29, S. 99ff. (102), die erste Entscheidung des BGH, die sich mit dieser Konfliktsituation beschäftigte; außerdem BGHSt 31, S. 16ff. und BGHSt 32, S. 243ff./BGH, NJW 1984, S. 1049. Neueste Beschuldigungen der BAW im Jahr 1991 gegen die Strafverteidiger Johannes Pausch, Gerd Klusmeyer, Dieter Adler und Renate Trobitzsch vgl. Rote Hilfe 3/91, S.3ff.
[107] Vgl. Der Prozeß gegen Klaus Croissant. Erklärungen/Anträge/ Dokumente, Stuttgart 1979.
[108] Vgl. Juristische Unterlagen zum Prozeß gegen Rechtsanwalt Kurt Groenewold, o.0. und o.J.; Kurt Groenewold – Angeklagt als Verteidiger, Hamburg 1978.
[109] Vgl. Die Verteidigung auf der Anklagebank. Dokumentation Hamburger Rechtsanwälte, Hamburg 1977, S. 85ff.
[110] So das OLG Hamburg (1 StE 2/76), JZ 1979, S. 275ff. (276) gegen RA Groenewold; LG Berlin vom 18.1.1981 – 5 0Z 35/76; BGHSt 31, S. 16ff. (24) gegen RA Ströbele; LG Stuttgart vom 16.2.1979 – XII Kls 37/76, bestätigt durch BGH vom 14.11.1979 – 3 StR 323/76 gegen RA Croissant.
[111] LG Stuttgart, a.a.0., S. 274; die Prozeßvorbereitung sei »höchstens ein Nebenzweck« gewesen, wertete der BGH, BGHSt 31, S. 16ff. (24), während das OLG Hamburg (Anm. 110), S. 275ff. (276) im Fall Groenewold eine »Unzahl« von zulässigen Beiträgen festgestellt hat und nur wenige als nicht verteidigungsrelevant betrachtet.
[112] So OLG Hamburg, JZ 1979, S. 276; BGH, NJW 1982, S. 2510. S. dazu auch Bakker Schut, Stammheim, Kiel 1986, S. 92ff., 123ff., 515ff. Vgl. auch das Verfahren gegen den Berliner Rechtsanwalt Henning Spangenberg (Heine, Angriff gegen den Verteidiger, in: stern vom 24.8.78).
[113] Kritisch dazu: Seifert, in: Kritische Justiz 1979, S. 80ff.; Ostendorf, JZ 1979, S. 252ff.
[114] S. Bakker Schut, Stammheim, Kiel 1986, S. 530ff.
[115] 18 Monate für politische Verteidigung, in: ak vom 2.2.1981. Zieger, Bericht über das Verfahren gegen Rechtsanwalt Ströbele. Presseerklärung der Vereinigung Berliner Strafverteidiger e.V., Berlin o.J.
[116] Urteil des OLG Frankfurt – 1 StE 3/80 – vom 9.5.83.
[117] Mit Urteil des BGH vom 25.1.1984 – 3 StR 526/83 (S) – BGHSt 32, 243 – aufgehoben. Zur Einstellung: vgl. die tageszeitung vom 5.10.85.
[118] Vgl. RA Scharmer, Wie kontrollierte Verteidigerpost zur »Unterstützung« wird, in: § 129a, (Anm. 47), S. 73ff.; Müller, Ist Verteidigung eine RAF-Unterstützung? In: die tageszeitung vom 2.11.88.
[119] Zit. nach Scharmer, ebd. S. 74.

[120] OLG-Beschluß vom 30.6.1989; die tageszeitung vom 12.7.89.

[121] Solschenizyn, Archipel Gulag; zit. nach Weiß, Freitod in der Unfreiheit, in: ZRP 1975, S. 83ff. (88).

[122] Vgl. zu dieser Problematik ausführlich: Fürst (Anm. 8), S. 158ff.; Rudolphi, Verteidigerhandeln als Unterstützung einer kriminellen oder terroristischen Vereinigung i.S. der §§ 129, 129a StGB, in: Festschrift für Hans-Jürgen Bruns, Köln u.a. 1978, S. 315ff.

[123] Fürst (Anm. 8), S. 201 mit Verweis auf BGHSt 20, S. 89ff. (90).

[124] Urteil des OLG Koblenz vom 4.2.1986 – 2 OJs 7/85.

[125] Urteil des OLG Hamburg vom 21.1.1986 – 2 OJs 4/85; vgl.zu diesem Fall: Schubert, in: Strafverteidigervereinigungen, 11. Strafverteidigertag 1987, Landsberg 1988, S. 252ff.

[126] Urteil des OLG Hamburg – 2 OJs 7/87 – vom 17.1.1989; vgl. Ute Brandt, Beteiligung an der Herausgabe einer Zeitung als »Unterstützung«, in: § 129a (Anm. 47), S. 65ff.; Der Spiegel Nr. 4/1989, S. 84f.; Ein Jahr für Gesinnung, in: AK vom 6.2.1989, S. 22.

[127] Urteil, ebd. S. 39; vgl. dazu: Hermann/Lenger/Reemtsma/Roth, »Hafenstraße«. Chronik und Analysen eines Konflikts, Hamburg 1987; Mahr, »Was bleibt, ist eine gesellschaftspolitische Friedhofsruhe«, in: FR vom 11.1.1991, S. 14; Tolmein, Wohnhaft: Hafenstraße, in: konkret 11/1990, S. 18f.

[128] taz vom 18.8.90, S. 3; Reaktionen s. taz vom 22.8.90.

[129] So Lochte in einem früheren taz-Interview vom 9.12.1989, S. 12f.

[130] Gräßle-Münscher, in: Demokratie und Recht, 1989, S. 10.

[131] Richard Schmid, Rede vom 1.2.1976 im NDR; ders., Im Rechtsstaat sind Gesinnungen und Gefühle frei, in: Stuttgarter Zeitung vom 8.7.75.

[132] Weitere alternative Publikationen, Druckereien, Setzereien und Vertriebe, die wegen Werbens (teils zusätzlich wegen Unterstützung) für eine »terroristische Vereinigung« nach § 129a, z.T. mehrmals, belangt und so in ihrer Existenz bedroht oder gar zerstört wurden: s'Blättle (Stuttgart), Info-Bug (Berlin und anderswo), Hangover-Info (Hannover), die tageszeitung (taz, Berlin), AtomExpress (Göttingen), Treibsand (Bremen), blatt (München), Große Freiheit (Hamburg), Mauerbruch (Nürnberg), Freiraum (München), Revolutionärer Zorn, Sabot (Hamburg), StadtRevue (Köln), De Knispelkrant (Groningen); AurorA (Berlin), Fantasia (Stuttgart), Gegensatz (Berlin) uvm.

[133] Gegen Bakker Schuts Dokumentationsband »Das Info«: Beschlagnahmeaktion u.a. beim Neuen Malik Verlag in Kiel auf Grundlage der Beschlüsse des Ermittlungsrichters beim BGH vom 18.8.1987 und des OLG Schleswig vom 22.9.1987. Ermittelt wurde gegen Herausgeber, Verleger und Hersteller bzw. Vertreiber des Buches. Begründung: Die Herausgabe dieser Texte ziele wenigstens auf die Gewinnung von Sympathie für die fortbestehende terroristische Vereinigung RAF, wenn nicht sogar von Anhängern (1 BJs 171/87); dazu: Erich Kuby, Betr. RAF: Verstummungsgebot, in: die tageszeitung (taz) vom 9.10.87. Am 30.10.1987 wurde der Beschlagnahmebeschluß wieder aufgehoben: Beschluß des OLG Schleswig (2 OJs 11/87), Strafverteidiger 1/1988, S. 22f. = NJW 1988 S. 352f.; taz vom 5.11.87.

[134] Vgl. hierzu: ID-Archiv, Schwarze Texte. Politische Zensur in der BRD 1968 bis heute gegen linke Buchläden, Verlage, Zeitschriften und Druckereien, Amsterdam 1989 (Bezug: AurorA, Knobelsdorffstr. 8, 1 Berlin 19). Für die 70er Jahre: 3. Internationales Russell-Tribunal, Band 3: Zensur, Berlin 1979; Kienzle/Mende, Zensur in der Bundesrepublik, München 1980f.

[135] S. dazu u.a. Duve/Böll/Staeck (Hrsg.), Briefe zur Verteidigung der Republik, Reinbek 1977; dies., Briefe zur Verteidigung der bürgerlichen Freiheit, Reinbek 1978; 3. Internationales Russell-Tribunal, Berlin 1978, 1979 (3 Bände).

[136] Vgl. BGH Strafverteidiger 1981, S. 8ff. (10); BGHSt 20, S. 89; BGHSt 29, S. 258ff. (263).

[137] So BGH-Urteil vom 3.5.1978, BGHSt 28, 26.

[138] BGH, NJW 1984, S. 2956f.

[139] Vgl. die Protokolle des Sonderausschusses für die Strafrechtsreform, Protokoll der 77. Sitzung vom 28.1.1976, S. 2442, 2464. Dazu auch: Der Spiegel vom 13.7.1981, S. 47ff. und vom 15.8.1983, S. 85ff.; zur Auslegung in der juristischen Literatur, vgl. Fürst (Anm. 8), S.

119ff. m.w.N.

[140] Laufhütte, Sonderausschuß »Strafrechtsreform« 7/77. Sitzung, S. 2442.

[141] Ebd., S. 2464.

[142] So Fürst (Anm. 8), S. 130 mit Verweis auf Kunz (CDU), BT-Rechtsausschuß 7/97. Sitzung, S. 15 und ders., BT-Stenographische Berichte 7/253. Sitzung, S. 17995 (c).

[143] S. zur Gesamtproblematik zusammenfassend: Giehring, Politische Meinungsäußerungen und die Tatmodalitäten des Werbens und des Unterstützens in den §§ 129, 129a StGB, in: Strafverteidiger 1983, S. 296ff.

[144] Vgl. Teil 5. »Befangen?«.

[145] Vgl. Drei Buchstaben gesprüht – verurteilt, in: die tageszeitung vom 1.7.1981; Frankfurter Rundschau vom 2.7.1981.

[146] OLG Stuttgart, s. Süddeutsche Zeitung vom 21.5.1981; AK vom 15.12.1980, S. 31, 22.6.1981, S. 23 und vom 6.7.1981, S. 37.

[147] Vgl. Willier, Urteil nach Stammheim-Manier, in: die tageszeitung vom 26.8.88.

[148] Wobei die U-Haftbeschlüsse für jene Kritiker der Isolationshaft zumeist vom selben BGH-Ermittlungsrichter ausgestellt wurden, der auch für die Haftsituation der politischen Gefangenen verantwortlich ist. Die Kritiker der Isolationshaft wurden von ihm ebenfalls isolierenden Haftbedingungen ausgeliefert.

[149] Vgl. das Urteil des BayObLG, in: Frankfurter Rundschau vom 2.7.81; OLG Stuttgart – 50 Js 41/80 -, zit. bei Croissier, in: DuR 1981, S. 342ff. (344); Fiedler, Reklame für die RAF, in: stern vom 4.6.1981; Der Spiegel vom 13.7.1981, S. 47f.

[150] Urteil des BayOblG; vgl. Urteil: ein Jahr Freiheitsstrafe, in: Nürnberger Nachrichten vom 8.6.1981; Frankfurter Rundschau vom 6./7.6.1981; Der Spiegel Nr.29/1981, S. 48.

[151] Z.B. Urteil des OLG Frankfurt vom 15.5.87 – 4 OJs 41/86; Urteil des OLG Düsseldorf vom 14.12.87, s. taz vom 16.12.87. Ex-Generalbundesanwalt Rebmann gibt in NStZ 1989, S. 97ff. einen Überblick über die »Strafverfolgung im Bereich terroristischer Publikationen«. Danach ist die Zeitschrift radikal das seit Jahren »auflagenstärkste Organ der terroristischen Untergrundpresse« (die durchschnittliche Auflage liege bei etwa 5000 Exemplaren, S. 99).

[152] Verurteilung wegen gemeinschaftlicher Unterstützung und Werbung u.a.: Urteil des Kammergerichts Berlin vom 1.3.1984 – 2 0Js 19/81; vgl. u.a. Strafverteidiger 1981, S. 8ff.; Der Spiegel Nr. 33/1983, S. 60ff. und Nr. 10, S. 118f.; FR vom 24.6.83; Preuß, Das Strafurteil als Kriminalroman – zugleich eine Besprechung, in: die tageszeitung; Kühnert, Im Zweifel gegen die Angeklagten, in: Die Zeit vom 9.3.1984. Das Urteil wurde 1990 vom BGH aufgehoben und zur erneuten Verhandlung an das Berliner Kammergericht zurückverwiesen; vgl. taz vom 27.3.90. 1991 wurde das Verfahren – nach über neun Jahren Dauer – eingestellt. Zum Ausgangsverfahren und -Urteil auch: Teil 3, »Die Offenkundigkeit von Vorurteilen«.

[153] Antwort der Bundesregierung auf die Kleine Anfrage der Fraktion »die Grünen« im Bundestag, BT-Drucks. 11/2233 vom 2.5. 1988.

[154] Nichteröffnungsbeschluß des Kammergerichts Berlin vom 21.5. 1987; vgl. M. Th. Mehr, Keine neuen »Radikal«-Prozesse, in: taz vom 23.7.1987; dieser Beschluß wurde vom BGH bestätigt, taz vom 18.2.88, S. 9. So auch in einem anderen Fall (Münchner Zeitschrift Freiraum): BGH-Entscheidung – Az 3 StR 295/88 -entgegen einer Entscheidung des BayOblG vom April 1988, vgl. Frankfurter Rundschau vom 14.2.89 (»Buchhändler wird nicht zur Zensur verpflichtet«).

[155] Frankfurter Rundschau vom 22.9.1987.

[156] Urteile des OLG Düsseldorf – V 8/87 – 3 OJs 73/86 und V 6/87 -3 OJs 78/86. Tolmein, Zehn Monate für »Radikal«-Verkauf, in: die tageszeitung vom 16.12.87; Zwei neue »Radikal«-Prozesse, in: taz vom 5.12.1987; ders., Keine Revision im »Radikal«-Prozeß, in: taz vom 13.5.88, S. 4.

[157] S. dazu Tolmein, Freie Bahn für die Gesinnungsjustiz, in: die tageszeitung vom 18.2.1988, S. 9; taz vom 10.2.88.

[158] M. Th. Mehr, in: taz vom 23.7.1987.

[159] Gesinnungsurteile im »Radikal«-Prozeß, in: taz vom 10.2.88.

[160] Urteil des Kammergerichts Berlin – (4a/4) 2 0Js 14/77 (13/78) – vom 12.2.1979: »Die Angeklagten sind der gemeinschaftlichen verfassungsfeindlichen Befürwortung von Straftaten in Tateinheit mit gemeinschaftlicher Beihilfe zur öffentlichen Aufforderung zu Straftaten, zur Werbung für terroristische Vereinigungen und zur Billigung von Straftaten schuldig« (§§ 88a, 111, 129a, 140, 25, 27, 52, 74d StGB); dazu auch BGH 29, S. 258ff., der das Urteil bestätigte; kritisch dazu: Piper, Ein Urteil gegen die Meinungsfreiheit, in: VS-Informationen des Verbandes Deutscher Schriftsteller 3/1979, S. 21ff.; Tscherch, in: Ästhetik und Kommunikation 1978, Heft 33, S. 107ff.; Schlothauer/Tscherch, Strafverteidiger 1981, S. 22f.; Prozess gegen 4 Drucker. Freiheit für die Agit-Drucker, Berlin 1979; Das Urteil vom Agit-Prozess. Mit Kommentaren von Walter Jens u.a., Berlin o.J.; FR-Dokumentation vom 9.7.1979, S. 14.

[161] Amnesty International, Jahresbericht 1981, Frankfurt 1981, S. 373.

[162] Zit. nach Frankfurter Rundschau vom 6./7.6.1981.

[163] Rebmann, NStZ 1981, S. 457ff.: »Hinweise für eine einheitliche und zugleich einschränkende Auslegung und Anwendung des § 129a bei Sympathie-Werbung für eine terroristische Vereinigung«.

[164] Rebmann, ebd., S. 458.

[165] BGHSt 33, 16 = NJW 1984, S. 2956 = NStZ 1985, S. 21ff. = Rote Robe 4.10.84, S. 135ff. Vor dieser BGH-Entscheidung hatten bereits einige Instanzgerichte einschränkend ausgelegt: OLG Frankfurt, Strafverteidiger 1983, S. 285; BayObLG, NStZ 1983, S. 123; BayObLG, Strafverteidiger 1984, S. 77; OLG Stuttgart, Strafverteidiger 1984, S. 76; später: OLG Hamburg, Strafverteidiger 1986, S. 253.

[166] Der BGH bestätigte mit dieser Entscheidung ein gleichlautendes Urteil des OLG Stuttgart, in: Strafverteidiger 1984, S. 76.

[167] Diese restriktive Auslegung wird bestätigt mit BGH, NStZ 1985, S. 263, was jedoch keineswegs zu einer einheitlichen Beurteilung in künftigen Werber-Verfahren führte.

[168] BGHSt 33, S. 16ff. (18f.).

[169] Anders noch zuvor das OLG Hamburg in seinem Urteil vom 5.3.1982 – 2 0Js 3/80 -, S. 45: Danach sind Parolen auch dann tatbestandsmäßig, wenn nach dem Verständnis des angesprochenen Personenkreises lediglich humanitäre Anliegen vertreten werden, aber das propagierte Ziel der Texter ein Mittel zur Förderung der Kampfbereitschaft ist; s. dazu: Giering, Strafverteidiger 1983, S. 296ff. (299).

[170] So OLG Frankfurt, Strafverteidiger 1983, S. 285f. (286).

[171] BayObLG, Strafverteidiger 1987, S. 392.

[172] BGH, NJW 1988, S. 1679 = Strafverteidiger 1987, S. 481.

[173] Rebmann, NStZ 1981, S. 457.

[174] Nach der durch den BGH erzwungenen Eröffnung des Hauptverfahrens wurde das Verfahren vom BayObLG allerdings nach § 153a II StPO mit Auflagen (vorläufig) eingestellt (vgl. die tageszeitung vom 16.6.1988; Süddeutsche Zeitung vom 7.7.88).

[175] Angeklagt zusammen mit Wolfgang K.; s. dazu: RA Moos, Die Zusammenlegungsforderung »im Sinne der RAF« als »Sympathiewerbung«, in: § 129a (Anm. 47), S. 77ff.; Kniesburges, Rekrutierung für die RAF? In: die tageszeitung vom 8.11.1988, S. 3.

[176] Urteil des BayObLG vom 21. 12. 1988 – 3 St 3/88 – ObJs II 40/87; dazu RA Moos, Die Zusammenlegungsforderung..., a.a.0., S. 77ff.; Frankfurter Rundschau vom 22.12.1988.

[177] Vgl. die tageszeitung vom 1.8.1989.

[178] Scheerer, Gesetzgebung im Belagerungszustand, in: Blankenburg (Hrsg.), Politik oder inneren Sicherheit, Frankfurt 1980, S. 134f.

[179] Cobler, in: Kritische Justiz 4/1984, S. 416.

[180] Ein Klima der Einschüchterung, Interview mit Dieter Lattmann, in: die tageszeitung vom 2.12.1987, S. 3.

[181] In einem Fall ging es um ein Farbplakat, auf dem für die RAF-Gefangene Angelika Goder eine dringende Hüftoperation »unter menschenwürdigen Bedingungen« sowie die Freilassung

des schwerverletzten Günther Sonnenberg und die »Zusammenlegung der Gefangenen aus RAF und Widerstand« gefordert wurden. Nach ausgiebigen Ermittlungen im Berliner Raum kam es zu Anklagen gegen vier Personen. Das gerichtliche Verfahren mußte allerdings – wegen Verjährung – im März 1988 eingestellt werden.

[182] Zum Zensurbegriff s. u.a. Kienzle/Mende, Zensur ..., (Anm. 134); Breitbach/Rühl, Das Zensurverbot im Grundgesetz – eine verdrängte Freiheitsgarantie, in: Kritische Justiz 2/1988, S. 206ff.; BVerfGE 33,52; Albers, Zensur vor dem Bundesverfassungsgericht, in: Forum Recht 1/1991, S. 12ff.

[183] Vgl. Cobler, Konzessionierte Kommunikation. Zur Technik und Funktion strafrechtlicher Zensur, in: Kienzle/Mende (Hrsg.) (Anm. 134), S. 90ff.

[184] Vgl. dazu Kienzle/Mende (Anm. 134); 3. Internationales Russell-Tribunal, Band 3: Zensur (Anm. 134).

[185] Dazu: Strässer, § 111 StGB – Selbstverständlichkeit oder Instrument zur Kriminalisierung sozialer Bewegung? In: Appel/Hummel/Hippe (Hrsg.), Die neue Sicherheit, Köln 1988; Hippe, § 130a StGB: Zensur im »Informationszeitalter«, in: Appel/Hummel (Hrsg.), Volkszählung, Köln 1987, S. 126ff.; Rogoll, § 130a – Gesinnungsstrafrecht im Vormarsch, in: Gössner u.a. (Hrsg.), Restrisiko Mensch, Bremen 1987; Dencker, Kronzeuge, terroristische Vereinigung und rechtsstaatliche Strafgesetzgebung, in: Kritische Justiz 1/1987, S. 36ff. (46ff.); Demski/Ostendorf, in: Strafverteidiger 1/1989, S. 30ff.

[186] Vgl. Tolmein, Die Verhaftung der gefährlichen Gedanken, in: die tageszeitung vom 28.19.1986. Erste (rechtskräftige) Verurteilung nach § 130a: § 130a – die »lex taz« in Aktion. in: taz vom 2.12.1987, S. 3; FR und taz vom 25.6.88, s. auch taz vom 10.7.1989; Themenheft »Zensur« der Zeitschrift »Forum Recht« 1/1991; Ströbele, Zur strafrechtlichen Verfolgung von politischen Meinungsdelikten, in: Janssen/Schubert (Hrsg.), Staatssicherheit, Bielefeld 1990, S. 38ff.

[187] S. dazu etwa die Veranstaltungsverbote in Bayern 1986ff. (u.a. AK vom 2.5.1988, S. 22f.; taz vom 18.3.1988, S. 9 etc.) Vgl. auch Breitbach/Rühl, Staatlich verordnete Schweigespirale, in: Neue Kriminalpolitik 2/1989, S. 7ff.

[188] Breitbach/Rühl, Staatlich verordnete Schweigespirale, in: Neue Kriminalpolitik 2/1989, S. 8.

[189] Antwort der Bundesregierung auf die Kleine Anfrage der Abgeordneten Frau Schilling und der Fraktion DIE GRÜNEN -Drucksache 11/4198 – Kontrolle von Zeitungs-Redaktionen und Überwachung von Beziehern/innen »extremistischer« Literatur durch Bundeskriminalamt und Bundesamt für Verfassungsschutz, BT-Ducksache 11/4294 vom 3.4.1989.

[190] So wurden bzw. werden, nach dieser Auskunft der Bundesregierung, z.B. »die tageszeitung« (Berlin), die polizeikritische Fachschrift »Bürgerrechte & Polizei« (Berlin) sowie das geheimdienstkritische Magazin »Geheim« (Köln) bzw. einzelne ihrer Mitarbeiter vom »Verfassungsschutz« in »Wahrnehmung seines Auftrages« beobachtet (ebda.).

[191] Feststellungsanordnung für die Datei »TESCH« (Dokumentationssystem für terrorismus- und extremismusbezogene Schriften), Stand: 07.07.1984. TESCH ist eine automatisch geführte Zentraldatei beim BKA, an der die Länderpolizeien partizipieren.

[192] Lt. Feststellungsanordnung, ebda., S. 1.

[193] Gefährdung des demokratischen Rechtsstaates und Straftaten gegen die öffentliche Ordnung (darunter: Verfassungswidrige Organisationen, Agententätigkeit, Verfassungsfeindliche Sabotage und Einwirkung auf Bundeswehr und öffentliche Sicherheitsorgane, Staatsverunglimpfung) sowie die Organisationsdelikte »kriminelle« und »terroristische Vereinigung«; Anleiten zu Straftaten. In der Feststellungsanordnung von 1984 sind auch die §§ 80-83 (Friedens- und Hochverrat), 94-100 (Landesverrat und Gefährdung der äußeren Sicherheit), Normen des Vereins- und Ausländergesetzes genannt sowie »sonstige Straftaten, soweit sie sich direkt oder indirekt gegen die innere Sicherheit der Bundesrepublik Deutschland richten« (ebda., S. 1).

[194] Im »Bereich Rechtsterrorismus/-extremismus sowie politisch motivierte Ausländerkriminalität« – hier wurde nicht differenziert – sind es nach Angaben der Bundesregierung insgesamt

1.803 »derartige Publikationen«.

[195] Vgl. 7. Tätigkeitsbericht des BfD vom 1.1.1985, S. 68f.

[196] Vgl. dazu u.a.: Selbstzensur – Wer wagt noch, seine Meinung zu sagen, in: Psychologie heute 11/1980, S. 20ff.; Horn, Zur politischen Psychologie informeller Zensur und Selbstzensur, in: 3. Internationales Russel-Tribunal, Bd. 3: Zensur, Berlin 1979, S. 179ff.

[197] Scheerer (Anm. 178), S. 138.

Kapitel »Die Offenkundigkeit von Vor-Urteilen«

[1] Anklageschrift des GBA beim BGH vom 26. Mai 1988 (Az.: 1 BJs 292/86-4; StE 3/88).

[2] Weitere Gründe für die Ablehnung von Beweisanträgen nach § 244 Abs.3: »wenn die Erhebung des Beweises unzulässig ist«; »wenn die Tatsache, die bewiesen werden soll, für die Entscheidung ohne Bedeutung oder schon erwiesen ist, wenn das Beweismittel völlig ungeeignet oder wenn es unerreichbar ist, wenn der Antrag zum Zwecke der Prozeßverschleppung gestellt ist oder wenn eine erhebliche Behauptung, die zur Entlastung des Angeklagten bewiesen werden soll, so behandelt werden kann, als wäre die behauptete Tatsache wahr«.

[3] Vgl. Alsberg/Nüse/Meyer, Der Beweisantrag im Strafprozeß, 5. Aufl., S. 534. Ausführlich dazu auch: Löwe-Rosenberg, StPO-Kommentar 1987, § 244 Rdnr., 227-234 (Verf. Gollwitzer).

[4] BGH 26, 59; ähnlich schon BGH 6, 293. S. auch Löwe-Rosenberg, StPO-Kommentar 1987, § 244, Rdnr. 228 m.w.N.

[5] BVerfGE 10, 177, 183 = NJW 60, 31; BGH 6, 292f.; s. kritisch dazu: Peters, Strafprozeß, Heidelberg 1985, § 38 IV, S. 308ff.

[6] BGH-Urteil vom 19.1.1954 – 5 StR 646/53, Bl. 7 und BGH-Urteil vom 8.5.1962 – 5 StR 124/62, Bl. 3 (beide unveröffentlicht).

[7] Kritisch dazu Peters (Anm. 5), S. 309: »Mit der Gerichtskundigkeit verschiebt sich unter Umständen die Sachverhaltsfeststellung vom laufenden Verfahren auf andere Verfahren, an denen möglicherweise weder die jetzt urteilenden Richter, noch der Verteidiger und der Angeklagte teilgenommen haben. Das stellt einen Verstoß gegen die Unmittelbarkeit der Beweisaufnahme ... dar. Es geht in Wirklichkeit um die Übernahme eigener oder fremder Meinungen aus anderen Prozessen.«

[8] Kleinknecht/Meyer, Strafprozeßordnung, München 1987, 38. Aufl., § 244 Rdnr. 53; Löwe-Rosenberg, Rdnr. 233 m.w.N. Andere Auffassung: Herdegen, in Karlsruher Kommentar zur Strafprozeßordnung, Rdnr. 70: »Als gerichtskundig können ... nur Tatsachen (Erfahrungssätze) angesehen werden, von denen alle Mitglieder des Gerichts (also auch die Laienrichter) auf Grund amtlicher Tätigkeit Kenntnis erhalten haben«; m.w.N. für die abweichende Meinung.

[9] Karlsruher Kommentar zur Strafprozeßordnung..., hrsg. von Prof. Dr. Gerd Pfeiffer, München 1987, 2. Aufl., § 244, Rdnr. 69 (Verf. Herdegen).

[10] Anlagen 3 und 4 zum Sitzungsprotokoll vom 21.02.1989. Als offenkundig erklärte Tatsachen müssen in die Hauptverhandlung eingeführt werden; vgl. BVerfGE 10, 177; 48, 206, 209; MDR 1981, 632 usw.

[11] Lea, Die Inquisition, Nördlingen 1985, S. 243.

[12] S. dazu u.a. Geppert, Der Grundsatz der Unmittelbarkeit im deutschen Strafprozeß, Berlin/ New York 1979; Alsberg/Nüse/ Meyer, Der Beweisantrag im Strafprozeß, 5. Auflage. Nach BVerfGE 38, 111 muß den Betroffenen garantiert sein, ihre Verteidigung »mit der erforderlichen Sachkunde selbständig wahrzunehmen«.

[13] RGSt 16, 327, 331f.

[14] Zit. in RGSt 16, 327.

[15] Ebda., S. 331f.

[16] S. dazu Beispiele bei Hannover/Hannover-Drück, Politische Justiz 1918-1933, Bornheim-Merten 1987, S. 228f.; Terroristen & Richter 1, Heinrich Hannover, »Terroristenmprozesse«, Kapitel »10. Die Tradition der beweislosen Wahrheitsfindung im politischen Strafprozeß«.

[17] Gesetz zur Änderung von Vorschriften des Strafverfahrens und des GVG vom 28.6.1935 (RGBl. I S. 844) – §§ 244, 245 StPO.

[18] Urteil des 4. Strafsenats vom 7.1.1933; zit. nach F.K. Kaul, Geschichte des Reichsgerichts, Bd. IV, 1971, S. 81.

[19] Vgl. Reichsstrafgesetzbuch, Leipziger Kommentar, 6. Aufl., Lieferung I, Berlin 1944, S. 576.

[20] Aus Urteilen des Hanseatischen Oberlandesgerichts Bremen vom 6.6.1935 (Az.: 0 IV 30/34) und vom 7.6.1934 (Az.: St. 083/1934); s. dazu Müller, Furchtbare Juristen, München 1987, S. 65 f.

[21] RG-Urteil vom 20.6.1934. S. dazu auch Müller, Furchtbare Juristen, München 1987, S. 61f.

[22] Müller, ebd., S. 62; z.B. RG-Urteil vom 8.6.1934.

[23] Müller, Rechtsstaat und Strafverfahren, Frankfurt 1980, S. 146 mit Bezug auf die Vereinfachungsverordnung vom 1. September 1939 (RGBl. I S. 1658).

[24] Vereinheitlichungsgesetz vom 12.9.1950 (BGBl. I S. 455,629).

[25] Anläßlich der Gesetzesberatungen wurde schamhaft von Anknüpfen an »bewährte« Entscheidungen des Reichsgerichts gesprochen, wie Ingo Müller (Rechtsstaat und Strafverfahren, Frankfurt 1980, S.147) anmerkt (s. Bundestagsprotokoll I. Wahlp. 43. Sitzung, S. 1432f.).

[26] Ergänzt durch noch weitergehende Ablehnungsgründe beim Sachverständigenbeweis und beim Augenschein.

[27] S. dazu v.Brünneck, Politische Justiz gegen Kommunisten in der Bundesrepublik Deutschland 1949-1968, Frankfurt 1978; Lehmann, Legal & opportun – Politische Justiz in der Bundesrepublik, Berlin 1966; zusammenfassend: Gössner, Im Antikommunismus vereint, in: ders., Widerstand gegen die Staatsgewalt. Handbuch zur Verteidigung der Bürgerrechte, Hamburg 1988, S.97ff.

[28] S. dazu v.Brünneck, S. 81ff.

[29] Müller-Meiningen, Hexenprozesse 1953 – ein bedenklicher Ausweg, in: Süddeutsche Zeitung vom 21./22. 11. 1953, S. 4.

[30] Nur die Leitsätze sind veröffentlicht in: Deutsche Richterzeitung 1952, S. 102 Nr. 26.

[31] Beispiele dokumentiert in: Autorenkollektiv, Staat ohne Recht, Berlin/DDR 1959, S. 405ff. m.w.N.

[32] Zit. nach Müller-Meiningen, Hexenprozesse 1953 – ein bedenklicher Ausweg, in: Süddeutsche Zeitung vom 22. November 1953.

[33] Z.B. Urteil des Landgerichts Flensburg vom 28. Oktober 1952 (2a KMs 1/52); Urteil des LG Koblenz vom 22. Juli 1953 (1 KMs 13/53); Urteil des LG München I vom 29. Novembner 1954 (1 KMs 6a-qu/54). Weitere Nachweise in: Staat ohne Recht, (Anm. 31), S. 408.

[34] Nach einer mündlichen Mitteilung auf der 14. Arbeitstagung des erweiterten Initiativ-Ausschusses und der Verteidiger in politischen Strafsachen 1966 in Frankurt erscheine, was als offenkundig gilt, als »routinemäßiger Beweisersatz in Anklageschriften und Urteilsbegründungen bereits als vorgedruckter Vorspann, unter den die individuelle Tat dann nur noch subsumiert zu werden braucht«; zit. nach Nedelmann, Die Gewalt des politischen Staatsschutzes und ihre Instanzen, in: Schäfer/Nedelmann (Hrsg.), Der CDU-Staat I, Frankfurt 1969, S. 174ff. (190; Anm.75).

[35] Beispiele in: Staat ohne Recht (Anm. 31), S. 412ff.; Lehmann, legal & opportun. Politische Justiz in der Bundesrepublik, Berlin 1966, S. 177ff., 259ff.

[36] Nedelmann (Anm. 34), S. 191.

[37] BGH-Urteil vom 19. Juni 1953 – 2 StR 881/52; dabei verweist der BGH auf frühere Urteile: »vgl. Urteile vom 30. Januar 1953 – 2 StR 426/52 und 2 StR 704/I52«; zit. nach Staat ohne Recht, (Anm. 31), S. 410.

[38] Ammann, Aufgaben der Verteidigung in der derzeitigen Situation, besonders seit der Spiegel-Affäre, in: Veröffentlichung der 9. Arbeitstagung des Initiativ-Ausschusses für die Amnestie und der Verteidiger in politischen Strafsachen, 1963, S. 9f.

[39] v. Brünneck, Politische Justiz (Anm. 27), S. 257.

[40] BGH-Entscheidung (2. Senat) vom 30. Januar 1953 (2 StR 426/52). Weitere Urteile mit

einer derartigen Schuldkonstruktion: s. Staat ohne Recht, (Anm. 31), S. 424ff.
[41] Posser, Politische Strafjustiz – aus der Sicht des Verteidigers, Karlsruhe 1961, S. 29f.
[42] Az: 2 Js 487/56 Fl. S. Staat ohne Recht (Anm. 31), S. 410.
[43] Urteil des OLG Düsseldorf gegen A./Sch. (5 OJs 2/77), Urteil des OLG Frankfurt vom 22. Mai 1980 (OJs 4/79) gegen Leyla B. wegen Unterstützung der RZ, Urteil des OLG Frankfurt vom 15. Februar 1982 (OJs 42/78) gegen Sylvia H. und Sibylle St. sowie Urteil des OLG Koblenz vom 19. November 1982 (OJs 24/f80) gegen Rudolf R.
[44] S. die 35seitige Liste der 175 aufgezählten Anschläge seit 1973 bis 1988) im Urteil des OLG Düsseldorf vom 9. Juni 1989 (V 11/88 – 1 StE 3/88 – GBA-Karlsruhe), S. 21ff.
[45] Urteil des Oberlandesgerichts Düsseldorf, Az. IV 2/77 – 5 OJs 2/77 (GStA Düsseldorf) vom 19. Januar 1979 in der Strafsache gegen A. und Sch. wegen »mitgliedschaftlicher Beteiligung an einer terroristischen Vereinigung u.a.«.
[46] S. dazu Roth, in: Kursbuch 51, S. 116ff., wo er beschreibt, wie bereits auf der Intensivstation, noch in der Aufwachphase nach der Narkose, MEK- und politische Polizei-Beamte, die sich unter dem medizinischen Personal tummelten, versuchten, ihn überfallartig zu vernehmen. Nachdem dies beim ersten Anlauf scheiterte, wurde ein zweiter Verhörversuch unternommen mit der Bemerkung: »Wissen Sie, wir haben Ihre Bewachung verstärken müssen. Es wurde ein Telefongespräch abgefangen in Flensburg, eine Untergrundgruppe will Sie liquidieren. Sie wissen zu viel. Warum haben Sie geschossen?«.
[47] Aktennotiz vom 19.10.1978 in den Vernehmungsprotokollen.
[48] Aus Baiers Antrag auf Einstellung des Verfahrens gegen F.; s. auch Baier, Verhör auf der Intensivstation, in: Konkret 1/1981.
[49] BVerfGE 5, 85 (204); 7, 198 (205); 30, 1 (25f.).
[50] Hermann F's »Erklärung zum anstehenden Prozess«, Sept. 1980, S. 2.
[51] Gz.: 811-550783/78.
[52] Allerdings enthalten sie nicht nur die letztlich verwendeten Passagen, die die langlebige Staatsschutz-Legende stützten. So soll Feiling, laut Protokoll vom 27.6.1978, bei einer der ersten Vernehmungen zur Struktur der RZ auch ausgesagt haben: »Es gibt eigentlich keine Köpfe in der Gruppe, sondern pro eigenständige Gruppe eigenständige Leute, die auch die Sachen eigenständig durchführen, also alles was sie vorhaben.« (S.23).
[53] Az.: (4a/4) 2 OJs 14/77 (13/78); veröffentlicht in der Dokumentation: Das Urteil vom Agit-Prozess, Hrg. Agit-Druck, Berlin 1979.
[54] Urteilsbegründung S. 89f.
[55] Siehe Bericht des Bundeskriminalamts, Die terroristische Vereinigung »Revolutionäre Zellen« (RZ), Stand: 14.12.1982, S. 2. Vorher waren die polizeilichen Ermittlungen gegen Mitglieder der RZ (im Gegensatz zur RAF) weitgehend dezentral geführt worden (S. 1), weil man damals noch davon ausging, daß es sich eher um verstreute Aktivitäten handele.
[56] Im Bericht des »Verfassungsschutzes« 1982 (erschienen im April 1983) heißt es etwa ähnlich resignativ wie im bereits zitierten BKA-Bericht: »Die Organisation der 'Revolutionären Zellen' hat sich bisher als schwer überschaubar erwiesen; dies gilt sowohl für die langfristig operierenden und konzeptionell gefestigten Gruppen als auch für die zum Teil nur sporadisch auftretenden Nachahmerzellen.« (S. 104). Das Berliner Landesamt für »Verfassungsschutz« konstatierte ebenfalls, daß »Aufbau und Zusammensetzung« der RZ »bisher so gut wie unbekannt geblieben sind« (so in einer Broschüre mit dem Titel »Der 'Häuserkampf' in Berlin (West)«, Anm. 92 auf S. 51; zit. nach Protokoll der Hauptverhandlung im Haerlin/ Klöckner-Verfahren vom 9.2.1984, Anlage II).
[57] Nach seiner Entlassung im Jahre 1981 wurde A. auf Beschluß des OLG Düsseldorf unter »Führungsaufsicht« gestellt; er durfte u.a. sein Bundesland nicht ohne Erlaubnis verlassen; s. Frankfurter Rundschau vom 22. 12. 1981; taz vom 24.8.82.
[58] Die letzte »reguläre« Ausgabe dieser Zeitschrift erschien im Januar 1981. Gleichwohl werden Zitate daraus bis Ende der achtziger Jahre gerichtskundig kolportiert. Im Herbst 1986 erschien eine Sondernummer, der »Revolutionäre Zorn – Extra Oktober '86«.

[59] Az: VI 9/79 – 3 OJs 109/79 (GenStA Düsseldorf).
[60] Az.: VI 1/81 (früher VI 9/79) – 3 0Js 109/79 (GenStA Düsseldorf).
[61] Dieses Verfahren stand, was die »Tatseite« anbelangt, in Zusammenhang mit dem Verfahren B.
[62] Urteil des OLG Frankfurt (Az: OJs 42/78).
[63] S. Frankfurter Rundschau vom 29.11.1980. Über das Verfahren s. die Berichterstattung der Prozeß-Initiative in: ID 23.9.1978, 22.12.1978, 21.11.1980, 28.11.1980, 15.12.1980 sowie im »Arbeiterkampf« Nr. 186/1980, S. 20ff., Nr. 194/1981, S. 34, Nr. 200/1981, S. 39f. Weiterhin: Der Spiegel Nr. 48 vom 24.11.1980, S. 136ff.; Stephan Baier, Verhör auf der Intensivstation, in: Konkret, Jan. 1981.
[64] Dazu schreibt der Ermittlungsrichter des Bundesgerichtshofs in einem Beschluß vom 20. November 1978 (auf Antrag des Generalbundesanwalts): »Entgegen der Auffassung der Verteidigung sind die Aussagen des Hermann F. ... nicht deshalb unverwertbar, weil F. vernehmungsunfähig war. F. war bei seinen Vernehmungen vernehmungsfähig, wie durch ärztliches Urteil bestätigt wurde (teilweise durch einen Polizeiarzt; R.G.). Es ist nicht erkennbar, daß auf F. in verbotener Weise eingewirkt wurde oder daß eine vorgefundene durch seine Verletzung bedingte Lage, die einer Vernehmungsunfähigkeit gleichzusetzen wäre, ausgenutzt wurde.« (Az: 1 BJs 186/78 – II BGs 1523/78). So einfach können es sich gerichtliche Ermittlungsbehörden machen, selbst wenn es um eine derart sensible und weitreichende Angelegenheit geht.
[65] Bezeichnend ist, daß der Generalbundesanwalt erst in einem Schreiben vom 21. September 1978 an den Ermittlungsrichter II des Bundesgerichtshofs (1 BJs 134/78; Blatt 1177 der Protokolle) folgendes mitteilte: »Der Beschuldigte hat seine Freundin Sybille St. schwer belastet. Die beiden haben die Absicht, die Heirat einzugehen... Ich rege daher an, den Beschuldigten auf sein insofern bestehendes Auskunftsverweigerungsrecht ... hinzuweisen.« Wohlgemerkt: nachdem F. bereits seit Juni 1978, also seit über zwei Monaten, ohne diese Belehrung u.a. ausgiebig über seine Freundin ausgefragt worden war, und zwar in Kenntnis der Verlobung und Heiratsabsicht.
[66] Az.: OJs 24/80.
[67] Vgl. u.a. Dublin Connection, in: Der Spiegel vom 20.8.79, S. 28, wo R. IRA-Verbindungen nachgesagt werden. Weiter heißt es: »Die Ermittler halten R. für den Haupttäter jener RZ-Gruppe, die im Juni 1978 eine Bombe neben das Haus des Mainzer SPD-Bürgermeisters Karl Delorme legte und sich zu einer Reihe weiterer Sprengstoffanschläge im Rhein-Main-Gebiet bekannte.« Vgl. auch taz vom 15.2.80; laut »stern« (19.6.80) zählte R. zu den »40 meistgesuchten deutschen Terroristen«, ausgeschrieben auf den bekannten Fahndungsplakaten des BKA.
[68] Vgl. Treibjagd auf Rudolf R. sowie Interview; in: stern vom 20.3.1980.
[69] Zu dieser gesamten Geschichte ausführlich: Rudolf R. in Lebensgefahr – Erklärung der »Initiativgruppe Rudolf R.«, in: Arbeiterkampf Nr. 178 vom 2.6.1980, S. 21ff.
[70] S. dazu Kurz, Pilotverfahren gegen »Revolutionäre Zellen«, in: taz vom 21.9.82; Der Spiegel vom 20.9.82.
[71] Vgl. Frankfurter Rundschau vom 11.11.82.
[72] Todesanzeige in die tageszeitung vom 18.7.1989.
[73] Anklageschrift der Staatsanwaltschaft bei dem Kammergericht Berlin (2 0Js 19/81) – »Pressesache!« vom 10. Mai 1983.
[74] Protokoll der Hauptverhandlung vom 25.10. (S. 7) und vom 27.10.1983 (S. 13, Ziff. c).
[75] Protokoll der Hauptverhandlung vom 17.1.1984, S. 276.
[76] Az.: 2 0Js 19/81. S. dazu u.a. Keller, Strafjustiz gegen »radikal«, in: Kritische Justiz 4/1984, S. 418ff.
[77] Für viele: Kühnert und Schueler, in: Die Zeit vom 9.3.1984. S. auch Offener Brief der Humanistischen Union (LV Berlin) und des Komitees für Grundrechte und Demokratie (Sensbachtal) vom 4. Juli 1983 an das Kammergericht Berlin. Im Jahre 1990 ist das Urteil vom Bundesgerichtshof in vollem Umfang aufgehoben (s. die tageszeitung vom 27.3.90) und 1991 das Verfahren vom Kammergericht Berlin eingestellt worden.

[78] Zum gesamten Verfahren: Revisionsbegründung des Strafverteidigers Dr. Sebastian Cobler vom 25. Juni 1984 – 35/83 St -, die er im Namen des verurteilten Benedikt Haerlin beim Kammergericht Berlin vorlegte.

[79] Dazu: Schubert, Strukturveränderungen in den § 129a StGB-Verfahren in den achtziger Jahren, in: 11. Strafverteidigertag 1987, Schriftenreihe der Strafverteidiger-Vereinigungen, Landsberg 1988, S. 247ff. sowie ders., Revisionsbegründung in der Strafsache gegen Brigitte Mohnhaupt und Christian Klar wegen § 129a StGB u.a. vom 28.10.1985.

[80] Schubert, Revisionsbegründung (Anm. 79), S. 49.

[81] Az.: 5 1 StE 1/83, S. 346f. Der »terroristische Charakter« der RAF und die Art und Weise ihres Vorgehens werden auch durch die Auflistung von als »offenkundig« geltenden Anschlägen verdeutlicht; s. z.B. Offenkundigkeitserklärung des OLG Stuttgart in der Strafsache gegen Ingrid J. u.a. (2-1 StE 1/85) S. 1f.

[82] Az.: 5 – 1 StE/ 5/85, S. 28.

[83] Az.: 5 – 1 StE 1/83, S. 150 mit Verweis auf folgende Urteile: OLG Stuttgart vom 11.7.1979 (5-1 StE 3/77) gegen Siegfried Haag u.a.; HansOLG Hamburg vom 2.5.1979 (1 StE 3/78) gegen Christine Kuby; OLG Düsseldorf vom 30.11.1979 (1 StE 1/79) gegen Angelika Speitel, vom 5.9.1980 (1 StE 4/79) gegen Christoph Wackernagel und Gerd Schneider, vom 4.12.1981 (1 StE 6/79) gegen Stefan Wisniewski und vom 10.11.1982 (1 StE 1/80) gegen Rolf Heißler. Diese als »gerichtskundig verwerteten und als solche auch in die Hauptverhandlung (gegen Klar/Mohnhaupt; R.G.) eingeführten Kenntnisse« werden vom OLG Stuttgart als »zuverlässige Urteilsfeststellungen« charakterisiert.

[84] Az.: 2 0Js 4/85, S. 12, 20.

[85] Terroristen & Richter 3, Margot Overath »Drachenzähne«, Kapitel »11. Gert Schneider/ Christof Wackernagel«.

[86] Anlage 2 zum Protokoll vom 2.8.1984, Bl. 0789; im Urteil, a.a.0., S. 16, fast wörtlich übernommen (s. auch S. 14 des Urteils sowie an weiteren Stellen).

[87] Az.: 2-1 StE 1/85.

[88] (Anm. 84); s. dazu auch Erklärung der Verteidigung (RA Michael Schubert, Freiburg) vom 11.10.1984 im Klar/Mohnhaupt-Verfahren, S. 2f.

[89] Anlage 2 zum Protokoll vom 6.12.1984, S. 1177.

[90] Wiedergegeben bei Schmidt MDR 1981, S. 974. S. zu dieser umstrittenen Behauptung: Weidenhammer, Selbstmord oder Mord? Todesermittlungsverfahren Baader, Ensslin, Raspe, Kiel 1988; ak v. 3.6.91, S. 27.

[91] Anlage 2 zum Protokoll vom 2.8.1984, S. 0791 (3).

[92] OLG Stuttgart: Az. 5 – 1 St/E 5/85, S. 9; HansOLG Hamburg: Az. 2 0Js 4/85, S. 5f.

[93] Zu den neueren »Erkenntnissen«, s. Rosenkranz, Die Lebenslüge des Generalbundesanwalts, in: die tageszeitung v. 27.3.1991, S. 13; ak v. 3.6.91, S. 25f. (26).

[94] S. Klar/Mohnhaupt-Urteil, a.a.0., S. 151. Dort heißt es, die Polizeibeamten seien (1978) »bei der Wachtätigkeit mit ihr ins Gespräch gekommen. Ihnen ging es ... aus privatem Interesse, nämlich zur Auflockerung ihres eintönigen Wachdienstes, um eine Unterhaltung mit ihr über vielfältige, in erster Linie rein persönliche Themen. Bei diesen Gesprächen war eine Belehrung über Angelika Speitels Aussageverweigerungsrecht als Beschuldigte nicht veranlaßt...« S. dazu eingehender Terroristen & Richter 3, Margot Overath, »Drachenzähne«, Kapitel »10. Angelika Speitel« sowie die Aufsätze von Narr und Neidhardt (Narr, Gutachten: War die »RAF« kollektiv organisiert? In: Der Prozess – Am Beispiel Peter-Jürgen Boock, hrsg.vom Komitee für Grundrechte und Demokratie, Sensbachtal 1985, S. 189ff.; Neidhardt, Soziale Bedingungen terroristischen Handelns. Das Beispiel der »Baader-Meinhof-Gruppe« (RAF), in: v. Baeyer-Katte/Claessens/ Feger/Neidhardt, Gruppenprozesse (Analysen zum Terrorismus, hrsg. vom Bundesinnenministerium), Opladen 1982, S. 317ff.), m.w.N.

[95] S. dazu Terroristen & Richter 1, Heinrich Hannover, »Terroristenprozesse« sowie Hannover, Das Prinzip Kollektivität – oder wer wußte was in der RAF? In: Der Prozess, (Anm. 94), S. 223ff.; Narr, Gutachten: War die »RAF« kollektiv organisiert? Ebd., S. 189ff.

[96] Der Spiegel Nr. 19/1977.
[97] Dazu: Rothenspieler, Der Gedanke einer Kollektivschuld in juristischer Sicht, Berlin 1982.

Teil 4: Vorspann

[1] Posser, Politische Strafjustiz aus der Sicht des Verteidigers, Karlsruhe 1961, S. 33. Dazu muß angemerkt werden, daß der »Verfassungsschutz« ebenfalls ein Geheimdienst ist.
[2] v. Brünneck, Politische Justiz gegen Kommunisten in der Bundesrepublik Deutschland 1949-1968, Frankfurt 1978, S. 219; dazu auch der frühere Präsident des Bundesamtes für Verfassungsschutz Günther Nollau in: Das Amt – 50 Jahre Zeuge der Geschichte, München 1979, S. 210ff.
[3] v. Brünneck, ebd. sowie Posser (Anm. 1), S. 33f.

Kapitel »Variationen eines Themas: Geheime Staatsmissionen«

[1] Nollau, Das Amt, München 1979, S. 191f.
[2] Bundeskanzler Schmidt vor dem Bundestag am 13. März 1975, zit. nach: Die Anti-Terror-Debatten im Parlament, Reinbek 1978, S. 86.
[3] Dietel, »Innere Sicherheit« – Verheißung und reale Möglichkeit, in: Bull (Hrsg.), Sicherheit durch Gesetze? Baden-Baden 1987, S. 57ff. (78).
[4] So Stefan Aust, Der Baader-Meinhof-Komplex, Hamburg 1985, S. 67. Zu Urbach auch: Schulz, Die geheime Internationale -Spitzel, Terror und Computer, Frankfurt 1982, S. 227ff., 248f.
[5] Baumann, Wie alles anfing, München 1980, S. 38f., 42; s.auch Aust, Der Baader-Meinhof-Komplex, Hamburg 1985, S. 55ff.
[6] Fichter/Lönnendonker, Kleine Geschichte des SDS. Der Sozialistische Studentenbund von 1946 bis zur Selbstauflösung, Berlin-W 1977, S. 127. Die Autoren verweisen in diesem Zusammenhang auf die »für Revolutionstheoretiker nicht uninteressante« Frage, »inwieweit ein agent provocateur in bestimmten historischen Situationen eine objektiv revolutionäre Funktion erfüllen kann«: »Im Effekt bleibt es gleichgültig, ob ein Revolutionär seine Angst überwindet oder ob ein agent provocateur handelt, der überhaupt keine Angst zu haben braucht, weil er kein Risiko eingeht, außer dem, daß sein Herrchen sauer wird. Als die Autos brannten, war Urbach high. Ob Kurt Neubauer (der damalige Innensenator Berlins; R.G.) die objektiv revolutionäre Tat nachträglich billigte, entzieht sich bis heute unserer Kenntnis.« (Anm. 168, S. 184).
[7] Interview mit Peter Paul Zahl, in: die tageszeitung vom 26.2.1982.
[8] Meinhof, Vom Protest zum Widerstand, in: konkret 5/1968; nachgedruckt in: Meinhof, Die Würde des Menschen ist antastbar, Berlin-W 1980, S. 138ff.
[9] S. dazu auch: Scheerer, Deutschland: Die ausgebürgerte Linke, in: Angriff auf das Herz des Staates, 1. Bd., Frankfurt 1988, S. 193ff. (287ff.); Claessens/de Ahna, Das Milieu der Westberliner »scene« und die »Bewegung 2. Juni«, in: BMI (Hrsg.), Analysen zum Terrorismus, Bd. 3, Opladen 1982, S.20ff. (87). Außerdem: Horst Mahler, Polizei als Bombenleger. Rede vor Gericht, in: Neues Forum (Wien), Mai/Juni 1971, S. 23f.
[10] So Baumann (Anm. 5), S. 47, 64; Aust (Anm. 4), S. 55ff.
[11] Baumann, S. 47: »Peter Urbach hat uns dann eine köstliche Zeitzünderbombe in einer Plastiktüte kredenzt, die ich sofort da hingebracht habe.« Und weiter: »...der Verfassungsschutz (hat uns) über Urbach die Bombe in die Hand gedrückt, das haben wir zu der Zeit gar nicht übersehen, da waren wir Handlanger einer ganz bestimmten Bullenstrategie... Ein paar Tage später war dann doch prompt bei uns 'ne Haussuchung. Sie durchkrempeln die ganze Bude und finden nichts. Die Bomben lagen im Küchenschrank. Auch in der K I (Kommune I) war eine Haussuchung. Da wurde in der K I dieselbe Art Bomben gefunden. Die hatte auch Urbach dahin gebracht, und Rainer und Dieter wurden verhaftet.« Gemeint sind die damaligen Kommunarden Rainer Langhans und Dieter Kunzelmann. S. auch Aust, S. 78.

[12] Aust (Anm. 4), S. 92ff.; Scheerer (Anm. 9), S. 290ff., 318f.; Becker, Hitlers Kinder? Der Baader-Meinhof-Terrorismus, Frankfurt 1978, S. 87f.; Baader-Meinhof-Report. Dokumente, Analysen, Zusammenhänge, Mainz 1972.

[13] Interview in: Der Spiegel Nr. 24/1971, S. 81.

[14] Sack, Die Reaktion von Gesellschaft, Politik und Staat auf die Studentenbewegung, in: Sack/Steinert, Protest und Reaktion, Analysen zum Terrorismus 4/2, hrsg. vom Bundesinnenministerium, Bonn 1984, S. 106ff. (208f.).

[15] Scheerer (Anm. 9), S. 322.

[16] Mitangeklagt waren Irene G. und Ingrid Sch.

[17] Beschrieben bei Aust (Anm. 4), S. 12ff. Die Baader-Befreiung gilt als Gründungsdatum der RAF, s. Scheerer (Anm. 9), S. 321. Schreiben an dpa (14.5.1970): »Mit dem bewaffneten Widerstand beginnen! Die Rote Armee aufbauen!«

[18] S. dazu Mahlers Erklärung vor Gericht vom 6. Mai 1971, dokumentiert in: Neues Forum, Wien Mai/Juni 1971, S. 23f.

[19] Zit. nach Aust (Anm. 4), S. 162f.

[20] Die beiden Mitangeklagten Irene G. und Ingrid Sch. wurden dagegen zu vier bzw. sechs Jahren Freiheitsstrafe verurteilt.

[21] Hans Schueler kommentierte diesen Freispruch in »Die Zeit« vom 25.5.1971: »Es gibt keinen Zweifel, daß hier die politische Gewalt versucht hat, mit anfechtbaren Mitteln ein Exempel zu statuieren. Mahler sollte verurteilt werden, auch wenn es die Glaubwürdigkeit des Verfassungsschutzes kosten sollte und den Verzicht auf die Regeln eines geordneten Verfahrens.«

[22] Quellen zum Mordfall Schmücker und seinen Folgen: Brückner/Sichtermann, Gewalt und Solidarität. Zur Ermordung Ulrich Schmückers durch Genossen: Dokumente und Analysen, West-Berlin 1974; Aust, Kennwort Hundert Blumen. Die Verwicklung des Verfassungsschutzes in den Mordfall Ulrich Schmücker, Hamburg 1980; Ein Toter von Amts wegen? Die Verstrickung des Verfassungsschutzes in den Mordfall Ulrich Schmücker, Berlin 1981 (2. ergänzte Auflage); Häusler, Der unendliche Kronzeuge, Szenen aus dem Schmücker-Prozess, Berlin 1987. Künast (Hrsg.), Der Mordfall Schmücker und der Verfassungs»schutz«. Dokumentation der »Alternativen Liste«(AL), West-Berlin 1987. Heinisch, Der Verfassungsschutz und sein Verhalten im Prozeß um den Mordfall Schmücker, in: Verfassungsschutz und Demokratie – vereinbar? Hrg. von der AL/West-Berlin 1987, S. 12ff.; Elfferding, Schmücker-Prozeß: Der Verfassungsschutz als »Herr des Strafverfahrens«, in: »Bürgerrechte & Polizei« 3/1987, S. 31ff.; Schmücker-Verfahren – und kein Ende, in: »Bürgerrechte & Polizei« 3/1989, S. 17ff. Cotton (Pseudonym), Mordfall Schmükker – VS vertuscht Skandal, 6-teilige Serie in: die tageszeitung vom 9.11.1989, 15.11., 16.11., 24.11., 8.12. und 15.12.1989; Kruse, Mord am langen Draht. Fall Schmücker: Sah der Geheimdienst zu, wie Anarchisten einen Genossen umbrachten? in: Die Zeit vom 24.11.1989, S. 53ff. (Dossier). Gaserow, Schmücker-Prozeß: Justizgeschichte ohne Ende, in: die tageszeitung vom 4.4.1990, S. 5.

[23] Hellenbroich im Gespräch mit Jörg Fauser und Reinhard Hesse, in: TransAtlantik 1/1987, S. 30ff. (32).

[24] 1. Urteil der 7. Strafkammer des Berliner Landgerichts vom 22.6.1976 nach 37 Verhandlungstagen; aufgehoben mit Beschluß des BGH vom 5.7.1977 (5 StR 144/77). 2. Urteil der 9. Strafkammer vom 27.7.1979 nach 109 Verhandlungstagen (509.95/77); aufgehoben mit BGH-Beschluß vom 14.10.1980. 3. Urteil der 13. Strafkammer vom 3.7.1986 nach 391 Verhandlungstagen (513.71/80); aufgehoben mit BGH-Beschluß vom 23.3.1989.

[25] Frankfurter Rundschau und Weser-Kurier vom 25.3.1989, »Bürgerrechte & Polizei« 3/1989, S. 17ff.

[26] S. dazu u.a.: Gaserow, Schmücker-Prozeß (Anm. 22), ... und Jagd in der Toscana, in: Der Spiegel Nr. 13/1990, S. 69ff.

[27] Vgl. dazu Brückner/Sichtermann, S. 5; s. darin auch die Einschätzung und scharfe Kritik an dieser Tat von Erich Fried, S. 100ff. und verschiedener politischer Gruppen, S. 44ff., 95ff.; Cotton, Mordfall Schmücker – VS vertuscht Skandal, in: die tageszeitung vom 24.11.89, S. 13.

[28] Dokumentiert in: Brückner/Sichtermann, ebd., S. 9.

[29] Anklage vom 27.10.1975, zugelassen von der 7. Strafkammer des Landgerichts Berlin am 18.12.1975 (Az.: 507.95/75). Zu den merkwürdigen Verhaftungsumständen, s. u.a. die tageszeitung vom 24.11.89, S. 13.

[30] Aufgrund eines Haftbefehls des Amtsgerichts Tiergarten vom 1.10.1974 (Az: 351 Gs 1908/74). Zu den Haftbedingungen s. u.a. Ein Toter von Amts wegen. Die Verstrickung des Verfassungsschutzes in den Mordfall Schmücker, Westberlin 1981 (2. Aufl.), S. 48ff.

[31] S. dazu die Beschwerde an die Europäische Kommission für Menschenrechte (Straßbourg), eingelegt am 27.11.1981 von Ilse Schwippers Verteidiger Philipp Heinisch (Az. 9610/81): wegen Verletzung der Artikel 2 Abs.1, Art. 3, Art. 5 Abs. 3 S. 2 und 3 sowie Art. 6 Abs. 2 der Europäischen Menschenrechtskonvention vom 4.11.1950.

[32] Zit. nach: Weser-Kurier vom 25.3.1989.

[33] Grünhagen/Rühl versuchte in mehreren Fällen auf ähnliche Weise Gefangene mit politischem Hintergrund in der U-Haftsituation, häufig unter Isolationsbedingungen, zu Aussagen zu nötigen.

[34] sowie die eines anderen Inhaftierten, der ebenfalls »auspackte«.

[35] In einem Brief spricht Ulrichs Mutter, Irmgard Schmücker, davon, daß »Rühl« ihren Sohn als V-Mann habe anwerben wollen, um ihn gezielt in »linke Kreise« einzuschleusen. Er habe dafür »kostenfreies Studium, freie Wohnung und einen guten Monatswechsel« sowie »Hafterleichterung, Haftverschonung etc.« versprochen. Allerdings sei ihr Sohn hierauf nicht eingegangen (abgedruckt in: Brückner/Sichtermann (Anm. 22), S. 98f.). Bereits im Herbst 1974, wenige Monate nach dem Tod ihres Sohnes, wird sie von einem Beamten des Berliner VS vor weiteren öffentlichen Angriffen gegen den VS gewarnt.

[36] Es gibt also noch andere Tatverdächtige als die Angeklagten: Insofern drängt sich der Verdacht einer Strafvereitelung im Amt auf – jedenfalls geht auch diese VS-Machenschaft voll zu Lasten der Angeklagten. S. zu diesem Komplex: RA Elfferding, Schmücker-Prozeß: Der Verfassungsschutz... (Anm. 22), S. 58 mit Bezug auf die zweimalige Aussage des damaligen Berliner VS-Präsidenten Natusch (die allerdings im dritten Prozeßdurchgang plötzlich dahingehend abgeändert wurde, daß es sich bei den Genannten um Personen gehandelt haben soll, über die Schmücker lediglich Informationen weitergeben wollte).

[37] Kruse, Mord am langen Draht, in: Die Zeit vom 24.11.1989, S. 53ff. (54).

[38] Es gibt in der Tat Hinweise, daß in der Nähe des Tatortes in der Tatnacht Geheimdienst-Mitarbeiter Observationen durchführten (so etwa Mitarbeiter des britischen Secret Service' und des Bundesamtes für Verfassungsschutz); s. etwa Cotton, Mordfall Schmücker – das Ende eines V-Mannes, in: die tageszeitung vom 9.11.1989, S. 10 und Kruse, Mord am langen Draht, in: Die Zeit vom 24.11.1989, S. 53.

[39] Diesen Skandal hat »Der Spiegel« mit seinem Artikel »Spitzel aus der Tarantel« (Nr.40 vom 29.9.1986) enthüllt; die Fakten sind inzwischen amtlich bestätigt worden; vgl. Zwischenbericht des 2. Untersuchungsauschusses des Abgeordnetenhauses von Berlin, Drucks. 11/1224, v. 2.10.90.

[40] Und zwar in einer Mappe mit dem Vermerk »Geheim, diese Mappe darf nur von IV (das ist der VS-Präsident, R.G.) persönlich geöffnet werden – Von VM Wien übergeben« (s. auch taz vom 21.11.1989, S. 13).

[41] Dieses Dokument wird auszugsweise im Faksimile dokumentiert in: Der Spiegel Nr. 50/1986 vom 8.12.1986. Der darin erwähnte »VM« wird dabei eindeutig als Weingraber identifiziert.

[42] Interner Bericht der parlamentarischen Untersuchungskommission zum Mordfall Schmücker (1989). So auch die tageszeitung vom 8.12.1989, S. 12.

[43] »Spiegel«-TV vom 11.12.1988; Berliner Morgenpost vom 11.12.1988; Weser-Kurier vom 12.12.1988.

[44] Dazu: Heinrich Hannover, Kollaboration mit der Justiz als Kriterium der Freund-Feind-Unterscheidung. Ein Beitrag zum Kronzeugen-Syndrom, In: Kritische Justiz 1989, S. 394ff. (402f.).

[45] Diese Aussagen führten auch zu Verhaftungen im Rahmen der bundesweiten Polizeirazzia

»Winterreise« im Jahre 1974. In seiner Vernehmung vom 30.9.1974, die in der Untersuchungshaftanstalt Gießen von Kriminalhauptkommissar W. und Kriminalhauptmeister L. durchgeführt wurde, sagte Bodeux zur damals noch vereinbarten Vertraulichkeit seiner Aussagen: »Ich werde die Strategie...weiterhin praktizieren, das heißt ich werde weiterhin Briefe desselben Inhalts sowie an die gleichen Leute, linke Gruppen, bzw. Einzelpersonen schreiben, so daß kein Verdacht auf eine Zusammenarbeit mit den Strafverfolgungsorganen geschöpft wird, zu der ich auch weiterhin bereit bin« (Tonband-Abschrift S. 2).

[46] S. dazu insbesondere Elfferding, Schmücker-Prozeß: Der Verfassungsschutz (Anm. 22), S. 46ff.

[47] Staatsanwaltschaft bei dem Landgericht Köln, Az.: 55 Js 2311/73. S. dazu auch: die tageszeitung vom 8.12.89, S. 12 sowie Terroristen & Richter 1, Heinrich Hannover, »Terroristenprozesse«, Kapitel »8. Kollaboration mit der Staatsgewalt als Kriterium der Freund-Feind-Unterscheidung – Ein Beitrag zum Kronzeugen-Syndrom«.

[48] Hinweis von RA Elfferding, Westberlin (Verteidiger einer der Angeklagten), in einem Vortrag »Zum Schmücker-Prozess« in Bremen; dokumentiert in: AL (Hrsg.), Der Mordfall Schmücker und der Verfassungs»schutz«, Westberlin 1987, S. 1ff. (16f.). S. auch Aust, Kennwort Hundert Blumen, S. 263ff. mit Hinweis auf Verfassungsschutz-Dossier über Bodeux beim Bundesamt für Verfassungsschutz (S. 266), Az. III/A 47-086-S-161 276-2/73 vom 11.9.1973 sowie auf die Spurenakte '74. In einem Vermerk des Kriminalkommissariats (KK) Porz vom 25. April 1974 – also schon vor dem Schmücker-Mord – wird Bodeux, nach Angaben des VS-Beamten K. (BfV), als »Informant« bzw. »Kontaktmann« des Bundesamtes für Verfassungsschutz (BfV) bezeichnet.

[49] S. u.a. Verfassungsschutz: Deckname Flach, in: Der Spiegel Nr. 17/1988. S. 102ff. und Nr. 1/1989, S. 28f. Schmücker-Verfahren und kein Ende, in: Bürgerrechte & Polizei 3/1989, S. 17ff. (24); Der Tagesspiegel vom 26.9.89 und vom 19.11.89, die tageszeitung vom 30.9.89.

[50] Presseerklärung der Verteidiger vom 19.9. 1989; Der Tagesspiegel und die tageszeitung vom 20.9.1989. Bestätigung und Mißbilligung dieser Aktion durch den neuen SPD-Innensenator Pätzold am 21.9.89; Der Tagesspiegel und die tageszeitung vom 22.9.1989.

[51] »Unser bester Mann«, wie der Berliner VS ihn gerne zu charakterisieren pflegte, war bereits einschlägig in Erscheinung getreten: Grünhagen war es nämlich auch, der Anfang der siebziger Jahre Astrid Proll beschuldigte, bei einer Festnahme auf Beamte geschossen zu haben. Proll mußte Jahre später gleichwohl freigesprochen werden, weil Grünhagens Angaben von ebenfalls am Tatort anwesenden, aber lange verleugneten VS-Mitarbeitern nicht bestätigt wurden. Zu Grünhagens Rolle im Ermittlungsverfahren zum Drenkmann-Mord, s. Terroristen & Richter 3, Margot Overath »Drachenzähne«, Kapitel »9. Der Prozeß gegen ›Reinders u.a...‹«.

[52] S. u.a. Der Spiegel Nr. 17/1988, S. 104; Häusler, Der unendliche Kronzeuge (Anm. 22), S. 151.

[53] Der damalige SPD-Innensenator Peter Ulrich, der für die Aussagegenehmigung zuständig war, in »Der Spiegel« Nr. 43/ 1980: »Es ging mir um den Schutz eines Beamten, der in herausragender Weise in der Terrorismusbekämpfung tätig ist, dessen Identität nicht preisgegeben werden darf und dessen Sicherheit von hoher Bedeutung ist...«. Zur verwaltungsgerichtlichen Entscheidung s. BVerwGE vom 24.6.1982 – 2 C 91/81 (Münster), in: NJW 1983, S. 638ff.; OVG (Berlin), Urteil vom 13.9.1983 (Aussagegenehmigung bei Sicherung der Geheimhaltung der Identität des Zeugen).

[54] Meldung in der Berliner Morgenpost vom 23.1.1988, die tageszeitung vom 26.1.1988.

[55] Geweißte Stelle, in: Der Spiegel vom 3.3.1986, S. 118ff.; Häusler, Der unendliche Kronzeuge (Anm. 22), S. 190ff.

[56] Dokumentation in: Strafverteidiger 4/1982, S. 189ff. Beispiel: Urteil des Bundesverwaltungsgerichts vom 19.8.1986 (1 C 7/85-Berlin), in: NJW 1987, Heft 4, S. 202ff. Darin heißt es einschränkend u.a.: »Verfassungsschutzakten sind im Rahmen des § 96 StPO nicht schon wegen ihres Wesens geheimhaltungsbedürftig.«

[57] Der Untersuchungsauftrag ist dokumentiert in: »Bürgerrechte & Polizei« 3/1989, S. 23.

Zur Vernehmung der V-Leute Hain und von Weingraber vor dem Untersuchungsausschuß: Gast, Zwei legendäre V-Männer packen aus, in: die tageszeitung vom 25.5.90.

[58] Drucksache des Abgeordnetenhauses von Berlin Nr. 11/1224. Nach der Ablösung der rot-grünen Regierungskoalition durch eine CDU/SPD-Regierung Ende 1990 wird dieser »Zwischenbericht« auch gleichzeitig der Schlußbericht sein.

[59] Vgl. Gaserow, Schmücker-Prozeß nach 15 Jahren eingestellt, in: die tageszeitung vom 29.1.1991.

[60] Vgl. Schmückermord: V-Mann stand Pate, in: die tageszeitung v. 8.11.1990; Gast, Vom V-Mann zum Millionär, in: taz v. 15.5.90.

[61] Vgl. Gast, Richter deckten Verfassungsschutz, in: die tageszeitung vom 3.11.90; Gaserow, Schmücker-Richter vor den Kadi? In: taz vom 14.11.90; dies., Schmücker-Richter in der Klemme, in: taz vom 22.11.1990.

[62] Vgl. Weis, Gericht stellte Schmücker-Prozeß ein, in: Frankfurter Rundschau vom 29.1.1991.

[63] S. Dokumentation »Wer jetzt noch von Selbstmorden in Stammheim spricht, redet einer Lüge des SPD-Staates das Wort« – Beweisanträge, Erklärungen und Plädoyers aus dem Prozeß gegen die Rechtsanwälte Arndt Müller und Armin Newerla, Stuttgart o.J.

[64] Zu den Stammheimer Todesfällen, s. Weidenhammer, Selbstmord oder Mord? Todesermittlungsverfahren Baader, Ensslin, Raspe; Kiel 1988.

[65] Theo P. hatte bei der Post gejobt und durch Zufall in einem Paket, adressiert an »Dynamit Nobel – Werkschutz«, eine Waffe entdeckt und an sich genommen. Diese Waffe zeigte er später den beiden verdeckten Beamten.

[66] Jahre später ist ein solcher Anschlag tatsächlich auf das BfV verübt worden. Die Urheberschaft wurde nicht endgültig geklärt.

[67] Zu diesem staatlich gesteuerten Versuch, eine »Revolutionäre Zelle« zu gründen, drängt sich eine Parallele auf höherer Ebene und mit noch weiterreichender Zielsetzung auf: Im Verlauf der geheimen Sitzungen des (bayerischen) parlamentarischen Untersuchungsausschusses zum Fall Langemann (ehemaliger Angehöriger des »Bundesnachrichtendienstes« BND) sickerte 1982 eine brisante Zeugenaussage des früheren BKA-Beamten Hans Kollmar an eine begrenzte Öffentlichkeit durch: Danach soll der damals suspendierte bayerische Staatsschutzchef Hans Langemann die »Eliminierung und Liquidierung des europäischen Führungskaders der Terroristen« durch eine eigene staatliche »Terroristengruppe« vorgeschlagen haben. Diese Gruppe sollte zunächst isoliert vorgehen und durch entsprechende terroristische Aktionen von sich reden machen. Sobald sie bekannt genug geworden sei, würden sich dann von selbst Kontakte zu »echten Terroristen« ergeben, um schließlich diese direkten Kontakte zur Liquidierung zu nutzen (Vgl. dazu Heigl/Saupe, Operation EVA. Die Affäre Langemann, Hamburg 1982, u.a. S. 25 sowie Weser-Kurier vom 2.9.1982.).

[68] Gz: 814-555026/80 VS-V – vom 15.1.1981. Der Bericht beginnt folgendermaßen: »Im Zuge vertraulich geführter Ermittlungen ... ergaben sich gegen die nachgenannten Personen ... Anhaltspunkte über die Bildung bzw. das Bestehen einer terroristischen Vereinigung zur Begehung gemeingefährlicher Straftaten, bzw. deren Unterstützung i.S.d. § 129a. Diese Erkenntnisse waren Anlaß zur Durchführung vertraulicher Nachforschung. Über deren Verlauf hat mir ein als absolut zuverlässig und glaubhaft bekannter Beamter am 9.1.1981 zusammenfassend folgendes berichtet...«

[69] Zu diesem gesamten Fall: Schriftsatz der Kölner Rechtsanwälte Steiger und Riekenbrauk, vorgelegt zum Hearing der Bundestagsfraktion der Grünen am 12. Februar 1985 zum Thema »Arbeit von Under-Cover-Agents (UCAs)«; Gössner/Herzog, Im Schatten des Rechts – Methoden einer neuen Geheim-Polizei, Köln 1984, S. 163ff.

[70] Das »Celler Loch« aus der Sicht des verantwortlichen niedersächsichen Innenministeriums: Was in Celle wirklich passierte, in: Unsere Sicherheit (Zeitschrift des niedersächsichen Innenministers) Nr. 30/1986, S. 5ff.

[71] Drucksache des nds. Landtags 11/4380, S. 280. In diesem (Mehrheits-) Bericht wird die kriminelle Vergangenheit der V-Leute nicht als »notwendiges Übel« angesehen, »sondern gerade-

zu als die Grundvoraussetzung für den Einsatz« (S. 289).

[72] S. zu den Folgen: »Verfassungsschutz ließ Polizei im unklaren«, Frankfurter Rundschau vom 29.4.1986 sowie 30.7.1986; Weser-Kurier vom 22.5.1986 (Pensionierter LKA-Chef Burghard »rechnet mit Verfassungsschutz ab«).

[73] Feststellung u.a. des Parlamentarischen U-Ausschusses, Nds. Landtag-Drucks. 11/4380, S. 283, 306f., 359f.

[74] Vgl. dazu Frankfurter Rundschau vom 6.2.1988, S. 4.

[75] Zit. nach Aust, Mauss – Ein deutscher Agent, Hamburg 1988, S. 239f.

[76] Regierungserklärung des niedersächsischen Ministerpräsidenten Ernst Albrecht in der 111. Plenarsitzung am 25. April 1986, dokumentiert in: Bericht des 11. Parlamentarischen Untersuchungsausschusses (nds. Landtag), Drucks. 11/4380, S. 2ff.

[77] Bericht des Parlamentarischen Untersuchungsausschusses, Nds. Landtag-Drucksache 11/4380, S. 307. Ebenfalls informiert waren die Resortminister des Innern und der Justiz.

[78] S.dazu insbesondere zusammenfassend: Bericht des 11. Parlamentarischen Untersuchungsausschusses (Nds. Landtag, Drucksache 11/4380), dem allerdings Akten des VS vorenthalten wurden und dem gewisse Zeugen nur mit eingeschränkter Aussagegenehmigung zur Verfügung standen (S. 278 des Berichts); zum überwiegenden Teil hat dieser CDU-FDP-Mehrheitsbericht rechtfertigenden Charakter; s. deshalb insbesondere die abweichenden Stellungnahmen der SPD und der »Grünen« im Anhang des Berichts, ab S. 325ff. und und S. 340ff. Ellersiek/Becker, Das Celler Loch. Geschichte einer Geheimdienstaffäre, Hamburg 1987; Aust, Mauss – Ein deutscher Agent, Hamburg 1988, S. 182ff. Behnsen/Trittin; Das »Celler Loch«. »Terrorbekämpfung« und die Kontrolle des Verfassungsschutzes, in: Bürgerrechte & Polizei 2/1987, S. 69; dies., Das Lockspitzelsystem. Vom »Celler Loch« bis zur Methode Mauss, in: Bürgerrechte & Polizei 3/1989, S. 27ff.; Spoo, Die Staatsbombe, in: Hafner/Jacoby (Hrsg.), Die Skandale der Republik, Frankfurt 1989, S. 285ff.

[79] Neue Presse vom 26./27.4.1986.

[80] Zit. nach Ellersiek/Becker, Das Celler Loch, Hamburg 1987, S. 16.

[81] Etliche der Anschlagsdrohungen stellten sich später als lancierte Falschmeldungen über angeblich drohende terroristische Anschläge heraus, deren Ursprung im Polizeiapparat und in der Aufbereitung durch die Sensationspresse zu suchen ist. Ihre auflagenstarke Verkündung löste regelmäßig erhebliche Beunruhigung in der Bevölkerung aus: So etwa die Warnung vor einer Bombendetonation in der Stuttgarter Innenstadt (Sommer 1972), vor einem Raketenangriff auf ein vollbesetztes Fußballstadion während der Weltmeisterschaft 1974, vor einem Senfgasangriff auf den Bundestag 1975, vor der atomaren Verseuchung des Bodensees 1975, vor der Sprengung verschiedener Kernkraftwerke seit Januar 1976, vor einem Überfall auf einen Kinderspielplatz mit Geiselnahmen (1977). S. dazu Croissant u.a., Politische Prozesse ohne Verteidigung? West-Berlin 1976, S. 60ff. Außerdem: Cobler, Die Gefahr geht von den Menschen aus, West-Berlin 1978, S. 32ff., 130. Stuberger (Hrsg.), »In der Strafsache gegen Andreas Baader, Ulrike Meinhof, Jan-Carl Raspe, Gudrun Ensslin wegen Mordes u.a.« Dokumente zum Prozeß, Frankfurt 1977, S. 265 (Antrag von Andreas Baader vom 29.3.1977, S. 263ff.). Basten, Von der Reform des politischen Strafrechts bis zu den Anti-Terror-Gesetzen, Köln 1983, S. 328f.

[82] Die Staatsanwaltschaft Lüneburg und die Generalstaatsanwaltschaft Celle kamen zu einem anderen Ergebnis: Sie stellten Strafermittlungsverfahren in dieser Angelegenheit u.a. gegen Ministerpräsident Dr. Albrecht mit der Begründung ein, bei den Aktionen seien keine strafrechtlichen Bestimmungen verletzt worden (s. Nds.Landtags-Drucks. 11/4380, S. 282; s. dagegen die Bewertung durch SPD-Fraktion im nds. Landtag, S. 328ff.); s. dazu Velten, Nicht nur ein Loch in der Mauer – rechtliche Überlegungen zum Sprengstoffanschlag des Verfassungsschutzes in Celle, in: Strafverteidiger 12/1987, S. 544ff. Anderer Auffassung ist: Evers, Sprengung an der Celler Gefängnismauer: Darf der Verfassungsschutz andere Behörden und die Öffentlichkeit täuschen? In: NJW 1987, S. 153ff.

[83] Klaus, Aktivitäten und Verhalten inhaftierter Terroristen, hrsg. vom Bundesministerium des Inneren, Bonn 1983, 1985, S. 120.

[84] S. dazu Bericht des parlamentarischen U-Ausschusses, Drs. 11/4380, S. 306; Frankfurter Rundschau vom 6.5.1986: »Verschärfte Haftbedingungen nach dem ›Befreiungsversuch‹«; taz vom 30.4.1986 (Interview mit dem Anwalt von Debus).

[85] Schreiben der Staatsanwaltschaft vom 17.4.86 an Rechtsanwalt Heinrich Hannover, der die Familie Debus im Todesermittlungsverfahren vertrat. Eine Beschwerde gegen diese Einstellung wurde mit Bescheid vom 11.6.1986 als unbegründet zurückgewiesen.

Kapitel »Die unheimliche Sicherheit«

[1] Weitere inzwischen enttarnte V-Leute im »terroristischen Umfeld«, d.h. auch in Bürgerinitiativen und legalen Gruppen: z.B. Steffen T., Eberhard B., alias »Schumacher« (Berlin); Manfred Sch., alias »Donner« (Bayern) u.a. Paralleles V-Leute-Unwesen in noch größerem Stil im Bereich der Drogenkriminalität; s. Gössner/Herzog, Im Schatten des Rechts – Methoden einer neuen Geheim-Polizei, Köln 1984 m.w.N sowie Lüderssen (Hrsg.), V-Leute, Frankfurt 1985.

[2] So auch Steinert, in: Analysen zum Terrorismus, Bd. 4/2, S. 440; Preuß, Prozeßsteuerung durch die Exekutive, in: Strafverteidiger 1981, S. 312ff. (314); ders., Justizielle und polizeiliche Wahrheit im Strafverfahren, in: Kritische Justiz 1981, S. 108ff.

[3] Pietrzik, Polizeiliche Drogenbekämpfung, BKA-Schriftenreihe 49, Wiesbaden 1981, S. 226. Die dort aufgeführten Methoden sind ohne weiteres auf den »Terrorismus«-Bereich übertragbar.

[4] Pietrzik; in: Kriminalistik 7/8-1980, S. 315ff. (322).

[5] Ausführlicher zu dieser Entwicklung: Gössner, Sicherheitspolitische »Wiedervereinigung«. Zu den ungeklärten Beziehungen zwischen Polizei und Geheimdiensten/»Verfassungsschutz«, in: »Geheim« 3/1987, S. 14ff. (Teil I) und »Geheim« 1/1988, S. 9 (Teil II) sowie »Bürgerrechte & Polizei« (cilip) 2/1987, S. 38ff. m.w.N.

[6] Einzelheiten bei Buchheim, SS und Polizei im NS-Staat, 1964, S. 31ff.; Tuchel/Schattenfroh, Zentrale des Terrors, Berlin 1987; von Lang, Die Gestapo, Hamburg 1990.

[7] Abgedruckt in: v. Mangoldt, Das Bonner Grundgesetz, Berlin/Frankfurt 1953, S. 669. Im »Polizeibrief« wurde der Bundesregierung gestattet, »eine Stelle zur Sammlung und Verbreitung von Auskünften über umstürzlerische, gegen die Bundesregierung gerichtete Tätigkeiten einzurichten«, die jedoch keinerlei polizeiliche Befugnisse haben sollte.

[8] U.a. Genehmigungsschreiben zum Grundgesetz vom 12. Mai 1949 (dok. in: v.Mangoldt, a.a.0., S. 670, Anm.2); Schreiben der drei Westalliierten vom 12. Jan. 1950 an den Bundeskanzler mit dem Passus, die Bundesbehörde für »Verfassungsschutz« »shall erxercise no authority or control over the land agencies or the various police forces in the laender« (zit. nach Gansser, Abwehrbereit, München 1985, S. 111).

[9] S. dazu u.a. Roewer, Trennung von Polizei und Verfassungsschutzbehörden, in: DVBl. 1986, S. 205ff. (207); streitig, vgl. Evers, in: Verfassungsschutz und Rechtsstaat, 1981, S. 65ff.

[10] Zum Streit über den »Verfassungsrang« des Trennungsgebots: bejahend u.a. Gusy, Das verfassungsrechtliche Gebot der Trennung von Polizei und Nachrichtendiensten, in: ZRP 1987, S. 45ff.; Kutscha, Die Aktualität des Trennungsgebotes für Polizei und Verfassungsschutz, ZRP 1986, S. 194ff. mit Hinweis auf Bull, in: Verfassungsschutz und Rechtsstaat, 1981, S. 149: »Dieses Trennungsgebot hat Verfassungsrang« und m.w.N.; verneinend u.a. Roewer, S. 205ff. (nur einfachrechtliches Gebot für Bundesebene, nicht für Landesämter).

[11] Aus Art. 87 Abs. 1 S. 2 GG a.F. ließe sich per Textinterpretation und historischer Auslegung das Trennungsgebot gleichwohl ableiten.

[12] Gesetz über die Zusammenarbeit des Bundes und der Länder in Angelegenheiten des Verfassungsschutzes vom 27. September 1950, BGBl. I, S. 682. Novelliert 1990.

[13] Denninger, Das Recht auf informationelle Selbstbestimmung, in: Informationsgesellschaft oder Überwachungsstaat, hrsg. vom Hessendienst der Staatskanzlei, Wiesbaden 1984, S. 337.

[14] Hinweis des Verfassungsrechtlers H.P. Schneider, Der Verfassungsschutz – Grundordnungshüter, Sicherheitsdienst oder Geheimpolizei? In: Narr (Hrsg.), Wir Bürger als Sicherheitsrisiko,

Reinbek 1977, S. 93ff. (99).

[15] Lisken, Polizei und Verfassungsschutz, NJW 1982, S. 1481.

[16] S. Busch u.a., Die Polizei in der Bundesrepublik, Frankfurt/New York 1985, S. 82ff.

[17] S. Gössner/Herzog, Der Apparat, Köln 1984, S. 228ff.; Gebauer, in: BGS 2/1981; KB, Nach Schleyer: »Sonderkommandos« in der BRD – Zügiger Ausbau der neuen GeStaPo, Hamburg 1979.

[18] Erlaß der Bundesregierung über die Bildung eines interministeriellen Krisenstabes beim Bundeskanzleramt vom 12. Mai 1972, dok. in: Schnitzler u.a., Handbuch für den Zivilschutz und die zivile Verteidigung, 1976.

[19] Bulletin der Bundesregierung Nr. 25 vom 26.2.1975, S. 251.

[20] S. dazu Diederichs, Die Männer vom Amt, in: Bürgerrechte & Polizei 2/1987, S. 30ff. mit weiteren Beispielen.

[21] Nollau, Abwehrdienste für Schönwetter-Demokratie, in: Der Spiegel vom 14.11.1977, S. 34.

[22] So etwa in Berlin, wo ein Polizeihauptmeister gleichzeitig Dienst für den VS versah (»Ein Spitzel für zwei Dienste«, taz vom 27.1.89, S. 10; Geheimpapier [»amtlich geheimgehalten«] der »Projektgruppe Verfassungsschutz Berlin« vom 2. Mai 1989 [Fall »Eule«]) oder in Bremen der Agent Klaus H. (dokumentiert bei Gössner, Methoden einer neuen Geheim-Polizei am Beispiel Bremen, in: Die unheimliche Sicherheit, hrsg. von »Bürger kontrollieren die Polizei«, Bremen 1987, S. 33ff.

[23] S. dazu: Krumm, Spürnase für die Sicherheit, in: Frankfurter Rundschau vom 13.11.1985; stern-Serie in Nr. 47, 48, 49/1987; Aust, Mauss – Ein deutscher Agent, Hamburg 1988.

[24] So auch Busch u.a., Die Polizei (Anm. 16), S. 107, die im übrigen ebenfalls auf den Mangel an gesicherten Erkenntnisse in diesem Bereich verweisen.

[25] Gesetz zur Beschränkung des Brief-, Post- und Fernmeldegeheimnisses vom 13. August 1968, BGBl. III 190-2. Dieses erst im Zusammenhang mit der Notstandsgesetzgebung erlassene Gesetz regelt – eigentlich systemwidrig – die einzigen zwangsweise durchsetzbaren Befugnisse des VS, die somit exekutive Kontrollfunktion aufweisen.

[26] Schreiben des BMI an RA Hannover vom 16.7. und 15.11.1982 (Az.: IS 1-601 025-0290/82).

[27] Glaubhaftmachung der gesetzlichen Voraussetzung für eine Auskunftsverweigerung bezüglich dieser »Quelle« entsprechend § 99 VwGO im späteren Verwaltungsgerichtsverfahren, d.h. der V-Mann wurde amtlicherseits gesperrt, seine Glaubwürdigkeit konnte also im späteren Verfahren zur Überprüfung der Rechtmäßigkeit der Überwachungsmaßnahmen nicht beurteilt werden.

[28] Amtliche Erklärung vom 11.9.1985, Az.: PR 1-6335, S. 2.

[29] Bull, Datenschutz oder Die Angst vor dem Computer, München 1984, S. 263.

[30] Die über 100seitige »So-GK« faßte 127 Einzelverfügungen, Ergänzungen und Änderungsverfügungen zusammen und regelte die »Amtshilfe« des BGS für die bundesdeutschen Geheimdienste; inzwischen (seit 1981) von einer »Dienstanweisung zur Durchführung der Amtshilfeersuchen der Verfassungsschutzbehörden und des Bundesnachrichtendienstes« abgelöst, die mittlerweile bereits wieder modifiziert worden ist; s. dazu Gössner, Sicherheitspolitische »Wiedervereinigung«, in: Geheim 1/1988, S. 9ff. (11f.).

[31] S. dazu Gössner, Sicherheitspolitische »Wiedervereinigung«, in: Geheim 1/1988, S. 9ff. (11f.).

[32] Frankfurter Rundschau vom 25.20.1977.

[33] Ausführlich dazu: Sternsdorff, Aktion »Paddy«. Die Möglichkeiten der Videofahndung, in: Meyer-Larsen (Hrsg.), Der Orwell-Staat 1984, Hamburg 1983, S. 95ff. (99).

[34] »Richtlinien der Verfassungsschutzbehörden, des BND, des MAD, der Polizei und der Strafverfolgungsbehörden in Staatsschutzangelegenheiten«.

[35] § 4 ZAR ist in Verbindung mit § 8 und mit § 11 zu lesen (entsprechende Geltung).

[36] RiStBV vom 1. Januar 1977 in der ab 1.4.1984 (bundeseinheitlich) geltenden Fassung – Runderlaß des Bundesjustizministers vom 3.9.1976 (4208/2-III/3-1282/76), geändert mit Wirkung

vom 1.4.1984, abgedruckt in: Kleinknecht/ Meyer, Strafprozeßordnung (Kommentar), 37. Aufl. 1985, Anhang, S. 1643ff.

[37] Rechts- und Amtshilfe nach § 3 Abs. 4 BVerfSchG und Art.35 GG.

[38] Vgl. Bull, Datenschutz contra Amtshilfe, in: DÖV 1979, S. 689ff. (695).

[39] So u.a. Walter Schmidt, ZRP 1979, S. 185.

[40] Gusy, ZRP 1987, S. 49; a.A. Evers, Rechtsfragen des Datenschutzes bei der Informationsübermittlung zwischen Polizei und Nachrichtendiensten, in: Die Polizei 8/1980, S. 239ff. m.w.N.

[41] BVerfGE, in: NJW 1984, S. 419ff. (428); hierzu: Riegel, DVBl. 1985, S. 766.

[42] Vgl. etwa 9. Tätigkeitsbericht des Bundesdatenschutzbeauftragten (BfD), S. 61f.; Beanstandung des BfD gegenüber dem Bundesinnenminister am 28.1.1987 (Az. V-192642-3/11) und am 7.12.1988 (Az. V 192 642-2/4). Auswertung: Gössner/Herzog, Im Schatten des Rechts, Köln 1984, S. 208ff.; dies., Verschlußsache: Bürgerdaten, in: Appel/Hummel, Vorsicht Volkszählung, Köln 1987, S. 136ff.; Gössner, Risikoprofile. Die »Verkartung« des »inneren Feindes«, in: ders., Widerstand gegen die Staatsgewalt, Hamburg 1988, S. 42ff.

[43] Verwaltungsinterne Vorschriften: »Richtlinien für die Führung kriminalpolizeilicher personenbezogener Sammlung« (KpS) und »Richtlinien für die Einrichtung und Führung von Dateien über personenbezogene Daten beim BKA« (BKA-Richtlinien): Danach dürfen prinzipiell Informationen an das BfV oder die VS-Landesämter übermittelt werden »für die Erfüllung der ihnen gesetzlich zugewiesenen Aufgaben« (Ziff. 3.5.4 bzw. 5.5.4).

[44] S. etwa 5. Tätigkeitsbericht des Bundesdatenschutzbeauftragten (1982), S. 79; Busch u.a., Die Polizei (Anm. 16), S. 109 mit Verweis auf Steinke, Polizei und Verfassungsschutz, in: Kriminalistik 9/1981, S. 355ff.

[45] S. dazu u.a. Gössner/Herzog, Im Schatten des Rechts. Methoden einer neuen Geheim-Polizei, Köln 1984; Lüderssen (Hrsg.), V-Leute. Die Falle im Rechtsstaat, Frankfurt 1985.

[46] Ostendorf, Verdeckte Polizeiarbeit, in: Kriminalistik 9/1985, S. 409f.

[47] Roewer, Trennung (Anm. 9), S. 207; a.A. Borgs-Maciejewski/Ebert, Das Recht der Geheimdienste, 1986, § 3 A Rdnr. 123.

[48] Etwa die »Under-Cover«-Spezialabteilungen im BKA: EO (Ermittlungen originärer Art) und EA (im Auftrag der Bundesländer); zu dieser Entwicklung: Diederichs/Nantscheff/ Gottschlich, Der vierte Geheimdienst der Republik, in: die tageszeitung vom 23.11.1984, S. 13ff., vom 28.11.84, S. 12ff., vom 30.11.84, S. 13ff.

[49] Auch innerhalb der Sicherheitsapparate gibt es Kritik an diesen polizeilichen Befugniserweiterungen und Geheim-Methoden: u.a. vom Düsseldorfer Polizeipräsidenten Dr. Hans Lisken, in: ZRP 1990, S. 15ff. (19ff.) und vom ehemaligen BfV-Präsidenten Heribert Hellenbroich, in: TransAtlantik 1/1987, S. 30ff. (36), wo er in einem Gespräch äußert: »Ich war immer sehr scharf gegen die Undercover Agents der Polizei. Im politischen Bereich darf das BKA keine Undercover Agents führen... Wir haben ein striktes Verbot für den Verfassungsschutz, polizeiliche Mittel anzuwenden. Denn die Kombination geheimer Nachrichtendienst plus Polizei ergibt Gestapo. Wenn aber umgekehrt die Polizei sich nachrichtendienstlicher Mittel bedient, haben wir auch Gestapo.«

[50] H.P.Schneider (Anm. 14).

[51] Schwagerl, Verfassungsschutz in der Bundesrepublik Deutschland, Heidelberg 1985, S. 120.

[52] Z.B. »Fahndungspanne« bei der VS-Observation von Klar/Schulz, die, obwohl als »Top-Terroristen« vom BKA zur Fahndung und Festnahme ausgeschrieben, trotz VS-Observation im März 1980 unbehelligt entkommen konnten (vgl. dazu Roth/Ender, Dunkelmänner der Macht, Bornheim-Merten 1984, S. 63f.).

[53] In diesem Zusammenhang sei an jenen Fall erinnert, in dem V-Leute des Bremer VS (als »Jusos« getarnt) und V-Leute des MAD (als KBWler getarnt) im Vorfeld einer Demonstration gegen ein Rekrutengelöbnis (Bremen 1980) versucht hatten, ein Volksfrontbündnis zwischen KBW und Jusos zustande zu bringen, das auch Gewalttaten vorbereiten sollte. Beide Teile wußten nicht, daß sie jeweils lediglich mit Abgesandten des VS bzw. des MAD »verhandelten« (s. dazu u.a. Bürgerrechte & Polizei 3/1987, S. 27f. m.w.N.).

[54] Eingehender: Humanistische Union, Auf dem Weg zu einer halbkriminellen Geheimpolizei, Memorandum zum Under-Cover-Agent, München 1984.

[55] S. dazu Seifert, Zur verfassungsrechtlichen Problematik geheimer Polizeiagenten, Manuskript des Referates beim Hearing der Fraktion der »Grünen« im Deutschen Bundestag zum »Polizeilichen Einsatz von Untergrundagenten« am 12.2.1985, S. 7f.

[56] Zu den »Sicherheitsgesetzen« (Entwürfe und verabschiedete Gesetze) s. u.a. Bull (Hrsg.), Sicherheit durch Gesetze? Baden-Baden 1987; Gössner, Sicherheitsextremismus, in: ders., Widerstand gegen die Staatsgewalt, Hamburg 1988, S. 13ff.; ders., Legalisierung der Geheim-Polizei, in: Kutscha/Paech, Totalerfassung, Köln 1986/19872, S. 115ff.; Die unheimliche Sicherheit, Bremen 1986/19874 und Gössner u.a. (Hrsg.), Restrisiko Mensch, Bremen 19872 (beide herausgegeben von »BürgerInnen kontrollieren die Polizei«, 2800 Bremen, Charlottenstr. 3), Schubert/Janssen, Staatssicherheit, Bielefeld 1990.

[57] S. dazu Weßlau, Die Verrechtlichung der Dritten Dimension, in: Gössner u.a. (Hrsg.), Restrisiko Mensch, S. 35ff.; Bürgerrechte & Polizei 2/1986, S. 61ff. und 1/1988, S. 168ff. (Dokumentation). Einige Bundesländer sind dem »Musterentwurf« im wesentlichen bereits gefolgt.

[58] Materialien: Referentenentwurf »Strafverfahrensänderungsgesetz« (StVÄG) 1988, Schriftenreihe der Strafverteidigervereinigungen, Köln o.J. sowie Gesetzentwurf der Bundesregierung StVÄG 1989, Drucks. vom 26. Juni 1989. Bürgerrechte & Polizei 3/1989, S. 79ff.; Werkentin, Die Demontage des Strafprozeßrechts durch das Polizeirecht, in: Artikelgesetz, Schriftenreihe der Strafverteidigervereinigungen, Köln 1988, S.58ff.; Entwurf eines Gesetzes zur Bekämpfung der »organisierten Kriminalität« von 1990.

[59] S. etwa das neue Bundesverfassungsschutzgesetz sowie Entwurf StVÄG 1989.

[60] S. dazu Gössner, Weg mit dem Verfassungsschutz?! In: Vorgänge, März 1989, S. 1ff.; ders. Stasi-Ost/Stasi-West. Der Marsch in den vereinigten »Sicherheitsstaat«, in: Janssen/Schubert, Staatssicherheit, Bielefeld 1990, S. 55ff. Humanistische Union, Weg mit dem »Verfassungsschutz« – der (un)heimlichen Staatsgewalt, Schriften 17, München (3. Aufl.) 1991.

Kapitel »Zur Rolle der politischen Justiz

[1] In Anlehnung an den Titel einer Arbeit des Bielefelder Soziologen Niklas Luhmann, Legitimation durch Verfahren, Frankfurt 1983.

[2] Dazu: Preuß, Prozeßsteuerung durch die Exekutive, in: Strafverteidiger 1981, S. 312ff.; ders., Justizielle und polizeiliche Wahrheit im Strafverfahren, in: Lüderssen (Hrsg.), V-Leute, S. 115ff. u. Kritische Justiz 1981, S. 108ff.

[3] Geißer (Bamberg), Das Anklagemonopol der Staatsanwaltschaft und die Gewährsperson als Aufklärungsperson im Ermittlungs- und als Beweismittel im Strafverfahren, in: Goltdammer's Archiv für Strafrecht (GA) 3/1983, S. 385ff. (387).

[4] Statt vieler: Peters, Fehlerquellen im Strafprozeß, 2. Band, Karlsruhe 1972, S. 195ff.

[5] Pietrzik, Polizeiliche Drogenbekämpfung, S. 227.

[6] Plewka, Möglichkeiten und Grenzen polizeilicher Prävention, in: BKA-Schriftenreihe, Band 49, Wiesbaden 1981, S. 261.

[7] Zumeist in Drogenverfahren, s. etwa Frankfurter Rundschau vom 9.7.81 und vom 20.7.81.

[8] Geißer (Anm. 3), S. 409.

[9] Pietrzik (Anm. 5), S. 325.

[10] Stümper, Systematisierung der Verbrechensbekämpfung, Stuttgart u.a. 1981, S. 84.

[11] S. dazu u.a. Meyer, Zur prozeßrechtlichen Problematik des V-Mannes, in: Lüderssen (Hrsg.), V-Leute, a.a.0., S. 425ff.; Körner, Der Grundsatz des fair play für den V-Mann und für den Zeugen, in: Kriminalistik 7/1984, S. 338ff.; Ziegler, Die gerichtliche Kontrolle der Geheimhaltungsmittel der Exekutive, in: ZRP 1988, S. 25ff.

[12] Im folgenden zit. nach einer Kopie des Originaldokuments (Fassung 1973) mit 17 Paragra-

phen (Geheimhaltungsstufe: »VS=Verschlußsache – Nur für den Dienstgebrauch«), die dem Verf. vorliegt.

[13] Zühlsdorf, Bekämpfung organisierter Verbrechen, Polizei aktuell, Bd. 18, Stuttgart 1974.

[14] Martin, Die Rolle der Ämter für Verfassungsschutz bei der Strafverfolgung, in: Lücke (Hrsg.), Verfassungsschutz – Beiträge aus Wissenschaft und Praxis, Köln 1966, S. 90ff.

[15] Z.B. StA Frankenthal, Az.: 133 Js 48043/79.

[16] Geerds, Vernehmungstechnik, Lübeck (5. Aufl.), S. 203.

[17] Zühlsdorf, in: Bekämpfung organisierter Verbrechen, Stuttgart 1974.

[18] Prietrzik, in: Kriminalistik 7/8-1980, S. 324.

[19] Az.: K 1-12334/19-1.

[20] Ähnliche Formulierungen etwa in den Hamburger »Richtlinien für die Inanspruchnahme von Vertrauenspersonen und anderen Informanten« aus dem Jahre 1982 (»VS-Nur für den Dienstgebrauch«); Az.: 218.15-2/4 – Tgb.Nr. 422/82.

[21] Zu solchen »Tarnmaßnahmen in den Akten«, Schaefer, in: hessische polizeirundschau 1983, S. 15.

[22] S. etwa das »Schicksal« der berühmten Geheim-Sonderakte 3 ARP 74/75 I, die die belastenden Aussagen des Kronzeugen Gerhard Müller und die Umstände ihres Zustandekommens enthält: Sie wurde bereits im Stammheimer Verfahren gegen Baader u.a. zurückgehalten (sowie in späteren »Terrorismus«-Verfahren) und erst durch zähes Ringen ist es der Verteidigung gelungen, sie wenigstens teilweise freizubekommen – 15 Seiten blieben allerdings geheim (s. dazu Bakker Schut, Stammheim, Kiel 1986, S. 368ff.; Aust, Der Baader-Meinhof-Komplex, Hamburg 1986, S. 184, 185ff.; Terroristen & Richter 1, Heinrich Hannover, »Terroristenprozesse«, Kapitel »8. Kollaboration mit der Staatsgewalt...«).

[23] Entsprechend einer, vom Verf. ergänzten Auflistung von Rechtsanwalt Philipp Heinisch (Berlin), die in einer Beschwerde enthalten ist, die dieser im Auftrag seiner Mandantin Ilse Schwipper am 27.11.1981 bei der Europäische Kommission für Menschenrechte in Straßburg einlegte (Az.: 9610/81).

[24] Sinngemäß zit. nach Urteil des VG-Wiesbaden vom 2.3.1982 (IV/1 E 15/82), S. 4.

[25] Gemeint ist das Buch von Aust, Kennwort Hundert Blumen.

[26] Mit Hinweis auf BVerfGE 57, S. 294.

[27] Z.B. BGH-Urteil vom 31.3.1989 – 2 StR 706/88, in: Strafverteidiger 1989, S. 281ff. m.w.N.; BGH-Beschluß vom 21.3.89 – 5 StR 57/89, in: ebda., S. 284f.

[28] Vgl. Kleinknecht/Meyer, StP0, 37. Aufl. 1987, vor § 48 Rdnr. 4.

[29] Hinweis bei Ziegler, in: ZRP 1988, S. 27.

[30] So BVerfGE 57, 250ff. = NJW 1981, S. 1719; BVerwGE 66, S. 39ff.; 34, 254ff.; BVerwG, NJW 1986, S. 2329.

[31] BGBl. I, S. 49, 547ff.; i.d.F. des Gesetzes vom 15.8.1974, BGBl. I 1942.

[32] Steinke, Förmliche Verpflichtung von V-Personen, in: Kriminalistik 11/1980, S. 490f.

[33] Dokumentiert im Faksimile, in: Gössner/Herzog, Im Schatten des Rechts, S. 64ff. (68).

[34] S. dazu u.a. Ziegler, Die gerichtliche Kontrolle der Geheimhaltungsmittel der Exekutive, in: ZRP 1988, S. 25ff.

[35] Verwaltungsgerichtsverfahren, Berlin VG 1 A 181/76.

[36] Verwaltungsgerichtsverfahren, 0VG Münster 1 A 1606/79.

[37] VG Berlin 5 A 32/80 = VG 1 A 800/78.

[38] Verfasser Dr. Gerhard Roemheld vom niedersächsischen Innenministerium an OStA Kröning, im Verfahren gegen den Juwelier Rene Düe (Hannover); s. dazu Gössner/Herzog, Im Schatten des Rechts, S. 107ff. (118).

[39] Körner, Der Grundsatz des fair play für den V-Mann und für den Zeugen, in: Kriminalistik 7/1984, S. 338ff. (339f.).

[40] Beispiele in: Gössner/Herzog, Im Schatten des Rechts, S. 95ff.

[41] Z.B. BGH-Urteil vom 28.5.1980 – 3 StR 155/80 (L) -, s. Weser-Kurier vom 20.6.1980.

[42] So wurde beispielsweise im Schmücker-Verfahren am 5. Oktober 1982 der Regierungsamts-

rat Koppermann vom Bundesamt für Verfassungsschutz kommissarisch durch drei Berufsrichter vernommen – ohne die Schöffen, ohne Angeklagte und Öffentlichkeit. Koppermann erschien mit dicker Hornbrille und Perücke; s. dazu Häusler, Der unendliche Kronzeuge, S. 99f. Inzwischen ist eine kommissarische Vernehmung nicht mehr gegen den Willen der Verteidigung/Angeklagten zulässig, so BGH-Beschluß vom 17.10.1983 – GSSt 1/83 – in: NJW 1984, S. 247ff.

[43] S. dazu die Auflistung der Verdeckungsmöglichkeiten bei: Rebmann, in: Lüderssen (Hrsg.), V-Leute, S. 413f.; BGH, NStZ 1982, S. 42.

[44] Dazu Weider, in: Strafverteidiger 1983, S. 227ff. (228f.), der sich gegen die Vorstellungen von Generalbundesanwalt Rebmann, in: NStZ 1982, S. 315ff. wendet.

[45] Weider, ebd.; s. auch: ders., Verteidigung gegen Phantom-Gestalten – V-Männer in Strafverfahren, in: Bürgerrechte & Polizei (cilip) 1/1984, S. 29ff.

[46] BGH, Strafverteidiger 1983, S. 490ff.; 1984, S. 56.

[47] Körner, Der Grundsatz des fair play für den V-Mann und für den Zeugen, in: Kriminalistik 7/1984, S. 338ff. (339, 338).

[48] Ebd., S. 338.

[49] Nach Ausschöpfung von Auflagen für Aussagegenehmigungen; s. dazu Rebmann, Der Zeuge vom Hörensagen im Spannungsverhältnis zwischen gerichtlicher Aufklärungspflicht, Belangen der Exekutive und Verteidigungsinteressen, in: Lüderssen (Hrsg.), V-Leute, S. 403ff. Rebmann/Schnarr, Der Schutz des gefährdeten Zeugen im Strafverfahren, in: NJW 1989, S. 1185ff. Im Rahmen der Kommunistenverfolgung: v. Brünneck, Politische Justiz, Frankfurt 1978, S. 250ff.

[50] BVerfGE 2 BvR 215/81, abgedruckt in: Strafverteidiger 1981, S. 381 mit Anm. Kotz, in: Strafverteidiger 1981, 591; ständige Rechtsprechung des BGH, BGHSt 17, 382ff.; 33, 178ff. m.w.N.

[51] BGH-Urteil vom 31.3.1989, Strafverteidiger 1989, S. 282ff. (284).

[52] StA Körner, in: Kriminalistik 6/83, S. 294.

[53] Dazu ausführlicher: Richard Schmid, Einwände – Kritik an Gesetzen und Gerichten, Stuttgart 1965; Gribbohm, Wege der neueren Rechtsprechung zur V-Mann-Problematik, in: NJW 1981, S. 305ff.; Lamprecht, Der Zeuge vom Hörensagen, in: Böttcher (Hrsg.), Recht-Justiz-Kritik, Festschrift für Richard Schmid, Baden-Baden 1985, S. 285ff.

[54] Terroristen & Richter 3, Margot Overath »Drachenzähne«.

[55] S. dazu Preuß, Prozeßsteuerung durch die Exekutive, in: Strafverteidiger 1981, S. 312ff.; ders., Justizielle und polizeiliche Wahrheit im Strafverfahren, in: Kritische Justiz 1981, S. 109ff.

[56] Zeuge J. vom Bundesamt für Verfassungsschutz, zit. nach »Der Spiegel« vom 4.2.1980.

[57] Zit. nach: Der Spiegel vom 4.2.1980 (»Phantom beschossen«).

[58] Ebd.

[59] Preuß, in: Kritische Justiz 1981, S. 109ff.; Preuß verteidigte zusammen mit Heinrich Hannover und Johannes Riemann die Angeklagte Astrid Proll; es handelt sich bei diesem Aufsatz um die erweiterte Fassung des Plädoyers, das Preuß in diesem Verfahren gehalten hat.

[60] Eine der wenigen Ausnahmen dürfte das Lorenz-v.Drenkmann-Verfahren vor dem Kammergericht Berlin gewesen sein, in dem das Gericht den exekutiv-verursachte Mangel der Sachaufklärung nach dem Prinzip »in dubio pro reo« zugunsten der Angeklagten ausschlagen ließ; s. dazu Terroristen & Richter 3, Margot Overath »Drachenzähne«.

Kapitel »Handelsgeschäfte mit der ›Wahrheit‹«

[1] »Der Rechtsstaat auf dem Hackklotz«, Interview in: Der Spiegel vom 16. 2.1976.

[2] Gesetz vom 9. Juni 1989 (BGBl. I S. 1059).

[3] Gilt als erster Kronzeuge, trat in verschiedenen (nach eigenen Angaben in 30 bis 40; s. Bakker Schut, Stammheim, Kiel 1986, S. 291) RAF-Verfahren auf, u.a. im Verfahren gegen Astrid Proll (s. Frankfurter Rundschau vom 17. und 20.12.1979) und gegen Horst Mahler: dazu

Mahler (Hrsg.), Die Verstrickungen des meineidigen Kronzeugen Ruhland und der Berliner Justiz, Dokumentation, Berlin 1977; Tritt auf und singt, in: Der Spiegel vom 6.11.1972, S. 106ff.

[4] U.a. im Stammheimer Verfahren gegen Baader u.a., s. Bakker Schut (Anm. 3), S. 295ff.

[5] U.a. im Stammheimer Verfahren gegen Baader u.a. sowie in anderen »Terrorismus«-Verfahren: dazu Terroristen & Richter 1, Heinrich Hannover, »Terroristenprozesse«, Kapitel »9. Strafverteidiger als Objekte Politischer Justiz« sowie Bakker Schut (Anm. 3), S. 305ff.

[6] S. Der Spiegel Nr. 41/1976 sowie Bakker Schut (Anm. 3), S. 291f.

[7] U.a. in den Verfahren gegen Stefan Wisniewski, Rolf Clemens Wagner, Peter-Jürgen Boock und gegen die RAF-Anwälte Arndt Müller und Armin Newerla: Dazu: »gesungen« wie noch nie, in: stern Nr.49/1978, S. 248; Zunge gelöst, in: Der Spiegel Nr. 48/1978, S. 132ff.; Der Kronzeuge aus dem Knast, in: stern vom 31.5.1979; Kusserow, »Ich mach das Affentheater nicht mehr mit«, in: stern Nr. 35/1981, S. 128ff. »Nur der Kronzeuge hilft«, Interview mit Volker Speitel, in: Quick vom 27.11.1986, S. 20ff.; Saupe, Verratene Verräter, in: Konkret 1/1987, S. 23ff.

[8] U.a. im Verfahren gegen Sieglinde Hofmann sowie in den Verfahren, in denen Volker Speitel aussagte bzw. seine Aussageprotokolle verlesen wurden.

[9] Insbesondere im Schmücker-Verfahren, s. Kapitel »Geheimaktionen...«

[10] U.a. im Berliner »2.-Juni-Prozeß«, s. dazu Terroristen & Richter 3, Margot Overath »Drachenzähne«, Kapitel »9. Der Prozeß gegen ›Reinders u.a.‹«.

[11] In Verfahren gegen mutmaßliche Mitglieder der »Bewegung 2. Juni«; s. Später untertauchen, in: Der Spiegel Nr. 50 vom 10.12.1973, S. 58.

[12] »Kronzeuge« gegen das Sozialistische Patienten-Kollektiv (SPK), dessen eigenes Verfahren eingestellt worden war; Süddeutsche Zeitung vom 23.5.1973 sowie Terroristen & Richter 3, Margot Overath »Drachenzähne«, Kapitel »7. Das ›Sozialistische Patientenkollektiv‹«.

[13] S. dazu Terroristen & Richter 1, Heinrich Hannover, »Terroristenprozesse«, Kapitel »9. Kollaboration mit der Staatsgewalt als Kriterium der Freund-Feind-Unterscheidung« und Terroristen & Richter 3, Margot Overath »Drachenzähne«, Kapitel »9. Der Prozeß gegen ›Reinders u.a.‹«; Chronologie der Kronzeugen im bundesdeutschen Recht, in: Rote Hilfe, »Denen ist es egal, ob es der Wahrheit entspricht«. Geschichte, Praxis und Hintergründe der Kronzeugen, Westberlin o.J. (1990), S. 4ff.

[14] So die Aussage Bubacks in dem o.g. »Spiegel«-Interview; dazu kritisch der Leserbrief des Vorsitzenden Richters am Landgericht Berlin, Bernd Poelchau (in: Der Spiegel vom 8.3.1976), der deswegen im sog. Schmücker-Verfahren auf Antrag der Staatsanwaltschaft wegen »Besorgnis der Befangenheit« abgelehnt wurde – LG-Beschluß vom 12.9.1977, Az.: (509) 2 PKLs 8/75 (95/75); vgl. dazu Häusler, »Der Rechtsstaat auf dem Hackklotz«, in: vorgänge 2/1988, S. 88ff.

[15] Nach dieser Vorschrift dürften die auf solche Weise erlangten Ausagen im Verfahren keine Verwendung finden (Verwertungsverbot).

[16] Eine Drohung, die gegenüber Aussteigern, die sich der Staatsanwaltschaft verweigern, auch konsequent wahrgemacht wird, wie nicht nur der Fall Boock belegt; s. dazu Terroristen & Richter 1, Heinrich Hannover, »Terroristenprozesse«. Zu diesem Druckmittel, s. auch am Beispiel des »Kronzeugen« Ruhland: Bakker Schut (Anm. 3), S. 292ff. m.w.N.: Um einer extrem langen Freiheitsstrafe, die ihm für den Fall des Schweigens angedroht wurde, zu entgehen, habe Ruhland den Rechtsanwalt Horst Mahler zu Unrecht belastet (ebd., S. 293 m.w.N.).

[17] So Lammer, Terrorbekämpfung durch Kronzeugen, in: ZRP 1989, S. 248ff. (249) mit Bezug auf die Übersetzung des amerikanischen »state's witness«; außerdem Jahrreiß, in: Festschrift für Lange, S. 767.

[18] Lea, Die Inquisition, Nördlingen 1985, S. 218.

[19] Ebd., S. 219.

[20] S. dazu Terroristen & Richter 1, Heinrich Hannover, »Terroristenprozesse«, Kapitel 9.

[21] Lea (Anm. 18), S. 219f.

[22] So trat 1979 etwa der »Kronzeuge« Gerhard Müller mit Perücke und Sonnenbrille vor dem OLG Stuttgart in Stammheim auf; s. dazu: Der Spiegel vom 14.5.1979.

[23] So u.a. im Verfahren gegen Peter-Jürgen Boock, dazu: RA Römmig, Speitel/Dellwo: Kronzeugen, die nicht anwesend sind, in: Der Prozess, Sensbachtal 1985, S. 217ff.

[24] Und zwar trotz Beteiligung an Tötungsdelikten; meist kamen die »Kronzeugen« mit Freiheitsstrafen zwischen vier und fünf Jahren davon (z.B. Hoff, Ruhland u.a.).

[25] Wie etwa Karl Heinz Ruhland bereits nach zweieinhalb Jahren seiner insgesamt viereinhalbjährigen Freiheitsstrafe (Der Spiegel vom 14.5.1979).

[26] Dazu u.a. Der Spiegel Nr. 49/1978, S. 132ff.; Leppert, »Kronzeuge« Ruhland bekam monatlich 1000 Mark vom BKA, in: Frankfurter Rundschau vom 20.12.1979; stern Nr. 35/1981, S. 128ff.; Saupe, Verratene Verräter, in: Konkret 1/1987 (hier wurde allerdings der »Kronzeuge« Hans Joachim Dellwo fälschlicherweise als Karl Heinz Dellwo bezeichnet).

[27] Mittels Vorenthaltung (Geheimhaltung) von Akten durch die Bundesanwaltschaft und das Bundesjustizministerium; dazu Terroristen & Richter 1, Heinrich Hannover, »Terroristenprozesse«. und Bakker Schut (Anm. 3), S. 305ff.; Aust, Der Baader-Meinhof-Komplex, S. 184ff.

[28] »Heute diene ich mit der reinen Wahrheit«. Gesetzwidrige Manipulationen mit »Kronzeugen« in Terroristenprozessen, in: Der Spiegel vom 14.5.1979.

[29] Speitel in einem Interview mit Raimund Kusserow, in: stern Nr. 35/1981, S. 128ff. (138).

[30] Ebd.; Beschluß des OLG Stuttgart vom 25.5.1981. Vgl. Der Spiegel vom 22.6.1981; stern vom 11.6.81; die tageszeitung vom 9.6.81.

[31] Beschluß des OLG Düsseldorf (5. Strafsenat) vom 22. Juni 1984, Az. V 7/83 – 3 0Js 156/79 GenStA Düsseldorf (insgesamt 127 Seiten Umfang).

[32] Bornhöft, Widerruf eines reuigen Kronzeugen, in: die tageszeitung vom 14.9.1987; Ingrid Müller-Münch, Als aus einem Beschuldigten plötzlich eine Art Kronzeuge wurde, in: Frankfurter Rundschau vom 28.10.1987.

[33] S. dazu zusammenfassend: 129a – Die Handhabung des § 129a StGB am Beispiel des Wuppertaler Terror-Verfahrens vor dem OLG Düsseldorf, Dokumentation der Wuppertaler Stadtzeitung, Viehhofstr. 125, 56 Wuppertal 1988.

[34] Das Märchen vom »Schwarzen Block«, in: die tageszeitung vom 30.7.1981; Anwälte attackieren Bundesanwaltschaft, in: Süddeutsche Zeitung vom 31.7.1981; Der Spiegel vom 3.8.1981; Auf Biegen und Brechen Terroristen basteln, in: die tageszeitung vom 17.8.1981.

[35] Der Spiegel vom 24.8.1981; Süddeutsche Zeitung vom 22.8.1981.

[36] S. dazu ausführlich: Der Spiegel Nr. 47/1981, S. 112ff.

[37] Ebd., S. 115.

[38] Tolmein, Neuer »Kronzeugen«-Fall, in: die tageszeitung vom 21.9. 1987, S. 2; ders., Andrea B. total isoliert, in: die tageszeitung vom 24.9.87.

[39] Vgl. Ein Racheakt: Studentin wurde als Terroristin bezichtigt, in: Frankfurter Rundschau vom 11.7.1988.

[40] S. dazu Scharmer, Wie kontrollierte Verteidigerpost zur »Unterstützung« wird, in: Strafverteidigervereinigungen (Hrsg.)., § 129a StGB. Verteidigerinnen und Verteidiger berichten über aktuelle Verfahren, Köln 1989, S. 73ff.

[41] Dazu: Presseerklärung vom 24.9.1987 des Hamburger Anwalts Hartmut Scharmer, der Ute Brandt verteidigte.

[42] So Brandts Verteidiger Hartmut Scharmer (Anm. 40), S. 73.

[43] Ebd., S. 74.

[44] Frankfurter Rundschau vom 25.10.1988; die tageszeitung vom 25.10.1988; dazu die Erklärung des Republikanischen Anwältinnen- und Anwältevereins, in: Arbeiterkampf vom 14.11.1988; Müller, Ist Verteidigung eine RAF-Unterstützung? In: die tageszeitung vom 2.11.1988.

[45] Zit. nach Kai von Appen, Kein Prozeß gegen Heißler-Anwältin, in: die tageszeitung vom 12.7.1989.

[46] Der im übrigen Pilotfunktion zukommt. S. dazu die Untersuchungen von Jaeger, Der Kronzeuge unter besonderer Berücksichtigung von § 31 BtMG, Frankfurt u.a. 1986; Buttel, Kritik der Figur des Aufklärungsgehilfen in § 31 BtMG, 1988; Weider, NStZ 1984, S. 391ff.;

ders., Die Integration der Verteidigung in den Verfolgungsapparat, in: 11. Strafverteidigertag, Schriftenreihe der Strafverteidiger-Vereinigungen, Landsberg 1988, S. 196ff.; Bernsmann, JZ 1988, 539ff.; BT-Drucks. 10/843, S. 25 und 10/5856).

[47] Literatur zu USA: Middendorf, ZStW 85 (1973), S. 1102ff.; zu Großbritannien/Nordirland: Oehler, ZRP 1987, S. 44; Grudinski, Die Glaubwürdigkeit des Kronzeugen. In Nordirland sind die Erfahrungen mit »bekehrten Terroristen« widersprüchlich, in: Frankfurter Allgemeine Zeitung vom 7.11.1986; Experimentierfeld Nordirland – Technologie politischer Unterdrückung (Rote Hilfe Berlin, c/o Stüker, Rathenower Str. 61, 1 Berlin 21); zu Italien: Jaeger, a.a.0., S. 97; Autonomie, Neue Folge Nr. 12: Modell Italien. Revolutionäre Bewegungen am Ende? Hamburg (50, Thadenstr. 130a). Zu USA, England, Kanada und Südafrika, s. Jung, Straffreiheit für den Kronzeugen? Köln u.a. 1974, S. 19ff.

[48] Die Nazis nannten diese Vergünstigung treffender »Vorzugsbehandlung für Spitzel und Schufte«, vgl. Gürtner/Freisler, Das kommende Deutsche Strafrecht – Besonderer Teil, Berlin 1935, S. 206.

[49] Rote Hilfe, »Denen ist es egal, ob es der Wahrheit entspricht«. Geschichte, Praxis und Hintergründe der Kronzeugen, Berlin o.J. (1990), S. 4ff.

[50] Vgl. Bundesrats-Drucksache 176/75; Bundestags-Drucks. 7/3729, 7/4005, 8/996; Süddeutsche Zeitung (SZ) und Frankfurter Allgemeine Zeitung vom 6.3.1975; Die Welt vom 7.3.1975; SZ 8.3.75; FR 17.3.75; BT-Drucks. 10/6268, Weser-Kurier 20.8.1985; FR 26.7, 31.10., 3.,4.,5.11.86; FAZ 7.11.86; die tageszeitung 4., 6., 7., 8.11.86.

[51] BT-Rechtsausschuß-Prot. 8/21, S. 130 (bezogen auf das »Kontaktsperregesetz«); zit. nach: Berlit/ Dreier, Die legislative Auseinandersetzung mit dem Terrorismus, in: Sack/Steinert, Protest und Reaktion, Analysen zum Terrorismus Bd 4/2, Opladen 1984, S. 267.

[52] was im Stadium des Ermittlungsverfahrens überhaupt noch nicht (rechtskräftig) feststeht; lediglich ein dahingehender Verdacht; es könnte sich also auch um eine falsche Selbstbezichtigung des betreffenden Kronzeugen in spe handeln.

[53] Vgl. Weser-Kurier vom 1.12.1988.

[54] So etwa noch 1975 beim ersten Anlauf auf Anregung des damaligen nordrhein-westfälischen Justizministers Diether Posser (SPD), der Straffreiheit für Mörder dann für zulässig ansah, wenn dies dem »übergeordneten Ziel«, nämlich der Unschädlichmachung von terroristischen Vereinigungen, »im Interesse der inneren Sicherheit und der Wahrung des Rechtsstaates« dienlich sei, vgl. Frankfurter Allgemeine Zeitung vom 6.3.1975.

[55] S. dazu u.a. Einwände in den Fachausschüssen des Bundestages (vgl. u.a. BT-Drucks. 7/5401, S. 4ff.); Memorandum von 80 Strafrechtslehrern (Die Zeit vom 14.11.1986); Expertenanhörung des Bundestags-Rechtsausschusses in seiner 101. Sitzung am 14.11.1986; Experten warnen vor Kronzeugenregelung, in: Weser-Kurier vom 1.12.1988.

[56] Stellungnahme der GdP vom 9.2.1988, dok. in: Rechtspolitische Materialien 1: Die neue Sicherheit. Artikel-Gesetz zur inneren Sicherheit mit Stellungnahmen, Köln 1988 (grüner Teil, S. 8).

[57] Interview in der SDR-Sendung »Im Brennpunkt« vom 29.10.1986 (ARD).

[58] S. u.a. Frankfurter Rundschau vom 3. und 4.11.1986.

[59] Ausführlicher dazu: Jung, Straffreiheit für den Kronzeugen? Köln u.a. 1974; Lammer (Anm. 17), S. 250ff.

[60] Lammer (Anm. 17), S. 252.

[61] Ebd., S. 251f.

[62] Arbeitsgruppe 3 des 11. Strafverteidigertages 1987, in: 11. Strafverteidigertag, Schriftenreihe der Strafverteidiger-Vereinigungen, Landsberg 1988, S. 13.

[63] Vgl. Süddeutsche Zeitung vom 27.3.90; Plarre, Strafrabatt für einen Kronzeugen, in: die tageszeitung vom 27.3.1990; Singvogel im Netz, in: Der Spiegel Nr. 7/1990, S. 43f.; Gast, Ohne Kronzeuge kein PKK-Prozeß, in: die tageszeitung vom 9.3.90.

[64] Aussage am 4. Verhandlungstag (26.2.1990), zit. nach Rote Hilfe (Anm. 49), a.a.O., S. 14.

[65] Aussage am 9.3.1990, zit. nach Mitschrift der Roten Hilfe (Anm. 49), S. 29. Dazu auch:

(Berliner) Tagesspiegel vom 19.3.90.
[66] So die Aussage von OStA Senge am 7.3.1990, lt. Mitschrift der Roten Hilfe (Anm. 49), S. 28f.
[67] Sinngemäß zit. nach Mitschrift der Roten Hilfe (Anm. 49), Prozeßprotokoll Kronzeuge Ali Cetiner (Rote Hilfe Westberlin), S. 68ff.
[68] Vgl. dazu: Ahrens, Zeugenschutz. Eine gemeinsame Aufgabe von Polizei und Justiz, in: DRiZ 1986, S. 355ff.; Hammes, Nachholbedarf beim Zeugenschutz, in: Kriminalistik 1986, S. 57; Rebmann/Schnarr, Der Schutz des gefährdeten Zeugen im Strafverfahren, in: NJW 1989, S. 1185ff.; Sielaff, in: Kriminalistik 1986,, S. 58ff.
[69] Vgl. dazu: Fünf Jahre statt lebenslang, in: Frankfurter Rundschau vom 27.3.1990 sowie der Kommentar »Machenschaften«, ebda. Dazu ausführlich: Schultz, Politische Justiz gegen eine »Auslandsvereinigung« und die Rolle des »Kronzeugen« als zentrales Beweismittel in schauprozeßartigen Mammutverfahren -Der PKK-Prozeß in Düsseldorf, in: Janssen/Schubert (Hrsg.), Staatssicherheit, Bielefeld 1990, S. 151ff.
[70] Lt. Aussage des BKA-Kriminalhauptkommissars Berger (Leiter der BKA-Zeugenschutzstelle) als Zeuge im PKK-Verfahren.
[71] so in einem Senatsbeschluß des OLG Düsseldorf vom 13. März 1991, S. 2; s. dazu: Anklage brach im PKK-Prozeß ein, in: die tageszeitung vom 20.3.1991; Müller-Münch, Einstellung des Prozesses ist angeklagten Kurden zuwenig, in: Frankfurter Rundschau vom 20.3.1991.
[72] Rote Hilfe (Anm. 49), S. 14.
[73] Der Spiegel Nr. 7/1990, S. 43.
[74] Wie die Wasserfälle, in: Der Spiegel Nr. 33/1990, S. 56ff.; Single, Das Geständnis der RAF-Aussteiger, in: die tageszeitung vom 8.11.1990, S. 3; Rosenkranz, Aus dem Innenleben der Guerilla, in: die tageszeitung vom 20.11.90, S. 3. S. zu dieser Entwicklung auch: Tolmein, Endsieg über die RAF? In: Konkret 7/90, S. 28ff.
[75] So Bundesanwalt Pfaff in seiner Zeugenaussage vor dem Bayerischen Obersten Landesgericht, vgl. die tageszeitung vom 25.1.1991.
[76] Fahrenholz, Bayerische Richter weichen nicht dem sanften Druck, in: Frankfurter Rundschau vom 1.2.1991; Koch, Gnadenlos gegen RAF-Aussteiger Lotze, in: die tageszeitung vom 1.2.91.
[77] Zit. nach Koch (Anm. 76). Herbe Kritik an diesem Urteil gab es von mehreren Seiten: so vom Hamburger »Verfassungsschutz«-Präsidenten Christian Lochte, s. Weser-Kurier vom 5.2.1991; »Das war das falsche Signal«, Interview mit GBA Alexander von Stahl, in: Der Spiegel Nr. 7/1991, S. 89; »Eine fürchterlich mißratene Regelung«, Interview mit dem Bonner Strafrechtswissenschaftler Hans-Ullrich Paeffgen, in: die tageszeitung vom 8.2.1991, S. 9; Rosenkranz, Brutalo-Signal aus München, in: taz vom 1.2.91, S. 10.
[78] Interview in: Der Spiegel Nr. 34/1990, S. 57.
[79] Liebe zu Felix, in: Der Spiegel Nr. 28/1990, S. 57ff.
[80] S. zum Verfahren: FR 27.4.91, S. 12; zum Urteil: taz 4.6.91, S. 4.
[81] Rosenkranz, Brutalo-Signal aus München, in: taz vom 1.2.91, S. 10.

Teil 5:
Kapitel »›Terrorismus‹«

[1] Hess, Terrorismus und Terrorismus-Diskurs, in: Angriff auf das Herz des Staates, Bd.1, Frankfurt 1988, S. 55 (ff).
[2] S. dazu ebd., S. 55ff. Henner Hess macht folgenden Definitions-Vorschlag: »Unter Terrorismus möchte ich verstehen erstens eine Reihe von vorsätzlichen Akten direkter, physischer Gewalt, die zweitens punktuell und unvorhersehbar, aber systematisch drittens mit dem Ziel psychischer Wirkung auf andere als das physisch getroffene Opfer viertens im Rahmen einer politischen Strategie ausgeführt werden« (S. 59).
[3] S. dazu etwa Scheerer und Steinert, in: Angriff auf das Herz des Staates, Frankfurt 1988

m.w.N. sowie die für unsere Arbeit herangezogene einschlägige Literatur.

[4] Janssen, »Terrorismus« – Zur Entstehung und Expansion einer Kriminalisierungsformel gegen politisches Handeln, in: Strafverteidigervereinigungen (Hrsg.), 11. Strafverteidigertag 1987, Landsberg 1988, S. 262ff. (S. 265); erweiterte Fassung in: Janssen/Schubert (Hrsg.) , Staatssicherheit, Bielfeld 1990, S. 166ff.

[5] Vgl. dazu Janssen, Sind »die Terroristen« politisch motivierte Straftäter oder Terroristen? In: Kriminalistik 1/1984, S. 17ff. m.w.N.; Schubert, »Terrorismusbekämpfung« als Vorwand für die Kriminalisierung politischer Konflikte, in: vorgänge 2/1986, S. 87ff.; Schwind, Kriminologie, Heidelberg 1986, S. 342f. Auch Ex-Generalbundesanwalt Rebmann mußte zugeben, daß international »bisher keine Einigung erzielt« werden konnte: »Bis heute ist streitig geblieben, wo die Grenzen zwischen Terrorismus und kriegerischen Auseinandersetzungen, Aggressionen, Aufständen oder gerechtfertigtem Widerstand von Völkern und Volksgruppen zu ziehen sind.« (zit. nach Work Paper der Berlin Conference on the Law of the World im Juli 1985, hrsg. The World Peace through Law Center, Washington D.C./USA). Selbst im »Europäischen Übereinkommen zur Bekämpfung des Terrorismus« vom 27.1.1977 wurde auf eine Definition verzichtet.

[6] Schwenk, in: Vereinte Nationen 4/1976, S. 97ff.

[7] Band 23, Mannheim 1978.

[8] So etwa im Verfassungsschutzbericht 1988, Bonn 1989, S. 82.

[9] Galtung, Gewalt, Frieden und Friedensforschung, in: Senghaas (Hrsg.), Kritische Friedensforschung, Frankfurt 1971, S. 57ff.; ders., Der besondere Beitrag der Friedensforschung zum Studium der Gewalt: Typologien, in: Röttgers/Saner (Hrsg.), Gewalt, Basel/Stuttgart 1978, S. 9ff.

[10] Vogel, Strafverfahrensrecht und Terrorismus, in: NJW 1978, S. 1217f. sowie ders. in der 1. Lesung des Anti-Terror-Gesetzes im Dt. Bundestag am 28.10.1977, in: Die Anti-Terror-Debatten im Parlament, Reinbek 1978, S. 317.

[11] Die Welt vom 13.3.1975, zit. nach Schily, in: Dreßen (Hrsg.), Politische Prozesse ohne Verteidigung? Berlin 1976, S. 59.

[12] Maihofer, Politische Kriminalität, in: Funke (Hrsg.), Extremismus im demokratischen Rechtsstaat, Bonn 1978, S. 327ff. (333f.).

[13] H. Schwarz, Sicherheit und Freiheit, Stuttgart 1974, S. 93.

[14] In diesem Zusammenhang sei verwiesen auf diverse in den 70er Jahren lancierte Falschmeldungen über angeblich drohende linksterroristische Anschläge in der BRD, die tatsächlich die ungezielte Bedrohung einer Vielzahl von Menschen bedeutet hätten, aber nie ausgeführt wurden. Regelmäßig wurden diese Meldungen von der RAF dementiert und als Staatsschutz-Legenden bezeichnet; s. dazu Basten, Von der Reform des politischen Strafrechts bis zu den Anti-Terrorgesetzen, Köln 1983, S. 328 (»Man wollte die Angst der Bevölkerung vor terroristischen Umtrieben steigern...«); der Strafverteidiger Otto Schily nannte dies in seinem Antrag zur Einstellung des Verfahrens in Stammheim eine Art »psychologischer Kriegsführung, durch die der Haß gegen die Angeklagten geschürt werden sollte« (s. Anm. 11).

[15] S. dazu Große Anfrage der Fraktion Die Grünen an die Bundesregierung, BT-Drucks. 11/2124 vom 14.4.1988; Staatsterror, Gespräch mit Alfred Mechtersheimer, Angelika Beer, Tony Seedat, in: MOZ (Wien) 6/1988, S. 42ff. Kritisch zu diesem Begriff: Binswanger, »Staatsterrorismus«, in: Arbeiterkampf vom 2.6.1986, S. 27.

[16] Dazu: Waldmann, Strategien politischer Gewalt, Stuttgart u.a. 1977, S. 70ff.; Laqueur, Terrorismus, Kronberg/Ts. 1977, S. 6ff.

[17] Zit. nach Kuby, Früchte der Angst, in: Der blinde Fleck, Frankfurt 1987, S. 25ff. (27).

[18] Vgl. dazu Edward S. Herman, The Real Terror Network. Terrorism in Fact and Propaganda, Boston/USA 1982; ders., »Auf Demokratie und Menschenrechte nehmen die USA keine Rücksicht, in: Frankfurter Rundschau vom 26.4.1986, S. 10; ders., US-Schirmherrschaft für den Staatsterrorismus, in: Geheim 3/1986, S. 37ff.; Noam Chomsky, Was ist Terrorismus? taz-Gespräch vom 28.4.1986, S. 3; ders., Gangster-Staat, »Konkret«-Gespräch 8/1986, S. 17f.

[19] Dazu z.B. das Urteil des Internationalen Gerichthofes gegen die USA wegen militärischer und paramilitärischer Aktivitäten in und gegen Nicaragua (u.a. wegen Unterstützung der Terror-

Truppe der »Contras«), in: Frankfurter Rundschau vom 2.8.1986, S. 10.

[20] Janssen (Anm. 4), S. 267.

[21] Vgl. dazu auch: Ansbach, Den Terrorismus wirksam bekämpfen, in: DDR-Komitee für Menschenrechte (Hrsg.), Schriften und Informationen 3/1986, S. 206ff.

[22] Vgl. Bassiouni (Hrsg.), International Terrorism and Political Crimes, Springfield 1975, S. 557ff., zit. nach Janssen (Anm. 4), S. 267.

[23] Bassiouni (Anm. 22), S. 564ff.

[24] Originaltext Englisch; nicht autorisierte Übersetzung. Die Erklärung ist in einer Übersetzung von RA Michael Schubert dokumentiert in: vorgänge 4/1987, S. 121ff. Zu den Erstunterzeichnern gehört u.a. Prof. Dr. Johan Galtung.

[25] Vgl. etwa Frankfurter Rundschau vom 21.4.1986; AK vom 30.6.1986 (Libyen) und Wertz, Panama: Zweifel am Weltpolizisten, in: Frankfurter Rundschau vom 18.6.1990. Wertz nennt im Falle Panama Schätzungen zwischen 4.000 und 5.000 Toten durch die US-Invasion am 20.12.1989.

[26] Vgl. zu dieser Strategie einer Weltpolizei: Dobson/Payne, Counterattack, New York 1980; Reagan, The New Network of Terrorist States, Washington D.C., 1985. Weitere Aktionen dieser Art: »Vergeltungsaktionen« der Israelis gegen Palästinenser (Abreißen und Abbrennen von Wohnhäusern, Sprengen von Brunnen, systematische Folterung und Ermordung von Palästinensern) s. FR vom 15.11.1988 und vom 26.6.1990; »stern« vom 4.2.1988, S. 19ff.; Arbeiterkampf vom 25.6.1990, S. 22). Anders zu beurteilen sein dürfte die UN-Aktion gegen Irak 1991 (zur Befreiung Kuwaits).

[27] Die Militärstrategen der USA erwägen noch 1990 im Fall eines konventionellen Krieges selbst Angriffe auf Chemiewerke und Atomkraftwerke, wodurch aus konventionellen praktisch atomare Kriege würden (vgl. die tageszeitung vom 21.6.1990, S. 1). Im Golfkrieg 1991 wurden solche Ziele des Irak tatsächlich bombardiert.

[28] Chomsky in einem »Konkret«-Gespräch (Gangster-Staat), in: Konkret 8/1986, S. 17f. (18).

[29] Hess (Anm. 1), S.62; er nennt in diesem Zusammenhang die Namen Hitler, Stalin, Amin, Bokassa, Pol Pot, Duvalier, Somoza, Pinochet, Videla, Papadopoulos. Ergänzen ließe sich: Saddam Hussein u.v.a.m.

[30] Daran ändert prinzipiell auch die einsame »sowohl-als-auch«-Formulierung eines Mitarbeiters des Bundesjustizministeriums nichts: »Terrorismus ist das Verbreiten von Schrecken durch unberechenbare und überraschende, aber systematisch eingesetzte Gewalttaten, um politische Ziele zu erreichen... Es gibt Terrorismus, der etablierte Ordnungen verteidigt... Es gibt Terrorismus, der etablierte Ordnungen angreift (Hobe, Zur ideologischen Begründung des Terrorismus, Bonn 1979, S. 7).

[31] Hess (Anm. 1), S. 60: »Dem Terroristen geht es ... primär um die psychischen Folgen der Gewaltanwendung.«

[32] Vgl. dazu Sack, in: Analysen zum Terrorismus 4/2 (Protest und Reaktion), Opladen 1984, S. 34ff.

[33] S. dazu die These von Emile Durkheim (Die Regeln der soziologischen Methode, hrsg. v. R. König, Neuwied/Darmstadt 1961), wonach die Kriminalität einer Gesellschaft die Funktion hat, die Gemeinschaft zu stabilisieren (integrative Funktion des Verbrechens). Fritz Sack (Anm. 32, S. 34) hat durch »parabelhafte« Verdichtung diese These auf die »zynische Formel« gebracht, »daß nichts eine Gesellschaft mehr eint als ihre Mörder«.

[34] Vogels Rede vor dem Bundestag ist dokumentiert in: Die Anti-Terror-Debatten im Parlament, Reinbek 1978, S. 325f.

[35] Gespräch mit dem Polizisten K. aus dem Spezial-Kommando, in: Botzat u.a., Ein deutscher Herbst, Frankfurt 1978, S. 93ff. (94).

[36] Dazu: Wagner, Politischer Terrorismus und Strafrecht im Deutschen Kaiserreich von 1871, Heidelberg/Hamburg 1981.

[37] S. dazu u.a. Abendroth, Terroristen, Pharisäer und Nutznießer, in: Blätter für deutsche und internationale Politik 10/1977, S. 3ff.

[38] Janssen (Anm. 5), S. 19.

[39] Dietel, »Innere Sicherheit« – Verheißung und reale Möglichkeit, in: Bull (Hrsg.), Sicherheit durch Gesetz? Baden-Baden 1987, S. 57 (73).

[40] Auch Wagner (Anm. 36, S. 414ff.) konstatiert als »Politische Folgen des Terrorismus« schon im Deutschen Kaiserreich: Ausbau des Polizeiapparates, Einschränkung politischer Freiheitsrechte, Verlust an Rechtsstaatlichkeit, Veränderung der Machtverhältnisse, Schwächung des Liberalismus; weiterhin: u.a. den Wandel der Sozialdemokratie von einer Revolutions- zu einer Reformpartei.

[41] ebd., S. 415: »Für den politischen Terrorismus ... ist charakteristisch, daß seine Gefahren und sein politisches Veränderungspotential zwar auch in den unmittelbaren Folgen terroristischer Gewalt liegen, daß aber für seine Bewertung als politisches Phänomen die gesellschaftlichen und politischen Reaktionen auf ihn viel wichtiger sind.«

Kapitel »Entmystifizierung der ›terroristischen Bedrohung‹«

[1] Die statistisch-vergleichende Arbeit der folgenden Kapitel basiert auf einer Vorveröffentlichung des Verfassers in »Demokratie und Recht« (Köln) 2/1987, S. 142ff. (145ff.), die für die vorliegende Publikation aktualisiert und erheblich erweitert wurde.

[2] Antwort der Bundesregierung auf eine Große Anfrage der Fraktion »Die Grünen« im Bundestag, BT-Drucksache 11/3324 (Teil I) vom 17.11.1988 (hier: Antwort auf die Frage 17).

[3] Dietel, »Innere Sicherheit« – Verheißung und reale Möglichkeit, in: Bull (Hrsg.), Sicherheit durch Gesetz? Baden-Baden 1987, S. 57ff. (73f.).

[4] Böll, »Will Ulrike Gnade oder freies Geleit?« In: Der Spiegel vom 10. Januar 1972, S. 54 ff (55). S. auch die Antwort des damaligen NRW-Ministers Diether Posser (SPD): »Diese Praxis ist verheerend«, in: Der Spiegel Nr. 5/1972, S. 40ff.

[5] Antwort der Bundesregierung auf eine Große Anfrage der Fraktion »Die Grünen« (auf Punkt I b), Teil II), BT-Ducksache 11/3325 vom 17.11.1988.

[6] Das ehemalige RAF-Mitglied Astrid Proll nennt ebenfalls eine solche Größenordnung: »Zur RAF gehörten auch in ihren besten Zeiten nie mehr als 30 Leute« (dies., Stammheim. Wie ich es heute sehe, in: Tempo, Oktober 1987, S. 37); Sebastian Scheerer geht davon aus, daß es meist weniger waren und die in Freiheit operierende RAF oft nur aus einer Handvoll Personen bestanden habe (ders., in: Angriff auf das Herz des Staates, S. 379); demgegenüber spricht Pieter Bakker Schut von etwa 50 Mitgliedern (ders., Stammheim, Kiel 1986, S. 21).

[7] Das »RAF-Umfeld« soll in der Zeit von 1973 bis 1977 eine Stärke von 100 bis 150 Personen gehabt haben; Ende der 80er Jahre sollen ihm etwa 250 Personen angehören. (Angaben nach Antwort der Bundesregierung auf eine Große Anfrage der »Grünen«, Bundestags-Drucksache 11/3324 – Teil I – vom 17.11.1988; hier: Antworten zu Fragen 3 und 5).

[8] S. dazu Gössner/Herzog, Der Apparat – Ermittlungen in Sachen Polizei, Köln 19842, S. 215ff. (248-251) m.w.N. sowie Busch u.a., Die Polizei in der Bundesrepublik, Frankfurt/New York 1985.

[9] Scheerer, Gesetzgebung im Belagerungszustand, in: Blankenburg (Hrsg.), Politik der inneren Sicherheit, Frankfurt 1980, S. 120ff. (124).

[10] Zu berücksichtigen ist dabei, daß die unruhigen Jahre der Studentenbewegung damals noch nicht lange zurücklagen und die »kritische Intelligenz« allmählich von den Universitäten weg ins Berufsleben strömte (»Bedrohung« durch den angekündigten »Marsch durch die Institutionen«).

[11] zit. nach Scheerer (Anm. 9), S. 124.

[12] Scheerer, Deutschland: Die ausgebürgerte Linke, in: Angriff auf das Herz des Staates, Frankfurt 1988, S. 193ff. (333).

[13] Zit. nach: Der blinde Fleck, Frankfurt 1987, S. 228.

[14] Dahs, in: NJW 1976, S. 2151.

[15] Antwort der Bundesregierung auf die Frage der Fraktion »Die Grünen« (»II. Zum Abbau demokratischer Freiheitsrechte«), Anm. 2 und 5.

[16] taz-Interview mit Klaus Bölling: »Die RAF mußte dämonisiert werden«, die tageszeitung vom 7.10.1987.

[17] Sack, in: Analysen zum Terrorismus, Bd. 4/2, Opladen 1984, S. 19ff. (37); s. dazu auch: Steinert, ebd., S. 392ff.

[18] Zuletzt: Antwort der Bundesregierung, Teil II, auf Frage 6 (Anm. 5).

[19] berechnet auf die 70er und 80er Jahre (s. Tabelle 1).

[20] Der frühere Bundesinnenminister Gerhart Rudolf Baum (FDP) hält einer solchen Betrachtungsweise entgegen: »Wer der Bedeutung des Phänomens Terrorismus mit der Kriminalstatistik beikommen will, verfehlt sein Ziel schon im Ansatzpunkt. Der Anteil terroristischer Delikte an den Gesamtzahlen der jeweiligen Straftatengruppen ist verschwindend gering. Seine Bedeutung liegt nicht in der Zahl seiner Opfer – so schwer und unfaßlich die Schicksale der Betroffenen in jedem Einzelfall auch sind -, sondern in der Herausforderung des Staates selbst.« (aus: Freiheit und Sicherheit. Die Demokratie wehrt sich gegen den Terrorismus, Bonn 1979, S. 9f.).

[21] Jährlich im Bulletin des Presse- und Informationsamtes der Bundesregierung veröffentlichte Kriminalstatistik des Bundeskriminalamtes mit Bericht einer Arbeitsgruppe der Innenministerkonferenz (auch als eigenständige, jährlich erscheinende BKA-Publikation mit dem Titel »Polizeiliche Kriminalstatistik« aufgelegt).

[22] Zit. nach: Vinke/Witt, Die Anti-Terror-Debatten im Parlament, Protokolle 1974-1978, Reinbek 1978, S. 136.

[23] Steinert, in: Analysen zum Terrorismus, Band 4/2, S. 393.

[24] Auch der Publizist Erich Kuby meint: »Wer solche Überlegungen für zynisch hält, irrt.« (Kuby, Früchte der Angst, in: Der blinde Fleck, S. 25).

[25] die tageszeitung vom 5.7.1989: Von diesen 296 »besonderen Vorkommnissen« (= Störfälle) gehörten zehn in die zweithöchste Kategorie E (»Eilt«).

[26] vgl. u.a. Sittenwidrige Ratenkredite. Informationen für Verbraucher mit Anmerkungen für Rechtsanwälte, hrsg. von der Verbraucherzentrale, 2000 Hamburg (Große Bleichen 23); Computerprogramm Kreditbereich, ZERP, 2800 Bremen 33, Universitätsallee GW 1. Nach Angaben der nordrhein-westfälischen Verbraucherzentrale haben im Jahr 1987 etwa 400.000 Kreditnehmer mit einer durchschnittlichen Schuldsumme von 12.000 DM ihre Verbindlichkeiten nicht erfüllt.

[27] vgl.dazu u.a. Roth, Makler des Todes. Waffenhändler packen aus, Hamburg/Zürich 1986; Dietl, Waffen für die Welt. Die Milliardengeschäfte der Rüstungsindustrie, München 1986; Wulf, Waffenexport aus Deutschland, Reinbek 1989. Besondere Aktualität erlangte diese Problematik im Zusammenhang mit dem Golfkrieg 1991.

[28] Frankfurter Rundschau vom 29.12.1988: »Trotz weniger Anschlägen sieht Zimmermann Bedrohung«.

[29] Artikelgesetz, dok. in: Rechtspolitische Materialien 1: Die neue Sicherheit, Köln 1988, S. 14.

[30] Zur Vorgeschichte s. u.a. Gössner, Demonstrationsfreiheit unter Mordverdacht, in: ders., Widerstand gegen die Staatsgewalt, Hamburg 1988, S. 68ff.

[31] Wer nach dieser Gesetzesänderung etwa mit dem Motorrad zur Demonstration fährt, ist in jedem Fall ein Gesetzesbrecher: Denn das Mitnehmen bzw. Tragen des Motorrad-Helmes verstößt nun gegen das »Vermummungsverbot« (»Schutz- bzw. passive Bewaffung«), das Nichttragen gegen die Straßenverkehrsordnung.

[32] Bestandteil des sog. Artikelgesetz-Entwurfs: Entwurf eines Gesetzes zur Änderung des Strafgesetzbuches, der Strafprozeßordnung und des Versammlungsgesetzes und zur Einführung einer Kronzeugenregelung bei terroristischen Straftaten, dokumentiert in: Rechtspolitische Materialien 1 – Die neue Sicherheit. Artikel-Gesetz zur inneren Sicherheit mit Stellungnahmen, Köln 1988.

[33] Ebd., S. 12 (Begründung: A. Allgemeines).

[34] die diese bereits etwa zwei Monate vor Verabschiedung des »Artikelgesetzes« (Mai 1989)

einreichten, Drucksache 11/4212 vom 15. 3.1989.

[35] Antwort der Bundesregierung auf eine Große Anfrage der Abgeordneten Häfner, Frau Dr. Vollmer, Dr. Lippelt (Hannover), Frau Oesterle-Schwerin und der Fraktion Die Grünen – Drucksache 11/4212: Zunahme gewalttätiger Demonstrationen? Bundestags-Drucksache 11/5247 vom 27.09.1989.

[36] Steinert spricht in diesem Zusammenhang vom »Dramatisierungsinteresse der Politik« (Analysen zum Terrorismus, Bd. 4/2, S. 398)

[37] Antwort der Bundesregierung auf die Große Anfrage der Fraktion »Die Grünen«, (Anwort auf Frage 21 Teil I).

Kapitel »Befangen?«

[1] Sack, in: Analysen zum Terrorismus 4/2, hrsg. vom BMI, Opladen 1984, S. 41

[2] Blath/Hobe, Strafverfahren gegen linksterroristische Straftäter und ihre Unterstützer, hrsg. vom Bundesminister der Justiz, Bonn 1984.

[3] Ebd., S. 6.

[4] Ebd., S. 5. Blath/Hobe weisen darauf hin, daß sich hieraus »Einschränkungen für den Umfang der analysierten Sachverhalte und auch für die Aussagekraft der Untersuchung« ergäben.

[5] BT-Drucksache 11/2446: Kleine Anfrage der Abgeordneten Frau Schilling und der Fraktion Die Grünen zum Thema: »Strafverfahrensstatistik wegen ›terroristischer‹ Taten«.

[6] Schnellbrief des Bundesministers der Justiz (BMJ) vom 10. August 1988 – Az. II B 1a – 4030-13-15-21 0152/88. BT-Drucksache 11/2774; ergänzende Auskunft des BMJ vom 28. Oktober 1988 an MdB Frau Schilling (Fraktion Die Grünen) betr.: die an die (Bundes-) Länder abgegebenen Verfahren (Teilergebnisse). Wir stützen uns im folgenden auf diese beiden Dokumente. Anfrage und Antwort liegen auch als Bundestags-Drucksache vor: BT-Drucks. 11/2774 vom 11.08.1989. Ergänzungen für die Jahre 1988 und 1989: BMI-Schnellbrief vom 21.12.1989 = BT-Drucks. 11/6166 und BT-Drucks. 11/8500 vom 28.11.1990.

[7] »Bürgerrechte & Polizei« (cilip) 31/1988, S. 112.

[8] Anfrage der Abg. Dagmar Pelzer (Grüne/GAL), Drucks. 13/3424 vom 10.3.1989.

[9] Blath/Hobe untersuchten die einschlägigen Verfahren des Zeitraumes 1. Januar 1971 bis 30. November 1980. Ausweislich der dpa-Kurzdokumentation Justiz/Terrorismus/BRD (Zeitraum 1968 – 1984) mit dem Titel »Terroristen-Urteile« (Gesamtliste) sind im Monat Dezember 1980 keine Urteile ergangen, so daß die Untersuchung zehn volle Jahre umfaßt.

[10] Blath/Hobe, a.a.O., S. 5

[11] Diese Urteile dürften die Ergebnisse Tausender von einschlägigen Ermittlungsverfahren sein.

[12] vgl. Rieß, Statistische Beiträge zur Wirklichkeit des Strafverfahrens, in: Hamm (Hrsg.), Festschrift für Werner Sarstedt, Berlin/New York 1981, S. 301; Statistische Jahrbücher, 1979, 1982 und 1985, Tabellen 15.7.1.

[13] Auch solche Verfahren, die bei den Staatsanwaltschaften der Bundesländer angefallen sind, aber nach Nr. 202 der »Richtlinien für das Strafverfahren und das Bußgeldverfahren« (RiStBV) dem Generalbundesanwalt vorgelegt wurden, zählen dabei als Verfahreneinleitungen.

[14] vgl. Blath/Hobe (Anm. 2), S. 70, 72f. Da die Vorschrift des § 129a StGB erst am 18. September 1976 in Kraft getreten ist, gab es im Zeitraum 1976 bis 1980 relativ wenig rechtskräftig abgeschlossene Verfahren gem. § 129a.

[15] Vgl. dazu Blath/Hobe, ebd., S. 69ff.; Tabellen 4.8 und 4.9.

[16] Regierungsantwort, a.a.O., S. 10; bei den vom GBA allein und auch wegen § 129a StGB erhobenen Anklagen liegt das Verhältnis von Mitgliedschaft (M) zu Unterstützung (U) bei 69 : 16 Anklagen (=81,2% M : 18,8% U); s. Reg.antwort BT-Drucks. 11/6166, S. 31, 13; 11/8500, S. 5.

[17] Ergänzende Auskunft zur Regierungsantwort, a.a.O., Tabelle 3. Eingeschränkte Datengrundlage: 102 gemeldete Anklagen *allein* nach § 129a StGB Ergänzungen 1988 + 89).

[18] Vgl. Regierungsantwort, Tabelle 1, S. 14 und Ergänzungen 1988 + 89.

[19] Zahlen für die 70er Jahren fehlen.

[20] S. dazu auch die Untersuchung von Estermann/Koll, Die Bedeutung des § 129a StBG für das politische Strafrecht und die polizeiliche Ermittlung, in: »Bürgerrechte & Polizei« (cilip) 22/1985, S. 39ff. Die Autoren stellten die These auf, daß es sich beim § 129a um einen »Ermittlungsparagraphen« handele und begründen dies u.a. mit einem statistischen Vergleich zwischen eingeleiteten Ermittlungsverfahren und Aburteilungen.

[21] Die Berechnung der Anzahl der »Tatverdächtigen« macht hier einige Schwierigkeiten. Die Regierungsantwort, a.a.O., S. 5 (Tabelle) weist die 129a-Verfahren in drei Spalten aus (jeweils unterteilt in Verfahrenseinleitung und abgegebene Verfahren): 1. Anzahl der Ermittlungsverfahren insgesamt; 2. Anzahl der namentlich bekannten Beschuldigten; 3. Anzahl der Ermittlungsverfahren, die sich ausschließlich gegen unbekannte Täter richten. (Letztere machen übrigens über 70 Prozent der Ermittlungsverfahren insgesamt aus). Zur Ermittlung der Tatverdächtigen-Anzahl addieren wir jeweils die Spalte 2 (namentlich bekannte Beschuldigte) und Spalte 3 (Verfahren gegen unbekannte Täter), wobei wir hier von mindestens einem Tatverdächtigen pro Verfahren ausgehen; daß dies wirklich eine Minimalannahme ist, zeigt Tabelle 3, wo sich herausstellte, daß auf ein Ermittlungsverfahren gegen »Linksterroristen« rund 3 Beschuldigte kommen.

[22] Quelle: Antwort des Hamburger Senats vom 17.5.1989 auf die schriftliche Kleine Anfrage der Abg. Dagmar Pelzer (Grüne/GAL) vom 10.3.1989, betr.: Kriminalstatistik Hamburg (Bürgerschafts-Drucksache 13/3424).

[23] Statistisches Jahrbuch 1988, Stuttgart/Mainz 1988, S. 338, Tabelle 15.7.2 (ohne Berücksichtigung der Straßenverkehrsvergehen).

[24] Bei den eingeleiteten Ermittlungsverfahren nach § 129a StGB machen im übrigen jene, die sich ausschließlich gegen eine Vielzahl unbekannter Täter richten, mehr als 70 Prozent aus; dies eröffnet den Ermittlungsbehörden relativ willkürliche und »ziellose« Ermittlungen; auch diese Tatsache verweist auf die uferlosen Anwendungsmöglichkeiten dieser Norm.

[25] Für die 80er Jahre fehlen die für eine solche Untersuchung notwendigen Daten.

[26] Blath/Hobe (Anm. 2), S. 67.

[27] Ebd., S. 66 (Tabelle 4.7), 69ff.

[28] entfällt

[29] entfällt

[30] Ebd., S. 66 (Liste der untersuchten Straftatbestände/Deliktsgruppen s. Tabelle 4.7).

[31] Ebd., S. 60f.

[32] U-Haft-Fälle in GBA-angeklagten Verfahren (vollständig); Quelle: Regierungsantwort, a.a.O., S.7 (Tabelle 1) + S. 14; Ergänzungen 1988 + 89; Aburteilungen in Verfahren, die vor 1980 eingeleitet wurden, sind nicht berücksichtigt.

[33] U-Haft-Fälle in abgegebenen Verfahren (unvollständig, was die Bezugsgröße der Abgeurteilten-Anzahl anbelangt); Quelle: Ergänzende Auskunft, a.a.O., Tabelle 1 + Tabelle 4 und Ergänzungen 1988 + 89.

[34] Blath/Hobe, a.a.O., S. 60; Strafverfolgungsstatistiken 1975 bis 1980.

[35] Vgl. Hilger, Die Entwicklung der Untersuchungshaft-Zahlen von 1981 bis 1987, in: NStZ 1989, S. 107ff. (108).

[36] Blath/Hobe, S. 60f.

[37] Ebd., S. 61.

[38] Ebd., S. 8ff. und 47ff.

[39] Prüllage, Zur Dauer der Untersuchungshaft, in: DRiZ, Sept.1979, S. 278f.

[40] Vgl. Jescheck/Krümpelmann (Hrsg.), Die U-Haft im deutschen, ausländischen und internationalen Recht, 1971, S. 930ff. (997) sowie Hassemer, in: Strafverteidiger 1/84, S. 38ff. (39) und Müller-Dietz, in: Strafverteidiger 3/84, S. 132ff. (133); Strafverfolgungsstatistik 1980 bis 1987.

[41] Müller-Dietz, ebd., S. 133.

[42] Blath/Hobe merken für die 70er Jahre an, daß nur bei Beschuldigten wegen Mordes (der

allgemeinen Kriminalität) die U-Haft-Dauer ebenfalls bei etwa 70 Prozent der Abgeurteilten über einem Jahr liege (in den Jahren 1976 bis 1979); aber schon bei Verfahren wegen Raub und Erpressung betrage diese Quote der mehr als ein Jahr lang Inhaftierten lediglich 7,3 Prozent (S. 61).

[43] Statistisches Bundesamt, Rechtspflege, Fachserie 10, Reihe 3 (Strafverfolgungsstatistik) 1976 – 1987. Vgl. Hilger, Die Entwicklung der Untersuchungshaft-Zahlen von 1981 bis 1987, in: Neue Strafrechtszeitschrift (NStZ) 1989, S. 107ff.

[44] Quelle: Regierungsantwort, a.a.O., S. 7 (Tabelle 1). Ins Verhältnis gesetzt wird hier die Zahl der abgeurteilten U-Haftgefangenen (1980-87) zu den beschuldigten U-Häftlingen in GBA-Verfahren.

[45] Vollständige Angaben liegen nicht vor; Ergänzende Auskunft der Bundesregierung, a.a.O., Tabelle 1 notiert 26 Aburteilungen gegenüber 50 U-Haftgefangenen in abgegebenen Verfahren.

[46] Bezugsgröße ab hier ist die Zahl der abgeurteilten U-Haftgefangenen in GBA- und abgegebenen Verfahren.

[47] So Blath/Hobe (Anm. 2), S. 63; vgl. Löchner, Terrorismus und Justiz, in: DRiZ 1980, S. 94ff.

[48] Ebd., S. 8ff.

[49] Nach Ebd., S. 10. Wurde eine Person nach den »Erkenntnissen« des Gerichts in zwei oder drei dieser Gruppierungen tätig, so wurde ihr Verhalten der Gruppierung zugerechnet, die in der Reihenfolge am weitesten vorne steht.

[50] Wobei zu berücksichtigen ist, daß über das in »Linksterrorismus«-Verfahren gebräuchliche Beweisvereinfachungskonstrukt »Kollektivität« eine Tatbeteiligung (»Mittäterschaft«) praktisch fingiert werden kann.

[51] »Kostproben« u.a. in: Aust, Der Baader-Meinhof-Komplex, Hamburg 1986, S. 226ff.; Koch/Oltmanns, SOS – Freiheit in Deutschland, Hamburg 1978; Gössner/Herzog, Der Apparat - Ermittlungen in Sachen Polizei, Köln 1984².

[52] Blath/Hobe (Anm. 2), S. 110.

[53] Berechnet nach den allgemeinen Strafverfolgungsstatistiken: Statistisches Bundesamt, Rechtspflege, Fachserie 10, Reihe 3 (Strafverfolgung) 1971ff.; Statistisches Jahrbuch 1982, Tabelle 15.7.2.

[54] Aburteilungen in GBA-geführten Verfahren. Regierungsantwort, a.a.O., S. 14, Tabelle 1 + Ergänzungen 1988 + 89; ein Vergleich mit der Tabelle 2 dieser Antwort zeigt, daß lediglich 6 Lebenslänglich-Urteile ausgewiesen sind, obwohl in den 80er Jahren insgesamt 12 ergingen bzw. teilweise rechtskräftig wurden (eigene Zählung); diese haben wir hier rechnerisch mitberücksichtigt (Prozentangaben = ca.-Werte).

[56] Aburteilungen in abgegebenen Verfahren; Ergänzende Antwort der Bundesregierung, a.a.O., Tabelle 4; Prozentangaben = Ca.-Werte.

[57] Hinweis bei Berckhauer, Die Strafverfolgung bei schweren Wirtschaftsdelikten. Kriminologische Forschungsberichte aus dem Max-Planck-Institut für ausländisches und internationales Strafrecht Freiburg, Band 4, Freiburg 1980, S. 221 m.w.N.

[58] Blath/Hobe, S. 117, Tabelle 5.3: Insgesamt 52 % von 96 Urteilen bis 2 Jahre Freiheitsstrafe.

[59] Statistisches Bundesamt: Fachserie 10, Rechtspflege, Reihe 3 Strafverfolgung 1971ff., Stuttgart/Mainz (Tabelle 6).

[60] entfällt

[61] entfällt

[62] Für die 80er Jahre liegen keine detaillierten Unterlagen für eine solche Untersuchung vor.

[63] Wobei zu berücksichtigen ist, daß über das in solchen Verfahren gebräuchliche Beweisvereinfachungskonstrukt »Kollektivität« bei Organisationsdelikten (§ 129a StGB) eine Tatbeteiligung (»Mittäterschaft«) praktisch fingiert werden kann.

[64] Vgl. Blath/Hobe (Anm. 2), S. 125, Tabelle 5.7.

[65] S. Pracejus, Mord- und Totschlagsstatistik der im Jahre 1980 in Nordrhein-Westfalen Verurteilten, in: NStZ 1986, S. 22ff. (24).

[66] S. Blath/Hobe, S. 126.

[67] Vgl. ebda., S. 126.
[68] NStZ 1986,S. 22ff.
[69] Kalinowsky, Rechtsextremismus und Strafrechtspflege, hrsg. vom Bundesjustizministerium, Bonn 1985, S. 189.
[70] Vgl. Blath/Hobe (Anm. 2), S. 87; bei 19 Urteilen (= 7 %) konnte der Instanzenweg nicht ermittelt werden.
[71] Vgl. dazu auch Rieß, Die »Anti-Terrorismusgesetzgebung« in der Bundesrepublik Deutschland, in: Freiheit und Sicherheit. Die Demokratie wehrt sich gegen den Terrorismus, Schriftenreihe der Bundeszentrale für politische Bildung, Band 148, Bonn 1979, S. 79ff.
[72] Blath/Hobe, S. 89.
[73] Ebd., S. 91, Tabelle 4.16.
[74] Ebd., S. 93.
[75] Regierungsantwort, a.a.O., S. 14, Tabelle 1 und Ergänzende Antwort, a.a.O., Tabelle 4 + Ergänzungen 1988 + 89.

Kapitel »Mit zweierlei Maß«

[1] Kalinowsky, Rechtsextremismus und Strafrechtspflege, hrsg. vom Bundesminister der Justiz, Bonn 1986 (2. Aufl.) S. 144.
[2] Jahn, Neonazis vor Gericht, in: Kritische Justiz 3/1988, S. 329ff. (338).
[3] Zur Definition und Abgrenzung der Begriffe s. u.a. Backes/Jesse, Totalitarismus, Extremismus, Terrorismus, Opladen 19852, S. 103ff., 245, 341ff.; Funke, Art. »Terrorismus«, Mickel (Hrsg.), Handlexikon zur Politikwissenschaft, München 1983, S. 517ff. Hennig, Neonazistische Militanz und Terrorismus, in: BMI (Hrsg.), Gewalt von rechts. Beiträge aus Wissenschaft und Publizistik, Bonn 1982.
[4] S. dazu Vinke, Mit zweierlei Maß. Die deutsche Reaktion auf den Terror von rechts. Eine Dokumentation, Reinbek 1981.
[5] Sack, in: Sack/Steinert, Protest und Reaktion. Analysen zum Terrorism,us 4/2, Opladen 1984, S. 42f.
[6] In einer Studie des Bundesjustizministeriums weiß man diese unbestreitbare Tatsache verbal folgendermaßen zu nutzen: »Infolge des Linksterrorismus wurde in den siebziger Jahren die strukturelle, personelle und finanzielle Ausstattung der für die Sicherheit zuständigen Stellen erheblich verbessert. Das kommt heute auch dem Kampf gegen den Rechtsterrorismus zugute.« (Kalinowsky, Rechtsextremismus und Strafrechtspflege, Bonn 1985, S. 27, Anm. 1).
[7] Quellen: Verfassungsschutzberichte 1980 bis 1989 (»Deutscher rechtsextremistischer Terrorismus«); Backes/Jesse, Totalitarismus, Extremismus, Terrorismus, Opladen 1985, Tabelle 5 »Links- und rechtsterroristische Anschläge im Inland, differenziert nach Art der Delikte (1968-1984), S. 368f. Die genannten Anschläge werden sowohl vom »Verfassungsschutz« als auch von Backes/Jesse als »rechtsterroristisch« eingestuft.
[8] vgl. dazu u.a. Hennig, Neonazistische Militanz und Terrorismus, in: BMI (Hrsg.), Gewalt von rechts, Bonn 1982, S. 111ff.; Chaussy, Eine Nazi-Operette wird ernst – Vom Rechtsextremismus zum Rechtsterrorismus, in: Benz (Hrsg.), Rechtsextremismus in der Bundesrepublik, Frankfurt 1984, S.138ff.; Huhn/Meyer, »Einst kommt der Tag der Rache«. Die rechtsextreme Herausforderung 1945 bis heute, Freiburg 1986. Ende der 80er Jahre erschien eine ganze Reihe von Buchpublikationen zu diesem Thema (u.a. von C. Leggewie, Chr. Butterwegge, H. Isola).
[9] s. dazu Der Spiegel Nr. 41 vom 6.10.1980, S. 3; Chaussy, Oktoberfest – Ein Attentat, Darmstadt/Neuwied 1985; Vinke (Anm. 4), S. 11ff.
[10] s. dazu Fraenkel/Bracher, Staat und Politik, Frankfurt 1957, 1966, S. 328ff.
[11] Kritisch dazu (»Totalitarismustheorie als Kampfinstrument für den Kalten Krieg«): Kühnl, Formen bürgerlicher Herrschaft, Reinbek 1971, S. 72, 116, 155f.
[12] Giordano, Freiheit für Peter-Jürgen Boock! In: die tageszeitung vom 9.6.1988, S. 11.

[13] Mitteilung über die Dreimächtekonferenz von Berlin (Potsdamer Abkommen) vom 2. August 1945, abgedruckt in: Das Potsdamer Abkommen – Dokumentensammlung, Berlin/DDR 1975. Zur Entstehungsgeschichte und zum Stellenwert des Abkommens s. Mayer/Stuby (Hrsg.), Die Entstehung des Grundgesetzes, Köln 1976, S. 12ff.

[14] Ebd., sowie Ratz, Die Justiz und die Nazis, Frankfurt 1979, S. 9ff. (mit Dokumenten-Texten).

[15] Dokumentiert in: v. Fürstenau, Entnazifizierung, Neuwied/Berlin 1969; KB, Anti-faschistische Russell-Reihe 1: Dokumentation von Texten und Vorschriften gegen den Faschismus..., Hamburg 1978; Ratz, Die Justiz und die Nazis, Frankfurt 1979; Kalinowsky (Anm. 1), S. 157f.

[16] S. dazu u.a. Kalinowsky, S. 153ff.

[17] S. dazu u.a. Mayer/Stuby (Hrsg.), Die Entstehung des Grundgesetzes, Köln 1976; Römer, Im Namen des Grundgesetzes. Eine Streitschrift für die Demokratie, Hamburg 1989, S. 9ff.

[18] s. dazu Preuß, Politisches Ethos und Verfassung, in: Brüggemann u.a., Über den Mangel an politischer Kultur in Deutschland, Berlin 1978, S. 42f.

[19] Diese Zahlenangaben sind allerdings mit einiger Vorsicht zu »genießen«, sie dürften eher zu niedrig gegriffen sein; s. dazu Huhn/Meyer, »Einst kommt der Tag der Rache« (Anm. 8), S. 140ff.

[20] Kalinowsky (Anm. 1), S. 14.

[21] Verfassungsschutzbericht 1988, S. 117.

[22] S. dazu u.a. Kommentierte Literatur-Übersicht: Backes/Jesse, Totalitarismus, Extremismus, Terrorismus, Opladen 19852. KB, Anti-faschistische Russell-Reihe 3: »NSDAP«-Propagandisten unter der Lupe, Hamburg 1978; Benz, Rechtsextremismus in der Bundesrepublik, Frankfurt 1984; Dudek, Jugendliche Rechtsextremisten, Köln 1985; Huhn/Meyer, »Einst kommt der Tag der Rache« – Die rechtsextreme Herausforderung 1945 bis heute, Freiburg 1986; Biemann/Krischka (Hrsg.), Nazis, Skins und alte Kameraden, Dortmund 1986; v. Hellfeld (Hrsg.), Im Schatten der Krise. Rechtsextremismus, Neofaschismus und Ausländerfeindlichkeit, Köln 1986.

[23] Ähnlich im VS-Bericht 1989. Im übrigen halten wir allerdings den »Verfassungsschutz« nicht für geeignet, neonazistische Entwicklungen (ebenso wenig wie andere) zu beobachten und zu registrieren; wir halten vielmehr die Existenz eines solchen Geheimdienstes in einer Demokratie für politisch äußerst schädlich (s. dazu Gössner, Sicherheitspolitische »Wiedervereinigung«, in: Bethge u.a. (Hrsg.), Gutachten zur Lage der Demokratie in der Bunderepublik Deutschland 1989, Frankfurt 1989, S. 78ff. sowie ders., Weg mit dem »Verfassungsschutz«?! In: vorgänge 2/1989, S. 1ff.).

[24] Zu diesem Vergleich s. ausführlich: Neidhardt, Linker und rechter Terrorismus, in: BMI (Hrsg.), Gewalt von rechts, Bonn 1982, S. 155ff. (192ff.) sowie ders., in: v. Baeyer-Katte/Claessens/Feger/Neidhardt, Gruppenprozesse. Analysen zum Terrorismus 3, hrsg. von Bundesinnenministerium, Opladen 1982, S. 434ff.

[25] S. dazu u.a.: Hennig, Neonazistische Militanz und Terrorismus, S. 124; Neidhardt, ebd., S. 434 ff (S. 466ff.); Kalinowsky (Anm. 1), S. 233.

[26] Bereits für die siebziger Jahre – das »Jahrzehnt des Linksterrorismus« – registriert der Sozialwissenschaftler Friedhelm Neidhardt, daß die Anschläge von rechtsterroristischen Gruppierungen zu fast 30 Prozent gegen Personen gerichtet waren (zu 48 Prozent gegen Objekte), während linksterroristische Anschläge nur zu knapp 18 Prozent Angriffe auf Personen darstellten (und zu 64 Prozent Anschläge auf Objekte), wobei allerdings die Zahl der »linksterroristischen« Anschläge die »rechtsterroristischen« bei weitem überwog; s. Neidhardt (Anm. 24), S. 438 (Tabelle 2: Angriffsziele links- und rechtsterroristischer Gruppierungen in den Jahren 1968 – 1979/80 in Prozent der jeweiligen Gesamtdelikte).

[27] Zur Gruppe »Ludwig«: »Seit 1977 bekannte sie sich zu insgesamt 14 Morden... Ihre bevorzugten Opfer sind Prostituierte, Homosexuelle, Rauschgiftdealer und Päderasten. Ihre Aktionsgebiete: Bayern und Norditalien.« (Dudek, Jugendliche Rechtsextremisten, Köln 1985, S. 192).

[28] Verfassungsschutzbericht 1984, S. 167.

[29] Bei entsprechenden Attentaten werden allerdings auch Opfer in Kauf genommen, auf die

die genannten Kriterien nicht zutreffen: so etwa Wachpersonal, Sicherheitskräfte und Chauffeure der unmittelbaren Attentatsopfer – was allerdings innerhalb der linken bewaffneten und militanten Gruppen regelmäßig zu harten Auseinandersetzungen führte. Die bisher einmalige Genickschuß-Methode im Fall des US-Soldaten Pimental, die »Mittel zum Zweck« war, löste Entrüstung aus und führte zu einer noch weitergehenden politischen Isolierung der RAF.

[30] Verfassungsschutzbericht 1988, S. 83f. Die Zahl der Anschläge ist seit 1988 stark rückläufig.

[31] Zit. nach Neidhardt, in: Gruppenprozesse, S. 475 (Anm. 77).

[32] S. dazu: Neidhardt, Linker und rechter Terrorismus, S. 199ff. (Zur gesellschaftlichen Wirkung linker und rechter Terrorgruppen).

[33] S. dazu auch eine Studie aus 1979: Habermehl, Sind die Deutschen faschistoid? Ergebnisse einer empirischen Untersuchung über die Verbreitung rechter und rechtsextremer Ideologien in der Bundesrepublik Deutschland, Hamburg 1979; weiterhin: Panahi, Vorurteile. Rassismus. Antisemitismus. Nationalismus... in der Bundesrepublik heute. Eine empirische Untersuchung, Frankfurt 1980.

[34] SINUS-Institut, 5 Millionen Deutsche: »Wir wollen wieder einen Führer haben...«. Die Sinus-Studie über rechtsextremistische Einstellungen bei den Deutschen, Reinbek 1981 (im folgenden: SINUS). Zur – teilweise vehementen – (Methoden- und Ergebnis-) Kritik an dieser Studie und zur politischen Auseinandersetzung: s. u.a. Hennig, Neonazistische Militanz und Terrorismus, in: Gewalt von rechts (Anm. 3), S. 113ff.; Reumann, Studie über Rechtsextremismus – Fallen statt Fragen, ebda., S. 221ff.; Zundel, Keine Gefahr von rechts? Ebda., S. 235ff., der darauf hinweist, daß es SINUS mit seiner Studie erging, wie einem »Boten, der unangenehme Nachrichten überbringt« – er wird dafür geprügelt. Der damalige Innenminister von Schleswig-Holstein, Uwe Barschel, hielt mit Bezug auf die SINUS-Studie »derartige Veröffentlichungen für geeignet, dem Ansehen der Deutschen im Ausland zu schaden...« Es sei »eine Beleidigung unseres Volkes, pauschal von 13 Prozent Rechtsextremisten zu sprechen, zumal bei den Wahlen rechtsradikale Gruppierungen weniger als ein Prozent der Stimmen erhalten haben.« (zit. nach Zundel, ebda., S. 235).

[35] INFRATEST hatte demgegenüber 1979 in einer Studie für das Bundesinnenministerium ein »linkes Protestpotential« von 4,4 % festgestellt; Hinweis bei Reumann, in: BMI (Hrsg.), Gewalt von rechts (Anm. 3), S. 230.

[36] Rechtsextremistische politische Einstellungen in der Bundesrepublik Deutschland. Zusammenfassung der Ergebnisse eines empirischen Forschungsprojekts. Erstellt vom Sozialwissenschaftlichen Institut Nowak und Sörgel (SINUS), in: BMI (Hrsg.), Gewalt von rechts, Bonn 1982, S. 207ff. (210).

[37] SINUS, in: BMI (Hrsg.), Gewalt von rechts, S. 215.

[38] Zit. nach Huhn/Meyer, »Einst kommt der Tag der Rache« (Anm. 8), S. 155.

[39] Weitere Faktoren: »Harmoniestreben/Antipluralismus«, überhöhte Wertung von »Volk, Vaterland und Familie«, »Siegfried-Komplex« (Männlichkeitswahn, Nationalismus etc.), s. SINUS, in: BMI (Hrsg.), Gewalt von rechts (Anm. 36), S. 210ff.

[40] Silbermann, Sind wir Antisemiten? Ausmaß und Wirkung eines sozialen Vorurteils in der Bundesrepublik Deutschland, Köln 1982, S. 26ff. (53).

[41] S. Frankfurter Rundschau vom 3.3.1984.

[42] Es könnte sich dabei um Identifikation mit den Mächtigen, den Herrschenden handeln (entsprechend der psychoanalytischen Kategorie der »Identifikation mit dem (übermächtig erscheinenden) Aggressor«. Der Frankfurter Sozialwissenschaftler Iring Fetscher stellt in seiner Abhandlung »Terrorismus und Reaktion« (Köln/Frankfurt 1978, 2. Aufl.) u.a. folgende These zum Volkszorn anläßlich linksterroristischer Anschläge auf: »Die sittliche Entrüstung ist der nützliche Deckmantel, unter dem sich die sadistische Befriedigung verbirgt.« (S. 78).

[43] Cobler, »So einen verteidigt man nicht!«, in: Kursbuch 60, S. 97ff. (97).

[44] Cobler, Das Gesetz gegen die »Auschwitz-Lüge«, in: Kritische Justiz 2/1985, S. 159ff. (169).

[45] Cobler, ebda. Inzwischen ist ein solcher Tatbestand in das Beleidigungsrecht integriert (§ 194 StGB)

[46] Preuß, Politisches Ethos und Verfassung, in: Brüggemann u.a., Über den Mangel an politischer Kultur in Deutschland, Berlin 1978, S. 42f.

[47] Es wird verwiesen auf die Quellen und Ausführungen im Kapitel zum Vergleich »Linksterrorismus«-Verfahren mit Verfahren der allgemeinen (Gewalt-) Kriminalität (»Zur Datenbasis«).

[48] Kalinowsky, Rechtsextremismus und Strafrechtspflege, hrsg. vom Bundesminister der Justiz (BMJ), Bonn 1985 (2. Aufl. 1986). Eine Anschlußuntersuchung ist laut BMJ (1988) vorgesehen, die den Zeitraum bis 1986 umfassen soll.

[49] Zusammenstellung des Bundesjustizministers Hans A. Engelhard (FDP), in »recht« Nr. 1/1985 vom 2. Januar 1985. Kalinowsky, a.a.O., S. 38f., 50f, 235.

[50] Lediglich bei 25 der untersuchten Verurteilten (= 4,3 %) werden in der Studie »terroristische Handlungsziele« konstatiert; Kalinowsky (Anm. 48), S. 43f., erklärt dies damit, daß zum einen die »terroristische Variante des Rechtsextremismus ein relativ junges Phänomen in der Bundesrepublik Deutschland« (seit etwa 1980) und damit in der Studie noch nicht berücksichtigt sei; zum anderen seien einige der Täter »im Zuge der Durchführung dieser Aktionen oder zu einem späteren Zeitpunkt vor Eröffnung des Hauptverfahrens ums Leben« gekommen (u.a. durch Selbstmord). Allerdings wird in der Studie ein hoher Prozentsatz (über 20 %) von Tätern mit »militanten Handlungszielen gegen Personen« festgestellt (S. 45); »Terrorismus und Militanz zusammengenommen, konnten bei fast 40 % der Täter festgestellt werden« (S. 236).

[51] BMI (Hrsg.), Gewalt von rechts (Anm. 3), Bonn 1982.

[52] Kalinowsky behauptet, der »Rechtsterrorismus« habe »hinsichtlich seines Umfangs bisher keine große Bedeutung erlangt« (S. 265) und bezieht sich dabei auf Neidhardt, in: Gruppenprozesse, S. 437, 444ff. sowie auf die »geringe Zahl der verurteilten Rechtsterroristen«.

[53] So liegt der Anteil der U-Häftlinge in RE-Verfahren mit 10,5 % wesentlich niedriger als bei LT-Verdächtigen mit 70,6 %! (Kalinowsky, a.a.0, S. 175ff.).

[54] Bei der allgemeinen Kriminalität beträgt dieser Prozentsatz 66 %, bei LT-Urteilen lediglich 52 % in den 70er Jahren.

[55] Zur näheren Begriffsbestimmung des »Rechtsextremismus«: Kalinowsky (Anm. 48), S. 4ff., des »Terrorismus«: ders., S. 42.

[56] Kalinowsky, S. 168.

[57] In der Regierungsantwort, Tabelle 1, S. 26, werden nur 6 Verurteilungen genannt (1980 vier und 1984 zwei Verurteilungen wegen Mitgliedschaft allein oder auch nach § 129a). Zieht man jedoch die Verfassungsschutzberichte von 1980 bis 1989 als Quellen hinzu, so finden sich dort noch weitere Verurteilungen wegen Mitgliedschaft, die in der Regierungsantwort offenbar keine Berücksichtigung fanden: 2 x 1982, 1 x 1985, 1 x 1987. Rechnet man diese den Verurteilungen aus GBA-Verfahren hinzu (was die Schwere des Vorwurfs »Mitgliedschaft« rechtfertigt), so kommt man auf eine Gesamtzahl von 11 Verurteilungen wegen Mitgliedschaft (vom Verf. ergänzte Datenbasis).

[58] Eingeschränkte Datenbasis aufgrund lückenhafter Meldungen der Länder-Justizstellen.

[59] Verfassungsschutzberichte 1980 bis 1989.

[60] So im Ergebnis Kalinowsky (Anm. 48), S. 40ff., 153ff., 266ff.

[61] Ebda., S. 46.

[62] Die Berechnung der Anzahl der »Tatverdächtigen« macht auch hier einige Schwierigkeiten. Wir sind dabei ebenso verfahren wie bei der Berechnung für den »Linksterrorismus«-Bereich; vgl. Kapitel »Befangen?«.

[63] Statistisches Jahrbuch 1988, Stuttgart/Mainz 1988, S. 338, Tabelle 15.7.2 (ohne Berücksichtigung der Straßenverkehrs-Vergehen).

[64] U-Haft-Fälle in GBA-angeklagten Verfahren (vollständig), s. Regierungsantwort, a.a.O., S. 21 (Tabelle 1) und S. 26 (Tabelle 1). Ergänzungen 1988 + 89.

[65] U-Haft-Fälle in abgegebenen Verfahren; s. Ergänzende Auskunft, a.a.O., Tabelle 6 und 9. Ergänzungen 1988 + 89.

[66] Bei »Rechts*extremismus*«-Verdächtigen liegt der Prozentsatz derer, die nicht länger als 3 Monate in U-Haft saßen, bei 62 % (s. Kalinowsky [Anm. 48], S. 178f.).

[67] Ilse Schwipper, s. Kapitel »Geheimaktionen« (Teil 4).

[68] Quelle: Regierungsantwort, a.a.O., S. 21 (Tabelle 1). Ins Verhältnis gesetzt wird hier die Zahl der abgeurteilten U-Haft-Gefangenen 1980 bis 1987 zur Gesamtzahl der U-Häftlinge in GBA-Verfahren (in absoluten Zahlen: 15 zu 24); für abgegebene Verfahren liegen keine vollständigen Angaben vor; die Ergänzende Auskunft der BReg., a.a.O., Tabelle 6 notiert 6 Aburteilungen gegenüber 17 abgegebenen Verfahren. 1988 und 1989: keine RT-U-Haftgefangenen (s. Ergänzungen Reg.antwort).

[69] Bezugsgröße ab hier ist die Zahl der abgeurteilten U-Haftgefangenen in GBA- und abgegebenen Verfahren.

[70] Die Begründung für die so andersartige Behandlung der RT-Verdächtigen im U-Haftvollzug lautet: »Rechtsterroristische Vereinigungen« hätten »bisher durch die Inhaftierung ihrer Mitglieder zerschlagen« werden können. »Freipressungen oder Selbstbefreiungen sind nicht versucht worden. Dies konnte bei der Festsetzung der Haftbedingungen berücksichtigt werden.« (Regierungsantwort, S. 20f).

[71] Kalinowsky (Anm. 48), S. 168.

Kapitel »Eine Institution mit Vergangenheit«

[1] Zur Person und seinen Schriften, s.u.a. v.Olenhusen, Der Pazifist Emil Julius Gumbel (1891-1966), in: vorgänge 2/3-1983, S. 172ff. Gumbel wurde 1932, nach jahrelangen konservativen und nazistischen Attacken, die Lehrberechtigung entzogen; er mußte emigrieren. Weitere Publikationen über Gumbel: Jansen, »Lebendiger Geist« noch nie gefragt, in: die tageszeitung vom 12.8.1982, S. 6; Jaspers, Justiz und Politik in der Weimarer Republik, in: Vierteljahreshefte für Zeitgeschichte, Heft 2/1982.

[2] Gumbel, Vier Jahre politischer Mord und Denkschrift des Reichsjustizministers zu »Vier Jahre politischer Mord«; mit einem Vorwort von Hans Thill. Reprint der Originalausgaben »Vier Jahre politischer Mord«, Berlin-Fichtenau 1922 und »Die Denkschrift des Reichsjustizministers über 'Vier Jahre politischer Mord'«. Berlin 1924; Heidelberg 1980. Besprechung von Jäger/ Trudewind, in: Kritische Justiz 1/1985, S. 83ff.

[3] Gumbel, a.a.O., S. 78 und 80.

[4] s. dazu Gumbel, a.a.O., S. 95ff.; Hannover/Hannover-Drück, Politische Justiz 1918-1933, Bornheim-Merten 1987, S. 76ff.; Ingo Müller, Furchtbare Juristen, München 1987, S. 21f.; Senfft, Richter und andere Bürger, Nördlingen 1988, S. 121ff.

[5] Dokumentiert in: Gumbel, a.a.O., 2. Teil. Der Werdegang dieser »Denkschrift« wird im Vorwort dieser Publikation von Hans Thill, S. Vff. (XIIff.) geschildert. S.auch Buselmeier, in: Gumbel, Verschwörer. Zur Geschichte und Soziologie der deutschen nationalistischen Geheimbünde 1918-1924; Reprint der Originalausgabe, Wien 1924; Heidelberg 1979, Vorwort, S. Vff. (IXff.).

[6] Schwag, Die Denkschrift des Reichsjustizministeriums, in: »Weltbühne« Bd. 20, S. 125ff.

[7] u.a. Gumbel, Verschwörer, a.a.O. Ders., Verräter verfallen der Feme, Berlin 1929. Ders., Laßt Köpfe rollen, Berlin 1932. Ders., Vom Fememord zur Reichskanzlei, Heidelberg 1962.

[8] Hannover/Hannover-Drück, Politische Justiz 1918-1933, 1. Auflage, Frankfurt 1966; Neuauflagen: Hamburg 1977 und Bornheim-Merten 1987. Wir zitieren aus der letztgenannten Ausgabe.

[9] Ebda., S. 26.

[10] Perels, Vorwort zur Neuauflage 1987 (Anm. 8), S. 9ff. (10).

[11] Hannover/Hannover-Drück (Anm. 8), S. 20.

[12] Perels, im Vorwort zur Neuauflage von Hannover/Hannover-Drück, ebda., S. 9.

[13] Hannover/Hannover-Drück (Anm. 8), S. 301.

[14] Zu dieser und zur weiteren Entwicklung s.auch Engelmann, Rechtsverfall, Justizterror und das schwere Erbe. Zur Geschichte der deutschen Strafjustiz 1919 bis heute, Köln 1989.

[15] Zitat aus dem Urteil im Nürnberger Juristenprozeß, s. weiter unten (Anm. 24).

[16] Selbstverständlich läßt sich diese Einbindung nicht etwa allein an den Gerichtsentscheidungen ablesen. Wesentlich sind auch die strukturellen Kompetenz- und Machtverschiebungen im NS-Herrschaftssystem, die hier allerdings nur erwähnt werden sollen; zur Gesamtproblematik der NS-Justiz und ihrer Einbindung in das NS-Herrschaftssystem, s. insbesondere: Ingo Müller, Furchtbare Juristen - Die unbewältigte Vergangenheit unserer Justiz, München 1987; Fangmann/ Paech (Hrsg.), Recht, Justiz und Faschismus, Köln 1984; Staff (Hrsg.), Justiz im Dritten Reich, Frankfurt 1964ff.; Reifner/Sonnen (Hrsg.), Strafjustiz und Polizei im Dritten Reich, Frankfurt/ New York 1984; Schumacher, Staatsanwaltschaft und Gericht im Dritten Reich, Köln 1985; »Kritische Justiz« (Hrsg.), Der Unrechts-Staat. Recht und Justiz im Nationalsozialismus, 2 Sonderhefte, Baden-Baden 1983 und 1984; Dreier/Sellert (Hrsg.), Recht und Justiz im »Dritten Reich«, Frankfurt 1989; Engelmann (Anm. 14), S. 133ff.

[17] Der Verfassungsrichter a.D. Martin Hirsch schätzt eine Zahl von »mindestens 40.000 bis 50.000 Todesurteile« - die Standgerichtsurteile von Militär und Polizei nicht mitgerechnet; rund 80 Prozent davon seien vollstreckt worden (Recht, Verwaltung und Justiz im Nationalsozialismus (1984), S. 547). Ingo Müller kommt in seinem Buch »Furchtbare Juristen« (München 1987, S. 201) unter Einbeziehung aller Gerichtszweige zu der Annahme, die Zahl von 80.000 Justizopfern käme wohl der Realität am nächsten. Diese Zahl wird auch in dem in der DDR erschienen »Braunbuch Kriegs- und Naziverbrecher« genannt (Berlin/DDR 1968, S. 113).

[18] Die letzgenannten Begriffe stammen aus einer halbamtlichen Kommentierung zur Entwicklung der Sondergerichtsbarkeit seit Kriegsbeginn; zit. nach Ingo Müller, Furchtbare Juristen, S. 162.

[19] Friedrich, Freispruch für die Nazi-Justiz, Reinbek 1983, S. 13.

[20] Es handelt sich um den »Fall 3« von insgesamt 12 Nürnberger Prozessen, die im Anschluß an den Hauptkriegsverbrecherprozeß vor dem Internationalen Militärgerichtshof geführt wurden. Außer Juristen wurde den Euthanasie- und KZ-Ärzten, den Offizieren der Wehrmacht, den Industriellen sowie der NSDAP und ihren Gliederungen der Prozeß gemacht. S. dazu u.a. Smith, Der Jahrhundert-Prozeß, Frankfurt 1977; Heydecker/Leeb, Der Nürnberger Prozess, Köln 1958 ff (2 Bände); Przybylski, Zwischen Galgen und Amnestie, Berlin/DDR 1979ff.; Hirsch/ Paech/ Stuby (Hrsg.), Politik als Verbrechen. 40 Jahre »Nürnberger Prozesse«, Hamburg 1986.

[21] Vgl. die kommentierte Dokumentation von Ostendorf/ter Veen, Das »Nürnberger Juristenurteil«, Frankfurt/New York 1985.

[22] Zit. ebd., S. 139f.

[23] Zit. nach Friedrich, Die kalte Amnestie, Reinbek 1984, S. 78.

[24] Ebda., S. 32f.

[25] S. dazu zusammenfassend: Friedrich, Freispruch für die Nazi-Justiz, Reinbek 1983 und Müller, Furchtbare Juristen; Engelmann (Anm. 14), S. 269ff.

[26] Zur sog. Entnazifizierung, letztlich aber Re-nazifizierung: s. u.a. Müller, Furchtbare Juristen, S. 204ff. KB, Antifaschistische Russell-Reihe 1 - Dokumentation, Hamburg 1978.

[27] Müller, S. 274; Braunbuch: Kriegs- und Naziverbrecher in der Bundesrepublik und in Westberlin, S. 117; Vultejus, Kampfanzug unter der Robe, Hamburg 1984, S. 92ff.

[28] vgl. Ostendorf/ter Veen (Anm. 21), S. 63; Senfft, Richter und andere Bürger, Nördlingen, S. 47ff.

[29] Das Urteil ist auszugsweise veröffentlicht in: DRiZ 1967, S. 390. Zur üblichen Gehilfen-Konstruktion bei NS-Verfahren s. u.a. Just-Dahlmann/Just, Die Gehilfen, Frankfurt 1988.

[30] Ingo Müller, Furchtbare Juristen, S. 282.

[31] Auszugsweise abgedruckt in: Friedrich, Freispruch für die Nazi-Justiz, S. 461f.

[32] Dieses ungeheuerliche Urteil ist vollständig abgedruckt in: Friedrich, Freispruch für die Nazi-Justiz, S 463ff.

[33] Müller, S. 283. Zum weiteren Verlauf: s. v. Feldmann, Die Auseinandersetzungen um das Ermittlungsverfahren gegen Richter und Staatsanwälte am Volksgerichtshof, in: Kritische Justiz 1983, S. 306ff.

[34] S. zum Fall Rehse auch: Friedrich (Anm. 31), S. 450ff.; Hannover, Der Richter am Volksge-

richtshof und eines seiner Opfer, in: Hannover/Wallraff, Die unheimliche Republik, Hamburg 1982, S. 36ff.

[35] Friedrich (Anm. 31), S. 457.

[36] Rückerl, NS-Verbrechen vor Gericht, Heidelberg 1982, S. 306.

[37] BGH, GA 1958, S. 242.

[38] So Ostendorf/ter Veen (Anm. 21), S. 62.

[39] Friedrich, Freispruch für die Nazi-Justiz, S. 2 und 14.

[40] Ebd., S. 13.

[41] »Die Grünen« im Bundestag stellten im Jahr 1986 eine interessante und umfassende Große Anfrage an die CDU/FDP-Bundesregierung zur NS-Justiz und ihrer »Entsorgung« in der BRD (BT-Drucksache 10/5148 v. 5.3.1986), die mit BT-Drucksache 10/6566 vom 24.11.1986 beantwortet wurde; auszugsweise abgedruckt in: Kritische Justiz 1/1987, S. 95ff. mit einer Vorbemerkung von Frankenberg, S. 88ff. S. auch Pressemitteilung der Fraktion »Die Grünen« Nr. 779/86 vom 27.11.1986 und die Information des Bundesjustizministeriums Nr. 86/1986 vom 24.11.1986.

[42] S. 100. Diese Äußerung ist vergleichbar mit einer Passage aus der »Kleinen Polizeigeschichte« (1966) von Paul Riege (Generalleutnant der Ordnungspolizei a.D.), wo es heißt: »...und wer darin liest, welche ungeheuren Leistungen die Polizei Deutschlands seit dem Ersten Weltkrieg hat vollbringen müssen, der möge Respekt empfinden und daraus die Verpflichtung herleiten, den Kameraden von damals nachzueifern« (aus dem Vorwort). Das möge uns, angesichts schlimmster deutscher Polizeitradition, erspart bleiben.

[43] Müller, Furchtbare Juristen, S. 298.

[44] S. zusammenfassend u.a.: Friedrich, Die Kalte Amnestie, Frankfurt 1984; Heiner Lichtenstein, Im Namen des Volkes? Eine persönliche Bilanz der NS-Prozesse, Köln 1984.

[45] Giordano, Die zweite Schuld oder Von der Last Deutscher zu sein, Hamburg 1987; s. auch Mitscherlich, Die Unfähigkeit zu trauern, München 1967.

[46] S. dazu u.a. Lehmann, Legal & opportun. Politische Justiz in der Bundesrepublik, Berlin 1966; v. Brünneck, Politische Justiz gegen Kommunisten in der Bundesrepublik Deutschland 1949-1968, Frankfurt 1978; Hannover, Klassenherrschaft und Politische Justiz, Hamburg 197; Engelmann, S. 291ff.

[47] Ostendorf/ter Veen (Anm. 21), S. 10. Ostendorf, der dies 1985 zusammen mit Heino ter Veen formulierte, wurde nach der Barschel-CDU-Affäre in Schleswig-Holstein und dem darauffolgenden Regierungswechsel von der neuen SPD-Regierung 1988 als Generalstaatsanwalt nach Kiel berufen.

[48] In diesem Zusammenhang sollen auch die demokratischen Strömungen innerhalb der Richterschaft positive Erwähnung finden: So etwa der »Richterratschlag«, die Richter und Staatsanwälte in der ötv, die »Neue Richtervereinigung«, Richter für den Frieden etc.

Abkürzungen

a.A.	anderer Ansicht
a.a.0.	am angegebenen Ort
Abg.	Abgeordnete/r
Abs.	Absatz
a.D.	außer Diensten
a.F.	alte Fassung
AG	Amtsgericht; Arbeitsgruppe
AK, ak	»Arbeiterkampf« – Zeitung des Kommunistischen Bundes (KB)
AKW	Atomkraftwerk
AL	Alternative Liste
a.M.	anderer Meinung
Anm.	Anmerkung
APIS	Arbeitsdatei PIOS-Innere Sicherheit
ARD	Arbeitsgemeinschaft der Rundfunkanstalten Deutschlands
Art.	Artikel
AsJ	Arbeitsgemeinschaft sozialdemokratischer Juristinnen und Juristen
Aufl.	Auflage
Az.	Aktenzeichen
Baader u.a.	amtliche Abkürzung für (Strafverfahren gegen) Baader, Ensslin, Meinhof, Meins, Raspe
BAW	Bundesanwaltschaft
BayObLG	Bayerisches Oberstes Landgericht
Bd.	Band
Befa	Beobachtende Fahndung (heute: Polizeiliche Beobachtung)
Benelux	Belgien-Niederlande-Luxemburg
betr.	betrifft/betreffend
bez(gl.)	bezüglich
BfD	Bundesdatenschutz-Beauftragter
BfV	Bundesamt für Verfassungsschutz
BGBl.	Bundesgesetzblatt
BGH	Bundesgerichtshof
BGHSt	Entscheidung des BGH in Strafsachen
BGS	Bundesgrenzschutz
BKA	Bundeskriminalamt
Bl.	Blatt
BMF	Bundesminister(ium) der Finanzen
BMI	Bundesminister(ium) des Innern
BMJ	Bundesminister(ium) der Justiz
BND	Bundesnachrichtendienst
BRAK	Bundesrechtsanwaltskammer
BRD	Bundesrepublik Deutschland
BT-Drucks.	Bundestags-Drucksache
BtMG	Betäubungsmittel-Gesetz

BuKa	Bundeskanzleramt
BVerfG(E)	Bundesverfassungsgericht(s-Entscheidung)
BVerfSchG	Bundesverfassungsschutz-Gesetz
BVerwG(E)	Bundesverwaltungsgericht(s-Entscheidung)
bzw.	beziehungsweise
ca.	circa, ungefähr
CDU	Christlich-Demokratische Union
CIA	Central Intelligence Agency – weltweit agierender Geheimdienst der USA
c/o	bei
CSU	Christlich-Soziale Union
DDR	Deutsche Demokratische Republik
ders.	derselbe
DGB	Deutscher Gewerkschaftsbund
DKP	Deutsche Kommunistische Partei
DöV	Die Öffentliche Verwaltung
DRiZ	Deutsche Richterzeitung
Drucks.	Drucksache
DSU	Deutsche Soziale Union (DDR)
Dt., dt.	Deutsch
DuR	Demokratie und Recht
DVBl.	Deutsches Verwaltungsblatt
d.V.	der Verfasser
ebda.	ebenda
EDV	Elektronische Datenverarbeitung
EG	Europäische Gemeinschaft
EGGVG	Einführungsgesetz zum Gerichtsverfassungsgesetz
EMRK	Europäische Menschenrechtskonvention
etc.	ecetera (und so weiter)
EuGRZ	Europäische Grundrechte-Zeitschrift
f., ff.	folgende (Seite/n)
FAZ	Frankfurter Allgemeine Zeitung
FdGO	Freiheitlich demokratische Grundordnung
FDP	Freie Demokratische Partei
FR	Frankfurter Rundschau
G 10	Gesetz zur Beschränkung des Brief-, Post- und Fernmeldegeheimnisses nach Art. 10 GG
GA	Goltdammers Archiv
GAL	Grün-Alternative-Liste (Hamburg)
GBA	Generalbundesanwalt
gem.	gemäß
GenStA	Generalstaatsanwalt(schaft)
GdP	Gewerkschaft der Polizei im DGB
Gestapo	Geheime Staatspolizei im NS-Staat
GG	Grundgesetz
GSG 9	Grenzschutzgruppe 9: Anti-Terror-Spezialeinheit des Bundesgrenzschutzes
GVG	Gerichtsverfassungsgesetz

Hrg.	Herausgeber
h.M.	herrschende Meinung
i.d.F.	in der Fassung
IG	Industriegewerkschaft
IMK	Ständige Konferenz der Innenminister und -senatoren des Bundes und der Länder (Innenministerkonferenz)
incl.	inclusive
INPOL	Informationssystem der Polizei
insbes.	insbesondere
IPO	International Progress Organization
IRA	Irisch-Republikanische-(Befreiungs-)Armee
ISDN	Integrates Services Digital Network
Isohaft	Isolationshaft
i.V.m.	in Verbindung mit
IWF	Internationaler Währungsfond
i.S.v.	im Sinne von
JVA	Justizvollzugsanstalt
JZ	Juristenzeitung
Kap.	Kapitel
KB	Kommunistischer Bund
KG	Kammergericht Berlin (entspricht OLG)
KHK	Kriminalhauptkommissar
KJ	Kritische Justiz
KSZE	Konferenz über Sicherheit und Zusammenarbeit in Europa
KZ	Konzentrationslager der NS-Zeit
LfV	Landesamt für Verfassungsschutz
LG	Landgericht
LKA	Landeskriminalamt
lt.	laut
LT	Linksterrorismus
MAD	Militärischer Abschirmdienst
MdB	Mitglied des Bundestages
MDR	Monatsschrift für Deutsches Recht
ME	Musterentwurf (für ein einheitliches Polizeigesetz des Bundes und der Länder)
MSchK(rim)	Monatsschrift für Kriminologie und Strafrechtsreform
m.w.N.	mit weiteren Nachweisen
NADIS	Nachrichtendienstliches Informationssystem
NATO	North Atlantik Treaty Organization (Nord-Atlantik-Pakt)
Nds.	Niedersachsen, niedersächsisch
n.F.	neue Fassung
NJW	Neue Juristische Wochenschrift
Nr.	Nummer
NRW	Nordrhein-Westfalen
NS	Nationalsozialismus
NStZ	Neue Zeitschrift für Strafrecht
o.J.	ohne Jahr(esangabe)
OLG	Oberlandesgericht
o.O.	ohne Ort(sangabe)

OPEC	Organization of the Petroleum Exporting Countries (Organisation erdölexportierender Länder)
OStA	Oberstaatsanwalt
O-Ton	Original-Ton
OVG	Oberverwaltungsgericht
PB	Polizeiliche Beobachtung
PDS	Partei des Demokratischen Sozialismus (DDR/BRD)
PDV	Polizeidienstverordnung
PHW	Personengebundene Hinweise
PIOS	Auskunftssystem über Personen, Institutionen, Objekte und Sachen
PKK	Partya Karkeren Kurdistan (Arbeiterpartei Kurdistans)
PKS	Polizeiliche Kriminalstatistik
PKW	Personenkraftwagen
PLO	Palestine Liberation Organization (Palästina-Befreiungs-Organisation)
PSK	Präzisionsschützenkommando
RA	Rechtsanwalt
RAF	Rote Armee Fraktion
Rdnr.	Randnummer
RG	Reichsgericht
R.G.	Rolf Gössner (Anmerkungen des Autors)
RGSt	Entscheidungen des Reichsgerichts in Strafsachen
RGBl	Reichsgesetzblatt
RT	Rechtsterrorismus
RZ	Revolutionäre Zelle(n)/Rote Zora
s.	siehe
S.	Seite
SDR	Süddeutscher Rundfunk
SED	Sozialistische Einheitspartei (DDR)
SEK	Sonder(Spezial)-Einatzkommando
SPD	Sozialdemokratische Partei Deutschlands
SPUDOK	Spurendokumentationssystem/-datei
sog.	sogenannt
SOKO	Sonderkommission
StA	Staatsanwalt(schaft)
Stasi	Staatssicherheit/-dienst (DDR)
StE	Strafermittlung(s-Verfahren)
StGB	Strafgesetzbuch
StPO	Strafprozeßordnung
StVollz	Strafvollzugsgesetz
SZ	Süddeutsche Zeitung
taz	die Tageszeitung
TE	Terrorismus
TESCH	Datei/Dokumentationssystem für terrorismus- und extremismusbezogene Schriften
TREVI	EG-Planungsinstanz in Sachen »Sicherheit«: »Terrorisme, Radicalisme, Extremisme et Violence Internationale«
u.a.	unter anderem
UA	Untersuchungsakte
U-Haft	Untersuchungshaft

UN(O)	United Nations (Organization)/Vereinte Nationen
UNESCO	United Nations Educational, Scientific and Cultural Organization
US(A)	United States (of America)
usw.	und so weiter
u.U.	unter Umständen
UVollzO	Untersuchungshaft-Vollzugsordnung
VG	Verwaltungsgericht
VGH	Verwaltungsgerichtshof
VGH	Volksgerichtshof im Nationalsozialismus
vgl.	vergleiche
VS	»Verfassungsschutz«; Verschlußsache
WAA	Wiederaufbereitungsanlage (für atomare Brennstäbe)
ZAR	Zusammenarbeitsrichtlinien
z.B.	zum Beispiel
ZEVIS	Zentrales Verkehrsinformationssystem
zit. (nach)	zitiert nach
ZRP	Zeitschrift für Rechtspolitik
ZStW	Zeitschrift für die gesamten Strafrechtswissenschaften

Literatur

Fachzeitschriften/Informationsdienste

AK Demokratie und Recht (Hannover, Info die Grünen, Nds.)
ATOM(express) (Göttingen)
Blätter für deutsche und internationale Politik (Köln)
Bürgerrechte & Polizei (cilip/Berlin)
Bundesrechtsanwaltskammer-Mitteilungen (BRAK)
clockwork 129a (Hamburg)
Datenschutzberichte des Bundes und der Länder
DDR-Komitee für Menschenrechte: Schriften und Informationen
Demokratie und Recht (Hamburg/Köln)
Deutsche Richterzeitung (DRiZ)
Europäische Grundrechte-Zeitschrift (EuGRZ)
Forum Recht (Bielefeld)
Geheim (Köln)
Goltdammers Archiv (GA)
ID-Archiv (Amsterdam)
Informationen des Bundesministers der Justiz (Bonn)
Innere Sicherheit. Informationen des BMI (Bonn)
Juristische Arbeitsblätter (JA)
Juristenzeitung (JZ)
de Knispelkrant (Groningen, NL)
Kriminalisierungsrundbrief
Kriminalistik
Kritische Justiz (Baden-Baden)
Kurdenprozess-aktuell (Düsseldorf)
Kurdistan-Report (Köln)
Monatsschrift für Deutsches Recht (MDR)
Monatsschrift für Kriminologie und Strafrechtsreform (MSchKrim)
Nederlands Juristenblad
Neue Juristische Wochenschrift (NJW)
Neue Kriminalpolitik (NKP)
Neue Zeitschrift für Strafrecht (NStZ)
radikal
Rote Hilfe Info (Berlin)
Die Rote Hilfe (Kiel)
Rote Robe (Frankfurt)
Strafverteidiger (Frankfurt)
Terrorismus-Informationsdienst
Unsere Sicherheit (Nds. Innenministerium, Hannover)
Vereinte Nationen
Verfassungsschutz-Berichte (jährl.)
Zeitschrift für Rechtspolitik (ZRP)
Zeitschrift für die gesamten Strafrechtswissenschaften (ZStW)

Sonstige Zeitschriften
Autonomie-Neue Folge
Kommune
Konkret (Hamburg)
Leviathan
links – Sozialistische Zeitung (Offenbach)
MOZ – Alternative Monatszeitung (Wien)
Psychologie & Gesellschaftskritik
Der Spiegel (Hamburg)
stern (Hamburg)
Tempo (Hamburg)
TransAtlantik
vorgänge (Opladen)
Die Weltbühne (Berlin/DDR)
Widersprüche (Offenbach)

Zeitungen (Tages-, Wochen-, Monatszeitungen)
Arbeiterkampf (AK, Hamburg))
Bayernkurier (München)
(Deutsche) Volkszeitung (D/VZ, Düsseldorf)
die feder (bis 1990; IG Medien, Stuttgart)
Frankfurter Allgemeine Zeitung (FAZ)
Frankfurter Rundschau (FR)
Mittelbayerische Zeitung
Nürnberger Nachrichten (NN)
Publizistik & Kunst (seit 1990; IG-Medien, Stgt.)
Stuttgarter Nachrichten
Stuttgarter Zeitung
Süddeutsche Zeitung (SZ, München)
Tagesspiegel (Berlin)
die Tageszeitung (taz, Berlin)
Volkszeitung (VZ, Berlin)
Vorwärts
Die Welt (Bonn)
Weser-Kurier (WK, Bremen)
Die Zeit (Hamburg)

Dokumente

Ermittlungsakten, Vermerke, Durchsuchungsbefehle, Anklageschriften, Urteile, Gerichtsbeschlüsse, Haftstatute; Anwaltsschriftsätze
Amtliche Verfügungen, Dienstanweisungen, Verschlußsachen;
Bundestags-Drucksachen (Große/Kleine Anfragen, Antworten der Bundesregierung, Gesetzesentwürfe)
Sitzungsprotokolle (Parlamente, Ausschüsse)
Dokumentationen
Pressemitteilungen/-erklärungen
Interview-/Gesprächs-Protokolle
(Kriminal- u.a.) Statistiken
Dissertationen

»Terroristen & Richter« 1
Heinrich Hannover, Terroristenprozesse
Erfahrungen und Erkenntnisse eines Strafverteidigers

»Terroristen & Richter« 3
Margot Overath, Drachenzähne
Gespräche, Dokumente und Recherchen aus der Wirklichkeit der Hochsicherheitsjustiz